Andreas Bruck · Sexuelle Eifersucht

Beiträge zur psychologischen Forschung

Band 19

Westdeutscher Verlag

Andreas Bruck

Sexuelle Eifersucht

Erscheinungsformen und Bewältigungsmöglichkeiten im Kulturenvergleich

Westdeutscher Verlag

D 7
Göttinger Philosophische Dissertation

Der Westdeutsche Verlag ist ein Unternehmen der Verlagsgruppe Bertelsmann International.

Umschlaggestaltung: Horst Dieter Bürkle, Darmstadt
Druck und buchbinderische Verarbeitung: Lengericher Handelsdruckerei, Lengerich
Printed in Germany

ISSN 0932-5263

ISBN 3-531-12151-0

Danksagung

Auch bei dieser Untersuchung, die in einer geringfügig anderen Version vom Fachbereich Historisch-Philologische Wissenschaften der Universität Göttingen als völkerkundliche Dissertation angenommen worden ist, bin ich vielfältig und tatkräftig unterstützt worden. Diese Hilfe war besonders wichtig, weil die Arbeit eine Vorgeschichte hat, über die nur aus der Außensicht eines nicht Betroffenen geurteilt werden kann «difficile est satiram non scribere»*.

Ich danke auch bzw. besonders vor diesem Hintergrund

- meiner Frau *Annette Bruck* für ihre genauso liebe wie kritische Partnerschaft und Hilfe auch dann, wenn ich (viel zu oft) fast alle Zeit in diese und andere Untersuchungen investierte, sowie für die ausdauernde Finanzierung und damit überhaupt erst Ermöglichung meiner gesamten bisherigen Forschungstätigkeit,
- meinen Kindern *Johanna und Philipp Bruck* für den ihrerseits nicht immer mitgetragenen Verzicht auf gemeinsames Spielen und Erleben,
- meinen Eltern *Lore und Helmut Bruck* für ihr unerschütterliches Vertrauen in meine Entscheidungen und ihre bedingungslose Unterstützung meiner Aktivitäten sowie für die anfängliche Finanzierung meines Studiums,
- *Erhard Schlesier*, dem Betreuer und Referenten dieser Arbeit, für seine Bereitschaft, mich als "Immigranten" in Göttingen und vor allem als Kulturanthropologen zu promovieren, für seine (wirklich vorbildliche) undogmatische Haltung und für seine stets genauso freundliche wie unerbittliche Forderung genauen *und* verständlichen Denkens und Arbeitens, die zu den textlichen und didaktischen Verbesserungen gegenüber meinen früheren Werken führte,
- *Rolf Wilhelm Brednich*, dem Korreferenten, für seine kontinuierlichen Aufmunterungen und seine Unterstützung meines Versuches, Handlungsbezug und Verantwortung mit einer «geballten Ladung Wissenschaft» zu erreichen, die mir viel Kraft gegeben und Mut gemacht haben,
- *Peter Tschohl*, der mich wissenschaftlich zu arbeiten und - wo sinnvoll - Konsequenz zu versuchen gelehrt hat, für die mich prägenden Grundanleitungen, die sehr fruchtbare Zusammenarbeit und seine intensive Hilfe (zusammen mit *Sabine Künsting*) in und nach Köln,
- *Burkhard Fenner* für das so gründliche Mit- und Durchdenken der Dissertationsversion dieser Arbeit und seine gleichermaßen treffsichere wie substantielle und plastische Kritik,
- meinem Bruder *Jan Bruck*, für seine wissenschaftliche Propädeutik Anfang der

* W. Rudolph in einem Literaturbericht zu Bruck 1985b (Sociologus NF 36, 1986, S. 182).

1970er und für viele sehr anregende Auseinandersetzungen zum Thema,

- *Robert Anderson*, *Bram Buunk*, *Robert L. Carneiro*, *Gordon Clanton*, *Ralph B. Hupka*, *Lisa Klopfer* und *Robert J. Maxwell* für ihr Interesse an dieser Untersuchung und die Zusendung von Sonderdrucken und unveröffentlichten Texten,
- *Günther Winterhalder* für kontinuierliche Tips und das kritische Lesen der Dissertationsversion,
- *Bernadette Loth-Heidemann*, *Frank Heidemann* und *Uli Drömann* für ihre von Beginn an so herzliche Aufnahme, ihre Unterstützung und die vielen fruchtbaren Diskussionen,
- *Paul Meier* für aufmunternde Kommentare und die Ausführung aller Zeichnungen in den Abbildungen,

sowie allen anderen, die zum Entstehen dieser Arbeit in der hier vorliegenden Form in ganz unterschiedlicher Weise beigetragen haben.

Leopoldshöhe, im Juni 1990 Andreas Bruck

Inhaltsverzeichnis

Teil III: Durchführung

Teil IV: Fazit

Abkürzungen

'...'	Wort/Terminus
"..."	Konzept (Begriff/Theorie)
"..."	Umstrittener, problematischer oder an der jeweiligen Stelle nicht genauer geklärter Sachverhalt bzw. Begriff (außerhalb wörtlicher Zitate auch wörtliche Rede)
«...»	Wörtliches Zitat
dazu [#]	Hinweis auf direkt folgende ausführlichere Erörterung in Teil, (Unter-)Kapitel oder Abschnitt Nr. x
=df.	wird definiert/soll heißen/nenne ich
B[#]	Beleg(e)/Beispiel(e) Nr. x
EA	Ethnographic Atlas
HRAF	Human Relation Area Files
SCCS	Standard Cross-Cultural Sample
SE	sexuelle Eifersucht
siehe [#]	siehe Teil, (Unter-)Kapitel oder Abschnitt Nr. x
siehe B[#]	siehe Beleg(e)/Beispiel(e) Nr. x
s.o.	siehe oben (immer *innerhalb* eines Gliederungsabschnittes)
s.u.	siehe unten (immer *innerhalb* eines Gliederungsabschnittes)
WC[x#y:z]	World Cultures Band x, Ausgabe y, Code Nr. z

Abbildungen

Tabellen

* SBM = Steckbrief Bewältigungsmittel.

Beispiele/Belege

Kapitel 2: Thema

Einführender Überblick

Sexuelle Eifersucht ist ein verbreitetes, alltägliches und dabei oft schwerwiegendes und die Beteiligten belastendes Problem, mit welchem jeder von uns zu tun hat - wenn nicht als direkt oder indirekt Betroffener, dann doch zumindest als Betrachter.

Nun gibt es immer wieder Behauptungen und Berichte, die diese sexuelle Eifersucht nicht (nur) als ein individuell-personales, sondern (auch) als ein soziales oder (sozietär-)kulturelles Problem erkennen, die also einen Zusammenhang zwischen den verschiedenen Kulturen und dem Auftreten bzw. den Ausprägungen sexueller Eifersucht herstellen. Diese Zusammenhänge und die in ihnen implizierten therapeutischen Möglichkeiten sind der *Auslöser* dieser Untersuchung.

Ihr *Gegenstand* ist die Tatsachenart sexuelle Eifersucht beim Menschen. An diesen Gegenstand werden die beiden folgenden *Fragen* gestellt:

1. *Was ist, warum gibt es und welche Folgen hat sexuelle Eifersucht*? Genauer: Welche grundlegenden, allgemeinen und sie von anderen Tatsachen der Wirklichkeit unterscheidenden Charakteristika (d.h. Ursachen, Merkmale und Folgen) hat diese Sachverhaltsart?
2. *Wie läßt sich sexuelle Eifersucht mittels Kultur therapieren*? Also: Gibt es kulturell ergreif- und einsetzbare Mittel, mit denen sexuelle Eifersucht bewältigt werden kann? Wie erfolgreich sind diese Mittel? Welche dieser Mittel könnten warum und wie geeignet sein, in unserer eigenen Sozietät und Kultur bei der Bewältigung sexueller Eifersucht zu helfen?

Ziel der Untersuchung sind allgemeine *kulturanthropologische Theorien*: erstens der spezifischen Kennzeichen und Erscheinungsformen (direkten Ursachen, Baumerkmale und Folgen) sexueller Eifersucht beim Menschen und zweitens der kulturell erlern- und einsetzbaren Aktivitäten, die zu ihrer Bewältigung führen (können), inklusive einer ersten funktionalen Bewertung der grundsätzlichen Einsetzbarkeit und Nutzbarkeit in unserer eigenen Kultur. Die Untersuchung soll mit diesen Theorien vor allem handlungspraktisch nutzbar sein und dazu beitragen, unseren eigenen Umgang mit Eifersucht (wenn gewünscht) bewußter und kontrollierter gestalten zu können - sei es allein oder mit therapeutischer Hilfe.

Neben diesen thematischen hat die Untersuchung noch zwei *forschungstechnische Ziele*, die durch den gegenwärtigen Stand kulturwissenschaftlichen Untersuchens angeregt sind: Sie soll ein weiteres Beispiel für eine systematisch erzeugte und damit in höchstem Maße nachvollziehbare, überprüfbare und veränderbare Untersuchung sein, und sie soll die Fruchtbarkeit und Unverzichtbarkeit begründenden Theoriebildens auch bei nicht optimalem Datenbestand und auch für sehr praktische Probleme verdeutlichen.

Eine im Vergleich zu anderen Untersuchungen sexueller Eifersucht hervorzuhebende Besonderheit dieser Arbeit ist deshalb die *untersuchungstechnische Herangehensweise* an das Thema, die kulturanthropologisch, konstruktiv, sachbezogen, problemorientiert sowie erzeugend ist.

- Sie ist *kulturanthropologisch*, weil sexuelle Eifersucht nicht als rein biopsychisches Phänomen verstanden wird, sondern weil erkannt wird, daß sie auch kulturell mitbestimmt ist, weshalb erstens nicht allein von den Fällen her sondern genauso mittels allgemeiner anthropologischer Theorien argumentiert wird, und weshalb zweitens nicht nur Fälle aus der christlich-abendländischen "Normalkultur" berücksichtigt werden, sondern auch solche aus anderen Ethnien, aus Neben-, Sub- und Alternativkulturen.
- Sie ist *konstruktiv*, weil in ihr vorhandene Auffassungen nicht nur (oder vor allem) referiert, kombiniert und kritisiert werden, sondern weil versucht wird, den Forschungsstand bestmöglich zu erfassen und weiterzuführen, um daraus möglichst vollständige, konsistente und konsequente Theorien zu erzeugen.
- Sie ist *sachbezogen*, weil weder auf die Geschichte der Eifersuchtsforschung noch auf Auseinandersetzungen zwischen Anhängern oder Vertretern unterschiedlicher allgemeiner wie themenspezifischer Forschungstheorien eingegangen wird, sondern weil, ohne Rücksicht auf für die Sache irrelevante Aspekte, nur vom Sachverhalt sexuelle Eifersucht her untersucht wird, mit dem ausschließlichen Ziel, über diesen (und nicht über Autoren oder Autorenmeinungen) theoretisch und empirisch richtige bzw. angemessene Einsichten zu erlangen.
- Sie ist *problemorientiert*, weil nicht versucht wird, einzelne Hypothesen oder Theorien über sexuelle Eifersucht zu bestätigen oder zu verwerfen, sondern weil die Merkmale und Bewältigungsmöglichkeiten offen und ohne inhaltliche Vorgaben eruiert werden.
- Und sie ist *erzeugend*, weil sie gedanklich-argumentativ die einzelnen untersuchungstechnischen Schritte der begründenden Gewinnung der Ergebnisse von den elementarsten Kontextannahmen über spezifischere Rahmentheorien und -entscheidungen bis hin zu den Resultaten und ihrer Beurteilung folgerichtig vollzieht und damit pragmatisch, ontisch, epistemisch, methodisch und operatorisch weitestgehend begründet und fundiert geplant und durchgeführt wird.

Eine Konsequenz dieses Vorgehens ist der *Aufbau* der Untersuchung mit einem ungewöhnlichen, langen und differenzierten Kontext-, Planungs-, Rahmen- und Reflexionsteil (1 bis 3 und 9), der nicht nur die angestrebte Nachvollziehbarkeit, Überprüfbarkeit und Veränderbarkeit der Untersuchung garantiert, sondern auch eine hohe Differenziertheit, Vollständigkeit, Präzision und Einheitlichkeit der Ergebnisse ermöglicht (siehe Abb. 1, S. 25) .

Die andere Konsequenz sind die *Ergebnisse*, die die Untersuchung hat. Die in 4 und 5 dargestellte Theorie der artspezifischen Kennzeichen und Ausprägungsmöglichkeiten (Charakteristika) sexueller Eifersucht zeigt, betont und/oder erweist unter anderem

- die Prozessualität und Kulturbestimmtheit sexueller Eifersucht,
- welche direkten Ursachen, Aktivitäten und Folgen (also Dimensionen und damit Schrittarten) bei Eifersuchtsprozessen immer im Spiel sind,

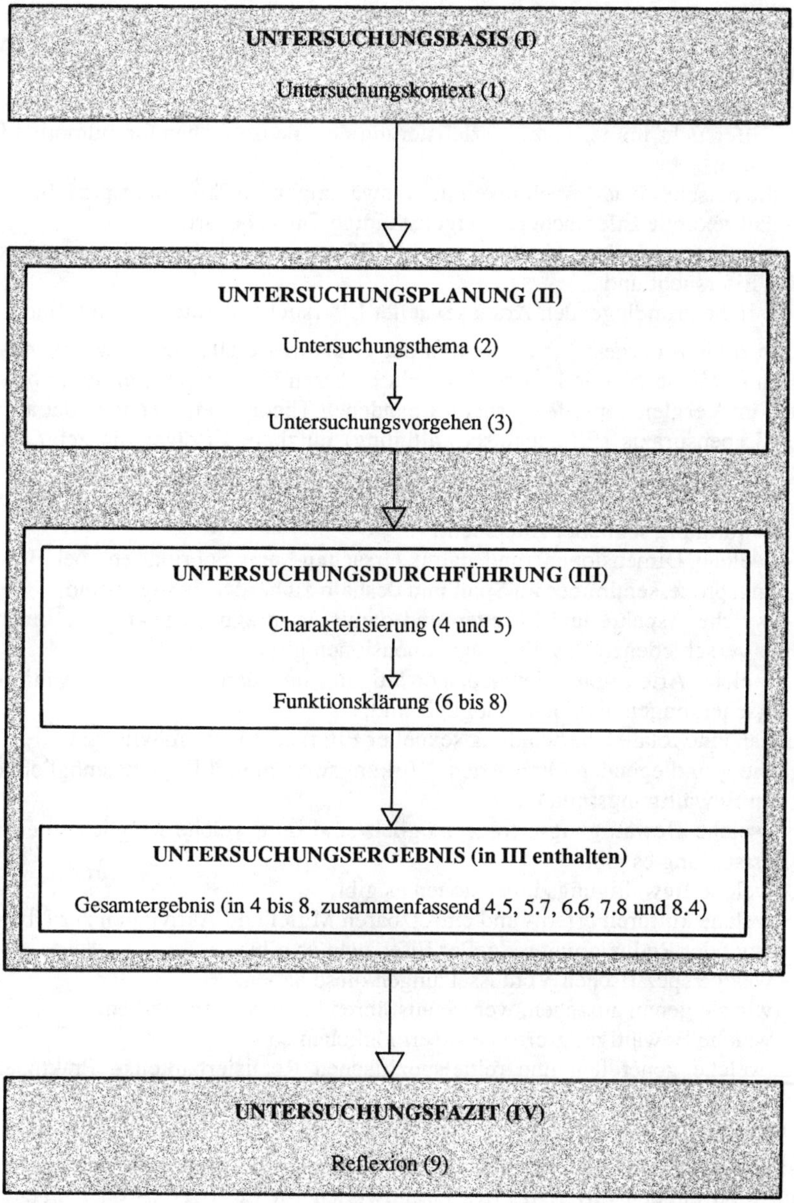

Abb. 1: Der Aufbau der Untersuchung

- welche Aspekte und Facetten und damit Ausprägungsspektren es innerhalb der verschiedenen Dimensionen sexueller Eifersucht gibt,
- die zentrale Stellung der Motive, also der Bedürfnisse und/oder Begehren, im Eifersuchtsprozeß,
- welche Motive (auch) zu sexueller Eifersucht führen können und daß sexuelle Eifersucht immer eine Spezialisierung des menschlichen Grundmotivs Egoismus ist,
- die entscheidende Wichtigkeit der Abwägungen im Eifersuchtsprozeß,
- daß sexuelle Eifersucht eine eigenständige Tatsachenart ist,
- ein systematisches, eindeutiges und differenzierungsoffenes Konzept sexueller Eifersucht und
- welche grundlegenden Arten sexueller Eifersucht zu unterscheiden sind.

Die in 6 bis 8 dargestellten Theorien der Grundmerkmale von Bewältigungsprozessen sowie der kulturell erlern- und einsetzbaren Bewältigungsmittel bringt (vor allem im Vergleich mit den bisher vorhandenen Theorien) folgende in der alltäglichen Lebenspraxis (Eifersuchtsbewältigung) nutzbare Erträge: Sie zeigt, betont und/oder erweist unter anderem

- die grundlegenden Erfordernisse (Voraussetzungen und Bedingungen) einer Bewältigung sexueller Eifersucht,
- welche Dimensionen (und damit Ursachen- und Schrittarten) bei Bewältigungsprozessen immer im Spiel und deshalb zu berücksichtigen sind,
- welche Aspekte und Facetten und damit Ausprägungsspektren es innerhalb der verschiedenen Bewältigungsdimensionen gibt,
- welche Arten von Eifersuchtsbewältigung und damit welche Bewältigungsentscheidungen überhaupt möglich sind,
- daß eine totale Überwindung sexueller Eifersucht nicht möglich ist,
- die grundlegenden Orte, Arten, Wirkungsweisen und Eignungsmöglichkeiten von Bewältigungsmitteln,
- welche Bewältigungserfolge möglich sind und welche Möglichkeiten ihrer Feststellung es gibt,
- welche Bewältigungsdimensionen es gibt,
- welche kulturell erlern- und einsetzbaren Mittel und Aktivitäten zur Überwindung oder Reduzierung sexueller Eifersucht es gibt,
- welche spezifischen Voraussetzungen diese haben,
- wie sie genau aussehen, wer sie ausführen kann, wie sie wirken,
- welche Bewältigungserfolge sie ermöglichen sowie
- welche generellen und mittelspezifischen Realisierbarkeits-, Praktizierbarkeits- und Tolerierbarkeitsprobleme Eifersuchtsbewältigungen aufwerfen können.

Die Untersuchung bietet damit ein anthropologisch fundiertes, sehr systematisches und äußerst differenziertes Grundwissen für die (fremd- oder eigentherapeutische) Bewältigung sexueller Eifersucht, welches freilich nicht nur in der Praxis erprobt und überprüft, sondern auch sehr viel anleitungsbezogener ausgearbeitet werden muß.

Zum Untersuchungsbericht

Der folgende Bericht richtet sich im *Aufbau* (siehe Abb. 1, S. 25) nach den Erfordernissen einer systematisch erzeugenden Untersuchung (siehe 1.5.2) sowie den spezifischen Konsequenzen aus Themenstellung (siehe 2.5) und Untersuchungsprogramm (siehe 3.6).

Der Bericht ist nicht als Ergebnis-, sondern als wissenschaftlicher *Begründungs- oder Erzeugungsbericht* angelegt. Dies hat u.a. folgende Konsequenzen:

a) Der Herleitungs-, Rahmen-, Entscheidungs- und Reflexionsteil (1 bis 3 und 9) ist als zentrales Element einer systematischen Untersuchung sehr viel ausführlicher und genauer expliziert, als dies üblicherweise der Fall ist.

b) Es wird die gedanklich-argumentative Seite der Grundlagen, Planung, Durchführung, Ergebnisse und Reflexion der Untersuchung berichtet, nicht ihre Entdeckung oder ihr praktisch-technischer Ablauf.

c) Weil Untersuchungsgegenstand ein Sachverhalt ist, werden Argumente zur Sache erörtert und nicht die Auffassungen von Autoren (und/oder deren Geschichte) diskutiert.

d) Wichtige Konzepte (Begriffe) werden explizit und schrittweise aufbauend eingeführt und terminologisch eindeutig belegt (bis zur jeweiligen Einführung gilt die [wissenschaftliche] Alltagssprache). Aus rein stilistischen Gründen werden dabei neben expliziten auch implizite oder halbexplizite Definitionen verwendet (Definiens immer kursiv). Wenn es geeignete Termini gibt, wird gedanklich und terminologisch eindeutig zwischen der Ebene der Sachverhalte ('biotisch', 'anthropisch' usw.) und der Ebene der Erkenntnisse über diese Sachverhalte ('biologisch', 'anthropologisch' usw.) unterschieden.

e) Sexistische und andere diskriminierende Annahmen versuche ich zu vermeiden. Aus allein textpraktischen Gründen verwende ich allerdings meist nur die übliche (männliche) Formulierung, auch wenn Männer und Frauen gemeint sind.

Der Bericht kann aber trotz seines streng herleitenden Aufbaus (unter Zuhilfenahme der [Zwischen-]Ergebnisse, der Verzeichnisse, der Register und der zahlreichen Querverweise) *selektiv und interessenspezifisch gelesen* werden. Der Haupttext ist meist so aufgebaut, daß die an der kleineren Schrift erkennbaren Nachweise bzw. Illustrationen ohne Verständnisnachteile überlesen werden können. Wer sich nicht für die Erzeugung der Ergebnisse interessiert, sondern sich nur über die Merkmale und Bewältigungsmöglichkeiten sexueller Eifersucht informieren möchte, kann 1 bis 3 weitgehend überschlagen (bis auf 2.5). Welche (Unter-)Kapitel bei einer ausschließlichen Beschäftigung mit der Sach- oder Machebene im einzelnen zu lesen sind, verdeutlicht Tabelle 1, S. 28.

Sach- oder Themaebene (Sexuelle Eifersucht)		*Mach-/Untersuchungs-/Bearbeitungsebene (Eifersuchtsforschung)*	
		1.1-3	Kontextethik, -interesse und -thematik
1.4	Kontextontik	1.5+6	Kontextepistemik, -methodik, -programm
2.1-3	SE als Problem	2.4+5	Forschungsstand, Themenentscheidung
3.1	Untersuchungsontik	3.2-6	Untersuchungsaufgaben, -probleme, -strategien, -methoden und -programm
4.1-5	EIFERSUCHTSPROZESSE		
5.1-7	ERSCHEINUNGSFORMEN		
6.1-6	BEWÄLTIGUNGSPROZESSE		
7.1-8	BEWÄLTIGUNGSMITTEL		
8.1-4	BEWÄLTIGUNGSPROBLEME		
9.1-3	REFLEXION	9.1-3	REFLEXION

Tabelle 1: Sach- und machbezogene Unterkapitel der Untersuchung

Mit '*B#)* [*Überschrift*]' werden (durchnumerierend) die bewußt (siehe 3.4+5) sehr breit gestreuten und meist mehrfachen Belege und/oder Beispiele gekennzeichnet. In diesen werden teilweise auch Termini der Autoren übernommen, deren Konzepte hier nicht eingeführt werden oder von den eingeführten abweichen. Pro Beleg/Beispiel wird jeweils angegeben, zu welcher Kategorie er/es gehört bzw. zu welchem Zweck er/es erwähnt wird (siehe die Zusammenstellung dieser Kategorien in Tabelle 2).

A) BEISPIELE/BELEGE AUF DER ***ONTISCHEN*** EBENE
- 1) Falltheorie (= eine Einheit [z.B. Ethnie] oder sogar nur Untereinheit)
  - *Fall ...* (= Ergebnis empirischer Untersuchungen, z.B. Feldforschung)
  - *Empirische Direkterfahrung* (= Alltagswissen, also dadurch belegt)
  - *Konstruierter Fall* (= prinzipiell erlebbar, aber nicht belegt)
- 2) Verbreitungstheorie (= mehr als eine Einheit [Ethnie/Land/Region])
  - *Verbreitungsbehauptung* (= nicht empirisch fundiert)
  - *Verbreitungsbefund* (= Ergebnis "primärer" empirischer Untersuchungen)
  - *Ergebnis globalen Kulturenvergleichs* (= Ergebnis "sekundärer" Analysen repräsentativer Samples, z.B. EA oder SCCS)
- 3) Formtheorie (= fallübergreifende Merkmale)
  - *Bautheorie* (= Struktur- und/oder Kompositionstheorie)
  - *Wirkungstheorie* (= [hier abkürzend für] Faktoren-, Wirkungs- und Effekttheorie bzw. [meist] Ursachentheorie und/oder [seltener] Folgentheorie)
  - *Funktionstheorie* (= Erfordernis- und/oder Erfüllungstheorie)

B) BEISPIELE/BELEGE AUF DER ***EPISTEMISCHEN*** EBENE
- 1) *Forschungsstanddiagnose*
- 2) *Epistemische Theorie*

C) BEISPIELE/BELEGE AUF DER ***PRAGMATISCHEN*** EBENE
- 1) *Bewertung*

Tabelle 2: Arten und Qualitäten der Beispiele/Belege in der Untersuchung (Die im Text verwendeten Kurzkennzeichnungen sind kursiv hervorgehoben.)

TEIL I: BASIS

1 Kontext: Die Ausgangsbasis der Untersuchung

Jede wissenschaftliche Untersuchung muß von bestimmten Grundannahmen und Grundentscheidungen ausgehen. Diese Grundlagen bestimmen die genaue Themenfestlegung, die Begrifflichkeit und Terminologie, die Aufgabenart, die Verfahrensauswahl, das Vorgehen und damit die Ergebnisse. Die zusammenfassend *Untersuchungskontext* genannten Theorien und Entscheidungen sind zugleich die Begründungs- oder Herleitungsgrenze einer Untersuchung und relativieren so ihre Kritisierbarkeit und ihren Ertrag. Welcher Kontext jeweils gewählt wird, ist immer auch milieubedingt, also durch forschungsexterne Faktoren bestimmt (beispielsweise durch Ausbildungszufälle, persönlichen Vorlieben und Vorurteile oder durch Vorgaben von Auftraggebern, Prüfern oder anderen). Untersuchungskontexte müssen in einer auf Überprüfbarkeit und Nachvollziehbarkeit angelegten Untersuchung deshalb als Forschungstheorie (siehe Bruck & Künsting 1987 bzw. Bruck 1990) konstruiert, bewußt und begründet ausgewählt sowie (wenn sie nicht verbreitet und allgemein bekannt sind) im Bericht expliziert werden[1].

Ich habe meine *Kontextauswahl und -entscheidungen* (ohne externe besondere Vorgaben berücksichtigen zu müssen) in Kenntnis und partieller Unzufriedenheit mit der kulturwissenschaftlichen Forschungspraxis auf der Basis folgender *Kriterien* gefällt: ethische Verantwortbarkeit, pragmatische Wichtigkeit, empirische Richtigkeit, theoretische Fruchtbarkeit, interpersonale Nachvollziehbarkeit und Überprüfbarkeit sowie gedankliche wie sprachliche Exaktheit. Der Kontext der Untersuchung besteht deshalb aus den folgenden Teiltheorien:

- einer verantwortungsbewußten Forschungsethik (dazu 1.1),
- einem eigenkulturbezogenen praxisorientierten Forschungsinteresse (1.2),
- einer kulturanthropologischen Forschungsthematik (dazu 1.3),
- einer materialistisch-anthropologischen Forschungsontik (dazu 1.4),
- einer konstruktiv-realistischen Forschungsepistemik und -methodik (1.5) und
- einem diesen Theorien entsprechenden Forschungsprogramm (dazu 1.6).

Auf diese Weise versuche ich eine Verbindung von Anliegen der Kritischen Theorie (vor allem einem Interesse an vernünftigen Zuständen in der Gesell-

1 Daß die (für kulturwissenschaftliche Untersuchungen eher unübliche) Explikation der Kontext-Forschungstheorien keine überflüssige Spielerei ist, wird zum einen aus den Konsequenzen deutlich, die jede einzelne Kontext-Annahme und/oder -Entscheidung für die Untersuchung der sexuellen Eifersucht beim Menschen haben wird, und ist zum anderen immer dann offenkundig, wenn Sie als Leser anderer Auffassung sind ("Warum macht der das [so]?") und damit u.U. andere Konsequenzen ziehen würden. Dann nämlich brauchen Sie den Kontext (bzw. die anderen Grundlegungs-, Entscheidungs- oder Planungsteile), um die Untersuchung in ihrer internen Schlüssigkeit verfolgen, beurteilen und verbessern zu können.

schaft) mit der Bewußtheit um das Problem Subjektivität und dem Wissen um Konstruktivität (Logische Propädeutik), ohne die Einsichten und Vorteile empirisch-analytischer Ansätze aufzugeben.[2]

1.1 Kontextethik: Verantwortbares Forschen

Jede Forschung wird (ob bewußt und explizit oder nicht) auf der Basis einer bestimmten *Ethik* geplant und durchgeführt. Diese kann - als normative Theorie - nicht (wie andere Teile des Forschungskontextes) als richtig oder falsch bewertet werden, sondern muß unter moralischen und (wissenschafts-)politischen Gesichtspunkten betrachtet werden.

Ich entscheide mich[3] für eine agathonistische Forschungsethik, die mit der grundlegenden Norm *Enjoy life and help live* (Bunge 1989:241) Eigeninteresse (Egoismus) mit sozialer Verantwortung (Altruismus) verknüpft. Danach ist Wissenschaft zu betreiben zwar grundsätzlich sinnvoll und erlaubt, nicht nur weil Forschen zur Lösung von Problemen nützlich bis unverzichtbar ist (je nach Problem). Sie sollte aber (solange Menschen wichtigere Probleme haben) nicht allein zur Befriedigung reiner Neugierprobleme oder losgelöster Erkenntnisinteressen (d.h. als Selbstzweck), sondern genauso bzw. vor allem zur *kognitiven* Hilfe bei der Bewältigung der *lebenspraktischen* Probleme menschlicher Existenz eingesetzt werden.

1.2 Kontextinteresse: Pragmatisches Forschen

Außer durch eine Ethik wird jede Forschung auch durch ein jeweils spezifisches *Interesse* bestimmt, welches ebenfalls ein normatives Element von Untersuchungen ist.

1.2.1 Die eigenkulturbezogene Praxisorientierung

Innerhalb der hier gewählten Ethik der Verantwortung (siehe 1.1) kann mein Forschungsinteresse nicht mehr im Erörtern "akademischer" Fragen, sondern nur in der (Hilfe zur) Lösung lebenspraktischer Probleme liegen. Nun gibt es grundsätzlich zwei Möglichkeiten, als Kulturanthropologe *praxisbezogene* Forschung zu planen und durchzuführen (siehe Bruck 1987b:10-14):

- Erstens kann ein spezifischer lebenspraktischer Problemfall einer konkreten Menschengruppe aufgegriffen und können direkt (vor Ort) Lösungsaktivitäten unternommen werden (=df. *praktische* Forschung) und
- zweitens kann Grundlagenforschung betrieben werden (die zwar nicht direkt fallbezogen, aber zur Lösung lebenspraktischer Probleme ebenfalls unverzicht-

---

2 Dank der Verzeichnisse und der Register, die bei Unklarheiten eine schnelle und problemlose Orientierung ermöglichen, kann dieses Kapitel zunächst überlesen werden, wenn vor allem die *Ergebnisse* der Untersuchung und weniger ihre *Erzeugung* interessieren.

3 Anreger (auch für 1.2): Brückner (Hg.) 1971, Bunge 1983/80:180ff., Bunge 1989, Jonas 1987, Kramer 1970, Lenk 1984, Max-Planck-Gesellschaft (Hg.) 1984; siehe auch Bruck 1987b.

bar ist), um damit allgemeinere Erkenntnisse zur Problembewältigung zur Verfügung zu stellen (=df. *praxisorientierte* Forschung).
Weil zum einen besseres Wissen und Können bessere Praxis ermöglicht und weil zum anderen in den Kulturwissenschaften die "akademische" Forschung überwiegt und (wenn auf Praxis geachtet wird) die praktische Ausrichtung bevorzugt wird (also praxisbezogene Grundlagenforschung fehlt), ist mein *Forschungsinteresse* im eben spezifizierten Sinne *praxisorientiert*, d.h. in praktischer Absicht, aber nicht praktisch.

Meine Praxisorientierung ist dabei nicht unbegrenzt oder diffus, sondern hat einen konkreten und spezifischen Fokus: meine *eigene* Sozietät und Kultur. Diese Beschränkung auf das Verändernwollen nur der eigenen Kultur erspart nicht nur die zum Teil erheblichen ethischen und praktischen Probleme eines fremdbezogenen Anspruchs. Sie anerkennt vor allem auch das Wissen und Können anderer, versucht, dieses *für uns* nutzbar zu machen und strebt nicht (mit der beim interethnischen exportierenden Kulturtransfer besonders hohen Gefahr einer Selbstüberschätzung) an, andere von unseren Lösungen überzeugen zu müssen.

1.2.2 Die anthropo-realistische Neutralität

Gerade bei einem Problem wie sexuelle Eifersucht, welches mit Sexualität und vor allem mit nichtehelichen sexuellen Beziehungen einen Bereich thematisiert, der keinesfalls selbstverständlich und deshalb stark und in unserer Sozietät und Kultur auch kontrovers normiert und sogar moralisiert ist (siehe 3.1.2), aber auch, weil eine kulturenvergleichende Untersuchung angestrebt wird (siehe 2.5), ist eine enge und einseitig normative Festlegung pro oder contra Treue oder Eifersucht weder angebracht noch wünschenswert. Im Wissen um die Vielfalt menschlicher Regelungsmöglichkeiten und um die Existenz verschiedener geeigneter Lösungen auch im Bereich des Sexuellen soll diese Untersuchung deshalb von einer möglichst weitgehenden und grundlegenden normativen Neutralität ausgehen, die die Realitäten der menschlichen Existenz anerkennt und zur Grundlage ihrer Entscheidungen macht. In diesem Sinne wird die Bewältigung sexueller Eifersucht als Problem thematisiert und werden die potentiellen Bewältigungsmittel ohne eingrenzende Vorentscheidung für bestimmte Lösungen erörtert.

1.3 Kontextthematik: Kulturanthropologisches Forschen

Meine Untersuchung der sexuellen Eifersucht beim Menschen soll innerhalb und aus dem Blickwinkel einer spezifischen wissenschaftlichen Disziplin, der *Kulturanthropologie*[4], ausgeführt werden. (*Disziplin* =df. eine charakteristische Menge und Verknüpfung von Kontexten, Gegenständen, Fragestellungen, Zielen und Verfahren, welche eine Untersuchung von Beginn an [und anders als andere solcher Mengen] bestimmen, also nicht ein bestimmtes [und immer mehr historisch

4 Anreger: Brednich (Hg.) 1988, Fischer 1983, Gerndt 1986, Rudolph 1973 und 1983, Schlesier 1974 und Wiegelmann et al. 1977:9-11. Im hier explizierten Sinne sind auch viele - aber nicht alle - Ethnologen (Volks-/Völkerkundler) Kulturanthropologen (siehe Fischer 1983:30-33).

und regional als systematisch begründetes] institutionalisiertes *Fach*.)

Als für die wissenschaftliche Disziplin Kulturanthropologie kennzeichnend und sie von anderen Disziplinen unterscheidend sehe ich folgende *Merkmale* an:

1) Ihr *Kontext* ist eine allgemeine, den gesamten Bereich menschlicher Existenz einschließende und berücksichtigende Anthropologie sowie eine den biotischen Bereich menschlicher Existenz erfassende Bioanthropologie.

2) Ihr *Gegenstand* ist der kulturelle Bereich menschlicher Existenz in seinen biotischen, ökotischen und sonstigen Bedingungen, sind Menschen mit ihren Kulturen als Personen und als Sozietäten (als Ethnien, siehe 1.4.2).

3) Ihre *Probleme* sind alle Fragen, die sich über die Zusammenhänge von Sozietät(en) und Kultur ergeben. So fragt sie beispielsweise nach den spezifischen Problemen und Lösungen, die sozietär-kulturelle Systeme (Ethnien) schaffen und/oder anbieten, nach den spezifischen und generellen Merkmalen, Schwächen und Leistungen solcher Systeme oder nach den Unterschieden und Gemeinsamkeiten zwischen kulturellen Lösungen für gleiche Problemarten.

4) Ihre allgemeinen *Ziele* sind unspezifisch, d.h. mit denen anderer Disziplinen identisch. Auf der Erkenntnisebene können fall- wie formbezogene Bau-, Ursachen-, Funktions- und andere ontische sowie pragmatische, epistemische und methodische Theorien, auf der Handlungsebene Umgehen- und Bewältigenkönnen angestrebt werden.

5) Ihre grundlegenden *Vorgehen* sind die verschiedenen Arten des Theoriebildens und des Kulturenvergleichs. Ansonsten sind ihre Verfahren unspezifisch bzw. problem- und forschungstheorieabhängig und unterscheiden sich darin nicht in charakteristischer Weise von denen anderer Wissenschaften vom Menschen.

Während die Anthropologie und Bioanthropologie der Kulturanthropologie also die allgemeinen Grundlagen (Rahmentheorien) geben, bietet die fallbezogene Ethnografie (oder Ethnologie in einem auch verbreiteten engeren Sinne) die spezifischen empirischen Grundlagen (vor allem Fallbeschreibungen, Daten). Auf *beide* Seiten ist deshalb zurückzugreifen. Wie überhaupt der disziplinäre Rahmen nur ein allgemeiner Anhalts- oder Ausgangspunkt sein kann: «Es kommt nicht auf die Fächer (und ihre Bezeichnungen im Kanon der Wissenschaften) an, die bestimmte Fragen und Probleme bearbeiten, sondern es kommt darauf an, daß auf die Probleme und Fragen, die uns unsere natürliche und soziale Umwelt stellt, Lösungen und Antworten gesucht werden» (Schlesier 1974:69).

1.4 Kontextontik: Materialistische Realitätsauffassung

Die dieser Untersuchung zugrundegelegte allgemeine Ontik, d.h. die verwendete Theorie der grundlegenden Merkmale der Wirklichkeit, ist der *Wissenschaftliche Materialismus* (dazu 1.4.1). Innerhalb dieser Grundontik des Wissenschaftlichen Materialismus baut die Untersuchung auf einer integrierten und umfassenden (gesamtanthropologischen) Theorie menschlicher Existenz auf, der *Systematischen Anthropologie* (dazu 1.4.2).

1.4.1 Wissenschaftlicher Materialismus

Die für die menschliche Existenz und damit auch für sexuelle Eifersucht entscheidenden und prägenden Grundmerkmale der Realität sind das Vorhanden- und Wirksamsein von Sachverhalten und ihren Eigenschaften, von Beziehungen, von Wandel oder Veränderung, von Erfordernissen, von Systemizität und von Selektion.[5]

Sachverhalte. Es existieren, unabhängig von subjektiven Betrachtern, *Tatsachen*, die in ihrer Gesamtheit die *Realität* bilden. In dieser Realität existieren selbständig nur *Sachverhalte* (materielle oder konkrete Gegenstände, Dinge, Lebewesen). Diese sind meist aus Teilen (=df. *Komponenten*) zusammengesetzt und haben deshalb eine bestimmte *Komposition*, deren *Komplexität* der Anzahl und Verschiedenartigkeit der Komponenten entspricht. Alle Sachverhalte haben *Eigenschaften*, die immer Eigenschaften von Sachverhalten sind und niemals unabhängig von diesen existieren können. Zu diesen gehört z.B. die Fähigkeit von Menschen, konzeptuelle Tatsachen oder *Konstrukte* zu schaffen, die dann ebenfalls unabhängig von ihren Vertretern nicht existieren können. Sachverhalte haben zu jedem Zeitpunkt eine bestimmte Summe von Eigenschaften (=df. einen bestimmten *Zustand*).

Beziehungen. Sachverhalte bzw. Eigenschaften haben *intern* (unter den Komponenten) und *extern* (zu anderen Sachverhalten/Eigenschaften, d.h. ihrer *Umwelt*) *Beziehungen* zweier Art: solche, die Veränderungen hervorrufen (=df. *Wirkungen*) und solche, die dies nicht tun (=df. *Relationen*). Der durch eine Wirkung hervorgerufene Veränderungsgrad eines Zustands (also die Differenz zwischen dem Zustand vor und nach der Wirkung) ist der *Effekt* dieser Wirkung (siehe Abb. 2, S. 35). Alle Beziehungen zusammen bilden die jeweilige (interne bzw. externe) *Struktur* eines Sachverhalts, deren *Kompliziertheit* der Anzahl und Verschiedenartigkeit der Beziehungen entspricht. Die Gesamtmenge der internen Komponenten und Beziehungen, also die interne Komposition und die interne Struktur zusammen, bilden den *Bau* (die *Gestalt*) eines Sachverhalts bzw. einer Eigenschaft, dessen/deren *Differenziertheit* dem Grad der Komplexität *und* Kompliziertheit entspricht.

Wandel. Alle Sachverhalte verändern sich, sind durch *Wandel* (wie Neuentstehung, Erfindung, Aufgabe, Verlust oder Tod) gekennzeichnet, z.B. der Beziehungen zu anderen Sachverhalten. Eine größere Folge einzelner Zustandsveränderungen (von *Ereignissen*) bildet einen *Prozeß*. Alle Ereignisse bzw. Prozesse zusammen sind die *Geschichte* eines Sachverhalts. Wandel wird immer durch wirkende Sachverhalte (=df. *Faktoren*) hervorgerufen, die ihrerseits (meist mehrfach) bewirkt sind. Ein Faktor in der Realität ist dabei der Zufall. Ein Faktor und eine Wirkung, die einen Sachverhalt, eine Eigenschaft oder ein Ereignis bewirkt haben, =df. eine *Ursache* derselben. Seine (auch indirekten) Wirkungen und Effekte sind die *Folgen* eines Sachverhalts (siehe Abb. 2).

---

5 Die hier nur in ihren untersuchungsrelevanten Teilen skizzierte Grundontik basiert vor allem auf Annahmen und Anregungen aus Bunge 1977, 1979, 1981 und 1983/80 sowie aus Rudolph & Tschohl 1977; siehe ausführlicher Bruck 1985b:44-53 und die dort angegebenen Werke.

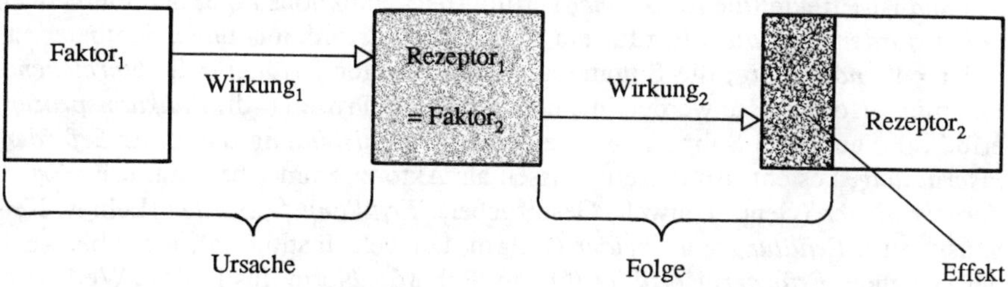

Abb. 2: Ursache und Folge aus der Sicht eines Sachverhalts (Mitte) (Faktor/Rezeptor = Kästchen, Wirkung mit Richtung = Pfeil)

Charakteristisch für die Realität sind differenzierte Vernetzungen von Ursachen (=df. *Ursachennetze*) wie Folgen (=df. *Folgennetze*). Deshalb gibt es verschiedene Stufen oder Ebenen von Ursachen wie Folgen, die sich zum Teil gegenseitig bestimmen: *direkte/unmittelbare* und einfach bis mehrfach *indirekte/mittelbare* (siehe Abb. 3).

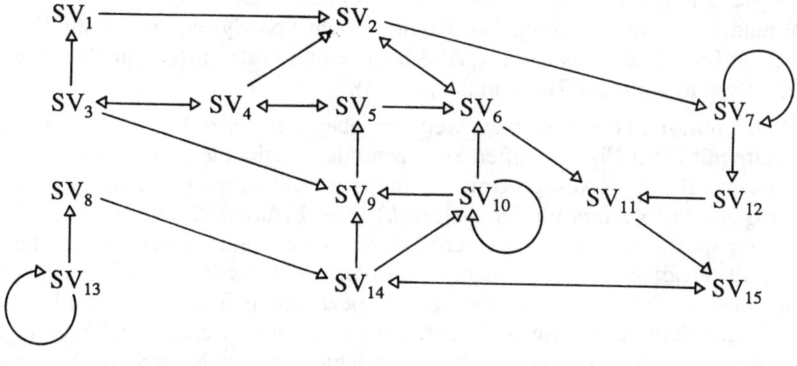

Abb. 3: Ursachen- und Folgennetze mit direkten und indirekten Wirkungen (Pfeile) und Effekten (Was im Einzelfall Ursache bzw. Faktor und Folge bzw. Effekt ist bestimmt sich immer nur aus der relativen Position des betrachteten Sachverhalts [SV_1 bis SV_n]. Direkte Faktoren sind nur durch eine Wirkung vernüpft, indirekte immer durch mehrere Wirkungen [und Faktoren]).

Erfordernisse[6]. Die Existenz eines beliebigen Sachverhalts bzw. einer beliebigen Eigenschaft ist immer an die Erfüllung jeweils spezifischer Voraussetzungen gebunden, die *(Funktions-)Erfordernisse* (Soll-Wirkungen und Soll-Effekte). Da Wirkungen Faktoren voraussetzen, muß es für jede existierende Eigenschaft mindestens einen Sachverhalt (=df. einen *Funktionsträger*) geben bzw. gegeben ha-

6 Diese Funktionstheorie basiert auf Bruck 1985b und den dort ausführlich belegten Anregern.

ben, welcher die entsprechenden Funktionserfordernisse durch seine Ist-Wirkungen *und* Ist-Effekte (die *Funktionen*) erfüllt (hat). Funktionsträger und Funktionen =df. *Erforderniserfüller*. Ein für ein spezifisches Erfordernis unverzichtbarer Erfüller =df. *notwendig*, die Summe aller notwendigen Erfüller =df. *hinreichend*. Funktionserfordernisse werden in einem speziellen Prozeß (=df. *Funktionsprozeß*) erfüllt, der aus zwei Subprozessen, einer *Erfordernisbildung* und einer *Erforderniserfüllung*, besteht. An diesem müssen als Aktoren immer beteiligt sein: *Erfordernisfestleger* (Gene, Umwelt, Gesetzgeber), *Erfüllungsfeststeller* (Lehrer, Nervensystem), *Erfüllungsentscheider* (Gehirn, Umwelt, Institution), mehr bis weniger geeignete *Erforderniserfüller* (Organ, Behörde, Norm, Institution, Werkzeug) und *Erfüllungsbewerter* (Person, Gruppe, Sozietät). Die Erfüllung von Erfordernissen hat immer bestimmte Voraussetzungen und Folgen und ist meist durch Probleme mit der Realiserbarkeit, Praktizierbarkeit und Tolerierbarkeit gekennzeichnet (siehe genauer 3.1.4).

Systeme. Biotische Sachverhalte (aber nicht alle ihrer Komponenten) sind *Systeme*, d.h. ihre interne Struktur besteht vor allem aus Wirkungen, ihre Geschichte entspricht nicht der Summe der Geschichten der Komponenten und ihre Eigenschaften entsprechen nicht der Summe der Eigenschaften der Komponenten. Systeme haben Eigenschaften, die auch ihre Komponenten besitzen (=df. *resultierte*), und Eigenschaften, die die Komponenten allein nicht haben (=df. *emergierte*). Emergierte Eigenschaften entstehen in einem besonderen Prozeß (=df. *Emergenz*) während der Systembildung. Die Komponenten von Systemen können ihrerseits Systeme (=df. *Subsysteme*) sein. Alle Sachverhalte (also nicht nur Systeme) sind selbst System und/oder Teil von System(en).

Selektion. Um bestehen bzw. weitergegeben werden zu können, müssen Sachverhalte mit ihren Eigenschaften zwei zentrale, relationale Erfordernisse erfüllen: sie müssen für die jeweilige Umwelt, in der sie existieren (wollen), *geeignet* und *verträglich* (also *adaptiv* oder *angepaßt*) sein. Erfüllen sie diese (im konkreten Fall sehr spezifischen und variablen) Erfordernisse, dann können sie erhalten bleiben (=df. *elektiert* werden), wenn nicht, *eliminiert* werden. Das Prinzip und der Mechanismus der situations- und kontextspezifischen Elektion bzw. Elimination von Sachverhalten/Eigenschaften aufgrund von Verträglichkeit und Eignung =df. *Selektion*. Im bisherigen Verlauf der Geschichte haben sich durch Wandel und Selektion (=df. durch *Evolution*) verschiedene Arten und Organisationsstufen von Dingen gebildet: physische Dinge und/oder Aggregate, chemische, biochemische, biotische, biokulturelle und kulturelle Systeme.

1.4.2 Systematische (Gesamt-)Anthropologie

Der Mensch ist ein Teil des Tierreichs und bildet kein eigenes Reich von Lebewesen, aber eine besondere *Spezies* (Homo sapiens sapiens) innerhalb der organismischen Biosysteme.[7] Er ist ein Produkt der Geschichte (und damit der Evolution) und unterliegt deren Bedingungen und Begrenzungen, und zwar in seiner persona-

7 Dieser Abschnitt basiert auf Annahmen aus Rudolph 1973, Rudolph & Tschohl 1977 sowie Rudolph 1983.

len Geschichte (=df. der *Ontogenese*), den Geschichten seiner (Sub-)Sozietäten (=df. den *Soziogenesen*) und der Geschichte seiner Spezies (=df. der *Phylogenese*) genauso wie der Geschichte seiner lebensförderlichen Umwelten (=df. der *Ökogenese*).

Kultur. Menschen können innerhalb der von der genetischen Ausstattung und den Umweltbedingungen begrenzten Spielräume durch Kognitionen, Empfindungen und Verhalten personal, sozietär oder anthropisch Neues, bisher nicht Dagewesenes, erfinden (=df. *innovieren*). Die Gesamtheit aller eigenen wie fremden Innovationen und ihrer Effekte ist die *Kultur* einer Person, Gruppe, Ethnie oder der Menschheit. Vor allem durch ihre ausgeprägte Fähigkeit zur Innovation und durch die inzwischen unverzichtbare Anpassungswichtigkeit der Kultur unterscheiden sich Menschen von allen anderen Lebewesen. Die mit Innovation und Kultur verbundene Bedeutung von *Tradition* (Übermittlung von Innovationen) hat allerdings die Relevanz von *Vererbung* (Übermittlung von Geninformationen) nicht aufgehoben. Die trotz der Eigenentwicklung von Kultur und kulturellen Systemen aufgrund der langsameren Veränderungsgeschwindigkeit "hinterherhinkende" phylogenetische Ausstattung ist ein wichtiger Grenzfaktor für die weitere Entwicklung und den Anpassungserfolg von Menschen.

Sozialität. Menschen haben Wirkungsbeziehungen zu anderen Menschen (=df. *soziale* oder *Sozialbeziehungen*), die für sie (nicht nur für Sozialisation bzw. Enkulturation) überlebenserforderlich sind. Mit solchen bilden sie interpersonale Systeme (=df. *Sozietäten*). Ein System aus einer Sozietät und ihrer Kultur bzw. ihren Kulturen, also teilweise auch das, was alltagssprachlich eine 'Subkultur' genannt wird (immer dann, wenn nicht nur die Teilmenge einer Kultur, sondern das Subsystem eines sozietär-kulturellen Systems gemeint ist), =df. *Ethnie*, und zwar unabhängig von der Größe und kulturellen Hetero- oder Homogenität des jeweiligen (Sub-)Systems (Rudolph 1983:61-66).

1.5 Kontextepistemik und -methodik: Realistisch-systematisches Forschen

Das epistemologische und methodologische Pendant zur ontologischen Theorie des Wissenschaftlichen Materialismus ist der *Wissenschaftliche Realismus* (dazu 1.5.1). Innerhalb der allgemeinen Epistemologie und Methodologie des Wissenschaftlichen Realismus lege ich eine spezifische Theorie wissenschaftlichen Forschens, die *Theorie des systematischen Untersuchens* (dazu 1.5.2), zugrunde.

1.5.1 Wissenschaftlicher Realismus

Die Realität existiert unabhängig von ihren Betrachtern oder Erforschern. Menschen können durch informationsverarbeitende Prozesse (z.B. Denken) zu unterschiedlichsten Vorstellungen oder Einsichten (=df. *Erkenntnisse* [im weitesten Sinne]) über diese Realität, d.h. über sich selbst, ihren Körper und ihre Umgebung kommen.[8] Grundlage dafür ist die menschliche *Erkenntnisausstattung* mit Ner-

8 Dieser Abschnitt basiert auf Annahmen aus Bunge 1967a+b, 1974a+b, 1983/80, 1983a und 1985a+b sowie aus den in 3.1.1 genannten Anregern.

ven, Rückenmark und Gehirn (Nervensystem) sowie der Psyche (siehe 3.1.1), die (genetisch) vererbt und (kulturell) tradiert bzw. innoviert ist.

Erkennen. Menschen haben drei grundlegende Möglichkeiten der Erkenntnisgewinnung: Mittels ihrer Sinnesorgane (also spezifischer Sensoren) können sie bestimmte Stimuli aus ihrer Umwelt oder aus anderen Körperteilen erfassen und in Nervenimpulse umwandeln (=df. *Sensieren*, die Ergebnisse =df. *Sensationen*). Mittels ihres Zentralnervensystems können sie solche Sensationen auswählen und durch wahrnehmende Verarbeitung (=df. *Perzipieren*, z.B. Sehen oder Riechen) *Perzeptionen* gewinnen (Sensieren und Perzipieren =df. *Wahrnehmen*). Und mit dem gleichen Zentralnervensystem (vor allem dem Gehirn) können sie durch *kognitive* (z.B. vergleichende, verknüpfende oder schliessende) Verarbeitung (auch von Wahrnehmungen) *Konzipieren*, d.h. *Konzeptionen* schaffen. Konzeptionen sind entweder *(deskriptive) Kenntnisse* wie *Wissen* (Kenntnisse über Sachzusammenhänge, z.B. ontologische Theorien) und *Können* (Kenntnisse über Bearbeitungs- oder Machzusammenhänge, z.B. Rezepte oder Strategien) oder *(präskriptive) Einstellungen*, also *Normen* (Soll-Vorschriften) und *Bewertungen* (Vergleichsergebnisse zwischen Normen und Istzuständen). Konzeptionen sind immer mehr oder weniger zutreffende und angemessene (sowie teilweise konventionelle) Vermutungen oder Spekulationen über die Realität (symbolische Repräsentationen), niemals deren getreue (oder verkleinerte) Abbilder. Sie sind unsere eigenen (aber nicht unbedingt individuellen) Schöpfungen - auch die, die reale Sachverhalte repräsentieren (siehe auch 3.1.1).

Wissenschaftliches Forschen. Es gibt zielgerichtete Versuche, Erkenntnisse (Sensationen, Perzeptionen und vor allem Konzeptionen) zu gewinnen (=df. *Forschen*). *Wissenschaftlich* =df. solche Forschung, die interpersonale Gültigkeit, Objektivität, interpersonale Nachvollziehbarkeit, interpersonale Überprüfbarkeit, Empirizität und Fruchtbarkeit anstrebt (siehe 1.5.2). Wissenschaftliches Forschen wird von Personen durchgeführt, die voneinander lernen und in eine sozietäre Kultur eingebettet sind, deren Normen die Forschung mitbestimmen, d.h. sowohl stimulieren als auch behindern. Es beginnt mit und basiert auf Traditionen, die es erweitern und korrigieren kann. Jede Annahme und jeder Vorschlag in der Wissenschaft sollte durch Verstand und/oder Erfahrung begründet und gerechtfertigt werden. Alles Wissensbare und Wissenswerte kann wissenschaftlich oder technologisch besser, d.h. wahrer und/oder effizienter, erkannt werden als auf irgendeine andere Weise. Aber auch für die Ergebnisse von Wissenschaft gilt immer: jeder Bestandteil faktischer Erkenntnisse ist fehlbar und verbesserbar.

1.5.2 Systematisches Untersuchen

Ein spezifisches (wissenschaftliches) Forschungsvorhaben =df. eine (wissenschaftliche) *Untersuchung*. Der psychophysische Prozeß der *Untersuchungsausführung* ist dabei vom sprachlich-textlichen Bericht darüber, dem *Untersuchungsbericht*, verschieden und zu trennen.[9] Um die Kriterien für Wissenschaftlichkeit

9 Die hier eingesetzte Forschungslehre bietet eine allgemeine Anleitung für die systematische und konstruktive Planung und Durchführung wissenschaftlicher Untersuchungen. Sie wurde in ihrer ursprünglichen Version von P. Tschohl (in Lehrveranstaltungen 1980 und 1981), auch

(siehe 1.5.1) erfüllen zu können, müssen Untersuchungen *systematisch*, d.h. *sachbezogen* (auf den Untersuchungsgegenstand), *problemgeleitet* (durch die Untersuchungsfragen), *vollständig* (alle relevanten Bauteile enthaltend), *geschlossen* (schlüssig und folgerichtig argumentierend) und *konstruktiv* (argumentativ überzeugend, also nicht appellierend, polemisierend, verschleiernd, überredend) sein. Dazu müssen Untersuchungen eine zweite Entwicklungsphase durchlaufen: Der durch Um- und Fehlwege, Irrtümer, Sprünge, Lücken etc. gekennzeichneten *Entdeckung* muß eine darauf aufbauende, (re-)konstruierende *Erzeugung* zum Erreichen der Systematik folgen (über die allein zu berichten ist, was begründungs- bzw. nachvollziehbarkeitsrelevante Entdeckungsaspekte im Erzeugungsbericht nicht ausschließt).

Sachbezogenheit wird durch ausschließliche Thematisierung der Eigenschaften des Untersuchungsgegenstandes (und nicht z.B. seiner Erforscher oder Erforschung) erreicht, *Problembezogenheit* durch präzises Leitenlassen durch die Untersuchungsfragen und -ziele (und nicht z.B. die Faszination des Gegenstandes oder der Autorenmeinungen).

Geschlossenheit und *Vollständigkeit* werden durch die Berücksichtigung und Ausarbeitung der erforderlichen Untersuchungsbauteile in der richtigen Reihenfolge erreicht. Deshalb muß eine systematische (erzeugte) Untersuchung immer aus einer Untersuchungsgrundlage, einer Untersuchungsplanung, einer Untersuchungsdurchführung, einem Untersuchungsergebnis und einer Untersuchungsreflexion bestehen. Während die Untersuchungsdurchführung in ihrer Binnendifferenzierung nur subform- oder fallspezifisch (also nicht generell) bestimmt werden kann, müssen die anderen Erzeugungsteile für eine geschlossene und vollständige Erzeugung einen einheitlichen Aufbau haben (siehe 1.6 und verallgemeinere das Untersuchungsschema in Abb. 1, S. 25, und Tabelle 3, S. 40).

Konstruktivität wird innerhalb einer Erzeugung erreicht, indem rein erkenntnisbezogen geforscht, argumentiert und begründet wird. Deshalb dürfen in einer systematischen Untersuchung für die jeweilige Sache und Klärungsaufgabe irrelevante und/oder hinderliche Dinge (wie z.B. offene oder versteckte Autoritätsargumente, Dogmen, Polemik, Unsachlichkeit oder die Forschungs- bzw. Ideengeschichte) nicht vorkommen.

1.6 Kontextprogramm: Erzeugendes Untersuchen

Meine Untersuchung soll *systematisch* sein, muß also (siehe 1.5.2) sachbezogen, problemgeleitet, geschlossen, vollständig und konstruktiv *erzeugt* werden. Im einzelnen soll sie nach den explizierten und implizierten Vorgaben und Anleitungen der Kontexttheorien (1.1-5) und deshalb u.a.

- *materialistisch argumentierend* (und nicht idealistisch),
- *gesamtanthropologisch fundiert* (und nicht z.B. Körper und Geist bzw. Bios und Kultur trennend),

---

auf der Basis von Annahmen M. Bunges, entwickelt (siehe ausführlicher, wenn auch zum Teil überholt, Bruck 1985b:182-191).

- *kulturenvergleichend* (und nicht einzelfallbezogen oder auf einen bestimmten Kulturenbereich begrenzt),
- *wissenschaftlich begründend* (und nicht pseudo- oder antiwissenschaftlich spekulierend),
- *aus der Sicht eines "westlichen" Wissenschaftlers* und (atheistischen) Angehörigen des christlich-abendländischen Kulturenbereichs (und nicht aus irgendeiner anderen, von mir gar nicht leistbaren Perspektive),
- *sachangemessen relativierend* (und nicht euro- oder ethno- oder szientozentristisch) sowie
- *erkenntnis- und praxisbezogen* (und nicht nur "aktivistisch" praxisbezogen oder nur "akademisch" neugierbezogen)

geplant und durchgeführt werden. Deshalb muß die Untersuchung aus den in Tabelle 3 zusammengestellten, aufeinander aufbauenden Schritten bestehen (siehe auch die Abb. 1, S. 25, und Tabelle 1, S. 28).

Schritt 1:	Bereitstellung der verbindlichen *Untersuchungsgrundlage*, also der erforderlichen Kontexttheorien (in 1).	
Schritt 2:	Eine genaue und begründende *Planung* und *Entscheidung* der Untersuchungsdurchführung (in 2 und 3) durch	
	Teilschritt A:	(die Untersuchungswürdigkeit und Untersuchbarkeit nachweisende) Herleitung (in 2.1-4) und Entscheidung des *Themas*, d.h. des Gegenstands, der Fragen und der Ziele (in 2.5),
	Teilschritt B:	Bestimmung der grundlegenden Merkmale des untersuchten Realitätsbereichs, also der Untersuchungs*ontik* (in 3.1),
	Teilschritt C:	Klärung der durch Themenentscheidung, Realitätsbeschaffenheit und Kontextvorgaben bedingten Untersuchungs*aufgaben* (in 3.2),
	Teilschritt D:	Bestimmung der durch Kontext, Themenstellung, Ontik und Aufgaben bedingten Untersuchungs*probleme* (in 3.3),
	Teilschritt E:	(auf der Basis aller bisherigen Entscheidungen und Vorgaben) Bestimmung der grundlegenden Lösungsprinzipien für diese Probleme, also Entscheidung der Untersuchungs*strategien* (in 3.4),
	Teilschritt F:	(normative) Spezialisierung dieser Strategien auf die themenspezifischen Vorgehenserfordernisse der Untersuchung, also Entscheidung der Untersuchungs*methoden* (in 3.5),
	Teilschritt G:	Festlegung einer durchführbaren Schrittfolge zur Erfüllung der Untersuchungsaufgabe und zum Erreichen des Untersuchungsziels, also Entscheidung des Untersuchungs*programms* (in 3.6).
Schritt 3:	*Durchführung* des in Schritt 2 begründeten und entschiedenen Untersuchungsprogramms und damit - als *Ergebnis* - Beantwortung der Untersuchungsfragen und Erreichen der Untersuchungsziele (in 4 bis 8).	
Schritt 4:	Eine kritische *Reflexion* der Untersuchung, ihrer Grenzen, Erträge und Konsequenzen (in 9).	

Tabelle 3: Das allgemeine (themenunspezifische) Programm zur systematisch erzeugenden Planung und Durchführung der Untersuchung

TEIL II: PLANUNG

2 Thema: Kulturelle Bewältigungsmöglichkeiten sexueller Eifersucht

Welche *kulturellen* Mittel gibt es, um sexuelle Eifersucht zu verhindern oder wenigstens einzuschränken? Das ist die diese Untersuchung *auslösende Frage*.

Um von dieser Auslöserfrage zu einem gerechtfertigten, begründeten und eindeutig ausführbaren Untersuchungsthema (in 2.5) zu kommen, sind (siehe 1.6) zunächst die folgenden Fragen zu beantworten (zum Argumentationsschema der Beantwortung siehe zusammenfassend Tabelle 6, S. 67):

1. Ist das Bewältigen sexueller Eifersucht überhaupt ein (auch im Vergleich mit anderen) ausreichend wichtiges und ungelöstes praktisches Problem von Menschen (dazu 2.1)?
2. Wenn sexuelle Eifersucht ein relevantes Lebensproblem ist: Ist es auch lösungswürdig oder gibt es beispielsweise Funktionen sexueller Eifersucht, die gegen eine Bewältigung sprechen (dazu 2.2)?
3. Wenn das Problem sexuelle Eifersucht lösungswürdig ist: Können durch eine kulturenvergleichende Untersuchung nutzbare Lösungshilfen gefunden werden, d.h. ist es kulturwissenschaftlich lösbar (dazu 2.3)?
4. Wenn Lösungsmöglichkeiten gefunden werden können: Ist das Problem sexuelle Eifersucht nicht vielleicht schon ausreichend erforscht? Und wenn nein: Reichen die verfügbaren Mittel für eine erfolgversprechende Untersuchung aus (dazu 2.4)?

2.1 Lebenspraxis: Ist sexuelle Eifersucht ein ausreichend wichtiges und ungenügend gelöstes Problem?

Daß sexuelle Eifersucht ein sehr häufiges, oft folgenschweres und deshalb wichtiges lebenspraktisches Problem von Menschen ist, läßt sich (über den bloßen Verweis auf die Alltagserfahrung hinaus) leicht durch den deutlichen Widerspruch zwischen der verbreiteten Lust auf außereheliche bzw. außerpartnerschaftliche Beziehungen und dem genauso verbreiteten Wunsch nach Treue erweisen.

2.1.1 Die Lust auf Exosex

Für viele Menschen ist der jeweilige Partner bzw. die jeweilige Partnerin nicht die einzige Person, die sie sexuell (im weitesten Sinne, d.h. körperlich *wie* psychisch; siehe 3.1.2) interessiert. Und auch mit einer Eheschließung oder jeder beliebig anderen Weise der Bekundung, eine Partnerschaft (vorübergehend oder langfristig)

	Verbreitung extramaritaler Sex (SCCS, n = 186)	*Männer* Ethnien	%	*Frauen* Ethnien	%
.	Missing data	135	—	133	—
1	Universal	6	11.8	6	11.3
2	Moderate	29	56.9	23	43.4
3	Occasional	6	11.8	9	17.0
4	Uncommon	10	19.5	15	28.3
.	Missing data			63	—
1	Not allowed, and apparently rare			57	48.7
2	Not allowed, but apparently not uncommon			41	35.0
3	Allowed, or very common			19	16.3

Tabelle 4: Die Verbreitung extramaritalen Geschlechtsverkehrs von Männern und Frauen (nach Broude & Greene 1976 [WC1#1:170 & 171] sowie Whyte 1978 [WC1#4:598])

personal einzuschränken, zu festigen oder verbindlicher zu machen, endet nicht überall und prinzipiell die Bereitschaft, das Recht und die Fähigkeit, andere Menschen außerhalb dieser jeweiligen Beziehung attraktiv, liebenswert, anregend oder begehrenswert zu finden.

B1) Die Verbreitung der Lust auf exosexuelle Beziehungen

Fall Zapoteken, Mittelamerika: «Fidelity in marriage undoubtedly occurs, but among the men, at least, it does not appear to be standardized» (Parsons 1970/36:115). *Ergebnisse globaler Kulturenvergleiche*: «... there is certainly a great deal of evidence that at least some people in a large number of cultures experience lust outside of marriage. Indications of such lust include the large number of cultures that permit, tolerate, or at least do not often severely punish nonmarital sexual relationships, and the scattered cultures with occasional orgies or with sexual hospitality for visitors» (Rosenblatt & Anderson 1981:239). In 41 von 51 Ethnien des SCCS (das sind in über 80%) kommt bei Männern und in 38 von 53 Ethnien des SCCS (das sind in zwei Dritteln) kommt bei Frauen extramaritaler Geschlechtsverkehr wenigstens gelegentlich vor (siehe Tabelle 4).

Es gibt also einen, häufig auch realisierten, Wunsch nach sexuellen Außenbeziehungen (nach '*Exosex*', wie ich abkürzend sage, siehe 3.1.3).

2.1.2 Der Wunsch nach Treue

Es gibt andererseits aber viele Menschen (darunter auch solche, die selber Lust auf Exosex verspüren und diesen vielleicht sogar praktizieren), die einen Wunsch nach Ausschließlichkeit ihrer (nicht nur) sexuellen Beziehung haben, die nicht möchten, daß ihre Partnerin oder ihr Partner mit anderen Personen flirtet, zärtlich ist oder Geschlechtsverkehr hat - aus welchem Grund auch immer.

B2) Die Verbreitung des Wunsches nach sexueller Treue

Fall Deutschland (repräsentative Bevölkerungsumfragen 1963 bis 1986): Auf die Frage «Welche Eigenschaften schätzten Sie besonders an einer Frau?» antworteten 1970, 1974 und 1978 54% der Männer «Treue», 1986 waren es sogar 69% (womit Treue an erster Stelle der geschätzten Eigenschaften stand). Auf die entsprechende Frage über Männer antworteten Frauen 1970 bis 1978 mit jeweils 62% «Treue» und 1986 ebenfalls 69%, was wiederum die Spitzenposition bedeutete (Institut für Demoskopie Allensbach 1986, Tabellen 8a und 8b). Und auf die Frage «Billigen oder verurteilen Sie es, wenn verheiratete Menschen neben ihrer Ehe intime Beziehungen unterhalten?» antworteten 1963 68% der Männer und 84% der Frauen sowie 1986 53% der Männer und 66% der Frauen «verurteile es» (Institut für Demoskopie Allensbach 1986, Tabellen 7b und 7c). *Ergebnisse globaler Kulturenvergleiche*: Der Lust auf exosexuelle Beziehungen wird in mindestens der Hälfte der Ethnien des SCCS durch entsprechende Regelungen Rechnung getragen, auch wenn dabei hinsichtlich der Erlaubnis wie der Bestrafung die Männer meist weit besser gestellt sind (oder sich gestellt haben) als die Frauen (siehe Tabelle 5). Siehe auch B150 sowie Brigitte 1990.

Es gibt also sehr verbreitet auch einen Wunsch nach Treue, der sich in offiziellen wie inoffiziellen Normierungen, Strafandrohungen und Bestrafungen, selbst auf der sozietären Ebene, ausdrückt.

	Verbreitung Doppelmoral/Doppelsanktionierung (SCCS, n=186)	*Ethnien*	*%*
.	Missing data	77	—
1	Single standard - both allowed	13	11.9
2	Double standard - husband only	48	44.1
3	Double standard - both forbidden, women punished more	24	22.0
4	Single standard - both condemned equally	24	22.0
.	Missing data	87	—
1	Yes [Doppelmoral für Frauen und Männer]	46	46.5
2	No, equal restrictions	49	49.5
3	Male punished more severely for transgression	4	4.0
.	Missing data [auch weil nur Stichprobe erhoben]	128	—
1	Permitted for both H[usband] and W[ife]	3	5.2
2	Permitted for both but only in limited contexts	11	18.9
3	Permitted and not punished unless pregnancy results	1	1.7
4	Permitted for the husband but not for the wife	15	25.9
5	Weakly prohibited, e.g., frequent violations or weak	15	25.9
6	Strongly prohibited, e.g., occurs rarely or severe	13	22.4

Tabelle 5: Die Verbreitung von Doppelmoral und Doppelsanktionierung für extramaritalen Sex (nach - von oben nach unten - Broude & Greene 1976 [WC1#1:169], Whyte 1978 [WC1#4:597] und Frayser 1985 [WC3#1:963])

2.1.3 Die Konsequenz Eifersucht

Wenn nun - wie es häufig der Fall ist - ein Wunsch nach sexueller Exklusivität, Ausschließlichkeit oder Treue auf der einen und nach Exosex auf der anderen Seite aufeinandertreffen, kann es zu Kollisionen oder Konflikten kommen, in denen das auftritt, was wir alltagssprachlich 'Eifersucht' nennen.

Wenn ich hier von 'sexueller Eifersucht' rede, dann denke ich zunächst einmal an Ereignisse oder Sachverhalte, wie sie in den folgenden Beispielen dokumentiert sind.

B3) Sexuelle Eifersucht innerhalb einer polygynen Ehe

Fall !Kung, Afrika (die Erzählerin wird Nisa genannt): «Bevor ich mit Tashay Kinder hatte, brachte er eine andere Frau in unsere Ehe. Ich war noch ein junges Mädchen, und die andere Frau, Tiknay, war auch ein junges Mädchen. Er heiratete uns beide und sorgte für uns. Zuerst fragte er mich, und ich lehnte ab. Er fragte mich immer wieder. Immer und immer wieder. Schließlich sagte ich: 'Also gut, heirate sie und bringe sie hierher.' Aber als er mit ihr kam, wollte ich sie nicht haben. Ich begrüßte sie noch nicht einmal. Wir drei lebten weniger als ein Jahr zusammen. In dieser Zeit hielt ich mir Tashay vom Leib, und ich hatte keinen Sex mit ihm. Ich sagte, er würde ihren Schmutz bei mir lassen, er würde noch feucht von ihrer Vagina zu mir kommen. Und das wollte ich nicht. Wir stritten viel, besonders nachts. Mitten in der Nacht, wenn alle anderen schliefen, hatte Tashay Sex mit ihr, und wenn er sie liebte, stießen sie gegen mich und weckten mich auf. Einmal dachte ich: 'Wer stößt mich so und läßt mich nicht schlafen?' Ich stand auf, nahm ihre Decke und warf sie ins Feuer. Ich schrie: 'Steht auf, ihr zwei! Geht in den Busch und vögelt dort. Ich möchte hier ruhig schlafen.' Tiknay stand auf, und wir kämpften miteinander. Wir kämpften, bis Tashay uns trennte. Später legten wir uns alle wieder hin und versuchten zu schlafen. Am nächsten Morgen nahm ich ein Messer und versuchte, Tashay zu erstechen. Tiknay nahm es mir weg. Da brach es aus mir heraus: 'Tiknay, verschwinde! Steh auf und geh in dein Dorf zurück. Wie kommt es, daß es so viele Männer gibt und du keinen geheiratet hast? Warum hast du meinen Mann geheiratet?' Tiknay antwortete: 'So war es nicht ... dein Mann hat mich hierhergebracht. Ich bin nicht von mir aus gekommen.' Ich sagte: 'Es ist mir gleichgültig, wie du hergekommen bist. Es gibt viele andere Männer, und ich muß meinen Mann nicht mit dir teilen! Hat nur er einen Penis? Haben nicht alle Männer einen Penis? Den hier soll ich haben, und danach sollst du ihn haben? Also steh auf und gehe in dein Dorf zurück!' Schließlich jagte ich sie davon, und sie kehrte zu ihren Eltern zurück. Erst nachdem sie gegangen war, durfte Tashay mich wieder berühren. Erst nachdem ich sie weggejagt hatte, lebten wir wieder zusammen und liebten uns» (Shostak 1982/81: 130f.).

B4) Sexuelle Eifersucht auf den Vorgänger

Fall Deutschland: «Ein Mann, jahrelang glücklich verheiratet, gerät jedesmal in Wut, wenn der Name dessen fällt, den seine Frau vor der Ehe geliebt hat. Er unterbindet selbst harmlose Kontakte, die bei einer früher wichtigen, heute abgeklungenen Beziehung natürlich wären: seltene Besuche, Nachrichten von Kindergeburten, Umzugsmeldungen» (Baumgart 1985a:75).

B5) Antizipierte sexuelle Eifersucht

Fall Crow, Nordamerika: «About twenty years ago a young man, recently married, was speaking lightly of possible amours with other women. But he turned grave in thinking of the reverse contingency. 'Do you know what I should do then?' he asked me; 'I should never look at her or have anything more to do with her.'» (Lowie 1956/35:49).

B6) Sexuelle Eifersucht auf den Partner einer fiktiven Partnerin

Fall Deutschland: «Der scheinbar motivlose Selbstmord des Schülers Knut W. (18) klärte sich erst, nachdem die Schlagersängerin Anita H. drei Tage nach dem Tod des Schülers berichtete, sie hätte einen 'Abschiedsbrief' von ihm erhalten, in welchem er von seiner 'unsterblichen Liebe' zu ihr sprach und ihr erklärte, er könne ihre vor kurzem geschlossene Ehe mit dem Schauspieler Frank R. nicht überleben. Knut W. war aber weder der Sängerin noch ihrem Ehemann je begegnet» (Borneman 1986:12).

B7) Sexuelle Eifersucht trotz eigener Exosexbeziehung

Fall Deutschland: «Eine Frau, die unter mürrischer Duldung ihres Mannes zwei Jahre lang eine schwärmerische Beziehung zu einem ebenfalls verheirateten Freund unterhielt, verliert völlig die Fassung, als ihr Mann sich seinerseits verliebt. Das, sagt sie, sei 'etwas völlig anderes'. Sie selbst dagegen habe auch während ihrer 'Spinnerei auf den anderen' immer nur ihren Mann geliebt» (Baumgart 1985a:79). Siehe auch B194.

Diesen und ähnlichen Fällen ist gemeinsam, daß hier Personen tatsächliche oder vermeintliche sexuelle Beziehungen ihres erhofften oder aktuellen Partners (bzw. ihrer Partnerin) mit einer weiteren Person auf sehr unterschiedliche Art und Weise mißbilligen. Das Merkmal der *Mißbilligung* realer oder angenommener *exosexueller* Aktivitäten eines Partners halte ich für das entscheidende Kennzeichen dessen, was ich zunächst einmal unter 'sexuelle Eifersucht' subsumieren würde und hier untersuchen möchte.

Die im Forschungsstand verbreiteten Definitionen bestätigen das "Unzufriedensein" mit, die "Enttäuschung" über oder die "Mißbilligung" von exosexuellen Beziehungen eines Partners als zentrale Kennzeichen sexueller Eifersucht:

B8) Eifersuchtskonzepte

Bautheorien: Eifersucht =df. «A personally experienced, or socially perceived, affect/state marked first by inhibition of self, as opposed to realization of self; and second by deterioration of the subject's relationship with significant others in his life. The jealous individual experiences the feeling that he is being deprived of power relative to the object of his jealousy. The term, as employed in this study, refers to the feelings of discomfort, vulnerability, and an impulse to control the other's behavior. The definition incorporates three critical aspects of jealous reaction: (1) a state of disequilibrium; (2) a sense of inadequacy and powerlessness, and (3) an impulse to act, or react» (Corzine 1974:18f.). Eifersucht sei die Angst, der Partner oder die Partnerin werde nicht oder in einem weniger begehrenswerten Zustand zurückgegeben oder zurückkommen (Grold 1972:118). «Jealousy is a protective reaction to a perceived threat to a valued relationship, or to one's happiness or self-esteem in connection with a valued relationship» (Clanton 1981:260). Eifersucht sei das «leidenschaftliche Streben nach Alleinbesitz mit haßerfüllter Angst vor jedem möglichen Nebenbuhler» (dtv-Lexikon 1976, Band 4:287). Siehe auch B64, B65, B74, B105 oder B137.

Ohne eine weitergehende Analyse läßt sich aus diesen Fall- und Definitionsbeispielen sowie der Alltagskenntnis durch Verknüpfung mit der Kontextontik (siehe 1.4) ein vorläufiges Arbeitskonzept erstellen, welches erlaubt, Ereignisse oder Sachverhalte im Sinne meines Interesses und meiner Vorkenntnisse ausreichend angemessen und übereinstimmend als 'sexuelle Eifersucht' zu etikettieren. Grundlage dieses Arbeitskonzeptes sind folgende Beobachtungen:

Sexuelle Eifersucht kommt in zwischenmenschlichen Beziehungen (z.B. Ehen oder Freundschaften) vor, impliziert einen (wie auch immer im einzelnen formulierten) Wunsch nach sexueller Treue des Partners, also ein (Funktions-)Erfordernis "sexuelle Treue" sowie dessen unzureichende oder Nichterfüllung durch eine wahrgenommene exosexuelle Beziehung des Partners.

Damit ergibt sich als *Arbeitsdefinition* (siehe genauer 5.7.2): 'Sexuelle Eifersucht' soll (bis auf weiteres) alles genannt werden, was an nicht neutralen oder nicht zustimmenden oder nicht freundlichen Aktivitäten einer möglichen oder tatsächlichen sexuellen Beziehung eines Partners mit einer dritten Person beim anderen Partner vorausgeht oder folgt.

Diese wie andere übliche Eifersuchtsdefinitionen berücksichtigen (indem sie sie offen lassen) die bereits in den Fallbeispielen deutlich gewordene Vielfalt der Aktivitäten, mit denen eine Mißbilligung, Enttäuschung oder Unzufriedenheit mit exosexuellen Beziehungen von Partnern ausgedrückt werden.

2.1.4 Sexuelle Eifersucht als Problem

«Zum Problem wird Eifersucht dann, wenn bei einem, nicht selten bei beiden Partnern ein Leidensdruck entsteht. Sowohl der Eifersüchtige, als auch sein Partner empfinden die Situation bei einem länger bestehenden Eifersuchtskonflikt als belastend, bei einer als krankhaft zu bezeichnenden Konstellation nicht selten sogar als ausweglos» (Buddeberg 1986:127). Daß sexuelle, also durch sexuelle Beziehungen ausgelöste Eifersucht von vielen (nicht allen!) Menschen in zahlreichen Beziehungen und unterschiedlichen Situationen als ein Problem empfunden wird, ist täglich und vielfach erfahrbar.

B9) Probleme durch sexuelle Eifersucht
Empirische Direkterfahrung: Von katastrophalen Auswirkungen sexueller Eifersucht erfahren wir nahezu täglich in der Presse (siehe beispielsweise B147 [Südd. Zeitung]). Und die für die Öffentlichkeit nicht ganz so "spektakulären", aber oft genauso folgenschweren (und quantitativ, d.h. in der Verbreitung viel wichtigeren) "normalen" Effekte sexueller Eifersucht erleben wir an uns selbst oder zumindest in unserer mittelbaren oder unmittelbaren Umgebung (Bekannte, Kollegen, Freunde, Verwandte). *Ergebnis globalen Kulturenvergleichs, Wirkungstheorie*: Ehebruch wird von Ethnografen bei 45 (= 55%) von 77 Ethnien, in denen Gewalt gegen Frauen vorkommt (in 48 [= 56%] selten, in 29 [= 34%] häufig oder üblich), als der Hauptgrund für die Aggressionen gegen Frauen angegeben (Masumara 1979:57).

Die eigene wie die sexuelle Eifersucht des Partners oder der Partnerin ist bei uns zwar in den allermeisten Fällen kein tödlich endendes Ereignis, und es ist auch meist kein wirklich existentielles Problem auf der dringlichsten Stufe. Es ist aber doch eines, welches die Beziehungen und das persönliche Glück und Wohlergehen sehr vieler Menschen zum Teil erheblich einschränkt und belastet. Deshalb ist seine Bearbeitung auch innerhalb der hier zugrundegelegten Ethik (siehe 1.1) und Praxisorientierung (siehe 1.2) vertretbar.

2.1.5 Der Versuch einer Bewältigung

Sexuelle Eifersucht ist allerdings wenigstens bei uns kein Problem (mehr), welches einhellig als schicksalhaft unlösbar hingenommen wird. Viele Menschen bemühen sich sogar aktiv und zum Teil erfolgreich darum, ihrer sexuellen Eifersucht nicht ausgeliefert zu sein, mit ihr umgehen zu können, sie vielleicht sogar verhindern zu können.

B10) Bemühungen um eine Bewältigung sexueller Eifersucht
Fälle in vor allem westlichen [Sub-]Sozietäten: Die Bemühungen um andere Umgangsweisen mit sexueller Eifersucht belegen unter anderem die *Experimente in Subkulturen oder Alternativbewegungen* (siehe z.B. Adams 1980, Bartell 1971, Bartell 1974, Blasband & Peplau 1985, Buunk 1981, Constantine & Constantine 1971, 1973 und 1974, Denfeld 1974a und 1974b, Ellis 1969 und 1972, Fullerton 1977, Gilmartin 1977, Jenks 1985, O'Neill & O'Neill 1975/72, Pines & Aronson 1981, Rubin & Adams 1986 oder Salsberg 1973), zahlreiche *Praxisberichte und Empfehlungen von Therapeuten* (siehe z.B. Ard 1977/67, Baar 1986, Barrell & Richards 1982, Baumgart 1985a, Bernardez-Bonesatti 1975, Bernhard 1986, Blood & Blood 1977, Bohm 1952, Constantine 1976 und 1977/76, Daher & Cohen 1979, Francis 1977, Hauck 1981, Hawkins 1976, Hibbard 1975, Im-Won-Gi et al. 1983, Margolin 1981, Mazur 1973 bzw. 1977/73, Morris 1982, Peseschkian 1983, Pestrak et al. 1986, Peterson & Mercer 1968, Pieritz & Spahn 1978, Portele 1983, Seeman 1981, Tannenbaum 1923, Teismann 1979, Verhulst 1985 oder Wienand-Kranz 1983), die vielen *Auseinandersetzungen und Empfehlungen in einschlägigen Zeitschriften* (siehe Beer 1989, Brigitte 1981, 1989 und 1990, Communities 1975, Cosmopolitan 1989, Hörzu 1987, Lewicki 1989 oder Zschocke & Clasen-Holzberg 1988) oder die mehr oder weniger expliziten *Anleitungen in "Ratgeber"büchern bzw. -artikeln*, die sich ausschließlich oder unter anderem mit sexueller Eifersucht befassen (siehe Baumgart 1985a und 1985b, Beecher & Beecher 1971 bzw. 1972/71, Beer 1987/86, Benard & Schlaffer 1985, Clanton & Smith [eds.] 1977, Erlen 1977, Ernst 1985, Krüger 1987, Meade 1975, Pflüger [Hg.] 1982, Plack 1979/76, Ruthe 1976 bzw. 1984, Smith 1973 oder Wolf 1985).

Trotz der zahlreichen dort vorgeschlagenen und/oder praktizierten Lösungsstrategien ist die offenkundig als Problem empfundene sexuelle Eifersucht bisher jedoch noch keinesfalls beseitigt oder wenigstens auf ein problemloses Maß verringert worden. Dies liegt nicht *nur* daran, daß die empfohlenen Bewältigungsverfahren nicht eingesetzt wurden (oder werden konnten). Es ist auch in der unzureichenden Kenntnis der prinzipiellen Möglichkeiten und Grenzen einer Eifersuchtsbewältigung begründet (siehe 2.4). Deshalb besteht weiterhin ein Lösungsbedarf und damit auch ein Forschungsbedarf.

Dieser Lösungs- oder Bewältigungsbedarf für sexuelle Eifersucht dürfte zukünftig sogar eher noch zunehmen. Seit einigen Jahren wird wieder eine "neue" sexuelle Eifersucht (siehe z.B. Borneman 1986 [B33]) propagiert, mit den entsprechenden Auswirkungen. Außerdem nutzen manche die sich vor allem durch bestimmte Techniken (ungeschützten) Geschlechtsverkehrs ausbreitenden HIV-Infektionen und die damit verbundene Gefahr einer AIDS-Erkrankung, um Werte wie eheliche (oder partnerschaftliche) sexuelle Treue propagieren zu können (siehe dazu 2.2.3).

2.1.6 Fazit: Sexuelle Eifersucht ist ein relevantes Problem

Sexuelle Eifersucht ist ein weit verbreitetes, alltägliches Problem von Personen und in Beziehungen, mit welchem wir häufig konfrontiert sind und mit welchem sich viele Menschen beschäftigen (müssen). Hintergrund für das oft folgenschwere Auftreten sexueller Eifersucht ist dabei ein Erforderniskonflikt: der Konflikt zwischen der offensichtlich nicht gänzlich und nicht bei allen Menschen unterdrückbaren Lust auf sexuelle Außenbeziehungen auf der einen und dem dieser Lust widersprechenden Wunsch nach sexueller Treue auf der anderen Seite. Zwar werden exosexuelle Beziehungen bei uns nicht mehr überall, prinzipiell und total abgelehnt, weswegen die eigene sexuelle Eifersucht zumindest teilweise als ein zu bewältigendes Problem angesehen und zu bewältigen versucht wird. Weil der Wunsch nach Bewältigung jedoch nicht immer in Erfüllung geht, besteht für das Problem sexuelle Eifersucht weiterhin ein Lösungsbedarf (siehe zusammenfassend Tabelle 6, S. 67).

2.2 Therapiebedarf: Sollte sexuelle Eifersucht bewältigt werden?

Aber besteht wirklich ein Lösungsbedarf? Selbst wenn sexuelle Eifersucht weitergehend bewältigt werden könnte, dann ist damit noch keinesfalls automatisch entschieden, ob sie auch tatsächlich bewältigt werden *sollte*. Sexuelle Eifersucht könnte ja funktional sein (dazu 2.2.1), sexuelle Freiheit muß nicht wünschenswert sein (dazu 2.2.2) und auch AIDS könnte ein aktuelles Gegenargument gegen eine Eifersuchtsbewältigung sein (dazu 2.2.3).

2.2.1 Ist sexuelle Eifersucht funktional?

Es kann sein, daß sexuelle Eifersucht Bedürfnisse und/oder Begehren (Erfordernisse) von Menschen erfüllt, die selbst und deren Erfüllung sehr erwünscht oder sogar unverzichtbar sind. Deshalb wird sie manchmal sogar vorausgesetzt, wird ihr gänzliches Fehlen als «pathologische Toleranz» (Pinta 1978) diagnostiziert (siehe auch Marcuse 1950 und 1961).

Funktionsbehauptungen. Im Schrifttum wird diesem möglichen Nutzen sexueller Eifersucht breiter Raum gegeben, werden ihr tatsächlich (und oft in verteidigender Absicht) zahlreiche und verschiedenartige Funktionen für die beteiligten

Personen und/oder Sozietäten zugeschrieben.

B11) Personale Funktionen sexueller Eifersucht

Funktionstheorien, z.T. auch Bewertungen (unterschiedlicher Herkunft und empirischer Fundierung, in denen jeweils impliziert ist, daß die genannten Funktionen sich auf reale, auf existierende und zu erfüllende Erfordernisse [Bedürfnisse und/oder Begehren] beziehen; alle Hervorhebungen von mir): Eifersucht sei ein *adaptiver* (Angstreduzierung, Katalysator für Wiederherstellung Balance), ein *protektiver* (Bewußtmachung Bedrohung, bei Schwierigkeiten rationalere Behandlung, positive Illusion bei Wirklichkeitswahrnehmung) und/oder ein (indirekt) *facilitativer Mechanismus* (Corzine 1974:121ff.). Funktionen sexueller Eifersucht seien die *Verteidigung der eigenen Vaterschaft* (Daly et al. 1982:11), der *Schutz der Liebe* (Clanton 1981:267), die *Erneuerung der Zuwendung* durch den Partner und die *eigene Aufwertung* (deshalb auch die Provokation von sexueller Eifersucht: mal gucken, ob er sich noch um mich bemüht; Pieritz & Spahn 1978:40), *Schutz der Zuverlässigkeit* und anderer für die psychische Ausgeglichenheit wichtiger Sachen (Berscheid & Fei 1977:109), die *Rechtfertigung von Haß und anderen Reaktionen* (Spielman 1971:74), *Kontrolle und die Versicherung von Kooperation* (Clanton & Smith [eds.] 1977:113), der *Schutz* und die Unterstützung romantischer *Liebe* (Mathes 1986), die Erhöhung der Wahrscheinlichkeit, daß die eigene Frau eigene und *nicht die Kinder fremder Väter* zur Welt bringt (Symons 1979:242). «Excessive jealousy has some value in *reducing the pain of feeling worthless and depressed.* Obsessive ruminations order and distribute the pain: rage becomes justifiable, and the drive toward self-improvement brings some measure of repair. This is the primary gain of jealousy. There is secondary gain as well. Firstly there is the *excitement of intrigue.* A web of mystery and machination is spun around the marriage, which is thereby converted from a humdrum union to one that is always exciting. The excitement may be terrible to bear but is nevertheless stimulating. Husband and wife have *more to talk about*; the wife has much *more to do with her day* (checking up on her husband, questioning the neighbors, improving herself, trying to win him back). The women in my sample felt they were in the center of an intrigue that, though painful, made *life far from boring.* When asked if they had preferred it in the quiet days, they all replied yes, but with noteworthy hesitation. ... A pleasurable result of jealousy in this sample was *increased libido*» (Seeman 1979:357f.).

B12) Relationale (paardynamische) Funktionen sexueller Eifersucht

Funktionstheorien, z.T. auch Bewertungen (siehe B11): Funktionen sexueller Eifersucht seien der *Schutz der Ehe* (Bernard 1977/71:142) oder das Erhalten bzw. der *Schutz der Beziehung* (Berscheid & Fei 1977:109). Extreme Eifersucht möge disfunktional sein, aber wo eine reale Gefahr existiere, könne Eifersucht auch eine funktionale Reaktion sein: sie sei ein *höchst nützlicher persönlicher Prozeß*, sie *limitiere die Komplexität der interpersonalen Situation* auf ein von den Beteiligten tolerierbares Maß, sie sei ein *Frühwarnsignal*, die Beziehung klären zu müssen, sie *mache aufmerksam auf Unterschiede* in den Standpunkten oder Annahmen, sie führe (wenn die Beteiligten konfliktfähig sind) eine *Klärung* über das Auslösen von Konflikten herbei und sie *halte das Paar in Kontakt* (Constantine 1977/76:191f.). «Der Zorn auf den die Erhaltung der Gemeinschaft gefährdenden Eindringling und den leichtsinnigen Partner sind dann nicht nur gerecht, sondern sogar Verpflichtung. Sie stellen *adäquate, biologisch sinnvolle und naturgemäße Schutzmechanismen* dar. Weit entfernt davon, sie als pathologisch einstufen zu müssen, wäre ihr *Fehlen* als krankhaft zu werten. Es widerspricht aber dem logischen Sinn der Medizin, physiologische, lebensschützende Realängste als 'pathologisch' zu rubrifizieren. Man hat es in diesem Fall einer sogenannten 'berechtigten' und damit 'normalen' Eifersucht also prinzipiell nicht mit einem 'süchtigen' Verhalten zu tun, sondern diese Pseudoeifersucht stellt eine objektiv begründete Realangst dar, eine natürlich begründbare Verlustangst, die 'physiologische Angst, den Partner zu verlieren'. Es handelt sich um *instinktmäßig angelegte biologische Verhaltensmuster, die zur Sicherung von Lebensgut unabdingbar* sind» (Schneemann 1983:46f.; um Verweis gekürzt [Hervorhebung im Original]). *Fall Marquesas, Ozeanien*: Sexuelle Eifersucht ist oder gibt ein *Maß der Zuneigung*: «I have been told that a native woman was, and is, always proud when her husband beats her, because by the strenght of his jealousy is measured the strength of his devotion» (Handy 1923:100).

B13) Soziale Funktionen sexueller Eifersucht

Funktionstheorien, z.T. auch Bewertungen (siehe B11): «Sexual jealousy functions as an *integrative experience*, and is one of the few widely accepted *grounds for moral indignation*. In this respect, feeling jealous '*explains*' to others a whole range of hostile, bitter, and violent *actions*. These same actions, without the legitimizing context of jealousy, are usually taken to be symptoms of personal disorganization or derangement» (Wagner 1976:269, zitiert in Pines & Aronson 1983:133). Eifersucht *verhindere noch größere Übel*: «Liebe ohne Eifersucht gibt es nicht, und - so mörderisch die Eifersucht sein kann - sie dem Menschen auszutreiben, sie verdrängen, nicht wahrhaben, wegerziehen oder wegzwingen zu wollen, müßte noch mörderischer enden. Das hat sie mit vielen menschlichen Grundübeln gemein: Der Versuch, sie auszurotten, hat meist nur größere Übel zur Folge. Bei Urgewalten, denen wir um uns oder in uns ausgesetzt sind, scheint es ratsamer, sie sich vertraut zu machen, womöglich sie zu zähmen, zumindest aber, sie zu kennen, ihnen ins Auge zu sehen, um mit ihnen leben zu können» (Beer 1987/86:8).

B14) Sozietäre Funktionen sexueller Eifersucht

Funktionstheorien, z.T. auch Bewertungen (siehe B11): Funktionen sexueller Eifersucht seien der *Schutz der Beziehung*, die von der jeweiligen Gemeinschaft (sozietären Kultur) anerkannt wird (Clanton 1981:267f. nach Davis), die *Regulation von sozialen Interaktionen* (Mummendey & Schreiber 1983:199) oder der *Erhalt der Monogamie* (deshalb Sympathie für Eifersüchtige und milde Behandlung bei Verbrechen; Bernard 1971:209). «The controlling role of jealousy behavior is evident in its function to (a) *prevent the loss of the mate* or privileged position, (b) *punish the rival and the mate*, and (c) *compensate the jealous one* when reconciliation is ruled out by the persons involved or the community» (Hupka 1981:340). «It is part of the cement that *holds human groups together* ...» (Clanton & Smith 1977a:113). Treue sei eine notwendige Bedingung für harmonische soziale Beziehungen, sonst sei keine Familie, keine Gemeinschaft, keine Nation existenzfähig. Treue sei also existentiell wichtig. Eifersucht habe dann die Funktion, diese *Treue und die damit verknüpften Eigenschaften oder Werte zu verteidigen* (Seidenberg 1977/67:87). *Fall Sarakatsani, Griechenland*: Der Ehebruch einer Frau wird mit der Tötung dieser Frau bestraft. Grund dafür sei nicht enttäuschte Liebe, sondern die *Verhinderung illegitimer Kinder* und die *Bewahrung der Integrität der Sozietät*: «It is, moreover, within this same complex of ideas that we must seek the justification of the sanction which is imposed on any woman convicted of adultery and which always means death. It is essential, first of all, to prevent even the possibility of illegitimate children. Sarakatsani law that threatens with capital punishment the women who betray conjugal fidelity, does not seek to punish the flouting of love, since love does not exist between spouses - at least officially. It merely preserves the integrity of Sarakatsani society» (Kabbadias 1965:142 [nach HRAF]).

Einige dieser Funktionen sexueller Eifersucht (wie Schutz oder Protektion der Beziehung, Versicherung von Kooperation, Kontakt- oder Kommunikationserhalt oder Bewahrung der Integrität der Sozietät) und der darin implizierten Bedürfnisse und/oder Begehren (wie Zuwendung/Zuneigung, Beziehungserhalt, Kooperation, Kommunikation, Selbstbewußtsein oder Integration) klingen so wichtig, daß der Eindruck entstehen könnte, sexuelle Eifersucht sollte auf keinen Fall oder besser nicht bewältigt werden, weil sonst wichtige Erfordernisse menschlichen Lebens unerfüllt blieben.

Relativierung der möglichen Funktionalität sexueller Eifersucht. Angesichts solcher Funktionsbehauptungen ist im Zusammenhang meiner Fragestellung (ist das Problem sexuelle Eifersucht lösungswürdig?) aber zu bedenken: Sexuelle Eifersucht darf bzw. sollte nur dann *nicht* therapiert werden, wenn sie unverzichtbar ist. Und *unverzichtbar* ist sexuelle Eifersucht dann und nur dann, wenn

- die involvierten Personen/Sozietäten Funktionserfordernisse haben, die unbedingt erfüllt werden sollen oder müssen,

- für deren optimale Erfüllung sexuelle Eifersucht der einzige adäquate Funktionsträger ist und
- sie für niemanden Disfunktionen hat, die ihre Funktionen relativieren oder übertreffen können.

Auch bei sexueller Eifersucht ist aber (wie meistens) eine differenzierte und fallweise Betrachtung angebracht. Selbst aus dem Alltagswissen, d.h. ohne genauere Kenntnisse über sexuelle Eifersucht, ist ersichtlich, daß sexuelle Eifersucht zumeist *nicht* insgesamt, unter allen Umständen und für alle Beteiligten funktional sein kann und daß sie deshalb zumindest in einigen Fällen therapierungswürdig ist.[10]

1) Unterschiedliche Erforderniswichtigkeiten. Nicht alle Erfordernisse, die mit sexueller Eifersucht als Funktionsträger erfüllt oder befriedigt werden können, sind unterstützenswert.

B15) Verzichtbare Funktionen sexueller Eifersucht
Funktionstheorie: Die verbreitete Bestrafung des Rivalen und/oder Gatten (Hupka 1981:240), die Rechtfertigung von Haß (Spielman 1971:74) oder die Erfüllung von Machtmotiven sind nicht unbedingt als "unverzichtbar" zu bewerten. Siehe und beurteile auch B11 bis B14.

2) Erforderniskonkurrenz. Da bei sexueller Eifersucht sehr unterschiedliche und u.U. sogar gegenseitig konkurrierende Interessen im Spiel sein können, kann es unvereinbare Erfordernisse geben. Deshalb können identische Aktivitäten aus sexueller Eifersucht für ein Interesse funktional und gleichzeitig für ein anderes disfunktional sein und damit in der Bilanz der Funktionen und Disfunktionen die sexuelle Eifersucht insgesamt disfunktional machen.

B16) Intrapersonal konkurrierende Erfordernisse und Funktionen
Funktionstheorie: Wenn ich meinen Partner aus sexueller Eifersucht töte, dann mag dies funktional für Interessen wie "Rache" oder "Machtausübung" sein, ich habe damit aber keine Chance mehr, meine auf diesen Partner gerichteten Interessen "Beziehungserhalt" oder "Liebe" zu erfüllen. Deshalb kann auch nicht jede Art von Eifersucht(sreaktion) in jedem Einzelfall z.B. die Monogamie schützen.

Diese Erforderniskonkurrenz gibt es nicht nur innerhalb einer Person, sondern vor allem auch zwischen den in einem Eifersuchtsprozeß Involvierten.

B17) Interpersonal konkurrierende Erfordernisse und Funktionen
Funktionstheorie: Für die Person, die ihren Partner nicht verlieren möchte, kann sexuelle Eifersucht die erwünschte und angestrebte Funktion Beziehungserhalt haben. Für den anderen Partner, der seine Beziehung beenden und eine neue Beziehung mit dem Exopartner eingehen möchte, ist sie aber disfunktional.

3) Disfunktionen sexueller Eifersucht. Sexuelle Eifersucht kann für bestimmte Erfordernisse der Beteiligten ungünstige Wirkungen und Effekte, d.h. Disfunktionen, haben.

B18) Disfunktionen sexueller Eifersucht
Funktionstheorie: Während die Reflexion der Feststellung, daß der Partner sich einer anderen Person mehr zuwendet, z.B. durch die Erörterung möglicher Gründe oder durch die ausgelösten Diskussionen und Auseinandersetzungen mit dem Partner, die in B11 bis B14 genannten

---

10 Mit dieser Feststellung sind die in B11 bis B14 behaupteten Funktionen sexueller Eifersucht weder belegt noch widerlegt. Eine Diskussion der möglichen und tatsächlichen Funktionalität sexueller Eifersucht ist hier nicht erforderlich, denn es geht an dieser Stelle der Untersuchung nur um den Nachweis der grundsätzlichen Therapierungswürdigkeit sexueller Eifersucht, die bereits dann gegeben ist, wenn es mindestens einen Fall gibt, in dem sexuelle Eifersucht nicht oder disfunktional ist.

Funktionen "in Kontakt halten", "Zuwendungserneuerung" oder "Schutz der Beziehung/ Ehe" haben kann, gilt dies für körperlich oder psychisch verletzende Reaktionen, die schließlich zur Beendigung der Beziehung führen, nicht mehr. *Fall Aborigines, Western Arnhemland, Australien; Funktionstheorie*: Eifersuchtsempfindungen und vor allem -reaktionen seien für das Zusammenleben in einer kleinen, überschau- und kontrollierbaren sozialen Gruppe disfunktional, weil sie das Zusammenleben stören. Deshalb würden sie auch unterdrückt: «Of course a great deal of jealousy is repressed and not shown on the surface; otherwise life in a society of this structure, where everyone's personal behavior is apparently known to the others, and all are more or less related, would be almost impossible» (Berndt & Berndt 1951:104).

Diese mögliche Disfunktionalität sexueller Eifersucht gilt insbesondere für die meist vernachlässigten oder ignorierten (siehe 5.2.2 mit B120) Erfordernisse der Betrügenden/Geliebten/Rivalen, deren Rechte und Interessen ja nicht von vorneherein als geringer oder minderwertiger eingeschätzt werden dürfen.

B19) Die Verletzung/Gefährdung von Interessen des Partners durch sexuelle Eifersucht
Fall Deutschland: Eine Frau, die seit zwei Jahren eine außereheliche Beziehung mit einem zehn Jahre jüngeren Mann hatte: «Ihr Mann gebe ihr Sicherheit und Geborgenheit, ihr Freund Verständnis und jugendliche Frische. Sie habe beide Männer in gleicher Weise gern und könne sich nicht für den einen oder den anderen entscheiden» (Buddeberg 1986:122). Hier kann sexuelle Eifersucht (je nach der Art und Weise ihrer Praktizierung) eine fortgesetzte Erfüllung dieser beiden Motive (Sicherheit/Geborgenheit und Verständnis/Frische) gefährden bis verhindern und damit Interessen Partners verletzen.

4) Alternative Funktionsträger. Und schließlich sind nicht alle der in B11 bis B14 genannten oder implizierten Erfordernisse (wenn sie überhaupt als erfüllungswürdig eingeschätzt werden, s.o.) allein durch sexuelle Eifersucht erfüllbar.

B20) Alternative Funktionsträger für sexuelle Eifersucht
Funktionstheorie: «No matter which function we ascribe to jealousy ... we are faced with the question of why jealousy was picked to fulfill the function and not resentment, envy, or love» (Hupka 1981:339). Statt meinen Partner zu kontrollieren und ihm Exosex zu verbieten, könnte ich ihm (vielleicht sogar erfolgreicher) auch Exosex erlauben und ihm vertrauen, um mich seiner Zuneigung bzw. Liebe zu versichern.

Es gibt also mindestens teilweise auch alternative Funktionsträger, die anstelle von sexueller Eifersucht deren Aufgaben übernehmen könnten.

2.2.2 Ist sexuelle Freiheit wünschenswert?

Eifersuchtsbewältigung impliziert Exosexermöglichung. Wird mit einer solchen Ermöglichung von außerpartnerschaftlichen Beziehungen aber nicht all das Positive, Schöne und Wünschenswerte zunichte gemacht, das durch gegenseitige *Treue* entsteht?

Die Realitätsferne des Treueverlangens. Obwohl öffentliche Meinungen ("Du sollst nicht ehebrechen!") und geltende Rechtslagen dem vielfach widersprechen: Das Verlangen sexueller Treue ist (in einer kulturenvergleichend relativierenden Betrachtung) zunächst und grundsätzlich kein höherwertigeres Recht als das Verlangen sexueller Freiheit (zumal es all das Positive, Schöne und Wünschenswerte zunichte macht, das durch *exosexuelle Beziehungen* entsteht) - *und umgekehrt*. Und es ist augenscheinlich (was hier sehr viel schwerer wiegt) vor allem in einer totalen oder undifferenzierten Form zumindest für die Sozietätsebene unrealistisch.

B21) Exosex trotz Verbots und Bestrafung
Ergebnis globalen Kulturenvergleichs: Auch die Androhung und Praktizierung härtester Bestrafungen konnte und kann Exosex in keiner Ethnie völlig ausschalten. «At the same time there appears to be a strong tendency for both men and women to seek sexual liaisons outside mateship. Even in societies in which all liaisons are considered adulterous and are subject to severe penalties, they do occasionally occur» (Ford & Beach 1951:131). Siehe auch Brigitte 1990 sowie B1 und B24.

Denn wenn Lust auf Exosex besteht, dann läßt sich diese selbst durch Strafandrohung und Bestrafung nicht immer erfolgreich verhindern. Die Folgen sind nur Verheimlichung und Unehrlichkeit, von der zwar beispielsweise Prostituierte profitieren (weil sonst Bezahlung für Geschlechtsverkehr wohl kaum zu erzielen wäre), unter der sie und andere (zum Beispiel die Geliebten) aber auch - teilweise sogar unerträglich - zu leiden haben.

Das Erfordernis einer anthropo-realistischen Motivsicht. Das Problem des Widerspruchs zwischen der egoistischen Lust auf Exosex und dem egoistischen Wunsch nach sexueller Treue gleicht anderen Problemen, die in einem ähnlichen Spannungsfeld zwischen individueller Lust und Befriedigung, öffentlicher Verdammung und/oder Tolerierung sowie individuellem Schmerz und Nichtbewältigen (also in einem intra- wie interpersonalen Erforderniskonflikt) stehen.

B22) Ähnliche Problemkonstellationen wie bei sexueller Eifersucht
Bautheorie, Wirkungstheorie: Ich denke hier besonders an das Beispiel der legalen wie illegalen Drogen (Anreger: Völger [Hg.] 1981 [siehe zu Lösungsmodellen vor allem die Beiträge Nr. 87, 91 oder 92] sowie, speziell zum Fall Alkohol, Douglas [ed.] 1987).

Wie bei den Drogen kann deshalb auch im Konflikt zwischen der Lust auf Exosex und dem Wunsch nach sexueller Treue weder das totale Verbot noch die völlige Freiheit wirklich nützen: *Beide* Erfordernisse sind (wie gezeigt und noch deutlich werdend) zum einen unrealistisch und daher nicht wirklich durchsetzbar und können zum anderen negative und unerwünschte Folgen haben (siehe ausführlicher 8.3).

B23) Realistisches Ermöglichen exosexueller Beziehungen
Ergebnis globalen Kulturenvergleichs: «And a number of societies make some provision for legitimate extra-mateship liaisons. Most of these societies, however, carefully restrict such liaisons, either by confining them to relatively rare occasions of ceremonial licence or by specifying the persons with whom such unions may take place» (Ford & Beach 1951:131).

Anthropo-realistisch und deshalb anzustreben sind deshalb solche Einstellungen, die das grundsätzliche Vorhandensein *beider* Grundmotive beim Menschen akzeptieren und so dazu beitragen, *beide* Wunschgruppen zu erfüllen. Also müßte versucht werden, Exosex wenigstens kontrolliert zuzulassen, das uneingeschränkte sexuelle Treueverlangen vernünftig zu relativieren und Eifersucht mindestens teilweise zu bewältigen - wie es de facto ja auch vielfach geschieht (siehe 7.3.3).

Das individuelle Entscheidungserfordernis. Nun bleibt aber selbst bei größtmöglicher Liberalität und einer realistischen Sichtweise ein allgemeiner Zielkonflikt auf der personalen (wie unter Umständen auch sozietären) Ebene bestehen: Zwar hat das Verfolgen und Befriedigen von Lust auf außereheliche bzw. außerpartnerschaftliche Sexualbeziehungen Vorteile, genauso aber kann das Verlangen und Praktizieren von sexueller Treue Gewinn und Befriedigung verschaffen. Hier sind also fall- und situationsspezifisch genaue Abwägungen der jeweiligen *Nutzen* und der nicht zu vergessenden *Kosten* erforderlich. Dabei sind nicht nur die möglichen psychischen und physischen, sondern auch die sozialen und sozietären Konsequenzen einer Lustunterdrückung *wie* einer Nichterfüllung von Treuewünschen zu bedenken, und zwar für *alle* beteiligten Personen (also nicht nur die Eifersüchtigen!) genauso wie für die sozietäre Umgebung, in der sie leben (siehe 8.3).

Eine solche Analyse der Vor- und Nachteile von sexueller Treue bzw. sexueller Freiheit (wenn diese überhaupt als unvereinbare Gegensätze gedacht und praktiziert werden müssen) muß in dieser Untersuchung allerdings nicht durchgeführt werden. Sie muß und kann nur kontext- und situationsspezifisch und deshalb von den beteiligten Personen, Gruppen oder Sozietäten selbst vorgenommen werden. An dieser Stelle ist es ausreichend, zu wissen, daß das Bewältigen sexueller Eifersucht wenigstens von einigen Menschen erwünscht wird bzw. für einige Personen nützlich sein *kann* und daß es deshalb sinnvoll ist, für diese Bewältigungsmöglichkeiten zu erkunden und anzubieten.

2.2.3 Exosex und Eifersuchtstherapie trotz AIDS?

Verbietet schließlich nicht vielleicht die derzeit überall beschworene AIDS-Gefahr auch nur die geringste Erleichterung oder Propagierung von Exosex (die in einer Suche nach Bewältigungsmöglichkeiten für sexuelle Eifersucht immer impliziert ist)? Denn jetzt sind ja (bei unvorsichtigem Vorgehen) nicht mehr "nur" bzw. vor allem z.B. ideelle oder ökonomische Werte in Gefahr, wenn ein Partner Geschlechtsverkehr mit Dritten hat, sondern ganz konkret und existentiell die eigene körperliche Gesundheit, das Leben des oder der "Betrogenen". Sollte also besser sexuelle Eifersucht propagiert werden, statt zu versuchen, bei ihrer Bewältigung zu helfen?

Nein, denn erstens geht es bei sexueller Eifersucht keineswegs immer nur oder vor allem um ansteckungsgefährlichen Geschlechtsverkehr; sexuelle Eifersucht wird auch durch Flirts, "platonisch"-erotische Beziehungen oder Zärtlichkeiten ohne Penetration (z.B. durch Schmusen oder Petting) ausgelöst, bei denen keine oder eine (sehr) geringe Gefahr einer Ansteckung besteht. Und zweitens ist die Lust nach und Praktizierung von Exosex weder durch Verbote noch durch Ansteckungsgefahren abzuschaffen, und sie wird auch durch die Gefahr einer HIV-Infektion nicht gänzlich aufhören.

B24) Verbreitung exosexueller Beziehungen trotz Ansteckungs- und Erkrankungsgefahren
Fall Frankreich: «Lediglich 14 Prozent der Franzosen erklärten bei einer Umfrage der Zeitschrift 'Le Nouvel Observateur' (Paris), aus Angst vor der Krankheit [AIDS] ihr sexuelles Verhalten verändert zu haben - Ende 1986 waren es gar nur vier Prozent. ... Und nur 17 Prozent bekannten [in einer Umfrage von 'L'Express'], aus Angst vor 'le Sida' (Aids) nur einem Partner sexuell treu zu sein» (Neue Westfälische, Bielefeld, Nr. 31, 6. Februar 1989). Siehe auch die früher ja noch verheerenden Folgen Venerischer Krankheiten (vor allem Syphilis, Gonorrhö, Ulcus molle oder Lymphogranuloma inguinale), die Menschen trotz der damals oft tödlichen Gefahr nicht davon abhalten konnten, sexuelle (Außen-)Beziehungen zu haben.

Die Konsequenz aus dieser nur sehr eingeschränkten Wirksamkeit von Gefahr (nicht nur im Bereich Sexualität) sollte also, statt Exosex zu verbieten, vielleicht besser sein, gefahrlosere Arten oder Techniken sexueller Kontakte sowie Schutzmaßnahmen zu propagieren (wie dies ja auch, gegen alle moralischen Bedenken und Widerstände, von den öffentlichen AIDS-Aufklärern in Werbekampagnen praktiziert wird).

2.2.4 Fazit: Sexuelle Eifersucht ist grundsätzlich bewältigungswürdig

Es läßt sich auch ohne genauere Klärung der möglichen Funktionen und ohne präzisere Kenntnisse des Sachverhalts sexuelle Eifersucht zeigen, daß (ganz vorsichtig ausgedrückt) zumindest einige (z.B. disfunktionale) Aspekte sexueller Eifersucht wenigstens in bestimmten Kontexten und aus der Sicht einiger der direkt oder indirekt Beteiligten veränderungswürdig sind. Auch AIDS und das Problem sexuelle Freiheit vs. sexuelle Treue sind keine grundlegenden Einwände gegen den Versuch, durch Kulturenvergleich potentielle Bewältigungsmöglichkeiten für sexuelle Eifersucht aufzuzeigen. Eine eingehendere Untersuchung der Therapierungsmöglichkeiten disfunktionaler bzw. ersetzbarer Aspekte sexueller Eifersucht mit kulturellen Mitteln ist deshalb vertretbar und erlaubt (siehe zusammenfassend Tabelle 6, S. 67).

2.3 Therapiechance: Kann sexuelle Eifersucht mittels Kultur bewältigt werden?

Zwar hat sich das Problem sexuelle Eifersucht als lösungswürdig erwiesen (siehe 2.2), kann aber eine *kulturenvergleichende* Erforschung sexueller Eifersucht aus *kulturwissenschaftlicher* Sicht (wie ich sie hier vorhabe) bei diesem auf den ersten Blick "rein psychischen" Phänomen überhaupt handlungspraktisch wirksame und nutzbare Einsichten bringen?

Drei Gründe sprechen für eine wenigstens prinzipielle und partielle Therapierbarkeit sexueller Eifersucht durch die (auch vergleichende) Veränderung von Kultur: erstens der Zusammenhang zwischen sexueller Eifersucht und (sozietärer) Kultur (dazu 2.3.1), zweitens die daraus folgende prinzipielle Veränderbarkeit sexueller Eifersucht mit kulturellen Mitteln (dazu 2.3.2) sowie drittens die Übertragbarkeit kulturspezifischer Problemlösungen in andere Kulturen (dazu 2.3.3).

2.3.1 Die kulturelle Dimension sexueller Eifersucht

Bei uns wird sexuelle Eifersucht als so selbstverständlich und damit wohl auch psychisch tief und irreversibel verankert angesehen, daß sie zum Thema zahlreicher einschlägiger Witze werden kann (denn wenn das Nichtauftreten von Eifersucht als etwas ganz übliches angesehen würde, wären Geschichten, in denen Betrogene nicht offen eifersüchtig reagieren, überhaupt nicht unerwartet und damit komisch).

B25) Witze als Indikatoren für die Selbstverständlichkeit sexueller Eifersucht bei uns

Fall Deutschland: Vier Beispiele für dieses Einsetzen eines bei uns selbstverständlichen Erwartungshorizontes (die ersten drei sind Beschreibungen von mit Text gezeichneten Witzen): 1) Der Ehegatte betritt das Schlafzimmer, in dem er seine Frau mit einem Installateur im Bett überrascht. «Na Gott sei dank - wie ich draußen den Klempnerwagen sah, dachte ich schon, hier sei der Teufel los!» (Quelle: Punch [Ausgabe unbekannt]). 2) Der Mann zieht Hut und Mantel an und sagt zu seiner im Sessel Zeitung lesenden Frau: «Mir reicht's! Ich hab die Schnauze voll! Ich hau ab! Und wenn du's genau wissen willst - dieses Mal geh' ich fremd! Und zwar richtig!» Darauf die Frau, völlig ungerührt, zu dem sichtlich konsternierten Mann: «Blamier mich nicht und benimm dich! Bist du auch rasiert und gewaschen? Hast du saubere Unterwäsche? Komm bitte nicht allzu spät wieder» (E. Rauschenbach in Bretécher et al. 1989/87:[26]). 3) Die Frau zu ihrem bedröppelten Partner: «Ich bin ja nur deshalb so traurig, weil es mich kaltläßt, wenn du mich betrügst!» (A. Brodmann in Bretécher et al. 1989/87: [85]). 4) «Der Ehemann kommt einen Tag früher als vorgesehen von seiner Dienstreise zurück. Seine Frau hat gerade noch Zeit, ihren Liebhaber im Schrank zu verstecken. Erstaunt fragt der Mann: 'Warum läufst du denn am frühen Nachmittag nackend in der Wohnung rum?' 'Ach, weißt du, ich habe wirklich kein vernünftiges Kleid mehr anzuziehen.' 'Was!' meint er erstaunt und öffnet den Kleiderschrank, 'und was ist das hier? - Das karierte, das schwarze, das mit den Punkten, das rote - hallo, Fritz - das blaue, das weiße ...'» (Quelle unbekannt [Zeitschriftenausriß]).

Trotz dieser von vielen als phylogenetisch verankert angesehenen Selbstverständlichkeit sexueller Eifersucht: Immer wieder wird im Schrifttum, wenn auch zum Teil mit deutlichem sexualpolitischem Interesse, meist recht quellenunkritisch und (wie die Ergebnisse dieser Untersuchung zeigen) oft unzutreffend, auf Zusammenhänge zwischen den verschiedenen sozietären Kulturen (Ethnien) und dem Auftreten sexueller Eifersucht hingewiesen.

B26) Behauptete Zusammenhänge zwischen Kulturmerkmalen und sexueller Eifersucht

Verbreitungsbehauptungen, Wirkungstheorien: «Eifersucht ist also nicht nur ein spezifisch menschlicher Affekt, sondern auch einer, der nur unter ganz bestimmten Bedingungen und in ganz bestimmten Gesellschaftsordnungen auftritt. Kulturen, die kein Privateigentum, sondern nur Gruppenbesitz kennen, sind stets frei von Eifersucht. Ebenso zeichnen sich sogenannte mutterrechtliche Gesellschaftsordnungen durch Eifersuchtsfreiheit aus. ... Historisch betrachtet taucht Eifersucht in allen Gesellschaftsordnungen erst dann auf, wenn zwei ganz bestimmte Entwicklungsstränge konvergieren und sich miteinander verknüpfen: Privateigentum und Patriarchat» (Borneman 1979:17). «In mutterrechtlichen Kulturen und in Gesellschaftsformen, in denen weder die Frau als Eigentum des Mannes noch der Mann als Eigentum der Frau aufgefaßt wird, gibt es auch keine Eifersucht» (Borneman 1978, Bd.I:267; siehe auch Borneman 1987:342). «Es gehört zum ethnologischen Standardwissen, daß das Phänomen Eifersucht innerhalb anderer Kulturen, insbesondere in matriarchalischen Kulturen, weniger zu beobachten ist ... Dies verweist darauf, daß exzessive Eifersucht nicht dem Menschen naturgegeben ist, sondern abhängt von der Struktur, den Normen und Wertvorstellungen der umgebenden Gruppen, in denen der Mensch lebt» (Ammon 1984:461). «Die Eifersucht kann nur in Gesellschaften auftreten, die in ihrem Denken besitzorientiert sind, die ihr Leben nach dem Haben-Modus einrichten» (Lauster 1980:145). «Eifersucht in Homo sapiens ist somit nichts Naturhaft-Elementares, sondern ein komplexes Produkt seiner 'Kultur', eine Psychose der sexuellen Versicherung und wirtschaftlichen Abhängigkeit, erwachsen aus den Nöten der Trennung, welche die Geschlechter für das sexuell-ökonomische Zwangssystem gefügig macht. Wo Eifersucht nicht mittels des Ehrbegriffs gesellschaftlich eingegeben wird, kommt sie nicht auf: etwa bei jenen Völkerschaften, die ihre Weiber an Gäste verleihen oder untereinander austauschen; aber auch bei entwickelter Kultur, z.B. in der sehr guten Gesellschaft des Ancien régime, wo keiner sich in seiner Eitelkeit verletzt fühlte, wenn seine Frau mit einem Höhergestellten einen Liebeshandel anfing» (Mainzer 1981:208f.).

B27) Ethnien, in denen sexuelle Eifersucht unbekannt oder reduziert sein soll

Verbreitungsbehauptungen: «... the Eskimo of the Arctic regions and the Todas of Southern India, neither of whom are known to have ever engaged in war ... appear to be almost free of sexual jealousy ...» (Frazer 1910, vol.IV:88f.). Keine Eifersucht sollen die Dogon, die Eskimo und die Trobriander kennen (Kentler 1982:52). Margaret Mead sei «zu Gast in einer von Eifersucht freien Gesellschaft» gewesen (bei den Samoanern, Klicker 1978:53). «Bei einigen Völkern, z.B. den Eskimos, den Lobi in Westafrika, den Siriono in Bolivien, ist die Eifersucht auf ein Minimum reduziert; und bei anderen, z.B. den Toda in Indien, ist sie nahezu völlig unbekannt» (O'Neill & O'Neill 1975/72:132). «Als ich z.B. in der Gruppe der Lakandonen, den letzten freien Nachkommen der Mayas, lebte, erfuhr ich, daß innerhalb der Gruppe keine Eifersucht bekannt war, auch nicht in der Familiengruppe, die eine große clanartige Gruppe war» (Ammon 1984:461). «The Todas (Rivers, 1906) manifested almost no jealous behavior» (Hupka 1981:329). «... among the Lepchas sexual jealousy does not exist» (Morris 1938:234). Siehe aber beispielsweise B52 (Trobriand), B53 (Toda) oder B54 (Samoa).

Ist also sexuelle Eifersucht, die ja vielfach für eine sehr private und persönliche Emotion gehalten wird, auch ein kulturelles und damit sozietär wenigstens mitbestimmtes Phänomen und Problem?

Ohne detaillierte und fallbezogene Nachweise läßt sich die Kulturiertheit sexueller Eifersucht ganz allgemein durch die kulturelle Dimension der menschlichen Psyche (siehe 3.1.1) erweisen. Eine bestimmte Teilmenge unserer psychischen Probleme sind auch oder eigentlich kulturelle Probleme, weil sie Normen- oder Erwartungskonflikte sind. Mit *kulturellen psychischen Problemen* haben wir es z.B. immer dann zu tun, wenn

- eine Diskrepanz zwischen der eigenen (personalen) und anderen (familiären, partnerschaftlichen, subsozietären, sozietären) Kulturen besteht;

B28) Psychische Probleme durch kulturelle Normendifferenzen
Konstruierter Fall, Wirkungstheorie: Eine Frau möchte, daß ihr Partner sexuell uneingeschränkt treu ist, der Partner möchte aber gerne ab und an sexuelle Außenbeziehungen haben. Die Gesellschaft erwartet uneingeschränkte sexuelle Treue von ihr, duldet aber (bis zu einem gewissen Grad) sexuelle Außenbeziehungen von Männern. Die Frau darf ihren Mann deshalb nicht offen an tolerierten exosexuellen Beziehungen hindern und sie darf ihn öffentlich nicht strafen, auch wenn sie selbst nicht mit dieser sozietärkulturellen Auffassung übereinstimmt. Siehe auch B83, B96 oder B259.

- die personale bzw. sozietäre Kultur nicht mit den jeweiligen biotisch oder biokulturell vorgegebenen Möglichkeiten, Bedingungen und Erfordernissen übereinstimmt;

B29) Psychische Probleme durch Diskrepanzen zwischen Kultur und Bioausstattung
Konstruierter Fall, Wirkungstheorie: Die sozietäre Kultur (dazu gehört auch der eigene Partner) verlangt das Beschränken auf einen einzigen Sexualpartner, ich denke genauso, zu meiner Bioausstattung gehört aber ein Wunsch nach Exosex. Oder umgekehrt: Die subsozietäre Kultur verlangt das Aufgeben von sexuellen Treuewünschen (siehe Studentenbewegung um 1970), ich halte diese Exklusivtätsbegehren auch für überkommenes Besitzdenken, meine Bioausstattung verdeutlicht mir aber einen eindeutigen Treuebedarf.

- oder wenn die personale Kultur partiell gespalten ist, d.h. für sich selbst und für andere unterschiedliche Normen und/oder Sanktionen enthält.

B30) Psychische Probleme durch Mehrfachmoral
Empirische Direkterfahrung: Viele Männer erlauben sich selbst, fremdzugehen, verlangen von ihrer Partnerin aber uneingeschränkte sexuelle Treue. Siehe dazu B2, B7 oder B174.

Gerade in sexuellen oder anderen sozialen Beziehungen sind solche kulturellen Einstellungsdiskrepanzen häufig, und sie sind (neben den biopsychischen, siehe 4.4.1) auch ein Faktor für sexuelle Eifersucht. Sexuelle Eifersucht kann deshalb nicht völlig unabhängig von der jeweiligen personalen und/oder sozietären Kultur sein, muß also auch eine kulturelle Dimension haben, selbst wenn sie biotisch mitverursacht ist (siehe auch Francis 1977:64, Mummendey & Schreiber 1983: 198, Hansen 1982:513 oder Clanton & Smith [eds.] 1977:113).

B31) Kultur als Faktor für Sexualität

Wirkungstheorie, Ergebnis globalen Kulturenvergleichs (Basis: 92 Ethnien der HRAF): «Individuals learn what is valued in the society via the social structures, seek to acquire it, and prevent losing it to rivals. From such a perspective, the capacity to be angry and aggressive may be inherited, but the use of that capacity, whether in defense of honor, the sanctity of matrimony, sexual fidelity, religion, and so on, is due to the acquisition of particular values» (Hupka & Ryan 1981:18).

B32) Kultur als Faktor für Empfindungen und Emotionen

Wirkungstheorie, Ergebnis globalen Kulturenvergleichs: «With respect to the emotions, culture defines: (a) the situations that will arouse certain emotional responses and not others; (b) the degree to which the response is supported by custom or inhibitions demanded; (c) the particular forms which emotional expression may take. It is to these norms that the individual will learn to accomodate his behavior and in terms of which his affective experience will function» (Hallowell 1955:251).

Dieser allgemein kulturanthropologisch erschließ- und begründbare Einfluß der (sozietären) Kultur auf sexuelle Eifersucht läßt sich auch durch ethnografische und andere empirische Befunde untermauern (siehe auch 4.4.2).

B33) Kultur als Faktor für sexuelle Eifersucht (global)

Wirkungstheorie, Ergebnis globalen Kulturenvergleichs: «First ... culture specifies which extradyadic sexual and nonsexual behaviors with persons of the opposite sex are permissible and which constitute a violation of the integrity of the primary relationship. ... In addition ... certain features of a society appear to be related to the frequency of jealousy ... (1) the value attached to personal property; (2) the degree to which the attainment of sexual gratification is subject to restrictions; and (3) the meaning of marriage and progeny for an individual's status. Finally, culture influences jealousy by designing appropriate ways of coping, such as fighting, debating, killing, divorcing, or requiring financial compensation» (Bringle & Buunk 1985:258, auf der Basis von Hupka 1981). Siehe auch Barry III & Schlegel 1986, Frayser 1985, Goethals 1971 oder Reiss 1986 sowie B1, B2 und B150.

B34) Kultur als Faktor für sexuelle Eifersucht (regional)

Wirkungstheorien. Fall Fellachen in Silwa, Nordafrika: «To what extent do inordinate sibling rivalry and excessive shame and guilt, especially with regard to sex, produce the psychological disposition to sexual jealousy institutionalized in this community as well as in many other communities in rural Egypt? It is well known that in Egypt disputes over land, water and women rank as three of the most common causes of crime. This does not mean that sibling rivalry and sex prohibitions are the only causes, but seem to provide the psychological field for the moral and religious values connected with fidelity and the propriety of sexual jealousy. A woman is identified not only with 'shame' but also with 'honour' and to preserve one's honour is tantamount to avoid exposure to shame. These attitudes, according to Kardiner, would also help to understand the dichotomy of sexes and to prevent sexual jealousies from coming out to open hostilities. They also appear to be one of the weapons of social equilibrium and of preserving in-male and in-female solidarity. Here it is also possible to give some satisfactory answer to the connection between the nature of the community and its demands on individuals as represented by sexual regulations. The central and principal quality in a polite (muaddab) or virtuous person is his conformity to the norms governing sexual behaviour; the flouting of which in any manner would condemn him as impolite and vicious irrespective of his other qualities. Morality and virtue are primarily connected with stringent sexual controls. The villagers, although envying the city dwellers their material comfort, deplore their moral laxity, e.g. women's emancipation in dress, love affairs, use of cosmetics, women's participation in men's work. In this community I heard of no cases of adultery or illegitimate children for the last thirty years, though cases of homosexuality and jokes about sexual pleasure from animals are not uncommon amongst the adolescents and the young men. Stringent sexual controls are an essential agent for the maintenance of solidarity, the cohesion and the orderly living of a group with its puritanic religious code and its social organization based, among other things, on a clear-cut sex dichotomy» (Ammar 1954:191f.; hier ohne die Verweise).

Fall Iravas, Asien: «... polyandrous people are believed to be remarkably free from jealousy. In the course of his investigations into the sociology of the *Iravas* of the Malabar coast of S. India a section of whom practice fraternal polyandry, the writer had the opportunity of testing the truth of the above generalization. ... Wherever modern European culture has penetrated and modified indigenous culture, polyandry is giving way to monandry, but on the other hand, in rural areas remote from foreign influences, polyndrous families are still numerous and are surprisingly free from jealousy and discord. The suppression, therefore, of sexual jealousy between the brothers who are the common husbands of a single wife is a function of their culture. The chief cultural forces that lead to the suppression of the emotion in the men are (1) the ritual of marriage ... by which they are made joint husbands; (2) the economic motive to prevent the disintegration of the family property by limiting the number of heirs; (3) the influence of parents who, during the earlier years of marital partnership, supervise and regulate the sexual life of the co-husbands by assigning each of them a particular night to be with the wife; and (4) public opinion which applauds successful polyandry. Under conditions of culture change all these social forces have weakened and in every family in which economic and other ties have been modified, bickerings are heard that have their root in sexual jealousy, growing individualism and rebelling against the authority of elders in sexual matters» (Aiyappan 1937:#130).

Fall USA (Indianapolis; Befragung 66 männlicher und 65 weiblicher Psychologie-Studenten und der meisten ihrer Eltern): «There is some general evidence from the present study that there is continuity between parents and offspring on dispositional jealousy and jealous feelings. In addition, the regression analyses provide a more detailed analysis of the specific nature of emotional continuity. In particular they show that females' dispositional jealousy is associated with the mothers' screening and the fathers' screening, while none of the parental variables were associated with the males' dispositional jealousy. It is tempting to suggest that the parental characteristics are the basis for the continuity and that arousability in the parents results in a jealous female» (Bringle & Williams 1979:278).

Siehe u.a. auch B83, B96 und B259.

Es ist aus allgemeiner kulturanthropologischer Kenntnis ja auch unmittelbar ableitbar, daß die Bewertung einer exosexuellen Beziehung eines Partners anders ausfallen *kann* (aber keinesfalls muß), wenn die jeweiligen sozietären (oder personalen) Kulturnormen beispielsweise Privatbesitz fördern, wenn Nachkommenschaft eine Voraussetzung für eine gesicherte Altersversorgung ist, wenn schuldfreier Geschlechtsverkehr nur in der Ehe erlaubt ist oder wenn der Ehegatte die Voraussetzung für wirtschaftliches Wohlergehen, Überleben und/oder Akzeptiertwerden als normaler Erwachsener ist, als wenn diese Bedingungen nicht gegeben sind (Anreger: Hupka 1981:311).

2.3.2 Zur Veränderbarkeit sexueller Eifersucht mittels Kultur

Folgt aus diesem Zusammenhang zwischen sexueller Eifersucht und (sozietärer) Kultur nun auch eine therapeutisch interessante Veränderbarkeit, d.h. eine Bewältigungsmöglichkeit für sexuelle Eifersucht? Die Auffassungen darüber, ob und vor allem inwieweit sexuelle Eifersucht überhaupt bzw. mit kulturellen Mitteln veränderbar und wenn, dann auch zu bewältigen ist, gehen im Schrifttum sehr weit auseinander.

B35) Sexuelle Eifersucht sei (völlig) therapierbar
Wirkungstheorien, Bewertungen: «Man kann einem Menschen die Eifersucht nehmen, wie man ihm schlechte Manieren abgewöhnen kann ...» (Mainzer 1981:209). «Ist die Freundschaft echt, so verschwindet die Eifersucht wie ein Gespenst in der Sonne» (Mainzer 1981:210). «Was Freud als Mechanismus der Psyche darstellt, ist also ein Mechanismus der Gesellschaftsordnung. Er könnte sich in einer Gesellschaftsordnung, die den Schwiegersohn nicht als Sexualpartner tabuiert, gar nicht entwickeln. So zeigt sich auch hier, daß Eifersucht keineswegs ein angeborener Aspekt der 'menschlichen Natur', sondern das anerzogene [und damit aberziehbare?!] Produkt sexualrestriktiver Gesellschaftsordnungen ist. Diese Restriktionen dienen der Erhaltung von Herrschaft» (Borneman 1979:23f., Kommentar von mir). «Since jealousy varies from one culture to another, it can probably be regulated by institutional means. According to Benedict, a comparative analysis of various kinds of society reveals that jealousy is one of the feelings that can most easily be both aroused and banned by institutional means» (Achté & Schakir 1980:40).

B36) Sexuelle Eifersucht sei nicht (völlig) therapierbar
Wirkungstheorien, Bewertungen: «Denn es war ja gerade der Kernpunkt aller meiner früheren Aussagen gewesen, daß Eifersucht eben *nicht* therapierbar ist. Deshalb ist dieses Buch auch kein Ratgeber für Eifersüchtige, sondern eine Erklärung der Gründe, weshalb man Eifersüchtigen keinen Rat geben kann. Es ist auch kein Buch über die 'Behandlung' der Eifersucht, sondern eins über die Widersinnigkeit des Versuchs, Eifersucht zu 'behandeln'» (Borneman 1986:8). «Die Eifersucht gehört zu den Affektzuständen, die man ähnlich wie die Trauer als normal bezeichnen darf. Wo sie im Charakter und Benehmen eines Menschen zu fehlen scheint, ist der Schluß gerechtfertigt, daß sie einer starken Verdrängung erlegen ist und darum im unbewußten Seelenleben eine um so größere Rolle spielt» (Freud 1940/22:195). «It is impossible to completely eliminate feeling threatened in a jealous situation, because as long as we value someone, we will respond, in some manner, to the loss of the valued individual to a rival. The statement, 'I am never jealous,' implies that the individual has never valued anyone» (Hupka 1981:352). «The research on social cognition and emotions ... suggests that some emotional responses may be quite difficult to control and manage. The jealousy flash, which is not unlike a conditioned response in that it is produced without voliational control and is irrevocable, or at least resistant to subsequent thought processes, is a case in point. This view challenges, in part, the notion that to manage jealousy all one has to do is intellectualize the problem and develop new cognitive appraisals for jealousy-evoking situations. This may be possible in certain situations; however, one should not be surprised if the 'gut response' surfaces in spite of these mental gymnastics» (Bringle 1981:286). «Rezepte gegen die Eifersucht gibt es nicht. ... Eifersucht läßt sich leider nicht wegdiskutieren und auch nur beschränkt verdrängen» (Lewicki 1989:150). «The evidence from one of the few polyandrous peoples of the world [Iravas, siehe B34], thus points to the conclusion that sexual jealousy is, under certain conditions, capable of being repressed to a high degree, but the dangerous emotion reappears when its cultural inhibition is even slightly weakened. If it is so difficult to check jealousy within a group of three or four brothers brought up in polyandrous traditions, it is almost impossible to imagine as Russel does in *Marriage and Morals* that it will disappear 'if it is recognised as bad,' and people are educated to regard it as such» (Aiyappan 1937:#130).

Grundsätzlich gilt: Tradierung und Innovation (Kultur) impliziert Veränderbarkeit ohne genetische Manipulationen (Fortpflanzung). Eine menschliche Eigenschaft ist deshalb immer dann wenigstens prinzipiell und zu Lebzeiten auf der personalen Ebene (und damit auch sozietär) veränderbar, wenn sie kulturell bewirkt ist. Wenn sexuelle Eifersucht auch durch personale wie sozietäre Kulturen zumindest mitbestimmt wird (was die häufig oder immer gleichen Zusammenhänge zwischen bestimmten kulturellen Gegebenheiten und den dabei auftretenden Eifersuchtsarten [z.B. Auslöser und/oder Begründungen für die Eifersucht oder Reaktionsweisen] belegen), dann muß sexuelle Eifersucht zumindest in einigen Fällen und Hinsichten und unter bestimmten Umständen veränderbar und deshalb auch grundsätzlich wenigstens partiell therapierbar sein.

2.3.3 Der Kulturenvergleich als Lösungsmittel

«Alternative lifestyles [und andere Ethnien entwerfen und/oder praktizieren diese aus unserer Sicht] may be viewed as experiments. If we can temporarily suspend the moral judgements, the skepticism, and the envy which are the most common responses to nontraditional forms of intimate association, we shall learn more about the range and limits of human possibility. As important as it is to learn from one's own experience, it is even more important to be able to learn from the experiences of others» (Clanton 1981:269). Eine kulturenvergleichende Untersuchung sexueller Eifersucht wird deshalb unterschiedliche Umgangsweisen mit exosexuellen Beziehungen und sexueller Eifersucht finden, die zum Teil die potentiellen und faktischen Konflikte zwischen den Wünschen nach sexuellen Außenbeziehungen und dem Wunsch nach Treue besser vermitteln. Aus der Kenntnis solcher konfliktlösender oder -reduzierender Kultur- und dabei vor allem Normen- und Bewertungssysteme lassen sich grundsätzlich Anregungen für die Bewußtmachung und damit für die Veränderung unserer eigenen Einstellungen gewinnen, die für eine selbständige oder fremdgeleitete Therapie und Bewältigung sexueller Eifersucht nutzbar sein könnten. Grundlage für dieses Lernenkönnen durch Auseinandersetzung mit anderen Ideen ist die rationale Beeinflußbarkeit und Therapierbarkeit von Psyche, die freilich nicht uneingeschränkt ist.

Die rationale Modifizierbarkeit von Psyche. Die menschliche Psyche, in der sexuelle Eifersucht auch stattfindet, ist (siehe 3.1.1) eine differenzierte Menge von deskriptiven Erkenntnissen (Wissen, Können), präskriptiven Einstellungen (Normen, Bewertungen) und Empfindungen. Wenn dabei Probleme und Konflikte auftreten, dann sind in vielen Fällen deren Bewußtmachung, eine Relativierung und/oder eine Kontrastierung derselben mit anderen Erkenntnissen bzw. Einstellungen sehr geeignete Möglichkeiten zur Änderung und damit Bewältigung der Probleme (welche von Verhaltens-, kognitiven und ähnlichen Therapieformen auch genutzt werden).

Entscheidend für den Erfolg ist aber, daß nicht die Erkenntnis*geschichte* (der Ablauf im Einzelfall) geklärt wird, sondern daß die Erkenntnis*formen* und *-inhalte* als die direkten *Ursachen* herausgearbeitet werden. Denn die genauen (indirekten) Ursachen dieser (direkten) Ursachen lassen sich in den meisten Fällen gar nicht exakt ermitteln. Außerdem würde ihre Kenntnis oft gar nichts nützen, denn sie haben ja bereits gewirkt (und sind damit nicht mehr veränderbar).

B37) Die Irrelevanz der Erkenntnisgeschichte für Therapieversuche

Funktionstheorie, Wirkungstheorie (illustrierende Analogie): So wie zur Veränderung eines Computerprogrammes die Kenntnis der Programmierer bestenfalls heuristisch nützlich ist (weil sie z.B. zwar auf Vorlieben des Programmdesigns hinweist, das Programm selbst daraus aber nicht erschlossen werden kann), werden auch zur Klärung und Veränderung der "Psychoprogramme" eines Menschen (ohne hier eine weitergehende Übereinstimmung Computer - Gehirn zu behaupten) keine Rückgriffe auf die "Programmierer" benötigt. Erstens aus ontischen Gründen, denn aus einer irgendwann einmal programmierenden (enkulturierenden, sozialisierenden) Einflußnahme muß keine zum Therapierungszeitpunkt weiter andauernde (und ja nur dann extern, also durch Änderung der "Programmierer" veränderbare) Beeinflussung folgen (die "Programmierer" können z.B. den Kontakt verloren haben [Jugendfreunde, Lehrer] oder verstorben sein [Eltern] und damit außerhalb jeder therapeutischen Reichweite sein). Und zweitens aus epistemischen Gründen, denn es ist meist außerordentlich schwierig bis unmöglich, angesichts der Vielzahl von "Programmierern" im Laufe eines Lebens und der ungenauen Kenntnisse über deren genauen "Programmierungserfolg" überhaupt zu genauen Kenntnissen über die "Programmierungsgeschichte" zu gelangen. Es muß also die direkte Ursache, das "Psychogramm" selbst, erforscht und verändert werden.

Im Gegensatz zu Therapiekonzepten, die ein Nachvollziehen der genauen Erkenntnis*geschichte* und dabei z.B. ein Herausbekommen der Erkenntnisvermittler oder -schaffer als Voraussetzung für eine erfolgreiche Problembewältigung sehen, gehen rationalistische Therapiekonzepte (siehe kognitive oder verhaltenstherapeutische Ansätze) deshalb davon aus, daß es vor allem oder sogar ausschließlich auf die Kenntnisse und Einstellungen selbst (als den direkten Ursachen) ankommt.

Es ist also zu untersuchen, welche bei bzw. für uns nutzbaren Wege einer Bewältigung sexueller Eifersucht in anderen Kulturen vorhanden oder erschließbar sind, nicht jedoch, wie, wann und warum diese im ethnischen Einzel*fall* dort entstanden sind - was eine allgemeine Klärung der Bedingungen, unter denen diese Lösungen funktionieren bzw. nicht einsetzbar sind (also eine *form*bezogene Ursachen-, Funktions- und Folgenklärung, aber eben keine *fall*bezogene Geschichtsforschung) keinesfalls ausschließt - im Gegenteil (Anreger: Burkhard Fenner, schriftliche Mitteilung).

Grenzen des interkulturellen Lösungstransfers. Nun reicht es oftmals nicht aus, nur eine spezifische Eifersuchtslösung aus einer anderen Kultur herauszuarbeiten und zu transferieren. Wenn die fremdkulturelle Lösung auch bei uns (bzw. allgemein in einer anderen Kultur) funktionieren soll, müssen u.U. sehr viel mehr als nur die eifersuchtsbezogenen Kulturelemente übernommen werden.

B38) Grundsätzliche Probleme des Kulturtransfers
Wirkungstheorie, Ergebnis globalen Kulturenvergleichs: «The Toda experience cannot be duplicated in another society because the tendency to feel threatened in a jealousy situation is a byproduct, or a consequence, of the selection of particular economic systems, family units, and so forth. It takes a revolution or gradual changes spanning several generations to alter the disposition to make a threat appraisal in a jealousy situation. Therefore, for Americans, whose culture is more similar to the one of the Apaches than the Todas, to take psychotherapy for the purpose of feeling less threatened in a jealousy situation is an exercise in learning how to deny one's feelings and cultural influences, or to devalue the importance of others to us. At best, one should hope for no more than learning how to cope with a jealousy situation» (Hupka 1981:352). Siehe auch Bruck 1988a und 1988b.

Deshalb ist aber ein interkultureller Lösungstransfer nicht unmöglich. Selbstverständlich ist ein "globales" *Verändern*, zum Beispiel unserer eigenen sozietären Kultur(en), auf die Merkmale einer sexuelle Eifersucht bewältigenden Ethnie hin ein absolut unrealistisches Mittel zur Eifersuchtstherapie. Diese "globale" Ebene ist aber auch gar nicht erforderlich.

B39) Möglichkeiten und Chancen eines partiellen Kulturtransfers
Empirische Direkterfahrung: Wir erleben täglich und ununterbrochen, daß Eigenschaften und Erfindungen anderer (personaler, subsozietärer oder sozietärer) Kulturen von Einzelpersonen oder Subsozietäten übernommen werden können - teils gewinnbringend, teils auch nicht. Diese

Möglichkeit nutzen Eltern und Kinder, Lehrer und Schüler, Trainer und Trainierte, "Entwicklungs"-Helfer und "Entwicklungshilfe"-Empfänger, Meister und Lehrlinge, Therapeuten und Therapierte sowie viele andere.

Allerdings ist nicht alles, was über die kulturellen Dimensionen und Aspekte sexueller Eifersucht erfahrbar wäre, unter dem Gesichtspunkt der Verbesserung unseres eigenen Umgangs mit sexueller Eifersucht und damit aus handlungspraktischer Sicht gleichermaßen relevant.

Das Erfordernis anthropologisch fundierter Formkenntnisse. Wenn es darum geht, unsere eigene sexuelle Eifersucht zu therapieren, dann muß zwar die Vielfalt der Auslöser, Aktivitäten und Auswirkungen von bzw. bei sexueller Eifersucht berücksichtigt werden. Sie braucht aber nicht in ihrer globalen Verbreitung erfaßt und kartiert zu werden und es geht auch nicht um die Geschichte sexueller Eifersucht. Entscheidend ist vielmehr, die *veränderbaren* der relevanten *Faktoren mit ihren jeweiligen Wirkungen und Effekten* (d.h. meist die *direkten* Ursachen, Funktionen und Folgen) zu erforschen.

B40) Das Erfordernis möglichst genauen Ursachenwissens für Therapiebemühungen
Wirkungstheorie: Zu wissen, «among the Lepchas sexual jealousy does not exist» (Morris 1938:234), nützt mir (abgesehen davon, ob es überhaupt zutrifft) nichts, wenn ich selber gerade eifersüchtig bin, mich darüber ärgere und meine sexuelle Eifersucht verhindern will. Dann brauche ich Ursachenwissen, z.B. über die zugrundeliegenden Normen(systeme), um damit verändernd an die bei mir wirksamen Faktoren herangehen zu können.

Nur die Kenntnis der allgemeinen (und erst auf dieser Basis dann im einzelnen Therapiefall auch besonderen) Faktoren-, Wirkungs- und Effektzusammenhänge kann erweisen, wo Veränderung und damit Therapie (wie) möglich ist.

2.3.4 Fazit: Sexuelle Eifersucht ist mittels Kultur therapierbar

Auch wenn die Veränderungschancen an dieser Stelle noch nicht genauer abgeschätzt werden können, hat der Nachweis der auch kulturellen Bewirktheit sexueller Eifersucht und der rationalen Modifizierbarkeit von Psyche gezeigt, daß sexuelle Eifersucht wenigstens prinzipiell und partiell zu verändern und zu therapieren sein muß und daß der Kulturenvergleich ein nützliches Mittel zum Auffinden geeigneter Mittel zur Bewältigung sexueller Eifersucht sein muß. Eine eingehendere kulturanthropologische Untersuchung der Therapierungsmöglichkeiten sexueller Eifersucht durch eine Veränderung von Kultur ist deshalb erfolgversprechend (siehe zusammenfassend Tabelle 6, S. 67).

2.4 Forschungsstand: Was bietet die Wissenschaft?

Handlungspraktisch hat sich sexuelle Eifersucht als ein relevantes Untersuchungsproblem erwiesen, und auch therapeutisch ist die Erforschung der Zusammenhänge zwischen sexueller Eifersucht und (sozietärer) Kultur eine lohnende Aufgabe. Damit bleiben zwei Fragen: Ist die Auslöserfrage auch von wissenschaftlicher (insbesondere kulturanthropologischer) Wichtigkeit (dazu 2.4.1)? Und gibt es die für eine erfolgversprechende Untersuchung erforderlichen Untersuchungsmittel (dazu 2.4.2)?

2.4.1 Der kulturwissenschaftliche Forschungsstand

Daß das (sonst ja zumeist innerhalb der Psychologie behandelte) Auslöserthema auch ein kulturwissenschaftliches Thema ist bzw. sein kann, läßt sich wie folgt erweisen: Weil sexuelle Eifersucht ein unbewältigtes handlungspraktisches Problem ist, ist es auch ein wissenschaftliches Erkenntnisproblem. Denn optimales Handeln setzt optimales Wissen und Können voraus, und dieses ist nur mit wissenschaftlichem Untersuchen gewinnbar (siehe 1.5.1). Und weil es einen Zusammenhang zwischen sexueller Eifersucht und (sozietärer) Kultur (und damit eine Zugehörigkeit zum Themenbereich der Kulturanthropologie) gibt, ist sexuelle Eifersucht auch aus der Sicht dieser Disziplin ein relevantes Erkenntnisproblem.

Eine Bearbeitung der Auslöserfrage wäre deshalb aus kulturanthropologischer Sicht nur dann überflüssig, wenn es mindestens eine Untersuchung gäbe, welche die (sozietär-)kulturellen Faktoren, deren Einflußmöglichkeiten und -grenzen, deren Effekte sowie deren Wirkungsbedingungen aufzeigte und differenzierte, die zu einer Bewältigung sexueller Eifersucht führen und damit von therapeutischem Nutzen sein könnten. Eine solche Untersuchung habe ich nicht gefunden.

"Normaler" sexueller Eifersucht wurde bis vor kurzem selbst in der psychologischen Forschung vergleichsweise wenig Beachtung geschenkt. Bis in die 70er Jahre hinein wurde Eifersucht fast nur von Psychoanalytikern, Tiefenpsychologen und Phänomenologen erforscht und behandelt, wobei vor allem extreme Versionen beachtet wurden (siehe Mummendey & Schreiber 1983:195 und González de Chávez 1972).

B41) Untersuchungen über "krankhafte" oder "anormale" Formen sexueller Eifersucht Forschungsstanddiagnose: Barag 1949, Bechterew 1909, Bergler 1939, Birnbaum 1911, Brie 1901, Brousseau 1955, Brunswick 1929, Bureau 1980/81, Chatterji 1948, Chotzen 1914, Cobb & Marks 1979, Coen 1987, Collier & Defer 1957, Courbon & Leconte 1934 und 1935, Cremieux & Formo 1956, Dalens 1980, Deb 1976, Deutsch 1953, Docherty & Ellis 1976 und 1978, Dorez 1889, Erichsen 1975, Fenichel 1935, Ferenczi 1911, Freud 1940/22, Friedjung 1911, Friedman 1979, Gataullin 1972, Gausbeck 1928, Germano 1960, Giner Ubago & Gonzalez Infante 1979, Gonzalez & Arrillaga 1984, Hafner 1979, Hilberman & Munson 1978, Hoaken 1976, Ignjatovic 1983, Ivanets & Melik-Mkrtychyan 1972, Jaspers 1910, Kala & Kala 1981, Kendler 1980, Kozlova 1984 und 1985, Krafft-Ebing 1891, Lagache 1947-48, Laignel-Lavastine & Johannais 1942, Langfeldt 1961 und 1962, Levine 1938, Llopis 1962, Loewenstein 1932, Maggini & Lensi 1985, Mahanta 1983, Marcuse 1950, Mercuri 1975, Minkowski 1929, Mitsuyama 1985, Mooney 1965, Mowat 1966, Murtrie 1924, Nitsch 1981, Ogino 1957, Oppenheimer 1912, Ortega 1959, Pao 1969 und 1982, Pauleikhoff 1977, Pereira 1985, Pierloot 1988, Plzak 1975, Podolsky 1961, Price 1976, Retterstöl 1967, Sanchez Blanque 1980, Schmidt 1914, Schneemann 1983, Schumann 1975, Schurrmann 1983, Seeman 1979, Shepherd 1961, Shrestha et al. 1985, Sokoloff 1948, Stefanowski 1893, Todd & Dewhurst 1955, Todd et al. 1971, Turbott 1981, Vauhkonen 1968, Verhulst 1985, Villers 1899, Vukasinovic-Pecotic 1985, Wendt 1951, Whitehurst 1975, Wienand-Kranz 1983, Wimmer 1967, Zandman et al. 1972.

Erst mit der negativen Bewertung von Eifersucht in jüngerer Zeit (unter anderem durch die "sexuelle Revolution") gibt es mehr Untersuchungen über die "ganz normale" Eifersucht, auch auf der Basis anderer (und meinen Kontextentscheidungen näher stehender) Forschungstheorien. Diese beschränken sich freilich meist auf den Bereich der westlichen Industriekulturen (mit ihren Subkulturen) und erheben, wenn sie (quantitativ-)empirisch sind, vor allem Einstellungen, Reaktionserwartungen oder Eigeneinschätzungen - kaum tatsächliches Eifersuchtsverhalten.

B42) Jüngere Untersuchungen über "normale" sexuelle Eifersucht
Forschungsstanddiagnose: Bartell 1971 und 1974, Baumgart 1985b, Bernard 1971 bzw. 1977/71, Bers & Rodin 1984, Berscheid & Fei 1977, Blasband & Peplau 1985, Bringle 1981, Bringle & Buunk 1985, Bringle & Williams 1979, Bringle & Evenbeck 1979, Bringle et al. 1979 und 1983, Buunk 1975, 1981, 1982a, 1982b, 1983, 1984 und 1986, Buunk & Hupka 1987, Buunk et al. 1984, Clanton 1986, Corzine 1974, Cummings 1980, Daly et al. 1982, De Moja 1988, Ellis & Weinstein 1985, Engel & Sarcino 1986, Framo 1975, Friday 1985 bzw. 1986/85, Gilmartin 1977, Hansen 1982, 1983, 1985a und 1985b, Hupka 1984, Kirkendall 1980, Lester et al. 1985, Mathes 1986, Mathes & Deuger 1982, Mathes & Severa 1981, Mathes et al. 1982a, 1982b und 1985, Mummendey & Schreiber 1983, Nouranipour 1981, Pines & Aronson 1981 und 1983, Radecki 1982, Rubin & Adams 1986, Salovey & Rodin 1984, 1985 und 1986, Sandberg et al. 1987, Shettel-Neuber et al. 1978, Solomon 1982, Steward & Beatty 1985, Teismann 1975, Teismann & Mosher 1978, Verhulst 1985, Walster & Walster 1977, Warum! 1978, Weis & Felton 1987, White 1976, 1980, 1981a, 1981b, 1981c, 1981d und 1984.

Dort ist sexuelle Eifersucht allerdings fast ausschließlich einzelfallbezogen und ohne Kulturberücksichtigung, also kaum kulturenvergleichend untersucht worden. Und die wenigen explizit kulturenvergleichenden Untersuchungen sexueller Eifersucht mit anthropologischem Hintergrund bzw. Betonung der (sozietär-)kulturellen Aspekte, die (zum Teil bedingt) 'kulturanthropologisch' genannt werden könnten, haben zum einen thematisch andere Schwerpunkte als ich sie setzen möchte und sind zum anderen zwar anregende, aber keine vollständigen und systematisch begründeten Untersuchungen.

B43) Kulturenvergleichende Untersuchungen sexueller Eifersucht
Forschungsstanddiagnose: Achté & Schakir 1980, Briffault 1927(2): Kapitel XIV, Buunk & Hupka 1987, Daly et al. 1982, Davis 1936 bzw. 1977/36, Fischer 1980 [randlich], Friedmann 1911, Hupka 1981, Hupka et al. 1985, Hupka & Ryan 1981, Klicker 1978, Lloyd 1929, Mead 1977/31, Seidenberg 1969.

Das Auslöserthema ist aus Sicht der Kulturanthropologie (siehe 1.3) aufgrund dieses Forschungsstands also untersuchungswürdig.

2.4.2 Die erforderlichen Sachmittel

Wenn die Auslöserfrage erfolgversprechend beantwortet werden soll, werden neben verschiedenen Machmitteln (dazu 3) vor allem zwei Sachmittel benötigt: Erstens eine möglichst fundierte und präzise Charakteristik der sexuellen Eifersucht aus kulturanthropologischer Sicht und zweitens Fallbeschreibungen von (sozietär-)kulturellen Umgangsweisen mit sexueller Eifersucht.

Eine Charakteristik der sexuellen Eifersucht. Grundvoraussetzung für jede Untersuchung sexueller Eifersucht ist eine generelle Theorie der spezifischen Kennzeichen (=df. *Charakteristika*) dieser Sachverhaltsart, d.h. die präzise Kenntnis der direkten Ursachen, Baumerkmale und Folgen sexueller Eifersucht. Denn nur innerhalb einer solchen allgemeinen Gestalt-, Ursachen- und Folgentheorie (=df. *Charakteristik*) kann der spezifische Stellenwert (sozietär-)kultureller Faktoren und Wirkungen erkannt und bewertet werden, können die hier interessierenden Therapierungsmöglichkeiten erfaßt und (funktional) evaluiert werden, kann überhaupt festgestellt werden, ob es sich um sexuelle Eifersucht handelt oder nicht. Außerdem liegt in einer solchen Charakteristik (wie sich zeigen wird, vergleiche 4 und 5 mit 6 bis 8) bereits der entscheidende Schlüssel zu den Bewältigungsmitteln.

Eine kulturanthropologische Charakteristik der sexuellen Eifersucht beim Menschen, die ausreichend fundiert, systematisch und differenziert ist (und damit den Anforderungen meiner Kontexttheorien genügt), konnte ich aber nicht finden.

B44) Gründe für die Defizite in den Sachtheorien über sexuelle Eifersucht

Forschungsstanddiagnose, Wirkungstheorie: Zwar gibt es (wie sich gezeigt hat und im weiteren Bericht noch zeigen wird) eine große Menge von Erkenntnissen über und Theoriebausteinen zu sexueller Eifersucht, ihren Merkmalen, Ursachen, möglichen Funktionen und Folgen. Nicht überwunden sind im generalisierenden Forschungsstand aber die weitgehende Isoliertheit der einzelnen Theorieteile und vor allem deren seltene und geringe anthropologische Fundierung. Das liegt zum einen am oft unreflektierten Zurückgreifen auf meist nur relativ spezifische und dabei anthropologisch unfundierte Theorien. Es liegt weiter an der vorherrschend engen Sichtweise aus *einer* Disziplin, der Psychologie (Soziologie, Ethnologie und andere Kulturwissenschaften haben emotionale Phänomene und Sexualität [und damit sexuelle Eifersucht] bis heute weitgehend ignoriert). Und es liegt an der Praxis der Theoriebildung über sexuelle Eifersucht in der Psychologie, die - wenn sie "härter" empirisch ist und vielleicht sogar experimentell - isoliert und isolierend einzelne Faktoren(-bereiche) in Kleinprojekten untersucht und hypothesenorientiert statt systematisch und (kultur-)anthropologisch fundierend vorgeht.

Die im Forschungsstand vorhandenen Formkenntnisse und Theoriebausteine reichen jedoch aus, um die fehlende, aber erforderliche anthropologische Gestalttheorie der sexuellen Eifersucht und, damit verbunden bzw. darauf aufbauend, die (siehe 2.3.3) benötigte allgemeine Ursachen- und Folgentheorie mit vertretbarem Aufwand erstellen zu können. Das bedeutet freilich, daß vor einer Untersuchung der Bewältigungsmöglichkeiten eine Grundlagenuntersuchung über die allgemeinen Baumerkmale, Ursachen und Folgen sexueller Eifersucht (also eine *Charakterisierung*) durchzuführen ist. Das Untersuchungsthema wird deshalb gegenüber dem Auslöserthema entsprechend zu erweitern sein.

Falldaten. Das zweite erforderliche Sachmittel sind Fallbeschreibungen zu sexueller Eifersucht in unterschiedlichen (sozietär-)kulturellen Systemen, die den Einfluß der (sozietären) Kultur mindestens erschließen lassen, besser aufzeigen. Optimal wären dabei Daten zu solchen Ethnien, die sexuelle Eifersucht mit kulturellen Mitteln bewältigen können bzw. konnten, denn ohne Falldaten könnten über die Realität nur unkontrolliert spekulative Theorien gebildet werden und ohne Daten über erfolgreiche Eifersuchtsbewältigungen fehlen "erprobte" und damit realistische Therapierungsstrategien. Da ich eine grundlegende Klärung vorhabe und deshalb (räumlich wie zeitlich uneingeschränkt) kulturenvergleichend untersuchen muß, sind eigene empirische Erforschungen von Fällen sexueller Eifersucht nicht möglich. Ich bin also auf bereits vorliegende Dokumente angewiesen.

B45) Der Stand des Fallwissens zu sexueller Eifersucht

Forschungsstanddiagnose, Wirkungstheorie: In ethnografischen Berichten sind (wie ja auch in der Ethnologie) die Themen Sexualität und Emotionen sehr stark vernachlässigt bis unberücksichtigt, auch wenn es nicht *ganz* so schlimm ist, wie in den folgenden Überzeichnungen behauptet: «... concrete information on the psychodynamics of sexual jealousy is virtually nonexistent» (Berscheid & Fei 1977:102). «The philosophical, sociological, anthropological, and psychoanalytic literature provide a rich and interesting collection of speculations, hypotheses, and ideas, but do not provide us with systematic data» (Pines & Aronson 1983:109). Wenn überhaupt, wurden und werden vor allem die Normierung und (seltener) die Ausübung prämaritalen und (seltener) extramaritalen heterosexuellen Geschlechtsverkehrs sowie die offenkundigeren und gravierenderen Verhaltenseffekte desselben erforscht, kaum jedoch z.B. Empfindungs- oder Einstellungskonsequenzen. Insgesamt gibt es einen (siehe ausführlicher 3.3) zwar an Hinweisen und Erwähnungen reichen, in den Beschreibungen aber weitgehend nicht fundierten, sehr ungleichen (was die globale Streuung angeht), meist mehr oder weniger pauschalen und nur selten präzisen, umfassenden und differenzierten Datenbestand (was ja aber nicht nur für Sexualität und Eifersucht zutrifft, siehe z.B. Barry III 1981).

Die Datenlage ist also zwar (aus einer anspruchsvollen Perspektive betrachtet) schlecht, aber, zumal psychologische Untersuchungen aus "westlichen" Kulturen und die empirische Direkterfahrung berücksichtigt werden können, nicht so hoffnungslos, daß eine ertragversprechende Untersuchung der kulturellen Dimensionen sexueller Eifersucht völlig unmöglich wäre. Es soll (und darf aus Bewältigungssicht) hier keine Verbreitungsanalyse ausgeführt werden. Für das Thema Eifersuchtsbewältigung (nicht Ethnien!) und das Interesse Therapierungshilfe und Theoriebildung (nicht -überprüfung!) reichen die vorhandenen Bausteine und Hinweise (siehe ausführlicher 3.4+5).

Argumente	*Folgerungen*
Relevanz:	
- Es gibt Lust auf Exosex (2.1.1) und	
- Wunsch nach sexueller Treue (2.1.2).	*Es gibt sexuelle Eifersucht (2.1.3).*
- SE wird als Problem empfunden (2.1.4) und	
- zu bewältigen versucht (2.1.5).	*SE ist ein relevantes Problem (2.1.6).*
Lösungswürdigkeit:	
- SE ist mindestens manchmal und für einige auch disfunktional (2.2.1) und der	
- Wunsch nach Exosex ist nicht vollständig unterdrück- oder verhinderbar (2.2.2+3).	*SE zu bewältigen ist wichtig (2.2.4).*
Lösbarkeit:	
- SE ist kulturell (mit-)bestimmt (2.3.1).	*SE ist kulturell veränderbar (2.3.2).*
- SE wird in verschiedenen Ethnien unterschiedlich ausgelöst, praktiziert und bewertet (2.3.3).	*Kulturenvergleich kann Bewältigungsmittel aufzeigen (2.3.4).*
Lösungsstand:	
- Es gibt keine systematische Bestimmung der kulturellen Möglichkeiten einer Bewältigung SE (2.4.1).	*Kulturelle Bewältigungsmittel für SE sind unzureichend erforscht (2.4.1).*
- die erforderlichen Theorien und Daten sind beschaffbar oder vorhanden (2.4.2.).	*Kulturelle Eifersuchtsbewältigung ist erforschbar (2.4.3).*

Tabelle 6: Die Rechtfertigung und Begründung des Untersuchungsthemas

2.4.3 Fazit: Die Auslöserfrage ist unzureichend beantwortet und bearbeitbar

Da es in den vergleichenden Kulturwissenschaften keine Untersuchung gleichen oder auch nur ähnlichen Themas (Systematik der kulturellen Bewältigungsmöglichkeiten für sexuelle Eifersucht) gibt und weil die vorhandenen und verfügbaren Theoriebausteine und Daten ausreichen, ist mein Vorhaben handlungspraktisch wie wissenschaftlich ausreichend wichtig und als erfolgversprechend ausführbar zu rechtfertigen (siehe zusammenfassend Tabelle 6, S. 67).

2.5 Entscheidungen: Was soll untersucht werden?

Nachdem die Probleme und Bearbeitungsmöglichkeiten des Auslöserthemas geklärt sind (siehe 2.1-4), können nun innerhalb des Untersuchungskontextes (siehe 1) der Gegenstand (in 2.5.1), die Fragen (in 2.5.2) und die Ziele (in 2.5.3) der Untersuchung begründet, gerechtfertigt und genau festgelegt werden.

2.5.1 Untersuchungsgegenstand

Gegenstand der Untersuchung soll der reale Sachverhalt *sexuelle Eifersucht* beim Menschen sein. Innerhalb dieses Gegenstandes soll eine prinzipielle Einschränkung auf bestimmte Unterarten sexueller Eifersucht nicht vorgenommen werden, mit einer entscheidenden Einschränkung: "krankhafte", "pathologische", "anormale", "wahnhafte", "morbide", "paranoide" oder ähnliche Arten sexueller Eifersucht (siehe dazu die in B41 aufgelisteten Werke) sollen nur insoweit berücksichtigt werden, als sie auf (z.T. auch unzutreffende oder unbegründete) *kulturelle* Bewertungen, nicht jedoch auf schwerwiegendere biotische (neuronale, hormonale) Faktoren zurückzuführen sind.

B46) Ausgeschlossene Untersuchungsgegenstände

Ausdrücklich *nicht* Gegenstand der Untersuchung sollen (neben den eben ausgeschlossenen Arten sexueller Eifersucht) sein: Außereheliche, nebeneheliche, inzestöse oder andere Arten exosexueller Beziehungen, Eifersuchtsbegriffe und/oder Eifersuchtstheorien, die Ideengeschichte der Eifersuchtskonzepte, auf sexuelle Eifersucht bezogene Forschungstheorien, Eifersuchtsforscher, d.h. Personen, die sexuelle Eifersucht erforsch(t)en, die Geschichte der Eifersuchtsforschung, Publikationen, in denen sexuelle Eifersucht vorkommt oder beschrieben wird, Ethnien, in denen sexuelle Eifersucht vorkommt oder vorkam (mein Fokus ist sexuelle Eifersucht, auch und vor allem die *in* Ethnien, der Gegenstand sind aber nicht die Ethnien selbst!) oder solche Sachverhalte, die zwar auch irgendwo und irgendwann einmal mit den Worten 'Eifersucht' oder 'sexuelle Eifersucht' bezeichnet werden oder worden sind, die aber nicht mit dem Sachverhalt übereinstimmen, den ich später (in 5.7.2) mit einem systematischen Begriff "sexuelle Eifersucht" erfassen werde. Selbstverständlich werden aber alle diese Tatsachen und die in ihnen explizit oder implizit enthaltenen Einsichten (wo sinnvoll und möglich) als Untersuchungs*mittel* berücksichtigt und eingesetzt.

2.5.2 Untersuchungsfragen

An diesen Untersuchungsgegenstand sexuelle Eifersucht muß, aufgrund des unzureichenden Forschungsstandes (siehe 2.3.3 und 2.4), zunächst eine auf die spezifischen (artbestimmenden) Kennzeichen sexueller Eifersucht bezogene Frage gestellt werden, um mein Auslöserproblem Eifersuchtsbewältigung mittels Kultur lösen zu können:

Untersuchungsfrage 1: Was ist, warum gibt es und welche Folgen hat sexuelle Eifersucht? Oder, genauer formuliert: Welche grundlegenden, allgemeinen und sie von anderen Tatsachen der Wirklichkeit unterscheidenden Charakteristika (Ursachen, Baumerkmale und Folgen mit ihren Erscheinungsformen) hat sexuelle Eifersucht?

Erst dann und nur wenn diese Frage beantwortet ist, kann die bereits als Auslöser formulierte und auf die *kulturelle Dimension* sexueller Eifersucht und die *interkulturelle Übertragbarkeit* der Wege ihrer Bewältigung zielende Untersuchungsfrage gestellt werden:

Untersuchungsfrage 2: Gibt es (sozietär- und/oder personal-)kulturelle Mittel, mit denen in Ethnien sexuelle Eifersucht bewältigt oder zu bewältigen versucht wird, ohne die beteiligten Personen in einer nicht vertretbaren Weise zu schädigen und ohne gegen fundamentale Rechte zu verstoßen? Wie erfolgreich sind diese Mittel? Welche dieser Mittel könnten warum und wie (un-)geeignet sein, in unserer eigenen Sozietät und Kultur bei der Bewältigung sexueller Eifersucht zu helfen?

B47) Ausgeschlossene Untersuchungsfragen
Ausdrücklich *keine* Untersuchungsprobleme sollen mit meiner Gegenstands-, Problem- und Zielbestimmung nicht vereinbare Fragen beispielsweise folgender Art sein: Wie wird außerehelicher bzw. außerpartnerschaftlicher Geschlechtsverkehr incl. Inzest (kurz: Exosex) verhindert oder zu verhindern versucht? Warum haben viele Menschen den Wunsch, außerhalb ihrer jeweiligen (sexuellen) Beziehung weitere sexuelle Beziehungen einzugehen? Warum realisieren Männer diesen Wunsch öfter, warum gibt es die verbreitete geschlechterdifferenzierende Doppelmoral und Doppelsanktionierung? Erleben und agieren Männer und Frauen sexuelle Eifersucht unterschiedlich oder (und warum) nicht? Wann, wie, wo und aufgrund welcher fallspezifischer Ursachen kommt sexuelle Eifersucht in den unterschiedlichen Ethnien vor?

2.5.3 Untersuchungsziele

Mit der Untersuchung der sexuellen Eifersucht beim Menschen sollen drei verschiedene *Arten* von Zielen erreicht werden: *Erkenntnisziele*, d.h. auf das Erreichen eines bestimmten Wissens und/oder Könnens bezogene Ziele, *Verwendungsziele*, d.h. auf die Einsetzbarkeit der gewonnenen Erkenntnisse in anderen Untersuchungen oder Forschungsvorhaben bezogene Ziele und *Benutzungsziele*, d.h. auf die Einsetzbarkeit der gewonnenen Erkenntnisse zur Bewältigung handlungspraktischer Probleme bezogene Ziele. Dabei ist zu beachten, daß nur das Erreichen der Erkenntnisziele innerhalb der Untersuchung bzw. im Vergleich der Ergebnisse mit dem Forschungsstand kontrolliert werden kann. Ein Erreichen des Verwendungsziels und des Benutzungsziels ist intern bestenfalls prinzipiell, in ihrem tatsächlichen Erfolg aber erst und ausschließlich retrospektiv (nach erfolgten Benutzungen bzw. Verwendungen) überprüfbar.

Es sei auch (gerade weil manche Formulierungen in systematischen Untersuchungen wie dieser einen anderen Eindruck erwecken können oder sogar müssen) nachdrücklich darauf hingewiesen, daß die folgenden Ziele und vor allem die Kriterien zu ihrer Erfüllung ganz bewußt nur einen *Minimalanspruch* stellen: Angestrebt ist (insbesondere im Lösungsmittel- oder Bewältigungsteil) nur eine eher *explorative*, den Forschungsstand erst einmal aufarbeitende, vorläufig ordnende und Möglichkeiten und Richtungen aufzeigende Untersuchung.

Die Erkenntnisziele. Mit der Untersuchung sollen zwei unterschiedliche, immer aber allgemeine, fundierte, empirisch angemessene, theoretisch fruchtbare und therapeutisch nutzbare kulturanthropologische Theorien gebildet werden:

- Das *erste* Erkenntnisziel ist eine allgemeine Theorie der spezifischen Eigenschaften (Kennzeichen und Ausprägungsmöglichkeiten) sexueller Eifersucht beim Menschen, also der Ursachen, Baumerkmale und Folgen (d.h. eine Charakteristik).
- Das *zweite* ist eine allgemeine Theorie über solche kulturell erlernbaren und einsetzbaren Aktivitäten, die sexuelle Eifersucht bewältigen (können), inklusive einer funktionalen Bewertung ihrer grundsätzlichen Einsetzbarkeit und Nutzbarkeit zur Bewältigung sexueller Eifersucht in unserer eigenen Kultur und Sozietät. Es soll also nicht einfach nur gezeigt werden, wie sexuelle Eifersucht (vielleicht) zu bewältigen wäre, sondern es sollen auch die möglichen Probleme einer solchen Eifersuchtsbewältigung berücksichtigt werden.

B48) Ausgeschlossene Erkenntnisziele

Ausdrücklich *keine* Erkenntnisziele der Untersuchung sollen sein (vergleiche die ausgeschlossenen Fragen in B47): eine detaillierte Topografie (Verbreitungskarte) über sexuelle Eifersucht in den verschiedenen Sozietäten, Kulturen oder Ethnien, ein umfassender Katalog der ethnografischen Quellen zu sexueller Eifersucht, eine über die Begründung bei der Erzeugung meiner Theorien hinausgehende Überprüfung der von mir gewonnenen Theorien (ich strebe eine Theoriebildung an, keine -überprüfung!), eine Geschichte der Eifersuchtsforschung, eine allgemeine und umfassende Theorie der externen Ursachen sexueller Eifersucht, eine moralische oder andere subjektive Bewertung sexueller Eifersucht (obwohl ich eine *funktionale* Bewertung ihrer Bewältigungsmittel vorhabe!), eine Systematisierung der zur Eifersuchtsforschung verwendeten Forschungstheorien, eine "kritische Würdigung" des Forschungsstandes oder andere, nicht mit meiner Gegenstands-, Problem- und Zielbestimmung vereinbare Ziele.

Die beiden Erkenntnisziele sollen bereits dann als erreicht gelten, wenn die gewonnenen Theorien (*auch nur etwas*) fundierter, vollständiger, präziser und systematischer sind als die bisher vorliegenden Entwürfe.

Die Verwendungsziele. Mit der Untersuchung sollen (vor allem) ein thematisches und (als Nebenprodukt) mehrere nichtthematische Verwendungsziele erreicht werden.

1) Das thematische Verwendungsziel. Die Untersuchung soll durch das Erreichen der beiden Erkenntnisziele eine präzisere Grundlage für die empirische wie theoretische Eifersuchtsforschung (nicht nur in den Kulturwissenschaften) schaffen und zur Verfügung stellen. Dieses Verwendungsziel soll als erreicht gelten, wenn eine Berücksichtigung und Verwendung der erzeugten Theorie eine empirisch-fallbezogene oder theoretisch-verallgemeinernde Untersuchung sexueller Eifersucht beim Menschen verbessern, d.h. zum Beispiel präzisieren, vervollständigen, systematisieren oder erleichtern könnte bzw. würde.

2) Die nichtthematischen Verwendungsziele. Über das thematische Verwendungsziel hinaus soll die Untersuchung aber auch Beispiel und exemplarische Anleitung sein für

- eine erzeugend geplante und durchgeführte Untersuchungsausführung
- mit einem entsprechenden Untersuchungsbericht,
- eine differenzierende, konstruktive, ergebnisbezogene und systematische Theoriebildung im Form-Fall-Dialog sowie
- den pragmatischen Nutzen einer Kulturen vergleichenden Forschung.

Da diese Ziele (aufgrund der Kontextvorgaben und Vorgehensentscheidungen) sozusagen nebenher erreicht werden und weil es in dieser Untersuchung vor allem um sexuelle Eifersucht geht, strebe ich diese nichtthematischen Verwendungsziele nicht als völlig gleichwertige und gleichberechtigte Ziele neben den bisher genannten an (weshalb ich sie auch nicht als Erkenntnisziele genannt habe). Sie sollen aber doch hervorgehoben werden, weil sie sich z.B. auf die Ausführlichkeit der Darstellung und der Art der epistemologischen und methodologischen Erwägungen auswirken und weil gerade diesem Vorgehensaspekt der Untersuchung ein gezieltes Augenmerk gelten könnte und sollte.

Das Benutzungsziel. Durch das Erreichen besonders des zweiten Erkenntnisziels soll die Untersuchung zu einem bewußteren, kontrollierteren und erfolgreicheren Umgang mit der eigenen wie fremden sexuellen Eifersucht in *unserer* Sozietät und Kultur beitragen - über Eigentherapie und/oder über (von außen angeleitete) Fremdtherapie.[11] Dieses Benutzungsziel soll als erreicht gelten, wenn eine Berücksichtigung und Benutzung der gewonnenen Einsichten den konstruktiven Umgang mit der eigenen und/oder fremden sexuellen Eifersucht erleichtern könnte bzw. würde.

---

11 Eine detaillierte und bis auf die Anweisungsebene weiterführende Auswertung der Untersuchungsergebnisse unter therapeutischen Gesichtspunkten kann in dieser, das Gesamtproblemfeld aufarbeitenden Untersuchung (auch weil ich kein Psychologe mit Therapieausbildung und -erfahrung bin) nicht geleistet werden. Die psychotherapeutischen Möglichkeiten und Konsequenzen aus der Untersuchung sollen aber (zusammen mit dem Psychologen Günther Winterhalder, Staufen) noch genauer herausgearbeitet werden.

3 Vorgehen: Eine kulturenvergleichende Theoriebildung

Nachdem das genaue Thema der Untersuchung begründet und gerechtfertigt (2.1-4) sowie festgelegt ist (2.5), muß nun geklärt und entschieden werden, wie die Untersuchungsfragen innerhalb der Vorgaben des Kontextes (siehe 1 und beachte diese entscheidende Relativierung!) beantwortet und die Untersuchungsziele erreicht werden können, wie also die Untersuchung in Teil III durchzuführen ist. Und um die dafür erforderlichen Schritte (in 3.6) begründet festlegen zu können, sind sechs Fragen zu beantworten:[12]

1. In welchem *Realitätsbereich* findet sexuelle Eifersucht statt und welche programmierungsrelevanten Merkmale hat dieser (dazu 3.1)?
2. Welche untersuchungstechnische *Aufgabenart* ist in der Themenentscheidung (2.5) und Untersuchungsontik (3.1) impliziert (dazu 3.2)?
3. Welche epistemischen, methodischen und operatorischen *Probleme* folgen aus Themenstellung, Realitätsbeschaffenheit und Untersuchungsaufgaben (dazu 3.3)?
4. Welche *Strategien* sind geeignet, um diese Untersuchungsprobleme zu lösen und damit die Aufgaben zu bewältigen (dazu 3.4)?
5. Welche (der in den Strategien implizierten) *Methoden* sollen hier eingesetzt werden (dazu 3.5)?
6. Wie soll im einzelnen vorgegangen werden, um unter diesen Bedingungen die Untersuchungsfragen zu beantworten und die Untersuchungsziele zu erreichen (dazu 3.6)?

Diese Fragen müssen hier, obwohl auch die bereits einengenden Kontextvorgaben noch verschiedene Alternativen erlaubten, ohne Diskussion anderer Lösungsmöglichkeiten beantwortet werden, um einen vom Untersuchungsthema wegführenden und prinzipiell unendlich fortsetzbaren (aber deshalb nicht realisierbaren) Begründungsregreß zu vermeiden (siehe Anm. 13).

3.1 Ontik: Welche Merkmale hat der zu untersuchende Realitätsbereich?

Sexuelle Eifersucht ist (siehe 2.1.3) eine menschliche Aktivität, die in zwischen-

---

12 Auch dieses Kapitel kann, wenn die begründende Herleitung und Fundierung der Ergebnisse nicht interessiert, zunächst in Gänze übergangen werden, da bei Unklarheiten oder Skepsis im Durchführungsteil die Orientierungsmittel (Verzeichnisse und Register) zum Nachschlagen genutzt werden können.

menschlichen Beziehungen vorkommt und mit Sexualität zu tun hat. Ihre Bewältigung ist (siehe 3.2) ein Problemlösungs- und damit Funktionsprozeß. Als Untersuchungsontik und damit Rahmen oder Erzeugungsgrundlage für die themenspezifischen Theorien (siehe Abb. 4, S. 74) werden deshalb allgemeine Sachtheorien der Grundmerkmale menschlicher Aktivitäten (dazu 3.1.1), menschlicher Sexualität (dazu 3.1.2), zwischenmenschlicher Beziehungen (dazu 3.1.3) und menschlicher Problemlösungsprozesse (dazu 3.1.4) benötigt.[13]

3.1.1 Menschliche Aktivitäten

In den in 2.1.3 und an anderen Stellen zitierten Belegen werden zahlreiche und ganz unterschiedliche menschliche Aktivitäten genannt, die im Zusammenhang mit sexueller Eifersucht auftreten (sollen): beispielsweise Wut, verletzter Stolz, Haß, Angst, Kontrollverlust, Mord, Egoismus, Selbstmord, Wünsche, Ziele, Forderungen, Rechtsansprüche, Depression, Scham, Neid, Sehnsucht, Liebe, Verlustangst oder Bedrohung. Um hier eine systematische Bestimmung vornehmen zu können, ist deshalb zunächst genauer zu klären, welche allgemeinen (und damit auch für sexuelle Eifersucht relevanten) Merkmale die menschlichen Aktivitäten haben, die auch sexuelle Eifersucht kennzeichnen, und welche grundlegenden Arten solcher Aktivitäten es gibt.

Menschliche Aktivitäten. Menschen können (bewußt bis unbewußt, automatisch bis einzelschrittreflektiert, routiniert bis erfindend) ihren jeweiligen Existenzzustand verändern. Jede beliebige Veränderung im Zustand eines Menschen (und sei sie noch so geringfügig) =df. eine *Aktivität* dieser Person. Es gibt drei grundlegende Arten menschlicher Aktivitäten (die immer prozessual ablaufen und auch extern verursacht sind, s.u.): psychische, nichtpsychische (physische oder somatische) und aus beiden kombinierte.

---

13 Ein *untersuchungstechnischer Hinweis*: Diese hier einzuführende Rahmenontik ist eine zentrale Grundlage und das entscheidende Baumaterial und Werkzeug zur Konstruktion der angestrebten Charakterisierung und Funktionsklärung. Sie hat damit eine Schlüsselstellung innerhalb der Untersuchungsdurchführung und bestimmt in herausragendem Maße die Ergebnisse meiner Theoriebildung. An dieser Stelle der Erzeugung stellt sich deshalb wiederum (wie bereits im Untersuchungskontext [1] und auch bei den anderen Teilen der Programmierung [3.2 bis 3.6]) eine besonders ausgeprägte Begründungsgrenze: Es müssen hier Theorien ausgewählt werden, die die Konzipierung und Erforschung sexueller Eifersucht in entscheidendem Maße bestimmen und sie in eine (von mehreren möglichen) Richtung(en) lenken. Und es kann dabei nur eine Alternative (in gewisser Weise sogar willkürlich) gewählt werden, obwohl die zu behandelnden Sachverhalte von den Anhängern der verschiedenen Forschungstheorien sehr unterschiedlich gesehen werden und die entsprechenden Konzepte (z.B. das Konzept der Psyche oder der Emotion) deshalb ähnlich umstritten sind wie das der sexuellen Eifersucht, d.h. strenggenommen mindestens den gleichen Aufwand an Diskussion und Begründung verlangten. Aber der Arbeitsaufwand für eine noch tiefergehende Fundierung wäre einfach zu groß, es führte auch immer weiter von der "eigentlichen" Untersuchungsaufgabe weg, verlangte lauter Neben- oder Voruntersuchungen und müßte, bei letzter Konsequenz, schließlich zu einem unendlichen Regress führen. Allerdings kann die Entscheidungswillkür etwas eingeschränkt werden durch eine Prüfung der alternativen Kontextvorgaben, die ja auch ihrerseits durch den Einsatz bestimmter Kriterien (siehe die Einführung zu 1) nicht völlig beliebig ausgewählt werden mußten. Dies ist die einzige *realisierbare* Art von Fundierung oder Begründung.

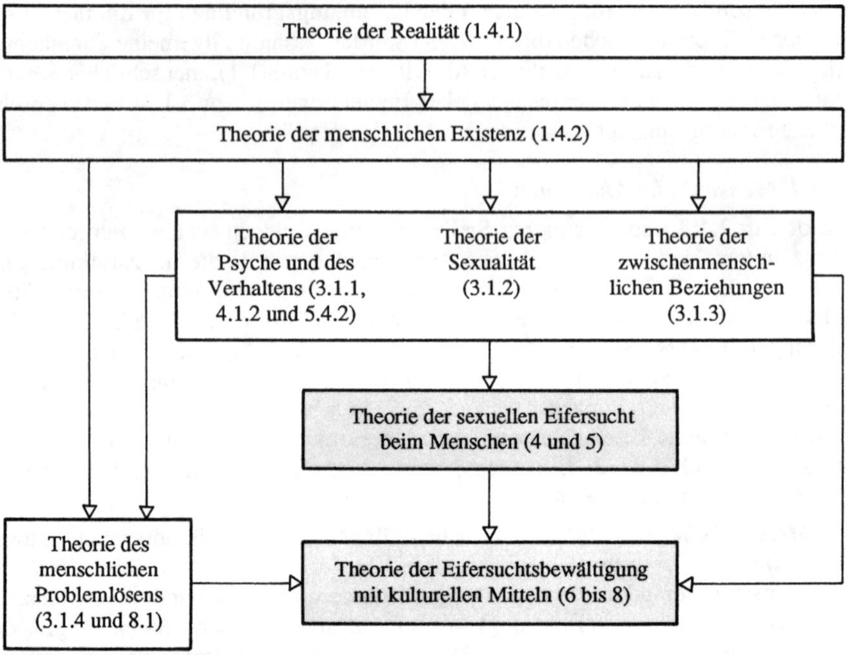

Abb. 4: Die Beziehungen zwischen den sachbezogenen Theoriebausteinen

1) Psychische Aktivitäten[14]. Die Gesamtheit aller zerebralen Prozesse, d.h. aller Aktivitäten eines Gehirns als einem Teil des menschlichen Zentralnervensystems, ist die *Psyche* der betreffenden Person. Diese Psyche bestimmt in entscheidendem Maße auch die nichtpsychischen Aktivitäten von Menschen. Weite Teile der Psyche sind erlernt oder erworben (also nicht angeboren) und bestehen aus Innovationen, sind also ein Teil der menschlichen Kultur.

Menschen können durch Sensieren, Perzipieren und Konzipieren Erkenntnisse (Wissen und Können) und Einstellungen (Normen und Bewertungen) über die

14 In Übereinstimmung mit meinen Kontextvorgaben entscheide ich mich für eine materialistische und systemistische Auffassung der menschlichen Psyche (weitgehend nach Dörner 1985a, Dörner 1985b und Stäudel 1985; Anreger aber auch Brandtstädter 1985, Bösel 1981, Bunge 1980, Fuchs 1985, Kleinginna & Kleinginna 1981, Lutz & White 1986, Mandl & Euler 1983, Mandl & Huber [Hg.] 1983, Mees 1985, Rudolph & Tschohl 1977, Schmidt-Atzert 1981, Traxel 1983 und Ulich 1982). Diese bietet - wie sich zeigen wird - u.a. ein überzeugendes Emotionskonzept und auch deshalb eine sehr gute (weil differenzierende *und* verknüpfende) Grundlage für eine präzise Erfassung und Charakterisierung solch "gemischter" Phänomene wie sexueller Eifersucht. Außerdem ist diese Auffassung sehr benutzungsfreundlich, weil sie Therapierungsmöglichkeiten aufzeigt.

Realität gewinnen (siehe 1.5.1). Die Summe aller Einstellungen und Erkenntnisse inklusive ihrer Entstehungsprozesse =df. die *Kognitionen* innerhalb einer Psyche. Neben den Einstellungen und den Erkenntnissen gehören zu den psychischen Aktivitäten (aber nicht zu den Kognitionen) auch *Empfindungen*, also mehr bis weniger diffuse Stimmungen oder Zustandserlebnisse wie Glück, Furcht, Begeisterung, Angst, Verliebtsein oder andere, die positiv bis negativ bewertet werden können. Diese dürfen auf keinen Fall (wie es in Alltagstheorien vielfach geschieht) mit Emotionen bzw. der Emotionalisierung von psychosomatischen Prozessen gleichgesetzt und verwechselt werden (siehe 5.4.2).

Eine zentrale Eigenschaft der menschlichen Psyche ist ihre Fähigkeit zur *Selbstreflexion*. Menschen wissen allerdings nicht in jedem Moment ihrer Existenz über alle Inhalte ihrer Psyche gleichermaßen gut, genau und vollständig Bescheid. Es gibt also mehr bis weniger selbstreflektierte bzw. selbstreflektierbare Bereiche und Elemente (z.B. Wissen, Normen oder Empfindungen) innerhalb der Psyche, von denen manche niemals zugänglich werden. Selbstreflexion hat dabei immer zwei Aspekte: Wissen, *daß* ("ich weiß, *daß* ich die Einstellung *yyy* habe", =df. *Bewußtheit*) und Wissen, *was* ("die mir bewußte Einstellung *yyy* besteht aus folgenden Teilen und beinhaltet: ...", =df. *Bekanntheit* [siehe Bruck 1985b:88]).

2) Nichtpsychische Aktivitäten (Verhalten). Jede und nur eine nichtpsychische Aktivität eines Menschen =df. ein *Verhalten*, und zwar unabhängig davon, ob sie psychisch angeregt, gesteuert und/oder kontrolliert wird oder nicht. Verhalten müssen beim Menschen immer (auch) körperliche (*physische* oder *somatische*) Aktivitäten sein.

3) Handeln[15]. Psychische und nichtpsychische Aktivitäten treten zumeist in verschiedenartigsten Kombinationen auf. Eine wichtige Kombination sind Kognitionen und Verhalten (die vielleicht sogar Empfindungen einschließen), die *zielgerichtet* (das Verhalten ist auf das Erreichen eines bestimmten Ziels hin angelegt und durchgeführt), *zweckhaft* (ein instrumentaler Zusammenhang zwischen dem Verhalten und dem Ziel wird *angenommen*, d.h. die Kognition und/oder das Verhalten wird als Mittel zur Zielerreichung erkannt) und *bewußt* (das Ziel und die Zweckmäßigkeit des Verhaltens sind bekannt) sind. Solche immer auch kognitive Aktivitäten =df. *Handeln*. Handeln impliziert zahlreiche Abwägungen: Mögliche Ziele sind zu vergleichen, eines ist auszuwählen, Mittel zur Zielerreichung sind zu vergleichen, die geeigneten sind auszuwählen usw. Handeln muß deshalb immer prozessual sein.

Die Prozessualität menschlicher Aktionen. Menschliche Aktivitäten finden niemals isoliert und unabhängig von anderen Aktivitäten statt. Sie sind immer eingebunden in ein konkretes Teilnetz des Gesamtnetzes aller Aktivitäten. Eine bestimmte *Aktion* wie sexuelle Eifersucht (als betrachtete Referenzaktivität) ist deshalb immer auch Teil einer spezifischen Ereignis- oder Prozeßart, die (bei aller möglichen Differenziertheit) eine charakteristische und einheitliche Grundgestalt hat (siehe Abb. 5, S. 77).

1) Die Bedingungen von Aktionen. Kognitionen, Empfindungen, Verhalten

---

15 Das folgende basiert vor allem auf Annahmen von Brandtstädter 1985, Dörner 1985a, Dörner 1985b, Fuchs 1985 und Stäudel 1985.

und Handlungen als Aktionen sind nur möglich, wenn bestimmte Erfordernisse erfüllt sind. Aktionen müssen deshalb immer aus drei Komponenten bestehen, die nur konzeptionell (aber nicht faktisch) trennbar sind:

- Am Beginn einer jeden Aktion steht immer die *Wahrnehmung* (Sensation und Perzeption) eines innerpsychischen Vorgangs (z.B. einer Motivation; siehe 4.1.2) oder einer außerpsychischen, also aus dem sonstigen Körper oder der Umwelt der Person stammenden Information/Anregung (=df. eines *Reizes*; Reiz *und* Wahrnehmung =df. *Auslöser*).
- Solche Reiz-Wahrnehmungen können dann verschiedene *Abwägungen* (Einschätzungen, Prüfungen oder Bewertungen) bewirken. In ihnen wird (mehr bis weniger bewußt oder sogar völlig unbewußt) entschieden, *ob* und ggf. *wann* auf den Auslöser *wie* zu reagieren ist. Hier entscheidet sich auch, ob der wahrgenommene Reiz emotionalisierend ist oder nicht (Kriterien: Kompetenz, Kontrolle, Erwartung), was unterschiedliche Fortsetzungen des Prozesses zur Folge haben kann (siehe 5.4.2). Meist werden in den oft äußerst kurzen, vielfach automatisierten und zum Teil gänzlich unkontrollierten Abwägungen nur einige wenige aller möglichen "Überlegungen" und auch diese nur rudimentär und unbewußt angestellt.
- Und erst nach solchen wenigstens minimalen Abwägungen folgt dann die Ausführung der entschiedenen weiteren psychischen (z.B. Kognitionen) und/ oder somatischen Aktivitäten, d.h. die *Reaktion* auf den Reiz bzw. die Reizwahrnehmung.

Diese drei internen Komponenten (Wahrnehmungen, Abwägungen und Reaktionen) sind zugleich die *internen* Erfordernisse wie Ursachen (=df. *Bedingungen*) von Aktionen, die erfüllt sein müssen, wenn Aktionen stattfinden sollen.

2) Die Voraussetzungen von Aktionen. Damit Wahrnehmungen überhaupt möglich sind und dann bewertend verglichen werden können, damit also Aktionen in Gang gesetzt werden können, müssen (neben der Existenz einer wahrnehmenden Person) aber immer auch drei grundlegende und direkte *externe* Erfordernisse erfüllt sein: es muß

- erstens einen (beliebigen) *Reiz* geben, der intrapersonal (psychisch und/oder somatisch) oder extrapersonal sein kann,
- zweitens irgendwelche *Kriterien* als Vergleichs- oder Bewertungsmaßstäbe geben, damit die Wahrnehmungen der Reize als reaktionsauslösend (und nicht als irrelevant) bewertet werden können, und
- drittens eine *Situation* geben, in der diese erforderlichen Reize und Kriterien vorkommen oder generiert werden (können).

Situation, Reiz und Bewertungskriterien sind (als *direkte Ursachen* und damit unmittelbare externe Erfordernisse) die *Voraussetzungen* einer Aktion.

3) Die Folgen von Aktionen. Jede Aktion bewirkt, wenn ihre Reaktion eine Wirkung ist, irgendwelche Effekte, die ihrerseits zu weiteren Wirkungen (und Effekten) führen können. Diese unmittelbaren und mittelbaren *Folgen* können zum Auslöser für weitere Aktionen werden, d.h. der genannte Ablauf kann vielfach gekoppelt auftreten und (durch Rück-, Wechsel- und Nebenfolgen) einen differenzierten Gesamtablauf bilden (siehe Abb. 5, S. 77).

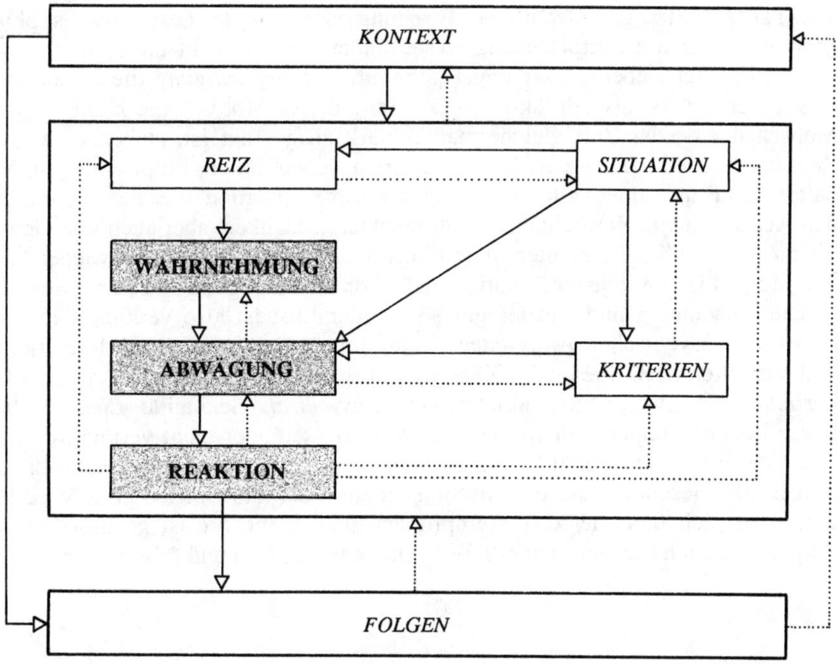

Abb. 5: Die interne (halbfett) und externe (kursiv) Komposition und Struktur einer Aktion

4) Der Kontext von Aktionen. Das bisher explizierte Netz der (internen) Bedingungen und (direkten externen) Voraussetzungen als grundlegenden Erfordernissen für das Auftreten(können) einer menschlichen Aktion ist nur ein enger Ausschnitt aus dem vielfältigen Gesamtnetz ihrer Verursachung. Denn alle Aktionen finden in einem sehr viel breiteren *Kontext* statt (siehe 1.4), zu dem neben der Gesamtheit der zum jeweiligen Zeitpunkt vorhandenen Erfordernisse und verfügbaren Inhalte oder Elemente der Psyche (also der Menge aller Kenntnisse, Einstellungen und Empfindungen) auch die jeweils gegebenen Eigenschaften der kulturellen, sozialen, ökotischen und sonstigen Umwelten gehören (siehe zum Kontext der personalen Erfordernisse und der Psyche Abb. 6, S. 78).

3.1.2 Menschliche Sexualität

Sexuelle Eifersucht hat (weil sie *qua definitionem* durch exosexuelle Beziehungen ausgelöst wird) mit Sexualität zu tun. Als ein weiterer Theoriebaustein für die Programmierung ist deshalb eine allgemeine Theorie der menschlichen Sexualität erforderlich.[16]

16 Das folgende basiert auf Annahmen von vor allem Bancroft 1983/85, Frayser 1985, Haeberle 1983, Rudolph & Tschohl 1977 sowie Symons 1979.

Menschen sind mit einer besonderen Art von Erfordernissen (Motiven, siehe 4.1.2) ausgestattet: geschlechtlicher Erregung oder *sexueller Lust*. Diese ist phylogenetisch zwar mit Fortpflanzung zu verbinden, jedoch nicht untrennbar gekoppelt und in der Lebenspraxis meist getrennt. Zur *Befriedigung* dieser sexuellen Lust (oder anders ausgedrückt: zur Erfüllung dieser Motive), die nicht bei allen Menschen zu jeder Zeit gleichermaßen stark ausgeprägt ist, stehen eine große Zahl unterschiedlicher Aktivitäten aller Arten (Kognitionen, Empfindungen, Verhalten und Handlungen) zur Verfügung, von der Kopulation oder Penetration über den Austausch von Zärtlichkeiten, Geschenken, Gedanken, aber auch von Gewalt, bis hin zum bloßen Betrachten. Allerdings findet nicht jede Frau oder jeder Mann alle Möglichkeiten in jeder Situation gleichermaßen anregend und befriedigend.

Die Gewinnung und Befriedigung sexueller Lust ist also verknüpft mit verschiedenen psychischen Aktivitäten (Kognitionen, Empfindungen, Motivationen) und Verhalten (z.B. Streicheln, Küssen) und findet auf zwei Ebenen statt: als *körperliche* oder *physische* Sexualität sowie als *psychische* Sexualität (*Liebe*, *Erotik*). Diese Ebenen können und werden vielfach, müssen aber nicht verknüpft auftreten. Körperliche Sexualität ist nur teilweise mit Liebe oder Erotik assoziiert und umgekehrt. Besonders die psychische sexuelle Lust und Befriedigung wird sehr unterschiedlich und eher diffus empfunden und erlebt. Sie ist genauso wie die körperliche auch für nichtsexuelle Bereiche sehr wirksam und folgenreich.

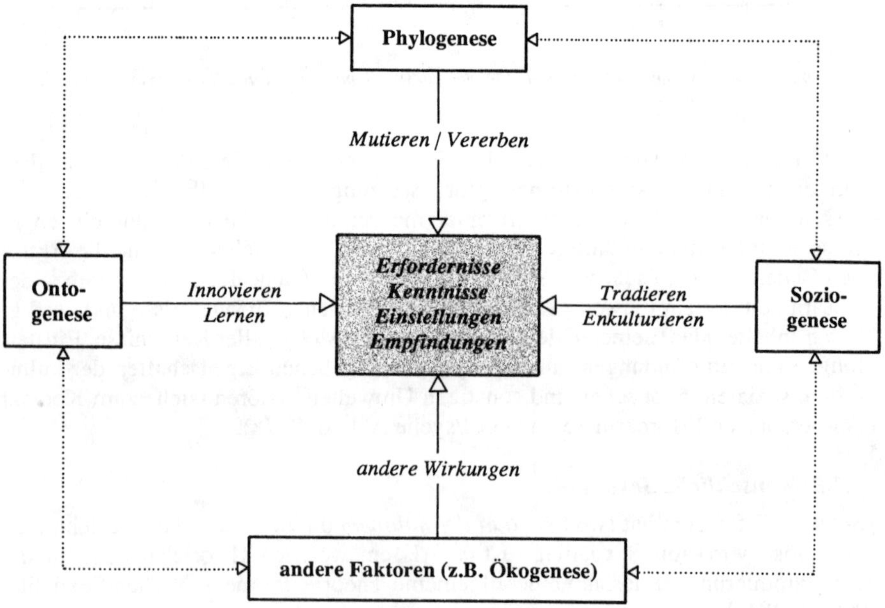

Abb. 6: Der allgemeine Kontext der Psyche und der personalen Erfordernisse

Auffallend, folgenschwer und im Vergleich mit anderen Lebewesen ungewöhnlich sind die extreme *Individualisierung*, *Moralisierung* und *Diskretion* der menschlichen Sexualität.

B49) Die Individualisierung und Moralisierung der menschlichen Sexualität

Ergebnis Kulturenvergleich und anthropologischer Theoriebildung: «... Sexualität wird als etwas 'Merkwürdiges' betrachtet, und in diesem Zusammenhang ggf. als: Unheimlich bzw. 'dämonisch', lächerlich, irrational, wegen ihrer Assoziierung mit Ausscheidungsorganen peinlich, wegen ihrer fehlenden materiellen Produktivität als sozial unnützes Privatvergnügen zwischen den Polen 'harmlos' und 'schädlich', im Zusammenhang von Familien und Verwandtschaftssystemen als potentiell gefährlich und deshalb zu bändigen. Wegen des Fehlens aller nichtkulturellen Mechanismen muß Sexualität durch Kulturnormen geregelt werden. Gewohnheit ist hierfür zu wenig verläßlich und Zwang zu äußerlich. Infolgedessen müssen moralische Normen eingeführt werden. Dies ist, mehr oder weniger akzentuiert, in jeder menschlichen Sozietät der Fall. Im Extrem geht es bis zur Gleichsetzung von 'Moral' mit 'Sexualmoral' oder von 'sittlich' mit 'im Sexualverhalten unauffällig'. Kombiniert mit der Individualisierung von Sexualität führt es zu sexuellem Schamgefühl und zum Vollzug der Kopulation in einer gewöhnlich auf zwei Sexualpartner beschränkten Intimsphäre» (Rudolph & Tschohl 1977:236; Verweise sind hier weggelassen).

Die Befriedigung sexueller Lust setzt keine zweite Person voraus (Autoerotik oder Masturbation sind verbreitete Befriedigungstechniken), wird aber meist zwischen zwei (selten mehr) Personen (häufiger ungleichen, seltener gleichen Geschlechts) gesucht. Sie erfordert in diesen Fällen also (sexuelle) Beziehungen zu anderen (dazu 3.1.3).

3.1.3 Zwischenmenschliche Beziehungen

Bei sexueller Eifersucht sind (siehe 2.1.3) immer mehrere Personen beteiligt: eine Person, die eifersüchtig ist oder wird, eine andere Person, zu der die eifersüchtige Person eine (z.B. eheliche) Beziehung hat, und eine dritte Person, mit der die zweite Person eine sexuelle Beziehung hat oder hatte. Sexuelle Eifersucht tritt also in sozialen oder *zwischenmenschlichen Beziehungen* auf. Auch von diesen gibt es sehr verschiedene Arten und Möglichkeiten, die deshalb als ein zweiter Rahmenbaustein näher zu bestimmen sind.[17]

Ego und Partner. Interpersonale Beziehungen zwischen Menschen setzen die (reale oder fiktive) Existenz von mindestens zwei Personen voraus. Aus Betrachtungs- oder Erörterungsgesichtspunkten ist terminologisch zwischen der jeweils betrachteten Person (=df. *Ego*) und der Person oder den Personen zu unterscheiden, zu der oder denen die Beziehung besteht bzw. die Beziehungen bestehen (=df. *Partner[in]*). Eine als Grundreferenz betrachtete Beziehung beliebiger Art zwischen einem Ego und einem oder (zu diesem Zeitpunkt) mehreren Partner(n) =df. (aus den gleichen Gründen) *Ausgangsbeziehung*. "Partner" ist dabei hier und im folgenden immer im formal-systematischen Sinne zu verstehen, nicht etwa bereits inhaltlich interpretiert und auf bestimmte Arten von Personen und Beziehungen eingegrenzt!

Zwei- und mehrstellige Beziehungen. Zwischenmenschliche Beziehungen kommen in zahlreichen Varianten vor, deren prinzipielle Möglichkeiten systema-

---

17 Das folgende basiert auf Annahmen von Fischer 1980, Greenwood & Stini 1977, Keesing 1981, Knox 1979, Miller & Weitz 1979, Ramey 1975 und Vivelo 1978.

tisch zu erfassen unverzichtbar ist. Eine beliebige zwischenmenschliche Beziehung zwischen zwei Personen =df. eine *zweistellige* oder *Monobeziehung*. Eine zwischen drei Personen =df. eine *dreistellige*, eine zwischen vier eine *vierstellige* usw. Drei- und mehrstellige Beziehungen können undifferenziert zusammenfassend *Polybeziehungen* genannt werden. (In diesem Zusammenhang ist auch daran zu erinnern, daß die Beziehung einer Person zu sich selbst [die nicht zu den *zwischen-*, aber zu den menschlichen Beziehungen zu rechnen ist] eine *einstellige* oder *Autobeziehung* ist.) Polybeziehungen können in vielfachen Strukturen auftreten. Hier ist eine sehr formale Kennzeichnung praktisch (Fächer-, Dreiecks-, Vierecks-, Mehrecks-, Stern- oder andere Beziehungen bzw. '1-3-Beziehung', '1-n-Beziehung', '1-1-1-1-Beziehung', 'n-n-Beziehung' oder 'n-1-n-Beziehung').

Ehe(ähn)liche Beziehungen. Die meisten erwachsenen Menschen leben in einer besonderen Art von Beziehung mit meist einer (manchmal auch mehr als einer) Person meist unterschiedlichen (selten - wie seit kurzem in Dänemark legalisiert - gleichen) Geschlechts, die durch soziale/sozietäre Anerkennung oder Legitimation, relative Stabilität, gegenseitiges Recht auf körperliche Sexualität, Legitimierung von Nachkommen und verschiedene weitere Rechte und/oder Pflichten (z.B. wirtschaftlicher Art) gekennzeichnet ist. Solche Sozialbeziehungen, die in allen menschlichen Sozietäten - allerdings in teilweise sehr unterschiedlicher Ausprägung - vorkommen, =df. *Ehe.*

> Zu beachten ist u.a., daß solche Ehen nicht überall (nur) Beziehungen zwischen Individuen sind bzw. sein müssen (sondern auch Gruppen involvieren können), nicht zweistellig sein müssen (sondern auch mehrstellig sein können), nicht mit Liebe oder anderen besonderen Einstellungen und/oder Empfindungen assoziiert sein müssen, Rechte und Pflichten einschließen können, die weit über die Ehepartner hinausgehen (z.B. auch auf deren Familie, Verwandtschaftsgruppe oder Klan ausgedehnt sind) und keine Exklusivität körperlicher sexueller Beziehungen bedeuten müssen.

Zweistellige Ehebeziehungen =df. *monogam*, mehrstellige =df. *polygam*, polygame 1M-≥2F-Ehen =df. *polygyn*, polygame 1F-≥2M-Ehen =df. *polyandrisch*.

Faktisch weitgehend übereinstimmend mit vielen Merkmalen ehelicher Beziehungen sind die (z.B. bei uns verbreiteten) *eheähnlichen* Beziehungen, denen meist nur die Legitimation und mit ihr verbundene Kennzeichen fehlen. Andere mehr bis weniger (ehe-)ähnliche Arten zwischenmenschlicher Beziehungen sind *Freundschaften* oder *Partnerschaften* (z.B. in der Zeit vor einer Eheschließung).

Sexuelle Beziehungen. Zwischenmenschliche Beziehungen, die (auch) Sexualität (in einer beliebigen Variation, also körperlich und/oder psychisch) enthalten, =df. körperliche und/oder psychische *sexuelle Beziehungen* (entsprechend: *sexuelle Ausgangsbeziehung*).

Für sexuelle Eifersucht besonders wichtig sind nun sexuelle Beziehungen, die eine(r) der beteiligten Partner(innen) mit einer oder mehreren beliebigen anderen Person(en) außerhalb einer Ausgangsbeziehung (=df. mit einem *Exopartner*) eingeht oder unterhält. Solche Beziehungen sind als "außereheliche", "nebeneheliche", "uneheliche", "nichteheliche" usw. Beziehungen bekannt. Da (siehe B3,

B107, B108 und B115 bis B117) sexuelle Eifersucht aber offensichtlich nicht nur in außerehelichen Beziehungen vorkommt, sondern auch innerhalb von (polygamen) Ehen, ist eine allgemeinere, formalere, weniger ehezentrierte Abgrenzung erforderlich. Ich werde deshalb (wie bereits geschehen) jede (sexuelle) Beziehung mit einer anderen Person außerhalb einer beliebigen (!) Ausgangsbeziehung eine *exo(sexuelle)* Beziehung oder kurz *Exo(sex)[-Beziehung]* nennen.

Entsprechend der Grundformen (zwischen-)menschlicher Beziehungen (s.o.) können einstellige sexuelle Beziehungen *autosexuell*, zweistellige sexuelle Beziehung *monosexuell* und mehrstellige sexuelle Beziehungen *polysexuell* genannt werden. Mehrere sexuelle Beziehungen mit verschiedenen Partnern nacheinander wären als *seriell* monosexuell, nicht als 'polysexuell' zu bezeichnen. Zwei- und mehrstellige sexuelle Beziehungen (also nicht Personen!) können *homosexuell* (mit Personen gleichen Geschlechts), *heterosexuell* (mit Personen des anderen Geschlechts) oder entsprechend gemischt sein. In allen diesen Fällen ist ggf. jeweils zwischen der körperlichen und der psychischen Ebene zu differenzieren.

3.1.4 Menschliches Problemlösen

Hintergrund für das hier diagnostizierte Erfordernis einer *Bewältigung* sexueller Eifersucht ist die Auslöserbeobachtung (siehe 2.1.4), daß es zumindest bei einigen Personen und in bestimmten Situationen eine unerwünschte Diskrepanz zwischen dem Istzustand Eifersüchtigsein und einem angestrebten und bevorzugten Sollzustand nicht oder weniger Eifersüchtigsein gibt. Eine solche *unerwünschte* Differenz zwischen einem beliebigen *Istzustand* und einem beliebigen *Sollzustand* =df. ein *Problem* (Anreger: Dörner 1976:10ff.). Da sexuelle Eifersucht mindestens teilweise und manchmal als Problem empfunden und zu bewältigen versucht wird, muß eine Eifersuchtsbewältigung formal eine Problemlösung sein.

Problemlösungsprozesse als Funktionsprozesse. Probleme implizieren vorhandene, aber nicht oder unzureichend erfüllte Erfordernisse (hier "Eifersuchtsfreiheit" oder "Eifersuchtsbegrenzung"), die besser oder überhaupt erfüllt werden sollen. Solche Prozesse zur Erfüllung von Erfordernissen sind *Funktionsprozesse* (für das Problem sexuelle Eifersucht =df. *[Eifersuchts-]Bewältigungsprozeß*) und haben deswegen einen über alle spezifischen Ausprägungen hinweg identischen formalen Ablauf (siehe 1.4.1, Bruck 1985b sowie Tabelle 7, S. 82):

> Menschen haben Erfordernisse, die sich, wenn sie aktualisiert worden sind, als Sollwerte angeben lassen. Damit es zu einem Problem kommt, muß es eine Diskrepanz zwischen einem solchen Sollwert und einem tatsächlichen Zustand (Istwert) geben. Diese muß wahrgenommen, als unerwünscht und deshalb problematisch diagnostiziert sowie als lösungswürdig und als lösungswichtig bewertet werden, daraufhin müssen Lösungsziele festgelegt werden, dann müssen von Problemlösern Lösungsmöglichkeiten geklärt und Lösungsaktivitäten ausgewählt, bestimmt und ausgeführt werden, damit deren Wirkung als Effekt die gewünschte Problemlösung herbeiführen kann, deren Erfolg abschließend zu bewerten ist.

Aktor/Instanz	*Aktivität*	*Resultat*
Erfordernisfestleger	bestimmt/hat und aktualisiert diese, wenn sie erfüllt werden sollen, als	Erfordernisse Sollwerte
Realität	gibt vor	Istwerte
Erfüllungsfeststeller	nimmt wahr/stellt fest und diagnostiziert diese, wenn unerwünscht, als	Differenz Erfüllungsdefizit (= Problem)
Lösungsentscheider	entscheidet und bestimmt	Problemlösung ja Lösungsziele
Problemlöser	klärt/erforscht und sucht und entscheidet und veranlaßt oder führt aus und bewirkt damit	Lösungsmöglichkeiten Lösungsmittel Lösungsaktivitäten Problemlösung
Lösungsbewerter	beurteilt und entscheidet	Lösungsgrad Fortsetzung oder Ende des Problemlösungsprozesses

Tabelle 7: Der Ablauf erfolgreicher Prozesse zur Lösung von Problemen

Alle diese Schritte sind in jedem Problemlösungsprozeß gleichermaßen (wenn auch keinesfalls immer nur von einem einzigen Aktor) zu vollziehen.

Problemlösungsprozesse als Aktionen. Auch Problemlösungen (wie die hier interessierende Bewältigung sexueller Eifersucht) sind Aktivitäten. Deshalb muß auch für sie das in 3.1.1 explizierte allgemeine Prozeß- oder Ursachenschema aller menschlicher Aktionen gelten (siehe Abb. 7, S. 83 und Tab. 7):

- Die "eigentliche" *Problemlösung* (und damit die [internen] Bedingungen) sind die Wahrnehmung von Istwerten (als Reizen), die Diagnose eines Erfüllungsdefizites und Entscheidung eines Lösungsversuches (als Abwägungen) sowie die Ausführung von weiteren Aktivitäten beliebiger Art zur Lösung des Problems, inklusive einer möglichen Lösungskontrolle (als Reaktion).
- Ihre *Voraussetzungen* (oder direkten externen Erfordernisse) sind das Vorhandensein von Erfordernissen und Sollwerten (als Vergleichskriterien), von davon abweichenden Istwerten (als Reiz) und von einer Situation, in der beides möglich ist.
- Ihre *Folgen* sind entweder die (mehr bis weniger gute) Lösung des Problems (ein Lösungserfolg) oder das Scheitern, die noch nicht einmal minimale oder pessimale Lösung (ein Lösungsmißerfolg).
- Ihr allgemeiner *Kontext* entspricht dem in 3.1.1 angedeuteten Kontext aller menschlichen Aktivitäten, der freilich situationsspezifisch ganz unterschiedliche Ausprägungen hat (siehe Abb. 6, S. 78).

Für Problemlösungsprozesse wie andere Funktionsprozesse ist zu beachten, daß Erfordernisse nicht nur kennzeichnend für die Prozesse selbst, sondern auch für alle Aspekte ihrer Lösung sind. Wir haben es also dabei immer mit einem mehr bis weniger differenzierten Netz von mehr bis weniger interdependenten Erfordernissen und Erfüllungen zu tun.

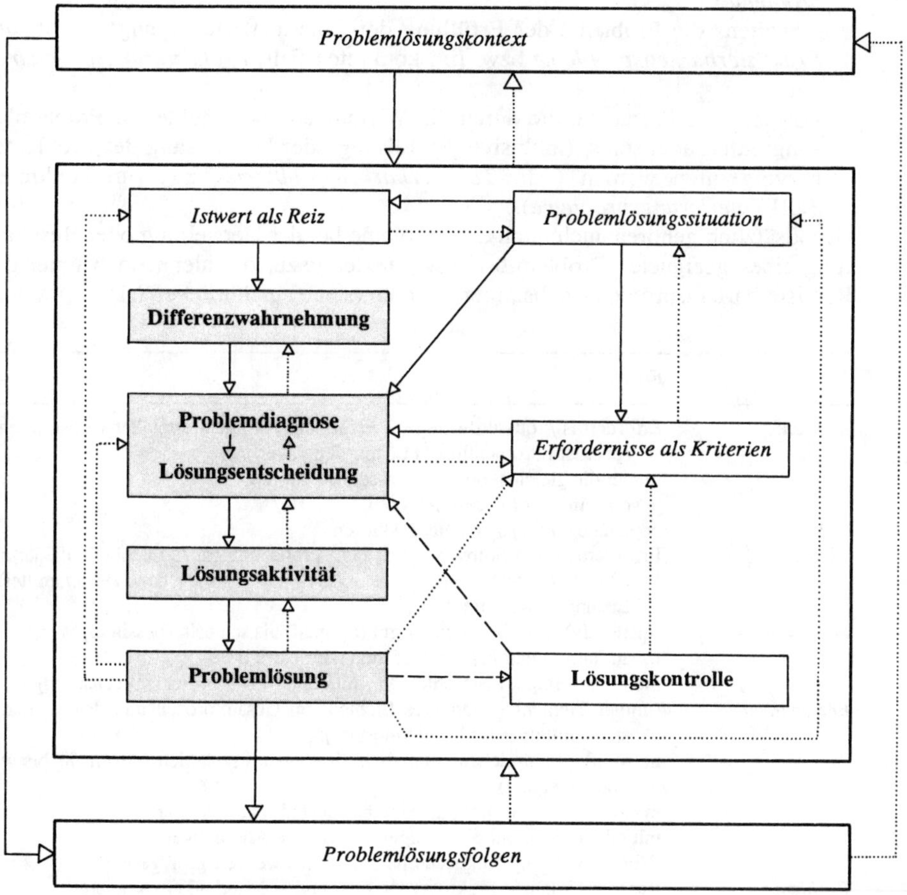

Abb. 7: Die externe (kursiv) und interne (halbfett) Gestalt von Problemlösungen

Problemlösungsprozesse als Probleme. Weil alle Schritte in Problemlösungsprozessen ihrerseits zu erfüllende Erfordernisse implizieren, können Problemlösungen selbst zahlreiche (oft sogar nicht oder nur suboptimal lösbare) Probleme als *Teil-* oder *Folgeprobleme* aufwerfen, d.h. mehr bis weniger *abgeschlossen* sein. Neben den angesprochenen (direkten externen) Voraussetzungen sind ja auch die (internen) Bedingungen zu erfüllen, und sogar erfolgreiche Problemlösungen können (wie erfolglose) neue Probleme bereiten. Deshalb sind bei Problemlösungsprozessen immer drei grundlegende und teilweise interdependente *Problemgruppen* im Spiel, die ihrerseits jeweils zu lösen sind:

- erstens die Probleme der Erfüllung der (direkten externen) Voraussetzungen (=df. die *Realisierbarkeitsprobleme* bzw. [im konkreten Fall] *Realisierungsprobleme*),
- zweitens die Probleme der Erfüllung der (internen) Bedingungen (=df. die *Praktizierbarkeitsprobleme* bzw. [im konkreten Fall] *Praktizierungsprobleme*) und
- drittens die Probleme, die durch die Wirkungen und Effekte der Problemlösungsaktivitäten selbst (inklusive der Lösung oder Nichtlösung des Problems) hervorgerufen werden (=df. *Tolerierbarkeitsprobleme* bzw. [im konkreten Fall] *Tolerierungsprobleme*).

Grundsätzlich gehören auch noch die Probleme bei der Herstellung oder Beschaffung eines geeigneten Problemlösungskontextes dazu, die hier jedoch unter die Realisierbarkeitsprobleme subsumiert werden (siehe ausführlicher 8.1).

Aspekte	*Facetten*
Aktoren:	Erfordernis-/Sollwertfestleger I Erfüllungs-/Problemfeststeller I Lösungsentscheider I Problemlöser I Lösungsbewerter
	immer die gleichen oder verschiedene Aktoren
	jeweils ein oder mehrere Aktoren
	personale und/oder sozietäre Aktoren
Aktivitäten:	Erfordernis- und Sollwertfestlegung I Problemdiagnose I Lösbarkeitsklärung I Lösungsentscheidung I Lösungsaktivität (Einsatz der Lösungsmittel) I Lösungsbewertung
Lösungen:	(qualitativ) mehr bis weniger gut (optimal) bis schlecht (pessimal)
	(quantitativ) mehr bis weniger total oder partiell
	mehr bis weniger abgeschlossen (mit/ohne Neben-, Rück-, Wechselfolgen)
Beziehungen:	(immer Element für anderes Element im Gesamtprozeß und damit mindestens mittelbar für Problemlösung):
	notwendig I hinreichend I nützlich I irrelevant I schädlich (also mehr bis weniger geeignet)
	mehr bis weniger direkt/unmittelbar bis indirekt/mittelbar
	mit oder ohne mehr bis weniger äquivalente Alternativen
	Wirkungs- bzw. Effektsicherheit: mehr bis weniger groß/gering
Probleme:	Realisierbarkeits-, Praktizierbarkeits- und Tolerierbarkeitsprobleme

Tabelle 8: Grundmerkmale von Problemlösungsprozessen

Weitere Merkmale von Problemlösungsprozessen. Unter den sonstigen grundlegenden Merkmalen aller funktionalen Gesamt-Prozesse (Voraussetzungen, Bedingungen und Folgen) zur Lösung von Problemen sind an dieser Stelle noch hervorzuheben (siehe auch 6 und 8 sowie Tabelle 8):

- Es sind immer fünf verschiedene oder gleiche agierende Instanzen (*Aktoren*)

involviert, die einzelne oder mehrere Personen und/oder Sozietäten sein können.
- Die für das Erreichen des angestrebten Problemlösungsgrades erforderlichen *Mittel* (Erfüllungsmittel/Problemlösungsmittel: Funktionsträger und Funktionen) sind immer solche (und nur solche) *Änderungsaktivitäten* (bezogen auf den Istzustand und/oder seine Ursachen), die auch tatsächlich zur Lösung eines Problems wenigstens beitragen.
- Problemlösungen können, immer bezogen auf die jeweiligen Lösungsziele, *qualitativ* mehr bis weniger gut, im oberen Bereich (=df. *optimal*), oder mehr bis weniger schlecht, im unteren Bereich (=df. *pessimal*), und *quantitativ* (die Zahl der Teilprobleme meinend) mehr bis weniger *vollständig* sein, also das Ziel *total* oder *partiell* erfüllen. Diese Qualität und Quantität einer Lösung bestimmen den *Erfolg* eines Problemlösungsprozesses.
- Alle Wirkungen zwischen allen Elementen in Lösungsprozessen können sich (immer bezogen auf unterschiedliche Erfolgsstufen) durch die Aspekte *Sicherheit* bzw. *Möglichkeit* und *Direktheit* bzw. *Indirektheit* (aus der Sicht eines Faktors, z.B. einer Lösungsaktivität), *Notwendigkeit* bzw. *Nützlichkeit* (aus der Sicht eines Effektes wie Eifersuchtsbewältigung) sowie *Schädlichkeit* bzw. *Irrelevanz* (aus beiden Perspektiven) unterscheiden, haben also eine jeweils bestimmte *Eignung* für die jeweilige Problemlösung (siehe Bruck 1985b:108f.). Nur wenn eine Menge von Elementen unter den jeweiligen Umständen *hinreichend* für eine bestimmten Problemlösungserfolg ist, ist dieser *sicher*.

3.2 Aufgaben: Was ist untersuchungstechnisch zu tun?

Es kann in dieser Untersuchung, in der zwar auf unsere Kultur bezogen, aber doch ganz allgemein kulturelle Bewältigungsmittel für sexuelle Eifersucht gesucht werden (siehe 2.5), nicht um einzelne Fälle oder das Vorkommen und die Verbreitung sexueller Eifersucht gehen, sondern allein um die *spezifischen* (d.h. alle Fälle sexueller Eifersucht kennzeichnenden) Komponenten und Beziehungen, also um sexuelle Eifersucht bzw. Eifersuchtsbewältigung als Sachverhalts*art* (im systematischen Sinne). Die eine beliebige Tatsache *als Art* kennzeichnende Menge und Kombination von kennzeichnenden Eigenschaften =df. die *Form* dieser Tatsache. Die konkreten Tatsachen, die eine solche Form haben, sind in ihrer individuellen Existenz dann die *Fälle* dieser Form, und die eine Tatsache *als Fall* kennzeichnenden Formen das *Muster* dieser Tatsache. Deshalb ist die hier zu lösende untersuchungstechnische Aufgabenart eine Klärung art- (und nicht fall-)spezifischer Merkmale von Sachverhalten (sexuelle Eifersucht und Eifersuchtsbewältigung), also eine *Form*- und keine Muster- oder Fall*analyse*.

Merkmale, Arten, Muster und Formen sind übrigens Konzepte, keine faktische Realität. Sachverhalte *haben* keine Form, sondern bekommen Formen *zugeschrieben*. In der Realität kommen keine Formen vor, nur die konkreten Fälle mit ihren individuellen Eigenschaften.

Formanalysen müssen immer *Theoriebildungen* sein, d.h. die Schaffung von solchen Konzepten, die aus der unübersehbaren Zahl und Vielfalt der Eigenschaften von Tatsachen die als entscheidend und kennzeichnend erachteten als (spezifische oder individuelle) *Merkmale* herausarbeiten. Das *Ergebnis* einer Formklärung muß deshalb eine *Theorie* sein, =df. eine in ihrer Systematik, Differenziertheit, Angemessenheit, Richtigkeit und in anderen Kennzeichen beliebige, aber Realität gedanklich fassende und strukturierende Kombination von Kenntnissen und/oder Einstellungen (Anreger: P. Tschohl in Lehrveranstaltungen 1980 und 1981; siehe Bruck 1987a).

Die allgemeine Untersuchungsaufgabe ist also eine *Formklärung mittels einer Theoriebildung*. Aus den zwei Teilthemen dieser Untersuchung (siehe 2.5) folgen jedoch auch zwei Teilaufgaben innerhalb dieser allgemeinen Aufgabenart.

Teilaufgabe 1: Eine Charakterisierung sexueller Eifersucht. Um die Therapierungsmöglichkeiten sexueller Eifersucht untersuchen zu können, muß bekannt sein, was sexuelle Eifersucht genau ist, in welchen Ausprägungen und Facetten sie auftritt bzw. auftreten kann, warum sie vorkommt und welche Folgen sie hat. Die erste Teilaufgabe ist deshalb eine *Charakteristik*, eine Formtheorie über die die Sachverhaltsart sexuelle Eifersucht in ihren Besonderheiten insgesamt kennzeichnenden Merkmale und Ausprägungsmöglichkeiten (siehe 2.4.2). Diese muß die wichtigsten der potentiell bewältigungsrelevanten Angaben enthalten über

- den Bau oder die Gestalt (also die [interne] Komposition und Struktur und damit die [internen] Bedingungen),
- die Voraussetzungen (die direkten externen Ursachen),
- die Folgen sowie
- den allgemeinen Kontext

sexueller Eifersucht. Eine Bestimmung ihrer Funktionen ist hier nicht erforderlich (siehe 2.2.1). Untersuchungstechnisch ist diese erste Untersuchungsaufgabe eine *Charakterisierung*[18].

Teilaufgabe 2: Eine Funktionsklärung der Bewältigungsmöglichkeiten sexueller Eifersucht. Das Hauptinteresse in dieser Untersuchung gilt den in den verschiedenen Ethnien und Subkulturen auffindbaren und/oder rekonstruierbaren kulturellen Mitteln, die zu einer Bewältigung sexueller Eifersucht beitragen oder beitragen könnten und damit auch therapeutisch nutzbar sind oder wären.

Da das Bewältigen sexueller Eifersucht formal die Lösung eines Problems und damit ein *Funktionsprozeß* ist (siehe 1.4.1, 3.1.4 und Bruck 1985b:72-85), geht es hier also um Eifersuchtsbewältigung als einem (realen) Aufgaben-Lösungs-Komplex, als *funktionalem* Zusammenhang: Die betrachtete (jetzt lebenspraktische, nicht untersuchungstechnische!) *Aufgabe* (oder das vorgegebene Erfordernis) ist das Bewältigen sexueller Eifersucht, ohne die Beteiligten in nicht vertretbarer Weise zu schädigen, die gesuchten *Lösungsmittel* (oder Funktionserfüller) sind (sozietär-)kulturelle Sachverhalte oder Eigenschaften als Faktoren mit ihren Wirkungen und Effekten.

18 Weil die "Beschreibungen" oder "Modelle" von Sachverhalten, die mehr als ein Element enthalten (also auch aus Wirkungen bestehen) immer auch "Beschreibungen" bzw. "Modelle" von Faktoren und (mindestens internen) Wirkungen (d.h. "Erklärungen") enthalten muß, ist die übliche Differenzierung zwischen "Beschreiben" und "Erklären" wenig sinnvoll. Als wissenschaftliche Erkenntnisziele sollten besser die verschiedenen Arten von Theorien angegeben und angestrebt werden (Bautheorien, Funktionstheorien, Ursachentheorien, Folgentheorien usw.).

Damit ist die zweite untersuchungstechnische Teilaufgabenart eine *Formklärung über Funktionszusammenhänge*, genauer ein Herausarbeiten der grundsätzlichen Möglichkeiten einer Erfüllung des Erfordernisses Eifersuchtsbewältigung, d.h. eine *Funktionsklärung*. In bzw. mit dieser müssen (siehe 3.1.4) die Lösungsbedingungen, die Lösungsvoraussetzungen, die Lösungsfolgen, die Lösungsprobleme und der Lösungskontext für das Problem Eifersuchtsbewältigung mit kulturellen Mitteln bestimmt werden.

3.3 Probleme: Was behindert die Aufgabenerfüllung?

Bei der Bildung von Formtheorien gibt es immer drei Arten von Problemen: Es werden geeignete *Daten* (Fallkenntnisse) und *Theorien* (Formkenntnisse) als *Untersuchungsmaterialien* benötigt (dazu 3.3.1), aus diesem muß eine relevante und bearbeitbare Menge ausgewählt werden (dazu 3.3.2) und dieser ausgesuchte Ausschnitt aus dem Gesamtmaterial muß so bearbeitet werden, daß die angestrebten Theorien erreicht werden (dazu 3.3.3).

3.3.1 Probleme durch die Materialbeschaffenheit

Um eine Sachverhaltsart wie sexuelle Eifersucht angemessen und global zutreffend charakterisieren und auf dieser Basis ihre kulturellen Bewältigungsmöglichkeiten bei uns realistisch erfassen zu können, werden sowohl Datenmaterial als auch Theoriematerial in kulturell möglichst breiter Streuung benötigt (weshalb eine eigene empirische Untersuchung durchzuführen hier nicht ausreichen kann).

Das Datenmaterial. Zu sexueller Eifersucht und dem Umgang mit ihr gibt es verschiedene Arten von fixierten Daten: Dokumente *aus* sozietären oder personalen Kulturen (=df *Zeugnisse*; z.B. Mythen, Erzählungen, Romane, Theaterstücke, Filme, Gedichte, Gesetze, Ratgeber, Autobiografien) und Dokumente *über* Kulturen (=df *Berichte*; z.B. Feldforschungsberichte, Reiseberichte, Berichte über die Durchführung und Ergebnisse psychologischer [incl. experimenteller] Untersuchungen). Zeugnisse sind meist zugleich *implizite* Dokumente, d.h. in diesen ist sexuelle Eifersucht "enthalten", sie "kommt vor", wird aber nicht besonders reflektiert. Berichte sind dagegen meist auch *explizite* Dokumente, in denen sexuelle Eifersucht ausdrücklicher Gegenstand der Beschreibung oder Reflexion ist - unabhängig von der Ausführlichkeit und Qualität derselben.

Nun ist sexuelle Eifersucht als Teil der Realitätsbereiche Sexualität (siehe 3.1.2) und zwischenmenschliche Beziehungen (siehe 3.1.3) ein Gegenstand, dessen Beschreibung und Erforschung, besonders wenn sie kulturenvergleichend durchgeführt werden soll, erhebliche Probleme mit sich bringt (siehe auch 2.4).

B50) Gründe für die Schwierigkeiten beim Erforschen menschlicher Sexualität
Epistemische Theorie: «... studies dealing with sexual attitudes and practices face a special set of challenges. In the first place, information of any sort on sexual habits and beliefs is hard to come by, and is a result of a number of factors. The area, to begin with, is not conducive to participant-observation: interviews or questionaires can clearly be awkward to conduct under certain circumstances; and the ethnographic reporting of sexual matters has not always been

considered an appropriate undertaking. When data do exist concerning sexual attitudes and practices, they are often sketchy and vague; what is more, such information is usually suspect in terms of its reliability, either because of distortions on the part of the subjects or because of biases introduced by the ethnographer. Informants may exaggerate or understate regarding their sexual views and activities, depending upon dominant cultural values and also upon personal motives. The propensities of the anthropologist himself are sometimes more insidious. Some field workers are plainly uncomfortable about sexual matters. At the other extreme are the anthropologists whose frank admiration of sexual freedom overshadows their capacity to discern the jealousies and anxieties of the people themselves. And, to a greater extent than is true of other areas of social structure, personality, or behavior, many anthropologists simply neglect any mention of sexual customs because the reporting of such matters is not customary in the traditional ethnography» (Broude & Greene 1976:410f.; siehe z.B. auch Devereux 1976/67:130-49).

B51) Schwierigkeiten beim Erforschen sexueller Eifersucht
Epistemische Theorie: Probleme bei der Datenbeschaffung zu sexueller Eifersucht kann es beispielsweise geben, wenn (und weil) die Eifersuchtsbegriffe der Befragten und Forscher nicht übereinstimmen (Anreger: Clanton 1981; Achté & Schakir 1980:33f.), die Aktivitäten äußerst vielfältig sind (Anreger: Hupka 1981:311), der Forscher die Eifersuchtsaktivitäten, die er schildert, beim Beobachten veränderte (Anreger: Tiefer 1981/79:7; Beispiel: Métraux 1937:385f. bei den Pilagá [Guaikurú], Südamerika), der Forscher falsche Antworten erhielt, weil zum Beispiel Befragte annahmen, daß sexuelle Eifersucht zuzugeben unehrenhaft oder sonstwie ungünstig sei, oder um eigene "Seitensprünge" zu decken bzw. zu rechtfertigen (Anreger: Buunk 1982b:314), die Informationen nur aus zweiter oder dritter Hand stammen, nur mögliche oder geplante/erwartete Aktionen erfragt oder experimentell (Filmvorführungen, Situationssimulationen) ermittelt wurden, nicht tatsächliche (Anreger: Shettel-Neuber et al. 1978:612; siehe auch die meisten der in 2.4.1 genannten jüngeren empirischen Untersuchungen), subjektive Bewertungen des Forschers in die Beschreibungen eingeflossen sind (so z.B. deutlich erkennbar bei Wimmer 1967 oder Schneemann 1983), die oft negative Konnotation des Wortes 'Eifersucht' (oder seiner Äquivalente) Antworten verfälscht (Anreger: Buunk 1982b:310), der Forscher von einem vagen und vorverständlichen Begriff sexueller Eifersucht ausging (Anreger: Tellenbach 1981:40) oder Indikatoren sexueller Eifersucht falsch gedeutet wurden.

Die Konsequenz dieser und weiterer Probleme sind erhebliche Einschränkungen in der *Qualität* (=df. Detailliertheit und Ausführlichkeit der Beschreibungen), *Zuverlässigkeit* (=df. empirischen Angemessenheit oder Richtigkeit) und *Verteilung* (=df. der [unterschiedlichen] Berücksichtigung von Ethnien und Beziehungsarten) der in Berichten und Zeugnissen vorhandenen Daten über sexuelle Eifersucht und ihre Bewältigung.

1) Die Datenqualität. Vor allem ethnografische Berichte, weniger die Untersuchungen aus psychologischer Sicht, enthalten über (den Umgang mit) sexuelle(r) Eifersucht weit mehr *Diagnosen* (=df. zusammenfassend konstatierende und damit noch nicht einmal berichtsintern überprüfbare Behauptungen) als *Beschreibungen* (=df. prozeß-, agenten- und situationsbezogene, detailliertere Falldarstellungen). Vorherrschend sind dort ganz knappe Hinweise in Nebensätzen, schon ausführlichere Schilderungen von wenigstens einzelnen Fällen sexueller Eifersucht sind selten. Erst recht fehlen detaillierte binnendifferenzierende Beschreibungen für Unterschiede innerhalb der untersuchten Ethnie. (Inwieweit das auf eine mögliche Nichtexistenz sexueller Eifersucht und damit mangelnde Beobachtungsgrundlage zurückzuführen ist, läßt sich nicht immer genau klären.) Die ethnografische *Datenqualität* ist wegen dieses Vorherrschens von Diagnosen und wegen der damit verbundenen Probleme also *nicht optimal.*

2) Die Datenzuverlässigkeit. Besonders erschwert werden könnte das Untersuchungsvorhaben durch die oft (und zum Teil sogar sehr) fragliche *Zuverlässigkeit* der ethnografischen Daten.

So können unklare *Eifersuchtsbegriffe bzw. Eifersuchtstheorien* zu ungenauen bis falschen Diagnosen und Beschreibungen führen.

B52) Die fragwürdige Gleichsetzung sexueller Permissivität mit einem Fehlen von Eifersucht
Epistemische Theorie: «It has been affirmed by several ethnographers of tribes with great sexual freedom, that jealousy does not exist among them. In support of this, nothing more is adduced than the simple fact of licence. But the connection between licence and the absence of jealousy is by no means self-evident. In Trobriand, in spite of considerable licence, jealousy certainly exists» (Malinowski 1929:271). Sexuelle Eifersucht scheint also häufig einfach mit normativer Restriktivität, Permissivität, genauso unkritisch, mit fehlender sexueller Eifersucht gleichgesetzt zu werden (siehe dazu auch B263 bis B266 in 8.1).

Weiter lassen *Einschränkungen und Unsicherheiten in den Aussagen* Fragen darüber offen, wie es wirklich war.

B53) Ungenaue Eifersuchtsbeschreibungen
Fall Toda, Südindien; epistemische Theorie: «When a word for a concept is absent in any language it by no means follows that the concept has not been developed, but in this case *I have little doubt* that there is no definite idea in the mind of the Toda corresponding to that denoted by our word 'adultery.' Instead of adultery being regarded as immoral, *I rather suspected*, (Anmerkung 1: The definite appearance of jealousy in the history of Kwoten must, however, be noted in this connexion.) though *I could not satisfy myself on the point*, that, according to the Toda idea, immorality attaches rather to the man who grudges his wife to another» (Rivers 1906:529f.; Hervorhebungen von mir). Und Peter aufgrund seiner Feldforschungserfahrungen von 1939 und 1949: «As I have shown when discussing the question of Toda aggression, there is considerable jealousy among members of the tribe, in such matters as property and prestige. In sexual matters, however, there *seems to be* less of it, no doubt because their institutions allow for a number of outlets for their varying sexual fancy. ... The Todas, to put it briefly and in the language of polyanders elsewhere, 'can afford to be jealous', and they are so at times with those outbursts of homicidal violence of which I have spoken earlier, when treating of the subject of their aggression» (Peter 1963:273; Hervorhebung von mir).

Dann gibt es das Problem der *Widersprüche* in den Berichten über gleiche Ethnien, die aufgelöst werden müßten.

B54) Widersprüchliche Eifersuchtsdiagnosen
Epistemische Theorien. Fall Samoa, Ozeanien: «And jealousy, as a widespread social phenomenon, is very rare in Samoa. Where it does occur it centres about those points in the system of rank which result in clashes of interest. So, occasionally, a Samoan wife is violently jealous of another woman who whishes to marry her husband, because as a divorced woman her rank is reduced and she has to sit among the young girls and the wives of untitled men» (Mead 1977/31:123). Dem widersprechen z.B. Turner (1884:91f.) oder Freeman (1983:241-244 et passim), der auch zahlreiche weitere Forschungsberichte anführt, die zu anderen Einsichten kommen (siehe auch Holmes 1985/83 und Holmes 1987:238-249.). *Fall Aborigines, Australien*: «It is remarkable that Spencer and Gillen (1938[/1899]:99-100) held that sexual jealousy among Aborigines was not very well developed; that where anger was aroused it was focused on the infringement of custom. Malinowski (1913:124-9) also took this view. However, there is ample evidence to underline the significance of personal jealousy, in case of sexual infidelity on the part of a spouse or betrothed» (Berndt 1976:14).

Allerdings sind nicht alle solche Widersprüche unbegründet und falsch. So können zwischen verschiedenen Forschungszeiträumen gravierende Kulturwandelprozesse stattgefunden haben, müssen (bei genauerer Betrachtung erkennbar) noch nicht einmal die gleichen Gruppen gemeint sein (siehe z.B. Holmes 1987). Ungereimtheiten können auch dadurch entstehen, daß selbst kleine Ethnien keine in allen Beziehungen homogenen und einheitlichen Systeme sind.

B55) Intrasozietäre kulturelle Differenzierung auch bei sexueller Eifersucht
Epistemische Theorie: «If there appear to be contradictions here, it is probably due to the lack of a truly Rundi perspective» (Albert 1963:193). Siehe auch B277 und B278.

Ein anderes Problem ist Vereinfachung. So ist Vorsicht vor unzutreffend monokausalistischen *Ursachentheorien* angebracht.

B56) Sexuelle Eifersucht als nur ein *Faktor z.B. für Selbsttötungen*
Fall Fiji, Ozeanien (Indische Immigranten auf Plantagen): Hier war die Behauptung bisher immer, Eifersucht sei der Hauptgrund oder sogar der einzige Faktor für die zahlreichen Selbsttötungen der Männer in den Jahren zwischen 1880 und 1930 gewesen. «Unable to obtain or, worse still, keep their women, who supposedly exploited their sexuality to promote their own material interests, the men - so the argument ran - descended into despondency and melancholia and committed suicide» (Lal 1985:137). Aber: «There is no reason to doubt that sexual jealousy, arising out of a disproportionate sex ratio, did play a part. But the uncritical application of a blanket generalization, created and sustained by men, has led to the neglect of material that suggests other causes and motives for suicide - factors which point to the dislocation caused by emigration and to the structure of the plantation system itself. ... sexual jealousy was a symptom rather than the cause of the problems that bedevilled indenture» (Lal 1985:138). «This singular emphasis is questionable, and evidence points directly to the social and cultural disorganization and violence that emigration and indenture entailed. There was sexual jealousy on the Fiji plantations, as it is bound to be present in any comparable situation of abnormal sex ratio. But suicide on the part of the Indian indentured labourers represented something more: it was both a cry of despair and an act of protest directed ultimately at the principles and ethics of the indenture system itself. In its own way, suicide was a rational and understandable response to a terrible and alienating situation» (Lal 1985:154f.).

Des weiteren ist die *Zuverlässigkeit der Forscher* nicht immer überzeugend.

B57) Das Problem der Vertrauenswürdigkeit der Eifersuchtsforscher
Epistemische Theorie; Fall Marquesas, Ozeanien: Linton berichtet über die Polyandrie praktizierenden Marquesas. «After marriage there was little if any overt expression of jealousy on the part of the men. ... Jealousy between plural husbands or even between married men over some woman outside their households was considered very bad manners» (Linton 1939:175). Das aber stimmt nach Suggs nicht: «Extramarital relations, if discovered, usually arouse extreme manifestations of sexual jealousy (*to makou*) in the injured party» (Suggs 1963:69) und: «Actually, sexual jealousy is, and was, pronounced in the Marquesas» (Suggs 1971:171). Aber Suggs macht vor allem darauf aufmerksam, daß Linton wohl gar kein geeigneter und zuverlässiger Berichterstatter sein *kann*: Linton sprach weder Französisch noch Marquesanisch, er lebte nicht unter den Marquesas, er bezieht sich häufig nur auf einzelne Informanten und die Beobachtung einzelner Fälle, und Linton ignorierte die historische Literatur über die Marquesas, was ein entscheidender Fehler gewesen sei (Suggs 1971; siehe auch Suggs 1966).

Und schließlich ist in diesem Zusammenhang auch das Problem der in vielen Berichten (nicht nur von Missionaren) enthaltenen subjektiven oder einseitigen *Wertungen* zu nennen.

B58) Subjektiv wertende Eifersuchtsbeschreibungen bzw. -theorien
Bewertungen. Fall Thonga/Bathonga, Afrika: «Amongst the Thongas *true* adultery for a *man*, married or unmarried (bumbuye), consists in committing sin with a married woman» (Junod 1927[1]:196). *Fall Deutschland*: «Der sogenannten 'berechtigten Eifersucht' liegt bei gründlicher Prüfung in den meisten Fällen die verständliche und einfühlbare Angst zugrunde, einen Partner zu verlieren, an den man affektiv oder evtl. ökonomisch so stark gebunden ist, daß die Existenz eines Menschen oder eines Familienverbandes inclusive unmündiger Mitglieder bedroht ist. Hier liegt eine adäquate Reaktion auf einen *Treuebruch* vor. Das Bestehen auf Treue ist eine legitime Forderung in einer von Liebe getragenen Partnerbeziehung, denn *die Treue ist das Haus der Liebe*. Die Liebe wiederum ist der Ermöglichungsgrund von dauerhafter Beziehung, der kreative Quell allen menschlichen Seins überhaupt und verlangt besonderen Schutz» (Schneemann 1983:45 [Hervorhebungen im Original]). Siehe auch Wimmer 1967.

Die Zuverlässigkeit der Daten zu sexueller Eifersucht und ihren Bewältigungsmöglichkeiten ist also sehr unterschiedlich und mindestens vielfach fraglich.

3) Die Datenverteilung. Die Ausführlichkeit und Gründlichkeit der Daten zu sexueller Eifersucht variiert nicht nur zwischen verschiedenen Ethnien, die sehr ungleich erfaßt sind, sondern genauso zwischen den verschiedenen Aspekten von Sexualität und Arten sexueller Beziehungen. Homosexuelle (erst recht zwischen Frauen) sind beispielsweise weitaus weniger berücksichtigt und erforscht worden als heterosexuelle und vor allem eheliche Beziehungen.

B59) Erhebliche Lücken in den ethnografischen Daten zu Sexualität

Forschungsstanddiagnose, Ergebnisse globaler Kulturenvergleiche: Die Probleme der Datenverteilung illustrieren (bei aller Problematik dieser Sammlungen) recht anschaulich die Vercodungen für den EA oder das SCCS (ich stütze mich auch hier auf die verbesserten Versionen der elektronischen Zeitschrift World Cultures, Stand Herbst 1989). Im EA gibt es unter 89 (in der EDV-Version sind es 103, die allerdings auch die Namen einschließen) berücksichtigten Variablen nur eine (#78 bzw. #77), die sich mit Sexualität beschäftigt. In ihr geht es um die Normen für prämaritalen Geschlechtsverkehr von Mädchen. Und dazu gibt es in 648 von 1170 Fällen, d.h. für über 55% der berücksichtigten Ethnien überhaupt keine oder für eine Vercodung unzureichende Daten. Ähnlich aufschlußreich ist es, Vercodungen für das SCCS anzusehen. Broude & Greene (1976) haben für jede der 186 Ethnien dieses Samples 20 Variablen über Sexualität ausfüllen wollen und kommen für diese Variablen zu einer Fehlquote von durchschnittlich 63% (117 von 186 Ethnien), für die aufgrund unzureichender Daten keine Vercodung möglich war. Da in Vercodungen auch mit kurzen Hinweisen und knappen Diagnosen gearbeitet wird, läßt sich bereits an diesen Fehlquoten ausmalen, daß die Lücken noch größer sein müssen, wenn ausführliche Fallbeschreibungen erforderlich werden, um die genauen Zusammenhänge und Abläufe ermitteln zu können (siehe Tab. 9).

Keine für Codierungen ausreichende Daten zu (n=186)	*Ethnien*	*in %*
Normierung prämaritaler Geschlechtsverkehr Frauen	56	30
Häufigkeit prämaritaler Geschlechtsverkehr Männer	84	45
Häufigkeit prämaritaler Geschlechtsverkehr Frauen	77	41
Initiierung prämaritaler Geschlechtsverkehr	156	84
Normierung extramaritaler Geschlechtsverkehr	77	41
Häufigkeit extramaritaler Geschlechtsverkehr Männer	135	73
Häufigkeit extramaritaler Geschlechtsverkehr Frauen	133	72
Frauenteilen/Frauentausch	83	45
Bewertung/Normierung Vergewaltigung	147	79
Häufigkeit Vergewaltigung	155	83
Sexuelle Aggressivität Männer	126	68
Bewertung/Normierung Homosexualität	146	78
Häufigkeit Homosexualität	117	63
Impotenz	149	80

Tabelle 9: Ethnien ohne ausreichende Daten zu verschiedenen Aspekten von Sexualität im SCCS

Ein anderer Aspekt des Problems der Datenverteilung ist die Häufigkeit, mit der von sexueller Eifersucht berichtet wird: Beschreibungen über das Vorkommen sexueller Eifersucht in Ethnien sind auffallend häufiger als Beschreibungen über das Nichtvorkommen. Weil in diesen als Beleg (wenn überhaupt) oft nur relativ wenige und vielleicht noch extreme Einzelfälle angegeben werden und von diesen offensichtlich auf eine Grundeigenschaft der gesamten Ethnie geschlossen wird (obwohl vielleicht die meisten Mitglieder derselben gar nicht besonders oder extrem eifersüchtig sind), ist auch hier Vorsicht angebracht.

Das Theoriematerial. Die Qualität, Zuverlässigkeit und Verteilung der zahlreichen Theorien und Theoriebausteine über sexuelle Eifersucht, Eifersuchtsbewältigung und das Lösen von Problemen allgemein ist für die Untersuchung kein so gravierendes Problem. Es gibt ein ausreichend vielfältiges, unterschiedliches und sich insgesamt gut ergänzendes Feld oder Spektrum, aus dem sich durch Vergleich mit meinen sachbezogenen Kontext- und Rahmentheorien (siehe 1.4 und 3.1) sowie mit den Falldaten fruchtbare und weniger fruchtbare, angemessene und falsche Theorien oder Theoriebauteile herausfinden und weiterverarbeiten lassen. Hier ist das Auswahl- und Auswertungsproblem (siehe 3.3.2+3) also größer als das Materialproblem. (Einen kleinen Überblick über einige der ansatzabhängigen Auffassungen über die Charakteristika sexueller Eifersucht verschafft die auf Bernhard [1986:20f., Abb. 2] basierende Tabelle 10.)

Perspective	*Major Characteristics*
Webster's:	exclusivity, suspicious of rival, watchful, guarded
Anthropological:	cross-cultural, defensive, fear of loss of object
Rational Emotive Psychology (Ellis):	rational qualities, irrational qualities, fear, insecurity, self-perception changes
Social psychology (Daly, et. al):	perceived threat, valued relationship, sex differences
Social psychology (Bers, Rodin):	social comparison (envy), social relations (exclusivity)
Structural psychology:	defensive response, perception, experiences, behaves, object, subject, other
Phenomenological psychology:	interpersonal, beeing lovable, privileged center, ambiguousness
Developmental psychology:	early childhood (anger, sibling relationship), late childhood (classmate, relationship), early adolescence (possessiveness)
Learning psychology:	causes of jealousy: feeling left out, loss of partner, loss of status, loss of power

Tabelle 10: Elemente in Eifersuchtsdefinitionen (nach Bernhard 1986:20f.)

3.3.2 Probleme bei der Materialauswahl

Trotz aller Einschränkungen hinsichtlich der Qualität, Zuverlässigkeit und Verteilung vor allem der Daten (siehe 3.3.1): Es gibt zu sexueller Eifersucht sehr viel mehr Fallbeschreibungen und -diagnosen und sehr viel mehr Theoriebausteine und Theorien, als in dieser Untersuchung bearbeitet werden können. Das erste Problem bei der Materialauswahl ist deshalb die *quantitative* Auswahl: wieviele Daten und Theorien sind zu berücksichtigen? Problematisch ist aber auch die *qualitative* Auswahl, denn z.B. knappe Diagnosen zu besonderen Eifersuchtsmustern aus anderen Ethnien müssen nicht automatisch schlechter geeignet sein als ausführliche und präzise Beschreibungen bei uns alltäglicher Eifersuchtsfälle. Welche Daten und Theorien sind also zu berücksichtigen?

Neben den in diesen Auswahlproblemen implizierten epistemischen und methodischen Problemen, für deren Lösung entsprechende Theorien (wie sie z.B. im Kontext skizziert wurden, siehe 1) erforderlich sind, gibt es auch ganz untersuchungspraktische Probleme, die sich z.B. durch meine begrenzte Untersuchungszeit, die eingeschränkte Zugänglichkeit der Dokumente und meine Sprachbarrieren (ich kann nur in deutscher, englischer und spanischer Sprache verfaßte Texte ohne fremde Hilfe nutzen).

3.3.3 Probleme bei der Materialauswertung

Doch selbst wenn geeignete Daten und Theorien in ausreichender Anzahl vorhanden sind: *Wie* sind diese Materialien *auszuwerten*, um zu der angestrebten Charakteristik und Theorie der kulturellen Bewältigungsmittel sexueller Eifersucht zu kommen? Dieses Auswertungsproblem impliziert in meinem Untersuchungsfall (siehe 2.5 und 3.2) drei Teilprobleme:

- Wie können die wichtigen (charakteristischen, kennzeichnenden) und weniger wichtigen oder irrelevanten Merkmale bzw. die mehr bis weniger geeigneten und die ungeeigneten Bewältigungsmittel sexueller Eifersucht *gewonnen* und unterschieden werden?
- Wie können diese Gewinnung der Merkmale bzw. Mittel und damit die als Ergebnis erreichten Formtheorien *begründet* werden?
- Wie können die ermittelten Bewältigungsmittel und ihre interkulturelle bzw. interethnische Übertragbarkeit *evaluiert* werden?

Auch hier gibt es neben den epistemischen und methodischen Problemaspekten die bereits in 3.3.2 erwähnten untersuchungspraktischen Schwierigkeiten, denn auch die Gewinnung, Begründung oder Evaluierung von Theorien wird durch Zeit- und Kapazitätsgrenzen behindert.

3.4 Strategien: Wie können die Aufgaben erfüllt werden?

Formklärendes Theoriebilden ist (wie Theoriebilden immer) ein auf substantieller Ebene weder inhaltlich noch operativ noch formal algorithmierbares oder mechanisierbares Forschungsprinzip.[19] Die in 3.3 angeschnittenen epistemischen und methodischen Probleme sind also nur recht pauschal und nicht kleinschrittig lösbar. Und sie müssen in einer erfindenden Theoriebildung noch nicht einmal unbedingt (bewußt) gelöst sein: Theorieerfinden, die kreative Voraussetzung zum begründenden Theoriebilden, sollte u.U. sogar mehr oder weniger intuitiv ablaufen.

In dieser Untersuchung soll allerdings (siehe 1.6) eine *systematische* Theoriebildung ausgeführt werden. Untersuchungstechnisch entspricht das dafür erforderliche *begründende Theoriebilden* dem hier zugrundegelegten Verfahren des erzeugenden Untersuchens. Damit stimmen auch die Grundprinzipien der Lösung

---

19 Ich greife im folgenden weitgehend auf Anregungen und Erkenntnisse von vor allem M. Bunge, P. Tschohl und W. Stegmüller zurück, die ich meist bereits an anderen Stellen systematisiert, nachgewiesen und ausführlicher begründet eingeführt habe (siehe Bruck 1985b [Kapitel 5 und 6] sowie Bruck 1987a). Deshalb verzichte ich hier weitgehend auf Einzelnachweise.

(=df. die *Strategien*) des systematischen Untersuchens (1.5.2) und des begründenden Theoriebildens überein: Es sind das untersuchungstechnische Trennen

- zwischen Konstruktion/Ausführung und Explikation/Bericht,
- von Entdeckung/Erfindung und Erzeugung/Begründung,
- von Planung und Durchführung,
- der ontischen, epistemischen, methodischen, operatorischen und pragmatischen Ebenen für alle Schritte sowie
- von Sachverhalten, Theorien über diese Sachverhalte und textlich-sprachlichen Erfassungen derselben.

Diese fünf Grundprinzipien sind und werden in dieser Untersuchung und Theoriebildung von Beginn an berücksichtigt und befolgt.

Doch allein mit dem Einsatz dieser allgemeinen Strategien sind die angestrebten Formtheorien der Charakteristika und kulturellen Bewältigungsmittel sexueller Eifersucht noch nicht zu erreichen. Dazu müssen erst die in 3.3 explizierten themenspezifischen Beschaffenheits-, Auswahl- und Auswertungsprobleme gelöst werden (dazu 3.4.1 bis 3.4.3).

3.4.1 Zur Nachrangigkeit der Materialbeschaffenheit in Formklärungen

Muß nun wegen der aufgezeigten *Datenprobleme* (siehe 3.3.1) ein umfangreicher quellenkritischer Apparat eingesetzt und jedes Dokument zunächst im Detail kritisch geprüft werden? Die - vielleicht überraschende - Antwort ist: *nein.*

Datenqualität und Datenzuverlässigkeit. Es geht (zunächst) bei der *Charakterisierung* nicht um die einzelnen Fälle oder um die tatsächliche Verbreitung einzelner Muster sexueller Eifersucht, es soll nur das grundlegende und prinzipielle Spektrum der Baumerkmale, Ursachen und Folgen dieser Sachverhaltsart ausgegrenzt und bestimmt werden, um darauf aufbauend die Therapierbarkeit sexueller Eifersucht erörtern zu können. Für die dazu erforderliche (re-)konstruierende Arbeit, in der auch stark auf (vorhandene) allgemeine anthropologische Theorien zurückgegriffen werden muß, können zum einen selbst kurze, versteckte, indirekte, sogar unzutreffende Hinweise, selbst aus der eigenen empirischen Direkterfahrung, genutzt werden (deswegen auch die breite und vielleicht etwas zu beliebig anmutende Auswahl an Belegen/Beispielen). Und zum anderen ist hier das Erfordernis einer breiten ethnografischen Streuung der Fallbeispiele nicht so groß. Denn auch wenn aufgrund der Datenqualität vielleicht einige spezifische (nicht die grundlegenden!) Ausprägungsmöglichkeiten oder Ursachen übersehen oder unzutreffend erfaßt würden, wäre dies anhand besserer Falldaten jederzeit erkennbar und kann die Baumerkmals-, Ursachen- und Folgenmatrix für sexuelle Eifersucht aufgrund des hier eingesetzten erzeugenden Vorgehens jederzeit problemlos verbessert werden. Aus den zahlreichen psychologischen Untersuchungen können zudem (auch durch Vergleich und Summierung der Berichte) qualitativ ausreichende Beschreibungen entnommen oder verfügbar gemacht werden. Damit ist eine angemessene Charakteristik sexueller Eifersucht erreichbar, in der jedes Beispiel als empirische Behauptung aufgefaßt werden kann: überprüfbar (und deswegen Beleg), aber unter Umständen eben nicht (genauer) geprüft.

Aber auch für die *Funktionsklärung* der Bewältigungsmittel gilt: anders als bei einer Untersuchung über Eifersucht *bei oder in Ethnien* ist bei meiner Themenstellung (siehe 2.5) geringe Qualität oder gar fragliche Zuverlässigkeit der Daten nur ein relativ kleines Problem. Wenn ein Mittel zur Bewältigung eines Problems gesucht wird, ist es irrelevant, ob dieses Mittel aufgrund einer falschen oder einer zutreffenden Information, aufgrund einer Fallbeschreibung, meiner Alltagserfahrung oder durch theoretisches Erschließen gefunden wird. Allein entscheidend ist die (wenigstens potentielle und damit einen Test lohnende) Wirksamkeit des Mittels (siehe Bruck 1988b:194f.). Und diese ist, da sie sowieso auf unsere Kultur und Sozietät bezogen werden soll und nicht auf die Ausgangsethnie, in einer grundsätzlichen Überlegung unter Zuhilfenahme anderer Erkenntnisse (auch über erwartbare negative Nebenfolgen), vor allem jedoch durch Benutzung zu evaluieren (wobei daran zu erinnern ist, daß ich hier nur Mittel suchen, aufzeigen und bestenfalls grob evaluieren will).

Datenverteilung. Das Problem der unbefriedigenden Datenverteilung ist zwar auch hinderlich, wirkt sich hier aber ebenfalls nicht so gravierend aus, wie bei einer Verbreitungsforschung. Es geht hier ja "nur" um Merkmale, d.h. um Formen (ohne näher auf deren Häufigkeit und Verbreitung eingehen zu wollen und zu müssen), es reichen also auch Einzelbeispiele, die allerdings - was die *Formen*, nicht die Ethnien(!), angeht - möglichst gut gestreut sein sollten, um die Matrix der Baumerkmale, Ursachen, Folgen und Bewältigungsmittel relativ vollständig und differenziert erstellen zu können (siehe auch Hallpike 1971:134-138). Zwar werden aufgrund der Datenverteilung auch dabei Lücken bleiben (weil sicher nicht für alle Unterarten sexueller Eifersucht ausreichende Daten zu finden sind), doch können auch diese später problemlos geschlossen werden.

Fazit. Trotz der Qualitäts-, Zuverlässigkeits- und Verteilungsprobleme ist ein besonderer methodischer Einsatz und Aufwand zur z.B. quellenkritischen Vor- und Aufbereitung der verwendeten Daten weder für die Charakterisierung noch für die Funktionsklärung erforderlich. Allerdings ist mit Einschränkungen hinsichtlich der Vollständigkeit und Richtigkeit der Ergebnisse zu rechnen, die in einer begründenden Theorie*bildung* jedoch vertretbar sind.

3.4.2 Auswahlstrategien

Um Auswertungen vornehmen zu können, müssen geeignete Daten und Theorien in bearbeitbarer Anzahl vorhanden und das heißt hier (weil mehr Material zur Verfügung steht, als bearbeitet werden kann) ausgewählt sein. Die in einer "globalen" Formklärung zu wählenden Strategien zur Lösung des quantitativen und qualitativen Auswahlproblems sind das theoretische Selektieren und die Verwendung von Berichten (statt Zeugnissen).

Theoretisches Selektieren. Zur Lösung des Problems der Auswahl von Theorien und vor allem von Daten sind *schematische* Lösungen beliebt und vielfach auch sinnvoll bis optimal.

B60) Schematisch-"repräsentative" Samples
Epistemische Theorie: Mit 186 Ethnien kann ich die Kulturenvielfalt "repräsentativ" abbilden (siehe die Auswahl des SCCS). Mit 1000 bis 2000 Befragten habe ich die Bewohner der BRD "repräsentativ" erfaßt (von diesem Bereich gehen Meinungsforschungsinstitute aus).

Für eine Charakterisierung und vor allem Funktionsklärung unter Therapiegesichtspunkten sind solche schematischen Lösungen aber uninteressant: Hier geht es um das Erforschen von *Formen* oder qualitativen Zusammenhängen (Baumerkmalen, Ursachen, Erfordernissen und Funktionen), nicht von *Fällen* und deren quantitativen Zusammenhängen (*Verteilung*). Repräsentativität und Vollständigkeit sind also auf die Merkmale sexueller Eifersucht bzw. Mittel zu ihrer Bewältigung zu beziehen, nicht auf die Fälle. Daß es dabei nicht unbedingt auf die Zahl (und sogar Qualität) der eingesetzten und ausgewerteten Fallbeispiele ankommt, beweisen erfolgreiche Theorie*bildungen* beispielsweise von Piaget oder Freud (wobei zu beachten ist, daß bei Theorie*überprüfungen* diese Fragen schon wieder ganz anders zu beantworten sein können).

Damit muß das Auswahlkriterium in einer Formklärung ein *theoretisches* sein, denn solange die Charakteristik bzw. die Bewältigungsmittel noch nicht genau bekannt sind, wäre ein schematisches Auswahlkriterium überhaupt nicht begründbar. Die Lösung ist *theoretisches Selektieren*, also die Auswahl der eingesetzten oder einzusetzenden Materialien nach theoretischen Überlegungen und Erkenntnissen, die meist erst während der jeweiligen Theoriebildung angestellt und gefunden werden können (Anreger: Glaser 1978, Glaser & Strauss 1967, Hallpike 1971, Maxwell 1986, Maxwell & Maxwell 1980).

Insgesamt muß soviel (und *nur* soviel) Material ausgewählt werden, daß die kennzeichnenden Merkmale und Ausprägungsmöglichkeiten sexueller Eifersucht bzw. die kulturellen Bewältigungsmöglichkeiten *formal* vollständig erfaßt werden können (was teilweise auch oder nur [re-]konstruierend, d.h. selbst mit lückenhaftem Material geht). An welchen Fällen oder Theoriebausteinen die Formen gefunden werden, ist dabei prinzipiell irrelevant: die Auswahl kann (bis zu einem gewissen Grad) willkürlich (aus quantitativ-statistischer Sicht) sein, die Belege dürfen aus dem Kontext gerissen sein, die Quellen können auch von schlechter Qualität sein und die herangezogenen Ethnien/Kulturen dürfen räumlich benachbart und/oder historisch verknüpft sein (in kontrastierender Anlehnung an Schweizer 1990:25). Aus nicht nur untersuchungspraktischen Gründen sind besonders leicht zugängliche, deutliche, verschiedene und gut dokumentierte Beispiele/Belege allerdings vorzuziehen. Wann mit der Materialauswahl aufgehört werden kann, ist aber erst während der formklärenden Theoriebildung entscheidbar, nicht grundsätzlich und damit vorher. Das Kriterium für die Einstellung der Suche kann selbst in einer begründenden Theoriebildung nur pragmatisch sein: wenn mit vertretbarem Aufwand kein wichtiges neues Charakteristikum oder Bewältigungsmittel mehr gefunden werden kann.

Besonders hervorzuheben ist in diesem Zusammenhang, daß auch aus Fällen, in denen sexuelle Eifersucht nicht bewältigt wird, Bewältigungsmittel (re-)konstruierend und kontrastierend gewonnen werden können. Außerdem gibt es die wichtige Möglichkeit, durch theoriebildende (Re-)Konstruktion sogar fallunabhängig zu erschließen.

Verwendung von Berichten. Zeugnisse und Berichte als die grundlegenden Dokumentarten zu sexueller Eifersucht (siehe 3.3.1) sind für eine kulturenvergleichende Untersuchung unterschiedlich gut geeignet. Zeugnisse sind für den Kulturenvergleich eher ungünstig, obwohl sie u.U. authentischer sind als Berichte:

- die Auswertung von Zeugnissen setzt meist fundierte Kenntnisse voraus, zum Beispiel der jeweiligen Sprache, aber oft auch der entsprechenden sozietären Kultur,
- sie enthalten die gesuchten Daten häufig in einer indirekten und damit weitere Erschließungsarbeit voraussetzenden Weise und
- sie sind oft nur schwer überprüfbar und auch nur bedingt aufschlußreich, vor allem wenn sie Normen schildern, aber über das tatsächliche Verhalten oder die wirkliche Durchsetzung bzw. Befolgung dieser Normen und ihre Auswirkungen (die hier entscheidender sind) wenig oder nichts enthalten.

Deshalb muß die zweite Strategie zur Lösung des Auswahlproblems in einer kulturenvergleichenden Formklärung die Verwendung vor allem von Berichten (inklusive Berichten über Zeugnisse aus zweiter Hand) und weniger von Zeugnissen selbst sein.

3.4.3 Auswertungsstrategien

Um von den (während des gesamten Entdeckungsprozesses, also nicht nur irgendwann zu Beginn) ausgewählten Materialien zu den angestrebten Theorien über die Charakteristika und kulturellen Bewältigungsmöglichkeiten sexueller Eifersucht zu kommen, müssen (siehe 3.2) Formtheorien gebildet und begründet und muß die Funktionstheorie evaluiert werden.

Formtheorien bilden. Für das Bestimmen von Formen (wie Baumerkmalen, Ursachen, Funktionserfordernissen oder Funktionen) stehen beim Theoriebilden vor allem folgende (interdependente und interagierende) Lösungsstrategien zur Verfügung: das Differenzieren, das Abstrahieren, der Form-Fall-Dialog, das Matrizieren und das Optimieren. Das Ergebnis dabei sind immer (im Optimalfall systematische, dynamische und neben Komponenten auch Beziehungen [z.B. Ursachen oder Folgen] enthaltende oder erfassende) *Kataloge* von Merkmalen (siehe Bruck 1987a).

1) Differenzieren. Alle Sachverhalte und Eigenschaften im Bereich menschlicher Existenz sind Systeme oder Teil von Systemen und bestehen damit aus elementen (den Komponenten, die ihrerseits Systeme sein können) und verändernden oder nicht verändernden Beziehungen (siehe 1.4.1). Diese herauszuarbeiten (=df. zu *differenzieren*) und damit Übergeordnetes und Untergeordnetes, Abhängiges und Unabhängiges, Gemeinsames und Trennendes usw. aufzuzeigen und zu unterscheiden, ist eine entscheidende Strategie beim formklärenden Theoriebilden, die Orientierung ermöglicht, die Herstellung von Beziehungen erleichtert, Ebenen und Hierarchien verdeutlicht und Wichtigkeiten klärt (siehe Ragin 1987).

2) Abstrahieren. Eine weitere Strategie ist das Abstrahieren, d.h. das Reduzieren der immer unübersehbar vielen Eigenschaften und Informationen über die jeweilige Sachverhaltsart (wie sie beispielsweise eine Differenzierung erbringen kann) auf ein kognitiv und handlungspraktisch verarbeitbares oder "hantierbares" Maß. Dies kann nur mit sachtheoretischer Unterstützung erfolgen, und dazu sind allgemeine Kenntnisse über den erforschten Realitätsbereich, aber auch über die Forschungsziele usw. erforderlich (deshalb sind neben den Kontexttheorien [1] und den Grundentscheidungen [2.5] noch sehr viel spezifischere Rahmentheorien [3.1 et passim] erforderlich).

Für das Abstrahieren von *Funktionszusammenhängen* gibt es dabei zwei grundlegend verschiedene Möglichkeiten (siehe Bruck 1985b:155): ausgehend von einem Erfordernis können potentielle Wirkungen und Faktoren gesucht werden und ausgehend von potentiellen Funktionsträgern können deren Funktionsmöglichkeiten eruiert werden. Weil hier Bewältigungsmittel erörtert werden sollen, müssen beide Wege gegangen werden. Zunächst muß, ausgehend von dem (viele verschiedene Erfordernisse umfassenden) Erforderniskomplex Eifersuchtsbewältigung, nach potentiellen Erforderniserfüllern (Bewältigungsmitteln) gesucht werden. Aber dann müssen, weil die Gesamtmenge der Erforderniserfüller für eine so differenzierte Aufgabe wie Eifersuchtsbewältigung nicht bestimmbar ist, ausgehend von diesen (potentiellen) Bewältigungsaktivitäten, deren genaue Erfüllungsmöglichkeiten bestimmt werden.

3) Form-Fall-Dialog. Es ist nicht sinnvoll, in einer auf einen realen Sachverhalt bezogenen Formklärung ausschließlich Theorien und/oder Theoriebausteine herzunehmen und diese ("deduktiv") auszuwerten bzw. ausschließlich Fälle oder Daten zu betrachten und diese ("induktiv") auszuwerten. Die einzig fruchtbare und sinnvolle Lösung ist die vergleichende Berücksichtigung, gegenseitige Diskussion und wechselseitige Befruchtung möglichst verschiedener Formtheorien *und* Fallbeispiele (dies nenne ich *Form-Fall-Dialog* oder *biduktives* Auswerten). Diese Lösungsstrategie garantiert höchstmögliche empirische Richtigkeit bei gleichzeitig höchstmöglicher theoretischer Fruchtbarkeit (Anreger: P. Tschohl in Lehrveranstaltungen, siehe Bruck 1987a:21). Allerdings gibt es auch im Form-Fall-Dialog gewisse Schwerpunktsetzungen, die sich durch das stärker betonte Ausgehen von Formkenntnissen oder allgemeineren Theorien (der hier gewählte *kulturanthropologische* Weg) bzw. von den Mustern oder spezifischen Fällen (der *ethnologische* Weg) ergeben (siehe Abb. 8).

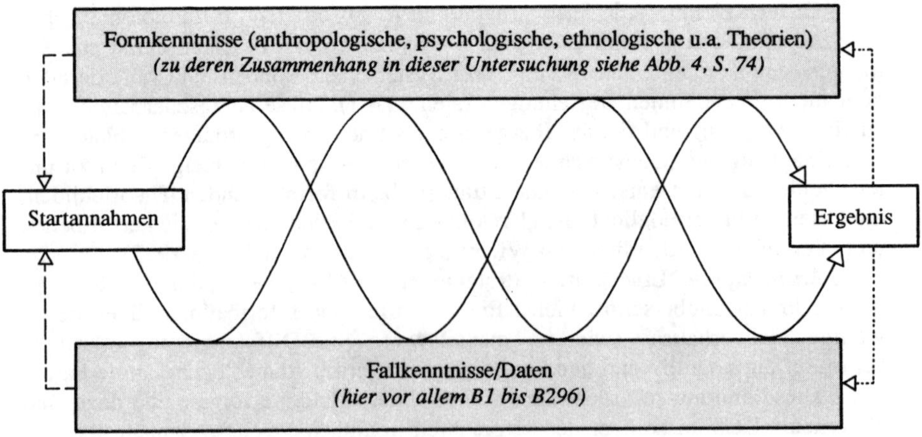

Abb. 8: Der Form-Fall-Dialog

4) Matrizieren. Matrizieren ist das Herstellen von möglichst umfassenden und vollständigen Eigenschafts- bzw. Merkmalsräumen oder -katalogen, innerhalb derer dann jeder einzelne Fall, jedes mögliche Muster genauer verortet werden kann. Diese sollten systematisch organisiert werden und nach ihren *Dimensionen*, *Aspekten* und *Facetten* differenziert werden (das sind ganz allgemein konzeptuell-systematisierende Zusammenfassungen einer bestimmten Oberart [Dimensionen], Art [Aspekte] und Unterart [Facetten] der realen Komponenten und Beziehungen eines Sachverhalts auf den verschiedenen Einschluß- und Variationsebenen; Anreger: Stegmüller 1966 und 1983:137-243, siehe Bruck 1985b:57+63). Auf der Basis einer zunächst möglichst überdifferenzierten und übergroßen Merkmalsmatrix (die auch Beziehungen enthalten kann und vielfach muß) können dann leicht und genau die als spezifisch erkennbaren Merkmale ausgewählt werden.

5) Optimieren. Der maximale Katalog von Merkmalen in einer Sachtheorie entspräche der maximalen Zahl der Eigenschaften des jeweiligen Realitätsausschnittes. Deshalb müßte beispielsweise eine maximal differenzierte und präzisierte Unterscheidung und Diskussion von Lösungsarten zur Bewältigung sexueller Eifersucht, wenn sie quantitativ vollständig sein sollte, all die in der (noch durchzuführenden) Charakterisierung unterschiedenen Dimensionen, Aspekte und Facetten sexueller Eifersucht berücksichtigen und einzeln diskutieren.

B61) Maximalmatrix aufgrund der Eifersuchtsunterschiede
Epistemische Theorie: Beispielsweise die Lösungsmittel für ihre Anwendung bei Männern und bei Frauen, in homo-, bi- und/oder heterosexuellen, monogamen oder polygamen, legalen oder illegalen und anderen Beziehungen Jugendlicher, Erwachsener oder von Senioren getrennt betrachten oder je nach der Art der exosexuellen Beziehung (legal bis illegal, kurz- bis langdauernd usw.) unterscheiden.

Außerdem müßte sie die in den grundlegenden Merkmalen und Möglichkeiten von Problemlösungen (siehe 3.1.4 und 6.1) implizierten Dimensionen, Aspekte und Facetten einer Eifersuchtsbewältigung möglichst komplett berücksichtigen.

B62) Maximalmatrix aufgrund der Bewältigungsunterschiede
Epistemische Theorie: Beispielsweise zwischen verschiedenen möglichen Sichtweisen oder Perspektiven (bei der Beurteilung des Lösungserfolges) unterscheiden, die möglichen unterschiedlichen qualitativen und quantitativen Bewältigungserfolge differenzieren, die notwendigen, hinreichenden, nützlichen und schädlichen internen wie externen Beziehungen in ihrer Vernetzung und Situationsbezogenheit differenziert aufzeigen und die verschiedenen Realisierbarkeits-, Praktizierbarkeits- und Tolerierbarkeitsprobleme detailliert berücksichtigen.

Zusammengenommen ergäbe das eine *Maximalmatrix* der Kennzeichnungskategorien für Bewältigungsmittel, die weder zeitlich noch inhaltlich noch textlich zu leisten (und zu rezipieren) ist. Deshalb muß eine einschränkende Auswahl getroffen werden, die auf die generellen und die untersuchungsspezifischen Erfordernisse und Möglichkeiten des Erkennens und Problemlösens hin zu *optimieren* ist, müssen also die jeweils angemessenen und erforderlichen Elemente ausgewählt und als spezifische Merkmale in einem *Optimal*katalog erfaßt werden.

Formtheorien begründen. Begründbar ist eine Formtheorie (wie eine Bau-, Ursachen- oder Funktionstheorie) zum einen durch den untersuchungstechnischen Weg des systematischen Untersuchens (wie er hier gewählt wurde, siehe 1.5+6) und zum anderen (innerhalb der Durchführung der Theoriebildung) durch die Strategie des Herleitens. Alle Verfahren des Bildens von Formtheorien (s.o.) verlangen und implizieren die Berücksichtigung vorhandenen Wissens und Könnens.

Es ist auch gar nicht sinnvoll und fruchtbar, formklärende Theoriebildungen soz. "aus dem Nichts" zu versuchen (zumal auch dieses "Nichts" voller - dann eben impliziter - Theorien steckt). Dieses Herleiten aus immer grundlegenderen Theorien ist aber nicht nur ein wichtiges heuristisches Prinzip, es ist - in umgekehrter Sicht sozusagen - zugleich das Grundprinzip des Begründens. Denn *begründet* ist eine Formtheorie, wenn sie in allgemeinsten Theorien *fundiert* und sachlogisch wie bearbeitungslogisch sauber und ohne Widersprüche (bei Diagnose offener Fragen!) aus diesen *hergeleitet* ist. Allerdings können in einer Theoriebildung niemals alle Teile gleichermaßen umfassend hergeleitet respektive fundiert werden, weshalb auch Begründen ein auf die Ausgangsbasis (den Kontext) relativiertes Unterfangen ist (wie diese Untersuchung belegt; siehe auch Anm. 13, S. 73).

Funktionstheorien bewerten. Die kulturellen Mittel zur Bewältigung sexueller Eifersucht sollen (siehe 2.5) nicht nur beschreiben, sondern auch hinsichtlich ihrer Einsetzbarkeit und Nutzbarkeit in unserer eigenen Kultur und Sozietät wenigstens grob bewertet werden. Das dazu erforderliche *Evaluieren* oder *funktionale Bewerten* der Eignung, Realisierbarkeit und Tolerierbarkeit der Lösungsmittel darf nun nicht mit einem subjektiv-moralischen Bewerten verwechselt werden. Die funktionale Bewertung eines Funktionsträgers und seiner Funktionen ist ein, unabhängig von persönlichen Vorlieben oder Abneigungen, anhand nachvollziehbarer Kriterien durchführbares "objektives" Verfahren. Es besteht in einem In-Beziehung-Setzen von Funktionserfordernissen, Funktionsträgern und Funktionen, ggf. unter Berücksichtigung von Alternativen in allen drei Instanzen. Grundlage einer solchen funktionalen Bewertung müssen Sach- und Machkenntnisse sein. Da diese falsch sein können, können auch die Bewertungen unzutreffend sein. Sie sind deshalb aber trotzdem nicht subjektiv/privat (siehe Bruck 1985b:131-61).

Hier stehen für die funktionale Bewertung eines Lösungsmittels zur Bewältigung sexueller Eifersucht zum einen Daten aus Ethnografien oder anderen Fallbeschreibungen zur Verfügung. Zum anderen kann ich auf meine Kompetenz und mein Wissen als Angehöriger und Beobachter unserer eigenen Kultur zurückgreifen. Diese reicht aus, um die Einsatzchancen eines Mittels zur Eifersuchtsbewältigung einigermaßen realistisch einschätzen zu können, auch wenn dann nur vage und vorläufige Ergebnisse erreichbar sind. Mehr als eine solche grobe Einschätzung kann im Zusammenhang dieser Untersuchung sowieso nicht vorgenommen werden, weil ansonsten genauere und vor allem experimentelle bzw. die Lösungswege wirklich (und dann auch quantitativ) prüfende Verfahren einzusetzen wären.

3.5 Methoden: Wie sollen die Aufgaben erfüllt werden (1)?

Die in 3.4 angedeuteten Strategien oder Prinzipien zur Lösung der Untersuchungsprobleme (3.3) und damit Erfüllung der Untersuchungsaufgaben (3.2) sind nun konkreter auf das Thema dieser Untersuchung (2.5) hin zu spezifizieren, um das Untersuchungsprogramm (in 3.6) festlegen zu können.

Grundentscheidungen. Sowohl für die Charakterisierung der Baumerkmale, Ursachen und Folgen sexueller Eifersucht als auch für die Funktionsklärung der kulturellen Mittel zur ihrer Bewältigung entscheide ich:

1) Eine eigene empirische Untersuchung von Eifersuchtsfällen soll nicht ausgeführt werden. Die *Gewinnung des Materials*, d.h. die Daten- und Theoriebeschaffung, soll im global breit und bunt streuenden Kulturenvergleich durch theoretisches Selektieren (siehe 3.4.2) dokumentierter Fälle und Formen erfolgen, wozu die einschlägigen Auswahlhilfen genutzt werden sollen. Dabei sollen vor allem (möglichst explizite) Berichte verwendet und Zeugnisse nur dann hinzugezogen werden, wenn sie besonders leicht zugänglich und interpretierbar sowie ohne die Gefahr gravierender Mißinterpretationen und anderer Fehlermöglichkeiten auswertbar sind.[20] Allerdings soll ergänzend und unterstützend auch meine eigene sozietäre und kulturelle Kompetenz für die (vor allem) bundesrepublikanische Sozietät und die christlich-abendländische Kultur sowie meine empirische Alltagserfahrung als Erleber, Beobachter und (im privaten Kreis, bei Vorträgen und anderen Gelegenheiten) Erfrager sexueller Eifersucht mitberücksichtigt werden.

2) Die ausgewählten Materialien sollen mittels der Verfahren des begründenden Theoriebildens (Abstrahieren, Form-Fall-Dialog, Differenzieren, Matrizieren, Optimieren, Herleiten und Fundieren; siehe 3.4.3) sowie durch funktionales Bewerten *ausgewertet* oder bearbeitet werden. Dabei sollen (und können) die Fälle und Formkenntnisse, die zu den Theorien der Charakteristika und Bewältigungsmittel sexueller Eifersucht anregen, nur in Auswahl und kurz angedeutet und nicht in ihrem systemischen Herkunftszusammenhang dokumentiert oder gar erörtert werden. Dies ist vertretbar, weil es hier nicht auf die Theorien bzw. die Ethnien oder den ethnischen Kontext ankommt (siehe dazu die angegebenen Quellen). Für alle Bereiche soll (und kann) auch nur eine erste grobe, d.h. überblicks- und hinweisartige Beschreibung der wichtigsten/entscheidendsten bzw. augenscheinlichsten Aspekte vorgenommen werden.

---

20 Ein Entdeckungshinweis: Die allgemeine *Literatur- und damit Materialauswahl* erfolgte über die Psychological und Sociological Abstracts, über Auftragsrecherchen beim Informationszentrum Sozialwissenschaften (Bonn), Kinsey-Institut (Bloomington), den Dokumentationsleitstellen Asien und Lateinamerika (Hamburg), dem Zentralarchiv für empirische Sozialforschung (Köln) sowie über die Auswertung einschlägiger Bibliografien [z.B. Aldous & Dahl (eds.) 1974, Aldous & Hill (eds.) 1967, Brewer & Wright 1979, Bullough et al. 1976, Bullough et al. (eds.) 1977, Goodland 1931, Jacobs 1974, Levinson & O'Leary 1982, Libby 1977, Milden 1977, O'Leary 1973, Olson & Dahl (eds.) 1975 und 1977, Otto & Schmidt-Dumont 1982, Rubin & Byerly 1983, Seruya et al. 1972, Soliday (ed.) 1980, Thompson 1983, Zeller & Zeller (Hg.) 1965 ff. und 1971 ff. sowie ZPID 1981 ff.] bzw. der Literaturhinweise in den ausgewerteten Werken. Die *Fallauswahl* erfolgte zusätzlich im Schneeballsystem über die einschlägige Literatur (zunächst Übersichtswerke, die immer wieder Hinweise auf "eifersuchtsfreie" oder "eifersuchtsverminderte" Ethnien enthalten, dann spezifischere Berichte) sowie über die Microfiche-Version der ethnografischen Datensammlung HRAF [durchzusehende Kategorien: #152 Drives and Emotions (wozu dort auch Eifersucht zählt), #548 (Prostitution), #595 (Concubinage), #684 (Punishment of Adultery), #786 (Ceremonial Licence), #831 (Sexuality), #834 (General Sex Restrictions), #835 (Privileged Sex Relationships), #836 (Premarital Sex Relations), #837 (Extramarital Sex Relations), #838 (Homosexuality), #839 (Miscellaneous Sex Behavior) und #848 (Illegitimacy); siehe Murdock et al. 1987 und Murdock 1983]. Außerdem habe ich die World-Cultures-Ausgabe des SCCS und des EA als Suchhilfe genutzt. Dort (vor allem im jährlich aktualisierten Index zu den genannten Kategorien der HRAF) können auch zahlreiche weitere, hier im Text von mir nicht berücksichtigte Fälle gefunden und die genauen Bedingungen und Zusammenhänge der von mir erwähnten Fälle nachvollzogen werden.

3) Es muß (siehe 2.4.2, 2.5.2 und 3.2) zunächst eine Charakterisierung der sexuellen Eifersucht beim Menschen (in 4 und 5) und kann erst dann, darauf aufbauend, eine Funktionsklärung der Bewältigungsmöglichkeiten sexueller Eifersucht mittels Kultur (in 6 bis 8) durchgeführt werden.

Entscheidungen für die Charakterisierung. In der Charakterisierung sollen, aufbauend auf der Kontext- (siehe 1.4) und Rahmenontik (siehe vor allem 3.1), die folgenden spezifischen und potentiell bewältigungsrelevanten Merkmale sexueller Eifersucht bestimmt werden:

- die Gestalt (also die internen Komponenten und Beziehungen als die Bedingungen), die therapeutisch wichtigen Voraussetzungen (direkten externen Ursachen) und Folgen sowie der Kontext sexueller Eifersucht
- mit den generell kennzeichenden Merkmalen (Dimensionen und Aspekten) und den wichtigsten Erscheinungsformen (Aspekten und Facetten als Ausprägungsmöglichkeiten der Eifersuchtsmuster), d.h.
- ein systematisches und umfassendes Eifersuchtskonzept mit
- einer Differenzierung der wichtigsten Arten sexueller Eifersucht.

Dabei soll aber immer ausdrücklich beachtet und berücksichtigt werden, daß die Charakteristik als Mittel und Voraussetzung zum Weiterarbeiten (zum Erkunden der Möglichkeiten, Nischen, Grenzen einer Therapierbarkeit) gebraucht wird, keinesfalls als Selbstzweck. Daraus folgt: Es darf keine eigenschaftsbezogen vollständige Binnendifferenzierung der sexuellen Eifersucht versucht werden. Aufgezeigt werden dürfen (und müssen) "nur" die therapeutisch entscheidenden Eigenschaften und die Außenabgrenzungen der möglichen Erscheinungsformen sexueller Eifersucht, also ein *optimaler* (und nicht maximaler) Katalog der Merkmale, anhand derer sexuelle Eifersucht diagnostiziert und bewältigt/therapiert werden kann.

Entscheidungen für die Funktionsklärung. Mit der Funktionsklärung sollen, aufbauend auf der Kontextontik (siehe 1.4), der Charakteristik (siehe 4 und 5) sowie einer (wo erforderlich) noch einzuführenden Rahmenontik (siehe vor allem 6 und 8.1), kulturell einsetz- und nutzbare Mittel (Lösungsaktivitäten im engeren Sinne, siehe 3.1.4) zur Erfüllung des Erforderniskomplexes "Bewältigung sexueller Eifersucht" in ihrem Bau, ihren Voraussetzungen, ihren Folgen, ihren Problemen und ihrem Kontext bestimmt und (bezogen auf den therapeutischen Einsatz in unserer Kultur und Sozietät) funktional bewertet werden.

B63) Speziellere Entscheidungen für die Funktionsklärung

1) Die Beschreibungen und Bewertungen sollen nur auf die *personale* Ebene und die direkt Beteiligten bezogen werden. (Begründung: Erstens können *alle* Dimensionen und Aspekte nicht berücksichtigt werden [siehe 3.4.3] und zweitens ist eine [prinzipiell mögliche und langfristig auch anzustrebende] bewältigungsrelevante Veränderung der zahlreichen nichtpersonalen [sozietären] Kulturen bei uns ein grundsätzlich schwieriges bis unmögliches und insbesondere für aktuelle Therapieaufgaben ungeeignetes Unterfangen). Die Bewältigungsmöglichkeiten sollen dabei (ohne moralische Vorentscheidungen) *gleichberechtigt* für alle Beteiligten diskutiert werden. Es sollen also nicht präjudizierend bestimmte der involvierten Personen (wie der Rivale gegenüber dem Eifersüchtigen) bzw. Beziehungen (wie die uneheliche gegenüber der ehelichen) diskriminiert (benachteiligt oder bevorzugt) werden.

2) Zugrundegelegte *Ausgangsbeziehung* soll immer eine Freundschaft, Partnerschaft oder Ehe

sein (andere Beziehungsarten, in denen sexuelle Eifersucht auftreten kann [also z.B. Elter-Kind- oder Geschwisterbeziehungen; siehe 5.2.1], sollen nicht über das Implizierte hinaus berücksichtigt werden). Als allgemeine *Ausgangsbasis* soll - wo erforderlich - jeweils die stärkste oder heftigste sexuelle Eifersucht angenommen werden (weshalb dann unter Umständen manche Mittel bei schwächerer sexueller Eifersucht nicht bewältigungswirksam sein können).

3) Zugrundegelegt werden soll außerdem immer nur die Perspektive eines allgemeinen *Standard-Minimalanspruchs*: Ego möchte mit der Lösungsaktivität seine sexuelle Eifersucht bewältigen und die Beziehung zum Partner behalten, Partner möchte die Beziehungen zu Ego *und* zu Exopartner behalten, Exopartner möchte die Beziehung zu Partner behalten. Andere Ziele (z.B. das Verlassen des Partners), die ganz andere Erfordernisse, Probleme und damit auch Tolerierbarkeitsbeurteilungen bedingen können, sollen nicht berücksichtigt werden.

4) Die Funktionsklärung soll zwar grundsätzlich *aus Erfordernissicht* vorgenommen werden (welche von Ego, Partner und/oder Exopartner erlernbaren und ausführbaren Lösungsaktivitäten und -wirkungen sind zur Bewältigung sexueller Eifersucht geeignet?). Für jede einzelne der gefundenen Aktivitäts- und damit Lösungsarten (die im Mittelpunkt der Betrachtung stehen sollen) ist dann aber eine Funktionsklärung *aus Trägersicht*, d.h. bezogen auf diese Lösungsaktivität, vorzunehmen.

5) Die Differenzierung der verschiedenen *Lösungsgruppen* und *-arten* (Mittel) soll unter dem für die therapeutische Nutzbarkeit entscheidenden Gesichtspunkt der Verdeutlichung möglichst vieler Lösungsaspekte erstellt werden. Partielle, aber auch deutliche Überschneidungen und Ähnlichkeiten zwischen einzelnen Arten sollen (auch) deshalb ausdrücklich in Kauf genommen werden.

6) Die generellen *Probleme* der Realisierbarkeit, Praktizierbarkeit und Tolerierbarkeit einer Bewältigung oder Nichtbewältigung sexueller Eifersucht sollen zwar angeschnitten und grundsätzlich erörtert werden, können im einzelnen aber nicht weiter verfolgt werden, weil dies empirisch und theoretisch aufwendige Teil- oder Folgeuntersuchungen bedeutete, die hier nicht geleistet werden können.

7) Obwohl aufgrund der Rahmenvorgaben und Charakterisierungseinsichten potentielle Bewältigungsaktivitäten vielfach direkt und einfach *erschlossen* werden können (was die Wichtigkeit und den Nutzen einer genauen Fundierung dokumentiert), sollen, um das "getestete" Wissen und Können anderer Kulturen zu nutzen, für die Suche nach den Bewältigungsmitteln möglichst auch Fälle aus den verschiedensten (aber nicht nur zeitlich bzw. räumlich entfernten) Ethnien/Kulturen und dabei insbesondere solche Fallbeispiele berücksichtigt werden, in denen sexuelle Eifersucht bewältigt worden ist, obwohl auch auf Negativbeispiele, die ja durchaus lösungsanregend sein können, zurückgegriffen werden soll und theoretische Erschließungen von Lösungsaktivitäten zur Vervollständigung unverzichtbar sein werden. Kriterium für die Auswahl der Fälle ist dabei ausschließlich die angestrebte Vollständigkeit der *Bewältigungsweisen* sexueller Eifersucht, keineswegs eine irgendwie repräsentative Verteilung der Beispiele in Zeit, Raum und kultureller Vielfalt.

3.6 Programm: Wie sollen die Aufgaben erfüllt werden (2)?

Die Untersuchung der Baumerkmale, Ursachen und kulturellen Bewältigungsmöglichkeiten sexueller Eifersucht soll mit sieben Untersuchungsschritten, die ihrerseits meist aus verschiedenen Teilschritten zusammengesetzt sind (siehe dazu auch und "übersetze" die Gliederung bzw. die Binnendifferenzierung im Text), mittels der in 3.4 und 3.5 skizzierten Strategien und Methoden (hier zusammenfassend als *Klärung* oder *Bestimmung* bezeichnet) durchgeführt werden. Die Ergebnisse (oder Ausgaben) jedes einzelnen Untersuchungs(teil)schritts sind gleichzeitig immer auch die Eingaben (und oft Voraussetzung) für die Durchführung der folgenden (Teil-)Schritte (siehe die Zusammenstellung des Untersuchungspro-

der folgenden (Teil-)Schritte (siehe die Zusammenstellung des Untersuchungsprogramms in Tabelle 11).

(Wie die bei der Erzeugung der angestrebten Theorien verwendeten sachverhaltsbezogenen Kontext- und Rahmenbausteine eingesetzt werden und untereinander in Beziehung stehen, verdeutlicht Abb. 4, S. 74.)

Schritt 1:	Klärung der grundlegenden Charakteristika sexueller Eifersucht (in 4) durch die allgemeine Bestimmung	
	Teilschritt A:	der Voraussetzungen (in 4.1),
	Teilschritt B:	der Gestalt oder Bedingungen (in 4.2),
	Teilschritt C:	der Folgen (in 4.3),
	Teilschritt D:	des Kontextes (in 4.4) und damit
	Teilschritt E:	der Prozessualität und des Ablaufs sexueller Eifersucht (in 4.5).
Schritt 2:	Bestimmung der grundlegenden Erscheinungsformen oder Ausprägungsmöglichkeiten sexueller Eifersucht (in 5) durch	
	Teilschritte A bis n:	eine therapiebezogene Aspektisierung und Facettierung jeder der in Schritt 1 gefundenen Dimensionen sexueller Eifersucht (in 5.1-6).
Schritt 3:	Systematisierende Zusammenfassung der Ergebnisse zu einer allgemeinen Theorie der Grundmerkmale und Erscheinungsformen sexueller Eifersucht (in 5.7), genauer	
	Teilschritt A:	Zusammenfassung des internen Baus (der Bedingungen), der Voraussetzungen, der Folgen und des Kontextes (in 5.7.1),
	Teilschritt B:	Explikation eines systematischen, anthropologischen Konzepts der sexuellen Eifersucht beim Menschen (in 5.7.2) und
	Teilschritt C:	zusammenfassende Differenzierung der wichtigsten Arten sexueller Eifersucht (in 5.7.3).
Schritt 4:	Bestimmung der grundlegenden Merkmale von Prozessen zur Erfüllung des Erforderniskomplexes Eifersuchtsbewältigung (in 6) durch Klärung	
	Teilschritt A:	der allgemeinen Merkmale (in 6.1),
	Teilschritt B:	der Voraussetzungen (in 6.2),
	Teilschritt C:	der Gestalt oder Bedingungen (in 6.3),
	Teilschritt D:	der Folgen (in 6.4) sowie
	Teilschritt E:	des Kontextes von Eifersuchts-Bewältigungsprozessen (in 6.5).
Schritt 5:	Erörterung und Bestimmung der einzelnen Mittel(arten) zur kulturellen Bewältigung sexueller Eifersucht (in 7) durch	
	Teilschritte A bis n:	Herleitung und Unterscheidung von kulturell erlernbaren und durch Ego, Partner und/oder Exopartner realisierbaren Lösungsaktivitäten zur Bewältigung sexueller Eifersucht (in 7.1-7).
Schritt 6:	Systematisierende Zusammenfassung der in den Schritten 4 und 5 gebildeten allgemeinen Theorie der kulturellen Bewältigungsmöglichkeiten sexueller Eifersucht (in 7.8).	
Schritt 7:	Bestimmung und funktionale Bewertung der grundlegenden Probleme bei der Bewältigung sexueller Eifersucht mit kulturellen Mitteln (in 8) durch Erörterung der dabei auftretenden und zu lösenden	
	Teilschritt A:	Realisierbarkeitsprobleme (in 8.1),
	Teilschritt B:	Praktizierbarkeitsprobleme (in 8.2) und
	Teilschritt C:	Tolerierbarkeitsprobleme (in 8.3).

Tabelle 11: Das (themenspezifische) Programm zur Durchführung der Untersuchung

TEIL III: DURCHFÜHRUNG

4 Eifersuchtsprozesse: Grundmerkmale sexueller Eifersucht

In diesem Kapitel beginnt mit einer Dimensionierung, d.h. grundlegenden Klärung der allgemeinen Kennzeichen der Voraussetzungen (in 4.1), der Gestalt (in 4.2), der Folgen (in 4.3), des Kontextes (in 4.4) sowie einer zusammenfassenden Bestimmung der Grundmerkmale der Prozesse sexueller Eifersucht (in 4.5) die Durchführung der Charakterisierung. Hintergrund dieser Dimensionierung ist die durch Eifersuchtsfälle (siehe z.B. in 2.1.3), Eifersuchtskonzepte (siehe z.B. B8, B64, B65 oder B74) und die Kontext- und Rahmentheorien gewonnene Einsicht, daß sexuelle Eifersucht als menschliche Aktion ein mehrdimensionaler Prozeß sein muß (siehe 1.4 und 3.1).

B64) Sexuelle Eifersucht als Prozeß

Bautheorien: «Recognition of the abstracted context of jealousy also leads to a recognition of jealousy as a *process*, progressing from perception through behavior. Jealous behavior itself enters the interpersonal process involving at least Actor and Object and potentially Agent, thereby affecting and interacting with the structures of this interpersonal system. It is convenient to model the process of jealousy as the consequence of a person's sequential transformations of the interpersonal situational context» (Constantine 1976:385). «Romantic jealousy may be defined as a *complex* of thoughts, feelings, and actions which *follow* threats to self-esteem and/or threats to the existence or quality of a relationship, when those threats are perceived to be *generated* by the existence of a real or potential attraction between one's partner and a (perhaps imaginary) rival» (White 1980:222; siehe auch White 1981b). «We conceive of jealousy as referring to the emotions, cognitions, and behavior associated with the appraisal of threat *arising* from the potential, actual, or imagined involvement of one's loved one or mate in a relationship with an interloper. All responses in such a situation are classified as jealousy» (Hupka et al. 1985:425; ohne Verweise). Siehe auch Müller-Luckmann 1985:446. (Alle Hervorhebungen von mir.)

Der zweite Teil dieser Charakterisierung, die Differenzierung der verschiedenen Erscheinungsformen und damit der möglichen Muster sexueller Eifersucht, wird mittels einer Aspektisierung und Facettierung im Form-Fall-Dialog in Kapitel 5 durchgeführt (siehe 3.5+6).

4.1 Voraussetzungen: Die direkten externen Ursachen sexueller Eifersucht

Eine in jüngerer Zeit von einigen Psychologen gerne vertretene Auffassung ist, daß sexuelle Eifersucht eine spezifische Art von (sozialer) Situation sei.

B65) Sexuelle Eifersucht als Situation

Bautheorien: «Thus, jealousy may be viewed as a rather distinct, yet pervasive, type of *social situation* including, but not limited to, sexual types of interaction» (Bringle & Evenbeck

1979:201). Eifersucht sei keine einzelne, eigene Emotion, auch keine Mixtur, kein Aggregat von Emotionen, sondern eine *kompetitive Situation*, in der sich eine Person mit ihrem Rivalen (evtl. auch nur indirekt) messe (Buunk et al. 1984:2). «I propose that the words romantic jealousy refer to a *social situation* in which the individual is embedded, rather than to a particular emotion in the tradition of Descartes or the sequential transformations of the combinationists, such as Jones» (Hupka 1981:313). (Alle Hervorhebungen von mir.)

Diese Auffassung kann innerhalb meiner Kontext- (1.4) und Rahmenontik (3.1) nicht geteilt werden. Zwar muß sexuelle Eifersucht, wie jedes menschliche Ereignis, *in* einer (u.a. auch sozialen) Situation (hier 'Voraussetzungen' genannt, siehe 3.1.1) stattfinden, doch ist es wenig sinnvoll, bereits diese kompetitive Situation als "Eifersucht" aufzufassen, ohne genauer zu überprüfen, ob die Situation überhaupt als unangenehm angesehen oder mißbilligt wird. Etwas anschaulicher illustriert: Es wäre falsch und ist deshalb auch unüblich, bereits die *Situation*, in der ein Autounfall, Geschlechtsverkehr oder Konzert möglich ist oder stattfindet, als 'Autounfall', 'Geschlechtsverkehr' oder 'Konzert' zu bezeichnen. *Fazit*: Sexuelle Eifersucht muß immer und kann nur in spezifischen Situationen (unter bestimmten Voraussetzungen) stattfinden, kann aber nicht identisch mit diesen sein.

Die für sexuelle Eifersucht mitverantwortlichen Voraussetzungen sind aber offensichtlich, wie nicht nur die zitierten Definitionen belegen, von entscheidender Wichtigkeit. Darum lautet die erste Frage in dieser Charakterisierung: Unter welchen Voraussetzungen kann sexuelle Eifersucht überhaupt auftreten?

Es hatte sich in 2.1.3 gezeigt, daß sexuelle Eifersucht in freundschaftlichen oder ehelichen Beziehungen vorkommt, einen Wunsch nach sexueller Treue des Partners impliziert und eine unzureichende oder Nichterfüllung dieses Wunsches durch eine wahrgenommene exosexuelle Beziehung des Partners voraussetzt. Mit diesen drei Merkmalen sind (siehe 3.1.1) auch die drei grundlegenden Voraussetzungen menschlicher Aktionen allgemein abgedeckt: die zwischenmenschliche Beziehung ist die *Situation*, in der ein Wunsch nach Treue wie der Exosex vorkommen können (dazu 4.1.1), der Wunsch nach Treue ist das *Kriterium* oder der Vergleichsmaßstab, mit dem der Exosex als unerwünscht bewertet werden kann (dazu 4.1.2) und die exosexuelle Beziehung ist der *Reiz*, der die zu sexueller Eifersucht führende Wahrnehmung (und Bewertung) ermöglicht (dazu 4.1.3).

4.1.1 Die Eifersuchtsbeziehung

Sexuelle Eifersucht kann nicht in jeder beliebigen Situation menschlicher Existenz auftreten. Die situative Voraussetzung für sexuelle Eifersucht *muß* die Existenz einer zwischenmenschlichen Beziehung sein: Wenn ich keinen Partner habe, kann dieser keine exosexuellen Beziehungen eingehen, können mich diese auch nicht stören, beunruhigen, verletzen. Die Situation, in der sexuelle Eifersucht auftreten kann, muß also eine (eventuell spezifische Art von) zwischenmenschliche(r) Beziehung sein.

Wodurch aber unterscheiden sich eifersuchtsträchtige von anderen, nicht eifersuchtsträchtigen Beziehungen? Ist vielleicht *jede* zwischenmenschliche Beziehung eine Eifersuchtsbeziehung? Nein, denn damit eine betrachtete Ausgangsbeziehung eine *Eifersuchts*beziehung ist, müssen mit ihr (bzw. mit dem Partner) Eifersuchtsmotive (dazu 4.1.2) verknüpft werden. Wenn ich mit meiner Beziehung oder meinem Partner keine Bedürfnisse oder Begehren verbinde, die durch Exosex des Partners bedroht werden können, dann können mich die exosexuellen Beziehungen dieses Partners auch nicht bedrohen oder verletzen. Eine *Eifersuchtsbeziehung* muß und kann daher nur eine Beziehung zwischen mindestens zwei Personen sein, in der solche Motive mit der Beziehung bzw. dem Partner verbunden sind, die durch eine exosexuelle Beziehung des Partners in ihrer Erfüllung gefährdet werden können (siehe ausführlicher 5.1).

4.1.2 Die Eifersuchtsmotive

Wenn es mich in einer beliebigen Ausgangsbeziehung nicht weiter tangiert, daß meine Partnerin oder mein Partner eine oder mehrere exosexuelle Beziehungen unterhält, wenn dadurch keine meiner Interessen, Ziele, Wünsche usw. gefährdet sind, dann kann ich auch nicht (sexuell) eifersüchtig werden. Eine zweite Voraussetzung für das Auftretenkönnen *sexueller* Eifersucht müssen deshalb Erfordernisse sein, deren Erfüllung oder Befriedigung durch eine (wie auch immer geartete) exosexuelle Beziehung eines Partners gefährdbar oder verhinderbar ist und die deshalb zum Verlangen sexueller Treue führen.

Bei sexueller Eifersucht geht es offensichtlich um den eigenen Wunsch nach Treue, geht es darum, selbst nicht betrogen zu werden. Es geht also um egobezogene Erfordernisse, d.h. um Motive.

Motive[21]. Es gibt mehr bis weniger bewußte Normen (Soll-"Vorschriften") unterschiedlichster Art, die ego-bezogen sind. Alle diese und nur diese =df. *Motive* (Normen, die nur für andere gelten sollen, sind deshalb keine Motive in diesem Sinne!). Motive können (wiederum mehr bis weniger bewußte) tatsächliche Erfüllungsversuche (*Motivationen*) anregen. Motive und Motivationen, die formal Erfordernisse sind und deshalb zu ihrer Befriedigung oder Erfüllung Funktionen implizieren (siehe 1.4.1), sind die zentralen Grundlagen jeden psychischen (wie psychosomatischen und somatischen) Geschehens und treten zwischen zwei Polen auf (siehe Bruck 1985b:90): auf der einen Seite solche, die eher somatisch bezogen, angeboren, neuronal und/oder hormonal gesteuert sowie relativ(!) invariabel sind (=df. *Bedürfnisse*) und auf der anderen Seite solche, die eher psychisch bezogen, erlernt/erworben und relativ(!) variabel sind (=df. *Begehren*; hierzu zählen z.B. alle egobezogenen gewohnheitsmäßigen, zwanghaften oder moralischen Kulturnormen). Motive, für die beides gilt =df. *Bedarfe*. Motive sind für verschiedene Aufgaben (grundlegende, wie Überleben, Durstlöschen oder Wärme, und weniger grundlegende, wie exosexuelle Beziehungen eingehen oder sexuelle Eifersucht bewältigen) von unterschiedlicher Wichtigkeit, d.h. es gibt eine aufgabenbezogen relative Vor- bzw. Nachrangigkeit. Menschen haben und verfolgen oft mehrere Motive unterschiedlichster Art, die miteinander konkurrieren bis unvereinbar sein können. Sie werden auch nicht alle für gleichermaßen wichtig erachtet, und es werden ihnen (auch situativ variierend) *Werte* (z.B. Prioritäten) zugeordnet.

Das Eifersuchts-Grundmotiv Egoismus. Die hier angeführten Fallbeispiele wie die empirische Direkterfahrung zeigen sehr deutlich, daß es Ego nicht (so sehr) um den Partner geht, wenn es exosexuelle Beziehungen seines Partners mißbilligt und eifersüchtig reagiert, sondern vor allem oder sogar ausschließlich um

---

21 Als Anreger für diese Rahmentheorie der Motive siehe die in Anm. 14 genannten Werke.

eigene Interessen, um die eigene Person. Sexuelle Eifersucht ist ein egoistisches Ereignis, kein altruistischer Akt.

B66) Sexuelle Eifersucht als Spezifizierung egoistischer Grundmotive
Wirkungstheorien: «While women's views on adultery may typically differ from men's views, I would expect women's feelings to be no less self-interested than men's. These statements suggest that the most fundamental, most universal double standard is not male versus female but each individual human versus everyone else. In a proximate sense, using male adultery as an example, this double standard results from such banal facts as that one's own orgasms feel substantially better to oneself than anyone else's orgasms do, and imagining one's wife copulating with another man is substantially more painful and threatening than imagining someone else's wife committing adultery (if the imagined accessory is oneself, the image may be pleasant rather than painful). In an ultimate sense, this double standard results from the fact that, among sexually reproducing organisms, every conspecific is to a greater or lesser extent one's reproductive competitor» (Symons 1979:229). Eifersucht sei ein Maß für Egos extremen Egoismus (Mead 1977/31:116). «... our jealousy roots in selfishness» (Lloyd 1929:233). Ein Rivale müsse sich bei uns dem Vorwurf aussetzen, am Unglück seines Ausgangs- oder Dauerpartners Schuld zu sein. Um diese Bewertung vertreten zu können, sei ein ziemlicher Egoismus, eine ziemliche Rücksichtslosigkeit erforderlich (Baumgart 1985a:50). Siehe auch Borneman 1987:340.

"Hinter", "vor" oder "unter" den verschiedenen Eifersuchtsmotiven muß deshalb das *Grundmotiv Egoismus* stehen, welches aus zwei zentralen Untermotiven besteht (Anreger: Hupka 1981:339, Clanton & Smith 1977c:214f.):

- Erstens dem Vermeiden von (direktem oder indirektem) Schmerz und von Bedrohungssituationen für die eigene Person und
- zweitens dem Erfüllen der eigenen Motive vor allen anderen (also auch denen der engsten Partner und/oder Angehörigen).

Diese grundlegenden und sicher auch biotisch bedingten (siehe 4.4.1) egoistischen Motive sind der Hintergrund oder die Basis aller Eifersuchtsmotive.

Eifersuchtsmotive. Menschen haben zahlreiche und verschiedenartigste Motive (nicht nur egoistische). Worin unterscheiden sich nun solche, die Eifersuchtsmotive sind oder sein können, von anderen, Nichteifersuchtsmotiven? Und sexuelle Eifersuchtsmotive von nichtsexuellen?

Das entscheidende Differenzierungskriterium zwischen sexuellen Eifersuchts- und anderen Motiven muß die *Gefährdbarkeit* oder *Bedrohbarkeit ihrer Erfüllung* durch eine *exosexuelle Beziehung* eines Partners sein. Motive, deren Befriedigung durch Exosex nicht in irgendeiner Weise gefährdet werden können, können keine sexuellen Eifersuchtsmotive sein.

1) Der subjektive Aspekt. Die Kriterien für die Bedrohlichkeit einer exosexuellen Beziehung müssen dabei aber nicht unbedingt von allen Beteiligten (oder auch Unbeteiligten) in gleicher Weise festgelegt werden (siehe auch 6.4).

B67) Die Relativität der Bedrohungen und ihrer Einschätzung
Wirkungstheorie: Während Partner z.B. einen Flirt auf einer Party als völlig harmlos einschätzen würde, weil er weiß, daß er diesen zeitlich begrenzt, kann sich Ego auch durch einen solchen "kontrollierten" Flirt (ein *Flirtspiel*, siehe Blothner 1986) bereits bedroht fühlen.

Entscheidend ist hier also allein die *subjektive* Perspektive des die jeweiligen Motive vertretenden Ego. Dieser subjektive Aspekt bezieht sich an dieser Stelle des Eifersuchtsprozesses übrigens nur auf die grundsätzlich festgelegten oder ad hoc entschiedenen Kriterien, wann Exosex als wie bedrohlich zu gelten hat. Es geht deshalb nur um die Norm, nicht um die Überprüfung im konkreten Fall (siehe dazu 4.2.2).

2) Der Qualitäts- und Quantitätsaspekt. Bei der Bedrohlichkeit für Egos Motive kann es auch nicht immer nur um die beiden Pole oder Extreme Motiverfüllung bzw. Motivnichterfüllung gehen.

B68) Qualitäts- bzw. Quantitätsaspekte der Motiverfüllung
Wirkungstheorie: Gelegentliche Besuche bei Prostitutierten oder Exosexbeziehungen im Urlaub können aufgrund ihrer zeitlichen und Intensitätsbegrenzung die *Qualität* und/oder *Quantität* der Eifersuchtsbeziehung (und damit Egos Motiverfüllung) nicht so stark verändern, wie eine in allen Hinsichten intensive Dauerbeziehung mit einem "Geliebten".

Die Berücksichtigung eines Spielraums der Erfüllungs*qualität* (zwischen *pessimal* und *optimal*) ist also unverzichtbar, weil sexuelle Eifersucht auch dann auftritt bzw. auftreten kann, wenn Ego befürchtet oder erkennt, daß ein Interesse oder Wunsch aufgrund des Exosex eines Partners nur suboptimal oder sogar pessimal erfüllt wird oder werden kann. Entsprechendes gilt für die Erfüllungs*quantität*, die sich zwischen den Polen *Maximum* und *Minimum* bewegen muß.

3) Der Möglichkeitsaspekt. Schließlich ist noch einzuschränken, daß die (subjektiv erkannte) Erfüllungsgefährdung nicht bereits realisiert sein muß, sondern auch nur möglich sein kann.

B69) Antizipierende sexuelle Eifersucht
Wirkungstheorie: Ego muß nicht erst eifersüchtig werden, wenn es von Partner verlassen worden ist (weil dann das Motiv Beziehungserhalt verletzt worden ist). Es kann bereits eifersüchtig werden, wenn es eine solche Motiverfüllung auch nur befürchten muß.

Auch die unterstellte oder erkannte *Gefahr* einer Nicht- oder Suboptimalerfüllung der relevanten Motive kann also bereits zu sexueller Eifersucht führen (siehe auch 5.4.2).

Zwischenergebnis. Zusammenfassend ist deshalb zu präzisieren: Damit (egobezogene) Bedürfnisse und/oder Begehren *Eifersuchtsmotive* genannt werden können, müssen sie

- durch eine physische oder psychische exosexuelle Beziehung eines Partners
- wenigstens aus der subjektiven Sicht Egos
- in mindestens der Qualität oder der Quantität ihrer Erfüllung
- gefährdbar, gefährdet oder verhindert sein.

Dies ist das *einzige* Kriterium. Von welcher Art die Motive sind, auf welche Bereiche oder Eigenschaften sie sich beziehen, muß irrelevant sein (siehe ausführlicher 5.2).

4.1.3 Die Eifersuchtsreize

Das Bestehen einer Eifersuchtsbeziehung (als hier betrachteter Ausgangsbeziehung), mit der Eifersuchtsmotive verknüpft werden, ist allein zwar eine notwendige, aber noch keine hinreichenden Bedingungen für das Auftreten sexueller Eifersucht. Erforderlich sind weiterhin entsprechende Auslöser (hier =df. *Eifersuchtsauslöser*): erstens ein Reiz, der in einer Eifersuchtsbeziehung sexuelle Eifersucht auslösen kann, weil die entsprechenden Motive vorhanden sind (=df. ein *Eifersuchtsreiz*), und zweitens die Wahrnehmung dieses Reizes als Eifersuchtsreiz (=df. eine *Eifersuchtswahrnehmung*; dazu 4.2.1).

Qua definitionem kann *sexuelle* Eifersucht nur durch eine *exosexuelle Beziehung* eines der in der Eifersuchtsbeziehung beteiligten Partner ausgelöst werden (siehe 2.1.3). Wird eine Erfüllung von (mit sexuellen Eifersuchtsmotiven formgleichen) Motiven durch *andere* Faktoren als durch realisierte oder vermutete exosexuelle Beziehungen be- oder verhindert, dann haben wir es nicht mit *sexueller* Eifersucht zu tun, sondern entweder mit einer anderen (nichtsexuellen) Art von Eifersucht oder mit einem ganz anderen Ereignis (siehe auch 5.1.4). Dies gilt gleichermaßen für Aktivitäten, die zwar formal identisch mit Eifersuchtsreaktionen sind, aber nicht durch exosexuelle Beziehungen eines Partners ausgelöst worden sind (siehe 5.3.1). Dabei muß der Exosex nicht unbedingt immer das Einzige und Erste sein, was Ego an den Aktivitäten des Partners mißfällt. Der Exosex muß aber wenigstens *beteiligt* sein oder zum (Mit-)Auslöser gemacht werden.

B70) Sexualität als Aspekt in sexueller Eifersucht
Bautheorie: «A suspicion of sexual infidelity is the outstanding feature in cases of jealousy, and it is surprising how frequently jealousy about diversion of interest *is translated into* a question of sexual infidelity» (Hoaken 1976:47; Hervorhebung von mir).

Eine exosexuelle Beziehung kann zum Eifersuchtsreiz allerdings erst und nur dann werden, wenn sie als solcher *wahrgenommen* (dazu 4.2.1) und *bewertet* (dazu 4.2.2) wird - ansonsten ist sie ein für sexuelle Eifersucht irrelevantes Ereignis (siehe ausführlicher 5.3).

4.1.4 Zwischenergebnis: Eifersuchtsvoraussetzungen

Damit sexuelle Eifersucht auftreten kann, müssen als Voraussetzung eine *Eifersuchtsbeziehung* (also eine mit Eifersuchtsmotiven verknüpfte und mindestens zweistellige zwischenmenschliche Beziehung), *Eifersuchtsmotive* (solche egobezogenen Bedürfnisse oder Begehren, die durch eine physische oder psychische exosexuelle Beziehung eines Partners wenigstens aus der subjektiven Sicht Egos in mindestens der Qualität oder der Quantität ihrer Erfüllung gefährdbar, gefährdet oder verhindert sind) sowie *Eifersuchtsreize* (exosexuelle Beziehungen eines Partners in der Eifersuchtsbeziehung mit einem Exopartner) vorhanden sein.

4.2 Gestalt: Die Bedingungen sexueller Eifersucht

Ein Eifersuchtsreiz allein kann, auch wenn er in einer Eifersuchtsbeziehung auftritt und Eifersuchtsmotive vorhanden sind, nicht eifersuchtsauslösend sein (siehe 3.1.1). Erst und nur im Zusammenhang mit seiner Wahrnehmung (dazu 4.2.1) und vor allem Bewertung (dazu 4.2.2) kann er zu Eifersuchtsreaktionen (dazu 4.2.3) führen.

4.2.1 Die Eifersuchtswahrnehmung

Die erste Bedingung für sexuelle Eifersucht muß die Wahrnehmung (Sensation und/oder Perzeption) einer exosexuellen Beziehung als Reiz sein. Das Ergebnis einer solchen *Eifersuchtswahrnehmung* sind Sensationen und Perzeptionen von Eifersuchtsreizen, die als solche, also unabhängig von späteren oder weiteren Interpretationen, mehr bis weniger zutreffend sind. Entscheidend für die psychische

Weiterverarbeitung (also die Eifersuchtsabwägung; dazu 4.2.2) sind *allein* diese Wahrnehmungsergebnisse, nicht das, was wirklich passiert (das tatsächliche Ereignis). Deshalb kann (siehe z.B. B4 bis B6) auch eine zu befürchtende, nur versuchte oder sogar eine nur eingebildete (ohne realisierten Exosex wahrgenommene) exosexuelle Beziehung eines Partners eine real wirksame (also sexuelle Eifersucht auslösende) Eifersuchtswahrnehmung sein (siehe ausführlicher 5.3.1).

4.2.2 Die Eifersuchtsabwägungen

Selbst das Vorhandensein der Realität angemessener Eifersuchtswahrnehmungen reicht noch nicht aus, um zu sexueller Eifersucht zu führen: Als zweite Bedingung sexueller Eifersucht ist (siehe 3.1.1) der wahrgenommene (nicht der reale!) Reiz mit den aktuellen Eifersuchtsmotiv(ation)en zu vergleichen und als "eifersuchtsauslösend" oder "nicht eifersuchtsauslösend" zu bewerten, und wenn das Ergebnis "Eifersucht ja!" ist, dann sind die erforderlichen Reaktionen (d.h. die weiteren Aktivitäten) zu entscheiden und in die Wege zu leiten. Es müssen also verschiedene (unter Umständen völlig unbewußte und unbekannte sowie sehr kurze) vergleichende Abwägungen (=df. *Eifersuchtsabwägungen*) stattfinden. Diese Eifersuchtsabwägungen müssen (und können nur) solche kognitiven Aktivitäten sein, in bzw. mit denen entschieden wird, *ob* (=df. *Eifersuchtsentscheidung*) und *wie* (=df. *Reaktionsentscheidung*) in einer bzw. auf eine Eifersuchtssituation eifersüchtig reagiert werden soll oder nicht (Anreger: Hupka 1981:321, Walster & Walster 1977:99).

Die Abwägungsaktivitäten. Um zu einer abbruch- oder reaktionswirksamen Eifersuchtsentscheidung und zu einer Reaktionsentscheidung kommen zu können, müssen immer, also auch, wenn die Abwägungen unbewußt, unbekannt und/oder in irgendeiner Komponente irrational sind,

- Eifersuchtsmotive festgelegt sein (bzw. gegebenenfalls werden) und aktualisiert werden,
- Kriterien für "Bedrohlichkeit" festgelegt sein (bzw. gegebenenfalls werden) und aktualisiert werden,
- eine Eifersuchtsentscheidung getroffen werden und,
- innerhalb der verfügbaren Reaktionsalternativen, die Reaktionen festgelegt werden.

Dazu ist jeweils die Ausführung von drei Elementaraktivitäten erforderlich. Diese zentralen Grundoperationen, die in allen Abwägungen und unabhängig von ihren Ergebnissen ausgeführt werden, sind das *Vergleichen*, z.B. zwischen den Reizwahrnehmungen und den Eifersuchtsmotiven oder zwischen den möglichen bzw. bereits praktizierten Reaktionen und ihren Effekten, das *Bewerten* oder Einschätzen, z.B. der Bedrohlichkeit, der Reaktionsalternativen oder der (bisherigen oder potentiellen) Reaktionsfolgen und das *Entscheiden*, z.B. der Reaktionsaktivitäten, der Reaktionsintensitäten, der Reaktionsrichtungen oder der Reaktionsziele (siehe ausführlicher 5.4).

1) Aktualisieren der Eifersuchtsmotive. Damit ein wahrgenommener Reiz auch als *Eifersuchts*reiz bewertet werden kann, müssen in der Psyche Egos *Eifersuchts*motive vorhanden sein oder geschaffen sowie ausgewählt und zur Wirkung gebracht (aktualisiert) werden. Denn (siehe 4.1.2) nur solche Bedürfnisse und/

oder Begehren sind in psychischen Prozessen relevant, die im jeweiligen Moment tatsächlich zu erfüllen versucht werden, d.h. nur die Motivationen (im Falle sexueller Eifersucht =df. die *Eifersuchtsmotivationen*), nicht die Motive (von denen zu jedem beliebigen Zeitpunkt ja immer unerfüllbar viele in der Psyche vorhanden sind). Nun können sich nicht nur die Eifersuchtsmotive innerhalb eines Lebens mit den verschiedenen Umständen ändern. Auch welche der jeweils mehr bis weniger deutlich vorhandenen Eifersuchtsmotive in einer Eifersuchtsabwägung verfügbar sind und/oder aktualisiert werden, kann deshalb von Situation zu Situation variieren (siehe z.B. B135). Damit kann sich dann aber auch das Abwägungsresultat für identische Reizarten von Fall zu Fall verändern.

2) Festlegen der Bedrohlichkeitskriterien. Variabel ist auch die Einschätzung der Bedrohlichkeit (siehe 4.1.2) potentiell eifersuchtsträchtiger Ereignisse für die Motiverfüllungen: Was in einer bestimmten Situation als "sehr bedrohlich" erscheint, kann (selbst bei gleichen Motiven und Motivationen!) in einem anderen Kontext viel weniger oder überhaupt nicht als "bedrohlich" eingeschätzt werden.

B71) Die Kontextabhängigkeit von Bedrohlichkeiten
Wirkungstheorie: So macht es einen Unterschied, ob eine Exobeziehung erst eingegangen wird, wenn die Partnerschaft sowieso schon problematisch oder gar kaputt ist, oder ob die Eifersuchtsbeziehung bei Beginn der Außenbeziehung noch in Ordnung war (Anreger: Baumgart 1985a:51). Siehe auch B135.

Deshalb muß zu jeder Eifersuchtsabwägung eine Auswahl (und dafür unter Umständen auch Festlegung) und eine Aktualisierung der jeweils gültigen Bedrohlichkeitskriterien gehören.

3) Entscheiden der Eifersucht. Auf der Basis der bisherigen Entscheidungen ist dann zu entscheiden, ob das wahrgenommene Ereignis eine *Bedrohung* für die (Qualität und/oder Quantität der) Erfüllung eines oder mehrerer der vom Abwägenden (Ego) vertretenen oder verfolgten Eifersuchtsmotivationen ist oder nicht, denn nur dann handelt es sich um einen Eifersuchtsreiz.

B72) Nichtbedrohliche (eifersuchtsirrelevante) Aspekte von Exosex
Wirkungstheorie: Eine exosexuelle Beziehung kann ja auch Erfordernisse von Ego befriedigen (*Fall Ralik-Ratak, Ozeanien*): «Da Ehebruch die Scheidung (mit der Aussicht auf eine neue Heirat) oder Vergeltung mit dem Gleichen zur Folge hat, nehmen ihn viele Leute nicht sehr schwer» (Krämer & Nevermann 1938:185). Siehe auch B165.

Außerdem ist zu entscheiden, ob diese Bedrohung im Vergleich zu andern Bedrohungen, aber auch im Vergleich zu im Zusammenhang mit exosexuellen Beziehungen möglichen Gratifikationen (siehe 7.4.4), ausreichend wichtig ist. Die Einzelbedrohung durch Exosex ist also einzuordnen in das Gesamtsystem aller aktuellen Motivationen, Erfüllungen und Nichterfüllungen, d.h. nicht nur die Bedrohung ist zu bewerten, sondern auch deren (relative) *Wichtigkeit*. Das *Resultat* einer solchen Eifersuchtsentscheidung kann dann nur entweder

- "Meine Eifersuchtsmotive sind in der Qualität und/oder Quantität ihrer Erfüllung nicht bedroht!" oder "Die Nicht- oder ungenügende Teilerfüllung meiner Eifersuchtsmotive ist vergleichsweise nicht so schlimm, muß nicht weiter beachtet werden!" und damit "*Eifersucht nein!*" oder
- "Meine Eifersuchtsmotive sind in der Qualität bzw. Quantität ihrer Erfüllung bedroht!" und damit "*Eifersucht ja!*"

lauten. Weil es jedoch auch um die Qualität bzw. Quantität der Bedrohung für die Erfüllung der Eifersuchtsmotive geht, sind beim Ergebnis "sexuelle Eifersucht ja!" verschiedene graduelle Abstufungen ("ja, aber ...") möglich und verbreitet.

Bei einer solchen Eifersuchtsentscheidung kommt es im Eifersuchtsprozeß (im Gegensatz zum Bewältigungsprozeß; siehe 6.4) dabei ausschließlich auf den *subjektiven* Eindruck und die *subjektive* Bewertung von Ego (und/oder den anderen abwägenden Instanzen) an, und nicht darauf, ob der wahrgenommene Reiz auch wirklich die Erfüllung eines der Eifersuchtsmotive gefährden oder verhindern kann. Selbst wenn das auslösende Ereignis von (allen) anderen als harmlos und für die Motiverfüllung als (völlig) ungefährlich angesehen wird oder werden muß, kann Ego zu dem Ergebnis "gefährlich" und "wichtig" und damit "Eifersucht ja!" kommen.

4) Entscheiden der Reaktionen. Ist das Ergebnis einer Eifersuchtsentscheidung "Eifersucht ja!", dann muß (und erst dann kann) entschieden werden, *ob überhaupt* reagiert werden soll, und, wenn ja,

- ob die Reaktionen *ausgedrückt* oder *empfunden* werden sollen (dazu 5.5.4),
- *wer* reagieren soll (dazu 5.5.1),
- was für Reaktions*ziele* verfolgt und erreicht werden sollen (dazu 5.5.2),
- welche Reaktions*aktivitäten* (dazu 5.5.3+4) mit
- welcher *Intensität* (dazu 5.5.4) und in
- welche *Richtung* (dazu 5.5.4) ausgeführt werden sollen.

Es ist also festzulegen, wer wann, wie, wo und wozu reagieren soll, d.h. die Strategie der Motiverfüllung. Wie bereits verschiedentlich im Bericht deutlich geworden und aus der Alltagserfahrung bekannt, gibt es bei sexueller Eifersucht ein riesiges Spektrum an Reaktionsmöglichkeiten (siehe ausführlicher in 5.5).

4.2.3 Die Eifersuchtsreaktionen

Erst mit dem Erfülltsein der zwei Bedingungen Eifersuchtswahrnehmung (siehe 4.2.1) und Eifersuchtsabwägung (siehe 4.2.2) und auch nur, wenn die Abwägungsergebnisse "Eifersucht ja!" und "Reaktionen ja!" lauten, kann es zu den im Zusammenhang mit sexueller Eifersucht vorkommenden und häufig (aber zu eng) als die "eigentliche" Eifersucht angesehenen Kognitionen, Empfindungen und/oder Verhalten (=df. den *Eifersuchtsreaktionen*) kommen, die dann auch außengerichtet und/oder emotionalisiert sein können.

Eifersuchtsreaktionen sind allein dadurch gekennzeichnet und daran erkennbar, daß sie Reaktionen auf die Wahrnehmung (mindestens) eines als Eifersuchtsreiz bewerteten Ereignisses sind. Es gibt keine anderen eindeutigen und zuverlässigen Kennzeichen.

B73) Die Nichterkennbarkeit sexueller Eifersucht an den Reaktionsaktivitäten selbst
Ergebnisse globaler Kulturenvergleiche: «The range of jealousy behavior is as varied as the cultures of the earth. It can span from doing nothing at the moment to inflicting severe physical abuse or death» (Hupka 1981:342). Deshalb: «There is neither a reliable nor a unique expression of jealousy ...» (Bringle & Williams 1979:266). Siehe auch B143 bis B153.

Insbesondere gibt es keine (einzelnen) Kognitionen, Empfindungen und/oder Verhalten, die *nur* bei sexueller Eifersucht vorkommen und deshalb als charakterisierend für sexuelle Eifersucht angesehen werden könnten (siehe ausführlicher 5.5).

Mit den Reaktionen ist eine einzelne Eifersuchtsaktion (im systematischen Sinne) beendet. Jede weitere Eifersuchtsreaktion (beispielsweise bei Fortdauer der exosexuellen Beziehung trotz der sexuellen Eifersucht) ist strenggenommen als neue Eifersuchtsaktion zu behandeln, obwohl es in solchen Fällen vielfach sinnvoller sein kann, mehrere verknüpfte Eifersuchtsaktionen als differenzierten Eifersuchtsprozeß (mit Rück- und Wechselfolgen) zu verstehen und zu behandeln (siehe auch 4.5).

4.2.4 Zwischenergebnis: Sexuelle Eifersucht

Zu den häufigsten Bestimmungen des ontischen Status sexueller Eifersucht gehört die Feststellung, daß sexuelle Eifersucht eine (offensichtlich beliebige) Reaktion von Personen auf exosexuelle Beziehungen eines Partners sei.

> *B74) Sexuelle Eifersucht als Reaktion*
> *Bautheorien*: «Jealousy may, therefore, be narrowly defined as the momentary *reaction* to the loss (real or threatened) of a desired person to a rival» (Pao 1982:128). «Jealousy is a *reaction* to a real or imaged loss or diminuation of affection or sexual interest from a marital or sexual partner» (Bernardez-Bonesatti 1975:67). «Jealousy is a protective *reaction* to a perceived threat to a valued relationship, or to one's happiness or self-esteem in connection with a valued relationship» (Clanton 1981:260). (Alle Hervorhebungen von mir.)

Nur wenn ein 'auch' eingefügt wird, trifft diese Diagnose bei Verwendung eines engen Reaktionsbegriffes zu: sexuelle Eifersucht ist *auch* eine Reaktion. Aufgrund der Bedingtheit menschlicher Aktionen (siehe 3.1.1) ist es jedoch angemessener, mit 'sexuelle Eifersucht' zusammenfassend die Eifersuchtswahrnehmungen und die Eifersuchtsabwägungen und die Eifersuchtsreaktionen zu bezeichnen.

Genauer: Eine beliebige Person soll dann *sexuell eifersüchtig* genannt werden, wenn sie

1) in einer zwischenmenschlichen Beziehung mit mindestens einer anderen Person steht,
2) mit dieser Beziehung (bzw. dem Partner) Motive (Bedürfnisse und/oder Begehren) verbindet, deren Erfüllung, Erfüllungsqualität oder -quantität durch exosexuelle Beziehung dieses Partners (oder dieser Partner) tatsächlich oder vermeintlich gefährdbar oder verhinderbar ist,
3) (ob zutreffend oder nicht) eine drohende oder realisierte exosexuelle Beziehung des Partners wahrnimmt und
4) diese wahrgenommene (vermeintliche oder tatsächliche) Exosexbeziehung subjektiv als in irgendeiner Form bedrohlich für die Erfüllung, Erfüllungsqualität oder -quantität von wenigstens einem der in 2) genannten Motive bewertet.

Das Ausführen weiterer Aktivitäten über diese Bewertung hinaus (als Eifersuchtsreaktion) ist also *keine* zwingende Voraussetzung, um eine Person als 'sexuell eifersüchtig' bezeichnen zu können. Soll allerdings eine Person als *sexuell eifersüchtig agierend* oder *reagierend* bezeichnet werden, dann kommt als weitere Bedingung hinzu, daß diese Person

5) in Reaktion auf die Eifersuchtsentscheidung auch Reaktionsentscheidungen getroffen hat und entsprechend weitere Aktivitäten ausführt.

Umgekehrt ist eine Person dann und ausschließlich dann als *nicht sexuell eifersüchtig* zu bezeichnen, wenn sie in der Ausgangslage 1) und 3)

- mit der Ausgangsbeziehung (bzw. dem Partner) *keine* sexuellen Eifersuchtsmotive verbindet *oder*,
- wenn sie doch sexuelle Eifersuchtsmotive hat, also auch Bedingung 2) erfüllt,

eine wahrgenommene exosexuelle Beziehung eines Partners *nicht* als in irgendeiner Form bedrohlich für die Erfüllung, Erfüllungsqualität oder -quantität von wenigstens einem dieser Eifersuchtsmotive bewertet.

(Siehe als Bestätigung dieses Ergebnisses auch das Ergebnis der Untersuchung der Ausprägungsmöglichkeiten sexueller Eifersucht in 5.7.2 sowie 6.4+6.)

4.3 Folgen: Die Wirkungen und Effekte sexueller Eifersucht

Eifersuchtsreaktionen, die ja vielfach aus sehr wirksamen Aktivitäten bestehen (siehe 5.5), haben Folgen - nicht nur, wenn sie auf andere Personen bezogen sind, auch wenn Ego sie gegen sich selbst richtet.

B75) Folgen von Eifersuchtsreaktionen
Empirische Direkterfahrung: Eifersuchtsreaktionen können mehr bis weniger schwerwiegende Veränderungen der Ausgangs- und/oder Exobeziehung, eine Beendigung der Ausgangs- (siehe Islamov 1987) und/oder der Exobeziehung, den Tod oder eine mehr bis weniger schwere körperliche und/oder psychische Verletzung von Ego, Partner, Rivale und/oder anderen Personen (siehe Hilberman & Munson 1978) zur Folge haben. Siehe genauer B154 bis B165.

Wie die Eifersuchtsreaktionen lassen sich auch solche *Eifersuchtsfolgen* ausschließlich durch ihre spezifische Bewirkung von anderen Folgen oder Folgearten unterscheiden: *Eifersuchts*folgen können genau und nur solche Wirkungen und Effekte sein, die unmittelbar oder mittelbar auf *Eifersuchts*reaktionen zurückzuführen sind. Andere Abgrenzungs- oder Unterscheidungsmerkmale gibt es nicht. Insbesondere die Ausprägungen oder Bewertungen der Reaktionsfolgen sind keine Kriterien für eine systematische Zuordnung als Eifersuchtsfolgen.

4.4 Kontext: Die indirekten externen Ursachen sexueller Eifersucht

Auch sexuelle Eifersucht ist (als System menschlicher Aktivitäten) wie alles menschliches Tun (siehe 3.1.1) insgesamt und in allen seinen Aspekten eingebunden in das vielfältige und durch konstante wie variable Elemente gekennzeichnete Netz der *kulturellen*, *biotischen*, *ökotischen* und *sonstigen* Ursachen und Erfordernisse menschlicher Existenz (siehe Abb. 9, S. 117).

Besonders wirksam müssen neben biotischen Vorgaben (dazu 4.4.1) die kulturellen Kenntnisse, Normen und Sanktionen sein, die Sexualität und personale Beziehungen und die mit ihnen verknüpften Motive betreffen (dazu 4.4.2).

4.4.1 Biotische Ursachen

Sexuelle Eifersucht dürfte, nicht nur weil Eifersuchtsmotive eine Spezialisierung des menschlichen Grundmotivs Egoismus sein müssen (siehe 4.1.2), auch durch biotische Faktoren (genetische in der Phylogenese und neuronale sowie hormonale in der Ontogenese) bewirkt sein.

B76) Phylogenetische Ursachen sexueller Eifersucht
Wirkungstheorien. Ergebnis Speziesvergleich: Ein Vergleich mit nichtmenschlichen Primaten zeigt: «Although there are no incest regulations in the formal sense among subhuman primates, there is evidence that among those animal species in which regular mateships are formed, sexual jealousies are aroused if the dominant male observes another individual attempting to co-

pulate with any of the females in his group» (Ford & Beach 1951:130). *Ergebnisse Spezies- und Kulturenvergleiche*: «In summary, the experience of sexual jealousy of a co-spouse seems to be a facultative adaptation in the human female but more of an obligate adaptation in the human male» (Symons 1979:226; siehe dort Kap. 7). «The probable ultimate explanation for this sex difference is that it has always been adaptive for men to be sexually jealous of their wives, while in some polygynous marriages it has not been adaptive for women to be sexually jealous of their husbands; furthermore, husbands' extramarital adventures have not *necessarily* constituted threats to their wives' reproductive success, hence females are adapted to learn to discriminate threatening from non-threatening adultery» (ebenda :312). Weil sexuelle Eifersucht die Sicherheit der eigenen Vaterschaft verteidige, sei sie nicht nur ein ubiquitäres Merkmal der männlichen Psyche: «Male jealousy cannot be understood as an arbitrary product of a specific social history. It is instead a predictable product of evolution» (Daly et al. 1982:24). Siehe auch Beach 1976 sowie B66 und B89.

B77) Organische Ursachen sexueller Eifersucht

Wirkungstheorie (Ergebnisse empirischer Untersuchungen): Für eine biotische Mitverursachung sexueller Eifersucht sprechen auch die organischen Ursachen bestimmter "morbider", "pathologischer" oder "wahnhafter" Formen. Zu solcher Eifersucht kann es u.a. bei Schizophrenie, seniler oder präseniler Dementia, Huntingtons Chorea, tertiärer CNS-Syphilis, cerebraler Arteriosklerose oder bei Drogenmißbrauch (siehe auch B243 und B257) kommen (Docherty & Ellis 1978:124-29; siehe auch Gonzalez & Arrillaga 1984, Kozlova 1984 und 1985, Llopis 1962, Mitsuyama 1985 oder Shrestha et al. 1985).

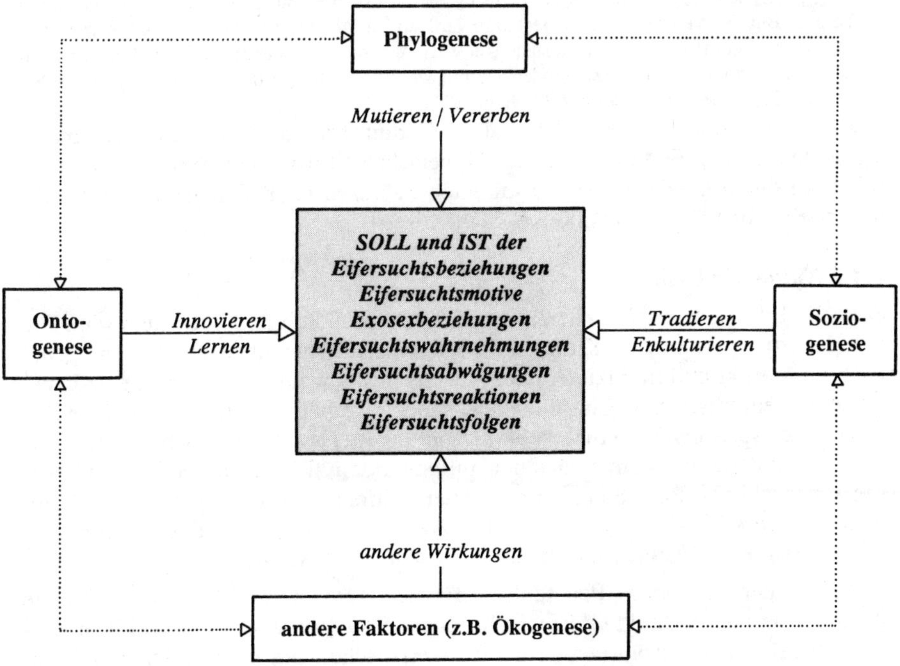

Abb. 9: Der allgemeine Kontext sexueller Eifersucht

Allerdings ist die biotische Mitverursachung sexueller Eifersucht teilweise nur auf einer relativ allgemeinen anthropologischen bzw. biologischen Theorieebene zu postulieren und begründbar. Genauere Ablauf- und Zusammenhangskenntnisse, insbesondere der Phylogenese, müssen fehlen.

B78) Grenzen des Wissens über die biotischen Ursachen sexueller Eifersucht
Epistemische Theorie, Wirkungstheorie: «... the evidence for its [der sexuellen Eifersucht] widespread existence comes from ethnography, not evolutionary biology, and it would be inaccurate to infer that a furious, cuckolded husband only imagines himself to be angry at his wife's sexual peccadilloes when, in some more profund sense, what he is 'really' doing is promoting the survival of his genes. In fact, the opposite would be more accurate: sexual jealousy is real; this jealousy may or may not affect reproductive success; and how selection operated in times past is still more conjectural» (Symons 1979:306f.). Siehe auch meine Differenzierung der Eifersuchtsmotive in 5.3.

Trotzdem kann und muß sexuelle Eifersucht (als - vereinfacht - egoistischer Wunsch nach Treue, wie ja auch die egoistische Lust auf Exosex) zu den zumindest *auch* biotischen, also den *biokulturellen* Phänomenen gerechnet werden, weil mindestens einige der Eifersuchtsmotive (siehe 5.1) auch Bedürfnisse bzw. Bedarfe sind (siehe Bösel 1981).

B79) Das Biotische als Möglichkeitsrahmen für Kultur
Wirkungstheorie: «Culture is the basic human adaptation and as such it is patterned by the basic biological predispositions of man as an evolved species, albeit not determined by them. Thus, for instance, we can find curious and exotic variability of courtship patterns from reading poetry and buying flowers to delousing the hair of the young lady or patting her on the behind. But courtship is always directed toward sexual intercourse and no culture is known to me wherein courtship aims, for instance, at warfare. Thus we can expect that culture will elaborate and embellish the basic tendencies but would not change them profoundly» (Shepher 1978:262). Siehe auch Rudolph & Tschohl 1977.

Deshalb begrenzt der (indirekte) Faktor Geninformation (z.B. das Grundmotiv Egoismus mit den Bedürfnissen nach Unversehrtheit usw.) den Spielraum und damit auch die Veränderbarkeit der direkten Faktoren oder Voraussetzungen, z.B. der spezifischen Eifersuchtsmotive.

4.4.2 Kulturelle Ursachen

Sexuelle Eifersucht muß (siehe 2.3.1 und 3.1.1) auch kulturell beeinflußt sein. Die auf Eifersucht wirkenden Kulturen sind ihrerseits soziogenetisch und ontogenetisch verursacht und implizieren nicht nur mehr bis weniger variierende und spezifische Kenntnisse und Einstellungen, sondern genauso (und nicht immer den Normen entsprechend) Verhalten und Handlungen. Es sind vor allem zwei Faktorenarten, die (neben dem von ihnen mitbewirkten *Wissen* um Sexualität, zwischenmenschliche Beziehungen und sexuelle Eifersucht) die tatsächlich vorkommenden Eifersuchtsmotive, Eifersuchtsbeziehungen, Eifersuchtsabwägungen usw. (mit-)bewirken: Eifersuchtsnormen und Eifersuchtssanktionen.

Eifersuchtsnormen. (Potentiell) Eifersüchtigen ist in jeder Sozietät/Ethnie durch direkt oder indirekt eifersuchtsbezogene Soll-Vorgaben der jeweiligen Kulturen (=df. *Eifersuchtsnormen*) ein charakteristischer und immer aktivitäts-, umstände- und in anderen Hinsichten spezifischer Spielraum für ihre Überlegungen, Entscheidungen und/oder Verhalten gegeben, der den Betroffenen weder bewußt noch explizierbar bekannt sein muß.

B80) Kulturelle Spielräume für sexuelle Eifersucht
Wirkungstheorien. Fall Timbira, Südamerika: Eifersucht könne nicht zu allzu starken Rivalitäten führen, da der Druck der omnipotenten Sozialstruktur immer wieder zu Vereinigung, Versöhnung führe. «On the other hand, girls take littel pains to supress corresponding sentiments. In a fit of jealousy Kentapí told her lover that she would wait till he was gone, then lure her rival, Muruwá, out into the steppe, club her to death, and lead him to inspect the skeletal remains on his return. Fortunately, as elsewhere, big talk and action do not always coincide in Ponto. As a matter of fact, the two girls could not carry their hostility to extremes because the omnipotent social structure is bound to unite them again and again in defiance of personal sentiments. Such a thing as having a woman declare that she would not attend the afternoon dance lest she meet her rival is wholly inconceivable for a Timbira. Accordingly, soon after these who were seen dancing and singing together in one line» (Nimuendajú 1946:119). *Fall Zapoteken, Mittelamerika*: «The great interest of the Spaniard or mestizo in sex has not been imparted to the Zapotec; sexual jealousy, suicidal despair, the play of seduction, concentration on getting married - all these emotional attitudes are incompatible with the cultural regulation of his or her sex life, not to speak of difference in what we vaguely call temperament. Manifest revengefulness, another Spanish trait, remains as alien to the Zapotec as jealousy; it would clash with the fear of making enemies; resentfulness may be entertained but not overtly expressed, and so no patterns of feud have been taken over. Feud is supported not only by feelings of revenge but by feelings of partisanship, and the Zapoteca will not meddle enough in other people's affairs to be partisans» (Parsons 1970/36:528-9). *Fall Fachi, Nordafrika*: «Von einer *kamu*, 'Ehefrau', fordert man unbedingte eheliche Treue. Sie wird von beiden Partnern erwartet, Ehebruch bedeutet daher in den meisten Fällen Scheidung, allerdings sind bei entsprechenden Geschenken die Frauen eher zu Zugeständnissen bereit als die Männer, denen keine andere Wahl bleibt, als eine des Ehebruchs überführte Frau zu verstoßen» (Fuchs 1989:292; siehe dort auch :320f.). *Fall Lepcha, Asien*: Sexuelle Eifersucht wird nur in Ausnahmefällen offener gezeigt und ausgelebt, weil es allgemeiner kultureller Norm widerspricht: «Such disturbances can however be put down to uncontrollable personal temperaments, which go strongly against the Lepcha ideal of behaviour; the regulations of the Lepchas have been devised to reduce to a minimum the conflict and aggression within the group» (Gorer 1938:163). *Fall Puerto Rico, Mittelamerika*: «... women expected filandering on the part of the male as a consequence of his sexual nature. Though there seems to be growing resentment at such activity, the ideal still seems to be that the woman should bear such behavior stoically» (Stycos 1955:144). *Fall Rundi/Burundi, Afrika*: «If a husband finds his wife in bed with another man, he is morally obligated to beat his wife and to quarrel a little with the man» (Albert 1963:193). *Fall Tlingit, Nordamerika*: «Adultery, when it occured between a woman and a man who was not of the husband's clan, was punishable by death, both guilty persons being killed by the husband. If he were fond of his wife, he might forgive her; but in this case the wife's kinsmen must pay him property to clear his honor» (Oberg 1934:148). *Fall Bahia Brasilianer, Südamerika*: «A single extra-martial amorous experience makes a woman liable to prosecution for adultery, whereas for a man such conduct must not only be proved to be habitual but also to have involved an established relationship with a *single* individual. For a wife to have cause for legal action, she must previously have been ignorant of the extra-legal affair of her husband. Otherwise, her implied acquiescence constitutes participation in guilt» (Pierson 1967:328).

Diese kulturellen Vorgaben, Vorschriften oder Sollwerte (die als *Kulturnormen* gewohnheitsmäßig, moralisch oder zwanghaft sein können, siehe 3.1.1) bestimmen im Bereich sexuelle Eifersucht also unter anderem (Anreger: Hupka 1981: 323 & 341-46), welche Ereignisse als bedrohlich angesehen werden (können oder müssen), die Bedingungen, wann ein unerwünschter Verlust als eingetreten angesehen werden soll, die Bedingungen, wann primäre Abschätzung vorzunehmen sind, die Modelle für die Zuweisung von Schuldigkeiten und Strafbarkeiten, den Ort und die Autorität für Ausführung von Bestrafungen, die Spielbreite alternativer Lösungen für die entstandene Krise, die Optionen, die den Männern offenstehen oder die Optionen, die den Frauen offenstehen. Insgesamt also den Bereich des *Legitimen* (Erwünschten, Erlaubten, Gebotenen, Erwarteten, Geduldeten). Deshalb kann in jedem einzelnen Eifersuchtsprozeß für jede einzelne Aktivität (für jedes Eifersuchts*muster*) angegeben werden, ob sie illegitim oder (mehr bis weniger) legitim ist.

Allerdings ist diese Legitimität zu relativieren. Denn Eifersuchtsnormen (zu denen auch die egobezogenen Motive gehören, siehe 4.1.2) und Eifersuchtsnormierer gibt es auf allen Ebenen menschlicher Existenz, also beispielsweise der personalen, familiären, subsozietären und sozietären Ebene.

B81) Sexuelle Eifersucht normierende Instanzen
Wirkungstheorie: Mögliche Normen- und damit Spielraumfestleger auch für den Bereich Exosex, sexuelle Treue und sexuelle Eifersucht sind dabei z.B. Ego selbst, Partner, Nachbarn, die Familie, die verschiedenen öffentlichen Meinungen, Religionen und Kirchen, politische und andere Institutionen oder Gesetzgeber.

Die auf eine Person einwirkenden Eifersuchtsnormen und damit Spielräume können (und werden) daher recht unterschiedlich, widersprüchlich und sogar unvereinbar begrenzt sein. Deshalb können (zumindest bei uns) auch niemals *alle* Aspekte eines Eifersuchtsprozesses mit *allen* (eigenen wie fremden, personalen wie institutionalen oder sozietären) Normen übereinstimmen, gibt es mindestens interpersonal immer Widersprüche zwischen Eifersuchtsnormen und Eifersuchtsmustern. Und deshalb ist es zum einen schwierig, die wirkenden von den einflußlosen Normen zu unterscheiden, und zum anderen problematisch, Eifersuchtsmuster genau vorauszusagen.

B82) Normenunvereinbarkeit innerhalb einer Eifersuchtsbeziehung
Empirische Direkterfahrung, Wirkungstheorie: Die Unvereinbarkeit von Normen beginnt ja bereits auf der Ebene der Eifersuchtsbeziehung, wenn Ego als Sollwert uneingeschränkte Treue setzt und Partner Exosex zuläßt oder wenn Ego sich berechtigt fühlt, Partner für eine exosexuelle Beziehung zu bestrafen, während Partner Ego dieses Recht nicht zugesteht.

Dabei ist aber durchaus Vorsicht vor einer einfachen Übertragung eigener Vorstellungen von Legitimität oder Legitimation angebracht.

B83) Heimlichkeit = Nichtlegitimation, Offenheit = Legitimation
Fall Kikuyu, Afrika: Mit auswärtigen Besuchern und Angehörigen der *age-group* des Ehemannes dürfen Frauen zu bestimmten Anlässen exosexuelle Beziehungen eingehen. «This is looked upon as purely social intercourse, and no feeling of jealousy or evil is attached to it on the part of the husband or wife.» Aber: «... it is an offence for a wife to invite a man *secretly* to her hut, even a member of the age-group. To do so would be regarded as committing adultery» (Kenyatta 1953:181; Hervorhebung von mir).

Eifersuchtswissen. Die einer Person/Institution tatsächlich für ihre Aktivitäten zur Verfügung stehenden Spielräume werden übrigens nicht nur durch tradierte und herrschende Gewohnheiten, Vorschriften, Zwänge oder andere Normen begrenzt, sondern auch durch das jener verfügbare Wissen.

B84) Zusammenhänge zwischen Wissen und Normen
Wirkungstheorie: Wenn ich nicht weiß und vielleicht sogar selber erfahren habe, daß geschlechtliche Lust, daß Zuneigung oder Liebe gleichzeitig mehrfach vergebbar, also teilbar ist (wenn auch vielleicht mit unterschiedlichen Ausprägungen oder Intensitäten), dann ist es auch schwerer für mich, das Exklusivitätsideal einer Beziehung nicht als "natürlich" anzusehen und von meinem Partner zu verlangen. Wenn ich nicht weiß, daß meine Nachbarn mich auslachen, weil ich exosexuelle Beziehungen meiner Partnerin dulde, kann mich deren Norm nicht stören, kann ich mich für sie gar nicht (bewußt) legitim verhalten.

Die tatsächlichen Ausprägungsmöglichkeiten sind also, da sie auch von der kognitiven Verfügbarkeit möglicher Lösungen bzw. Aktivitäten abhängen, nicht *nur* ein Normen-, sondern zumindest teilweise auch ein Wissensproblem.

Eifersuchtssanktionen. Normen sind vielfach, vor allem wenn sie Bereiche regeln sollen, in denen es Widerstände gegen die Vorschriften gibt, ohne *Sanktionen*, d.h. Strafen und/oder Belohnungen, nicht durchsetzbar. Sexualität, sexuelle Beziehungen und sexuelle Eifersucht gehören (siehe 3.1.2) zu diesen besonders (und vielfältig) sanktionierten Bereichen menschlicher Existenz.

B85) Sanktionierungen sexueller Eifersucht

Fall Deutschland: Von einem «Prozeß um einen Eifersuchts-Anschlag vor dem Standesamt» (in Hamburg) berichtet Viola Roggenkamp unter der Überschrift: «Rache am Rivalen». Der Angeklagte, der 26jährige Rainer O., hatte am 11. April 1983 im Standesamt auf seinen Nebenbuhler geschossen und diesen schwer verletzt. Interessant an dem Bericht ist vor allem der Tenor, in dem er geschrieben wurde, sind die Bewertungen, die er enthält: Rainer O. wurde wegen «direkter Tötungsabsicht» mit dem deutlichen Willen, «den verhaßten Nebenbuhler beiseite zu schaffen», zu sechs Jahren Haft verurteilt. Auch wenn sie dies nicht explizit sagt, scheint Roggenkamp diese Strafe für zu hart zu halten, hätte sie mehr Nachsicht erwartet. Auch, weil die Frau mit beiden beteiligten Männern gespielt habe und - auch nach Auffassung des Staatsanwalts - «in gewisser Weise mit ihm gespielt» habe. Im gesamten, vierspaltigen und sehr ausführlichen Bericht wird die Auffassung deutlich, daß ein Eifersuchtsdelikt nicht so streng bestraft werden sollte - und diese kulturspezifische Norm öffnet den Spielraum auch für schärfere Reaktionen, ohne Angst vor allzu strenger Bestrafung haben zu müssen (Die Zeit Nr. 50, 9.12.1985, S. 15). Diese bei uns vorherrschende milde Bewertung von kriminellen Delikten aus sexueller Eifersucht verdeutlicht auch die folgende Behandlung eines Rivalen (*Fall Paderborn, Deutschland*): «Ein Liebhaber, der mit einer Frau in deren Ehebett vom Ehemann ertappt und krankenhausreif geschlagen wird, hat keinen Anspruch auf Schmerzensgeld. Diese Entscheidung traf das Landgericht Paderborn. In einem solchen Fall trage der Liebhaber einen großen Teil der Mitschuld an der Schlägerei, begründete das Gericht seine Entscheidung. Im vorliegenden Fall hatte ein Arbeiter seine Nachtschicht verlassen, weil er davon überzeugt war, daß ihn seine Frau betrog. Die Tür zu seinem Schlafzimmer fand er verschlossen vor, trat sie ein und fand seinen Verdacht bestätigt. Der Arbeiter verprügelte daraufhin seinen Rivalen derart, daß dieser acht Tage im Krankenhaus verbringen mußte und sechs Wochen arbeitsunfähig war. Der Liebhaber klagte auf Schmerzensgeld in Höhe von mindestens 1000 Mark. Die Richter entschieden jedoch, daß Schmerzensgeld nur dann gezahlt werde, wenn ein Geschädigter damit Genugtuung erfahre. Dies könne der Kläger nicht erwarten. Das Verhalten des Liebhabers sei eine ungeheuere Provokation gewesen. Es sei nämlich ein gewaltiger Unterschied, 'ob sich ein Ehebruch an irgendeinem anderen Ort oder im Schlafzimmer der Ehewohnung vollzieht'. (Aktenzeichen 1S197/89)» (Süddeutsche Zeitung #48, 27.2.1990, S. 40). *Fall Mittelmeerraum*: In den mediterranen Gesellschaften, in denen die Ehre und das Ansehen des Mannes bzw. Vaters u.a. an die Scham (die sexuelle Treue und Keuschheit) der Frau bzw. Tochter geknüpft ist, wird der "Gehörnte" mit Spott und dem Verlust des guten Rufes bestraft, der eine Verletzung der Scham-Norm nicht seinerseits mit den geforderten Sanktionen (z.B. der Tötung der die Ehre verletzenden Frau) bestraft (siehe Blok 1982/81 und die dort genannten Studien sowie z.B. B96 [Griechenland und Sudan] oder B34 [Silwa]). Siehe auch B1, B2, B80, B97 bis B99, B136 et passim.

Deshalb werden Aktivitäten in Eifersuchtsprozessen auch dadurch beeinflußt, ob, wann und wie sie sanktioniert (belohnt und/oder bestraft) werden. Allerdings gibt es bei den *Eifersuchtssanktionen* oftmals einen (vielfach sogar deutlichen) Unterschied zwischen der Androhung und ihrer Verwirklichung, der sich auf die gewählten Eifersuchtsmuster auswirken wird. Außerdem gibt es sehr unterschiedliche *Abweichungstoleranzen* gegenüber Normen wie Sanktionen [siehe 8.2.5]).

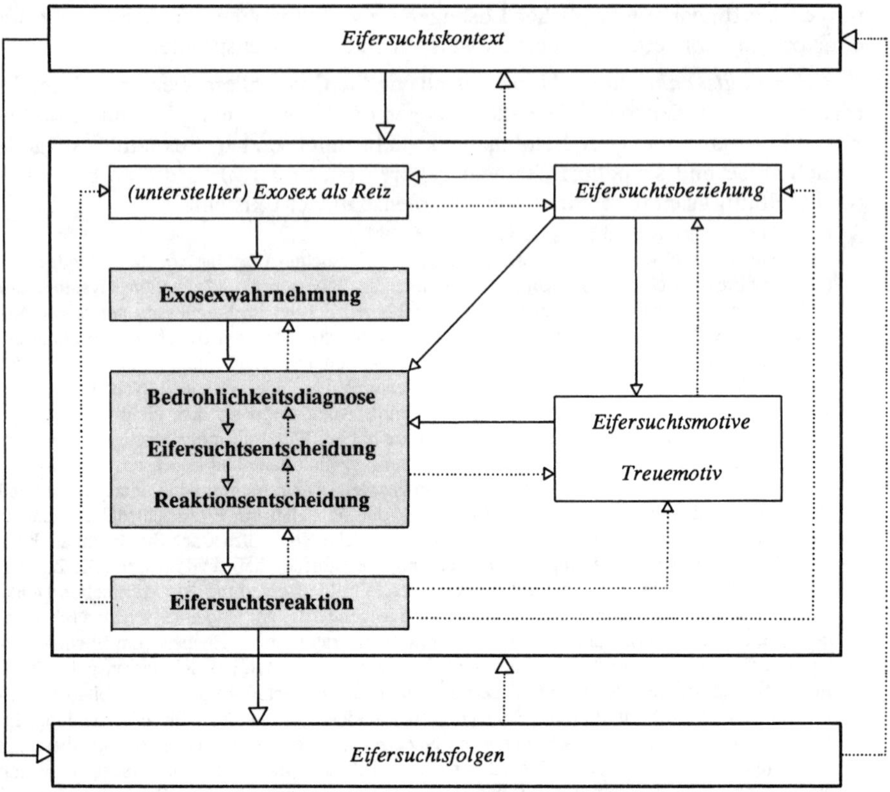

Abb. 10: Die externe (kursiv) und interne (halbfett) Komposition und Struktur und damit die Dimensionen sexueller Eifersucht

4.5 Ergebnis: Sexuelle Eifersucht als funktionaler Prozeß

Sexuelle Eifersucht (ein systematisches Konzept siehe in 4.2.4) hat sich als ein mehrdimensionaler und differenzierter Prozeß erwiesen, der aus sieben Dimensionen[22] bestehen und innerhalb des allgemeinen Ursachen- und Erfordernisnetzes menschlicher Existenz stattfinden muß (siehe Abb. 10):

- einer Eifersuchtsbeziehung, Eifersuchtsmotiven und Eifersuchtsreizen als den direkten Ursachen oder *Eifersuchtsvoraussetzungen*,

22 Ich nenne die Dimensionen und Aspekte aus rein textpraktischen Gründen immer nur 'Eifersuchts....', obwohl ich mich hier ausdrücklich nur auf *sexuelle* Eifersucht beziehe. Die Gemeinsamkeiten und Unterschiede zwischen sexueller und anderen Arten von Eifersucht und letztere selbst sind nicht Thema meiner Untersuchung (siehe aber z.B. 5.1.4).

- Eifersuchtswahrnehmungen, Eifersuchtsabwägungen und Eifersuchtsreaktionen als der *sexuellen Eifersucht* selbst sowie
- den Wirkungen und Effekten dieser Eifersucht als den *Eifersuchtsfolgen.*

Die Beziehungen zwischen allen diesen Dimensionen (als den Faktoren) sind die direkten Wirkungen in der Verursachung sexueller Eifersucht, die ihrerseits vielfach und unterschiedlich extern bewirkt sind. Jede Dimension im Eifersuchtsprozeß *vor* den Eifersuchtsreaktionen ist notwendig, damit eine Person eifersüchtig agieren kann, aber nur alle gemeinsam sind dafür hinreichend.

Aus der deutlich gewordenen Motiviertheit sexueller Eifersucht folgt, daß auch die sexuelle Eifersucht selbst (also nicht nur ihre Bewältigung, siehe 6.1), als mindestens der Versuch einer besseren Erfüllung eines nicht oder unzureichend erfüllten Erfordernisses "sexuelle Treue", (mindestens auch) ein Funktionsprozeß sein muß[23], der deshalb freilich keineswegs unbedingt immer erfolgreich erfüllt werden muß (siehe und übertrage 3.1.4).

23 An den unterschiedlichen Untersuchungsaufgaben [siehe 3.2] ändert dies übrigens nichts, denn bei der Charakterisierung geht es um die allgemeine und umfassende Kennzeichnung dieses Prozesses *ohne inhaltliche Zielvorgaben*, während bei der Funktionsklärung der Bewältigungsmittel eine solche einschränkende Vorgabe gemacht wird [und werden muß]: es sollen dort Erfüllungsmöglichkeiten für das Problem Eifersuchtsbewältigung geklärt werden (siehe 6 bis 8).

5 Erscheinungsformen: Ausprägungsmöglichkeiten sexueller Eifersucht

In diesem Kapitel wird mit einer Differenzierung der verschiedenen Ausprägungsmöglichkeiten sexueller Eifersucht, also einer Aspektisierung und Facettierung, die mit der Dimensionierung in Kapitel 4 begonnene Durchführung der Charakterisierung abgeschlossen. Auf den Kenntnissen aus 4 aufbauend werden, schrittweise pro Dimension systematisierend, die vielfältigen Erscheinungsformen sexueller Eifersucht herausgearbeitet (in 5.1-7), und zwar für

- die Eifersuchtsmotive, die Eifersuchtsbeziehungen und die exosexuellen Beziehungen (die Eifersuchtsreize) als den *Voraussetzungen* (oder direkten externen Ursachen) sexueller Eifersucht (in 5.1-3),
- die Eifersuchtswahrnehmungen, die Eifersuchtsabwägungen und die Eifersuchtsreaktionen als den *Baumerkmalen* sexueller Eifersucht (in 5.3-5) sowie
- die Neben-, Rück- und Wechselwirkungen und -effekte als den *Folgen* sexueller Eifersucht (in 5.6).

Das Ergebnis dieser formklärenden Theoriebildung werden eine umfassende Charakteristik, ein systematisches Konzept und eine präzise Differenzierung der wichtigsten Arten sexueller Eifersucht sein (zusammengefaßt in 5.7 und den Tabellen 20, S. 173, und 21, S. 176).

Elementarfacetten sexueller Eifersucht. Als auch psychischer Prozeß ist sexuelle Eifersucht insgesamt, in allen ihren Dimensionen und in immer wenigstens einigen der Aspekte und Facetten dieser Dimensionen durch jeweils unterschiedliche und vielfach Muster, Arten oder Unterarten kennzeichnende Ausprägungen u.a. der folgenden elementaren Facetten gekennzeichnet:

- *Wissen* (Bewußtheit und Bekanntheit; siehe 3.1.1 und 4.4.2),
- *Zeit* (Beginn und Dauer),
- *Differenziertheit* (Komplexität und Kompliziertheit; siehe 1.4.1),
- *Legitimität* (siehe 4.4.2) und
- *Sanktionierung* (siehe 4.4.2).

Die hartnäckige Hervorhebung dieser (scheinbar selbstverständlichen) Elementarfacetten hier und dann in den zusammenfassenden Tabellen soll die (in der bisherigen Eifersuchtsforschung viel zu wenig beachtete) Wichtigkeit und Fruchtbarkeit einer ausdrücklichen Berücksichtigung ihrer jeweiligen Ausprägung pro Eifersuchtsfall bzw. -muster gerade unter Bewältigungsgesichtspunkten (aber auch bei der empirischen Erforschung sexueller Eifersucht) unterstreichen.

5.1 Motive: Warum ist sexuelle Eifersucht möglich?

Das Bestehen einer Eifersuchtsbeziehung reicht allein nicht aus, um durch eine exosexuelle Beziehung sexuelle Eifersucht auszulösen: Ego muß auch Bedürfnisse oder Begehren (Motive) haben, die durch eine exosexuelle Beziehung eines Partners in ihrer Erfüllung gefährdbar sind (siehe 4.1.2).

5.1.1 Das Spektrum der Eifersuchtsmotive

Welche (egoistischen) Motive können nun durch exosexuelle Beziehungen so in (der Quantität oder Qualität) ihrer Erfüllung bedroht werden, daß sie zu sexueller Eifersucht führen können? Ein Blick in die Fälle zeigt, daß zahlreiche und zum Teil recht unterschiedliche Motive Mitursache für sexuelle Eifersucht sein können. So müssen nicht alle Eifersuchtsmotive direkt etwas mit dem sexuellen (im engeren Sinne) Teil der Außenbeziehung des Partners zu tun haben, weil ja auch diese Außenbeziehungen nicht unbedingt nur oder vor allem sexuell sind.

B86) Motive für exosexuelle Beziehungen

Ergebnis globalen Kulturenvergleichs: «However, at least some non-marital sexual relations are fuelled by motives in addition to, or alternative to, lust - motives such as an interest in building or maintaining alliances» (Rosenblatt & Anderson 1981:239). Das (und gar nicht oder nicht so sehr der exosexuelle Verkehr selbst) kann dann der eigentliche Hintergrund für die (in diesem Fall nur noch vordergründig sexuelle) Eifersucht sein (siehe auch B106).

Es geht auch nicht immer nur darum, selbst in der Zeit mit dem Partner (oder dem Exopartner, siehe B101) sexuell aktiv sein zu wollen, die dieser mit dem Exopartner (Partner) verbringt. Es können noch ganz andere Motive zu (auch) sexueller Eifersucht führen.

B87) Sexuelle Eifersucht auslösende Motive

Fall USA, Wirkungstheorie (Ergebnis empirischer Untersuchungen): Motive für sexuelle Eifersucht können sein: «1. Loss of face, status, ego, enhancement, etc. 2. Loss of need gratification, including sexual, intellectual, emotional, and other needs. 3. Loss of control over Object, of control of Actor's own life, of power in relation to Object. 4. Loss of predictability, dependability of behavior of Object in relation to Actor. 5. Loss of privacy, territory, exclusive access, etc. 6. Loss of actual time with Object, contact, etc.» (Constantine 1976:394f.). Siehe auch die Ergebnisse der empirischen Untersuchungen in der Psychologie, in denen die Suche nach den Motiven sexueller Eifersucht eines der Hauptthemen ist (vgl. z.B. die Publikationen von Bringle, Buunk, Clanton, Hansen, Hupka, Mathes, Salovey oder White).

Bei systematischerer Betrachtung erweist sich, daß wir es mit neun Gruppen von egobezogenen Eifersuchtsmotiven zu tun haben (Bestands-, Exklusivitäts-, Zuwendungs-, Anspruchs-, Selbstwert-, Sozialwert-, Unversehrtheits-, Neid- und Machtmotiven [s.u.]), die sich durchaus verschiedenartig hierarchisch bedingen und interaktiv eingesetzt werden (können) und die oft ähnliche Wünsche oder Interessen enthalten, nur mit etwas anderer Schwerpunktsetzung oder Betonung.

Bestandsmotive. Viele Menschen fürchten, durch eine exosexuelle Beziehung ihres Partners (bei einer unterstellten größeren Attraktivität des Rivalen bzw. der Außenbeziehung) diesen und damit die Eifersuchtsbeziehung ganz zu verlieren. Oft wird diese Angst vor dem (endgültigen) Verlust des Partners an den Rivalen bzw. die Rivalin sogar als das entscheidende Charakteristikum sexueller Eifersucht angesehen.

B88) Sexuelle Eifersucht aus Verlustangst
Bautheorien: Eifersucht sei die Angst, jemanden zu verlieren, der psychisch sehr wichtig ist, z.B. für das eigene Prestige, für Zugehörigkeit, Achtung, Fürsorge (Tiefer 1981/79:28). Eifersucht sei ein «qualvolles Gefühl, einen geliebten Menschen an einen anderen zu verlieren» (Kentler 1982:52). Siehe z.B. auch Klicker 1978 oder Oelker 1988.

Hier geht es um die (Weiter-)Existenz der Eifersuchtsbeziehung als solcher. Das Interesse ist, den Partner und damit die Ausgangsbeziehung zu behalten, ist das Vermeidenwollen eines totalen Verlusts des Partners - evtl. unter Inkaufnahme einer qualitativen Veränderung der Beziehung. Eifersuchtsmotive, die vor allem durch dieses Interesse gekennzeichnet sind, =df. *Bestandsmotive*. Ihre Grundform ist: "Ich möchte meinen Partner be- und damit meine [Eifersuchts-]Beziehung erhalten". Dabei geht es (und dies ist entscheidend wichtig) keinesfalls immer nur darum, Partner allein oder vor allem als Sexualpartner erhalten zu wollen. Es kann (siehe z.B. B236 [Apache]) auch oder sogar vor allem darum gehen, einen Ernährer, Geldgeber, Status- und/ oder Prestigegeber, Beschützer, das auf den Partner übertragene «Größenselbst» eines Komplementärnarzisten (Völkel 1986) oder anderes nicht durch eine exosexuelle Beziehung verlieren zu wollen (für sich selbst, aber auch für andere, z.B. für eigene Kinder).

Exklusivitätsmotive. Wenn ich meinen Partner alleine lieben möchte, wenn ich möchte, daß ich der einzige bin, der mit ihm sexuell verkehrt, dann ist ein Bruch dieses Ausschließlichkeitsanspruches durch eine exosexuelle Beziehung meines Partners ein Ereignis, welches die Erfüllung dieses Begehrens verhindert und deshalb Eifersuchtsreaktionen auslösen kann.

B89) Sexuelle Eifersucht aus Ausschließlichkeitsansprüchen
Wirkungstheorien; Bautheorien: Eifersucht sei «... ein mit leidenschaftlicher Liebe gekoppeltes Streben nach dem Alleinbesitz der geliebten Person, zu dem eine haßerfüllte Angst vor dem Nebenbuhler tritt» (Tüllmann 1960:115 f.). Eifersucht =df. «Aus dem Ausschließlichkeitsanspruch besonders der Liebe entspringende heftige Abneigung gegen jeden möglichen Nebenbuhler» (Peseschkian 1983:157). Eifersucht sei (u.a.) das Anstreben von Exklusivität in einer Beziehung (Mummendey & Schreiber 1983:196f.). «... der Eifersüchtige erwartet von der Geliebten, daß sie sich um ihn und nur um ihn kümmere. Sie solle ihre Zeit nicht mit unwichtigen Aktivitäten vergeuden, sondern sich ihrem eigentlich Zweck widmen: seiner Befriedigung» (Borneman 1987:340). *Verbreitungsbefund* (empirische Untersuchungen in Ungarn, Irland, Mexiko, Niederlande, UdSSR, USA und Jugoslawien): Die Exklusivität der sexuellen Beziehung als Wunsch oder Ziel war in einer Befragung zu Eifersucht an fast 2000 Studenten (Durchschnittsalter um die 20) in den genannten 7 Nationen universell - nur wann diese als bedroht angesehen wurde, war nationenspezifisch (Hupka et al. 1985:435ff.). *Fall USA*: Eine 19jährige Frau: «I want my friend all to myself» (Gesell 1906:462). *Fall Deutschland*: Bei uns ist die Auffassung verbreitet: Liebe gehe nur mit und zu einer Person (siehe z.B. Lauster 1980:146; siehe auch B191).

B90) Sexuelle Eifersucht aus Ekel vor dem durch Exosex "beschmutzten" Partner
Wirkungstheorie: Zu den Exklusivitätsmotiven gehört bzw. führt auch ein Ekel vor dem durch eine exosexuelle Beziehung "beschmutzten" Partner, der mindestens partiell auch normativ (und nicht nur reaktiv) ist. *Fall Deutschland*: «Eine 40jährige beschrieb ihn so: 'Es ist ein ähnliches Gefühl, mit dem man eine Badewanne in einem drittklassigen Hotel betrachtet; die möchte man am liebsten dreimal ausscheuern, ehe man sie benutzt'» (Müller-Luckmann 1985: 447; siehe auch B144).

B91) Sexuelle Eifersucht aus Furcht vor fremden/illegitimen Kindern
Fall Sarakatsani, Griechenland: Ein Ehebruch von Frauen ist mit deren Tötung zu bestrafen. «It is essential, first of all, to prevent even the possibility of illegitimate children» (Kabbadias

1965:142, Übersetzung: HRAF). *Wirkungstheorie*: Vor allem Soziobiologen und andere stärker auch biotische Faktoren und Wirkungszusammenhänge berücksichtigende Forscher sehen den Wunsch und Versuch, «paternity confidence» zu erreichen, sogar als das entscheidende Motiv für sexuelle Eifersucht von Männern an (Symons 1979:34, Daly et al. 1982).

Die hier zusammengefaßte Gruppe von Motiven ist durch das gemeinsame Element "Nicht teilen wollen" oder "Ausschließlichkeit" gekennzeichnet, weswegen ich sie *Exklusivitätsmotive* nenne. Auffallend (und bekannt) ist, daß solche Exklusivität in Beziehungen vorwiegend für die physische wie psychische Sexualität gefordert wird, jedoch nicht in gleichem Maße für andere wenigstens partiell geteilte Lebensbereiche wie Beruf, Freizeit, politische Betätigung, Sport oder Ernährung (weswegen "Eifersucht" oft einfach mit "sexueller Eifersucht" gleichgesetzt wird). Die Grundform aller dieser sexuell bezogenen Exklusivitätsmotive (und nur um die geht es hier) ist: "Ich möchte, daß mein Partner physische und/oder psychische sexuelle Aktivitäten (Geschlechtsverkehr, Liebe, Erotik usw.) nicht ohne mich bzw. nur mit mir unternimmt".

Zuwendungsmotive. Ein dem Exklusivitätsmotiv ähnliches, aber nicht gleiches Motiv ist der meist situationsspezifisch bewußt werdende Wunsch nach aktiver Zuwendung durch den Partner.

B92) Sexuelle Eifersucht aus Zuwendungsmotiven

Wirkungstheorien: Sexuelle Eifersucht entspringe einem Bedürfnis *nach* Liebe, nicht dem Bedürfnis *zu* lieben (Seeman 1979:352). In sexueller Eifersucht impliziert sei Geliebtwerdenwollen, nicht Liebenwollen (Baumgart 1985a:37). Ego möchte vom Partner beachtet werden, möchte für ihn wichtig sein, von ihm berührt werden (Anreger: Baumgart 1985a:46). *Empirische Direkterfahrung*: Ego möchte den Abend nicht alleine verbringen, möchte selbst mit dem Partner ins Theater oder Essen gehen, selbst mit ihm schlafen oder zärtlich sein, möchte mit ihm/ihr über aktuelle Probleme sprechen - also Partners körperliche und kognitive Zuneigung haben. Siehe auch Bernardez-Bonesatti 1975:67.

In solchen Fällen geht es um Aktivitäten des Partners, die erwünscht oder erwartet werden (und nicht ausgeschlossen, wie beim Exklusivitätsmotiv) und die durch Exosex gefährdet bzw. gefährdbar sind. Die allgemeine Form dieses Motivs ist: "Ich möchte, daß mein Partner sich mir zuwendet, mit mir (und nicht mit anderen) die Aktivität *xxx* ausführt". Wirksam werden sie immer in spezifischen inhaltlichen Ausprägungen.

B93) Konkrete Zuwendungsmotive

Empirische Direkterfahrung: "Ich möchte, daß meine Partnerin mit *mir* ins Kino geht", "ich möchte, daß meine Partnerin mit *mir* schläft", "ich möchte, daß meine Partnerin mit *mir* Urlaub macht", "ich möchte, daß meine Partnerin mit *mir* flirtet" - immer mit der Zusatzannahme: "statt jetzt zu ihrem Freund (ihrem Exosexpartner) zu gehen, mit ihm zu flirten, mit ihm zu schlafen usw.".

Eifersuchtsmotive dieser Form =df. *Zuwendungsmotive*. Dabei muß es Ego keinesfalls immer oder nur um sexuelle Zuwendung durch Partner gehen (mindestens auch sexuell muß nur die die Zuwendung be- oder verhindernde Exobeziehung sein).

Anspruchsmotive. Ein anderer Motivaspekt bei sexueller Eifersucht kann sein, irgendwelche eigenen Ansprüche (vor allem Rechts- oder Traditionsansprüche), die mit dem Partner verknüpft sind, durchsetzen zu wollen.

B94) Sexuelle Eifersucht aus (verschiedenartigen) Ansprüchen

Fall Buka-Passage, Salomonen, Ozeanien: Die Anspruchsauffassung dokumentiert sich im Wort für Ehebruch, in seiner Bewertung als krimineller Akt: «In speaking of illicit intercourse with another man's wife, they use the expression *gun amot*, which is fairly translatable by 'steal' and is applied also to acts to theft in the ordinary sense in which we use that term. It is, of course, dangerous to rely too much on linguistic evidence, but it is noteworthy that to 'steal' a man's wife and to steal his ceremonial currency were once bracketed together, by a man with whom I was discussing the subject of theft, as crimes belonging to the same category, and that in some cases the same penalty has been exacted for both» (Blackwood 1935:97f.). *Fall Deutschland*: Die Kirche sieht Treue als Rechtsgut. Also gilt Eifersucht, als ein Schutz dieses Rechtsgutes, als ein durch dieses Rechtsempfinden geschützter Affekt (Baumgart 1985a:157; siehe auch B275). *Ergebnis globalen Kulturenvergleichs* (Basis 92 Ethnien HRAF): Eigentum hatte mit 0.73 die stärkste Korrelation zur Reaktion von Männern auf Eifersuchtsreize. Also gibt es im Kulturenvergleich eine Zunahme der Stärke der Reaktion auf eine Eifersuchtssituation mit der Wichtigkeit und Bewertung von Besitzansprüchen (Hupka 1981:333; für Frauen keine ausreichenden Daten vorhanden).

Motive dieser Art =df. *Anspruchsmotive*. Ihre Grundform ist: "Ich möchte, daß mein Anspruch *yyy* (z.B. ein mit einer Eheschließung erworbener Rechtsanspruch auf die Sexualität des Partners) nicht verletzt wird" (vergleiche auch mit den Machtmotiven [s.u.]).

Selbstwertmotive. Vielfach ist bei sexueller Eifersucht ein direkt kompetitiver Aspekt, ein bewertender Vergleich mit anderen Personen, vor allem Rivalen, im Spiel.

B95) Sexuelle Eifersucht aus personal komparativ-kompetitiven Gründen

Wirkungstheorien: «Eifersucht ist eine unreife Haltung; sie zeigt vor allem, daß der oder die Eifersüchtige unsicher ist, sich selber nicht sehr hoch einschätzt» (Benard & Schlaffer 1985:25). «Die tiefste Ursache, weshalb Eifersucht so quälend ist, ist in dieser Enttäuschung am eigenen Ich-Ideal begründet. Es ist somit immer die eigene Person getroffen. Die Enttäuschung, die der Eifersüchtige am eigenen Ich-Ideal erlebt, ist aber zugleich auch eine Enttäuschung am eigenen Narzißmus» (Bergler 1939:389f.; im Original gesperrt). *Fälle westliche Industriestaaten* (Ergebnisse empirischer Untersuchungen): Ego möchte nicht schlechter, weniger attraktiv, weniger gut im Bett, weniger erotisch, weniger zärtlich, weniger hübsch, weniger intelligent usw. sein als andere (Anreger: Mazur 1977/73:187). Ego möchte nicht weniger schön, von geringerer Anziehungskraft, nicht weniger gebärfähig sein (Borneman 1978.I:269). Ego möchte nicht weniger attraktiv sein (Buunk et al. 1984:8ff.). Ego möchte nicht minderwertig sein (Bastin 1972/70). *Fall USA* (Befragung 400 Psychiater): 90 Prozent der eifersüchtigen Gatten sollen ein eher geringes Selbstbewußtsein, eine niedrige Selbsteinschätzung haben (Pietropinto 1980:41). *Fall Deutschland* (Ergebnis empirischer Untersuchung von Strafprozessen): «Ohne Verletzung des eigenen Selbstwertgefühls gibt es keine Eifersucht» (Fisch 1971:7). *Bautheorie*: Eifersucht sei ein Schwächegefühl, ein Unzulänglichkeitsgefühl (Dillier 1983:257). Siehe u.a. auch White 1981d:305 oder Willy 1968:81.

Ego vergleicht sich mit seinem (potentiellen) Rivalen und/oder mit seinen eigenen Idealen und möchte dabei nicht schlechter abschneiden. In solchen Eifersuchtsmotiven geht es demnach um die Selbsteinschätzung, das Selbstwertgefühl, um das Selbstbewußtsein von Ego, insoweit es durch eine exosexuelle Beziehung des Partners berührt werden kann. Deshalb =df. *Selbstwertmotive*. Ihre allgemeine Grundform ist: "Ich möchte nicht weniger wert (z.B. attraktiv, verführerisch, intelligent oder anregend) sein als andere (z.B. mein Rivale)".

Sozialwertmotive. Eine andere (gerade aus kulturwissenschaftlicher Sicht) sehr wichtige Gruppe von Motiven bezieht sich auf das Prestige oder Ansehen, das Ego in seiner sozietären Umgebung, Familie, Nachbarschaft, Institution, in seiner sozialen Gruppe hat. Auch dieses kann sich ja durch eine exosexuelle Beziehung des Partners in unerwünschter Weise verändern.

B96) Sexuelle Eifersucht aus sozial komparativ-kompetitiven Gründen
Fall Griechenland: «... the double standard is still quite prevalent in Greece. According to traditional moral norms, the breach of fidelity on the part of the man, while not necessarily expected or desirable, is not considered to be a particularly serious misdeed. Furthermore, a husband's infidelity does not reflect unfavorably upon the wife since such behavior is considered to be 'normal' and attributable to the 'polygamous nature' of men and not to the wife's faults or inadequacies. A betrayed wife usually has complete social acceptance and, in addition, is considered a suffering martyr because of her husband's wrongdoings. Thus, the culturally prescribed reaction is passive tolerance. However, it is known that at least some urban Greek wives use a variety of restorative mechanisms, and if such mechanisms fail to 'bring back' their husbands, they divorce them. The wife's infidelity, on the contrary, brings disgrace to the husband who is then a *Keratás* - the worst possible insult for a Greek man - a shameful epithet with connotations of weakness and inadequacy. The traditional Greek norms entitled such a dishonored man to an 'honor' crime; that is, to killing his wife (but not necessarily the other man). In this way he could prove his challenged masculinity by 'washing away' with blood the insult on his honor. While for the wife it is socially acceptable to tolerate her unfaithful husband, it is not socially acceptable for a man to tolerate his unfaithful wife and if he does so, he is ridiculed as behaving in an unmanly manner» (Safilios-Rothschild 1969:78f., ohne die Anmerkungen). *Fall Blackfoot/Blackfeet, Nordamerika*: Männer reagieren sehr intensiv eifersüchtig. «The reason for this conduct may be partly understood on the basis of affronted authority. As unfaithfulness on the part of a wife threatened the very existence of the domain over which a man had supreme authority and might reduce him to acknowledging authority in another tipi goup as an ignominious visitor who could not care for himself, marriage stability was a very personal and vested interest for a male. To protect the household the punishment was extreme, varying from mutilation in order to make her less attractive, to society rape fests that she might be given her fill of sexual experience with other men, to merely shooting her. All this was carried out in a fit of rage under the name of disillusioned love: 'I loved her so much, and then she was unfaithful to me.' The restorative aspects of these measures must be stressed, for since the wife was usually not sent away, the punishment was intended to make the household more secure. Should the extreme have occured, murder was always followed by the customary mourning rites that approximated those following natural death» (Hanks & Richardson 1966:26; siehe auch Goldfrank 1966:49-55). *Fall Zulu/Sulu, Afrika*: «... disgrace emerges only when a wrong has become public knowledge: in disgrace public comments are feared rather than legal measures; disgrace often involves the injured party more than the offender. These features of Zulu 'disgrace' (*amaHloni*, *iHlaso*, *IChilo*) come out in the statements of several informants ... (327): 'A person who does something unseemly (*engaFanale*) has 'shame' (*amaHloni*), e.g., an adulterer, because when caught he gets into trouble: he must pay two beasts as 'fine'; he might even be killed. Because of this he already feels 'shame' when he surmises that people suspect him. The adulteress feels less shame, since she doesn't pay; it is true her F has to pay a beast, the Cleanser (*inGeza*), if she is sent home by her H. But the beast cleanses her H's home, not the woman. The fine must be slaughtered, it cannot be kept; the meat cannot be placed in the apse for the ancestors, but is eaten straight away by the men of the H's homestead; it is taboo (Za) for the adulteress and the woman's co-Wis ans Sis, since it is assumed that all of them have trespassed (*waPhingile*). One is caught, but all suffer! If the woman is not caught, she just lets the 'shame' wear off.' (326): 'I once made love to a married woman. I was so 'ashamed' that I held my *iBheshu* in my hand, so that I could escape if necessary.' Adultery is brought before the headman's court, it is an *iCala lenDuna* (headman's case). The fine in cattle is high and includes a beast 'to cleanse' the cuckold. The adultery has to be reported to the ancestors (*ukuThetha*) since the HF's cattle were used in the bride-price for the adulteress. The woman is warned that if she is caught again she will be driven from the kraal. (330): 'If a boy gets a girl into trouble and is unable to pay the bride-price, he just pays the *imVimba* fine (a beast). It is the girl who has *amaHloni*: she doesn't walk about, but hides at home. In the past she no longer mixed with her age-mates, and they were beaten severely for not watching her better. The girl can no longer cook food for her Brs, for her hands are

'unclean'. The girl and her age-mates used to go to the young man's place, and demand a goat: they tore it to pieces and washed their hands in its stomach contents (*umSwani*). The girl could now cook food again. The goat (called *amaHyala*, i.e., filth) was not eaten by the girls, to whom it was Za, but by an old woman from the offender's kraal who could eat 'the dirt' for she was no longer capable of bearing Chn (the girls would lose this capacity!) and had no need of cleansing her hands'» (Raum 1973:452). *Fall Sudan, Afrika*: Arabische Muslims im Sudan vertreten einen *modesty code*. Damit verbunden sind bestimmte Vorstellungen und Werte, die mit dem familialen Komplex verknüpft sind. Würde (*sharaf*) und persönlich familiäre Ehre (*karama*) sind vor allem mit der Sexualität der Frau verbunden: Eine Familie kann ihre Würde (*sharaf*) und Ehre (*karama*) verlieren oder beschädigen durch den Verlust des sexuellen Anstands, der sexuellen Schicklichkeit (*ird*) der Frau. Der Verlust von *ird* kann also gravierende Konsequenzen haben. So wurde eine ehebrechende Frau mit ihrem Liebhaber von ihren männlichen Verwandten getötet. Erweist sich in der Hochzeitsnacht, daß eine Frau nicht Jungfrau ist, kann der Mann sich von ihr scheiden lassen. Der Verlust von *ird* bedeutet, daß die Familie nicht länger respektiert ist, was dazu führt, daß betroffene Familien durch Umzug dieser Schande zu entgehen versuchen. Als ein Mittel, diese *ird* zu erhalten, wird die Infibulation angesehen, die die Frau an koitalem Geschlechtsverkehr hindert und damit auch vor Vergewaltigungen schützen oder an unüberlegten, spontanen, lustbegründeten Handlungen hindern soll (Hayes 1975, z.T. nach Nordenstam und Antoun). *Fall Yusufazai-Pakhtun, Asien*: In dieser moslemischen Sozietät, in der *purdah* («the institution of female seclusion, which requires that women should remain unseen by men who are not close relatives») äußerst strikt verfolgt wird, ist die Ehre der Männer mit der sexuellen "Reinheit" ihrer Frauen verknüpft: «... *purdah* is of paramount importance in Swat. As one Pakhtun proverb succinctly states: 'The woman's place is in the home or the grave.' Years ago in Swat, if a woman broke her *purdah*, her husband might kill her or cut off her nose as punishment and as means of cleansing his honor. If a woman is caught alone with a unrelated man, it will always be assumed that the liaison is sexual, and public opinion will oblige her husband to shoot her, even if he does not desire her death; to go unavenged is to be known henceforth as *begherata*, or man without honor. As such, he would no longer have the right to call himself Pakhtun» (Lindholm & Lindholm 1985/80a:233; siehe auch Lindholm 1982). *Fall USA*: In dem Film *A stolen life* (Regie: Curtis Bernhardt, USA 1946) wird gegen Ende von Kate mehrfach expressis verbis die für die christlich-abendländischen Kulturen verbreitete Auffassung wiedergegeben, daß ein Mann durch exosexuelle Beziehungen seiner Frau nicht nur sehr verletzt, sondern vor allem auch öffentlich blamiert wird. *Fall Puerto Rico, Mittelamerika*: «If a woman is unfaithful, the husband may publicly expose and threaten her and her lover, but infidelity seldom leads to separation. A strong deterrent to such exposure is fear of ridicule, for the husband may be called a cuckold (*cabrón*) or 'horned-one' (*cornú*)» (Steward et al. 1956:292f.). Siehe auch Bers & Rodin 1984 oder Ehrlich (1966, Kapitel X, zu Jugoslawien).

Wie bei den Selbstwertmotiven geht es auch in solchen Fällen um den Wert von Ego, allerdings weniger unter kompetitiven Gesichtspunkten auf der personalen Ebene, sondern vielmehr um den Wert innerhalb der jeweiligen sozialen Gruppe (Nachbarn, Familie, Kollegen, Sportfreunde usw.), um die soziale Anerkennung. Deshalb nenne ich solche Eifersuchtsmotive *Sozialwertmotive*. Ihre allgemeine Grundform ist: "Ich möchte sozial anerkannt sein".

Unversehrtheitsmotive. Die nächste Gruppe von Motiven bezieht sich erstens auf das persönliche Wohlergehen von Ego, auf den Erhalt von eigenen Eigenschaften, die vielleicht mit der Eifersuchtsbeziehung verknüpft sein können, in jedem Fall aber durch Exosex des Partners gefährdbar sein müssen.

B97) Sexuelle Eifersucht aus Angst um die eigene Unversehrtheit (Egos)

Fall USA (Ergebnisse empirischer Untersuchungen): Die Zuverlässigkeit und Stabilität, die durch die Routine in der Eifersuchtsbeziehung gegeben wird, soll nicht verloren gehen (Mummendey & Schreiber 1983:196). Die in einer Beziehung gewonnene persönliche Sicherheit soll erhalten bleiben (Clanton & Smith 1977c:212). *Empirische Direkterfahrung*: Mein Partner soll *mich* nicht mit einer HIV-Infektion oder einer Geschlechtskrankheit anstecken und mich dadurch der Gefahr einer AIDS- oder anderen Erkrankung aussetzen. Mein Partner *selbst* soll unversehrt und unbeschädigt bleiben (Anreger: Grold 1972:118). *Fall Thai, Asien*: Manche der Ehemänner «... have spent hard money - often earned by the wife - on extra-marital affairs, and caused their families some hardship on this score. It is not surprising that wives actively and bitterly resent the extra-marital sexual activity of their husbands, when it takes place» (Piker 1983/65:71). Siehe auch Clanton 1981:270 und B250 [Kgatla].

Es kann aber zweitens auch um die Unversehrtheit von Eigenschaften oder Interessen der *Angehörigen* Egos oder der *Gruppe*, der Ego zugehört, gehen (wobei auch daran zu erinnern ist, daß beispielsweise eheliche Beziehungen nicht immer nur als personale Beziehungen verstanden werden, siehe 3.1.3; vergleiche auch mit den Sozialwertmotiven [s.o.]).

B98) Sexuelle Eifersucht aus Angst vor einer Beschädigung von Interessen anderer (nicht Ego)
Fall Igbo/Ibo [Afikpo], Afrika: Jeder Ehebruch wird als direkte Bedrohung der Ahnen angesehen (Ottenberg 1971:14f.) *Fall Cubeo, Südamerika*: Bis ein Kind feste Nahrung zu sich nehmen kann, wird Geschlechtsverkehr zwischen den Eltern, aber auch Exosex des Mannes, als gefährlich für den Säugling angesehen (Goldman 1963:169). *Fall Orokaiva, Ozeanien*: Hier gefährdet Exosex das Funktionieren eines entscheidend wichtigen Austausch-Zyklus. «In both instances [zwei Fällen, die auch Exosex beinhalteten] a basic exchange cycle had been broken and that was thought to constitute the essence of the relationship. In the first case this was the exchange between man and woman in making their own contributions and deriving their own benefits in the taro garden - a cycle of exchange which parallels the cultivation cycle of the taro itself. In the second case it was the exchange between clansmen which is complete only when the man who received the brideprice provides recruits for the clan, was well as a steady new affinal alliance» (Schwimmer 1973:50). *Fall Giljaken [Niwchen], Nordasien*: Hier gefährdet Exosex, vor allem wenn die Exobeziehung in eine andere Beziehung mündet, die dann (von Missionaren) nach westlichen Vorstellungen legalisiert wird, die Investition (bzw. das Zurückerstatten) des Brautpreises (Shternberg 1933:283f.). *Fall Twi/Ashanti, Afrika*: Ehebruch wird als Diebstahl des Brautpreises angesehen (also als Verletzung von Gruppeninteressen), nicht als moralische Sünde (Rattray 1929:306 & 317ff.).

Dazu gehört zumindest partiell (weil Ego mitbetroffen sein kann) auch das Bestreben, mögliche oder drohende "übernatürliche" oder "nichtmenschliche" Sanktionen (verschiedener Art) zu verhindern.

B99) Sexuelle Eifersucht aus Angst vor übernatürlichen Sanktionen
Fall Suku/Basuku, Afrika: Es sei ein viel größeres Vergehen, Exosex mit einer Frau zu haben, die speziell durch Fetische geschützt ist. So ein Geschlechtsverkehr gefährde die Gesundheit von Frau und Mann, weshalb er auch stärker bestraft wird: Bezahlung an den Fetisch für das Verletzen seines Einflusses, an den Ehemann und seine Frau für die Schmerzen, die sie erlitten, und für den Bruder der Mutter der Ehefrau (Van de Ginste 1947:45-47). *Fall Muria [Gond], Asien*: Bei den Muria ist die Angst vor übernatürlichen Sanktionen so groß, daß sie Ehebruch weitgehend verhindert. «After marriage, the fellowship of the ghotul widens out into the fellowship of the tribe. Sexual communism is no longer practised, but a great deal of the fear that Descartes noticed as a root of jealousy is eliminated by the strong social feeling against adultery; Muria simply do not commit this crime just as the do not commit the crime of theft, and therefore there is no need to fill one's mind with fears about the safety of one's possessions. Since love is not afraid, it is not possesive. Adultery is not only socially condemned, it is very dangerous; it casts a blight on the village, it ruins the ritual hunt, it diverts the fisherman from his catch, it brings wild beasts upon the cattle, and it causes the offenders to swell all over and perhaps even die. Social and supernatural sanctions alike make it unnecessary to be jealous» (Elwin 1968:217; siehe auch Elwin 1947:636-640). Siehe auch B224.

Solche Motive, in denen Eigenschaften oder Interessen von Ego, Egos Gruppe oder Angehörigen oder anderen Personen bzw. Institutionen im Vordergrund stehen (und nicht die Eigenschaften oder Aktivitäten des Partners, wie bei den Zuwendungs- oder Bestandsmotiven [s.o.]) =df. *Unversehrtheitsmotive.* Ihre allgemeine Grundform ist: "Ich möchte Eigenschaft *zzz* (z.B. psychische Stabilität, Investitionsrendite, Funktionieren von sozialen Institutionen oder körperliche Gesundheit) unversehrt erhalten".

Neidmotive. Oftmals geht es bei sexueller Eifersucht auch oder vor allem um Gleichstellung oder Gleichberechtigung mit dem eigenen Partner bzw. dem Rivalen.[24]

B100) Sexuelle Eifersucht wegen ungleicher Behandlung
Wirkungstheorie: Wenn mein Partner sich meinem Rivalen gegenüber anders verhält als mir gegenüber (ihm z.B. mehr Zeit widmet oder zärtlicher zu ihm ist als zu mir), wenn er mich von seinen Aktivitäten ausschließt, dann kann dadurch mein Wunsch nach Gleichbehandlung mißachtet werden (Anreger: Dillier 1983:260, Mazur 1977/73:187, Mummendey & Schreiber 1983:197). *Fall Rundi/Burundi, Afrika*: «A woman, it was explained, is jealous of those with whom her husband sleeps, because the others will perhaps get presents out of him that she wants for herself, or perhaps one of the other women will speak against her to persuade her husband to divorce her» (Albert 1963:193). *Fall Anamat [Trinidad] Mittelamerika*: «Several women spoke freely to me and my field assistant about their husbands' outside sexual activity. What seemed to annoy them most was the fact that money was spent on these other women!» (Freilich 1961:962).

B101) Sexuelle Eifersucht aus Neid auf Exosex wegen (uneingestandener) Homosexualität
Wirkungstheorie (Ergebnis empirischer Untersuchungen): Ego kann eigene, vielleicht nicht eingestandene und jedenfalls nicht realisierte Wünsche nach exosexuellen Beziehungen haben und es deswegen mißbilligen, wenn der Partner seine entsprechenden Wünsche realisiert (Anreger: Baumgart 1985a:23). Dies ist eine Verallgemeinerung eines von Freud (1940/22:197f.) für besonders schwere Fälle sexueller Eifersucht von Männern behaupteten und von anderen (siehe Fenichel 1983:91, Jones 1930:186ff., Spielman 1971:73) gern auch verallgemeinernd wiederholten Motivs für das Auftreten sexueller Eifersucht: unterdrückte Homosexualität. Ego würde eigentlich selber gerne sexuelle Beziehungen mit seinem gleichgeschlechtlichen Rivalen haben. Unter Umständen sei mit dieser (nicht eingestandenen) Lust auf Homosexualität auch eine Angst vor Homosexualität verknüpft (Baumgart 1985b:339; auch :50-53, 164ff. et passim). «Dieses Syndrom wird besonders deutlich, wenn sich der Mann aus Ärger über die vermeintliche Untreue der Frau ins Wirtshaus, in den Club oder in irgendeine andere Männergesellschaft flüchtet und damit unbewußt, aber um so zielstrebiger seiner Frau die Gelegenheit bietet - ja geradezu *anbietet* -, nun wirklich aus Einsamkeit und Verbitterung fremdzugehen. In Wahrheit zieht der Mann die Gesellschaft der Männer vor und benutzt seinen E[ifersuchts]-Wahn nur als Alibi, um sich selber vormachen zu können, daß *sie* die Männer liebt, die *er* nicht zu lieben wagt» (Borneman 1978.I:269). Als generelles Motiv ist diese (womöglich pauschale) Unterstellung eines (durchgängigen) homosexuellen Begehrens empirisch jedoch vermutlich nicht haltbar (wenn auch schwierig zu widerlegen, weil Abstreiten seitens Ego als Bestätigung angesehen werden könnte und zumindest von Psychoanalytikern so interpretiert wird). Es ist aber nicht auszuschließen, daß es auch in dieser spezifischeren Form für wenigstens einige Personen gilt.

---

24 Ich verwende Neid hier in einem engeren Sinne (Verletzung von Gleichheits- oder Gleichbehandlungsansprüchen). Gerade im Vergleich zu sexueller Eifersucht wird Neid vielfach auch allgemeiner und ähnlich der sexuellen Eifersucht konzipiert (Unterschied: die Ausgangsbeziehung ist nicht gegeben). Siehe dazu z.B. Anderson 1987, Ankles 1939, Beecher & Beecher 1972/71, Dunde 1984, Clanton 1985c, Evans 1975, Hupka 1985, Mummendey & Schreiber 1983, Neubauer 1982, Pflüger (Hg.) 1982, Ruthe 1976 und 1984, Spielman 1971, Titelman 1976 und 1981, Van Krogten et al. 1983, Vukasinovic-Pecotic 1985 und Wagenseil 1982.

Ego möchte nicht anders (vor allem schlechter) behandelt werden als z.B. sein Rivale, möchte die gleichen Rechte, Nutzen oder Vorteile haben wie sein Partner. Dabei ist nicht unbedingt eine grundsätzliche Ablehnung exosexueller Beziehungen auch des eigenen Partners impliziert, sondern nur eine bedingte: "Wenn ich nicht, dann Du auch nicht". Eifersuchtsmotive, die durch diesen Wunsch nach Gleichheit, Gleichbehandlung oder Gleichberechtigung gekennzeichnet sind, =df. *Neidmotive*. Ihre Grundform ist: "Ich möchte das Gleiche tun bzw. bekommen wie mein Partner bzw. Rivale".

Machtmotive. Die letzte von mir gefundene Gruppe von Motiven, die zu Eifersuchtsreaktionen führen können, ist durch den gemeinsamen Wunsch nach einem aktiven Kontrollieren oder Beherrschen des Partners gekennzeichnet. Diese Art von Motiv ist vielfach in Eifersuchtsdefinitionen zu finden:

B102) Sexuelle Eifersucht als Machtanspruch bzw. -ausübung
Bautheorien: Eifersucht =df. «the emotion people experience when control over valued resources that flow through an attachment to another person is perceived as in possible jeopardy because partner might want or might actually give and/or receive some of these resources from a third party» (Ellis & Weinstein 1985:7). Sexuelle Eifersucht von Männern sei ein Bedrohungsgefühl, eine Emotion und der Versuch, durch Gebrauch oder Androhung von Gewalt sexuelle Exklusivität und Kontrolle über die Partnerin zu erreichen bzw. zu erhalten (Daly et al. 1982:11f.). «... jealousy can be seen as the attempt to control another person's life and choices» (Dorothy Pewen in einem Kommentar zu Seeman 1981:52P).

Daß ein Besitzen-, Kontrollieren- oder Beherrschenwollen eines Partners zu sexueller Eifersucht führen kann, ist unmittelbar einsichtig: Wenn ich dieses anstrebe und deshalb u.a. nicht möchte, daß der Partner sexuelle Beziehungen mit einer dritten Person eingeht oder unterhält, dann ist ein praktizierter exosexueller Verkehr des Partners eine Bedrohung meines Herrschafts- oder Kontrollanspruchs.

B103) Machtwillen als Faktor für sexuelle Eifersucht
Empirische Direkterfahrung: «Merkwürdig ist, daß der Eifersüchtige lieber von einem Menschen, den er doch brennend zu lieben meint, sich trennt, als daß er ihm noch andere erotische Beziehungen zugesteht. Das bestätigt, daß solche Unduldsamkeit weniger Liebe ausdrückt als einen Macht- und Besitzwillen. Der Eifersüchtige, dem es mißlungen ist, sich eines anderen Menschen ganz zu bemächtigen, wechselt den Kampfplatz. Wo er nicht ausschließlich über einen Menschen verfügt, da zieht er sich zurück» (Plack 1979/76:111).

Die Grundform dieser Motive ist also: "Ich möchte die Kontrolle (Herrschaft) über meinen Partner haben" oder "Ich möchte, daß meine Partnerin nur Dinge tut, die ich ihr erlaube". Eifersuchtsmotive dieser Art =df. *Machtmotive*.

Zu beachten ist aber, daß von 'Machtmotiven' nur dann gesprochen werden sollte, wenn wirklich *aktiv* versucht oder angestrebt wird, den Partner quasi als Selbstzweck zu manipulieren, zu kontrollieren, zu besitzen oder zu beherrschen.

B104) Ein expliziertes Machtmotiv
Fall USA: Ein 20jähriger Mann: «I want my friends near and want to monopolize them» (Gesell 1906:462).

Das auch im Zusammenhang mit den anderen Eifersuchtsmotiven (s.o.) auftretende und für deren Erfüllung unumgängliche Kontrollieren als Mittel der Zielerreichung (Motiverfüllung) muß also deutlich vom aktiven Machtstreben (um der Macht selbst willen) unterschieden werden.

An dieser Stelle ist deshalb auch eine Relativierung und Präzisierung der verbreiteten Auffassung angebracht, sexuelle Eifersucht habe immer etwas mit *Besitz(denken)* zu tun, welches dann zum Teil auch noch negativ bewertet wird.

B105) Sexuelle Eifersucht als Besitzdenken
Bautheorien, Wirkungstheorien: Eifersucht sei «a possessive desire» (Hoaken 1976:47). Sie impliziere (alleine) Besitzenwollen (Mazur 1977/73:187, Ruthe 1976:73). Hinter Eifersucht stecke Besitzdenken und je nach dessen Ausprägung ergebe es eine andere Form Eifersucht (Clanton & Smith 1977a:5). Eifersucht sei eine Furchtreaktion auf eine Bedrohung von tatsächlichem oder erwünschtem Eigentum (Davis 1977/36:129,133). «Da Eifersucht eine Eigenschaft des Besitzanspruches ist ...» (Borneman 1979:22).

Dieses "Besitzenwollen" oder "Eigentumsdenken" ist tatsächlich in allen Eifersuchtsmotiven enthalten, es *muß* sogar enthalten sein. Ausgangspunkt sexueller Eifersucht ist ja immer ein Status quo (eine Beziehung oder ein damit verknüpfter Wert, eine damit verbundene Eigenschaft), der nicht aufgegeben werden soll. Dieser Status quo ist (ganz neutral) "Besitz" oder "Eigentum" von Ego, dessen Erhalt angestrebt wird, das verteidigt werden soll. Diese Art von "Besitz-" oder "Eigentumsdenken" ist aber *immer* im Spiel, wenn (beliebige!) eigene Interessen verfolgt werden sollen, also nicht nur im Zusammenhang mit Exosex bzw. sexueller Eifersucht. Erst und nur dann, wenn nicht allein das Erhaltenwollen real oder eingebildet bestehender Eigenschaften ("die Verteidigung vorhandenen Besitzes") Ausgangspunkt sexueller Eifersucht ist, sondern wenn (auch) ein Versuch unternommen wird, aktiv andere Eigenschaften zu erreichen (z.B. Partnerkontrolle, -unterdrückung oder -abhängigkeit), bekommt das Besitz- oder Eigentumsdenken als Machtdenken eine andere Wertigkeit und kann und sollte es ggf. negativ bewertet werden.

5.1.2 Das Treuemotiv

Um sexuell eifersüchtig werden zu können, reicht es nun nicht aus, lieber der einzige Sexualpartner sein oder gleichberechtigt und gleichbehandelt werden zu wollen. *Alle* (ja zunächst einmal eher egobezogenen und passiven) Eifersuchtsmotive (siehe 5.1.1) müssen auf den oder die Partner bezogen und damit aktiviert werden (siehe Abb. 11, S. 135).

In Ergänzung jedes der genannten (und immer *ego*bezogenen, d.h. auch unabhängig von Partnern formulier- und verfolgbaren) Eifersuchtsmotive muß Ego also immer noch ein explizit *partner*bezogenes Motiv haben, welches dem Partner normativ exosexuelle Beziehungen untersagt (=df. ein *Treuemotiv*). Dieses Motiv ist formal ein von Ego gesetztes und an den oder die Partner gerichtetes *Verbot* exosexueller Beziehungen mit der allgemeinen Form: “Damit meine Eifersuchtsmotive befriedigt werden können, darfst/sollst/möchtest Du keine (oder nur bestimmte, siehe 7.3.3) exosexuellen Beziehungen eingehen oder unterhalten!”.

Wie aus der Alltagserfahrung und den Beispielen im Untersuchungsbericht deutlich wird, tritt dieses Verbot in sehr verschiedenen Varianten auf, die z.T. wiederum durch die Wirksamkeit der Elementarfacetten entstehen. So kann das Treuemotiv auf bestimmte Arten von (körperlichem und/oder psychischem) Exosex, auf bestimmte Personen, Situationen oder Zwecke eingeschränkt sein (siehe dazu ausführlicher 7.3.3).

Übrigens, auch wenn es auf den ersten Blick keinen Unterschied zwischen dem

Exklusivitäts- und dem Treuemotiv zu geben scheint: es handelt sich doch um zwei verschiedene Motive. Das Exklusivitätsmotiv entspricht dem *allgemeinen Wunsch* nach Einzigartigkeit oder Ausschließlichkeit. Das Treuemotiv dagegen ist ein (u.U. durch diesen Wunsch, aber eben auch aufgrund anderer Motive bewirktes) *konkretes Verlangen* sexueller Ausschließlichkeit, also ein Verbot von Exosex.

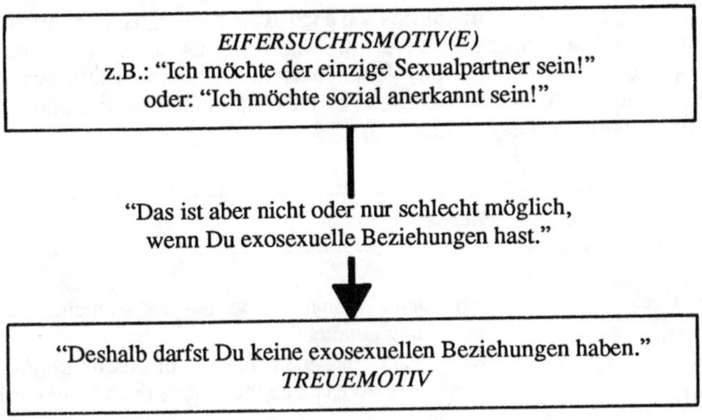

Abb. 11: Die Aktivierung der egobezogenen Eifersuchtsmotive durch das partnerbezogene Treuemotiv

5.1.3 Wer kann eifersüchtig werden (1)?

Die genannten Eifersuchtsmotive und damit ein Treuemotiv können nicht nur Ego, Partner und Exopartner, also die direkt in der Ausgangs- und der Exobeziehung Beteiligten, haben und verfolgen. Weil Personen in keiner Sozietät isoliert leben, ohne in ein soziales Netz (hier nicht im karitativen, sondern systematischen Sinne!) eingebunden zu sein, können (wie besonders in 5.1.1 [Unversehrtheitsmotive] betont) beispielweise auch die Kinder, Eltern, Geschwister oder andere Angehörige des jeweiligen (!) Ego Motive haben, die durch exosexuelle Beziehungen eines Partners von Ego in (der Qualität und/oder Quantität) ihrer Erfüllung bedrohbar sind. Und daher können auch diese *selbst* sexuell eifersüchtig werden, also nicht nur aus Solidarität ein eifersüchtiges Ego in seinen Eifersuchtsaktivitäten unterstützen (siehe auch 5.2.2 und 5.4.1).

5.1.4 Sexuelle und nichtsexuelle Eifersucht

Die gefundenen Eifersuchtsmotive (5.1.1) sind in ihrer allgemeinen Grundform ***alle nicht*** auf Sexualität bezogen und können deshalb auch durch andere Ereignisse als exosexuelle Beziehungen eines Partners in ihrer Erfüllung bedroht werden. Dann handelt es sich aber nicht um sexuelle Eifersucht, sondern um andere, nichtsexuelle Formen von Eifersucht. *Sexuelle* Eifersuchtsmotive sind nur jene spezielle Unterart oder Ausprägung jeder dieser Motivgruppen, die durch das Element Gefährdung bzw. Gefährdbarkeit durch eine *exosexuelle Beziehung* gekennzeichnet sind. Um von 'sexueller' Eifersucht sprechen zu können, genügt es dabei, wenn - neben anderen - *ein* sexuelles Eifersuchtsmotiv beteiligt ist und wenn die exosexuelle Beziehung *eine* der Bedrohungen oder Gefahren dieses Motivs ist (siehe auch 5.3.1).

B106) Nur vordergründig, aber deshalb trotzdem sexuelle *Eifersucht*
Fall Sirionó [Mbia], Südamerika: «Since food and sex go hand in hand in Siriono society - and there is a scarcity of the former - the wives with whom the husband most frequently has sex relations are also the ones who generally get the most to eat. Consequently, cowives frequently view with one another for the sexual favors of their husband. This sometimes leads to bitter fights and quarrels» (Holmberg 1950:49-50).

Aspekt	*Facetten*
Eifersuchtsmotive:	
Bestandsmotive:	"Ich möchte meinen Partner be- und so meine [Eifersuchts-]Beziehung erhalten".
Exklusivitätsmotive:	"Ich möchte, daß mein Partner physische und/oder psychische sexuelle Aktivitäten nicht ohne mich bzw. nur mit mir unternimmt".
Zuwendungsmotive:	"Ich möchte, daß mein Partner sich mir zuwendet, mit mir *xxx* macht".
Anspruchsmotive:	"Ich möchte, daß mein Anspruch *yyy* nicht verletzt wird".
Selbstwertmotive:	"Ich möchte nicht weniger wert sein als andere (z.B. als mein Rivale)".
Sozialwertmotive:	"Ich möchte sozial anerkannt sein".
Unversehrtheitsmotive:	"Ich möchte Eigenschaft *zzz* unversehrt erhalten".
Neidmotive:	"Ich möchte das Gleiche tun bzw. bekommen wie mein Partner bzw. Rivale".
Machtmotive:	"Ich möchte, daß mein Partner nur Dinge tut, die ich ihm erlaube".
Treuemotiv:	"Um die Erfüllung meiner Eifersuchtsmotive nicht zu gefährden, darfst/sollst Du keine (oder nur bestimmte) exosexuelle(n) Beziehungen eingehen".
Motiv-Vertreter:	
Ego:	Ausgangspartner, dessen/deren Verwandte, andere
Position:	Ego, Partner, Rivale (können alle Ego sein)
Andere Merkmale:	
Legitimationsgrad:	mehr bis weniger legitimiert, nicht legitimiert
Sanktionierung:	keine, schwache bis starke
Wissen:	mehr bis weniger bewußt/bekannt, unbewußt/unbekannt
Formulierung:	eindeutig, mehr bis weniger diffus
Konstanz:	mehr bis weniger variabel, konstant
Zeit:	mehr bis weniger kurzfristig/langdauernd
Differenziertheit:	mehr bis weniger komplex und/oder kompliziert

Tabelle 12: Die Ausprägungsmöglichkeiten der Eifersuchtsmotive

In diesem Zusammenhang ist auch die Frage zu stellen, ob nicht vielleicht "Eifersucht" mit "sexueller Eifersucht" gleichzusetzen sei? Ob also - in teilweiser Anlehnung an den Alltagssprachgebrauch - nicht besser *nur* die durch exosexuelle Beziehungen bewirkten Motivgefährdungen oder -verletzungen 'Eifersucht' genannt werden sollten, und für die anderen sonst formgleichen Sachverhalte andere Bezeichnungen gesucht werden sollten? Ich denke nein, vor allem, weil der durchgängige Oberbegriff ("Eifersucht") die formale Einheitlichkeit der durch verschiedene Spezifizierungen (wie z.B. exosexuelle Beziehungen) differenzierbaren Sachverhalte deutlicher zum Ausdruck bringt, also zeigt, daß *sexuelle* Eifersucht die Spezialform eines allgemeineren, nicht nur auf das Sexuelle bezogenen Phänomens Eifersucht ist.

5.1.5 Zwischenergebnis: Eifersuchtsmotive

Damit eine Person eifersüchtig werden kann, muß sie *Eifersuchtsmotive* haben, d.h. Bedürfnisse und/oder Begehren, die durch eine physische und/oder psychische exosexuelle Beziehung eines Partners wenigstens aus der subjektiven Sicht Egos in mindestens der Qualität oder Quantität ihrer Erfüllung gefährdet oder verhindert werden (können). Durch Exosex eines Partners können dabei sehr unterschiedliche Arten oder Gruppen von Motiven in ihrer Erfüllung bedroht oder bedrohbar sein (siehe zusammenfassend Tabelle 12, S. 136).

Alle diese eher egobezogen passiven Eifersuchtsmotive sind im Eifersuchtsprozeß nur indirekt wirksam. Direkt wirksam und damit entscheidend ist immer das durch die anderen Eifersuchtsmotive bewirkte partnerbezogen aktive *Treuemotiv*, d.h. das Verbot exosexueller Beziehungen.

Die unterschiedlichen Motivarten betonen zum Teil nur unterschiedliche Aspekte im Ergebnis gleicher oder sehr ähnlicher Interessen. Sie können deshalb auch als Motiv*aspekte* aufgefaßt werden und treten in der Realität selten exklusiv auf. In den meisten faktisch wirksamen Eifersuchtsmotivationen sind mehrere der genannten Motive oder Motivaspekte (auch in mehrstufigen Wirkungsbeziehungen) kombiniert. Wie die Aspekte aller anderen Eifersuchtsdimensionen sind auch das Treuemotiv und die indirekten Eifersuchtsmotive fallspezifisch u.a. durch jeweils unterschiedliche Ausprägungen der Elementarfacetten charakterisiert.

5.2 Beziehungen: Wo ist sexuelle Eifersucht möglich?

Damit Exklusivitäts- oder andere Eifersuchtsmotive und vor allem das Treuemotiv partnerbezogen formuliert werden können, muß es eine Eifersuchtsbeziehung geben (siehe 4.1.1). Wie aber müssen bzw. können diese Beziehungen aussehen oder beschaffen sein, in denen sexuelle Eifersucht ausgelöst werden kann?

5.2.1 Das Spektrum der Eifersuchtsbeziehungen

Trotz (oder gerade wegen) der Einschränkung durch das Kriterium einer Verknüpfung von Beziehung und Eifersuchtsmotiven bleibt das Spektrum der Beziehungen, in denen sexuelle Eifersucht auftreten kann (und damit auch das Spektrum der die Eifersuchtsbeziehungen mitbestimmenden indirekten kulturellen Faktoren), nicht nur aufgrund der Elementarfacetten sehr groß. Zu beachten ist insbesondere, daß nicht nur realisierte, sondern auch fiktive Beziehungen Eifersuchtsbeziehungen sein können.

Realisierte Eifersuchtsbeziehungen. Weil die meisten der intensiveren zwischenmenschlichen Beziehungen (z.B. Ehen, eheähnliche Beziehungen, Freundschaften oder Partnerschaften) mit irgendwelchen Eifersuchts- oder "Nicht-Exosex"-Motiven (5.1) verknüpft sind oder sein können und weil es zumindest immer *möglich* ist, daß ein Partner eine exosexuelle Beziehung eingeht, ist *jede* dieser intensiveren Beziehungen eine (wenigstens potentielle) Eifersuchtsbeziehung. Dies trifft insbesondere auf die meisten der im globalen Vergleich faktisch vorherrschenden monogamen Beziehungen zu, weswegen die verbreitetste Eifersuchtsbeziehung eine real bestehende, heterosexuelle, legitimierte Ehe zwischen zwei Personen sein dürfte. Zu betonen ist aber, daß sexuelle Eifersucht auch in

- Polybeziehungen[25] (dazu B107 und B108),
- nichtlegitimierten (wie nicht ehelichen) Beziehungen (dazu B109),
- homosexuellen Beziehungen (dazu B110),
- Beziehungen ohne besondere Liebeszuneigung (dazu B111) oder
- Verwandtschaftsbeziehungen (z.B. in Elter-Kind- oder in Geschwister-Beziehungen; dazu B112)

auftritt bzw. auftreten kann, weil alle diese Beziehungen mit Bestands-, Exklusivitäts-, Zuwendungs-, Anspruchs-, Selbstwert-, Sozialwert-, Unversehrtheits-, Neid- und/oder Machtmotiven (also [auch] Eifersuchtsmotiven) verknüpft werden können (siehe auch 5.1).

B107) Sexuelle Eifersucht des Einzelpartners in polygyner Eifersuchtsbeziehung
Fall Aborigines, Western Arnhem Land, Australien: «Men with several wives were not necessarily less jealous than men with one or two. Usually they seemed to be on the watch for incidents that might indicate adultery or plans for elopement on the part of their wives» (Berndt 1976:32-34).

B108) Gruppeneifersucht mehrer Ausgangspartner in polygyner Eifersuchtsbeziehung
Fall Dahomey [Fon], Afrika: Bei den polygynen Dahomey gab es verschiedene Arten von Beziehungen zwischen einem Mann und seinen Ehefrauen, die sich durch unterschiedliche Zuneigung, Rechte, Zahlungen usw. unterscheiden. Diese verschiedenen intraehelichen Beziehungsarten konnten zu einer solidarischen Aufteilung von Frauen gleicher Beziehungsart und damit zu einer Art "Gruppeneifersucht" führen: «Any man with a number of wives knows he must have favorites, and the Dahomean takes for granted the fact of jealousy among his spouses.

25 Immerhin *erlaubt(e)* die weitaus größere Zahl der bekannten Ethnien wenigstens einigen ihrer Mitglieder mehr als eine Ehepartnerin (überwiegend) bzw. (sehr selten) mehr als einen Ehepartner - obwohl aufgrund der tatsächlichen Geschlechterproportion *de facto* Mono-Beziehungen vorherrschen: Für nur 168 der 1166 Ethnien des EA wird «Independent Nuclear, Monogamous» als vorherrschende Eheform angegeben, für weitere 417 «Independent Nuclear, Occasional Polygyny», für den Rest jedoch eine Form von Polygamie (bis auf 6 Ethnien immer Polygynie) - bei 12 Ethnien ohne Daten (Whyte 1988/85: Code #9). Da die Zahlenangaben zum Teil erheblich schwanken (siehe die Codes Nr. 68, 79, 211, 606, 607, 698, 861-63 und 866-78 in World Cultures, in denen verschiedene Daten zu eheformen in den 186 Ethnien des SCCS gegeben werden), ist zwar Vorsicht angebracht, die Tendenz ist aber deutlich erkennbar. Siehe auch Fischer 1952.

More than this, these individual dislikes among co-wives are extended in a large household to group jealousies, so that when two wives quarrel, each is upheld and assisted in verbal recrimination by the wives married under the same category as herself» (Herskovits 1967/38:335f.).

B109) Sexuelle Eifersucht in nichtlegitimierten Eifersuchtsbeziehungen

Fälle: Westliche Welt: Neuere quantitativ-empirische Untersuchungen in der Psychologie, die vor allem in den USA und in Europa durchgeführt wurden, berücksichtigen sehr häufig auch nicht verheiratete (also nicht gleichberechtigt legitimierte) Paare und zeigen, daß auch dort sexuelle Eifersucht auftritt (siehe z.B. Barrell & Richards 1982, Bringle et al. 1983, Buunk 1982b, Danzinger 1978, Hupka 1984, Hupka et al. 1985 oder White 1980). *Fall Mehinaku [Xinguanos], Südamerika*: «As in marriage, the relationship of lovers is nominally exclusive. That is, lovers often feel obliged to reassure each other that they have no other extra-marital contacts, even though each may realize that such assurances are not to be taken altogether seriously» (Gregor 1974:337). *Fall Aborigines, Australien*: «In western Arnhem Land, for example, sexual jealousy could flare up between recognized sweethearts, as well as between legitimate spouses» (Berndt 1976:14).

B110) Sexuelle Eifersucht in homosexuellen Eifersuchtsbeziehungen

Fall Großbritannien (Ergebnis einer empirischen Untersuchung mit Lesbierinnen): «Der Hauptgrund für Gewalttaten bei den Lesbierinnen war Eifersucht, wie aus den Interviews auch hervorging» (Wolff 1973/71:129). *Fall USA*: Ein 28jähriger Mann: «When in college I became passionately attached to my roommate, in fact I loved him. I did not want him to marry, and I planned a home in which he was to live as one of the family, my wife loving him almost as much as me. When, one day, a letter came announcing his marriage I felt terribly hurt - hurt is the word; it was hardly mortification, still less rage or resentment; it was keen grief, falling sensation in the stomach, pressure pain on the chest, more especially about the heart; it was a dire sense of having lost something, of being poorer. One of the hardest things I ever did in my life was to write the letter of congratulation» (Gesell 1906:465). Siehe z.B. auch Blasband & Peplau 1985, Lagache 1949 und 1950, Kirkendall 1980, Morris 1982, Murtrie 1924, Nemanitsch 1900, Nouranipour 1981, Wimmer 1967 oder Wolff 1973/71.

B111) Sexuelle Eifersucht in Beziehungen ohne besondere Liebeszuneigung

Fall Mangaia, Ozeanien: Kennen sexuelle Eifersucht, *wareae* genannt, als häufige maritale Empfindung, und zwar unabhängig davon, ob zwischen den Ehepartnern eine tiefe emotionale Zuneigung besteht. Sex ist nicht mit Affektion assoziiert, weder Sex noch Affektion sind Basis für die Ehe (Marshall 1971:158f. et passim). Siehe auch B113 und B265.

B112) Sexuelle Eifersucht in Verwandtschaftsbeziehungen

Fall Ambonesen, Asien: Eine Vater-Tochter- bzw. Bruder-Schwester-Beziehung als Eifersuchtsbeziehung: «... I gave a ride to several Asilulu women and girls in the afternoon because of the rain. I saw several girls who were really pretty, but also several who were not. I asked why a girl's father should be so angry at her sexual adventures while the mother was not so strict, since both of them had done likewise in their youth. Note also that the brothers of the girl become angry; but the sisters connive and even sleep near the girl and boy who are sleeping together. He said that he did not know. It looks like a remarkable case of a male dog-in-manger sort of thing and jealousy. It is O.K. to have taken other men's daughters, but they don't want their own so treated. (Could the higher price for a virgin be relevant here? Or could it be that the Mohammedan puritanism has hit men but not women, who are more held to the old adat?) ..... A father tells his son about sex; a mother does likewise to her daughters. They tell both sons and daughters to leave sex alone, but they know that they will do it. The mother takes it calmly, but the father becomes angry if he learns that his children have been involved. This is so even though they surely know that they did it themselves» (Kennedy 1955:T). Siehe auch B85 (Mittelmeerraum), B34 (Fellachen) oder B96 (Sudan).

Die Partner in einer Eifersuchtsbeziehung müssen auch nicht unbedingt körperlich-sexuell miteinander verkehren oder verkehrt haben, um *sexuell* eifersüchtig werden zu können.

B113) Sexuelle Eifersucht in nichtsexuellen Eifersuchtsbeziehungen
Wirkungstheorie, empirische Direkterfahrung: Sexuelle Eifersucht kann auftreten, wenn Ego gerne mit seiner Freundin schlafen würde, sie mit ihm dazu (noch) nicht bereit ist, dann aber mit einem anderen schläft. Siehe auch die vielen (oft schon längere Zeit bestehende) Ehen, die weder Liebesbeziehungen (also psychisch) noch körperlich sexuell sind, und in denen trotzdem oder vielleicht sogar gerade sexuelle Eifersucht auftritt.

Sexuelle Eifersucht wird allein durch den *Exosex* bestimmt (siehe 4.1.3) und ist auch in "nur" psychisch-sexuellen und selbst in nicht oder nicht mehr sexuellen Eifersuchtsbeziehungen möglich. Vor allem ist keine Voraussetzung für das Auftreten sexueller Eifersucht, daß die an der Ausgangsbeziehung Beteiligten womöglich eine bestimmte Art oder Qualität sexuellen Verkehrs (Petting, Koitus usw.) praktiziert haben müssen.

Fiktive Eifersuchtsbeziehungen. Bisher bin ich davon ausgegangen, daß die Eifersuchtsbeziehung eine vielleicht mehr bis weniger feste und enge, aber doch immer *realisierte*, d.h. von allen Beteiligten als solche empfundende oder eingeschätzte Beziehung ist. Sexuelle Eifersucht kann aber auch in noch nicht oder nicht mehr realisierten Beziehungen vorkommen. Ego kann ja inzwischen von seinem Partner getrennt sein, kann für jemanden schwärmen oder sich um jemanden bemühen und dabei dessen oder deren bestehende Beziehung zu einer dritten Person als störend und motivgefährdend empfinden.

B114) Sexuelle Eifersucht in fiktiven Eifersuchtsbeziehungen
Fall Deutschland[?]: «Zwölf Jahre nach der Scheidung von ihrem Ehemann Reinhard D. (53) ermordete die 49jährige Hausfrau Anita D. die 38jährige Pamela H., die Gefährtin ihres ehemaligen Mannes. Reinhard D. hatte Pamela H. erst sieben Jahre nach seiner Scheidung kennengelernt. Es gab also keinen Ehebruch und deshalb auch keinen Grund weshalb die geschiedene Frau des Reinhard D. auf seine jetzige Freundin eifersüchtig sein sollte. Vor Gericht sagte sie jedoch: 'Er gehört mir, und er hat immer mir gehört. Die nächste, die er jetzt heiraten will, wird vorsichtiger sein. Sie weiß, was ihr blüht, wenn ich aus dem Kittchen komme'» (Borneman 1986:176). *Fall Kanuri [Beriberi], Afrika*: «The Kanuri talk about *boye*, a jealous curiosity which a husband or a wife may feel towards one's divorced spouce. This involves longing to return to a former spouse, looking to see what the divorced spouse is presently doing, and curiosity as to whether she or he has new lovers. Boye may reach the point where a former spouse might attack his wife's new lover with a knife» (Rosman 1966:72f.). *Fall Ojibwa [Chippewa], Nordamerika*: «Some men are at first indifferent to a wife's desertion, but later go into a frenzy of jealousy and bitterness upon discovering that the wife is happily remarried. The very deserter may become jealous of his wife's new happiness, and fight to deprive her of it. A wife's contentment is a challenge that must be overthrown if possible. A man's fury may find violent expression in attempts to kill the wife. Sometimes the husband succeeds in killing the lover and taking back his wife; or he may instead be killed by one of them. Some women have a similar emotional reaction to a husband's successful remarriage, but they do not usually resort to violence in their efforts to displace the rival» (Landes 1938: 105-6). Siehe auch B6.

Etwas ähnliches findet sich in vielen polygamen Beziehungen. Dort sehen zumindest einige ihre Kopartner als Konkurrenz, möchten sie lieber eine exklusive Zweierbeziehung haben oder die erste, wichtigste Partnerin des mit den anderen Frauen geteilten Gatten sein.

B115) Sexuelle Eifersucht innerhalb polygyner Beziehungen
Fall Burundi/Rundi, Afrika: Polygyne Familien leben in unterschiedlichen Compounds, jede Frau mit ihren eigenen Kindern. Es gibt kein «head-wife», aber eine aufgrund ihrer Qualitäten

(nicht Zeit der Eheschließung!) favorisierte Frau (*inkundwakazi*, «the favourite one»). «A polygynous family was often designated by the word *amshali*, whose root *ishyali* means jealousy, and one wife used to refer to another as her *mukeba*, rival» (Maquet 1961:86). «It is not for nothing, say the Rundi, that the wives of a polygamist are called *abakeba*, rivals. Each woman watches every other wife - the presents she has received from her husband, the size of the property she has been given to cultivate and as an inheritance for her sons, the cows given for her household, the number of children she has, the number of nights the husband spends with her. To calumniate one's *abakeba*, to poison them, to quarrel with them, to give the husband *inzaratsi* - the potion that diverts his love to the one that administers it to him - or to look for magic that will make the husband impotent when he is with other women, every sort of vengeance is normal among the wives of a polygamist» (Albert 1963:193f.). *Fall !Kung, Afrika*: «Wenn ein Mann eine Frau heiratet und dann noch eine Frau heiratet, neben der ersten eine zweite hat, dann sind sie nachts zu dritt und der Mann wechselt von einer Frau zur anderen. Zuerst hat er Sex mit der älteren Frau und dann mit der jüngeren. Aber wenn er zu der jüngeren geht, ist die ältere eifersüchtig; sie hält ihn fest und beißt ihn. Die beiden Frauen kämpfen miteinander und beißen sich. Die ältere Frau geht zum Feuer und wirft brennendes Holz auf die beiden. Sie beschimpft ihren Mann: 'Was hat dich dazu gebracht, daß du zu einer anderen Frau gehst und mit ihr schläfst, während ich, deine erste Frau, neben dir liege? Habe ich denn keine Vagina? Warum beachtest du sie nicht und gehst zu diesem Mädchen? Mit ihr hast du Sex, aber mit mir nicht!' Manchmal streiten sie sich in dieser Art die ganze Nacht bis in den Morgen» (Shostak 1982/81:127). *Fall Ibo/Igbo, Afrika*: «Every polygamist husband admits, without exception in my experience, that jealousy is a terrible curse to the system ...» (Basden 1966:103f.; siehe auch Ottenberg 1980/58:149f.). Siehe beispielsweise auch Turner 1889/90:270 zum Fall Nenenot [Labrador Eskimo], Nordamerika, Wilson 1960:191 und Levine 1962:39-42 zum Fall Ibo/Igbo, Afrika oder Chagnon 1968:66 zum Fall Yanoama/Yanomamö, Südamerika.

B116) Sexuelle Eifersucht innerhalb polyandrischer Beziehungen

Fall Thandan, Indien: «From here we were led to discuss jealousy. Did it exist among them? And if it did, how did they control it to make polyandry function? I was assured, of course, that it existed; hat I not noticed how many polyandrous households were breaking up because of quarrelling? Their members quarrelled because there was rivalry among the men, jealousy of each other and a desire to be the sole possessor of the common wife. Panju agreed that, although there was no jealousy between himself and Narayana, both of them being liked equally by Nani who distributed her favours evenly to both of them, there had been much strife and unpleasantness in the days when they were married to Kuniyama with their elder brothers (they were too young for that in their first union with Devaki). That was why they had wanted a wife to themselves and obtained Nani from their maternal uncle» (Peter 1963:221). *Fall Kammalan, Asien*: «My expericence with Kammalans and other artisan castes was different. Polyandry with them is also threatened, but it cannot be said that it has deteriorated to the same extent with them as it has with the higher castes. Jealousy, however, seems to be coming very much to the surface, and I heard many tales of serious quarreling among the men, leading to separation and to division into splinter households» (Peter 1963:237).

B117) Sexuelle Eifersucht innerhalb westlicher Polybeziehungen

Fall USA (multilaterale Ehen; Ergebnis empirischer Untersuchung): «When discussing the sexual aspects of multilateral marriage, inevitably the subject of jealousy arises. *Eighty* percent of respondents considered jealousy a problem» (Constantine & Constantine 1974:281; Hervorhebung von mir).

In allen diesen Fällen wird eine Eifersuchts*beziehung* nur einseitig empfunden, erhofft oder postuliert, existiert sie nur im Kopf von Ego, nicht auch in dem des Partners. Eine solche, nicht wenigstens beid- (bzw. all-)seitig gleichermaßen akzeptierte und realisierte Beziehung =df. *fiktiv*.[26] Fiktive Eifersuchtsbeziehungen

26 Dazu ein Hinweis: Auch wenn die *Beziehung* fiktiv ist, muß es die andere *Person* geben. Denn

können dabei für das gesamte Spektrum der realisierten bzw. realisierbaren Beziehungen (s.o.) empfunden oder postuliert werden.

Eifersuchtsbegünstigende und -behindernde Merkmale von Eifersuchtsbeziehungen. Auch wenn sexuelle Eifersucht grundsätzlich in allen realen und sogar in fiktiven Beziehungen vorkommen *kann*, wenn diese mit Eifersuchtmotiven verknüpft sind: Es gibt Konstellationen, die (bei gleichen Eifersuchtsmotiven!) mehr bzw. weniger eifersuchtsfördernd (bzw. -behindernd) sind.

B118) Eifersuchtsbegünstigende Beziehungsmerkmale
Fall Deutschland, Wirkungstheorie: «Charakteristisch für eine dyadische Beziehung vor dem Übergang in eine Dreierbeziehung [und damit für das Auftreten(können) sexueller Eifersucht] sind eine fehlende emotionale Bezogenheit beider Partner bei äußerer Distanz oder äußerer Verklammerung, eine Verkümmerung des partnerschaftlichen Wechselspiels von affektiver Annäherung und Distanzierung, eine wechselseitige Entwertung von Mann und Frau als Liebespartner» (Buddeberg 1986:124). Auch «Wechselseitige Entwertungen, welche über Jahre geschluckt und nicht zurückgewiesen werden, spielen in der Entwicklung von Eifersuchtskonflikten eine wichtige Rolle» (Buddeberg 1986:127). Allerdings ist hier immer zu prüfen, ob solche "weiteren" Faktoren nicht nur (in)direkte Ursachen für die Formulierung und Aktualisierung von Eifersuchtsmotiven sind - also eigentlich keine eigenen (direkten) Eifersuchtsfaktoren. Siehe auch B163.

Das Auftreten(können) sexueller Eifersucht ist deshalb auch bei identischer Motivation je nach den Ausprägungen anderer Merkmale der Beziehung(en) wie der beteiligten Personen mehr bis weniger wahrscheinlich.

5.2.2 Wer kann eifersüchtig werden (2)?

Wir begegnen häufig Formulierungen, in denen Ethnien als "eifersüchtig" (bzw. als "nicht eifersüchtig"; siehe B27) bezeichnet werden:

B119) Sexuelle Eifersucht als Eigenschaft von Ethnien?
Verbreitungsbehauptung: «According to various authors, the Atkha Aleuts, Haidahs, Tacullis and both Kutchin and Cree Indians are very jealous» (Achté & Schakir 1980:35 nach Westermarck. Während Achté & Schakir hier sexuelle Eifersucht als Eigenschaft *von Ethnien* behaupten, heißt es im Original sehr viel vorsichtiger und genauer: «Great jealousy *is met with among* the ...» [Westermarck 1894/91:118, Hervorhebung von mir]!).

Während kleinere Gruppen (wie die Ehefrauen eines Polygamisten) *als Gruppen* Eifersuchtsmotive mit Partnern verknüpfen können (siehe B108), ist dies für Sozietäten/Ethnien *als Sozietät/Ethnie* nicht möglich. Entsprechende Behauptungen sind deshalb (wie in B119 ersichtlich) nur ungenaue Formulierungen von intraethnischen Verbreitungsbehauptungen.

Im Zusammenhang der Diskussion der Eifersuchtsbeziehung ist auch *nachdrücklich* daran zu erinnern, daß nicht nur Ego eifersüchtig sein kann (wenn auch oft nicht offen darf), sondern z.B. auch die Person, zu der dessen Partner eine (u.U. sogar strengstens verbotene) Exosexbeziehung hat (im Zusammenhang mit

---

es ist zwar konstruierbar, daß eine Person sich einen Partner vorstellt und auch dessen exosexuelle Beziehungen erfindet und darauf eifersüchtig reagieren kann, d.h. daß sogar bei nur einer beteiligten Person Eifersucht auftreten kann, doch ist dies eine, wenn überhaupt, dann höchstens selten vorkommende Variante und deshalb (und auch wegen des Ausschlusses "nichtnormaler" sexueller Eifersucht) im Zusammenhang meiner Untersuchung zu vernachlässigen.

sexueller Eifersucht wird dieser Exopartner *Rivale* genannt, siehe 5.3.1). Auch ein Exopartner/Rivale hat eine (wenngleich oft nicht legitimierte) Beziehung zu einem Partner (dem Partner von Ego) und kann deshalb auf dessen Beziehung zu Ego und auf Ego (als Rivale) eifersüchtig sein.

B120) Ego, Partner und *Rivale als mögliche Eifersüchtige*
Wirkungstheorie: «In jealousy situations, the adulterer, the interloper and the cuckolded individual are equally frustrated in the attainment of their goals. All three of them are in a conflict situation, and their position, whether they are the adulterer or the cuckolded individual is *arbitrary*, and can be reversed in the next conflict situation» (Hupka & Ryan 1981:24; Hervorhebung von mir).

Dies wird (auch von Wissenschaftlern) viel zu häufig vergessen, weil mehr oder weniger automatisch aus der Sicht der zuerst bestehenden bzw. der offiziell legitimierten Beziehung betrachtet wird und dem Exopartner (vielleicht sogar aus unterschwellig moralischen Gründen) nicht die gleichen Rechte und die gleiche Aufmerksamkeit zugebilligt werden. Diese Ungleichbehandlung der Eifersuchtsprobleme des Exopartners oder Rivalen (für den ja Ego selbst Rivale ist) schlägt sich bis in die therapeutische Praxis nieder.

B121) Ungleichbehandlung und -bewertung der sexuellen Eifersucht der Rivalen
Fall Deutschland (Ergebnisse einer langjährigen Erfahrung in der Eheberatung): «Eine auffallende Lücke zeigt das Material: In keinem einzigen ausgewählten Fall war jemand in die Beratung gekommen, der die Außenposition im Dreieck einnahm. Dabei kommt es zweifellos häufig vor, daß die 'dritte Person' verzweifelt ist, weil man der Beziehung zu ihr die Ehe oder eine andere Liebe vorgezogen hat oder sich entschied, daß beides unvereinbar sei. In unseren Beispielen taucht diese Problematik nicht auf. Das mag an der Auswahl der Berater liegen, sicher auch daran, daß man solche Leiden noch immer als 'nicht so schlimm' ansieht, als etwas, das man 'schon allein schafft'; dagegen wird es als gefährlicher und kränkender, aber auch größerer Anstrengungen wert betrachtet, wenn man damit fertig werden muß, daß jemand in eine Ehe eingebrochen ist. Die Eifersucht in der Ehe erscheint im Wortsinne berechtigter - durch mehr Rechte geschützt und erklärbar» (Baumgart 1985a:287).

Hintergrund dieser Ungleichbehandlung ist bei uns eine Rechtsauffassung, die eine explizite Rangfolge zwischen den verschiedenen bei sexueller Eifersucht beteiligten Personen herstellt.

B122) Exosex als "schwerwiegendes Fehlverhalten"
Fall Deutschland: Nach deutschem Recht kann die Unterhaltslast nach einer Scheidung für den Unterhaltspflichtigen erlassen, herabgesetzt oder zeitlich begrenzt werden, «soweit die Inanspruchnahme des Verpflichteten grob unbillig wäre», weil «dem Berechtigten ein offensichtlich schwerwiegendes, eindeutig bei ihm liegendes Fehlverhalten gegen den Verpflichteten zur Last fällt.» «Ein schwerwiegendes Fehlverhalten haben die Gerichte bisher insbesondere in folgenden Fällen bejaht: Der Unterhalt begehrende Ehegatte hat sich von dem anderen Ehegatten gegen dessen Willen abgewandt und lebt, obwohl die Ehe noch besteht, mit einem Dritten in eheähnlicher Gemeinschaft. Der Unterhalt begehrende Ehegatte nimmt gegen den Willen des anderen während der Ehe ein nachhaltiges, auf längere Dauer angelegtes intimes Verhältnis zu einem anderen auf. Der Unterhalt begehrende Ehegatte nimmt während der Ehe intime Beziehungen zu wechselnden Partnern auf» (Bundesminister der Justiz 1989:27f.).

Nun gibt es in der Alltagssprache 'Eifersucht' auch dann, wenn weder eine reale noch eine wenigstens erhoffte oder angestrebte Beziehung zu den in einer sexuellen Beziehung (ohne Ego) befindlichen Personen besteht.

B123) 'Eifersucht' auf andere Liebesbeziehungen
Fall Deutschland: Eine junge Frau in einer Phase ohne Freund erzählte, daß sie jedesmal auf

ihre Mitbewohnerin, eine Freundin "eifersüchtig" sei, wenn diese im Nebenzimmer mit ihrem Freund (also der Freundin Freund) sexuell aktiv sei. Sie hätte dann auch gerne einen Freund (B. Fenner, persönliche Mitteilung vom 21.1.1990). Siehe auch den Fall in Völkel 1986:338.

Solche "Eifersucht" auf die sexuellen Beziehungen anderer Personen, zu denen weder eine Beziehung besteht noch angestrebt wird (die nur pauschal an eigene sexuelle Motive erinnern - was auch möglich ist, wenn Ego selbst einen Partner hat), sollte aber nicht unter ein systematisches Konzept sexueller Eifersucht subsumiert, sondern (wie verbreitet) 'Neid' (siehe 5.1.1 [Neidmotive]) genannt werden. Denn Eifersucht ist eine spezifische Eigenschaft von (wenigstens fiktiv) bestehenden Beziehungen/Partnerschaften.

Aspekte	*Facetten*
Beteiligte:	
Anzahl:	(eine), zwei, drei, ... Personen
Geschlecht:	weiblich, männlich
Beziehung:	
Verwirklichung:	fiktiv (erwünscht, erhofft), möglich, realisiert
Legitimationsgrad:	mehr bis weniger legitimiert, nicht legitimiert
Sanktionierung:	keine, schwache bis starke
Qualität:	mehr bis weniger eifersuchtsfördernd bzw. -behindernd
Eigenständigkeit:	eigenständige Beziehung, Teilbeziehung innerhalb z.B. polygamer Beziehung
Sexualität:	mehr bis weniger, körperlich und/oder psychisch, nein
Verwandtschaft:	nein, ja (enger, entfernter)
Wissen:	mehr bis weniger bewußt/bekannt, unbewußt/unbekannt
Zeit:	sofort, mehr bis weniger alt und/oder langdauernd
Differenziertheit:	mehr bis weniger komplex und/oder kompliziert

Tabelle 13: Die Ausprägungsmöglichkeiten der Eifersuchtsbeziehungen

5.2.3 Zwischenergebnis: Eifersuchtsbeziehungen

Damit sexuelle Eifersucht überhaupt auftreten kann, muß eine Beziehung zwischen mindestens zwei Personen bestehen, die mit Motiven verknüpft, belegt oder interpretiert ist, deren Erfüllung durch eine exosexuelle Beziehung eines der Partner vermeintlich oder tatsächlich behindert bis verhindert werden kann (also mit Eifersuchtsmotiven, siehe 5.1). Andere Voraussetzungen an eine eifersuchtsträchtige Eifersuchtsbeziehung gibt es nicht. Sexuelle Eifersucht ist deshalb in sehr vielen zwischenmenschlichen Beziehungen (also nicht nur ehelichen oder eheähnlichen) und prinzipiell bei allen daran Beteiligten möglich. Allerdings sind (neben den Eifersuchtsmotiven) auch bestimmte andere Merkmale der Eifersuchtsbeziehung mehr bis weniger eifersuchtsfördernd bzw. -behindernd (siehe zusammenfassend Tabelle 13).

5.3 Auslöser: Was kann zu sexueller Eifersucht führen?

Auch wenn mit einer Eifersuchtsbeziehung und Eifersuchtsmotiven die für sexuelle Eifersucht erforderlichen Voraussetzungen gegeben sind, können Eifersuchtsreaktionen nur beschlossen und ausgeführt werden, wenn entsprechende Auslöser vorhanden sind und wirksam werden: Ego muß in einer Eifersuchtsbewertung zu dem Ergebnis "Eifersucht ja!" kommen und kann dies nur, wenn es eine Eifersuchtswahrnehmung und dafür einen Eifersuchtsreiz gibt.

5.3.1 Das Spektrum der Eifersuchtsreize

Ist nun jede exosexuelle Beziehung eifersuchtsauslösend? Oder sind es nur bestimmte? Und wenn ja: welche? Und muß es überhaupt eine realisierte Exosexbeziehung sein? Auf einige wichtige Aspekte sei hingewiesen, ohne hier das gesamte Spektrum der Merkmalsmöglichkeiten eifersuchtsrelevanter exosexueller Beziehungen einzeln diskutieren zu müssen (siehe dazu die Elementarfacetten sowie die Zusammenfassung in Tabelle 14, S. 150).

Realisierter Exosex. Der augenscheinlichste Eifersuchtsreiz sind tatsächlich durchgeführte (=df. *realisierte*) exosexuelle Beziehungen eines Partners (eine durch solch realisierten Exosex ausgelöste Eifersucht =df. *begründet*). Ähnlich den Eifersuchtsbeziehungen (siehe 5.2) können auch diese Exosexbeziehungen (die potentiellen Eifersuchtsreize) in zahlreichen Varianten auftreten. Einige davon sind, wegen ihrer möglichen therapeutischen Wichtigkeit und weil sie zum Teil nicht mit dem Alltagskonzept sexueller Eifersucht übereinstimmen, besonders hervorzuheben.

1) Zur Existenz eines "Dritten". Wenn realisierter Exosex der Eifersuchtsreiz ist, dann scheint es damit eine "Dreieckssituation" (oder, wird die Öffentlichkeit mit einbezogen, eine "Viereckssituation") geben zu müssen.

B124) Beteiligte an Eifersuchtssituationen

Bautheorien: Eifersucht setze (im Gegensatz zum Neid) ein «'Dreiecks-Verhältnis'» voraus: «Zwei Rivalen A und B wetteifern miteinander um die Gunst eines 'Wunschobjektes' C. Häufig spielt dabei eine Rolle, daß einer der Rivalen glaubt, einen legitimen Anspruch auf C zu haben - etwa, wenn A und C Ehepartner sind und B ein 'Ehebrecher'» (Dunde 1984:26; siehe auch Buddeberg 1986:121f.). «A popular fallacy has been to conceive the jealousy situation as a 'triangle.' Actually it is a quadrangle because the public, or community, is always an interested element in the situation» (Davis 1977/36:129).

Aber stimmt das? Im Normalfall ja, denn dort hat Partner einen Exopartner, der Ego bei der Erfüllung seiner Motive (tatsächlich oder vermeintlich) behindert und *deshalb* von Ego als *Rivale* empfunden und bezeichnet wird (nicht jeder Exopart ner eines Partners ist zu jedem Zeitpunkt ein Rivale für den anderen Partner). Es gibt aber offensichtlich auch Eifersucht, ohne daß zu den Beteiligten der Eifersuchtsbeziehung eine weitere Person hinzukommt.

B125) Sexuelle Eifersucht auch ohne Exopartner

Wirkungstheorie (Ergebnis empirischer Untersuchungen): So wird berichtet, daß auch das Masturbieren des Partners oder sogar dessen Lesen bzw. Betrachten von erotischen oder pornografischen Texten bzw. Bildern beim anderen Partner (Ego) Eifersucht auslösen kann (Anreger: Grold 1972:122), wofür auch die verbreitete Mißbilligung autosexueller Praktiken ein Beleg sein könnte (siehe z.B. Ford & Beach 1968/51:167-170).

Daraus folgt: es muß nicht immer eine "dritte" Person beteiligt sein, auch sexuelle Beziehungen des Partners mit sich selbst (autosexuelle Beziehungen) können zu sexueller Eifersucht bei Ego führen. Gefährdend für die Motiverfüllung kann (aus Sicht eines eifersüchtigen Ego) also jede sexuelle Beziehung zu einer Person sein, *die nicht identisch mit Ego ist.* Und daher kann in besonderen Fällen ein Partner auch gleichzeitig ein Rivale sein.[27]

2) Körperlicher und psychischer Exosex. Wie bereits bei der Erörterung der Eifersuchtsmotive deutlich wurde, stört Ego nicht immer nur die (wenn überhaupt praktiziert) körperlich-sexuelle Seite der exosexuellen Beziehung Partners (siehe 5.1.4).

B126) Sexuelle Eifersucht auch ohne körperlichen *Exosex*
Empirische Direkterfahrung: Ein gemeinsames Essen oder Ins-Theater-Gehen des Partners mit einem Arbeitskollegen oder Vorgesetzten, der kein aktueller oder potentieller Sexualpartner ist, wird nicht (unbedingt) als Eifersuchtsreiz gesehen. Die gleiche Aktivität mit einem Exosexpartner kann ein Eifersuchtsreiz sein. *Verbreitungsbefund* (Studenten in Irland, Jugoslavien, Mexiko, Niederlande, UdSSR, Ungarn und USA): In fast allen Fällen löste neben Küssen und sexuellen Aktivitäten auch Flirten sexuelle Eifersucht aus, während Tanzen, Umarmen und sexuelle Fantasien des Partners keine Eifersuchtsgefühle auslösten (Buunk & Hupka 1987). Siehe auch B87 und B106.

Die Exobeziehung des Partners wird von Ego zum einen als Gesamtheit betrachtet und kann, wenn sie wenigstens gelegentlich *auch* sexuell ist, insgesamt als exo*sexuelle* Beziehung bewertet werden. Außerdem muß nicht nur die körperliche Seite der exosexuellen Beziehung gesehen werden: auch Liebe, auch (nicht oder kaum körperliche) erotische Beziehungen sind im explizierten Sinne sexuelle (und damit ggf. exosexuelle) Beziehungen (siehe 3.1.2 und 3.1.3). Es ist also das gesamte Spektrum der menschlichen Sexualität zu beachten. Und deshalb kann dann auch ein Kino- oder Theaterbesuch stören, und zwar nicht nur, wenn ihm (zu Recht oder zu Unrecht) auch eine sexuelle Komponente unterstellt wird.

3) Außer- und innerehelicher Exosex. Sexuelle Eifersucht wird zunächst meist als ein Problem außerehelicher oder außereheähnlicher Sexualbeziehungen gesehen. Wir haben aber in 5.2.1 gesehen, daß Eifersucht auch innerhalb von (ehelichen) Beziehungen auftreten kann. Deshalb ist *intraeheliche* (bei Polygamie) von *extraehelicher* (bei Polygamie oder Monogamie) sexueller Eifersucht zu unterscheiden.

4) Legitimierter und nichtlegitimierter Exosex. Exosex ist nicht überall und immer verboten. Insbesondere Männer haben oder nehmen sich in vielen Ethnien das Recht, Exosexbeziehungen eingehen zu dürfen, auch wenn sie ihren Frauen dies nicht (in gleichem Maße) gestatten (siehe B1, B2 und B205 bis B220). Aus dieser (mehr bis weniger offenen und offiziellen) Legitimierung exosexueller Beziehungen darf allerdings nicht geschlossen werden, daß der Exosex deshalb kein Eifersuchtsreiz sein kann: auch erlaubte oder sogar gebotene exosexuelle Beziehungen können sexuelle Eifersucht auslösen (siehe B263 bis B266). Da erlaubter

27 Da dies eine eher nebenrangige Sonderform sexueller Eifersucht ist, werde ich im folgenden darauf nicht mehr besonders eingehen. Ich werde deshalb auch nicht jedesmal von 'exosexuellen *und/oder* autosexuellen' Beziehungen im Zusammenhang mit den Kriterien sexueller Eifersucht sprechen, sondern diese Art der autosexuellen hier einfach unter die exosexuellen Beziehungen subsumieren.

Exosex kein Verbot sexueller Eifersucht impliziert (und umgekehrt), folgt auch aus der (Nicht-)Legitimation des Exosex nicht unmittelbar die (Nicht-)Legitimation der Eifersucht.

Andere Eifersuchtsreize. Wenn irgendwo von einem Partner eine autosexuelle oder exosexuelle Beziehung praktiziert wird, dann ist es einleuchtend, daß damit ein Reiz vorliegt, der von Ego als "Eifersuchtsreiz" wahrgenommen und bewertet werden kann. Nun wissen wir aber, daß nicht nur realisierte oder tatsächliche Exosexbeziehungen sexuelle Eifersucht auslösen (können).

Daß die Unterstellung von Exosex, der bloße *Verdacht* als Eifersuchtsreiz ausreicht, belegt nicht nur die Alltagserfahrung.

B127) Sexuelle Eifersucht bereits aus (mehr bis weniger begründetem) Verdacht
Fall Zapoteken, Mittelamerika: «While men may exploit women other than their wives, the slightest suspicion of infidelity, and such suspicious are frequently expressed, gives a man a licence to beat his wife» (Whitecotton 1977:266). *Fall Tlingit, Nordamerika*: «Jealousy is another of their traits. On mere suspicion wives have been cruelly beaten and disfigured for life by their husbands» (Jones ca. 1914:96). *Fall Deutschland*: In einem gezeichneten Witz von Hogli sagt sie zu ihr: «Meine Eifersucht ist ja nicht unbegründet. Z.B. dementiert er alles. Das ist doch der Beweis! Wo nichts ist, gibt's auch nichts zu dementieren» (Bretécher et al. 1989/87:63). Siehe auch Chagnon 1968:82 zum Fall Yanomamö/Yanoama, Südamerika.

Deshalb kann auch eine *mögliche* oder zu *befürchtende* exosexuelle Beziehung zu sexueller Eifersucht führen.

B128) Sexuelle Eifersucht aufgrund der bloßen Anwesenheit eines potentiellen Rivalen
Fall Blackfoot/Blackfeet, Nordamerika (aus einer Art Autobiografie): «Came from the north, from the camp of our brother tribe, the Bloods, four young men to visit friends in our camp, and one of them was Low Horn, he who was nicknamed 'Handsome Man.' And rightly: he was unquestionably the handsomest of all the men of the three tribes of the Blackfeet. So handsome, so graceful in all that he did, so perfect of figure and face that I shall not attempt to describe him. A bachelor and a lady killer he was, too, desired by all the maidens and doubtless by many a married woman. Some men were so jealous of him that when he staged one of his spectacular dances around the circle of the camp, they ordered their women into their lodges, there to remain until he had passed. Yes, Handsome Man was a dandy, a 'fop,' as we would say» (Schultz 1980:231).

Oder bestimmte Ereignisse bzw. Verhalten werden als *Indikator* für eine realisierte exosexuelle Beziehung angesehen, unabhängig davon, ob dies wirklich zutrifft oder nicht.

B129) Sexuelle Eifersucht wegen Schwangerschaft nach einmaligem Geschlechtsverkehr
Fall Ngonde/Nyakyusa, Afrika: «It is clearly unterstood that conception cannot take place without intercourse, ... but it is believed that repeated intercourse is necessary for conception, and formerly, if a man found his wife pregnant after having lain with her only once, he accused her of adultery» (Wilson 1957:130).

B130) Sexuelle Eifersucht wegen Mehrfachgeburt
Fall Deutschland: In den von den Brüdern Grimm herausgegebenen Deutschen Sagen findet sich in Nr. 521 (Ursprung der Welfen) die Annahme, daß eine Mehrfachgeburt sexuelle Eifersucht auslöse (Mitteilung von R.W. Brednich).

Und es kann sogar sein, daß ganz *kulturnormale Verhalten* oder *Handlungen*, die von den Akteuren selbst (und/oder Dritten) überhaupt nicht als (Versuch von) Exosex intendiert und interpretiert werden (können), sexuelle Eifersucht zur Folge haben. In solchen Fällen ist (noch) gar keine exosexuelle Beziehung gegeben.

B131) Sexuelle Eifersucht wegen zu leidenschaftlichen Geschlechtsverkehrs
Fall Guajiro [Wayú], Südamerika: Das Sexualverhalten *in* der Eifersuchtsbeziehung ist der

Auslöser für sexuelle Eifersucht durch die aus ihm interpretierte *Unterstellung* von Exosex: «At first a married woman does not show too much overt pleasure during the sexual act, and, while willing, she is nevertheless restrained and decorous in her comportment. If she seems too eager and becomes extremely passionate, or if she suggests an unhealthy interest in 'deviant' sexual experimentation (e.g., oral-genital or anal sex), it is believed that the husband will become suspicious of her sexual faithfulness. Guajiro reasoning has it that if an 'inexperienced' newly married woman acts aggressively and presumptuously in sexual matters, she exhibits *ipso facto* the characteristics of a loose woman who 'has been around,' i.e., has had previous sexual encounters. As a logical corollary, the Guajiro also assume that such a woman must actually have been leading a life of pleasure all along, gratifying her shameless sexual desires unbeknownst to her parents and husband. The status of her virginity coming into marriage is seriously thrown into doubt by such forward behavior and may lead her husband to take legal action against her family in order to recover that portion of the original bride payment that presupposed her chastity. One female informant commented that people's real behavior, as she understood it, was strongly conditioned by these prevailing cultural practices: ...» (Watson 1973:154).

Als im Kontext einer streng materialistischen und atheistischen Grundontik (siehe 1.4) so nicht nachvollziehbare, in einer kulturenvergleichenden Untersuchung jedoch wenigstens zu erwähnende weitere Auslösungsmöglichkeit für sexuelle Eifersucht werden *Zauberei* oder der *Einfluß von Göttern* angesehen (und deshalb auch u.U. wirksam).

B132) Sexuelle Eifersucht durch Zauberei

Fall Zulu/Sulu, Afrika: Auslösen von (nicht allein sexueller) Eifersucht durch Zauberei (*ubuthakathi*) bei polygynen Frauen: «In general, immoral anger also has its roots in selfish greed. Or it may be excited by pride. [Aussage eines Informanten:] 'It is like this. A man has a favourite wife. The other wife hears the husband praising the favourite one and her food. This causes envy (*umona*) and pride (*ukuziqhenya*). The pride springs from the favourite wife, she boasts about the words of her husband. The other wife hears ist. There develops hatred. It comes to the proud wife and it comes to the other one. It fills them both. Sometimes more hatred is found in the second wife who did not hear the words of the husband spoken about herself. Then they just look at each other with hatred in the eyes. They do not speak to each other. One day something happens. That thing that happens is *ubuthakathi*. The bewitching started in the pride of the first one who was praised. It caused jealousy in the other one. It grew in each of them until in the end it became hatred. Then they bewitched each other'» (Berglund 1976:271).

B133) Sexuelle Eifersucht durch göttliche Aktivität

Fall Pukapuka, Ozeanien: Ein Gott als Auslöser: «Tapuaki was the name of one indivual attendant god, who was the servant of Taua and who punished violations of the tapus of Uta with incurable debility. Under another guise Tapuaki was a mischievous spirit who promoted illicit sexual relations. Of a man well known for his sexual adventures, the people say, 'E tangata la no Tapuaki' (He is a man of Tapuaki). Tapuaki caused jealousy in women over extra-marital relations of their husbands» (Beaglehole & Beaglehole 1938:316).

Es ist also auch mit intrapsychischen Eifersuchtsreizen (Einstellungen, Empfindungen, selbst Wahnvorstellungen) zu rechnen, die allein oder in Kombination mit extrapsychischen Reizen wirksam werden können. Eifersuchtsreiz kann deswegen auch anderes als *realisierter* Exosex eines Partners sein. Es sind noch nicht einmal irgendwelche besonderen Reize außerhalb von Ego erforderlich. Verhalten und Handlungen, denen von Dritten oder von Ego in anderen Situationen keine besondere oder mindestens nicht diese Bedeutung beigemessen werden, können von Ego als Eifersuchtsreiz *interpretiert* werden (siehe Baumgart 1985a:288, Bernard 1977:146, Tellenbach 1981:48f. u.a.). Sexuelle Eifersucht, die durch anderes als realisierten Exosex ausgelöst wird, =df. *unbegründete* Eifersucht.

5.3.2 Die Wahrnehmung der Eifersuchtsreize

Ein Reiz allein ist, wie gezeigt, nicht eifersuchtsauslösend. Erst und nur im Zusammenhang mit seiner Wahrnehmung und vor allem Bewertung (siehe 5.4) kann er zu Eifersuchtsreaktionen führen. Denn eine *mögliche* (zu befürchtende, versuchte usw.) oder sogar *fiktive* (nur kognitive, eingebildete) exosexuelle Beziehung eines Partners findet nicht zwischen Partner und Exopartner, sondern allein innerhalb der Psyche von Ego statt.

Dies bedeutet jedoch nicht, daß Ego alle potentiell wahrnehmbaren und relevanten Reize im Zusammenhang mit Exosexbeziehungen seines Partners persönlich wahrnehmen müßte oder könnte (Ego ist z.B. meistens gar nicht dabei, wenn Partner mit dem Exopartner Geschlechtsverkehr hat). Vielfach ist die Wahrnehmung vermittelt, d.h. ist Ego auf indirekte Reize (z.B. Erzählungen Dritter) angewiesen, die ihrerseits bereits Wahrnehmungsergebnisse anderer sein können - was die Sicherheit der Wahrnehmung nicht unbedingt verbessern muß. Auch sind die Eifersuchtswahrnehmungen den meisten von uns als solche in den allermeisten Fällen weder bewußt noch genau bekannt (siehe und spezifiziere wiederum 3.1.1).

Mit einer Wahrnehmung werden (siehe 1.5.1) grundsätzlich und immer nur bestimmte aller Eigenschaften des Wahrgenommenen und mehr bis weniger zutreffend erfaßt. Wahrnehmen im hier verstandenen Sinne ist trainierbar und damit verbesserbar oder verschlechterbar, ist als Psychoaktivität auch kulturell mitbestimmt (siehe Benesch 1987:91-123 oder Sonntag 1981) und stark von den jeweiligen situativen Möglichkeiten (z.B. der Teilnahme Egos an den relevanten Ereignissen oder deren Öffentlichkeit) abhängig.

Das Ergebnis einer Eifersuchtswahrnehmung sind Sensationen und Perzeptionen von potentiellen Eifersuchtsreizen, die als solche, also unabhängig von späteren oder weiteren Interpretationen, mehr bis weniger zutreffend sind. Stimmen die Wahrnehmungen mit den Ereignissen außerhalb der Psyche Egos überein, ist der Exosex also nachweisbar, ist die sexuelle Eifersucht *fundiert*, ansonsten *unfundiert*. Sind die Wahrnehmungsergebnisse regelmäßig unzutreffend, kann es zu den Formen "pathologischer", "wahnhafter" sexueller Eifersucht kommen, die auf bestimmte intrapsychische Reize oder Bewertungen zurückzuführen sind.

Entscheidend für die psychische Weiterverarbeitung (also die Eifersuchtsabwägung) sind *allein* diese Wahrnehmungsergebnisse, nicht das, was wirklich passiert (das tatsächliche Ereignis).

5.3.3 Sexuelle Eifersucht als interpersonaler Motivkonflikt

Die Diskussion der Eifersuchtsauslöser hat gezeigt, daß wir es wenigstens dann, wenn realisierter Exosex auslösend wirkt, mit einem *Widerspruch* oder *Konflikt* zwischen zunächst einmal prinzipiell als gleichberechtigt und gleichwertig anzusehenden Motiven Egos (sexuelle Treue) und Motiven Partners (Lust auf Exosex) zu tun haben. Mindestens in solchen Fällen ist sexuelle Eifersucht dann nicht nur ein *personales* Problem Egos, sondern ein *Beziehungsproblem*, weshalb auch seine Lösung zum einen schwierig werden kann und zum anderen nicht immer nur Ego anlastbar sein wird (vor allem dann nicht, wenn Ego [mindestens subjektiv] unverzichtbare Motive zu erfüllen sucht, die durch die gegebene Art von Exosex tatsächlich bedroht werden; siehe ausführlicher z.B. in 8.3).

Aspekte	*Facetten*
Exopartner(in):	
Person:	Partner selbst, andere
Anzahl:	eine(r), mehrere (gleichzeitig und gleichräumlich, gleichzeitig und getrennträumlich, nacheinander)
Geschlecht:	Mann, Frau
Verwandtschaft:	nächst (z.B. Geschwister des Partners), nah, entfernt; nicht verwandt
dessen/deren Ausgangsbeziehung:	keine; zwei- oder mehrstellige Freundschaft, Partnerschaft, Ehe (gleiche oder andere als die Ausgangsbeziehung von Ego)
Exosexuelle Beziehung:	
Verwirklichung:	fiktiv (vermutet, unterstellt), möglich (zu befürchten), realisiert
Sexualität:	ohne Körperkontakt ("platonisch"), mit Körperkontakt aber ohne Koitus, mit Koitus
Empathie (Liebe):	keine, geringe, wechselnde, starke
Entscheidung:	freiwillig; von Ausgangspartner(in), von anderen (offiziell, inoffiziell) erzwungen
Häufigkeit:	einmalig, sporadisch, wiederholt, oft
Beginn:	sofort, bald, erst nach längerer Dauer der Eifersuchtsbeziehung
Dauer:	mehr bis weniger kurz/lang
Offenheit:	heimlich, offen (nur ggü. Partner), öffentlich
Funktion:	Fortpflanzung, Lustgewinn, Geldverdienen, Neugierbefriedigung, Erfüllung religiöser Aufgaben, Karrieremachen
Legitimation:	mehr bis weniger legitimiert; nicht legitimiert
Sanktionierung:	keine, schwache bis starke
Bezug zur Eifersuchtsbeziehung:	innerhalb (z.B. bei Polygamie), außerhalb
Differenziertheit:	mehr bis weniger komplex/kompliziert
Wahrnehmung:	
Wahrnehmende(r):	Ego selbst, andere
Richtigkeit:	mehr bis weniger zutreffend, nicht zutreffend
Wissen:	mehr bis weniger bewußt/bekannt, unbewußt/unbekannt
Zeit:	mehr bis weniger lang; einmalig, sporadisch bis kontinuierlich
Differenziertheit:	mehr bis weniger komplex/kompliziert
Legitimität:	mehr bis weniger legitim, illegitim
Sanktionierung:	keine, schwache bis starke

Tabelle 14: Die Ausprägungsmöglichkeiten der Eifersuchtsauslöser

5.3.4 Zwischenergebnis: Eifersuchtsauslöser

Jede sexuelle Beziehung eines Partners mit einer beliebigen anderen Person als Ego selbst, also jede auto- und vor allem jede exosexuelle Beziehung, ist aus Egos Sicht eine potentiell die Erfüllung von Eifersuchtsmotiven gefährdende Beziehung und *kann* daher (wenn sie als solcher wahrgenommen und bewertet wird) ein Eifersuchtsreiz sein. Sexuelle Beziehung ist dabei im weitesten Sinne zu interpretieren, also körperlich (Geschlechtsverkehr) wie psychisch (Liebe, Erotik), und ist auf die Exobeziehung als Ganzes zu beziehen. Auch innereheliche und legitimierte Exosexbeziehungen können Eifersuchtsreize sein. Es können aber sogar beliebige andere (Nicht-)Aktivitäten oder (Nicht-)Ereignisse zum Eifersuchtsreiz werden, wenn sie von Ego entsprechend interpretiert werden.

Damit Reize als Eifersuchtsreize bewertet werden können, müssen sie vom jeweiligen Ego wahrgenommen werden. Diese *Wahrnehmung*, die direkt stattfinden oder über Dritte vermittelt sein kann und in ihrer Art und Qualität stark von kontextuellen Faktoren beeinflußt wird, erfaßt (mehr bis weniger zutreffend) immer nur einen Teil der Eigenschaften und der Gesamtzahl aller potentiellen Eifersuchtsreize. Nur die Wahrnehmungsergebnisse (die Sensationen und Perzeptionen), nicht die Reize bzw. Ereignisse selbst, können Eifersuchtsauslöser und damit Grundlage der Eifersuchtsabwägung sein.

Zu den Merkmalen und Unterschieden der tatsächlichen, möglichen oder vermeintlichen exosexuellen Beziehungen, die Eifersuchtsauslöser sein können, siehe Tabelle 14, S. 150 (weitgehend nach Bruck 1985a:801).

5.4 Abwägungen: Was steuert sexuelle Eifersucht?

Selbst die scheinbar unüberlegteste und spontanste Eifersuchtsreaktion kann (weil sie keine einfache, d.h. direkt und unveränderlich an Sinnesreize gekoppelte Reaktion ist) nicht völlig ohne mehr bis weniger differenzierte und mindestens unbewußte Kognitionen stattfinden. Zwischen dem Eifersuchtsauslöser und der Eifersuchtsreaktion gibt es daher eine Eifersuchtsabwägung (siehe 4.2.2).

5.4.1 Wer wägt ab?

Meist entscheidet über "Eifersucht ja oder nein" und über die Reaktionen diejenige Person, die auch die Wahrnehmungen und die Eifersuchtsmotive hat bzw. verfolgt. Aber die Bewertungen und Entscheidungen müssen nicht immer (nur) von diesem Ego vorgenommen werden, es können auch andere Personen (Freunde, Familienangehörige) hinzugezogen werden, sogar Orakel.

> *B134) Orakel als Abwägungsinstanz*
> *Fall Zande/Azande, Afrika*: Wenn eine Frau schwanger ist, befragt der Mann ein *poison oracle*. Je nach dem Ergebnis dieses Orakels entscheidet er: «If the oracle says that it is his child he waits to watch what is going to happen. But if another man has slept with her and given her the child the husband makes a case against him, or he may kill the child. If he does the first, he makes his case before a prince, for the prince to order the man to pay spears. However, if he does not pay the spears quickly the husband mutilates him or kills her» (Evans-Pritchard 1974:22).

Da auch andere als die Ehe- oder eheähnlichen Partner "betrogen" und eifersüchtig werden können (siehe 5.2.1), ist hierbei immer zu beachten, ob beispielsweise ein Vater als selbst eifersüchtiges Ego (weil der Exosex *seine* Motiverfüllung bedroht) und/oder als nicht selbst eifersüchtige Abwägungsinstanz (in Unterstützung bzw. für seinen Sohn bzw. seine Tochter, deren Motiverfüllung gefährdet ist) agiert.

5.4.2 Das Spektrum der Eifersuchtsabwägungen

Das abwägende Beurteilen auch ein und desselben (potentiellen Eifersuchts-)Reizes führt aufgrund der angeschnittenen Faktoren in verschiedenen Lebenssituationen nicht immer zu den gleichen Ergebnissen.

B135) Die Kontextabhängigkeit der Eifersuchtsabwägungen
Konstruierter Fall: «Seeing my wife dance with another man at a party could please me ('She is having fun'), be appraised with indifference ('So what'), or be viewed as a threat to our relationship ('I'm jealous!'). Thus, given a potentially jealousy-evoking situation, it can be assumed that variability across individuals in responding to the situation is a function of how each individual labels the situation and the individual's arousability» (Bringle & Williams 1979:267).

Vielfach hat ein Ego, das eine exosexuelle Beziehung von Partner wahrnimmt, freilich gar keine große Auswahl: Es muß auf Eifersuchtsreize in einer von den (sozietär-)kulturellen Normen vorgegebenen Weise reagieren, wenn es sich nicht abweichend verhalten und damit z.B. lächerlich machen oder auf eine andere Weise bestraft werden will.

B136) Sozietär-kulturelle Abwägungserwartungen oder -vorschriften
Fall Yusufazai-Pakhtun, Asien: «If a woman is caught alone with a unrelated man, it will always be assumed that the liaison is sexual, and public opinion will oblige her husband to shoot her, even if he does not desire her death; to go unavenged is to be known henceforth as *begherata*, or man without honor. As such, he would no longer have the right to call himself Pakhtun» (Lindholm & Lindholm 1985/80a:233). *Fall Pilagá [Guaikurú], Südamerika*: Hier wird erwartet, daß eine Frau, die von ihrem Gatten betrogen wurde, ihre Rivalin herausfordert und mit ihr kämpft (Métraux 1937:385f.; siehe ausführlichere Fallbeschreibung dort). *Fall Hidatsa, Nordamerika*: Ein Ehemann würde von seinen Angehörigen bzw. Verwandten ausgelacht, wenn er versuchte, seine Frau nach einem Ehebruch zurückzugewinnen. Die ehrenhafteste Reaktion ist Desinteresse zu bekunden und öffentlich die Frau zurückzuweisen. Oder sogar demonstrativ Frau und Liebhaber zu beschenken. «If a man eloped with a married woman, the husband might whip the adulterer, who was not permitted to strike back, and would make it hard for his wife after taking her back. But the jokers would make fun of the husband for his actions. Apparently the proper or at least ideal course was for the husband to let his wife go without protest» (Lowie 1917:47; siehe auch Bowers 1965:248). *Fall Rundi/Burundi, Afrika*: «If a husband finds his wife in bed with another man, he is morally obligated to beat his wife and to quarrel a little with the man» (Albert 1963:193). *Fall Zapoteken, Mittelamerika*: «The Zapotec woman in these communities is allowed virtually no freedom of sexual expression, and she must tolerate her husband's infidelities as long as he does not publicly proclaim a rupture in their marital relations. Men, on the other hand, enjoy a distinct sexual advantage in being able to explit women other than their wives. Cognizant of the intricacies of this situation, men show extreme jealousy of their wives. The slightest suspicion of infidelity grants a man license to beat his wife. Unaccompanied women do not move about freely in either village. Men frequently say, 'Women have no vices because they do not go out in the streets.' It would be more correct to say, 'Women do not go out in the streets so that there will be no suspicion of vice'» (O'Nell & Selby 1968:99). Siehe z.B. auch B1, B2, B34, B96 oder B149.

Solche kulturellen Vorgaben, die ja auch an anderen Stellen im Eifersuchtsprozeß wirksam werden und von den verschiedensten Ebenen ausgehen können, wirken sich besonders entscheidend auf die Eifersuchtsabwägungen aus und können den Abwägungs- und Entscheidungsspielraum sowohl einschränken als auch erweitern (siehe und spezifiziere 3.1.3).

Präventive und reaktive Abwägungen. Eifersuchtsabwägungen und damit Eifersuchts- und Reaktionsentscheidungen können sowohl *präventiv* (im Vorfeld zur Verhinderung oder Unterbindung von Exosex, also auf eine *befürchtende*

Wahrnehmung hin) als auch *reaktiv* (nachdem eine realisierte oder fiktive exosexuelle Beziehung nicht nur befürchtet, sondern tatsächlich wahrgenommen wurde) verfolgt werden (siehe 5.3.1). Die (immer tatsächlichen oder aktuellen) präventiven Abwägungen dürfen dabei nicht mit möglichen oder potentiellen Abwägungen (die präventiv oder reaktiv sein können) verwechselt werden.

Emotionalisierte Abwägungen. Besonders in älteren Untersuchungen sehr verbreitet ist die (Alltags-)Auffassung, daß sexuelle Eifersucht eine mehr bis weniger eigenständige und/oder zusammengesetzte "Emotion", ein "Gefühl" sei.

B137) Sexuelle Eifersucht als "Emotion" [Empfindung]

Bautheorien: «Sexual jealousy is a common *emotion* which almost everybody has experienced at one time or another» (Meade 1975:39). Eifersucht sei eine Menge von *Gefühlen*, eine Form extremen Egoismus, eine negative Art von *Fühlen*, ein unerwünschtes *Gefühl* (Mead 1977/31:116,121,126). Eifersucht sei ein *Gefühl* zerschlagenen Stolzes und der Verletzung eigener Eigentumsrechte (Walster & Walster 1977:92). «There is neither a reliable nor a unique expression of jealousy; rather, jealousy is often a varied *mixture of feelings* that can in one instance include depression and shame, and in another extreme arousal and anger» (Bringle & Williams 1979:266). Eifersucht sei eine Mischung aus Depression, Aggressivität und Neid, also eine *komplexe Emotion*, die schnell zur Wahnhaftigkeit tendiere (Podolsky 1961:439). (Alle Hervorhebungen von mir.)

Um diese Bestimmung erörtern zu können, ist zunächst einmal ein genaueres Konzept der sehr umstrittenen Sachverhaltsart Emotion erforderlich.

1) Emotionen[28]. Für die meisten der auf sie zukommenden psychovermittelten momentanen oder grundlegenden Aufgaben schätzen Menschen ihre Fähigkeiten (meist mehr bis weniger unbewußt) ein, beurteilen sie (nicht immer realistisch oder zutreffend) ihre problemlösende oder lösungsfindende *Kompetenz* in der jeweiligen Situation. Dabei ist zu unterscheiden zwischen der *antizipierenden* Kompetenz (grundlegende Voreinschätzung) und der *aktuellen* Kompetenz (der in einer Situation tatsächlich vorhandenen). In der Verbindung mit Motivationen führt die Selbsteinschätzung der eigenen Kompetenz zu *Erwartungen* über das Erreichen(-können) der angestrebten Ziele. Auch diese Erwartungen müssen übrigens nicht immer bewußt sein; außerdem müssen auch sie nicht fallspezifisch sein: es gibt - aus der bisherigen Lebenserfahrung - generelle Kompetenzeinschätzungen und Erwartungen.

Motiviertes Verhalten entspricht nun nicht immer den Erwartungen, ist nicht immer im gewünschten Maße kontrollierbar oder kontrolliert. Ereignisse sind nicht immer vorhergesehen. Wenn aber für eine Aufgabe

- die eigene Kompetenz als (besonders) gering oder hoch bewertet wird,
- wenn bisher empfundene Kontrolle verlorengeht oder wiedergewonnen wird oder
- wenn etwas Unerwartetes geschieht,

dann (und nur dann, d.h. *nicht*, wenn die eigene Kompetenz nicht problematisiert wird, wenn Kontrolle routinemäßig gelingt oder wenn die Erwartungen erfüllt werden!) treten emotionalisierte Aktivitäten (=df. *Emotionen*) auf, die durch subjektive Empfindungen (Lust, Unlust, Furcht usw.), somatische Veränderungen (Herzklopfen, Blutdruckveränderung, Muskelspannung, Schweißabsonderung

---

28 Die folgende Rahmentheorie basiert vor allem auf Annahmen von Brandtstädter 1985, Dörner 1985a, Dörner 1985b, Fuchs 1985 und Stäudel 1985.

usw.) und/oder weitere Verhaltensänderungen (Fliehen, Verändern des Gesichtsausdrucks usw.) gekennzeichnet sind oder sein können und die deshalb ("nur") eine *besondere Kombination* von Aktivitäten sind, also keine neue, eigene Aktivitätsart neben Kognitionen, Empfindungen und Verhalten.[29]

Verlust von Kontrolle, unangenehme Überraschungen und geringe Kompetenz lösen dabei *negative* Emotionen aus, die durch Terminierungs- oder Notfallaktivitäten charakterisiert sind, (Wieder-)Gewinn von Kontrolle, erwünschte Überraschungen und hohe Kompetenz lösen *positive* Emotionen aus. Dabei gibt es charakteristische Verläufe: Ist keiner der emotionsauslösenden Faktoren im Spiel (z.B. bei Routinetätigkeiten oder automatisierten Abläufen) oder ist der Reiz *positiv* emotionalisierend, dann kommt es als Reaktion meist zu kognitiv (mehr bis weniger gut) kontrollierten oder begleiteten weiteren Aktivitäten. Ist der Reiz dagegen *negativ* emotionalisierend, dann wird in der Reaktion zumeist die Kognition ausgelassen und direkt eine Aktivität ausgeführt, die oft einer *Notfallreaktion* (irgendwas tun) oder *Terminierungsreaktion* (möglichst schnell beenden, damit fertig werden) entspricht. Dabei können sich auch innerhalb eines Prozesses Veränderungen ergeben, wenn beispielsweise die Ausgangskompetenz als hoch angesehen wurde, sich beim Lösen der Aufgabe jedoch Schwierigkeiten (Überraschungen) einstellen und die Kompetenz in Frage gestellt wird. Dann kann es noch in einem dritten oder vierten oder späteren Durchlauf zu Notfall- oder Terminierungsreaktionen kommen.

2) Emotionalisierung sexueller Eifersucht. Daß, wie in B137 diagnostiziert, sexuelle Eifersucht eine Art von Emotion (im systematischen Sinne des hier verwendeten realistischen Emotionskonzeptes) sei, ist bestenfalls partiell zutreffend. Denn erstens zeigen Fälle, daß bei sexueller Eifersucht auch Kognitionen, Verhalten und Handlungen nichtemotionaler Art beteiligt sein können (siehe z.B. B138). Sexuelle Eifersucht ist dann also *mehr* als eine Emotion. Und zweitens muß damit gerechnet werden, daß es auch eine emotionslose sexuelle Eifersucht geben kann (nämlich dann, wenn die exosexuelle Beziehung eines Partners weder als besonderer Kompetenzverlust bzw. -gewinn noch als besonderer Kontrollverlust bzw. -gewinn angesehen wird, auch nicht unerwartet ist und trotzdem [kognitiv und/oder durch Verhalten] mißbilligt wird). Sexuelle Eifersucht ist dann *keine* Emotion. Doch auch, wenn (wie vermutlich in den zitierten Beispielen) mit 'Emotion' "Empfindungen" gemeint sind, ist diese Bestimmung unzureichend, weil (wie die Fälle zeigen) bei sexueller Eifersucht nicht nur Empfindungen sondern auch Kognitionen und Verhalten vorkommen. Sexuelle Eifersucht kann also auch emotional ablaufen und/oder Empfindungen enthalten, muß es aber nicht und wird es selten (bzw. bei Empfindungen niemals) ausschließlich.

Rationalität und Irrationalität der Abwägungen. Sehr viele, auch zentral ent-

29 Emotionen oder emotionalisierte Prozesse in diesem Sinne dürfen auf keinen Fall gleichgesetzt oder verwechselt werden mit den mehr bis weniger allgemeinen oder spezifischen und meist mehr bis weniger diffusen Empfindungen (immer *rein* psychischen Aktivitäten; siehe 3.1.1), die vielfach ebenfalls als 'Emotionen' oder 'Gefühle' bezeichnet werden. Empfindungen können zwar Teile von Emotionen (im hier verwendeten Sinne) sein, Emotionalisierung setzt aber (als *entscheidendes* Merkmal) die genannten Abweichungen in der Kontrolle, Kompetenz oder Erwartung voraus und impliziert meist mehr als nur Empfindungen.

scheidende Vergleiche, Bewertungen und Entscheidungen in einer Eifersuchtsabwägung erfolgen mehr bis weniger spontan, ungezielt und unkontrolliert und sind deshalb selten präzise und (was die grundsätzlich möglichen Erwägungen angeht) immer unvollständig. Solche Abwägungen, in denen mögliche Wirkungen und Effekte nicht oder nur diffus bedacht werden, =df *irrationale* Abwägungen (wobei auch hier alltagssprachliche Konnotationen des Wortes ausdrücklich nicht impliziert sind). Irrationale Abwägungen treten besonders (aber nicht nur) dann auf, wenn die Wahrnehmung des Eifersuchtsreizes eine unangenehme Überraschung ist und/oder wenn durch sie die eigene Kompetenz und/oder Kontrolle verlorengeht, d.h. wenn sie *negativ emotionalisierend* wirkt. Denn dann kommt es (s.o.) meist zu direkten Notfall- oder Terminierungsreaktionen ohne weitergehende bzw. gründlichere Abwägungsaktivitäten.

Es gibt aber durchaus Eifersuchtsprozesse, in denen (vor allem für die Reaktionen) eine wenigstens rudimentäre Kosten-Nutzen-Analyse (eine funktionale Bewertung) angestellt wird: Der Wert einer Motiv(nicht)erfüllung wird mit dem abschätzbaren (Nicht-)Ertrag der verschiedenen Reaktionsmöglichkeiten verglichen, es werden also die möglichen oder erwartbaren Folgen der denkbaren Eifersuchtsreaktionen und damit deren Eignung antizipiert und abgewogen - wobei auch dies keinesfalls in allen Aspekten bewußt geschehen muß.

B138) Rationale Eifersuchtsabwägungen

Fall Trobriand Inseln, Ozeanien: «For example, in October 1915, during one of the chief's long absences overseas, the village of Omarakana was put under the usual taboo. After sunset, no people were supposed to leave their houses, no young men from the neighbourhood were allowed to pass through, the village was deserted save for one or two old men who had been appointed to keep watch. Night after night, when I was out in search of information, I found the streets empty, the houses shut, and no lights to be seen. The village might have been dead. Nor could I get anyone from Omarakana or the neighbourhood to come to my tent. One morning before I was up, a great commotion arose at the other end of the village, and I could hear loud quarreling and screaming. Startled, I hurried to make inquiries and was able to find one or two of my special friends in the angry, vociferating crowd, who told me what had occurred. Tokwaylabiga, one of the less noble sons of To'uluwa, the chief, who had not accompanied his father, had left Omarakana on a visit. Returning before he was expected, he was told that his wife, Digiyagaya, had slept in his absence with another son of To'uluwa, Mwaydayle, and that they had that very morning gone together to the gardens, the woman taking her water-bottles as a pretext. He ran after them and, according to gossip, found them under compromising conditions, though the real facts will never be known. Tokwaylabiga, not a very bloodthirsty man, vented his passion and revenged himself on his wife by smashing all her water-bottles. Obviously a philosopher like M. Bergeret, he did not want to cause any serious trouble, and yet was not willing to suppress his injured feelings altogether. The commotion which had attracted my attention was the reception given to husband and wife on their return to the village; for the taboo had been broken, and all the citizens were out taking sides with one party or the other. The same evening I saw the outraged husband sitting beside his wife in perfect harmony» (Malinowski 1929:98f.). *Fall Apache, Nordamerika*: «It is said that, in former times, a woman sometimes ignored the attentions that a husband paid to another woman, fearing that if she objected she might lose her man, her only means of support. Again, a man's wealth and social prestige kept people from interfering with, or criticizing, his attentions to other women, for no one would wish to risk angering him» (Goodwin 1942:342). Siehe auch Bernard 1977:146 und White 1981:294f. sowie B242.

Solche, mögliche Folgen berücksichtigende, gezielte und zweckhafte Abwägungen =df. *rationale* Eifersuchtsabwägungen. Rationale Abwägungen sind unverzichtbar für die Durchführung von Eifersuchtshandlungen, also zielgerichteten, zweckhaften und bewußten Eifersuchtsverhaltens (siehe 3.1.1).

Rationalität und Irrationalität von Abwägungen sind dabei niemals streng dichotome und eindeutig separate Möglichkeiten. Wie bei vielen anderen angeschnittenen Aspekten handelt es sich auch hier nur um die *Pole* oder Grenzmöglichkeiten eines breiten *Kontinuums*. Außerdem können in einem Abwägungskomplex verschiedene und verschiedenartige (also rationale *und* irrationale) *Teil*abwägungen in unterschiedlichster Kombination vorkommen.

Automatisiertheit der Abwägungen. Besonders, wenn enge und nicht weiter hinterfragte kulturelle Regelungen und Erwartungen für den Umgang mit exosexuellen Beziehungen eines Partners vorliegen (siehe B136), und in den Aspekten, für die es genetische bzw. hormonale und neuronale Steuerungen gibt (siehe 4.4.1), können die Abwägungen mehr bis weniger präzisen Kalkülen folgen, können sie in einer institutionalisierten, schematisierten oder ritualisierten Weise ablaufen. Solche immer wieder gleichen oder ähnlichen (und dabei meist unbekannten und unbewußten) Abwägungsverläufe =df. *automatisiert*. Auch automatisierte Abwägungen können mehr bis weniger automatisiert, rational bis irrational und/oder differenziert sein.

Aspekt	*Facetten*
Abwägende(r):	Ego selbst und/oder andere, auch Nichtpersonen
Ergebnis:	Eifersucht ja oder nein; Reaktionen ja (incl.: wer, wann, wo, wie, wozu usw.) oder nein
Wissen:	mehr bis weniger bewußt/bekannt, unbewußt/unbekannt
Automatisiertheit:	mehr bis weniger automatisiert, nicht automatisiert
Emotionalisierung:	mehr bis weniger positiv oder negativ
Rationalität:	mehr bis weniger rational, irrational
Legitimität:	mehr bis weniger legitim, illegitim
Sanktionierung:	keine, schwache bis starke
Zeitpunkt:	sofort bis später (bezogen auf die Wahrnehmung) präventiv, reaktiv (bezogen auf den Exosex)
Dauer:	kürzest bis längst
Differenziertheit:	einfache bis vielfach mehrfache (Teil-)Abwägungen neben- und/oder nacheinander

Tabelle 15: Die Ausprägungsmöglichkeiten der Eifersuchtsabwägungen

5.4.3 Zwischenergebnis: Eifersuchtsabwägungen

Damit es zu Eifersuchtsreaktionen kommen kann, müssen in einer Eifersuchtsentscheidung zunächst einmal die wahrgenommenen Reize mit den aktualisierten Eifersuchtsmotiven (den Eifersuchtsmotivationen) verglichen und - anhand der mit den Motiven verknüpften Bedrohlichkeitskriterien - als für (die Qualität und/oder Quantität von) deren Erfüllung mehr bis weniger "bedrohlich" bewertet werden.

Ist das Ergebnis “Eifersucht ja!”, dann sind in einer Reaktionsentscheidung die in oder als Reaktion auf den Eifersuchtsreiz angestrebten Reaktionsziele mit den auszuführenden Aktivitäten zu bestimmen. Alle diese Abwägungen können dabei (auch von einer Person in unterschiedlichen Lebenssituationen) mehr bis weniger automatisiert, emotionalisiert, rational, bewußt, bekannt, präzise, vollständig, schnell, angemessen usw. ausgeführt werden. Eifersuchtsabwägungen, an denen mehrere Personen oder Instanzen beteiligt sein können, können in längerfristigen Eifersuchtsprozessen auch als mehr bis weniger kontinuierliche Teilprozesse mit verschiedenartigen Rückkoppelungen ablaufen (siehe Tabelle 15, S. 156).

5.5 Reaktionen: Was passiert bei sexueller Eifersucht?

Mit einer positiven Reaktionsentscheidung und damit Festlegung der Ziele und Aktivitäten (siehe 4.2.2) beginnt eine mehr bis weniger differenzierte Folge von Aktivitäten, die vielfach als die "eigentliche" Eifersucht angesehen werden, was aber (wie in 4.2.3 gezeigt) nicht angemessen ist.

5.5.1 Wer reagiert?

In den meisten Fällen werden Personen bzw. Institutionen, die schon die Reize wahrgenommen und dann die Eifersuchts- und die Reaktionsentscheidungen gefällt haben (=df. die *Eifersüchtigen*), die Eifersuchtsreaktionen selbst ausführen. Aber so, wie die Abwägungen unter Umständen von selbst nicht Betroffenen (nicht "Betrogenen") durchgeführt werden (siehe 5.4.1), müssen auch nicht immer nur die Eifersüchtigen selbst reagieren, obwohl (wie gezeigt, siehe 5.1.3 und 5.2.2) viele Personen und Institutionen sexuell eifersüchtig werden können.

B139) Reagierende in Eifersuchtsprozessen (global)

Ergebnis globalen Kulturenvergleichs (Basis SCCS): «Not only is there consistency in the severity of punishment for extramarital sex; there is also near-uniformity as to the person who administers the penalty. The husband punishes his wife and/or her lover in the majority of societies (72% of 54 societies). A man’s family or kinship group does not usurp his right to punish one or both of the pair. A member of his wife’s family or kin group only rarely intervenes in this matter (5.6% of 54 societies). Even supernatural repercussions rarely apply to the couple (3.7% of 54 societies)» (Frayser 1985:213, siehe auch WC3#1:966).

B140) Reagierende in Eifersuchtsprozessen (Fälle)

Fall Murngin, Australien: «Nirimaoi fights are very frequent and are usually the result of quarrels caused by adultery or the husband’s belief that someone has been attempting to make him a cuckold. The injured man goes to the camp of the lover and accuses him. He carries a bundle of spears and possibly a club with him. Words follow, swearing starts, and indignation is felt on both sides. Relatives of each contestant help him if the quarrel is felt to be very serious. The women usually attempt to hold the arms of the men to stop the fight from becoming too serious, meanwhile cursing the opponents of their brothers and husbands. At times, however, women pick up their digging sticks or a man’s club and help their male relatives; very occasionally a woman is wounded and in certain very rare cases killed» (Warner 1937:167f.).
Fall Djuka [Buschland-Kreolen], Südamerika: «When men go away on hunting or fishing trips, adultery frequently occurs. If it is discovered by the husband’s family, they seize the wife and beat her. Her own family rushes to her aid, and a general mêlée ensues. The village is soon

in an uproar, and to the captain belongs the unpleasant and thankless task of stopping the fight. There is considerable excitement for a few minutes. Many a hot listless evening is provided with a momentary thrill because someone's wife has been careless. After the mêlée the wife is usually forgiven and the village returns to its normal routine» (Kahn 1931:124). *Fall Buka-Passage, Salomonen, Ozeanien*: «The man's relatives would be responsible for the exaction of the penalty in the case of the man, and the woman's in the case of the woman, no retaliation being offered on either side» (Blackwood 1935:114). *Fall Warrau, Südamerika*: Der Anführer einer Warrau-Rancheria trägt die Verantwortung für die Bestrafung eines Paars: Nur wenn er sie mit seiner blanken Faust geschlagen, sie zwischen zwei Pfählen aufgehängt und ihr Haar geschnitten hat, werden die Ehegatten die extramaritale Affäre verzeihen und dem Paar erlauben, nach Hause zurückzukehren (Turrado Moreno 1945:257). *Fall Yanomamö/Yanoama, Südamerika*: «The discovery of these liaisons usually leads to violent fighting between the group of close relatives of the woman's husband and that of her lover» (Chagnon 1967:8). Siehe auch Harner 1973:175ff. zum Fall Jíbaro, Südamerika, oder Fuchs 1989:320f. zum Fall Fachi, Nordafrika.

Um noch einmal klarzustellen, wann ein Reagierender auch ein Eifersüchtiger (und nicht nur ein für diesen Agierender) ist: Steht ein Reagierender in einer (keineswegs nur ehelichen, siehe z.B. 5.2.1) Eifersuchtsbeziehung mit der Exosex praktizierenden Person, verknüpft und verfolgt er mit diesen (der Beziehung und/ oder der Person) Eifersuchtsmotive und bewertet er den wahrgenommenen Exosex als Bedrohung für deren Erfüllung, dann und nur dann ist *er* (bzw. sie) eifersüchtig agierend - auch wenn die Eifersuchtsbeziehung "nur" eine Schwager- oder Eltern- oder Freundesbeziehung (und keine Ehe oder enge Freundschaft) ist. Trifft wenigstens eines dieser Kriterien nicht zu, dann ist der Reagierende nicht selbst sexuell eifersüchtig, sondern agiert er nur (z.B. aus Gründen eines staatlichen Gewaltmonopols, einer staatlichen Gewaltenteilung, des Mitleids oder der Gewohnheit) *mit* einem oder für einen Eifersüchtigen.

5.5.2 Die Reaktionsziele

Reaktionen auf einen Eifersuchtsreiz können, vor allem wenn sie auf mehr bis weniger rationale Abwägungen zurückzuführen sind, sehr unterschiedliche Ziele haben (Anreger: Constantine 1976:392f.).

B141) Ziele von Eifersuchtsreaktionen

Fall Apache, Nordamerika: «In former times, when men were absent from home for weeks and even months on raiding and war parties, a jealous husband could instruct someone to watch his wife secretly and report on her conduct when he came back. Such a spy was termed bà.sìtí. ('he lies beside it'), and the same term could also be used for any person left to guard property. Only men used this method of watching a mate and there was no payment for such services. Close blood relatives of either maternal or paternal clan, such as sibling, uncle, aunt, nephew, niece, or cross-cousin, were employed, but not parents or offspring or members of the wife's family. Children could not be expected to tattle on their mother. Likewise, any relative having respect and avoidance with the wife could not perform this service, as it would be a violation of the affinal relationship. However, a good friend bearing no relationship, and even boys and girls of only fifteen or so, could be used. The best choice was a woman relative, for she could accompany the wife without creating suspicion» (Goodwin 1942:340). *Empirische Direkterfahrung*: Verhalten gegen eigene Motive als Reaktion: «Die Erfahrung lehrt, daß der Eifersüchtige lieber die Beziehung zu einem geliebten Menschen abbricht, bevor er ihm andere Partner zugesteht, auch wenn er vorher in dem Glauben war, ohne ihn nicht leben zu können. Plötzlich wählt er sogar freiwillig das Leben ohne den vorher so unersetzlich scheinenden und so innig geliebten Partner» (Körner 1979a:32). *Fall Deutschland*: Ein bisexueller Redakteur in der Nähe Heidelbergs, der mit seiner Ehefrau und seinem Freund zusammenlebte, hat diesem ein Vorhängeschloss durch die Vorhaut gezogen, um ihn an Exosex zu hindern, hat ihn ein Fahrtenbuch schreiben lassen usw. (Wimmer 1967).

Es kann also darum gehen, den Partner (durch eigenen Exosex) selbst eifersüchtig zu machen und ihn dabei sexuelle Eifersucht erfahren zu lassen, ihn und/oder den Rivalen zu bestrafen, die Exobeziehung zu beenden, den Partner wiederzugewinnen, die belastende und quälende Situation zu beenden, den Rivalen auszuschalten, das eigene Ansehen zu bewahren, Mitleid bei Dritten zu erzeugen usw.

Drei der möglichen Zielarten einer Eifersuchtsreaktion sind im Zusammenhang mit dem Thema Eifersuchtsbewältigung als *Eifersuchtsziele* besonders hervorzuheben:

- Erstens das Bemühen, durch die Reaktion die Erfüllung der Eifersuchtsmotive zu gewährleisten oder die Erfüllungsqualität zu verbessern (=df. *Motiverfüllung*),
- zweitens das (oft mehr resignative als machtbewußte) Bestreben, nicht oder nicht nur zur Motiverfüllung beizutragen, sondern den Partner, Rivalen und/oder eine andere Person für ihre Motivverletzung oder Erfüllungsgefährdung bzw. -verhinderung zu strafen (=df. *Bestrafung*) und
- drittens der (für emotionalisierte Eifersucht kennzeichnende und oft verzweifelte) Versuch, nur irgendwie aus der ganzen Situation und Problematik herauszukommen, die Sache schnellstmöglich zu beenden (=df. *Terminierung*).

Eifersüchtige verfolgen diese (und andere mögliche) Ziele allerdings nicht immer eindeutig, einheitlich und mit einer klaren Linie.

B142) Widersprüchliche Ziele von Eifersuchtsreaktionen
Fall Deutschland: «Seit zwei Jahren unterhielt die Frau ... eine außereheliche Beziehung zu einem zehn Jahre jüngeren Mann, den sie im Turnverein kennengelernt hatte. Auf das Bekanntwerden der außerehelichen Beziehung seiner Frau reagierte der Mann mit starken Eifersuchtsgefühlen. *Einerseits* fühlte er sich hintergangen und entwickelte ihr gegenüber Haßgefühle, *andererseits* empfand er intensive Liebesgefühle und versuchte, auf jede nur erdenkliche Art und Weise die Zuneigung seiner Frau zurückzugewinnen» (Buddeberg 1986:122; Hervorhebungen von mir). Und verallgemeinert: «Typisch für den Eifersüchtigen ist, daß er nicht selten zwischen Vergötterung und Verteuflung seines Partners hin- und herschwankt» (Buddeberg 1986:127). Siehe auch B141 (Körner 1979:32).

Es ist also vielfach mit einer Kombination oder einem (mehr bis weniger schnellem) Wechsel unterschiedlicher Eifersuchtsziele auch innerhalb eines Eifersuchtsfalles zu rechnen.

5.5.3 Die Reaktionsaktivitäten

Fallbeispiele und die eigene empirische Alltagserfahrung belegen, daß es ganz unterschiedliche Möglichkeiten gibt, sexuell eifersüchtig zu reagieren.

B143) Verbreitete Eifersuchtsreaktionen
Fall Deutschland (Ergebnisse empirischer Untersuchungen): Die Grundverhalten bei Eifersucht seien a) der depressive Appell (Niedergestimmtheit, Lustlosigkeit, Pessimismus), der beim Partner Schuldgefühle auslösen soll, b) aktive Vorwürfe, Wut oder masochistische Weinerlichkeit und c) Spionieren, Verfolgen, Kontrollieren, Kleinlichkeit, absurde Kombinatorik und Unbarmherzigkeit (Baumgart 1985a:40f.). «Die meisten Menschen kehren bei Eifersucht ihre Aggressionen gegen sich selbst. Sie leiden still, und zwar seelisch *und* körperlich; oft, oh-

ne daß der Partner etwas davon merkt. Der Leidtragende im Falle Eifersucht ist der Körper. Über die Hälfte der Befragten berichtet über Magenschmerzen, Schlaflosigkeit, Übelkeit, Erbrechen, Durchfall, Schwindelgefühle. Dies alles geht oft weiter mit Appetitlosigkeit und Konzentrationsschwäche. Etwa ein Viertel der Eifersüchtigen quälen in irgendeiner Form ihren Partner» (Warum! 1978:33). «Körperliche (psychosomatische) Symptome im Zusammenhang mit Eifersucht wurden genannt in: über 50% der Fälle Magenschmerzen, Schlaflosigkeit, Appetitlosigkeit, Kribbeln im ganzen Körper, Stiche überall, Konzentrationsschwäche[, in] über 10% der Fälle Schwindelgefühl, Übelkeit, Erbrechen, Durchfall» (Warum! 1978:32, hier ohne Hervorhebungen).

Als Reaktion auf die Bewertung eines Reizes als Eifersuchtsreiz sind also alle Grundformen menschlicher Aktivitäten (siehe 3.1.1), d.h. Empfindungen, Kognitionen und Verhalten sowie ihre verschiedenen Kombinationen möglich und verbreitet.

Empfindungen. Bekannt (und meist unter dem Etikett 'Emotionen' oder 'Gefühle' laufend) sind die durch eine positive Eifersuchtsentscheidung ausgelösten Empfindungen, die (wie alle anderen Aktivitäten auch) emotionalisiert sein können oder nicht (siehe 5.4.2).

B144) Empfindungen als Eifersuchtsreaktionen

Fall Deutschland: Eine 35jährige Frau sagte: «'Als ich ihn [den Penis ihres Mannes] berührte, dachte ich, da kann ich ja gleich die Scheide der anderen anfassen. Ich hätte mich übergeben können, so übel wurde mir'» (Müller-Luckmann 1985:448; siehe auch B90). *Wirkungstheorie* (hier Folgentheorie): Unter anderem folgende Empfindungen (teils incl. Verhalten!) sind als Reaktionen auf Eifersuchtsentscheidungen beobachtet worden: Machtlosigkeitsgefühl, Scham, Furcht, Inkompetenz, Aggressivität (Buunk et al. 1984:11); «murderous rage, intense anxiety, at times lust and sadness» (Grold 1972:118); «depression and shame, extreme arousal and anger» (Bringle & Williams 1979:266); Angst, Schmerz, Haß, Verletztsein, Zorn, Scham (Jones 1930: 187f.); Niedergestimmtheit, Lustlosigkeit, Pessimismus, Wut, masochistische Weinerlichkeit (Baumgart 1985b:40); Angst, Ärger, Haß, Unsicherheit, Scham, Furcht (Mummendey & Schreiber 1983:197); «anxiety, resentment, threat, fear and other hurtful emotions» (Mazur 1977:182); Furcht, Scham, Scheu, Angst, Verdächtigung, Zweifel, Demütigung (Mead 1977/31:116); «feeling hot, nervous, and shaky, experiencing fast heartbeat, emptiness in the stomach, anxiety, fear of loss, pain, anger, vulnerability, and hopelessness» (Pines & Aronson 1983:131).

Ohne hier weiter auf die Diskussion des Problems der angemessenen Unterscheidung und Einteilung der Eifersuchtsempfindungen eingehen zu müssen, sei nur betont, daß offensichtlich das gesamte Spektrum "negativer" Empfindungen als Reaktion in Eifersuchtsprozessen auftreten kann und daß es keine spezifische (nur bei Eifersucht auftretende) und/oder einheitliche (in allen Eifersuchtsfällen vorkommende) "Eifersuchtsempfindung" gibt (Anreger: Hupka 1981:319).

Kognitionen. Neben den Abwägungen sind auch zumindest die nichtemotionalen Eifersuchtsreaktionen meist durch Kognitionen unterschiedlicher Art gekennzeichnet.

B145) Kognitionen als Eifersuchtsreaktionen

Wirkungstheorie (Ergebnis empirischer Untersuchungen): Aktive Vorwürfe oder depressive Appelle, die beim Partner Schuldgefühle auslösen sollen; Spionieren, Verfolgen oder Kontrol lieren des Partners (Baumgart 1985a:40f.). Siehe auch die kognitiven Aktivitäten in den hier in 5.5 und an anderen Stellen genannten Belegen/Beispielen.

Meist sind diese Kognitionen mit Verhalten und/oder Handlungen verknüpft, bereiten diese z.B. vor, begründen oder untermauern sie. (Kognitionen als Reaktionsaktivitäten dürfen dabei übrigens nicht verwechselt werden mit Kognitionen als Abwägungsaktivitäten. Auch wenn hier enge Verschränkungen und schnell wechselnde Folgen vorkommen können, handelt es sich doch um zwei grundlegend unterschiedliche Teile eines Eifersuchtsprozesses.)

Verhalten. Die Verhalten (und Handlungen), die in Reaktion auf Eifersuchtsentscheidungen vorkommen, sind das Augenscheinlichste und Bekannteste an sexueller Eifersucht. Das Spektrum dieser Verhalten ist dabei im Vergleich unübersehbar groß.

B146) Körperverletzung als Eifersuchtsverhalten
Fall Mescalero Apache, Nordamerika: «If a woman was thought to be unfaithful to her husband her nose was slit or its end cut off. The nose-cutting custom would seem to have had complex roots. Asked why it existed, some modern informants have said it was to make the woman unattractive. Others scoffed, reasonably indicating that the majority of Apache women who were in their twenties or older had broken noses and missing front teeth and were therefore already unattractive. They laughed at the custom, saying it served to advertise which married women were likely to be promiscuous» (Boyer & Boyer 1972:49). *Fall Chukchee, Nordamerika*: Das Abschneiden der Nase wird auch für die maritimen Chukchee berichtet (Bogoras 1904-10:574).

B147) Argwöhnische Kontrolle als Eifersuchtsverhalten
Fall Deutschland: «Eifersucht hat einen 48jährigen Ehemann dazu getrieben, auch ohne Führerschein seiner Frau mit dem Wagen nachzuspüren. Nach Auskunft der Polizei wollte der Frührentner, dessen Führerschein ihm bis Ende 1988 entzogen worden war, nach Österreich fahren, um seine Frau 'überprüfen' zu können. Obwohl die Beamten nach eigenen Angaben ein 'gewisses Verständnis für die Notlage' des Ehemannes hatten, mußte er am Grenzübergang Passau-Mariahilf seine Fahrt unterbrechen. Nach einer Anzeige wegen Fahrens ohne Führerschein konnte der von Eifersucht Geplagte seine Fahrt in einem Taxi fortsetzen» (Süddeutsche Zeitung Nr. 133, 11./12.6.1988, S. 25). *Fall Ojibwa [Chippewa], Nordamerika*: «Jealousy took a violent and unfounded hold on Sheebahyash. 'When he was young, he was a big flirt. He used to flirt with all the young girls, and he even tried to make up with young married women. Sometimes the married women ran away from him, and sometimes he found one that did not run away, and then he flirted with her. He always watched to be sure the husband was out of the way. Then he would go and sleep with the wife while she was alone. Sheebahyash was always afraid that the husband would know he had slept with the wife; but he was never caught. One time he fell in love with a girl and married her. The girl was very quiet (demure), but he was jealous of her. He could never leave her, thinking that she would sleep with some man, or talk to another man. Even when she went out chopping wood, he followed her, and watched to see if she was with some man. But he never caught her, for she never looked at another man. Then when she got home he would say to her that she had been with some man. When she went to pick berries (a woman's occupation exclusively) he walked around watching her all day long. He never did any work himself, as he was always worried and jealous. He never went to hunt ducks, or did anything, unless his wife was right beside him. He was too jealous to let her out of his sight even for a little while. One time as they were living in a big tipi with his sisters and her husband and another couple, early in the morning he woke and saw his wife was gone. He looked to see if his brother-in-law was there, but he was gone too. He thought to himself, 'Now I know that she's out with him.' He got up, and as he was leaving the tent, he saw his wife busy making a cedar mat. He looked around to see if his brother-in-law was there, but he wasn't in sight. He went out and started to beat his wife. She yelled, 'He's beating me! He's jealous of his brother-in-law!' All the people jumped up and tried to stop him. His sister told him that her husband had gone hunting, that he had gone out early that morning. But no, he would not believe her. He wanted to have it that his wife ran after his

brother-in-law. He said he was going to leave her, that he did not want to stay with her any more as she was too crazy. (He could fend off the shame of the other's rebukes only by increasing his arrogance and causing another to be shamed. By shaming his wife, he restored his own self-esteam.) Then his wife said to him, 'You can go away if you want to. I don't want to stay with anyone that is jealous of me all the time for nothing.' So he got ready. He took everything they owned and didn't leave her anything.' His jealousy and fear of being shamed, seem to have been deep-rooted reactions, for in his subsequent marriages he behaved repeatedly in the same way» (Landes 1938:96f.). Siehe auch B226.

B148) Fremd- und Selbsttötung als Eifersuchtsverhalten
Selbsttötung aus sexueller Eifersucht wird häufiger berichtet, z.B. von Devereux (1961:328f.) für die Mohave, Nordamerika oder von Niño (1912:119f.) für die Avá-Chiriguano, Südamerika. *Fall Owa Raha/Owa Riki, Ozeanien*: «Ein Selbstmord aus Eifersucht wurde von einem Ehemann begangen, nachdem er seine Frau beim Ehebruch ertappt hatte» (Bernatzik 1936:185). *Fall Navajo/Navaho, Nordamerika*: Sexuelle Eifersucht ist einer der Hauptgründe für Morde (Levy et al. 1969:142,147). Siehe auch B56 [Fiji].

In welchen Erscheinungsformen solche Verhalten (und anderen Reaktionsaktivitäten) vorkommen, welche systematischen Facetten dieser Reaktionsaspekt also hat, wird im folgenden differenziert.

5.5.4 Das Spektrum der Reaktionen

Wie bereits bei der Untersuchung der Eifersuchtsabwägungen angeschnitten (siehe 5.4.2), gibt es ein breites Spektrum an Reaktionsmöglichkeiten, welches vor allem durch kulturelle Vorgaben auf den verschiedensten Ebenen fallspezifisch mehr bis weniger eingegrenzt sein kann (siehe 4.4.2). Auch die Eifersuchtsreaktionen können mehr bis weniger automatisiert sein (siehe und übertrage 5.4.2). Rational im eingeführten Sinne können Reaktionsaktivitäten aber nur sein, wenn und weil die entsprechenden Abwägungsaktivitäten rational sind bzw. waren. Deshalb sehe ich diese Möglichkeit nicht als besonderen Reaktionsaspekt an.

Erfahren und Ausdrücken sexueller Eifersucht. Es muß (und darf vor allem) nicht jeder, der in einem Eifersuchtsprozeß zu dem Ergebnis "Eifersucht ja!" kommt, als Reaktion auf diese Bewertung außengerichtete und/oder von Dritten als solche erkennbare (Eifersuchts-)Aktivitäten unternehmen. Sexuelle Eifersucht kann (und muß vielfach wegen kultureller Vorgaben) allein mittels Kognitionen erlebt oder nur empfunden werden, also ohne externe oder externalisierende Aktivitäten auszuführen.

B149) Verbot außengerichteter Eifersuchtsreaktionen
Fall Korea, Asien: «The Wife has nothing but duties towards her husband, whereas the latter has none towards her. Conjugal fidelity is obligatory only for the woman. No matter how insulted or disdained she may be, she has no right to evince jealousy, and the idea does not even occur to her» (Dallet 1874:CXXIII; Übersetzung: HRAF). *Fall Mundurukú, Südamerika*: «Adultery is common and a frequent source of strife between mates ... An offended husband may beat his wife or harangue her, but no direct physical action is taken against the guilty male. The woman whose husband is unfaithful has little recourse except to chastise him verbally and, as one female informant said, 'go out and do the same thing myself'» (Murphy 1960:87). Siehe auch B2 oder B136.

Deshalb ist zu unterscheiden zwischen dem *Erfahren* und dem *Ausdrücken* sexueller Eifersucht (Anreger: Buunk 1986:99). Selbst "Nichtstun" (also keinerlei Kognitionen über die Abwägung hinaus, kein Verhalten, sogar keine Empfindungen) ist eine mindestens denkbare Entscheidung einer Eifersuchtsreaktion.

Emotionalisierung von Reaktionen. Ist der wahrgenommene Reiz im Vergleich mit dem gegenwärtigen Zustand von Ego und dessen Erwartungen und Selbsteinschätzungen "außergewöhnlich", d.h. schätzt Ego seine Kompetenz und/oder Kontrolle besonders hoch oder niedrig ein und/oder überrascht es der wahrgenommene Exosex, dann wird auf die Bewertung "Eifersucht ja" eine Emotionalisierung nicht nur der Reaktionsentscheidung, sondern auch der Reaktionsaktivitäten einsetzen, die, da sexuelle Eifersucht meist als negativ erlebt wird, zu Notfall- und Terminierungsaktivitäten (siehe 5.4.2) führen wird.

Reaktionsintensität. Je nach den sozietär-kulturellen Umständen, der Art der Ausgangs- bzw. der Exosexbeziehung, dem Zeitpunkt der Reaktion und der Wirksamkeit anderer Faktoren wird vor allem auch die Intensität der Eifersuchtsreaktion stark variieren (siehe auch Tabelle 16).

B150) Intensitäten von Eifersuchtsreaktionen

Fall Cachi [Cayapa], Südamerika: Bei der Weihnachts-Fiesta in Punta Venada 1959 wurde eine des Ehebruchs beschuldigte Frau von einem Offiziellen mit 50 harten Schlägen (vor interessierten Zuschauern) bestraft, während der Mann (ein Vater-Bruder-Sohn) nur 10 ganz leichte Schläge erhielt (Altschuler 1965:162-166). *Fall Salteaux [Ojibwa], Nordamerik, Wirkungstheorie*: Die intensitätsverändernde Wirkung von Alkohol: «Adultery among the northern Savages is generally punished in a summary way by the husband, who either beats his wife very severely, or bites off her nose. It is extremely dangerous for a trader to be suspected, for when the husband is intoxicated, his jealousy rises into madness; and revenge, whether the party suspected be innocent or guilty, is continually to be expected. When the mind of an Indian is once affected, his passion increases in proportion to the quantity of rum which he drinks, though he has the art to conceal it when he is sober. It is the baneful effects of rum which puts every jealous thought in motion, and then it knows no bounds, till intoxication completely overpowers him, or returning sobriety restores his lost reason» (Long 1904:Vol.2:130). Siehe auch B2.

Zu beachten ist insbesondere die mehrfach angesprochene Geschlechterdifferenzierung, die Männern meist höhere Reaktionsintensitäten zubilligt als Frauen.

	Bestrafungsweisen für extramaritalen Sex (SCCS, n=186) (in Reihenfolge der Schwere der Bestrafung für Frauen)	*Ethnien*	*%*
.	Missing data [auch weil nur Stichprobe erhoben]	132	—
1	No punishment or mild punishment, e.g., a warning or a fine	5	9.3
2	Generally mild punishment, but she can be killed for it	3	5.5
3	Moderate punishment, e.g., a beating or incarceration	6	11.1
4	Generally moderate punishment, but she can be killed or divorced for it	14	25.9
5	The woman is divorced	8	14.8
6	She is generally divorced, but she can be killed for it	5	9.3
7	Severe punishment, e.g., permanent physical damage, but she can be killed or divorced for it	8	14.8
8	The woman is killed or commits suicide	5	9.3

Tabelle 16: Intensitäten von Eifersuchtsreaktionen (nach Frayser 1985 [WC3#1:964])

Reaktionsrichtungen. Eifersuchtsreaktionen können oder müssen bzw. sollten (wenn es die sozietären Normen bzw. wirtschaftliche oder machtpolitische Interessen verlangen) für verschiedene Personen(gruppen, z.B. Geschlechter) in verschiedene Richtungen zielen (siehe auch Tabelle 17).

B151) Reaktionsrichtungen in Eifersuchtsprozessen
Fall Marquesas, Ozeanien: «If a woman were overwhelmed with sorrow and jealousy on account of the unfaithfulness of a man, it does not appear that she would attempt to revenge herself either on the other woman or on her husband, but rather that her grief would lead to suicide by taking poison or hanging herself» (Handy 1923:100). *Fall Yanomamö/Yanoama, Südamerika*: Ein junger Mann (Damowä) hatte die Frau seines Bruders verführt, «... thereby enraging his brother. The young man [der Bruder] was afraid to vent his anger on the real culprit, his brother, so, instead, he shot his wife with an arrow» (Chagnon 1968:124). *Fall Alor, Indonesien*: «It it worth noting in this picture of jealousy that both men and women direct physical and verbal expressions of jealousy and anger primarily against other women. Men are less subject to open and violent attack on this score. This may constitute an unconscious expression of the fact that women, primarily as producers, are basically the most valued possession of the group. The structure of financial prestige built around the male may be compensatory in function» (Dubois 1960/44:112). *Fall Jíbaro, Südamerika*: «In the case of adultery, a man primarily punishes his wife's lover, and a woman primarily punishes her husband» (Harner 1973:175).

	Wer wird für extramaritalen Sex bestraft? (SCCS, n=186) (in Reihenfolge des Bestrafungsgrades für Frauen)	*Ethnien*	*%*
.	Missing data [auch weil nur Stichprobe erhoben]	138	—
1	Only the lover is punished	2	4.2
	Both the woman and her lover are punished,		
2	- but the lover is punished more severely than the woman	15	31.3
3	- by almost equally severe punishment	19	39.5
4	- but the woman is punished more severely than her lover	6	12.5
5	Only the woman is punished	6	12.5

Tabelle 17: Reaktionsrichtungen bei sexueller Eifersucht (nach Frayser 1985 [WC3#1:965])

Eifersuchtsreaktionen sind also nicht immer nur gegen Partner gerichtet, Reagierende treffen genauso sich selbst und ihre Rivalen, oft aber auch Unbeteiligte: Kinder, Eltern, Arbeitskollegen, Untergebene, Haustiere und/oder Verkehrsteilnehmer (Anreger: Baumgart 1985a:325). Eine Person oder Sache, auf die eine Eifersuchtsreaktion (gezielt oder zufällig) gerichtet ist, =df. ein *Reaktionsobjekt*, ein dann tatsächlich getroffenes Reaktionsobjekt =df. ein *Reaktionsbetroffener*.

B152) Intendierte vs. attackierte Reaktionsobjekte und -betroffene
Fall Toba [Guaikurú], Südamerika: «Similarly, if a married woman gets to know that her husband maintains illicit relations with another woman the consequence in most cases is a fight between the legitimate wife and the rival, and these fights are not seldom sanguinary» (Karsten 1923:19). *Fall Ojibwa [Chippewa], Nordamerika*: «Some women are far from passive, however. Thus Giantess left her husband when he took a second wife. But before she left she took her revenge - not upon her husband, but upon her rival. She publicly gashed the second wife's face from one ear to the nose, and scorned her as 'one who took away another woman's husband' ... The wife of Paybahm, too, was shamed and resentful because her husband courted

many women and made no effort to hide his philanderings from her. She fought with her husband, but chiefly with his mistresses or even with those whom she only suspected of adultery. Several times she slashed the faces of women 'because she was jealous and ashamed.' She was so aggressive in defending her honor that even her Amazonian daughter scorned her» (Landes 1938:105f.).

B153) Die Beliebigkeit bzw. Kontextabhängigkeit der Eifersuchtsbetroffenen

Fall Malaien, Asien: «A Malay in his retirement views with jealousy any attentions of another man to his wife, and a fancied reciprocation on the woman's part leads to the direst results. He broods over the supposed injury and in revenge he is led to commit the most diabolical crimes. If provoked by his wife or her supposed paramour he will seize any weapons and kill all who fall in his way, his wife, children, friends, or foes are all sacrificed. In Malayan states any man may dispatch a Pengamok - (one who runs amuck)» (Vaughan 1857:126f.; siehe auch Gimlette 1929:1f.). *Fall Jíbaro, Südamerika*: Wenn der Rivale flieht, kann dessen Vater, Bruder oder Vetter getötet werden (Harner 1973:175).

Grundsätzlich gibt es vier Richtungen, in die Eifersuchtsreaktionen (ob gezielt oder zufällig) gehen können: gegen

- *Ego* selbst,
- den oder die *Partner*,
- den oder die *Rivalen* oder gegen
- direkt oder indirekt beteiligte oder unbeteiligte *andere* Personen.

Diese vier möglichen Reaktionsrichtungen sind zugleich die vier Arten von personalen Reaktionsobjekten (Anreger: Constantine 1976:392f., Davis 1977/36:131, Hupka 1981:319-23, Pieritz & Spahn 1978:35).

Aspekt	*Facetten*
Reagierende(r):	Ego selbst und/oder andere
Aktivitätsart:	Empfindung, Kognition, Verhalten, Handlung
Emotionalisierung:	nein, ja (gering bis hoch)
Wissen:	mehr bis weniger bewußt/bekannt, unbewußt/unbekannt
Automatisiertheit:	mehr bis weniger automatisiert, nicht automatisiert
Außenbezug:	ja (Ausdrücken), nein (Erfahren)
Ziele:	Motiverfüllung, Bestrafung, Terminierung, andere
	mehr bis weniger einheitlich/eindeutig, verschieden/uneindeutig, widersprüchlich
Zeitpunkt:	sofort bis später (bezogen auf die Reaktionsentscheidung)
	präventiv, reaktiv (bezogen auf den Exosex)
Dauer:	kurz, mittel, lang
Intensität:	gering, mittel, stark
Richtung:	auf Ego selbst, auf Partner, auf Rivale(n), auf andere
Intention:	mehr bis weniger intendiert, nicht intendiert
Legitimation:	gefordert/geboten, erlaubt/geduldet, verboten
Sanktionierung:	keine, schwache bis starke
Differenziertheit:	einfache bis vielfach mehrfache (Teil-)Reaktionsaktivitäten neben- und/oder nacheinander

Tabelle 18: Die Ausprägungsmöglichkeiten der Eifersuchtsreaktionen

5.5.5 Zwischenergebnis: Eifersuchtsreaktionen

Ist das Ergebnis einer Reaktionsabwägung "Aktivitäten ja!", dann steht einem Ego als Eifersuchtsreaktion ein äußerst breites Spektrum an Aktivitäten zur Verfügung, welches vom Nichtstun bis zum mehrfachen Töten reicht. Die emotionalisierten oder nichtemotionalisierten Empfindungen, Kognitionen und Verhalten bzw. Handlungen, die als Eifersuchtsreaktionen vorkommen, unterscheiden sich von anderen Aktivitäten ausschließlich dadurch, daß sie Reaktionen auf Eifersuchtswahrnehmungen sind. Spezifische, nur bei sexueller Eifersucht auftretende Eifersuchtsaktivitäten (etwa eine charakteristische Eifersuchtsempfindung) gibt es nicht (siehe zusammenfassend Tabelle 18, S. 165).

5.6 Folgen: Was bewirkt sexuelle Eifersucht?

Wenn Eifersuchtsreaktionen Wirkungen sind, dann haben sie Effekte, die ihrerseits neue Wirkungen und damit Effekte auslösen können. Sexuelle Eifersucht kann also Folgen (Eifersuchtsfolgen) haben (siehe 4.3).

5.6.1 Wer wird betroffen?

Eifersuchtsreaktionen können sich nicht nur auf Personen, sondern auch auf Tiere oder Gegenstände auswirken. Jede Person (bzw. andere Tatsache), deren Eigenschaften durch eine Eifersuchtsreaktion in einer beliebigen Weise verändert wird =df. ein *Eifersuchtsbetroffener.* Von Eifersuchtsfolgen Betroffene können, aber müssen nicht diejenigen sein, auf die die Reaktion zielte (die Reaktionsobjekte). Eifersuchtsbetroffene lassen sich entsprechend der (beabsichtigten bis unbeabsichtigten) Reaktionsrichtungen (siehe 5.5.4) in die vier Hauptgruppen Ego, Partner, Rivale(n) und Unbeteiligte differenzieren.

5.6.2 Das Spektrum der Folgen

Die unmittelbaren und mittelbaren Folgen sexueller Eifersucht sind direkt mit den Eifersuchtsreaktionen und ihren Wirkungsmöglichkeiten verknüpft. Und sie sind wie diese unter anderem durch die jeweils herrschenden sozietären und kulturellen Bedingungen bestimmt (siehe 4.4.2). Aufgrund der Vielfalt der Eifersuchtsreaktionen und der sozietär-kulturellen Systeme entsteht deshalb eine große Vielfalt an Eifersuchtsfolgen, die sich nicht nur in den elementaren Facetten unterscheiden können. Dabei weist das Spektrum weitgehende Übereinstimmungen mit dem Spektrum der Eifersuchtsreaktionen auf (siehe 5.5.4).

B154) Impotenz bzw. Frigidität als Folge sexueller Eifersucht
Fall Twi/Ashanti, Afrika: Männer waren häufiger impotent beim Geschlechtsverkehr mit der jüngeren ihrer Frauen, aus Angst vor eifersuchtsbedingt schlechter Behandlung durch die ältere(n) Frau(en): «In no patient is the influence of fear and anxiety more marked than in the impotent. In half a dozen shrine cases the patient had two wives, an 'old' and a new young one, and was impotent only with the new, fearing that the other, out of either jealousy or just resentment of neglect and ill-treatment, would make bad magic against him» (Field 1970:126). *Fall Deutschland*: «Eine 30jährige Frau konnte ihre Phantasien in bezug auf die, wie sie es nannte,

'Benutzung seines Penis durch eine andere' nicht zurückdrängen. Die Lubrikation blieb bei sexuellen Annäherungen ihres Ehemannes total aus, der Geschlechtsverkehr wurde zur physischen und psychischen Qual» (Müller-Luckmann 1985:448).

B155) Scheidung als Folge sexueller Eifersucht

Fall Aizo, Afrika: «Männer geben nur einen Scheidungsgrund an, Ehebruch der Frau» (Löffler 1983:42).

B156) Gruppenkonflikte als Folge sexueller Eifersucht

Fall Yanomamö/Yanoama, Südamerika: «Whithin villages, then, the bachelors and those men whose wives are either pregnant or are nursing children constantly threaten village stability by seeking liaisons with the wives of other men. The discovery of these liaisons usually leads to violent fighting between the group of close relatives of the woman's husband and that of her lover; and this frequently causes the village to split. The larger the village, the more likely it is that such liaisons will develop and that the subsequent fighting will lead to fragmentation of the village» (Chagnon 1967:8). Siehe auch Fuchs 1989:320 zum Fall Fachi, Nordafrika.

B157) Gesteigerte sexuelle Lust als Folge sexueller Eifersucht

Fall Swinger, USA: Bei Swingern kommt als Reaktion auf Eifersucht vor, daß sie, nach Hause zurückgekehrt, miteinander koitieren, obwohl sie eigentlich abgeschlafft sind. (Gilmartin 1977:153-57). Auch für Deutschland werden solche luststeigernden Effekte sexueller Eifersucht berichtet (siehe Müller-Luckmann 1985:448). Siehe auch B11 [Seeman].

B158) Veränderung der Eifersuchtsbeziehung als Folge sexueller Eifersucht

Fall Guajiro [Wayú], Südamerika: Auch wenn sich ein Verdacht von Ehebruch zwar nicht erhärten läßt, verändert er dennoch die Beziehung. Der Mann versucht um jeden Preis, Beweise für seinen Verdacht zu bekommen, tyrannisiert seine Frau und ist immer bemüht, seine Frau *beim* Exosex zu überführen (Gutierrez de Pineda 1950:117f. & 124). Siehe auch B163 oder Buddeberg 1986.

B159) Verhinderung von Empfängnisverhütung als Folge sexueller Eifersucht

Fall Puerto Rico, Mittelamerika: Frauen widersetzen sich chemischer und mechanischer Methoden der Empfängnisverhütung und trauen sich nicht zu Beratungsstellen, weil sie Angst haben, deswegen vom Mann der Untreue verdächtigt und eifersüchtig behandelt zu werden (Stycos 1955:215).

B160) Verzicht auf Festteilnahme als Folge sexueller Eifersucht

Fall Fachi, Nordafrika: «An nächtlichen Tänzen auf dem Kandermi nehmen überwiegend die unverheirateten Burschen und Mädchen teil. Gelegentlich kommt auch ein junger verheirateter Mann, aber er bleibt meistens nur für kurze Zeit, muß er doch fürchten, daß ihm seine Frau zu Hause eine Eifersuchtsszene macht» (Fuchs 1989:270).

B161) Ver- oder Behinderung polygamer Beziehung als Folge sexueller Eifersucht

Fall Teda [Tubu], Nordafrika: «The Toubou wives are so jealous and have such a bad disposition that it is almost impossible to make a second spouse live in the vicinity of the first without causing bloody brawls» (Chapelle 1957:283; Übersetzung: HRAF). *Fall Fachi, Nordafrika*: «Niemand in Fachi wird daran zweifeln, daß der Koran eine polygyne Eheform für den Mann vorsieht, aber ebenso zweifelt in Fachi niemand daran, daß eine polygyne Ehe für einen Mann nicht durchsetzbar ist, weil in Fachi keine Frau ihr Einverständnis dazu gibt, daß ihr Mann eine zweite Frau heiratet» (Fuchs 1989:283).

B162) Ausgelachtwerden als Folge sexueller Eifersucht

Fall Nenenot [Labrador Eskimo], Nordamerika: «A woman, however, often assails her husband, and in some instances gives him an unmerciful pounding, much to the amusement of the bystanders, who encourage her to do her best. The man is a subject for ridicule for weeks afterwards. Either sex can endure being beaten, but not being laughed at» (Turner 1889/90:270).

B163) Die «Eifersuchts-Untreue-Kollusion» als Folge (und Ursache) sexueller Eifersucht

Wirkungstheorie, Fall Schweiz: «Es stellt sich in ihr der Konflikt zwischen Autonomiebestrebungen und Trennungsängsten in besonderer Klarheit dar. Der eine agiert Autonomie zum Beispiel in einer außerehelichen Beziehung. Er drängt damit den Partner in die Defensive, weil dieser sich jetzt allein verantwortlich für die Aufrechterhaltung der Beziehung fühlt. Dieser agiert Trennungsängste in Form von Eifersucht, verfolgt den Partner in seiner Untreue, kontrolliert ihn und versucht ihn zur Treue zu verpflichten. Je mehr er nun den Partner eifersüchtig verfolgt, um so mehr fühlt sich dieser gedrängt, Autonomie zu beweisen, indem er wegstrebt und sich nicht mehr verpflichten läßt. Je mehr der andere wegstrebt, um so mehr sucht der Eifersüchtige ihn als Besitz zu beanspruchen und ganz in Beschlag zu nehmen. So verstärken die Partner gegenseitig ihre Verhaltensweisen. Der eine sagt: 'Ich bin nur so eifersüchtig, weil du so untreu bist', der andere: 'Ich bin nur so untreu, weil du so eifersüchtig bist'» (Willi 1975:129ff.; siehe Abb. 12).

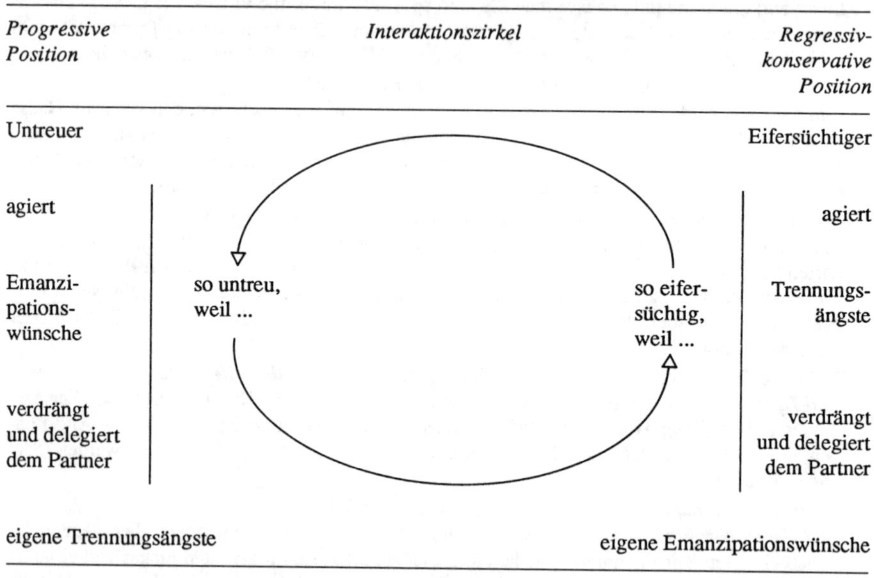

Abb. 12: Die Eifersuchts-Untreue-Kollusion (nach Willi 1975:133)

Ohne hier die genauere Differenzierung zu diskutieren (vergleiche und übertrage 5.5.4), sei wenigstens auf drei besonders therapie- oder bewältigungsrelevante Ausprägungsmöglichkeiten von Eifersuchtsfolgen hingewiesen (siehe ansonsten zusammenfassend Tabelle 19, S. 170).

Eifersuchtsschäden und Eifersuchtsnutzen. Eifersuchtsreaktionen können Folgen haben, die für die davon Betroffenen (einschließlich Ego) negativ und/oder von diesen unerwünscht sind bzw. als schlecht bewertet werden (=df. *Eifersuchtsschäden*).

B164) Unerwünschte Eifersuchtsfolgen (Eifersuchtsschäden)
Empirische Direkterfahrung: Wenn Eifersucht von der öffentlichen Meinung als etwas Schlechtes, Negatives angesehen und bewertet wird, kann ein schlechtes Gewissen oder eine Verringerung des Selbstbewußtseins beim Ego eine Folge der *eigenen* sexuellen Eifersucht sein. Dann kommen zur vielleicht als Problem empfundenen Eifersucht noch weitere Belastungen hinzu. Zu den unerwünschten Folgen sexueller Eifersucht kann auch ein grundsätzliches

sozietäres oder personales Verbot (und damit Verheimlichenmüssen usw.) von Exosex gerechnet werden. Paardynamisch bedeutend sind vielfach auch «eine sich langsam einschleichende wechselseitige Vernachlässigung und eine zunehmende emotionale Distanzierung zwischen den beiden Partnern» (Buddeberg 1986:122). Siehe auch B259.

Es gibt aber auch Folgen, die für die Betroffenen positiv sind und/oder von diesen als gut bzw. positiv bewertet werden (=df. *Eifersuchtsnutzen*).

B165) Erwünschte Eifersuchtsfolgen (Eifersuchtsnutzen)
Fall Italien: In dem Film *Divorcio all' italiana* (Scheidung auf italienisch) von Pietro Germi (Italien 1961) möchte der Baron Ferdinando Cefalu (ihre juristische Bewertung und Behandlung kennend) die Folgen sexueller Eifersucht nutzen, indem er seine ungeliebte Frau in die Arme eines Liebhabers zu treiben versucht, um sich so - trotz des damaligen Scheidungsverbotes in Italien - von seiner Frau durch Tötung "befreien" zu können. Siehe auch B260.

Erfolgreiche und erfolglose Eifersucht. Mit Eifersuchtsreaktionen können sehr unterschiedliche Ziele verfolgt werden (siehe 5.5.2). Deshalb lassen sich Eifersuchtsfolgen mit diesen Zielen vergleichen: sie können, bezogen auf die jeweiligen Reaktionsziele, mehr bis weniger *erfolgreich* sein.

B166) Erfolg bzw. Mißerfolg von Eifersuchtsreaktionen
Empirische Direkterfahrung: Ist beispielsweise das Ziel einer Eifersuchtsreaktion die Erfüllung der jeweils aktuellen Eifersuchtsmotive (z.B. der Erhalt der Eifersuchtsbeziehung), dann ist diese nicht erfolgreich, wenn die Motiverfüllung nicht gewährleistet wird (wenn also z.B. der Partner sich von Ego trennt und seine ehemalige Exobeziehung intensiviert oder wenn Ego den Partner tötet). Für das Reaktionsziel Terminierung wäre dagegen eine Erfüllung von Eifersuchtsmotiven kein Erfolgskriterium (zumindest auf den ersten Blick nicht). Siehe auch B249, B250, B259 und B260.

B167) Sexuelle Eifersucht als Auslöser für exosexuelle Beziehungen
Fall Me'udana, Südost-Neuguinea, Ozeanien: Exosex, der eigentlich verhindert werden soll, kann durch Eifersucht überhaupt erst ausgelöst werden: (Im Zusammenhang mit der Erhebung und Auflistung allgemeiner Fluchwörter:) «11. ginena u ai = iß ihre Vulva, Vagina bzw. usina u ai = iß seinen Penis. Diese beiden Schimpf- und Fluchwörter, dazu 'iß ihre (seine) Fäzes' [busa'ina u ai], würden besonders unter Ehegatten verwendet, wenn sie meint, daß er nach einer anderen Frau bzw. er meint, daß sie nach einem anderen Mann ständig begehrliche Blicke wirft (obulu). Me'uyo meinte dazu, wenn es sich um eine unbegründete Eifersucht handele, könne ein solches Schimpfwort den beleidigten Ehepartner tatsächlich veranlassen, sich mit dem anderen Mann/der anderen Frau im Busch zu treffen. Das Haus eines solchen Ehepaares, das stets eifersüchtig aufeinander aufpaßt und sich solche Schimpfwörter an den Kopf wirft, sobald der Besuch gegangen ist, werde gemieden, man gehe nicht mehr zu ihnen zum Schwatzen und Betelkauen» (Schlesier 1983:77f.).

Diese Zielbezogenheit und der mögliche Erfolg bzw. Mißerfolg sind wichtige Aspekte im Eifersuchtsprozeß unter dem Gesichtspunkt einer Therapierbarkeit.

Reversibilität der Folgen. Interessant aus therapeutischer Sicht ist schließlich noch die mögliche Aufhaltbarkeit und Umkehrbarkeit der Folgen von Eifersuchtsreaktionen.

B168) Irreversible Eifersuchtsfolgen
Empirische Direkterfahrung: Wenn ich meine Partnerin töte, habe ich keine Chance mehr, meine Eifersuchtsbeziehung weiterhin zu erhalten, mich mit ihr zu arrangieren.

Auch diese Reversibilität bzw. Irreversibilität von Eifersuchtsfolgen ist nicht nur eine Frage der Existenz der involvierten Personen, sondern kann entscheidend von den jeweiligen personalen und/oder sozietären Bedingungen mitbestimmt sein.

B169) Die Kontext- bzw. Kulturabhängigkeit der Reversibilität von Eifersuchtsfolgen
Empirische Direkterfahrung: Wenn Ehebruch aufgrund sozietärer Normen eine Trennung oder Scheidung nach sich ziehen sollte, dann kann ich unter Umständen meine Eifersuchtsbeziehung nicht mehr retten, auch wenn ich persönlich bereit wäre, meinem Partner zu verzeihen, daß er zunächst Motive von mir verletzt bzw. nicht erfüllt hat. Siehe auch B275, B280 und B283.

Weitere Ausprägungsmöglichkeiten. Eifersuchtsfolgen können auch mehr bis weniger *sicher* auftreten (dies entspricht der Automatisierung der Abwägungen [siehe und übertrage 5.4.2] und Reaktionen) und/oder mehr bis weniger *intensiv* (siehe und übertrage 5.5.4) sein. Rational im eingeführten Sinne können Eifersuchtsfolgen jedoch nicht sein. Außerdem können unmittelbare Folgen mittelbare nach sich ziehen und können neben Rück- und Wechselfolgen auch (erwünschte wie unerwünschte) Nebenfolgen auftreten.

5.6.3 Zwischenergebnis: Eifersuchtsfolgen

Wenn Eifersuchtsreaktionen Veränderungen bedingen, also Wirkungen sind, dann müssen sie Effekte haben. Diese Eifersuchtsfolgen (die direkten und indirekten Wirkungen und ihre Effekte) können von anderen Folgearten nur dadurch unterschieden werden, daß sie die unmittelbaren oder mittelbaren Folgen von *Eifersuchts*reaktionen (und *Eifersuchts*abwägungen) sind - andere eindeutige Unterscheidungsmöglichkeiten gibt es nicht, d.h. den Effekten oder Veränderungen selbst ist nicht anzusehen, ob sie eifersuchtsbedingt sind oder auf andere Faktoren zurückzuführen sind (siehe zusammenfassend Tabelle 19).

Aspekt	*Facetten*
Betroffene(r):	Ego selbst, Partner, Rivale(n), andere
Wirkungsweise:	unmittelbar/direkt, mittelbar/indirekt
Erfolg:	mehr bis weniger, erfolglos
Bewertung/Wert:	nützlich/positiv, schädlich/negativ
Intention:	mehr bis weniger intendiert, nicht intendiert
Wissen:	mehr bis weniger bewußt/bekannt, unbewußt/unbekannt
Effektsicherheit:	sicher, mehr bis weniger wahrscheinlich, unsicher
Ziel:	Motiverfüllung, Bestrafung, andere
Zeitpunkt:	sofort bis später (bezogen auf die Reaktionsaktivität)
Dauer:	kurz, mittel, lang
Intensität:	gering, mittel, stark
Legitimation:	gefordert/geboten, erlaubt/geduldet, verboten
Sanktionierung:	keine, schwache bis starke
Reversiblität:	mehr bis weniger, irreversibel
Differenziertheit:	einfache bis vielfach mehrfache (Teil-)Folgen neben- und/oder nacheinander

Tabelle 19: Die Ausprägungsmöglichkeiten der Eifersuchtsfolgen

5.7 Ergebnis: Die Charakteristika sexueller Eifersucht

Die Bestimmung der Baumerkmale und Ausprägungsmöglichkeiten hat gezeigt, daß sexuelle Eifersucht eine eigenständige Tatsachenart ist, die als mehrschrittiger Prozeß abläuft und - nicht nur in globaler Perspektive - in zahlreichen unterschiedlichen Varianten auftritt.

Sexuelle Eifersucht als eigenständige Tatsachenart. Vor allem von Forschern, die sexuelle Eifersucht kulturenvergleichend betrachten, wird eine eigenständige Existenz einer Tatsachenart sexuelle Eifersucht teilweise wegen der formalen Ähnlichkeiten mit anderen Tatsachenarten, die nicht als sexuelle Eifersucht angesehen werden, bezweifelt (siehe auch 4.2):

B170) Sexuelle Eifersucht nur ein ungeeignetes Etikett?
Bautheorie: «Seen from a cultural perspective, it is uninformative to label someone as a jealous person. When the cultural setup is such that two individuals need each other in order to function effectively in the society, it is likely that there will be clashes of goals. In jealousy situations, the adulterer, the interloper and the cuckolded individual are equally frustrated in the attainment of their goals. All three of them are in a conflict situation, and their position, whether they are the adulterer or the cuckolded individual is arbitrary, and can be reversed in the next conflict situation. The jealousy, whatever is meant by that concept (see Hupka, 1981), does not reside in one individual. Instead, it is descriptive of the type of conflict situation» (Hupka & Ryan 1981:24). «Individuals in jealousy conflict situations use particular conflict resolution techniques. When they are in the position of the cuckolded individual, their coping techniques are sometimes labeled as indicative of a jealous personality, whereas the individuals in the position of the adulterer, who may be using similar coping techniques to minimize their feelings of blame, are spared such a pejorative label. Thus, the use of verbal aggression in the cuckolded position may be taken as an indication that the individual is jealous, but the identical behavior in the offender position is not. The arbitrary application of the jealousy label makes apparent that labeling individuals as being jealous does not explain the cognitions motivating their behavior. At best, the label makes known the nature of predicament and the position that someone holds in the conflict situation» (Hupka & Ryan 1981:25f.).

Durch den Nachweis der Existenz von allgemein-menschlichen Motiven, die mindestens subjektiv durch auch nur vermeintliche exosexuelle Beziehungen eines Partners in einer Eifersuchtsbeziehung in (der Qualität und/oder Quantität) ihrer Erfüllung gefährdbar sind, ist diese Auffassung widerlegbar: Sexuelle Eifersucht ist nicht nur eine Frage der Etikettierung. Entscheidend ist freilich, auch die (mögliche) sexuelle Eifersucht von Partner und/oder Exopartner zu sehen, anzuerkennen und als solche zu bezeichnen.

Sexuelle Eifersucht als anthropisch einheitliche Eigenschaft. Genauso muß die Auffassung revidiert werden, daß Eifersucht nur kultur- oder situationsspezifisch definiert werden könne, weil sexuelle Eifersucht sich als eine in den Ausprägungsmöglichkeiten und damit Mustern äußerst vielfältige, in der Grundgestalt jedoch einheitliche und übereinstimmende Tatsachenart erwies.

B171) Sexuelle Eifersucht nicht kulturübergreifend (global) konzipierbar?
Bautheorien: «Jealousy cannot be defined regardless of the circumstances. A sort of behaviour considered excessively jealous in a certain community during a certain historical period may be natural in another environment» (Achté & Schakir 1980:34). «Jealousy behavior is what the members of the society have agreed it should be. It may be a showing of hurt and anger in the

jealous one, or an instrumental act directed at the rival, and so on» (Hupka 1981:340). Siehe auch Borneman 1985:70.

Es ist deshalb (wie ich gezeigt habe) möglich, durch eine kulturenvergleichende Betrachtung grundlegende Merkmale sexueller Eifersucht herauszuarbeiten, die unabhängig von den jeweiligen Eigenschaften der spezifischen Kultur und Sozietät für *alle Fälle* sexueller Eifersucht zutreffen.

Hier geht es nur um ein solches allgemeines (kulturanthropologisches) Konzept sexueller Eifersucht aus wissenschaftlicher Perspektive, welches die Merkmale erfaßt, die in allen Eifersuchtsereignissen beteiligt und für diese charakteristisch sind. Daß ein solches Konzept für andere Kulturen (übrigens auch Wissenschaftskulturen innerhalb der Westlichen Welt) fremd ("etisch") ist, ändert nichts an seiner Fruchtbarkeit und Angemessenheit. Denn es läßt erstens selbstverständlich weiterhin andere kulturspezifische Konzeptionen von sexueller Eifersucht zu und es erlaubt zweitens, beliebige Fälle sexueller Eifersucht aus beliebigen kulturellen Zusammenhängen als kulturspezifische Eifersuchtsarten oder -muster zu erfassen.

5.7.1 Die Komposition und Struktur sexueller Eifersucht

Sexuelle Eifersucht ist kein einfacher Reiz-Reaktions-Mechanismus, kein Instinkt, keine Situation, nicht unbedingt eine defensive oder protektive Reaktion und nicht allein oder immer emotional, sondern ein (zum Teil äußerst komplexer und komplizierter) Prozeß, genauer ein motivierter Reiz-Wahrnehmungs-Abwägungs-Reaktions-Ablauf (also ein Funktionsprozeß) mit Folgen.

Die Komponenten sexueller Eifersucht. Sexuelle Eifersucht muß immer und überall aus drei Komponenten zusammengesetzt sein, die damit zugleich ihre *Bedingungen* (direkten internen Ursachen) sind:

1) *Eifersuchtswahrnehmungen*, das sind Wahrnehmungen von Reizen als möglicherweise oder tatsächlich bedrohliche auto- und/oder exosexuelle Beziehungen eines Partners.

2) *Eifersuchtsabwägungen*, das sind mehr bis weniger bewußte und/oder bekannte kognitive Aktivitäten, in denen die Bedrohlichkeit der wahrgenommenen exosexuellen Beziehungen für die (Qualität bzw. Quantität der) Erfüllung von Eifersuchtsmotiven bewertet und "sexuelle Eifersucht ja/nein" sowie "Reaktionen ja(welche)/nein" entschieden wird.

3) *Eifersuchtsreaktionen*, das sind alle Aktivitäten, die von Ego aufgrund der Entscheidungen "sexuelle Eifersucht ja" und "Reaktionen ja" durchgeführt werden, unabhängig von ihren Zielen, ihrer Art und ihren sonstigen Merkmalen.

Damit diese Bedingungen erfüllt werden können, damit also sexuelle Eifersucht auftreten kann, müssen drei *Voraussetzungen* (direkte externe Ursachen) erfüllt sein:

1) Es muß eine *Eifersuchtsbeziehung* geben, das ist eine realisierte oder fiktive zwischenmenschliche Beziehung zwischen mindestens zwei Personen beliebigen Geschlechts, an die Eifersuchtsmotive geknüpft sind.

2) Es muß *Eifersuchtsmotive* geben, das sind (egobezogene) Bedürfnisse und/

oder Begehren beliebiger Art, deren Erfüllung, Erfüllungsqualität oder -quantität durch eine auto- oder exosexuelle Beziehung eines Partners in der Eifersuchtsbeziehung gefährdbar, gefährdet oder verhindert sind.

3) Es muß *Eifersuchtsreize* geben, das sind Ereignisse, die als (möglicherweise) auto- bzw. exosexuelle Beziehung eines Partners wahrgenommen und als mindestens bedrohlich für die (Qualität bzw. Quantität der) Erfüllung von Eifersuchtsmotiven bewertet werden (können).

Sind die Voraussetzungen und Bedingungen erfüllt und führen die Eifersuchtsreaktionen zu Veränderungen, muß es durch diese Wirkungen und Effekte auch *Eifersuchtsfolgen* geben, das sind die Zustandsveränderungen bei den Beteiligten oder Unbeteiligten, die die Eifersuchtsreaktionen direkt und/oder indirekt bewirken.

Aktor/Instanz	*Aktivität*	*Resultat*
Ego	hat	Eifersuchtsmotive
	und aktualisiert diese, wenn sie erfüllt werden sollen, als	Treuemotive
Partner(in)	führt aus/wird verdächtigt	Exosex
Ego/andere(r)	nimmt wahr/stellt fest	Exosex
	und diagnostiziert diesen, weil unerwünscht, als	Bedrohung für die Erfüllung der Eifersuchts-/Treuemotive
Ego/andere(r)	entscheidet deshalb	sexuelle Eifersucht ja
	und klärt (u.U.)	Reaktionsmöglichkeiten
	und entscheidet	Eifersuchtsreaktionen
Ego/andere(r)	veranlaßt/führt aus	Eifersuchtsreaktionen
	und bewirkt damit	Eifersuchtsfolgen
Ego/andere(r)	beurteilt	Eifersuchtsfolgen
	und entscheidet	Fortsetzung oder Ende des Eifersuchtsprozesses

Tabelle 20: Der Ablauf von Eifersuchtsprozessen

Die Grundstruktur der Eifersuchtsprozesse. Die eben aufgelisteten Komponenten sexueller Eifersucht müssen immer in einer formal einheitlichen Weise miteinander verknüpft sein, d.h. sie haben eine übereinstimmende Grundstruktur. Auch wenn Eifersuchtsprozesse (als Gesamtprozesse) wie alle Funktionsprozesse von der Grundgestalt her linear sind (siehe Abb. 10, S. 122), treten de facto vielfache, beispielsweise auch (aufgrund früherer Erfahrungen) antizipierte Rück- und Wechselfolgen auf. Und auch wenn sexuelle Eifersucht in allen Kulturen in dieser Weise ablaufen muß, folgt daraus keineswegs, daß überall die gleichen Motive vorherrschend oder die gleichen Reaktionsmuster verbreitet sind, sein können oder sein müssen. Wie der genaue Ablauf von Eifersuchtsprozessen im einzelnen aussieht, kann zusammenfassend den Abbildungen, Tabellen und (Zwischen-)Ergebnisabschnitten in 4 und 5 sowie der (alle Abweichungsmöglichkeiten weglassenden) Tabelle 20, S. 173, entnommen werden.

5.7.2 Eine systematische Definition sexueller Eifersucht

Eine beliebige Person soll nur, genau und ausschließlich dann (aktuell) *sexuell eifersüchtig* genannt werden, wenn sie[30]

1) in einer realisierten oder fiktiven zwischenmenschlichen Beziehung beliebiger Art mit mindestens einer anderen Person steht,

2) mit dieser Beziehung (bzw. dem Partner oder den Partnern) Motive (Bedürfnisse und/oder Begehren) verbindet, deren Erfüllung, Erfüllungsqualität oder -quantität durch eine körperliche und/oder psychische, autosexuelle und/oder exosexuelle Beziehung dieses Partners (oder dieser Partner) tatsächlich oder vermeintlich gefährdbar oder verhinderbar ist,

3) (ob zutreffend oder nicht) eine drohende oder realisierte auto- und/oder exosexuelle Beziehung des Partners (oder der Partner) wahrnimmt und

4) diese wahrgenommene (vermeintliche oder tatsächliche) Exosexbeziehung subjektiv als in irgendeiner Form bedrohlich für die Erfüllung, Erfüllungsqualität oder -quantität von wenigstens einem der in 2) genannten Motive bewertet.

Das Ausführen weiterer Aktivitäten (Empfindungen, Kognitionen, Verhalten) über diese Bewertung hinaus (als Eifersuchtsreaktion) ist also *keine* zwingende Voraussetzung, um eine Person als 'sexuell eifersüchtig' bezeichnen zu können.

Soll allerdings eine Person als *sexuell eifersüchtig agierend* oder *reagierend* bezeichnet werden, dann und nur dann kommt als weitere Bedingung hinzu, daß diese Person

5) in Reaktion auf die Bedrohlichkeitsbewertung in 4) weitere Empfindungen, Kognitionen, Verhalten und/oder Handlungen beliebiger Art (also z.B. emotionalisiert oder nicht, bewußt oder nicht) ausführt.

Umgekehrt ist eine Person dann und ausschließlich dann als *nicht sexuell eifersüchtig* zu bezeichnen, wenn sie in der Ausgangslage 1) und 3)

- mit der Eifersuchtsbeziehung (bzw. dem Partner oder den Partnern) *keine* Motive (Bedürfnisse und/oder Begehren) verbindet, deren Erfüllung, Erfüllungsqualität oder -quantität durch eine körperliche und/oder psychische, autosexuelle und/oder exosexuelle Beziehung dieses Partners (oder dieser Partner) tatsächlich oder vermeintlich gefährdbar oder verhinderbar ist, *oder*
- (wenn sie doch sexuelle Eifersuchtsmotive hat, also auch Bedingung 2 erfüllt) eine wahrgenommene exosexuelle Beziehung eines Partners *nicht* als in

---

30 Diese Definition unterscheidet sich nur geringfügig von der in 4.2.4 vorgenommenen, weil die Aspektisierung und Facettierung zwar therapeutisch und für die Bestimmung von Indikatoren sexueller Eifersucht wichtige, aber keine grundlegend konzeptverändernden Einsichten mehr brachte.

irgendeiner Form bedrohlich für die Erfüllung, Erfüllungsqualität oder -quantität von wenigstens einem dieser Motive bewertet (genaueres zum Problem, nicht oder weniger eifersüchtig zu sein, in 6.4 und 6.6).

Damit kann als *sexuelle Eifersucht* die Menge aller Aktivitäten einer im spezifizierten Sinne sexuell eifersüchtigen bzw. sexuell eifersüchtig (re-)agierenden Person bezeichnet werden.

In Verbindung mit den (vor allem in den zusammenfassenden Tabellen) systematisierten Aspekten und Facetten (Erscheinungsformen oder Ausprägungsmöglichkeiten) lassen sich mit diesen systematischen Konzepten sehr genaue *Indikatoren* sexueller Eifersucht formulieren, die eine präzise und differenzierte Grundlage für die weitere empirische wie theoretische Erforschung und für die Therapierung sexueller Eifersucht bilden.

5.7.3 Die wichtigsten Arten sexueller Eifersucht

Sexuelle Eifersucht hat sich als eine vielfältig differenzierte Tatsachenart erwiesen. Im Schrifttum werden deshalb, oft nicht sehr genau, zahlreiche Arten von (nicht nur sexueller) Eifersucht unterschieden:

B172) Übliche Differenzierungen verschiedener Arten von (sexueller) Eifersucht

Bautheorien: Normale - pathologische Eifersucht (siehe Bernard 1977:146, Barrell & Richards 1982:40); normale - anormale Eifersucht (siehe Bohm 1973:567); normale/ natürliche - pathologische/defensive Eifersucht (siehe Pao 1982:126); normale Eifersucht - Eifersuchtswahn (siehe Jones 1930:186); normale - morbide Eifersucht (siehe Daly et al. 1982:18); normale - kompetitive - pathologische Eifersucht (siehe Downing 1977:74); normale - neurotische - paranoide Eifersucht (siehe Polatin 1968:6-9); normale/kompetitive - pathologische Eifersucht (siehe Downing 1977:74); krankhafte/wahnhafte - berechtigte Eifersucht (siehe Bastin 1972/70: 76f.); begründete - unbegründete Eifersucht (siehe Willy 1968:79); berechtigte - unberechtigte Eifersucht (siehe Tüllmann 1960:115f +120); krankhafte - berechtigte Eifersucht (siehe Bastin 1972/70:76f.); maskuline - feminine Eifersucht (siehe Bohm 1973:567); weibliche - männliche Eifersucht (siehe Bernard 1977:146); wahrgenommene/vermutete - tatsächliche Eifersucht (siehe Bringle & Evenbeck 1979:203); Liebeseifersucht - wahnhafte - antizipierende Eifersucht (siehe Tellenbach 1981:45-50); primitive - soziale Eifersucht (siehe Bohm 1973:567); große - kleine, kurze - lange Eifersucht (siehe Baumgart 1985a:91); positive - negative Eifersucht (siehe Mead 1977/31:121-24); primäre (darin: exzessive & obsessiv-wahnhafte) - sekundäre Eifersucht (siehe Docherty & Ellis 1978:124-29); echte - unechte Eifersucht (siehe Tüllmann 1960:115f+120); auf «geistiges Band» - auf «körperlichen Akt» bezogene Eifersucht (siehe Willy 1968:82); isolierende - antagonistische Eifersucht (siehe Constantine 1977:192); Besitzeifersucht - Ausschlußeifersucht - Wettbewerbseifersucht - egoistische Eifersucht - Angsteifersucht (siehe Mazur 1977/73:187); Zeiteifersucht - Personeneifersucht - Opportunitäts-/Situationseifersucht (siehe Clanton & Smith 1977b:188); kreative/psychologische - krankhafte - wahnhafte - paranoide Eifersucht (siehe Buddeberg 1986:121).

Hier hat die Charakterisierung die Grundlage für eine sehr viel einheitlichere, systematischere und vollständigere Artenunterscheidung geliefert.

Wie in den Tabellen in den Zwischenergebnissen bereits verdeutlicht, tritt sexuelle Eifersucht in den verschiedenen menschlichen Kulturen bzw. Sozietäten in zahlreichen und zum Teil äußerst unterschiedlichen Erscheinungsformen auf. Zwar sind nicht alle dieser Varianten gleichermaßen wichtig und geeignet zur Differenzierung von grundlegenden Arten sexueller Eifersucht. Einige der Ausprägungsmöglichkeiten sexueller Eifersucht (für die meist nur die Außenpole von

Kontinua erfaßbar sind, da sie keine exklusiven Dicho-, Tricho- oder anderen -tomien sind) sollten aber konzeptuell und terminologisch hervorgehoben werden. Dabei ist zu berücksichtigen, daß (wie entsprechend bei den bisherigen Merkmalsübersichten auch) jeder einzelne Eifersuchtsfall immer mehreren der hier differenzierten Eifersuchtsarten zugehören kann (siehe Tabelle 21).

Differenzierung nach	*Arten sexueller Eifersucht (SE)*
Motiven:	Bestands- I Zuwendungs- I Exklusivitäts- I Selbstwert- I Sozialwert- I Unversehrtheits- I Neid- I Anspruchs- I Machteifersucht
Auslösern:	
Verwirklichung Exosex:	begründete (Exosex realisiert) I unbegründete SE (kein Exosex)
Geschlecht Rivale:	gleichgeschlechtliche I andersgeschlechtliche SE
Bezug zur Eifersuchtsbeziehung:	intraeheliche (bei Polygamie) I extraeheliche SE (bzw. entsprechend für andere Beziehungsformen)
Wahrnehmung:	fundierte (Exosex nachweisbar) I unfundierte SE (Exosex nicht nachweisbar)
Abwägungen:	
Bewußtheit:	bewußte I unbewußte SE (Wissen, *daß* Eifersuchtsabwägungen)
Bekanntheit:	bekannte I unbekannte SE (Wissen, welche Abwägungsinhalte)
Emotionalisierung:	emotionale I nichtemotionale SE
Rationalität:	rationale I irrationale SE
Automatisiertheit:	unkontrollierte/automatische/spontane I kontrollierte SE
Ziel:	defensive (Versuch Motiverfüllung) I aggressive SE (Versuch Bestrafung)
Zeitpunkt:	präventive (vor Exosex) I reaktive SE (nach Exosex)
Reaktionen:	
Aktivitäten:	kognitive I Empfindungs- I Verhaltens- I Handlungs- SE
Emotionalisierung:	emotionale I nichtemotionale SE
Außenbezug:	erfahrene (nur Empfindungen und/oder Kognitionen) I ausgedrückte SE (auch Verhalten und/oder Handlungen)
Richtung:	selbst- I partner- I rivalen- I fremdbezogene SE
Intensität:	heftige I leichte SE (abhängig von jeweiligem Maßstab!)
Legitimation:	erlaubte I unerlaubte SE
Folgen:	
Erfolg Zielerfüllung:	erfolgreiche I erfolglose SE
Wert/Bewertung:	nützliche/positive I schädliche/negative SE
Reversibilität:	reversible I irreversible SE
Intensität:	starke I schwache SE (abhängig von jeweiligem Maßstab!)

Tabelle 21: Die wichtigsten Arten sexueller Eifersucht

6 Bewältigungsprozesse: Grundmerkmale der Überwindung und Reduzierung sexueller Eifersucht

In diesem Kapitel beginnt mit einer allgemeinen Klärung des Ablaufs und der Dimensionen (in 6.1), der Voraussetzungen (in 6.2), der Gestalt (in 6.3), der möglichen Erfolge (in 6.4) sowie des Kontextes (in 6.5) einer kulturellen Bewältigung sexueller Eifersucht die Durchführung der Funktionsklärung. Diese basiert sachtheoretisch, wie Abb. 7, S. 83, verdeutlicht, auf den Vorgaben der Kontextes (1.4) und Rahmens (3.1 et passim) sowie der Charakteristik sexueller Eifersucht (4+5).

Der zweite Teil dieser Funktionsklärung, die Differenzierung der verschiedenen kulturellen Mittel zur Bewältigung sexueller Eifersucht, und der dritte Teil, die allgemeine Erörterung der Realisierbarkeits-, Praktizierbarkeits- und Tolerierbarkeitsprobleme beim Eifersuchtsbewältigen, werden in 7 und 8 durchgeführt.

6.1 Grundlage: Eifersuchtsbewältigung als Problemlösungsprozeß

Das Bewältigen sexueller Eifersucht ist (siehe 3.1.4), wie die sexuelle Eifersucht selbst (siehe 4.5), ein Problemlösungsprozeß. Damit müssen die problemart- oder problemfallübergreifenden (allgemeinen) Merkmale solcher Erfordernis-Erfüllungsprozesse auch für das Bewältigen sexueller Eifersucht gelten. Deshalb können die Charakteristika von Problemlösungsprozessen allgemein (siehe 3.1.4) auch ohne weitere Erörterung mit nur wenigen terminologischen Änderungen direkt auf die Prozesse zur Bewältigung sexueller Eifersucht (=df. die *[Eifersuchts-]Bewältigungsprozesse*) übertragen werden:

- zur internen und externen *Gestalt* und damit zu den *Dimensionen* von Bewältigungsprozessen siehe Abb. 13, S. 178;
- zum *Ablauf* von Eifersuchtsbewältigungen siehe Tabelle 22, S. 179;
- zu den sonstigen *Grundmerkmalen* und *Ausprägungsmöglichkeiten* von Prozessen zur Bewältigung sexueller Eifersucht siehe Tabelle 28, S. 194).

(Ich gehe hier nicht weiter auf die dimensionsübergreifend geltenden Kennzeichen von Bewältigungsprozessen [z.B. die Elementarfacetten] ein, sondern konzentriere mich auf die Voraussetzungen, Bedingungen, Folgen und den Kontext der Bewältigungsmittel. Siehe also die dimensionsspezifischen Ausführungen und übertrage Übereinstimmendes [übrigens auch aus 4 und 5] entsprechend auf die anderen Dimensionen .

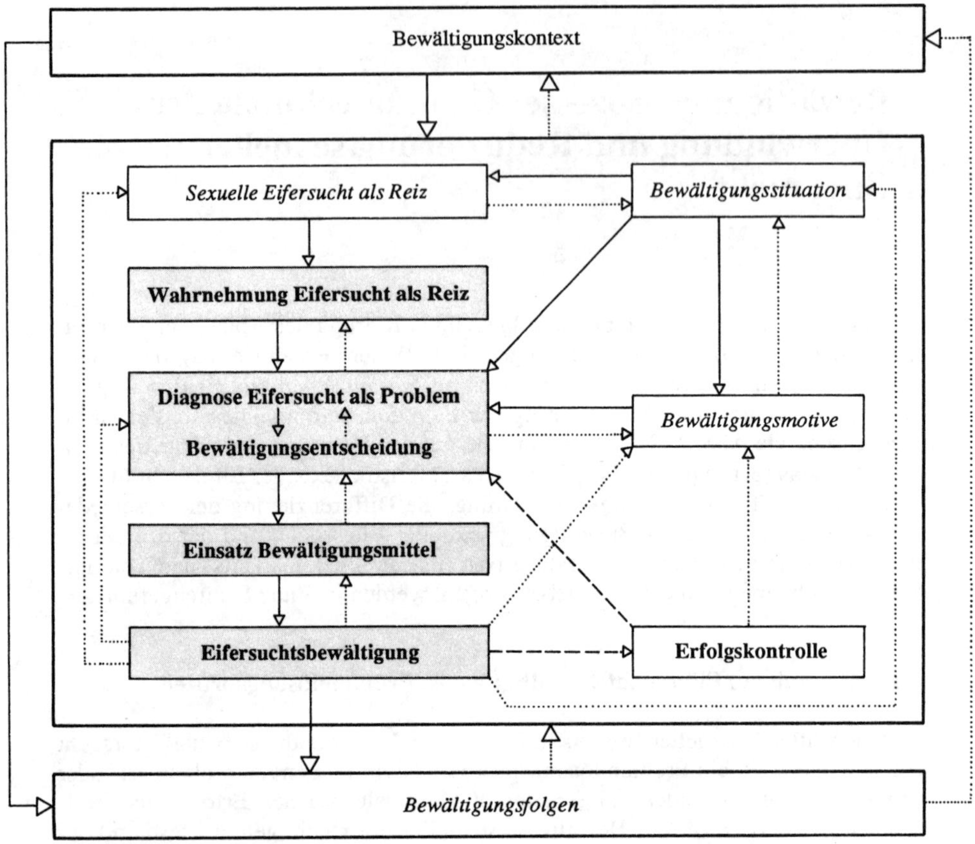

Abb. 13: Die externen (kursiv) und internen (halbfett) Dimensionen von Bewältigungsprozessen

6.2 Voraussetzungen: Die direkten externen Erfordernisse einer Bewältigung sexueller Eifersucht

Damit ein Problem wie sexuelle Eifersucht gelöst werden kann, müssen bestimmte direkte externe Erfordernisse erfüllt sein (siehe 3.1.4). Für das Bewältigenkönnen sexueller Eifersucht sind die *Bewältigungsvoraussetzungen*: ein Wunsch nach Beschränkung oder Aufgabe sexueller Eifersucht als *Bewältigungsmotiv* (dazu 6.2.1), das Vorhandensein sexueller Eifersucht als den Bewältigungswunsch aktualisierender oder auslösender *Reiz* (dies wird hier als gegeben angenommen und deshalb nicht weiter erörtert) sowie das Erfülltsein der sonstigen direkten externen Erfordernisse, also der *situativen Voraussetzungen* (dazu 6.2.2).

Bewältigungsaktor/-instanz	*Bewältigungsaktivität*	*Resultat*
Bewältigungsfestleger	wünscht und aktualisiert diese, wenn sie erfüllt werden sollen, als	weniger/keine Eifersucht Sollwerte
Partner(in)/andere(r)	ist/wird	eifersüchtig
Eifersuchtsfeststeller	nimmt wahr/stellt fest und diagnostiziert diese, wenn unerwünscht, als	Differenz Erfüllungsdefizit (= Eifersucht als Problem)
Bewältigungsentscheider	entscheidet und bestimmt	Eifersuchtsbewältigung ja Bewältigungsziele
Eifersuchtsbewältiger	klärt/erforscht und entscheidet und veranlaßt oder führt aus und bewirkt damit	Bewältigungsmöglichkeiten Bewältigungsmittel Bewältigungsaktivitäten Eifersuchtsbewältigung
Bewältigungsbewerter	beurteilt und entscheidet	Bewältigungsgrad Fortsetzung oder Ende des Bewältigungssprozesses

Tabelle 22: Der Ablauf erfolgreicher Prozesse zur Bewältigung sexueller Eifersucht

6.2.1 Die motivationalen Voraussetzungen

Wenn sexuelle Eifersucht bewältigt werden soll, muß es Menschen(gruppen) geben, die diese Eifersucht wenigstens in bestimmten Ausprägungen und unter spezifischen Umständen für schlecht oder schädlich halten, und die deshalb (als Sollwert aktualisierbar) das Motiv Eifersuchtsfreiheit oder Eifersuchtsbewältigung (=df. ein *Bewältigungsmotiv*) haben. Daß es Menschen(gruppen) mit einem solchen Bewältigungsinteresse gibt (welches auch ganz diffus und ungenau sein kann), muß (weil Auslöser dieser Untersuchung, siehe 2.1.4+5) hier nicht mehr ausführlich belegt werden. Zu diesen kann auch ein eifersüchtiges Ego selbst gehören (siehe 6.3).

Für Bewältigungsentscheidungen (siehe 6.3.2) und damit Bewältigungsversuche werden dabei nicht nur Motive wirksam, die von der entscheidenden bzw. sich verhaltenden Person(engruppe) selbst gebilligt und vertreten werden.

B173) Externe Manipulierbarkeit der Bewältigungsmotive
Wirkungstheorie: Es gibt die Möglichkeit, durch Überreden, Bestechen, Bedrohen oder andere Manipulations- oder Zwangsmaßnahmen andere zu Entscheidungen und Verhalten zu bringen, die sie ohne diese Maßnahmen nicht fällen bzw. ausführen würden. So kann ein eifersüchtiges Ego dazu gebracht werden, seine sexuelle Eifersucht bewältigen zu wollen, wenn Partner mit wirtschaftlichen oder anderen Sanktionen droht und diese (aufgrund der sozialen, wirtschaftlichen und anderen Bedingungen) dann auch tatsächlich realisieren kann.

Es gibt also (bezogen jeweils auf einen Aktor) *eigene* und *fremde* Bewältigungsmotive, die beide wirksam werden und zu Bewältigungsversuchen führen können.

Allerdings sind für die Aktualisierung und tatsächliche Berücksichtigung fremder Motive, wenn sie nicht freiwillig und aus Überzeugung geschehen, besondere Maßnahmen (Überreden, Bestechen, Entzug, Zwang usw.) erforderlich, die erheblichen Aufwand verlangen und hohe Risiken des Scheiterns in sich bergen.[31]

6.2.2 Die situativen Voraussetzungen

Nicht unter allen Umständen ist die Ausführung aller denkbaren Bewältigungsentscheidungen und Bewältigungsaktivitäten möglich, stehen alle potentiellen (oder optimalen) Bewältigungsaktoren zur Verfügung usw. Damit Bewältigungsmotive erfüllt werden können, müssen (neben dem Vorhandensein sexueller Eifersucht und von Bewältigungsmotiven) jeweils spezifische weitere Voraussetzungen gegeben oder erzeugbar sein.

B174) Situative Voraussetzungen für ein Bewältigen sexueller Eifersucht
Wirkungstheorie: Um Motive, die zu Eifersucht führen, ändern oder aufgeben zu können, muß ich sie zunächst einmal kennen oder gekannt haben. Um Reaktionsentscheidungen abschwächen oder einschränken zu können, muß ich Alternativen für meine bisher heftigen und aggressiven Entscheidungen kennen oder entwickeln können. Um harmlosere Reaktionen ausführen zu können, darf meine sozietäre Umgebung diese nicht verhindern oder zu verhindern suchen.

Die Gesamtmenge solcher direkter externer Faktoren und Wirkungen, die für die Verfügbarkeit von Bewältigungsaktoren und/oder die Einsetzbarkeit von Bewältigungsmitteln (also die *Realisierbarkeit* von Eifersuchtsbewältigungen als Problemlösungen) gegeben sein müssen (notwendig) oder sollten (nützlich) =df. die *situativen Bewältigungsvoraussetzungen* oder die *Bewältigungssituation.* Die minimalen und pessimalen situativen Voraussetzungen für das Realisierenkönnen einer Eifersuchtsbewältigung sind:

- ein wenigstens prinzipiell bewältigbares Eifersuchtsproblem, das auch von einer zukünftigen/möglichen sexuellen Eifersucht geschaffen werden kann,
- alle erforderlichen Bewältigungsaktoren (also ggf. auch Unterstützer oder Helfer) müssen zur Verfügung stehen, ein wenigstens minimales und pessimales Bewältigungsinteresse haben und sich ernsthaft um eine Lösung bemühen,
- sie müssen die für eine Ausführung der erforderlichen Entscheidungen und sonstigen Aktivitäten notwendigen Fähigkeiten besitzen, erwerben und/oder nutzen können,
- die nicht selbst und direkt beteiligte Mit- oder Umwelt darf die Bewältigungsversuche nicht zu torpedieren versuchen, muß die Bemühungen wenigstens akzeptieren,
- die Bewältigungsaktoren müssen, wenn die Akzeptanz durch ihre Mitwelt nicht ausreichend hoch ist, ihre dann u.U. erforderliche soziale Devianz ertragen können und
- die sonstigen bewältigungsart- oder bewältigungsfallspezifischen situativen Voraussetzungen müssen erfüllt sein (welche Voraussetzungen fall- oder mittelspezifisch erforderlich sind, ist zum Teil direkt durch qualitative Spezifizie-

31 Obwohl als Bewältigungs*motiv* grundsätzlich auch ein ganz unpräziser Wunsch "sexuelle Eifersucht stört mich, will ich nicht!" völlig ausreicht, kann dieses Interesse auch sehr viel präziser formuliert sein. Siehe deshalb als Fortsetzung der Diskussion der Bewältigungs*motive* die Erörterung der Bewältigungs*ziele* in 6.3.2, die ja immer auch fallspezifische Aktualisierungen von Bewältigungsmotiven und deshalb formgleich mit diesen sind.

rung ableitbar, vielfach aber auch mittelübergreifend nicht einheitlich).
Diese situativen Voraussetzungen sind art- wie fallspezifisch sehr unterschiedlich füllbar und gefüllt. Die Qualität und Quantität der Erfüllbarkeit bzw. Erfüllung dieser und der anderen Voraussetzungen bestimmt den jeweiligen Grad der Realisierbarkeit bzw. Realisierung einer Eifersuchtsbewältigung.[32]

6.3 Gestalt: Die Bedingungen einer Bewältigung sexueller Eifersucht

Wenn eine Bewältigung sexueller Eifersucht aufgrund der Erfüllung der erforderlichen Voraussetzungen (siehe 6.2) realisierbar ist, müssen die internen Erfordernisse (die *Bewältigungsbedingungen*) erfüllt werden, muß also die Bewältigung *praktiziert* werden (siehe 3.1.4). Das heißt, es müssen die sexuelle Eifersucht wahrgenommen und als Bewältigungsproblem diagnostiziert werden (dazu 6.3.1), die entsprechenden Bewältigungsentscheidungen gefällt werden (dazu 6.3.2) sowie die erforderlichen Bewältigungsmittel (dazu 6.3.3) von geeigneten Aktoren (dazu 6.3.4) eingesetzt werden und wirken (dazu 6.3.5).

6.3.1 Die Bewältigungsdiagnose

Die Diagnose eines *Erfüllungsdefizits* (wie die Diagnose "unerwünschte sexuelle Eifersucht") besteht in allen Problemlösungsprozessen aus

- einer Wahrnehmung von gegebenen Zuständen (hier sexuelle Eifersucht),
- einem Vergleich zwischen diesen Istwerten (Eifersucht) und den Motiven bzw. Sollwerten (keine oder schwächere Eifersucht), der, um erfüllungsauslösend werden zu können, nicht unbedingt empirisch und/oder theoretisch zutreffend/richtig sein muß, sowie
- einer Bewertung des Vergleichsergebnisses (als die Motive bzw. Sollwerte mehr bis weniger erfüllend oder nicht erfüllend).

Eine (an dieser Stelle als gegeben anzunehmende und in ihrer Verursachung nicht weiter zu problematisierende) sexuelle Eifersucht wird also dann und nur dann zum *Bewältigungsreiz*, wenn sie in unerwünschter Weise gegen ein Bewältigungsmotiv (siehe 6.2.1) verstößt. Nun haben eifersüchtige Personen (Egos) meist als vordringlichen Wunsch (Sollwert), die exosexuelle Beziehung von Partner (und damit den Auslöser ihrer sexuellen Eifersucht) zu beseitigen. Sie müssen dabei nicht unbedingt auch noch das Ziel verfolgen, ihre eigene sexuelle Eifersucht bewältigen zu wollen. Deshalb werden vor allem die Personen oder Institutionen sexuelle Eifersucht als Problem diagnostizieren, die von dieser betroffen sind (also besonders Partner und/oder Exopartner). Sieht ein eifersüchtiges Ego seine/ihre sexuelle Eifersucht selbst als Problem an, dann haben wir es mit einer *Eigendiagnose* zu tun, ist diese Eifersucht für andere als Ego ein Problem, mit einer *Fremddiagnose* (und zwar von Betroffenen bzw. Nichtbetroffenen).

---

32 Ich gehe hier und vor allem bei der Erörterung der Bewältigungsmittel (in 7) zunächst einmal davon aus, daß diese Voraussetzungen erfüllt seien. Daß dies eine zwar untersuchungstechnisch sinnvolle, aber unrealistische Annahme ist, wird die Erörterung der Realisierbarkeitsprobleme (in 8) erweisen.

Auch hier gelten für die Wirksamwerdung im Bewältigungsprozeß die zu den eigenen und fremden Motiven erörterten Merkmale (6.2.1). Deshalb kann und wird es (teilweise erhebliche) Auswirkungen auf den weiteren Verlauf (und die Erfolgsaussichten) eines Bewältigungsprozesses haben, ob dieser mit einer Eigendiagnose oder mit einer (und wenn ja, welcher Art von) Fremddiagnose beginnt.

B175) Unterschiedliche Bewältigungschancen bei Eigen- und Fremddiagnose
Wirkungstheorie: Wenn (wie es häufiger der Fall sein dürfte, siehe z.B. die Verbreitung von Doppelmoral in Tabelle 6, S. 67) Partner sich an Egos sexueller Eifersucht stört und diese gerne beseitigen oder vermindern möchte, *ohne* die eigenen exosexuellen Beziehungen aufzugeben, sind die Einwirkungschancen auf ein seine/ihre Eifersucht als berechtigt ansehendes (und deshalb nicht bewältigungswilliges) Ego und damit die Veränderungschancen geringer (weil nur Maßnahmen wirken können, die auch gegen den Willen und gegen die Einsicht Egos funktionieren können), als wenn Ego trotz des fortgesetzten Exosex Partners die eigene sexuelle Eifersucht selbst als Problem diagnostiziert und auf dieser Basis versucht, sie zu bewältigen.

Aus diesen unterschiedlichen Diagnosemöglichkeiten folgt, daß in Bewältigungsversuchen mehrere und ganz unterschiedliche Aktoren involviert sein können (siehe und übertrage 6.3.4).

6.3.2 Bewältigungsentscheidungen

Die Entscheidung, eine eigene oder fremde sexuelle Eifersucht bewältigen (lassen) zu wollen (=df. eine *Bewältigungsentscheidung*) besteht (wie die Eifersuchtsabwägung; siehe 4.2.2) immer aus zwei Teilen: einer Entscheidung, *daß* (bzw. daß nicht) und (wenn ja) einer Entscheidung, *wie* die Erfordernisse erfüllt werden sollen. Die erste Entscheidung (zwischen "Bewältigungsversuch ja!" und "Bewältigungsversuch nein!") kann aus einer differenzierten Abwägung bestehen. Die zweite, das *Festlegen des Bewältigungsziels* (s.u.), impliziert eine Bestimmung von Eigenschaften oder Zuständen, deren Erreichen als Eifersuchtsbewältigung gelten soll und die damit zu einer Beendigung der Bewältigungsbemühungen führen. Diese Bewältigungsziele können (müssen aber nicht) mit den aktualisierten Bewältigungsmotiven übereinstimmen. Das für die Sollwertfestlegung (6.2.1) und die Bewältigungsdiagnose (6.3.1) Gesagte gilt entsprechend für die Bewältigungsentscheidung, d.h. auch hier gibt es die *Eigen-* und die *Fremdentscheidung* (von Betroffenen bzw. Nichtbetroffenen), die beide zu einem Bewältigungsversuch führen können.

Interessanter als die zwar unverzichtbare und unter Umständen auch schwierige (weil die Berücksichtigung vielerlei Faktoren und Folgen verlangende) Entscheidung, "Bewältigung ja!" oder "Bewältigung nein!", sind jedoch die jeweiligen Bewältigungsziele. Um diese erörtern zu können, muß aber zunächst einmal geklärt werden, was für Möglichkeiten einer Eifersuchtsbewältigung es überhaupt gibt oder geben kann.

Bewältigungsmöglichkeiten. Bisher habe ich, wenn es um sexuelle Eifersucht als Problem und als Lösungsaufgabe ging, immer - ohne weitere Differenzierung - von 'Eifersuchtsbewältigung' gesprochen. Doch wann ist sexuelle Eifersucht "bewältigt"? Wie kann das Problem sexuelle Eifersucht überhaupt gelöst werden? Welche Bewältigungsziele können also angestrebt werden?

Eine Veränderung von Prozessen wie sexueller Eifersucht kann auf drei grundlegende Weisen stattfinden: der Prozeß kann

- erstens gar *nicht* erst *begonnen* werden,
- zweitens an irgendeiner Stelle *unter- oder abgebrochen* und damit (endgültig oder vorübergehend) beendet werden und er kann
- drittens an einer oder mehreren beliebigen Stellen *modifiziert* werden.

Damit bietet sich (aufgrund der Vielzahl von Eifersuchtsdimensionen, -aspekten und -facetten) prinzipiell ein großes Spektrum an bewältigenden Eifersuchtsveränderungen innerhalb von zwei grundlegenden Arten: dem vollständigen Abbruch oder gar nicht erst Auftretenlassen (was ich zusammenfasse) eines Eifersuchtsprozesses (*Eifersuchtsüberwindung*) und seiner modifizierten Fortführung (*Eifersuchtsreduzierung* [s.u.]). Da beide total oder partiell sein können, ergeben sich letztlich vier Grundarten und damit vier Grundziele der Eifersuchtsbewältigung, weil die auf den ersten Blick als eigene Bewältigungsweise erscheinende *Eifersuchtsverhinderung* keine eigene Art ist (siehe Tabelle 23, S. 184, und 6.4).

1) Eifersuchtsüberwindung. Die optimale und maximale Lösung einer Bewältigung sexueller Eifersucht (in "reiner" Sicht, ohne sonstige Abwägungen) ist ihr völliges Ausschalten. Sexuelle Eifersucht ist dabei genau und nur dann als *überwunden* zu bezeichnen, wenn die Wahrnehmung einer exosexuellen Beziehung eines Partners bei Ego entweder gar keine Eifersuchtsabwägung mehr auslöst oder (wenn doch) zu einer negativen Eifersuchtsentscheidung, d.h. zu dem Ergebnis "Eifersucht nein!" führt und wenn es damit zum Nichtbeginn bzw. zur Beendigung des Prozesses und zum Nichtauftreten von Eifersuchtsreaktionen kommt (siehe 5.7.2). Entscheidend ist: Nach oder bei einer Überwindung sexueller Eifersucht wird Ego durch exosexuelle Beziehungen seines Partners nicht besonders (d.h. nicht anders als bei irgendwelchen anderen Ereignissen) gestört, weshalb auch weder Ego, Partner, Exopartner noch andere Beteiligte Reaktionsobjekte sind und weshalb diese nicht weiter durch Eifersuchtsreaktionen von Ego tangiert werden (können).

2) Eifersuchtsreduzierung. Sexuelle Eifersucht ist also *überwunden*, wenn Ego sich am Exosex eines Partners *nicht* (mehr) stört, deshalb *nicht* (mehr) eifersüchtig reagiert und wenn daher Partner, Exopartner oder andere durch sexuelle Eifersucht *nicht* (mehr) gestört werden. Entsprechend kann und soll sexuelle Eifersucht genau und nur dann *reduziert* genannt werden, wenn Ego sich am Exosex eines Partners *weniger* stört und/oder *weniger* eifersüchtig (re-)agiert und/oder wenn Partner, Exopartner oder andere durch sexuelle Eifersucht *weniger* gestört werden. Beim Reduzieren kann und wird der Eifersuchtsprozeß also weiterhin vollständig (d.h. in allen Schritten oder Dimensionen) ablaufen, aber eben in einer modifizierten Weise.

Ob und wann sexuelle Eifersucht als "weniger" und damit "reduziert" angesehen werden kann oder als "mehr" bzw. "gleich/unverändert" und damit "nichtreduziert" gelten muß, ist dabei (wie in der Komparation "weniger" ja bereits deutlich gemacht) immer relativ.

B176) Die Abhängigkeit der Eifersuchtsreduzierung von der Ausgangslage

Konstruierter Fall: Wer alle Personen als Exosexpartner ausschließt, hat eine andere Ausgangsbasis als jemand, der nur bestimmte Personen als Exosexpartner verbietet. Und wer aus sexueller Eifersucht grundsätzlich prügelt und schlägt, hat eine andere Ausgangsbasis als jemand, der immer nur verbal appellativ reagiert.

Es gibt also jeweils einen personen- und situationsspezifischen Istzustand (=df. die *Reduzierungsbasis*), der gegebenenfalls genau zu bestimmen ist (siehe auch 6.4).

3) Totale und partielle Eifersuchtsbewältigung. Sowohl Eifersuchtsüberwindung als auch -reduzierung sind (bei Gesamtbetrachtung einer Person) total oder partiell möglich. *Total* ist eine Eifersuchtsüberwindung, wenn Exosex *in keinem einzigen Fall* Eifersuchtsreaktionen auslöst (wenn Ego also niemals zu dem Ergebnis "Eifersucht ja!" kommt, der Eifersuchtsprozeß immer abgebrochen wird) und eine Eifersuchtsreduzierung, wenn Exosex *in jedem Fall* weniger Eifersuchtsreaktionen auslöst (wenn Ego seine Eifersuchtsaktivitäten immer reduziert). *Partiell* ist entsprechend eine Überwindung, wenn zwar einige, aber nicht alle exosexuellen Beziehungen eines Partners bei Ego zu Eifersuchtsaktivitäten führen, und eine Reduzierung, wenn zwar einige, aber nicht alle exosexuellen Beziehungen eines Partners bei Ego zu einer Reduzierung der Eifersuchtsaktivitäten führen.

4) Aktive und passive Eifersuchtsbewältigung. Eifersuchtsüberwindung wie Eifersuchtsreduzierung sind sowohl intern (von Eifersüchtigen) als auch extern (von Eifersuchtsbetroffenen und/oder anderen) erreichbar. Es gibt deshalb (bezogen auf Ego) eine *aktive* und eine *passive* Überwindung bzw. Reduzierung sexueller Eifersucht, wobei letztere auch als *Verhindern* sexueller Eifersucht bezeichnet werden kann. Dieses Verhindern sexueller Eifersucht bildet damit aber keine eigene Bewältigungsart, weil es immer ein Überwinden oder Reduzieren sein muß, sich also nur durch den Fremd- statt Eigenbezug unterscheidet.

Bewältigungsziele. Die aufgezeigte Matrix des Möglichen beschränkt zwar nicht die Phantasie und die Formulierung von (dann eben unerfüllbaren) Wünschen, sie begrenzt aber den Bereich der realistisch anstrebbaren Ziele einer Eifersuchtsbewältigung.

1) Die möglichen Grundziele einer Eifersuchtsbewältigung. Alle unterschiedenen Arten von Eifersuchtsbewältigung können in einem Bewältigungsprozeß grundsätzlich als (gegebenenfalls weiter zu spezifizierendes) Ziel des Bemühens festgelegt werden. Damit ergeben sich vier Grundziele einer Eifersuchtsbewältigung, die sowohl aktiv (für sich selbst) als auch passiv (für andere) entschieden und verfolgt werden können (siehe Tabelle 23).

EIFERSUCHTS-BEWÄLTIGUNG	*in allen Fällen von Exosex*	*in einigen Fällen von Exosex*
keinerlei Eifersuchtsaktivitäten	totale Überwindung	partielle Überwindung
"weniger" Eifersuchtsaktivitäten	totale Reduzierung	partielle Reduzierung

Tabelle 23: Die vier möglichen Ziele einer Bewältigung sexueller Eifersucht

2) Mögliche spezifischere Bewältigungsziele. Bewältigungsziele müssen, werden und sollten aus therapeutischer Sicht nicht so pauschal und grob festgelegt werden, wie eben geschehen. Die Charakteristik zeigt, daß es sehr unterschiedliche Ausprägungsmöglichkeiten und damit Arten sexueller Eifersucht gibt bzw. geben kann (siehe zusammenfassend 5.7.3), von denen einige (im Vergleich zu ihren Gegenpolen) eine Eifersuchtsreduzierung bedeuten können oder auch (mindestens unter bestimmten Umständen) eine wenigstens partielle Eifersuchtsüberwindung implizieren. Es kann daher ein sinnvolleres Bewältigungsziel sein, die sexuelle Eifersucht auf bestimmte Arten beschränken zu wollen (siehe beispielsweise die in Tabelle 24 aufgelisteten).

Anzustreben ist	*statt*	*Anzustreben ist*	*statt*
begründete	unbegründeter	leichte	heftiger
erlaubte	unerlaubter	kontrollierte	unkontrollierter
fundierte	unfundierter	erfolgreiche	erfolgloser
gezielte	ungezielter	nützliche	nutzloser
bewußte	unbewußter	reversible	irreversibler
bekannte	unbekannter	schwache	starker
nichtemotionale	emotionaler	einfache	mehrfacher
defensive	aggressiver	geschlossene	offener

Tabelle 24: Artspezifische Ziele für Eifersuchtsbewältigungen

Diese Arten sexueller Eifersucht müssen übrigens, wenn erreicht, keinesfalls automatisch und unter allen Umständen als Eifersuchtsbewältigung bewertet werden (weshalb sie sinnvolle Bewältigungsziele sein *können*, aber eben nicht müssen; siehe auch 6.4).

B177) Bewältigungsrelativität der Eifersuchtsarten
Konstruierter Fall: Etwa wenn eine gezielte Eifersuchtsreaktion für Partner und/oder Exopartner unerträglicher ist als eine ungezielte oder wenn eine nichtemotionale Eifersuchtsentscheidung engere Bedrohlichkeitskriterien benutzt als eine emotionale.

Auch hier sind daher gegebenenfalls art- oder fallweise sehr viel genauere Differenzierungen vorzunehmen.

6.3.3 Bewältigungsmittel

Eine Menge von Aktivitäten, deren gemeinsame direkte Wirkungen für ein totales oder partielles Überwinden oder Reduzieren (also ein Bewältigen) sexueller Eifersucht hinreichend sind, =df. ein *Bewältigungsmittel*. Bewältigungsmittel implizieren (wie alle Problemlösungsmittel, siehe 3.1.4) als grundlegende Aktivitätsart immer Veränderungen. Formal muß das Mittel zur Bewältigung sexueller Eifersucht deshalb eine besondere Art der *Veränderung von Eifersuchtsprozessen* sein.

Aktivitätsorte und Bewältigungsdimensionen. Prozesse beliebiger Art können bzw. müssen verändert werden, indem Änderungen in/an einer oder mehreren der direkt oder indirekt beteiligten Komponenten und/oder Beziehungen vorgenommen werden. Deshalb sind die Änderungen der sechs (oder sieben, wenn die Reize und die Wahrnehmung nicht als Auslöser zusammengefaßt werden) Dimensionen sexueller Eifersucht (5.1-6) die grundlegenden Bereiche, in denen die Bewältigungsaktivitäten stattfinden können bzw. müssen (=df. die *Aktivitätsorte*). Außerdem bieten sich, aufgrund ihrer Wirksamkeit, die indirekten externen Voraussetzungen sexueller Eifersucht als weiter Ort einer Veränderung an. Diese mit den Eifersuchtsdimensionen übereinstimmenden Aktivitätsorte sind zugleich die *Bewältigungsdimensionen* (siehe Tabelle 25).

Bereich	*Aktivitätsort*	*Bewältigungsdimension*
Kontext	Eifersuchtskontext	Änderung der indirekten externen Ursachen SE
Voraussetzungen	Eifersuchtsbeziehung	Änderung der Eifersuchtsbeziehung
	Eifersuchtsmotive	Änderung der Bedürfnisse und/oder Begehren
	Exosex	Änderung der Eifersuchtsreize
Bedingungen	Exosex-Wahrnehmung	Änderung der Eifersuchtswahrnehmungen
	Eifersuchtsabwägungen	Änderung der Abwägungen/Entscheidungen
	Eifersuchtsreaktionen	Änderung der Reaktionen und damit der direkten Wirkungen und Effekte)
Folgen	Eifersuchtsfolgen	Änderung der mittelbaren/indirekten Folgen

Tabelle 25: Aktivitätsorte und Dimensionen einer Bewältigung sexueller Eifersucht

Innerhalb jeder dieser Bewältigungsdimensionen gibt es verschiedene Bewältigungsmittel (oder *Bewältigungsarten*), die ihrerseits unterschiedliche Gruppen bilden können (=df. die *Bewältigungsgruppen*). Welche dies im einzelnen sind, wird in Kapitel 7 geklärt.

Aktivitätsarten. Geändert werden (wenn auch nicht immer alle innerhalb einer Gruppe oder Art) alle Aktivitäten, also psychische wie nichtpsychische und kombinierte. Die wichtigsten *Aktivitätsarten* zur Bewältigung sexueller Eifersucht sind deshalb die elementaren Aktivitätsarten von Menschen, in der die eigentlich unter die Normenänderungen zu subsumierenden Motivänderungen aufgrund ihrer Wichtigkeit besonders herauszuheben sind:

- *Wahrnehmungsänderungen*
- *Einstellungsänderungen*
  - Änderungen von Bewertungen
  - Änderungen von Normen
    - Motivänderungen
      - Änderungen von Bedürfnissen
      - Änderungen von Bedarfen
      - Änderungen von Begehren
- *Erkenntnisänderungen*
  - Änderungen von Wissen
  - Änderungen von Können
- *Empfindungsänderungen*
- *Verhaltensänderungen*

Daß es gewisse Schwerpunkte von Aktivitätsarten innerhalb der verschiedenen

Bewältigungsdimensionen geben wird, ist augenscheinlich. Allerdings sind vielfach auch mehrere oder sogar alle dieser Arten erforderlich, um eine (dann differenzierte) Bewältigungsaktion erfolgreich praktizieren zu können. Das dimensionsspezifisch unterschiedliche Vorhanden- und Wirksamsein von differenzierenden Aspekten und/oder Facetten muß im einzelnen Bewältigungsfall zu ganz verschiedenen Aktivitäten führen, zu denen auch ein Ausschalten der immer erwartbaren bewältigungsschädlichen oder -hinderlichen (disfunktionalen) Faktoren und Wirkungen gehören kann.

Das Gegenteilsprinzip oder Umkehrschema. Häufig kann (wie bei anderen Problemen auch) beim Bewältigen sexueller Eifersucht die polare Umkehrung nützlich oder erforderlich sein: Ist die Ausprägung (der Faktor, das Vorgehen) "hoch", "groß" oder "positiv" eifersuchtsauslösend, dann kann die polar entgegengesetzte Ausprägung "tief", "niedrig" oder "negativ" bewältigungswirksam sein - und umgekehrt.

B178) Eifersuchtsbewältigung durch Aktionsumkehr
Wirkungstheorien: War bisher eine automatische (unreflektierte, ritualisierte, schematische) Abwägung und Reaktion eifersuchtsfördernd, dann kann das gegenteilige Verfahren, eine Spezifizierung oder Differenzierung der Abwägungen und Reaktionen unter Umständen bewältigungswirksam sein. War eine niedrige Bewußtheit der eigenen Motive für das Auftreten heftiger Eifersuchtsreaktionen (mit-)entscheidend ist, dann kann unter Umständen eine Verbesserung dieser Bewußtheit zu einer Abschwächung dieses Eifersuchtsfaktors und damit zu einer Eifersuchtsbewältigung führen. War ein enger kultureller Spielraum für starke sexuelle Eifersucht verantwortlich ist, kann eine Erweiterung bewältigend wirken.

Ein elementares Lösungsprinzip, welches vor allem auch für die Elementarfacetten sexueller Eifersucht gilt, ist also die Nutzung des *Umkehrschemas* oder *Gegenteilsprinzips*: Die bisher praktizierten und dabei eifersuchtsauslösenden oder eifersuchtsverstärkenden Aktionen werden durch die gegenteiligen oder entgegengesetzten Aktionen ersetzt. Die Wirksamkeit einer solchen Umkehrung ist allerdings sehr situations- und fallspezifisch und, nicht nur wegen der meist stark multiplen Verursachung sexueller Eifersucht, keinesfalls garantiert (siehe B195).

B179) Änderung von Elementarfacetten als notwendiger Teil von Bewältigungsmitteln
Wirkungstheorie: So können Eifersuchtsmotive nur geändert werden, wenn sie bewußt und wenigstens partiell bekannt sind, können Reaktionen nur eingesetzt werden, wenn keine verhindernden Sanktionen entgegenstehen, oder können überhaupt Alternativen nur gewählt werden, wenn sie der eigene oder fremde kulturelle Spielraum verfügbar macht.

Meist sind Umkehrungen (beispielsweise der Elementarfacetten) nur eine von mehreren erforderlichen (Teil-)Aktivitäten innerhalb eines differenzierten Bewältigungsmittels.

6.3.4 Bewältigungsaktoren

Ein eifersüchtiges Ego ist, wie aus der Alltagserfahrung bekannt, nicht die einzige Person bzw. Institution, für die Bewältigungsmittel zur Verfügung stehen.

B180) Verschiedene Bewältigungsaktoren
Wirkungstheorie: Egos können z.B. durch Aufgabe von Eifersuchtsmotiven, die dann nicht mehr bedroht werden können, Partner durch Verzicht auf exosexuelle Beziehungen, Exopartner, indem sie die Beziehung zu Partner beenden oder auf ein von Ego duldbares Maß reduzieren, oder der Staat kann durch Verbot drastischer Bestrafungen in Selbstjustiz zu einer Bewältigung sexueller Eifersucht wenigstens beitragen.

Aus therapeutischer Sicht von Bedeutung sind die Anzahl der Bewältigungsaktoren, ob Aktor eine eifersüchtige, eine von sexueller Eifersucht betroffene oder eine andere Instanz ist und ob personale und/oder sozietäre Aktoren beteiligt sind.

1) Die Anzahl der Bewältigungsaktoren. Bewältigungsaktivitäten können vielfach von einem oder von mehreren Aktoren (gleichzeitig oder nacheinander) ausgeführt werden. Und obwohl es oft ausreicht, wenn *ein* Aktor aktiv wird, kann es doch in vielen Fällen hilfreich, in manchen sogar unverzichtbar sein, weitere Aktoren hinzuzuziehen.

B181) Erfordernis unterstützender Bewältigungsaktoren
Wirkungstheorie: Vielen Menschen fällt es schwer, sich anders, abweichend als die nähere und weitere Umgebung zu verhalten, andere Auffassungen zu vertreten usw., und zwar auch dann, wenn dies keine oder keine allzu gravierenden Folgen hat. Sie brauchen (womöglich eine "offizielle") Unterstützung von außen, z.B. durch Freunde, Angehörige oder Therapeuten.

Nicht nur, weil die sexuelle Eifersucht selbst, wie die Charakterisierung verdeutlicht hat, (auch) ein Beziehungsphänomen ist und keine intrinsische Eigenschaft von Menschen(-gruppen), ist in Bewältigungsprozessen damit zu rechnen, daß mehrere Aktoren (z.B. Ego, Partner und ein Therapeut) beteiligt sein werden bzw. erforderlich sind.

2) Eifersüchtige, eifersuchtsbetroffene und andere Bewältigungsaktoren. Es macht einen Unterschied, ob eine eifersüchtige Person/Institution (Ego), ein Eifersuchtsbetroffener (z.B. Partner, Exopartner, Kind, Freund, Nachbar) oder eine Person oder Institution, die weder eifersüchtig noch direkt von sexueller Eifersucht betroffen ist, bewältigungsaktiv werden will. Denn alle haben (nicht nur bei den Bewältigungsmitteln) sehr ungleiche Eingriffsmöglichkeiten.

B182) Eingriffsmöglichkeiten verschiedener Bewältigungsaktoren
Wirkungstheorie: So können Partner und Exopartner auf exosexuelle Beziehungen verzichten, während Ego oder Unbeteiligte dazu nur auffordern oder anregen können (weil auch Machtausübung, wie die Erfahrung zeigt, kein sicheres Mittel ist). Dagegen kann Ego auf Eifersuchtsmotive verzichten oder eine exosexuelle Beziehung als nicht oder kaum bedrohlich bewerten, was von anderen Aktoren nur empfohlen oder erbeten werden kann.

Aus Sicht der Person bzw. Personengruppe, deren sexuelle Eifersucht bewältigt werden soll, können also drei grundlegende Arten von Bewältigungsatoren unterschieden werden: *interne* (Egos bzw. eifersüchtige Aktoren, deren eigene sexuelle Eifersucht bewältigt werden soll) und *externe* (alle anderen) sowie innerhalb der externen *betroffene* und *nichtbetroffene* Aktoren.

3) Personale und sozietäre/institutionale Bewältigungsaktoren. Bewältigungsaktoren können nicht nur Personen als Individuen (Ego, Partner, Exopartner, Verwandte, Freunde, Nachbarn, Therapeuten usw.), sondern auch als Vertreter von Institutionen/Sozietäten sein. Sozietäre bzw. institutionale Aktoren sind bei uns neben dem Staat und den Kirchen vor allem Meinungsmacher (Schulen, Medien) und Hilfseinrichtungen (wie Beratungsstellen oder Frauenhäuser).

6.3.5 Bewältigungswirkungen

Auch Bewältigungsmittel bzw. die sie bildenden Bewältigungsaktivitäten wirken auf zum Teil sehr unterschiedliche Weise (siehe 3.1.4). Dabei können sich die bewältigungsrelevanten Wirkungen von Bewältigungsmitteln (=df. die *Bewältigungswirkungen*)

- aus der Sicht des Mittels durch die Aspekte *Sicherheit* bzw. *Möglichkeit* und

Direktheit bzw. *Indirektheit*,
- aus der Sicht ihrer Effekte (einer Eifersuchtsbewältigung) durch die Aspekte *Notwendigkeit* bzw. *Nützlichkeit* und
- aus beiden Perspektiven durch die Aspekte *Schädlichkeit* bzw. *Irrelevanz*

unterscheiden. Wie Bewältigungswirkungen im einzelnen aussehen (müssen), ist dann freilich aktivitäts-, bewältigungsart- und bewältigungsfallspezifisch.

Wirkungsweisen. Alle Änderungsaktivitäten müssen, wenn sie eifersuchtsbewältigend wirken sollen, letztlich die negativ und deshalb als "bewältigungswürdig" beurteilbaren Eifersuchtsfolgen ändern, nämlich entweder gänzlich verhindern (Überwindung) oder in geeigneter Weise abschwächen (Reduzierung), um damit keine oder nur solche Folgen zu erzielen, die neutral oder positiv und damit als "bewältigt" einstufbar sind. Dies geht aber nicht direkt.

B183) Das Erfordernis multipler Änderungen in Bewältigungsgruppen
Wirkungstheorie: Um die Folgen meiner sexuellen Eifersucht ändern zu können, muß ich meine Reaktionen, dazu die Entscheidungen und dazu die Abwägungen ändern. Auch diese Änderungen implizieren ihrerseits weitere Änderungen, denn um die Abwägungen und Entscheidungen ändern zu können, kann es erforderlich sein, die Wahrnehmungen, Reize, Motive und/oder Eifersuchtsbeziehungen zu ändern. Und dafür können wiederum Änderungen der indirekten externen Eifersuchtsursachen erforderlich sein.

Folgenänderungen implizieren also verschiedene andere Änderungen in den Eifersuchtsdimensionen. Dabei gelten spezifische direkte Wirkungsmöglichkeiten bei Veränderungen in bestimmten Eifersuchtsdimensionen (siehe Abb. 14).

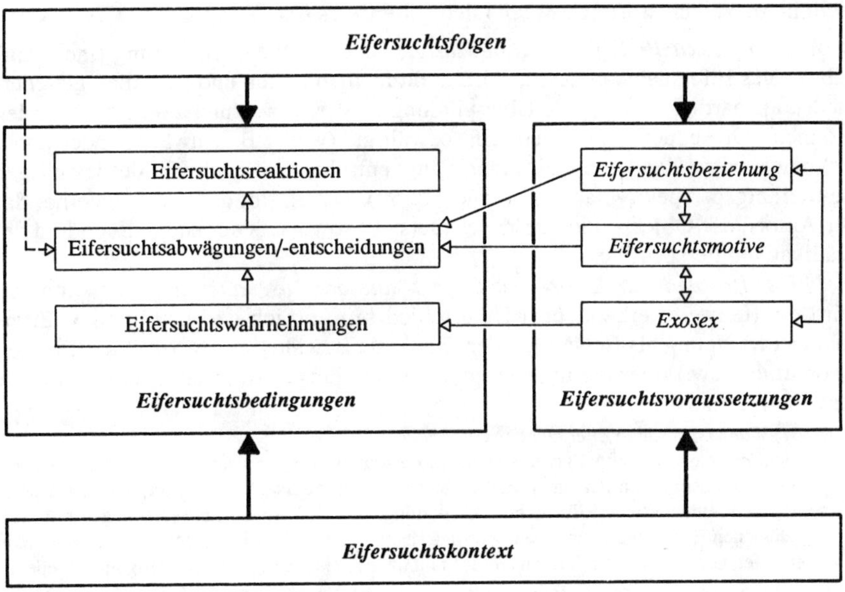

Abb. 14: Die Wirkungen bewältigungsbezogener Änderungen in den Eifersuchtsdimensionen

Eignung. Das für die Wirkungsweise aus Sicht der Faktoren, d.h. hier der Bewältigungsmittel, Gesagte gilt umgekehrt entsprechend auch für die aus der Perspektive der Effekte zu betrachtende Eignung. Bewältigungsmittel können notwendig, hinreichend, nützlich, schädlich oder irrelevant für (eine bestimmte Qualität und/oder Quantität von) Eifersuchtsbewältigungen sein. Die (potentielle oder aktuelle) Eignung der einzelnen Mittel (wie der sie einsetzenden Aktoren) sind also deren (potentielle oder aktuelle) Wirkungs- und Effektgrenz, grundsätzlich oder fallspezifisch bezogen auf die (maximal und optimal) möglichen Erfolge einer Eifersuchtsbewältigung (6.4), gegebenenfalls unter Berücksichtigung möglicher (und eventuell unerwünschter und/oder schädlicher) Folgen. Viele spezifische Eifersuchtsbewältigungen können deshalb in *alternativen* Bewältigungsprozessen herbeigeführt werden, die allerdings nicht immer *äquivalent* sein müssen (also keine identische Bewältigungsqualität und -quantität bringen müssen).

6.4 Folgen: Der Erfolg oder Mißerfolg von Bewältigungsversuchen

Die direkten und mittelbaren Wirkungen und Effekte des Einsatzes von Bewältigungsmitteln können entweder (als *Bewältigungserfolg*) eine Überwindung oder Reduzierung sexueller Eifersucht oder ein noch nicht einmal minimales und pessimales Erreichen eines (noch so engen) Bewältigungsziels (ein *Bewältigungsmißerfolg*) sein. Zusätzlich zu diesen bewältigungsbezogenen Folgen können aber auch ganz andere Neben-, Rück- oder Wechselfolgen auftreten, die hier jedoch nicht im einzelnen erörtert werden (siehe allerdings 8).

Wann ist sexuelle Eifersucht bewältigt? Die gleiche Veränderung (incl. Aufgabe) eines Eifersuchtsprozesses wird nicht in allen Fällen und von allen gleichermaßen als partielle oder totale Überwindung bzw. Reduzierung angesehen werden (können). Ob sexuelle Eifersucht als "bewältigt" (weil z.B. schwächer oder leichter) bewertet werden kann oder nicht, hängt entscheidend auch von der jeweiligen Beurteilungsperspektive ab (siehe auch B258). Dabei gibt es zwei Probleme: das der Aktor-, der Objekt- und der Zuschauersicht sowie das der subjektiven und der prädikativen Perspektive.

1) Das Problem der Aktor-, der Objekt- und der Zuschauersicht. Es kann und wird ein (teilweise erheblicher) Unterschied sein, ob ich den Erfolg einer Eifersuchtsbewältigung als Bewältigender (Ego), als Bewältigungsbetroffener (Partner, Exopartner usw.) oder als unbeteiligter Bewältigungsbetrachter (andere) bewerte bzw. bewerten soll.

B184) Wann ist sexuelle Eifersucht bewältigt (1)?
Konstruierter Fall: Wenn Ego nur seine Exklusivitätsmotive einschränkt und nur noch bei Exosex mit bestimmten Personen (nicht mehr bei allen) eifersüchtig reagiert, dann ist das aus seiner Sicht eine partielle Eifersuchtsüberwindung. Für die Partner, die Beziehungen mit nicht zugelassenen Exopartnern eingehen oder unterhalten, hat sich aber in diesem Fall an der sexuellen Eifersucht nichts geändert; aus ihrer Sicht hat es keine Eifersuchtsbewältigung gegeben.

Also muß zwischen dem Erfolg einer Eifersuchtsbewältigung (-überwindung oder -reduzierung) aus der hier *Aktorsicht* genannten Perspektive des eifersüchtigen und bewältigenden Ego, aus der *Objektsicht* genannten Position von Partner, Exopartner und anderen von einer sexuellen Eifersucht Betroffenen sowie der *Zu-*

schauersicht genannten Sichtweise von Nichtbetroffenen unterschieden werden.

2) Das Problem der subjektiven und der prädikativen Sicht. Auch die zentrale Frage, wann genau und wie gut oder endgültig sexuelle Eifersucht "reduziert" oder "überwunden" ist, wird nicht immer einheitlich beantwortet werden.

B185) Wann ist sexuelle Eifersucht bewältigt (2)?
Konstruierte Fälle: Ist das (freiwillige oder unfreiwillige) Verzichten auf eine den Partner wirklich treffende Reaktionsaktivität seitens Ego eine Eifersuchtsbewältigung, auch wenn es nur der Motiverfüllung des Partners dient und Ego selbst unbefriedigt und unzufrieden läßt, weil er/sie lieber den Partner bestrafen und am Exosex hindern würde? Haben wir es mit einer Eifersuchtsbewältigung zu tun, wenn Ego das Exklusivitätsmotiv einschränkt, also z.B. bestimmte Personen als Exopartner zuläßt, bei exosexuellen Beziehungen mit nicht geduldeten Exopartnern aber mit folgenschwersten Handlungen reagiert? Ist es eine Eifersuchtsbewältigung, wenn Ego aufgrund des starken sozialen Drucks und der Androhung höchster Strafen auf jegliche öffentliche (und dadurch u.U. befreiende oder lösende) Reaktion verzichtet und statt dessen die Eifersucht nur still "in sich hinein frißt"? (Siehe auch B258.)

Eine allgemeine und trotzdem inhaltliche Antwort auf diese Frage nach dem Bewältigungskriterium läßt sich aufgrund der mit jeder Veränderung von Eifersuchtsprozessen verknüpften Neben- und Folgewirkungen (die bei einer solchen Beurteilung mit einbezogen werden [können]) und wegen der (auch in der Charakterisierung deutlich gewordenen) Vielzahl von Betrachtungs-, Einschätzungs- und Empfindungsweisen sowie Eifersuchtskontexten nicht geben. Möglich ist aber eine dann fallspezifisch auszufüllende Formel: die Unterscheidung zwischen der *subjektiv* genannten, jeweils eigenen, selbstbezogenen und oft stark empfindungsmäßigen Sichtweise von Ego, Partner, Exopartner oder anderen, sowie der *prädikativ* genannten, von den gleichen Instanzen leistbaren (und vielfach etwas unglücklich 'objektiv' genannten) Sichtweise ohne eine alleinige oder besondere Berücksichtigung der eigenen und selbstbezogenen Empfindungen, Interessen und Motive.

Eine systematische Matrix der Bewertungsperspektiven. Es hat sich gezeigt, daß der Erfolg einer Eifersuchtsbewältigung (also die Beantwortung der Frage, ob oder inwieweit das Eifersuchtsproblem in einem spezifischen Bewältigungsfall gelöst ist) nicht einfach und einheitlich gesehen werden *kann*. Es gibt sechs grundlegende Beurteilungsperspektiven, die sich zum einen durch die Involvierung im Eifersuchtsprozeß (Aktor, Objekt/Betroffener oder Zuschauer) und zum anderen durch das Einbeziehen der eigenen (egoistischen) Interessen und Empfindungen (subjektive oder [wenigstens versuchte] prädikative Sicht) unterscheiden (siehe Tabelle 26).

PERSPEKTIVEN	*Subjektive Abschätzung*	*Prädikative Abschätzung*
Aktorperspektive	A	B
Objektperspektive	C	D
Zuschauerperspektive	E	F

Tabelle 26: Die sechs Beurteilungsperspektiven der Eifersuchtsbewältigung

Entscheidend ist, daß bei jeder dieser Arten jeweils andere Veränderungen im Eifersuchtsprozeß verlangt oder praktiziert sein können, bzw. daß ein und dieselbe Modifizierung einmal als Reduzierung oder Überwindung, in einer anderen Betrachtungsart aber nicht als solche angesehen werden kann. Damit ergeben sich pro Bewältigungsversuch, je nach Anzahl der Agierenden, Betroffenen und Betrachtenden sowie der subjektiv und/oder prädikativ Abschätzenden, zahlreiche Sichtweisen. Die verschiedenen individuellen Perspektiven - und das ist beim Erforschen wie beim Therapieren zentral wichtig - sind dabei die letztlich wirksamen und entscheidenden Zielfestlegungen oder Beurteilungen.

6.5 Kontext: Die indirekten externen Erfordernisse einer Bewältigung sexueller Eifersucht

Alle in Bewältigungsprozessen beteiligten Aktoren und Aktivitäten sind das Produkt zahlreicher und mehrfach vernetzter externer Faktoren und Wirkungen. Die Summe der indirekten externen Faktoren und Wirkungen, die auf die Voraussetzungen (siehe 6.2), Bedingungen (siehe 6.3) und damit Folgen (siehe 6.4) von Bewältigungsbemühungen wirken, =df. der *Bewältigungskontext.* Dieser jeweils gegebene (und auch während einer Bewältigung durchaus wandelbare) Kontext bestimmt unter anderem, welche konkreten Voraussetzungen in einem spezifischen Bewältigungsfall erfüllt werden können, welche Entscheidungen und Aktivitäten überhaupt gewählt werden können und welche davon wie erfolgreich sein können (siehe und übertrage 3.1.1+4 und 4.4).

Dabei ist es (siehe 1.4.1) möglich und sinnvoll, zwischen den mehr bis weniger indirekten/mittelbaren Ursachen bzw. Erfordernissen von Eifersuchtsbewältigungen zu unterscheiden, oder, je nach Abstand zum Bewältigungsprozeß, primäre, sekundäre, tertiäre usw. Kontexterfordernisse zu differenzieren, und zwar aus Richtung der Bewältigung, also umgekehrt zum vielfach üblichen Sprachgebrauch, weil sonst der falsche Eindruck entsteht, es ließen sich die erforderlichen Faktoren, Wirkungen und Effekte bis hin zu den "letzten", in diesem Falle "indirektesten" (die dann gerne 'primäre' genannt werden) bestimmen.

Obwohl dieser Bewältigungskontext von zentralem therapeutischem Interesse ist, soll er hier (siehe 3.5+6) nicht weiter erörtert werden (siehe allerdings einige ausführlichere Hinweise in 8).

6.6 Ergebnis: Grundmerkmale von Prozessen zur Bewältigung sexueller Eifersucht

Es gibt zwei Möglichkeiten, den Prozeß der sexuellen Eifersucht so zu verändern, daß von einer 'Bewältigung' gesprochen werden kann: Sexuelle Eifersucht kann überwunden oder reduziert werden und zwar in allen Fällen oder in einigen Fällen (siehe Tabelle 23, S. 184):

- *Überwunden* ist sexuelle Eifersucht, wenn es trotz der Wahrnehmung einer exosexuellen Beziehung eines Partners durch Ego keinerlei Eifersuchtsreaktionen (die das Abwägungsergebnis "Eifersucht ja!" voraussetzen) gibt.

- *Reduziert* ist sexuelle Eifersucht, wenn, ausgehend von einer zu spezifizierenden Reduzierungsbasis, Ego sich am Exosex eines Partners *weniger* stört oder *weniger* heftig oder folgenschwer reagiert oder wenn Partner, Exopartner oder andere durch sexuelle Eifersucht *weniger* gestört werden.

Wann sexuelle Eifersucht als überwunden oder reduziert angesehen wird bzw. werden kann, ist eine Frage der Betrachtung, die je nach der Perspektive aus der subjektiven oder prädikativen Sicht eines sexuelle Eifersucht Agierenden, eines Eifersuchtsobjektes (-betroffenen) oder eines unbeteiligten Zuschauers anders ausfallen kann und wird (siehe Tabelle 26, S. 191).

Die Aufgabe oder das Erfordernis *Eifersuchtsbewältigung* kann also in mehreren Anspruchs- oder Schwierigkeitsstufen angegangen und erfüllt werden. Insgesamt gibt es bei Zugrundelegung der hier gefundenen Differenzierungskategorien und ihrer Kombination 24 verschiedene Möglichkeiten (siehe Tabelle 27).

	Überwindung		*Reduzierung*		
Totale	1	7	13	19	*Aktorsicht*
	2	8	14	20	*Objektsicht*
	3	9	15	21	*Zuschauersicht*
Partielle	4	10	16	22	*Aktorsicht*
	5	11	17	23	*Objektsicht*
	6	12	18	24	*Zuschauersicht*
	subjektiv	*prädikativ*	*subjektiv*	*prädikativ*	

Tabelle 27: Die 24 Grundarten der Eifersuchtsbewältigung

Nicht unterschreitbares Ziel (und, wenn erfolgreich, Ergebnis) jeder Eifersuchtsbewältigung ist dabei eine subjektive partielle Eifersuchtsreduzierung (#16 bis #18), das nicht überschreitbare Ziel (respektive Ergebnis) eine subjektiv *und* prädikativ totale Eifersuchtsüberwindung aus Aktor-, Objekt- und Zuschauersicht (#1 bis #3 und #7 bis #9). Realistischer ist allerdings, das gesamte Spektrum der Bewältigungsmöglichkeiten zwischen diesen beiden Polen anzustreben - mit deutlicher Tendenz hin zur subjektiven partiellen Reduzierung.

Daraus folgt: Es ist bereits ein therapeutischer Erfolg, wenn wenigstens bestimmte Arten sexueller Eifersucht (z.B. unbegründete, aggressive oder Machteifersucht) oder Aspekte sexueller Eifersucht (z.B. die Reaktionsintensität, die Reaktionsrichtung, die Effekt-Betroffenen oder die Effekt-Art) mindestens manchmal überwunden oder reduziert werden können. Entsprechend dieser Einsicht sind auch die im nächsten Kapitel (7) zu diskutierenden kulturellen Lösungsmittel zu bewerten.

Alle Lösungen zur Bewältigung sexueller Eifersucht müssen eine formal einheitliche Komposition und Struktur haben. Es muß also Aktoren geben, die verschiedene Aktivitäten ausüben, deren Wirkung(en), wenn die erforderlichen Kontexte, Voraussetzungen und Bedingungen erfüllt sind, zu einer totalen oder partiellen Überwindung oder Reduzierung sexueller Eifersucht führen (siehe zur internen und externen Gestalt Abb. 13, S. 178, und zum Ablauf Tabelle 22, S. 179).

Das Grundspektrum der Varianten, welche einzelne (Arten von) Lösungen zur Eifersuchtsbewältigung in allen Dimensionen annehmen können, ist in der Tabelle 28 zusammengefaßt.

Dimensionen	*Aspekte und Facetten*
Bewältigungsaktoren:	Sollwertfestleger I Problemfeststeller I Bewältigungsentscheider I Eifersuchtsbewältiger I Bewältigungsbewerter immer die gleichen oder verschiedene Bewältigungsaktoren jeweils ein oder mehrere Bewältigungsaktoren personale und/oder sozietäre Bewältigungsaktoren Haupt- und Hilfsaktoren/Unterstützer
Wirkungsbeziehungen:	direkt I mehr bis weniger indirekt Wirkungs- und/oder Effektsicherheit: mehr bis weniger groß/gering
Eignung:	Element für anderes Element im Bewältigungsprozeß (vor allem für Gesamtergebnis Eifersuchtsbewältigung): notwendig I hinreichend I nützlich I irrelevant I schädlich Wirkungs- bzw. Effektsicherheit: mehr bis weniger groß/gering Wirkungs- bzw. Effektdauer: mehr bis weniger kurz-/langfristig
Aktivitäten (allg.):	Sollwertfestlegung I Bewältigungsdiagnose I Bewältigungsentscheidung I Einsatz Bewältigungsmittel (siehe gleich) I Erfolgsbewertung
Bewältigungsmotive und -ziele:	eigene und/oder fremde Eifersuchtsüberwindung oder -reduzierung total oder mehr bis weniger partiell aktiv und/oder passiv
Bewältigungsdimensionen:	Ändern der indirekten Ursachen I Eifersuchtsbeziehungen I Motive I Reize I Wahrnehmungen I Abwägungen I Reaktionen I Folgen sexueller Eifersucht
Bewältigungsaktivitäten:	Wahrnehmungsänderungen I Einstellungsänderungen (Bewertungen, Normen) I Motivänderungen (Bedürfnisse und/oder Begehren) I Erkenntnisänderungen (Wissen, Können) I Empfindungsänderungen I Verhaltensänderungen
Bewältigungserfolge:	(qualitativ) pessimal bis optimal (quantitativ) total oder partiell aus subjektiver oder prädikativer Sicht von Eifersüchtigen, Eifersuchtsbetroffenen oder Unbeteiligten mehr bis weniger abgeschlossen (mit/ohne Rück-, Neben-, Wechselfolgen)

Tabelle 28: Grundlegende Merkmale von Prozessen zur Bewältigung sexueller Eifersucht

7 Bewältigungsmittel: Möglichkeiten der Überwindung und Reduzierung sexueller Eifersucht

Dieses Kapitel enthält den zweiten Teil der Funktionsklärung der kulturellen Bewältigungsmöglichkeiten sexueller Eifersucht. Es geht hier um die von Ego, Partner und/oder Exopartner erlernbaren (also kulturellen) und wenigstens prinzipiell realisierbaren Aktivitäten, mit denen sexuelle Eifersucht reduziert oder überwunden werden kann bzw. könnte, also um die Beantwortung der Frage: Was kann ich als eifersüchtige und/oder eifersuchtsbetroffene Person tun, wenn ich bereits entschieden habe, eigene oder fremde sexuelle Eifersucht zu bewältigen, um diese Eifersucht dann auch tatsächlich zu reduzieren oder zu überwinden?[33]

Dabei gehe ich in Reihenfolge der Bewältigungsdimensionen (6.3.3) vor, erörtere also erst die bewältigungsrelevanten Kontextänderungen (in 7.1), dann die Beziehungsänderungen (in 7.2), die Motiv- (in 7.3), Reiz- und Wahrnehmungs- (in 7.4), Abwägungs- (in 7.5), Reaktions- und damit Effekt- (in 7.6) und zuletzt die Folgenänderungen (in 7.7).

7.1 Kontextänderung: Die indirekten externen Eifersuchtsursachen ändern

Sexuelle Eifersucht ist einbezogen und eingebettet in ein vielfältig verknüpftes Netz kultureller, biokultureller, biotischer und anderer Faktoren, Wirkungen und Effekte (siehe 1.4, 3.1 und 4.4).

---

33 Diese (potentiell) erforderlichen bzw. geeigneten kulturellen *Bewältigungsmittel* werden (siehe 3.6) in einer Funktionsklärung aus Erfordernissicht durch form-fall-vergleichende Schlußfolgerungen aus den Kontext- (1.4) und Rahmenannahmen (vor allem 3.1), aus den Ergebnissen der Charakterisierung (4 und 5), aus berichteten, erfahrenen oder erfahrbaren Fallbeispielen und/oder aus anderen Einsichten *hergeleitet* und in einer (notwendig rudimentären) Funktionsklärung aus Trägersicht anhand der Kategorien bewältigende Aktivitäten, dafür geeignete Aktoren, Ausführungsvoraussetzungen, übliche Wirkungsweisen und erreichbare Bewältigungserfolge *beschrieben* und *funktional bewertet*. Bei der Herleitung werden nicht alle Merkmale, die dann in den zusammenfassenden Steckbriefen aufgelistet werden, einzeln angesprochen. Auch werden bewältigungsirrelevante Änderungsmöglichkeiten innerhalb der verschiedenen Dimensionen meist höchstens kurz angeschnitten. Außerdem wird in den Steckbriefen nur oder vor allem auf solche Besonderheiten der jeweiligen Bewältigungsmittel eingegangen, die nicht augenscheinlich oder aus den in 6 für Bewältigungsprozesse skizzierten generellen Kennzeichen erschließbar sind (deshalb wird beispielsweise nicht jedesmal unter den Voraussetzungen erwähnt, daß der Ausgangszustand veränderbar sein muß, daß Aktor die Fähigkeit, Bereitschaft und erforderliche Situation haben muß, die jeweiligen Aktivitäten auszuführen, daß die Mitwelt dabei nicht stören darf usw.).

B186) Indirekte externe Ursachen sexueller Eifersucht
Wirkungstheorie: Zu den mittelbaren externen Faktoren und Wirkungen sexueller Eifersucht gehören z.B. Egos Wissen über Sexualität, sexuelle Beziehungen und sexuelle Eifersucht, seine diesbezüglichen Einstellungen (Normen und Bewertungen), seine eigenen Erfahrungen mit eigenen wie fremden exosexuellen Beziehungen, aber auch das Wissen und die Einstellungen auf den (sub-)sozietären (z.B. kirchlichen oder parteilichen oder sonstigen ideologischen) Ebenen oder die jeweils verfügbaren Beobachtungsmittel Egos.

Viele dieser indirekten externen Ursachen sind in einer (ja immer nur in begrenzter Zeit und mit meist sehr beschränkten Mitteln durchführbaren) personalen Eigen- und/oder Fremdtherapie nicht oder kaum veränderbar - wenn wir sie denn überhaupt als solche und vor allem in ihren genauen Wirkungsmechanismen erkannt haben.

B187) Nicht oder kaum veränderbare indirekte Eifersuchtsursachen
Wirkungstheorie: Diese Nicht- bzw. Kaumveränderbarkeit gilt für weite Teile der biotischen und biokulturellen Faktoren, z.B. für grundlegende psychische Eigenschaften; sie gilt genauso für Faktoren und Wirkungen auf den verschiedenen (sub-)sozietären Ebenen; sie gilt aber auch für zahlreiche im Sozialisationsprozeß erworbene kulturelle Merkmale (siehe 4.4 und 8.2.3).

Sie scheiden als Bewältigungsmittel also von vorneherein und unabhängig von ihrer potentiellen Kraft aus. Ausscheiden müssen aus Bewältigungssicht auch solche Faktoren, deren Wirkungsbeitrag für das Auftreten und die Ausprägungen sexueller Eifersucht zwar bekannt, aber zu geringfügig ist, um ihn therapeutisch nutzen zu können.

Damit bleiben (hier wie entsprechend in allen anderen Dimensionen) als Bewältigungsaktivitäten nur die indirekten Eifersuchtsursachen, die von Ego, Partner und/oder Exopartner einigermaßen realistisch veränderbar sind *und* einen ausreichend großen Einfluß auf die sexuelle Eifersucht haben (können). Drei davon implizieren Veränderungsmöglichkeiten auf der personalen Ebene, die aus Bewältigungssicht näher zu betrachten lohnt:

- erstens das bei Ego vorhandene *Wissen* und die (damit verknüpften oder auch unabhängigen) *Einstellungen* zur Sexualität, zu sexuellen Beziehungen und zu sexueller Eifersucht, also der interne kulturelle Spielraum (dazu 7.1.1),
- zweitens die oft geringe Kompetenz, unzureichende Kontrolle und unrealistische Erwartung im Zusammenhang mit (Exo-)Sexuellem und die daraus resultierende hohe *Emotionalisierung* der sexuellen Eifersucht (dazu 7.1.2) sowie
- drittens Egos eigene *praktische Erfahrung* mit eigenen exosexuellen Beziehungen (dazu 7.1.3).

Solche Wissens- und Einstellungsänderungen, die immer eine Änderung des kulturellen Spielraums bedeuten, in dem Exosex und sexuelle Eifersucht stattfinden, garantieren zwar keine Eifersuchtsbewältigung (weil dazu ja noch Änderungen im Eifersuchtsprozeß selbst erforderlich sind, z.B. Motiveänderungen und/oder Abwägungsänderungen; siehe 6.3.5), können sie aber ermöglichen oder erleichtern.

7.1.1 Die Einstellungen zur Sexualität und zu sexueller Eifersucht ändern

Daß Egos Wissen über und die damit zusammenhängenden Einstellungen zu Sexualität, zu (exo-)sexuellen Beziehungen und zu sexueller Eifersucht seine Motive, Bewertungen, Entscheidungen und Verhalten beeinflussen werden, ist aus der

Kontextontik (siehe 1.4) und Rahmenontik (siehe 3.1) unmittelbar ableitbar.

B188) Einstellungsänderungen als Bewältigungsmittel
Wirkungstheorie: Durch eine Veränderung dieses Wissens und/oder dieser Einstellungen wird eine Modifizierung der Eifersuchtsmotive (z.B. des Exklusivitätsmotivs) und/oder der Bedrohlichkeitskriterien möglich, die dann zu einer Eifersuchtsbewältigung führen können. Dies gilt, weil Egos Wissen und Einstellungen nur selten isolierte Neuerfindungen sind, grundsätzlich auch für das Wissen und die Einstellungen seiner Partner, Nachbarn, Religion, (Sub-)Sozietäten usw.

Es gibt nun, wie der Kulturenvergleich zeigt, vier grundlegende und dabei weder exklusive noch unabhängige Möglichkeiten, um die personale Sexual- und Beziehungskultur bewältigungsrelevant zu verändern (siehe Tabelle 29, S. 200):

Sexualität kann als etwas Normales, Alltägliches angesehen und von ihrer Besonderheit und Merkwürdigkeit befreit werden, die enge Verknüpfung zwischen der physischen und der psychischen Sexualität kann aufgelöst werden, der Ausschließlichkeitsanspruch für sexuelle (Liebes-)beziehungen kann aufgegeben werden und/oder es kann eine differenzierte, anthropo-realistische Sicht der Lust auf Exosex wie des Wunsches nach Treue gewonnen werden.

Sexualität "normalisieren". Sexualität und sexuelle Beziehungen sind für die meisten Menschen und -gruppen etwas Besonderes, teilweise sogar etwas Merkwürdiges, Unheimliches, Peinliches (siehe 3.1.2). Deshalb ist nicht nur das Wissen über Sexualität oftmals unzureichend, sondern sind auch die Einstellungen und Empfindungen "besonders". Es wird aber von (wenn auch wenigen) Fällen berichtet, in denen Sexualität als so normal und üblich wie Ernährung (was freilich auch nicht überall ein unproblematischer Bereich ist, siehe Nahrungstabus oder Nahrungsrituale) oder anderes angesehen und behandelt wird.

B189) "Normalisierte" Sexualität
Fall Lepcha, Asien: «For the Lepchas of Zongu sexual activity is practically divorced from emotion; it is a pleasant and amusing experience, and as much a necessity as food and drink; and like food and drink it does not matter from whom you receive it, as long as you get it; though you are naturally grateful to the people who provide you with either regularly» (Gorer 1938:170). *Fall Aborigines, Australien*: Sexuelle Befriedigung werde als so normal und gewöhnlich wie Hungerbefriedigung angesehen (Berndt 1976:4). *Fall Swinger, USA*: Aus einer in Swinger-Clubs ausliegenden Broschüre: «Successful swingers accept that mate sharing at parties may be compared emotionally to the feelings nonswingers experience while playing bridge. It is not uncommon to select another's spouse as a partner in a game of cards. For mate-sharing, swingers taking someone else's spouse as a sexual partner has much the same kind of emotional significance. Emotional friedship among swinging couples should be highly valued by those involved. Warm friendships and sincere human concern within the context of mate exchange must be distinguished from these same feelings felt in a love relationship. The difference between 'committed love' and 'non-committed love' must be understood by both swinging partners if jealousy is to be avoided (Togetherness in Cleveland, 1982, p.8)» (Jenks 1985:520). *Fall Tukano, Südamerika*: Geschlechtsverkehr, auch mit Exopartnern, wird für ein so normales Vergnügen gehalten, daß er - auch in Anwesenheit des Ausgangspartners - offen und öffentlich praktiziert wird wie Essen oder Trinken (Silva 1962:380).

Eine solche, selbst nur partielle, "Normalisierung" (und damit möglicherweise Differenzierung und Präzisierung) der Betrachtung und des Umgangs (mit) der Sexualität könnte dazu führen, exosexuelle Beziehungen wenigstens so ähnlich wie Sport, Arbeit oder Unterhaltung mit anderen Personen außerhalb der Eifersuchtsbeziehung betrachten zu können und so entweder die Eifersuchtsmotive selbst oder die Bedrohlichkeitskriterien ändern zu können. Damit wäre es dann möglich, dem Partner wenigstens gelegentlich und/oder bestimmte exosexuelle Beziehungen zuzugestehen (siehe 7.3.3).

Physische und psychische Sexualität entkoppeln. Auch wenn die eigene wie sozietäre Erfahrung und Praxis dies *de facto* häufig widerlegen, werden Liebe/ Erotik und Geschlechtsverkehr vielfach (weiterhin) als untrennbar gekoppelt angesehen, erhofft oder idealisiert. In Verbindung mit dem Exklusivitätsanspruch der Liebe (s.u.) führt dies dazu, daß weder physischer noch psychischer Exosex akzeptiert werden. Aber auch hier zeigen Beispiele nicht nur aus "exotischen" Kulturen, daß dieses Nicht-Trennenkönnen kein unausweichlicher Zwang ist.

B190) Trennenkönnen von Liebe und Geschlechtsverkehr
Fall Mangaia, Ozeanien: «I love you» bedeutet «I want to copulate with you»: nur im technisch-sexuellen Sinne. Es gibt zunächst keine Verknüpfung zwischen körperlichem Sex und Liebe/Empathie: «1. There is no cultural connection between a willingness to copulate with a person and any feeling of affection or liking or admiration between copulating partners. 2. The degree of 'passion' between two individuals in sexual relationships is not related to an emotional involvement but to degrees of instruction in, and use of, sexual techniques. 3. Despite an initial lack of relationship between affection and sexual involvement, there develops an emotional attachment and a spirit of affection and willingness to sacrifice between long-married couples: the elderly chief may give his wife his treasured suit coat to hold over her head in the rain as they walk back from the church service, while he shivers in his shirt sleeves (a young husband would be unlikely to make the same sacrifice to his personal comfort)» (Marshall 1971:159; siehe aber B250). *Fall Swinger, USA* (Ergebnis empirischer Untersuchung): Swinger können körperbezogene von personenbezogenen sexuellen Beziehungen trennen und differenzieren zwischen der romantischen Liebe in der Ausgangsbeziehung und der sexuellen Tauschbeziehung. Sie sehen den Sex auf den Parties als rein körperbezogen, als Spiel und Unterhaltung und deswegen nicht als bedrohlich an. Sie haben als Norm, sich nicht in den Exopartner zu verlieben, und können sich, weil sie diese Norm internalisiert haben, auch weitgehend daran halten (Gilmartin 1977:152-5). *Fall Lepcha, Asien*: «The Lepchas have almost completely separated the notions of love and sex» (Gorer 1938:120; siehe auch B200). *Wirkungstheorie*: Auch Prostituierte müssen zwischen (lustvollem und lustlosem) körperlichem sowie psychischem Sex trennen können, da sie ja nicht jeden ihrer Kunden ansprechend/liebenswert/erotisch finden werden.

Ein solches Trennenkönnen erlaubt, zwischen verschiedenen Arten sexueller Beziehungen zu unterscheiden, und kann deshalb dazu führen, wenigstens bestimmte dieser Arten auch außerhalb einer Ausgangsbeziehung zuzulassen, wenn die (unterstellte) Liebe oder Erotik in der Exobeziehung das Egos Motive Gefährdende war (siehe Tabelle 29, S. 200).

Sexuelle Beziehungen demokratisieren. Solange körperliche und psychische Sexualität nicht getrennt werden (können), solange Ehen als Liebesbeziehungen und solange Liebesbeziehungen als nicht teilbar, als nur mit einer einzigen Person praktizierbar, gedacht oder erhofft werden, kann es nicht erstaunen, wenn sexuelle Eifersucht als (fast) unausweichliches Nebenprodukt, ja sogar als Indikator von oder Voraussetzung für ("wahre") Liebesbeziehungen angesehen wird.

B191) Die angenommene Koppelung von Liebe, Treue und Eifersucht
Wirkungstheorien, Bewertungen: «Liebe und Treue sind untrennbar miteinander verbunden. Sie gehören zusammen wie Sonne und Mond, wie Wolken und Wind» (Hagen 1986:119). «Gleichzeitig galt quasi 'normale' Eifersucht nach allgemeinem Verständnis [bis in die zweite Hälfte der siebziger Jahre hinein] als etwas Natürliches, als Zeichen der Liebe in einer engen interpersonalen Beziehung» (Mummendey & Schreiber 1983:195). Sexuelle Eifersucht sei ein intimes Beiprodukt zu romantischer Liebe (Berscheid & Fei 1977:102). Bis zu einem gewissen

Grad gilt Eifersucht bei uns als Liebesbeweis (Baumgart 1985a:46). Eifersucht sei «das Salz im Brotteig der Liebe» (H. Zuber, 1975, zitiert in Buddeberg 1986:121). «Da Eifersucht und Liebe nicht voneinander getrennt werden können und einander bedingen, läßt sich der Grad und die Qualität einer Liebe am Grad und an der Qualität der Eifersucht messen. Sage mir, weshalb du eifersüchtig bist, und ich werde dir sagen, wie du liebst» (Willy 1968:84). «Wenn jemand noch nie eifersüchtig gewesen ist, dann fehlt ihm wahrscheinlich auch ein Stück Liebe, zum Beispiel die Liebe zu den zwei Personen, die in dem Spannungsfeld Eltern-Kind erlebt wird» (Hildegard Baumgart in einem Interview, Ernst 1985:28f.). «Wir müssen auch stets des ausschließlich erotischen Sinngehaltes der von uns gemeinten Eifersucht gedenken, brauchen also ihre Abwesenheit, wo und wann es an den Liebe-Voraussetzungen fehlt, nicht verwunderlich und erst recht nicht 'anomal' zu finden» (Marcuse 1961:88). «Der natürliche Zusammenhang zwischen Liebe und Eifersucht ...» (ebenda :90). «Jealousy is, indeed, the most violent, intense, and characteristic psychological manifestation associated with sexual love ...» (Briffault 1927.II:97). «Perhaps vulnerability is the price of love» (Kramer 1975:96). Siehe auch die Idealisierung der ausschließlich zweistelligen Liebesbeziehung in der Gesetzgebung, im Film, in der Literatur oder in der (Pop-)Musik. Siehe auch B12 (Marquesas).

Auch wenn diese und andere, exklusive Paarbeziehungen fordernde und fördernde Ideale auf einen vielleicht auch phylogenetisch entwickelten Druck zur Paarbindung (aufgrund des Erfordernisses eines *parental investment*, siehe 4.4.1) zurückzuführen sein mögen: Nicht nur fremde, auch eigene Erfahrungen zeigen, daß sexuelle (Liebes-)Beziehungen durchaus "demokratisierbar" sind, also mit mehreren Personen zwar vielleicht qualitativ und/oder quantitativ (sehr) unterschiedlich, aber doch gleichzeitig (nebeneinander) eingegangen und unterhalten werden können - nicht zuletzt dank sicherer Mittel der Empfängnisverhütung.

B192) Die Möglichkeit multipler Liebes- bzw. Sexualbeziehungen

Empirische Direkterfahrung: Daß körperliche und/oder physische sexuelle Beziehungen gleichzeitig mit mehreren Personen möglich sind, belegen (neben Prostituierten als Spezialform) vor allem auch viele polygyne, polyandrische oder sonstige Polybeziehungen (siehe Anm. 25, S. 138) und viele der tagtäglich weltweit praktizierten Exosexbeziehungen (siehe z.B. B1 oder B21), bei denen die Ausgangsbeziehung nicht aufgegeben wird. Und auch in der Alltagserfahrung wenigstens einiger Leser dürfte schon einmal vorgekommen sein, daß sie sich mindestens ansatzweise und kurzfristig verliebt haben oder daß sie wenigstens eine diffuse sexuelle Lust auf andere verspürten und deshalb mit dem Gedanken einer (wenn auch vielleicht kurzfristigen) multiplen Beziehung spielten, obwohl sie eine feste sexuelle (Liebes-)Beziehung hatten. Ein anderer Hinweis ist auch das Fehlen einer Zärtlichkeitsexklusivität bei Kleinkindern, die auch den anderen Elternteil beim Schmusen miteinbeziehen wollen, wenn sie nur mit *einem* schmusen. *Fall Swinger, USA* (Ergebnis empirischer Untersuchungen): Swinger sollen ihre sexuelle Eifersucht dadurch reduzieren können, daß sie einsehen, daß eine totale sexuelle Beziehung, ein ausschließlicher Besitz eines Partners nicht realisierbar ist (Grold 1972:124). *Fall Anamat [Trinidad], Mittelamerika* (eine noch egoistische, also nicht ganz konsequente Demokratisierung sexueller Beziehungen): «The typical Anamatian Negro peasant maintains the following, somewhat contradictory, beliefs about sex: all *other men* have only *preferential* sexual rights over their wives thus *any* woman is sexually accessible to him; however he himself has *monopolistic* sexual rights over his own wife. No other man should therefore approach his wife for sexual favors» (Freilich 1961:961).

In einer solchen "Vervielfältigung" oder "Demokratisierung" der eigenen Ansprüche an sexuelle Beziehungen liegt, zumal sie dann differenziert praktiziert werden kann (siehe 7.3.3), eine weitere (indirekte) Bewältigungschance für sexuelle Eifersucht (siehe Tabelle 29, S. 200).

Eine anthropo-realistische Motivsicht annehmen. Bei einem biokulturellen Problem wie sexueller Eifersucht, welches in seinen elementaren Antrieben oder

Hintergründen (egoistische Lust auf Exosex und egoistischer Wunsch nach Treue) phylogenetisch verankert und damit (auch) biotisch ist (siehe 4.4.1), in seinen spezifischen Regelungen und Ausprägungen aber auch stark bis vorwiegend von (vielfach unvereinbaren) kulturellen Regelungen mindestens mitbestimmt wird, ist eine das Abstimmungserfordernis (siehe 2.2.2) erfüllende Lösung besonders schwierig. Eine Möglichkeit dazu ist aber die Annahme einer anthropo-realistischen Einstellung, die das grundsätzliche Vorhandensein einer Lust auf Exosex wie eines Wunsches nach Treue beim Menschen akzeptiert und so dazu beiträgt, *beide* Motive gleichermaßen zu erfüllen.

Aktivitäten:	Die Sexual- und Sexualbeziehungskultur ist (durch Erkenntnis- und Einstellungsänderungen) so zu ändern, daß - das Sexuelle nichts Unheimliches, Besonderes, Merkwürdiges (im Sinne von: nicht [auch] ganz normal oder selbstverständlich mit ihr umgehen können) mehr ist, - die physische und die psychische Seite oder Ebene der Sexualität als wenigstens gelegentlich und in bestimmten Zusammenhängen trennbar und separat befriedigbar (an-)erkannt werden, - sexuelle Beziehungen nicht mehr als personal unteilbar, sondern als gleichzeitig zu mehreren Personen (wenn auch in vielleicht [sogar sehr] unterschiedlichen Qualitäten) praktizierbar anerkannt werden und/oder - in einer anthropo-realistischen Grundhaltung sowohl die Lust auf Exosex als auch der Wunsch nach Treue als prinzipiell gleichberechtigte menschliche Grundmotive anerkannt und als gemeinsam, wenn auch differenziert (jedenfalls nicht nur einseitig treuebezogen) erfüllbar und erfüllungswürdig akzeptiert werden. Insgesamt wird das Sexuelle und werden (exo-)sexuelle Beziehungen also entmystifiziert, differenziert, demokratisiert und realistischer betrachtet und bewertet.
Aktoren:	Ego (Partner, Exopartner und andere aber hilfreich).
Voraussetzungen:	Die (bisherigen) Einstellungen Egos müssen eifersuchtsträchtig und die sexuelle Eifersucht mitbewirkend sein.
Wirkungsweise:	(Indirekt, unsicher) Durch Einstellungsänderungen wird vor allem eine Modifizierung der Eifersuchtsmotive (z.B. des Exklusivitätsmotivs) und/oder der Bedrohlichkeitskriterien, aber auch in anderen Eifersuchtsdimensionen (der Abwägung z.B.) möglich, die dann (unter Umständen) zu einer Eifersuchtsbewältigung führen kann.
Erfolge:	Abhängig von den Folgeveränderungen, die durch die Einstellungsänderungen tatsächlich ausgelöst werden (siehe also in den anderen Bewältigungsdimensionen).

Tabelle 29: Steckbrief Bewältigungsmittel 1: Die Einstellungen zur (Exo-)Sexualität und zur sexuellen Eifersucht ändern

7.1.2 Die Emotionalisierungsgefahr verringern

Mit dem Wahrnehmen eines Eifersuchtsreizes ist oftmals ein so hoher Kontroll- und Kompetenzverlust verbunden, wird die Erwartungshaltung so stark verletzt, daß die sexuelle Eifersucht als emotionaler Terminierungs- oder Notfallprozeß unkontrolliert und unkontrollierbar abläuft (siehe 5.4.2). Wenn nun aber Exosex nicht mehr (so) überraschend ist, wenn seine Wahrnehmung nicht zu (starkem) Kontroll- und Kompetenzverlust führt, wenn er also nicht negativ emotionalisierend wirkt[34], kann das zu einer Überwindung oder Reduzierung sexueller Eifersucht führen, *wenn* die nicht oder weniger emotionalen Eifersuchtsaktivitäten bewältigender sind als die emotionalen (denn ich kann mich ja auch völlig emotionslos [aber trotzdem voller auch sehr heftiger Empfindungen, siehe 3.1.1] für härteste Reaktionen entscheiden).

Aktivitäten:	Wegen der Mehrfachverursachung und Einzelfaktorauslösung von Emotionalisierungen (5.4.2) sind drei Arten von Aktivitäten (vor allem Erkenntnis-, aber auch Einstellungsänderungen) erforderlich: - Erstens ein realistisches Erhöhen der *Erwartung* bzw. Erwartbarkeit von Exosex auch beim eigenen Partner, - zweitens ein Verbessern der eigenen prinzipiellen *Kompetenz* beim Umgang mit exosexuellen Beziehungen und der eigenen sexuellen Eifersucht sowie - drittens ein Verbessern der eigenen prinzipiellen *Kontrolle* beim Umgang mit exosexuellen Beziehungen und der eigenen sexuellen Eifersucht. In dem "Erhöhen" und "Verbessern" sind jeweils zahlreiche (Teil-)Aktivitäten impliziert, wie das grundsätzliche und antizipierende Bewußtmachen von Partners mindestens sporadisch nicht unwahrscheinlicher Lust auf exosexuelle Beziehungen, des Verlaufs von Eifersuchtsprozessen oder der Reaktionsmöglichkeiten und ihrer Wirkungsmöglichkeiten.
Aktoren:	Ego (Partner, Exopartner und andere aber hilfreich).
Voraussetzungen:	Ego muß unrealistische Erwartungen und eine geringe oder schlechte prinzipielle Kompetenz und Kontrolle bezüglich exosexueller Beziehungen haben, die sich auch eifersuchtsfördernd oder -verstärkend auswirken.
Wirkungsweise:	(Indirekt, unsicher) Wenn Exosex nicht mehr (so) emotionalisierend wirkt, können statt Notfall- oder Terminierungsaktivitäten genauere Wahrnehmungen und rationalere Abwägungen vorgenommen werden, was zu differenzierteren Eifersuchts- und Reaktionsentscheidungen und damit zu einer Eifersuchtsbewältigung führen kann - aber nicht muß.
Erfolge:	Abhängig von den Folgeveränderungen, die durch die Emotionalisierungsvorsorge tatsächlich ausgelöst werden (siehe also in den anderen Bewältigungsdimensionen).

Tabelle 30: Steckbrief Bewältigungsmittel 2: Die Emotionalisierungsgefahr verringern

Deshalb ist eine Verbesserung des Wissens über Sexualität, über sexuelle Motive und die Verbreitung des Wunsches auf Exosex, über die Differenzierungsmöglichkeiten (z.B. zwischen physischem und psychischem oder zwischen intensivem und oberflächlichen sexuellen Beziehungen), über die tatsächlichen (und nicht nur die befürchteten) Effekte exosexueller Beziehungen oder über andere Bereiche des Sexuellen, also eine Verbesserung der allgemeinen Erwartungen und eine Erhöhung der prinzipiellen Kompetenz und Kontrolle im Zusammenhang mit exose-

34 Der mögliche Fall einer positiven Emotionalisierung durch überraschenden und/oder besonders starken Kompetenz- und Kontrollgewinn kann hier vernachlässigt werden, weil er zum einen unproblematisch im Sinne einer Eifersuchtsbewältigung ist (er ist ja direkt bewältigend) und weil er zum anderen eher selten vorkommen dürfte.

xuellen Beziehungen, eine Möglichkeit, Eifersuchtsprozessen die Emotionalisierung zu nehmen oder wenigstens zu verringern. Und nichtemotionalisierte Eifersuchtsprozesse lassen sich dann leichter bewältigend verändern, weil sie eher bewußte und kontrollierende Eingriffe zulassen (siehe Tabelle 30, S. 201).

7.1.3 Die eigenen Exosexerfahrungen ändern

Eine weitere realistische Möglichkeit, durch Verändern der indirekten Eifersuchtsursachen zur Bewältigung sexueller Eifersucht beizutragen, ist das Eingehen und Unterhalten exosexueller Beziehungen durch Ego selbst.

Ich denke dabei sowohl an aktiv oder unabhängig vom Exosex des Partners eingegangene als auch an reaktiv begonnene exosexuelle Beziehungen (siehe auch 7.4.5; zu Bewältigungsmöglichkeiten durch Lernen aus Erfahrung mit exosexuellen Beziehungen eines Partners siehe 7.7).

Die beim eigenen Exosex gewonnene Erfahrung (die beispielsweise auch wenigstens de facto das Eingeständnis der eigenen Lust auf Exosex und damit das prädikative Anerkennen dieses Motivs auch beim Partner einschließen muß) verändert das eigene Wissen und kann so zu einer neuen Einstellung und Sichtweise und damit zum Reduzieren oder Überwinden sexueller Eifersucht führen.

B193) Eigener Exosex als Bewältigungsmittel

Fall Anamat [Trinidad], Mittelamerika: «... outside love affairs are common with Anamat Negroes ...» Männer sind dabei nicht unzufrieden, wenn ihre Frauen ihrerseits eigene Affären haben: «In this way, the wife does not ask too many questions nor does she insist too strongly that the husband stay at home» (Freilich 1961:963). *Fall Kgatla, Afrika*: «A wife's principal defence [gegen Exosex des Partners und damit einen Faktor für sexuelle Eifersucht], however, and one to which many resort, is to get a lover of her own if her husband persists in associating with his concubine. Opportunities for such intrigues are common enough, for the husband is often away at his cattle-post or may be working in town, so that there is comparatively little risk of discovery. A husband's infidelity, however, is not the only reason for his wife's following his example, although it is the one most frequently advanced by women. Sometimes the wife may have been forced into an unwelcome marriage, and to spite her husband she will deliberately continue her affairs with the man or men she previously favoured. ... Many a husband, although fully aware of his wife's infidelity, prefers to ignore it, especially if he too is unfaithful, or if the marriage is barren» (Schapera 1941:208f.).

Die Chance, daß es tatsächlich zu bewältigungsrelevanten Einstellungsänderungen und wenigstens manchmal zu Eifersuchtsreduzierungen kommt, wird gesteigert durch die Wirksamkeit eines "schlechten Gewissens" nach dem Schema der Gleichbehandlung (einem verbreiteten Konformitätsmotiv): "Was ich mir erlaube, darf ich eigentlich anderen nicht verbieten". Daß dieses allerdings (vor allem von Männern) eher selten vertreten wird und wirksam ist, beweist die verbreitete Doppelnormierung und -sanktionierung (siehe B2). Deshalb kann auch eigene Exosexerfahrung keine Garantie für Eifersuchtsfreiheit sein, was sich nicht nur aus der egoistischen Fundierung sexueller Eifersucht ableiten läßt, die meist die Befriedigung der eigenen Lust anders bewertet als die eines Partners (siehe 4.1.2), sondern auch durch Fallbeispiele zu belegen ist.

B194) Sexuelle Eifersucht trotz eigener Exosexerfahrung

Fall USA: In einer Befragung von Eheberatern in den USA war Eifersucht die am häufigsten genannte Ursache für das Beenden von Partnertausch durch die konsultierenden Paare (Den-

feld 1974b:263f.). Siehe auch B192 (Anamat) sowie B7 und vergleiche mit B263 bis B266.
Diese Lösungsaktivität eigener Exosex ist dabei eine indirekte Ursachenänderung "zweiter Stufe", weil sie entweder zu den in 7.1.1 skizzierten Wissens- und Einstellungsänderungen oder zu der in 7.1.2 angeschnittenen Emotionalisierungsvorsorge führen muß, wenn sie (weiter) bewältigungswirksam werden soll (siehe Tabelle 31).

Aktivitäten:	Ego beginnt, praktiziert und reflektiert (wenigstens unbewußt) eigene exosexuelle Beziehungen beliebiger Art (Verhaltens-, Wissens- und Einstellungsänderungen).
Aktoren:	Ego (und die erforderlichen Exopartner).
Voraussetzungen:	Ego muß eigenen Exosexpartner finden oder verfügbar haben und (auch) gute Erfahrungen mit der exosexuellen Beziehung und ihren Folgen für die Ausgangsbeziehung machen.
Wirkungsweise:	(Indirekt, unsicher) Durch die eigene Erfahrung mit Exosex kommt Ego zu anderem Wissen und Können über exosexuelle Beziehungen und kann aus diesen Erfahrungen heraus auch seine diesbezüglichen Einstellungen ändern, mit der Möglichkeit, auch eifersuchtsrelevante Dimensionen zu modifizieren.
Erfolge:	Abhängig von den Folgeveränderungen, die durch die eigenen Exosexerfahrungen tatsächlich ausgelöst werden (siehe also in den anderen Bewältigungsdimensionen).

Tabelle 31: Steckbrief Bewältigungsmittel 3: Die eigenen Exosexerfahrungen ändern

7.1.4 Zwischenergebnis: Die Bewältigungsdimension Kontextänderung

Das Ändern der indirekten externen Faktoren und Wirkungen (Ursachen) sexueller Eifersucht ist, aufgrund ihrer Wichtigkeit für den Verlauf und die Ausprägungen von Eifersuchtsprozessen, ein zwar nur indirektes und nicht (immer) sicheres, aber grundsätzlich nützliches Mittel zur Bewältigung sexueller Eifersucht (siehe die zusammenfassenden Tabellen 29, S. 200, bis 31, S. 203).

Dabei gibt es drei Arten von Bewältigungs*aktivitäten*: das Ändern der eigenen Einstellungen zur Sexualität, zu (exo-)sexuellen Beziehungen und zu sexueller Eifersucht, die Emotionalisierungsvorsorge sowie das Eingehen und daraufhin einstellungsändernde Reflektieren eigener exosexueller Beziehungen. In allen drei Aktivitätsarten muß immer *Ego* selbst *aktiv* werden, allerdings kann Unterstützung durch Partner, Freunde, Kirchen und andere Institutionen, die öffentliche Meinung, Therapeuten usw. (vor allem beim Einstellungsändern) sehr nützlich sein. Die *Wirkungsweise* ist immer *indirekt* (zwischen den Ursachenänderungen und einem Bewältigungserfolg sind grundsätzlich weitere Aktivitäten [z.B. Motivänderungen oder Bewertungsänderungen] im Bewältigungsprozeß erforderlich) und ein Bewältigungserfolg nur *möglich*, nicht sicher, weil es konkurrierende Einstellungen gibt und weil (auch deshalb) nicht alle Einstellungen in jeder Situation wirksam werden müssen, weil Emotionalisierungsvorsorge nicht klappen und Emotionslosigkeit nicht bewältigend sein muß und weil aus eigener Exosexerfahrung keine bewältigungsrelevanten Schlüsse gezogen werden müssen. Die Ursachenänderungen können also zwar mindestens nützliche Voraussetzungen oder Hilfen zur Eifersuchtsbewältigung sein, aber niemals hinreichende Bewältigungsmittel. Welche Bewältigungs*erfolge* mit diesen Aktivitäten erreicht werden, ist abhängig von den Folgeveränderungen, die durch die verschiedenen Änderungen der indirekten Eifersuchtsursachen ausgelöst werden.

7.2 Beziehungsänderung: Die Eifersuchtsbeziehung ändern

Auch wenn sexuelle Eifersucht in allen zwischenmenschlichen Beziehungen auftreten *kann*, die mit Eifersuchtsmotiven verknüpft oder verknüpfbar sind (5.2), bedeutet dies nicht, daß sie auch in allen solchen Beziehungen gleichermaßen auftreten wird oder gar *muß*. Die verschiedenen Ausprägungsmöglichkeiten der Eifersuchtsbeziehungen (siehe Tabelle 13, S. 144) implizieren deshalb Veränderungsmöglichkeiten. Weil es beim Möglichmachen sexueller Eifersucht zunächst auf die Motive in der Ausgangsbeziehung und erst dann auf die Eigenschaften derselben ankommt, sind die meisten aus der Charakteristik erschließbaren Änderungsmöglichkeiten allerdings nicht bewältigungsrelevant, obwohl sie es teilweise auf den ersten Blick zu sein scheinen (weshalb ich sie auch erörtere, siehe 7.2.1). Nur zwei Aktivitätsgruppen in dieser Dimension sind bewältigungsrelevant: die Änderung der Bedürfnis- und/oder Begehrensbefriedigung (siehe dazu 7.2.2) sowie die Änderung der gegenseitigen Abhängigkeiten in der Eifersuchtsbeziehung (dazu 7.2.3+4).

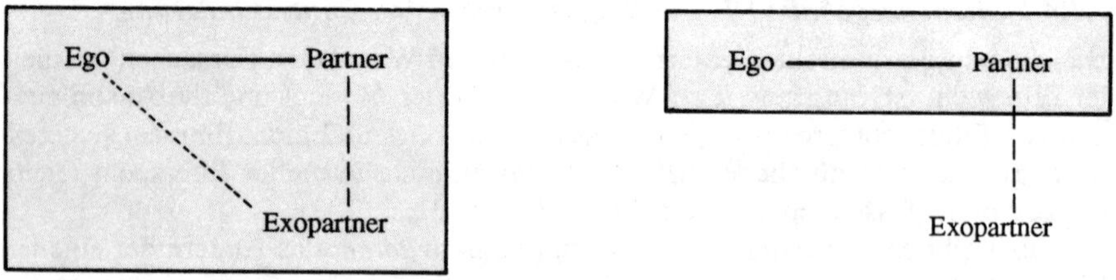

Abb. 15: Exobeziehung innerhalb (links) und außerhalb (rechts) einer Eifersuchtsbeziehung

7.2.1 Ungeeignete Änderungsaktivitäten

Eine Veränderung der *Anzahl der Beteiligten* ist so eine "Erster-Blick"-Lösungsaktivität. Denn damit wird ja eine spezifische Art von Exosex ermöglicht und zugelassen, die, zumindest unter bestimmten Umständen, auch keine allzu heftigen Eifersuchtsreaktionen hervorrufen muß, also arrangierbar ist (siehe B197 und B235). Doch dieses personale Erweitern der Eifersuchtsbeziehung zu einer Polybeziehung ist bei genauerer Betrachtung kein Bewältigungsmittel, sondern bestenfalls der *Effekt* des Einsatzes verschiedener anderer Mittel. Letztlich ist ja jede Exosexbeziehung eine Erweiterung einer Ausgangsbeziehung, wenn auch vielleicht der in Abb. 15, S. 204, rechts verdeutlichten externen Form, in der es zwischen Ego und Exopartner *keine* direkte Beziehung gibt, und nicht der dort links gezeigten internen Form, in der auch Ego und Exopartner in direkter Beziehung stehen.

Wenn Ego in einer solchen Poly-Ausgangsbeziehung den Exopartner bzw. die Exosexbeziehung akzeptieren kann, muß es seine sexuelle Eifersucht deshalb bereits irgendwie bewältigt haben (z.B. durch Einstellungsänderungen oder durch Motivänderungen). Wenn nicht, entspricht eine solche Erweiterung einem ganz normalen Eifersuchtsreiz, ist sie also nicht nur nicht eifersuchtsbewältigend, sondern unter Umständen sogar eifersuchtsauslösend.

Auch das *Geschlecht* der in der Eifersuchtsbeziehung *Beteiligten* ist keine realistische Bewältigungsvariable: Erstens wegen der nicht beliebig veränderbaren und relativ eindeutigen sexuellen Präferenzen der meisten Menschen (unabhängig davon, worauf diese zurückzuführen sind) und zweitens weil sexuelle Eifersucht auch in homo- und heterosexuellen Beziehungen vorkommt (siehe 5.2.1).

Wenn eine Änderung der Beteiligten keine Bewältigungsaktivität ist, wie sieht es dann mit einer Veränderung der Kennzeichen der Beziehung selbst aus?[35]

1) Die *Verwirklichung* der Eifersuchtsbeziehung zu modifizieren bietet sich nicht an, weil wohl niemand eine realisierte Ausgangsbeziehung aufgeben würde, nur weil in einer fiktiven vielleicht eine Eifersuchtsbewältigung möglich wäre. Und die Realisierung einer bislang nur fiktiven Beziehung ist allein auch nicht, noch nicht einmal indirekt, bewältigungswirksam.

2) Eine Veränderung der *Legitimation* der Eifersuchtsbeziehung ist zwar möglicherweise indirekt bewältigungsrelevant, weil die Legitimation einer Beziehung zum einen Egos Sicherheitsgefühl (was den Bestand der Ausgangsbeziehung angeht) beeinflussen kann und weil zum anderen entsprechende sozietäre Vorgaben (z.B.: Sexuelle Eifersucht nicht, wenn Beziehung noch nicht legitimiert) Egos sexuelle Eifersucht fordern bis verbieten und/oder fördern bis verhindern können. Daß aber Personen, die in einer legitimierten Beziehung, in einer Ehe, stehen, die Legitimation aufgeben, sich also scheiden lassen und trotzdem die Beziehung wie vorher aufrecht erhalten, um ihre sexuelle Eifersucht zu bewältigen, ist so unwahrscheinlich, daß diese Variante einer Legitimationsänderung von vorneherein vernachlässigt werden kann. Doch auch der umgekehrte Fall der Legitimierung einer noch nicht legitimierten Beziehung, also eine Heirat, ist kein eindeutig geeignetes Mittel zur Eifersuchtsbewältigung, weil die möglichen Folgen zu uneinheitlich sind und deshalb, wenn sie eifersuchtsbewältigend ausfallen, (auch oder vor allem) auf andere Faktoren zurückzuführen sein müssen.

B195) Legitimation der Beziehung und Eifersuchtsbewältigung
Wirkungstheorie: Der soziale Druck und die sozietären Hindernisse (z.B. Scheidungsrecht),

35 Der veränderbare und dabei möglicherweise bewältigungswirksame Beziehungsaspekt *Verwandtschaft* entfällt hier, weil ich, siehe 6.2, ausdrücklich nur freundschaftliche/eheliche Ausgangsbeziehungen berücksichtige. Und die Veränderung der *Einstellungen* und/oder des *Wissens* der in der Ausgangsbeziehung Beteiligten gehört, auch wenn es die Beziehung betrifft, nicht in diese Dimension, in der es nur um die Merkmale der *Beziehung* geht, nicht um die Eigenschaften der Beteiligten (siehe dazu 7.1 und [in Teilen] 7.3-7).

eine Ehe aufzulösen, sind größer, als die, eine nicht in dieser Weise legitimierte Beziehung zu beenden. Deshalb ist es möglich, daß Ego exosexuelle Beziehungen seines/ihres Partners eher zuläßt und *weniger heftig* reagiert (weil Partner schon bleiben wird), als wenn die Beziehung (noch) nicht legitimiert wäre. Doch es kann auch genau umgekehrt sein, denn mit genau dem gleichen Argument (Hemmnisse der Beziehungsauflösung) lassen sich auch *stärkere* Eifersuchtsreaktionen begründen (Partner wird trotzdem bleiben). Außerdem trifft diese Reaktions- und Begründungsvielfalt in entsprechender Weise für nicht legitimierte Beziehungen zu. Dies gilt auch für solche Eifersuchtsbeziehungen, in denen Ego ein Exopartner (eine "Geliebte"/ein "Geliebter") ist und die Beziehung legitimieren möchte – es sei denn, Partner gibt mit einer solchen Legitimierung ihre/seine Ausgangsbeziehung auf. Doch dann ist die Bewältigungsaktivität der Dimension Reizänderung zuzurechnen und nicht auf die Legitimierung zurückzuführen (siehe also 7.4).

3) Eine Änderung der *Eigenständigkeit* der Eifersuchtsbeziehung bedeutet bei uns eine personale (zahlenmäßige) Erweiterung der üblichen Zweierbeziehung zu einer Polybeziehung und ist deshalb (s.o.) kein Bewältigungsmittel.

7.2.2 Die Motiverfüllung in der Eifersuchtsbeziehung verbessern

Ein wichtiger Faktor für das Auftreten sexueller Eifersucht kann sein, daß Ego in der Eifersuchtsbeziehung *sexuell* nicht wie gewünscht befriedigt ist und deshalb Partner eine (tatsächlich oder vermeintlich) glücklichere Sexualität und größere Befriedigung außerhalb dieser Beziehung mißgönnt (wirksam sind dabei vor allem Zuwendungsmotive und Neidmotive).

B196) Sexuelle Zufriedenheit in der Ehe
Fall Deutschland (Ergebnis repräsentativer Meinungsumfragen 1963 und 1986, BRD mit West-Berlin): Auf die an Verheiratete gestellte Frage «Würden Sie sagen, daß Sie in Ihrer Ehe in sexueller Hinsicht ein ausgeglichenes Leben führen?» antworteten 1963 16% der Männer und 29% der Frauen mit «nein» oder «unentschieden», 1986 waren es sogar 28% bzw. 33% (Institut für Demoskopie Allensbach 1986, Tabelle T5). *Fall Mehinaku [Xinguanos], Südamerika*: «... informants report having sexual relations with their mistresses approximately four to five times more frequently then with their own spouses, since intercourse with a mistress is said to be far more exciting than with a spouse» (Gregor 1974:336f.). Siehe auch B227.

Deshalb ist eine quantitative oder qualitative Verbesserung der physischen oder psychischen Sexualität in der Eifersuchtsbeziehung (aus der Sicht Egos!) ein Mittel, welches, wenn andere Eifersuchtsfaktoren nicht stärker sind, zur Eifersuchtsbewältigung beitragen kann (weil Ego sich nicht mehr so benachteiligt und unbefriedigt fühlen muß).

Dies gilt aber entsprechend auch für alle die anderen Beziehungseigenschaften, deren Nicht- oder Suboptimalerfüllung eifersuchtsauslösend wirken kann (sexuelle Eifersucht ist ja [siehe z.B. 5.3.1] keineswegs immer oder vor allem in der *Sexualität* der Eifersuchtsbeziehung begründet). Deshalb ist dieses von Partner einsetzbare Mittel zu verallgemeinern auf *alle* diese Merkmale einer Eifersuchtsbeziehung und lautet: Die durch Exosex gefährdete oder verhinderte Befriedigung der Motive Egos in der Eifersuchtsbeziehung leisten oder verbessern (siehe die zusammenfassende Tabelle 32, S. 207).

B197) Verbessern der Motiverfüllung in der Eifersuchtsbeziehung als Bewältigungsmittel
Verbreitungsbefund, Bereich Polynesien: Ein Beispiel für ein solches Verbessern der Motiverfüllung in der Eifersuchtsbeziehung (aber auch für ein Begrenzen exosexueller Beziehungen, siehe 7.4.3) ist eine eifersuchts- und allgemein konfliktreduzierende Organisation polygyner

Ehen (übertragbar auf andere multiple Beziehungen): «To remove, or at least reduce, controversy between the different wives the Polynesians had made a number of cunning arrangements, of which the four following are worthy of mention: 1. The wives were placed in order of rank. 2. Work was divided between them. 3. They had separate houses or sleeping places. 4. The husband visited them in turn» (Danielsson 1956/54:138). *Fall Kgatla, Afrika*: «Wives vary greatly in their attitude towards an unfaithful husband. Often enough a woman is fairly complaisant, or at least resigned, so long as her husband continues to look after her decently, sleeps with her regularly, and does not obviously favour his concubine. One of my informants said that at his wedding-feast he was greatly attracted by two of the girls present, and asked his wife if he might take them as mistresses. Her reply was in his eyes eminently reasonable. 'Well,' she said, 'you are still a young man, so I suppose that you need more than one woman, but don't make your affairs too public, and remember that we also must have a baby of our own'! This attitude is by no means unusual. Accustomed to a tradition of polygamy, women regard it as natural for a man to distribute his attentions, and many a wife, provided that her husband does not talk of marrying again, and does not humiliate her by openly flaunting his infidelity, judiciously refrains from making it a bone of contention, except when she is thoroughly angry with him over something else as well» (Schapera 1941:206f.). Siehe auch B235.

(Hier geht es nur um die Erfüllung gegebener Motive [vergleiche auch mit 7.4.2]. Zur Änderung der mit der Eifersuchtsbeziehung verknüpften Motive selbst siehe 7.3.)

Aktivitäten:	Die von Ego mit der Eifersuchtsbeziehung verknüpften Bedürfnisse und/ oder Begehren (Beziehungserfordernisse oder -motive), deren Nicht- oder Suboptimalerfüllung Eifersuchtsmotive verletzt oder verletzen kann und damit potentiell eifersuchtsauslösend ist, werden besser oder überhaupt erfüllt (Verhaltensänderungen).
Aktoren:	Partner, evtl. Exopartner oder andere (aber nicht Ego).
Voraussetzungen:	Unzureichende Motiverfüllung in der Eifersuchtsbeziehung muß gegeben und dabei auch (allein oder unter anderen Faktoren) eifersuchtswirksam sein, die Aktoren müssen mindestens die wichtigsten Bedürfnisse und/oder Begehren Egos wenigstens grob kennen.
Wirkungsweise:	(Indirekt, unsicher) Weil sexuelle Eifersucht aufgrund mangelnder Motiverfüllung in der Eifersuchtsbeziehung auslösbar ist, kann mit einer befriedigenden Erfüllung der Motive dieser Auslöser entfallen, muß es also *deswegen* nicht mehr zu einer positiven Eifersuchtsentscheidung kommen.
Erfolge:	Wenn mangelnde Motiverfüllung der einzige Faktor ist: partielle Reduzierung oder Überwindung; sonst, abhängig von der Stärke und Bewertung der anderen Auslöser, partielle Reduzierung oder auch ohne Bewältigungseffekt.

Tabelle 32: Steckbrief Bewältigungsmittel 4:
Die Motiverfüllung in der Eifersuchtsbeziehung verbessern

7.2.3 Egos Abhängigkeit vom Partner erhöhen oder erhalten

Ein weiteres entscheidendes Merkmal von (Ausgangs-)Beziehungen, auf welches ich in der Charakterisierung nicht genauer eingehen mußte, das aber bewältigungsrelevant ist, sind die *Abhängigkeiten* bzw. *Selbständigkeiten* der beteiligten Partner.

Zwischenmenschliche Beziehungen, vor allem Ehen, sind in vielen Kulturen durch wirtschaftliche, soziale und andere Merkmale gekennzeichnet, die ein- oder wechselseitige Abhängigkeiten unterschiedlichster Art bedeuten oder verursachen können. Im Zusammenhang mit sexueller Eifersucht besonders problematisch sind die *einseitigen* oder *ungleichen* Abhängigkeiten (siehe Tschohl 1987), die global häufig vor allem Frauen betreffen (siehe Tabelle 33).

	Inheritance of property of some economic value (SCCS, n=186)	*Ethnien*	*%*				
.	Missing data	83	—				
1	Only males, or males except in unusual circumstances	31	30.1				
2	Both, but males have definite preference	33	32.0				
3	Roughly equal inheritance rights by sex	32	31.1				
4	Female preference, or exclusive female rights	7	6.8				
	Ownership or control of the use of dwellings (SCCS, n=186)	*Ethnien*	*%*				
.	Missing data	85	—				
1	Solely by men	36	35.6				
2	Most owned by men	16	15.9				
3	Equal ownership, or no preferential rights	31	30.7				
4	Most or all owned or controlled by women	18	17.8				
	An explicit view that men should and do dominate their wives (SCCS, n=186)	*Ethnien*	*%*				
.	Missing data	102	—				
1	Yes	55	65.5				
2	No, evidence of rough equality	24	28.6				
3	No, evidence of wife dominance	5	5.9				
	Control of disposal and use of fruits of the labor done (SCCS, n=186))	*solely by Men*		*by men and women*		*solely by women*	
		n	*%*	*n*	*%*	*n*	*%*
.	Missing data	60	—	80	—	70	—
1	Men have virtually total say	44	34.9	11	10.4	13	11.2
2	Men have predominant say, or no indication of preference	57	45.2	12	11.3	14	12.1
3	Men and women have equal say	15	11.9	73	68.9	73	62.9
4	Women have the predominant or total say	10	8.0	10	9.4	16	13.8

Tabelle 33: Verschiedene Indikatoren für Abhängigkeiten in ehelichen Beziehungen (nach Whyte 1978 [WC1#4:590,591,621,592-594])

Solche ungleichen, aber auch wechselseitig gewinnbringende Abhängigkeiten können es den Betroffenen schwer machen, bestimmte Eifersuchtsmotive (z.B. das Bestands- oder das Anspruchsmotiv, aber auch das Sozialwertmotiv) aufzugeben oder nicht zu verfolgen, weil sie dann unter Umständen auf die Erfüllung anderer Motive (wie materiellem und/oder sozialem Wohlstand) verzichten müssen.

B198) Sexuelle Eifersucht wegen wirtschaftlicher Abhängigkeit
Fall USA (Ergebnis empirischer Untersuchung): Wirtschaftliche Abhängigkeit insbesondere der Frauen von ihren Ehepartnern: «Much of the terror which gripped women whose husbands were unfaithful to them in the past stemmed from the threat that it posed to their economic security. What if the other woman won her husband away from her permanently?» (Bernard 1974:156). Siehe z.B. auch B222.

Damit bieten sich, wie bei anderen nach dem Gegenteilsprinzip funktionierenden Bewältigungsmitteln auch (siehe 6.3.3), zwei Möglichkeiten, die sexuelle Eifersucht zu reduzieren und vielleicht sogar zu überwinden: Erstens können die einseitigen oder wechselseitigen Abhängigkeiten Egos *erhöht* oder (wenn sie bereits ausreichend hoch sind) *erhalten* werden (s.u.) und zweitens können diese Abhängigkeiten *verringert*, d.h. kann die Selbständigkeit und Unabhängigkeit Egos erhöht bzw. erhalten werden (dazu 7.2.4). (Zur Erhöhung oder Festigung der Abhängigkeiten des *Partners* als Lösungsmittel siehe 7.4.2; zur Veränderung der die Abhängigkeiten mitbestimmenden Motive siehe 7.3.)

Aktivitäten:	(Einstellungs- und/oder Verhaltensänderungen) Ego wird in der Eifersuchtsbeziehung wirtschaftlich, sexuell, politisch, im Prestige, im Selbstwert oder in einer oder mehreren beliebigen anderen Hinsichten stark oder (im Vergleich zu früher) stärker vom Partner abhängig gemacht oder gehalten. Damit ist gemeint: Egos wirtschaftliche, sexuelle usw. Potenz wird entscheidend durch die Existenz der Eifersuchtsbeziehung und durch den/die Partner bestimmt.
Aktoren:	Partner, andere, evtl. sogar Ego selbst.
Voraussetzungen:	Eine für Eifersuchtsentscheidungen irrelevante (weil zu niedrige, beim Erhöhen), oder ausreichend wirksame (weil hohe, beim Erhalten) Abhängigkeit Egos vom Partner ohne realistische Ausweichmöglichkeiten für Ego.
Wirkungsweise:	(Indirekt, unsicher) Aus Angst vor schwerwiegenderen Mängeln in der (Quantität und/oder Qualität der) Erfüllung von vergleichsweise wichtigeren Nichteifersuchtsmotiven, denen gegenüber Ego eine Nicht- oder Suboptimalerfüllung von Eifersuchtsmotiven (bis zu einem gewissen Grad) hinzunehmen bereit ist, verzichtet Ego auf außen- und besonders partnergerichtete Eifersuchtsreaktionen.
Erfolge:	Partielle Eifersuchtsreduzierung durch Einschränkung des Außenbezugs, der Richtung, der Art und der Intensität der Eifersuchtsreaktionen.

Tabelle 34: Steckbrief Bewältigungsmittel 5: Egos Abhängigkeit vom Partner erhöhen oder erhalten

Das Bewältigungsmittel "*Erhöhen oder Erhalten der Abhängigkeiten* Egos in der Eifersuchtsbeziehung" zielt auf die Resignation und die Angst vor einer Nichterfüllung von anderen, wichtigeren Motiven (als den Eifersuchtsmotiven) seitens Ego.

B199) Abhängigkeitserhöhung in der Eifersuchtsbeziehung als Bewältigungsmittel
Wirkungstheorie, Konstruierter Fall: Wenn ich weiß, daß ich von dem Einkommen meines Partners abhängig bin, um meinen (wirtschaftlichen wie sozialen) Lebensstandard erhalten zu können, dann überlege ich mir (vor allem, wenn ich mit heftigen Reaktionen durch meinen mich "betrügenden" Partner rechnen muß) eher und gründlicher, ob und wie ich eifersüchtig

reagiere, wenn dieser Partner eine exosexuelle Beziehung eingeht, als wenn ich von diesem Partner in jeder Beziehung unabhängig bin.

Allerdings ist die prinzipiell hohe Wirksamkeit eingegrenzt durch zwei *Schwellen*, die nicht überschritten werden dürfen, wenn Egos sexuelle Eifersucht reduziert werden (oder bleiben) soll (siehe Tabelle 34, S. 209):

- Der erste kritische Wert kann durch die erzeugte Abhängigkeit selbst erreicht werden, die (auch ohne Exosex) das für Ego akzeptable Maß überschreiten kann.
- Der zweite Schwellenwert ergibt sich aus dem Vergleich von Abhängigkeit (Nichteifersuchtsmotiven) und sexueller Eifersucht (Eifersuchtsmotiven).

Dabei ist insbesondere die üblicherweise unveränderte Beibehaltung der Eifersuchtsmotive zu beachten. Dadurch wird die Lösung situationsspezifisch und labil (Schema: "Jetzt reicht es aber endgültig" und "Jetzt ist mir die Abhängigkeit egal").[36]

7.2.4 Egos Selbständigkeit erhöhen oder erhalten

Eine dem Erhöhen der Abhängigkeiten Egos in der Eifersuchtsbeziehung (7.2.3) fundamental entgegengesetzte Lösungsaktivität ist die *Verringerung* von Egos Abhängigkeiten in der Eifersuchtsbeziehung. Wenn ich von meinem Partner nicht in entscheidenden Aspekten in irgendeiner Weise abhängig bin, kann ich unter Umständen meine Eifersuchtsmotive so ändern, daß mich nicht mehr jede exosexuelle Beziehung meines Partners stört oder bedroht.

B200) Abhängigkeitsverringerung in der Eifersuchtsbeziehung als Bewältigungsmittel
Fall USA (Ergebnis empirischer Untersuchungen): In homosexuellen Beziehungen, die ja seltener auch wirtschaftliche oder Sozialprestige-Beziehungen sind (bzw. sein dürfen), die also anders organisiert und belastet sind als heterosexuelle Beziehungen, sollen Eifersuchtsreaktionen weniger dramatisch sein: «Ludwig (1982) reported that male homosexuals experienced much lower levels of jealousy than heterosexuals if their partner engaged in sexual behavior with others» (Bringle & Buunk 1985:258, einen unveröffentlichten und mir nicht zugänglichen Vortrag zitierend; siehe aber auch gegenteilige Ergebnisse/Behauptungen zur Eifersucht in homosexuellen Beziehungen). *Fall Lepcha, Asien*: Die Abhängigkeit von der Liebe und empathischen Zuneigung des Partners reduzieren: «We in Europe make passionate and personal love one of the chief pivots which our society moves; the Lepchas of Zongu have completely excluded it, and it is liable to be extremely disruptive when it does flare up. The normal emotional situation is one of reasonable affection founded on mutual rights and benefits; people love one another for statable and stated reasons» (Gorer 1938:169).

Wie die Einschränkung andeutet, ist die Sicherheit oder Erfolgsgarantie dieses Mittels allerdings nicht so hoch wie die der Abhängigkeitserhöhung, was vor allem am fehlenden Druck (weil die Angst vor der Nichterfüllung oder Nichtopti-

36 Dieses Mittel gehört, auch wenn das Wort Abhängigkeit und bestimmte seiner Konnotationen dies implizieren mag, nicht zu den von vorneherein auszuschließenden. Es gibt zwar einseitige oder ungleiche Abhängigkeiten (die sogar sehr verbreitet sind), die unter Zugrundelegung eines Gleichberechtigungs- und Gleichbehandlungsanspruches ohne jeden Zweifel als gegen diese verstoßend abzulehnen sind. Aber nicht *jede* Form von Abhängigkeit ist in jeder Situation für jeden negativ und/oder unerwünscht (siehe B293 und B296). Deshalb darf dieses Mittel nicht vorschnell aus der Diskussion und Berücksichtigung der potentiell eifersuchtsbewältigenden Aktivitäten ausgeschlossen werden: es gibt auch wechselseitige und gleiche Abhängigkeiten ohne eindeutige und immer gleiche Verlierer.

malerfüllung von Eifersuchtsmotiven nicht durch die Angst vor der Nichterfüllung anderer Motive überdeckt wird) und am trotzdem möglichen Bestehenbleiben einer sexuellen oder Liebesabhängigkeit vom Partner liegen dürfte (siehe Tabelle 35).

Aktivitäten:	(Einstellungs- und/oder Verhaltensänderungen) Egos wirtschaftliche, sexuelle, soziale oder beliebige andere Abhängigkeit gegenüber Partner in der Eifersuchtsbeziehung wird verringert oder auf einem bewältigungsrelevant niedrigen Niveau gehalten (siehe auch Tabelle 34, S. 209) .
Aktoren:	Ego und Partner; andere hilfreich.
Voraussetzungen:	Eine für Eifersuchtsentscheidungen irrelevante (weil zu niedrige, beim Erhöhen) oder ausreichend wirksame (weil hohe, beim Erhalten) Selbständigkeit Egos gegenüber Partner.
Wirkungsweise:	(Indirekt, unsicher) Wenn Partner und/oder die Eifersuchtsbeziehung für die Erfüllung bestimmter (und prinzipiell auch eifersuchtsrelevanter) Motive Egos (wie Selbstwertmotive, Sozialwertmotive oder Anspruchsmotive) nicht gebraucht werden, können diese (allerdings auch wirklich nur diese) durch exosexuelle Beziehungen nicht bedroht werden.
Erfolge:	Wenn die Motive allein wirksam sind, für diese Überwindung sexueller Eifersucht. Sonst wegen der unveränderten Wirksamkeit anderer Eifersuchtsmotive (z.B. Bestandsmotive, Zuwendungsmotive oder Unversehrtheitsmotive) bestenfalls Reduzierung, schlechtestenfalls kein Bewältigungserfolg.

Tabelle 35: Steckbrief Bewältigungsmittel 6: Egos Selbständigkeit erhöhen oder erhalten

7.2.5 Zwischenergebnis: Die Bewältigungsdimension Beziehungsänderung

Das Ändern der Beziehungen, in denen sexuelle Eifersucht auftritt oder auftreten kann, ist ein meist indirekter und nicht sicherer, aber trotzdem teilweise mindestens nützlicher Weg zur Bewältigung sexueller Eifersucht (siehe die zusammenfassenden Tabellen 32, S. 207, bis 35, S. 211).

Innerhalb der zahlreichen Möglichkeiten, eine Eifersuchtsbeziehung zu verändern, gibt es aber nur drei realistische Bewältigungsmittel: das Erfüllen der mit der Eifersuchtsbeziehung verknüpften Motive, das Erhöhen oder Erhalten der Abhängigkeiten Egos vom Partner und das Verstärken oder Erhalten der Selbständigkeit/Unabhängigkeit Egos vom Partner. Alle drei Aktivitäten können auf einzelne, mehrere oder alle geeigneten Eigenschaften der Eifersuchtsbeziehung zielen und gemeinsam oder alternativ eingesetzt werden. *Aktiv* werden müssen vor allem die Partner und gegebenenfalls unterstützend hinzugezogene andere, aber auch Ego kann beitragen. Die *Wirkung* geht über die Erfüllung bzw. Nichterfüllung der mit der Eifersuchtsbeziehung verknüpften Motive Egos (die hier unverändert bleiben!). Welche Bewältigungs*erfolge* erreicht werden, ist abhängig von dem Stellenwert der jeweiligen Motive und von der Zahl und Qualität sonstiger Eifersuchtsfaktoren. Mit dem Motiverfüllen und dem Abhängigkeitsverringern sind unter Umständen partielle Überwindungen, mit dem Abhängigkeitsverstärken ist bestenfalls eine partielle Reduzierung erreichbar.

7.3 Motiveänderung: Die Bedürfnisse und/oder Begehren ändern

Die Existenz von Eifersuchts- und Treuemotiven hat sich als zentrale Voraussetzung für das Auftretenkönnen sexueller Eifersucht bei exosexuellen Beziehungen eines Partners erwiesen (siehe 5.1).

B201) Motive als notwendige Bedingungen für sexuelle Eifersucht
Wirkungstheorie; konstruierter Fall: Wenn ich keine Machtmotive habe, kann mich eine exosexuelle Beziehung meines Partners diesbezüglich nicht beunruhigen. Wenn ich meine Sozial- und Selbstwertgefühle nicht mit jeder exosexuellen Aktivität meines Partners koppele, können mich einige dieser Beziehungen nicht tangieren.

Die Änderung solcher Motive muß deshalb ein entscheidendes und vor allem sehr wirkungsvolles Mittel zur aktiven Reduzierung oder Überwindung sexueller Eifersucht sein. Da die für sexuelle Eifersucht verantwortlichen Motive immer in zwei Arten auftreten, als "passive" Eifersuchtsmotive (siehe 5.1.1) und als aus diesen resultierendes "aktives" Treuemotiv (siehe 5.1.2), sind auch grundsätzlich beide zu ändern, wenn es zu einer Eifersuchtsbewältigung kommen soll.

Um eifersuchtsrelevante Motive bewältigungswirksam zu ändern, gibt es drei grundlegende (und wiederum zum Teil fundamental entgegengesetzte, siehe 6.3.3) Möglichkeiten: Alle oder einzelne Eifersuchtsmotive und damit das Treuemotiv können gänzlich *aufgegeben* (dazu 7.3.1), *verschärft* (dazu 7.3.2) oder *eingeschränkt* (partiell aufgegeben) werden (dazu 7.3.3).

7.3.1 Die eifersuchtsrelevanten Motive aufgeben

Wenn ich keine Bedürfnisse oder Begehren habe, deren (Qualität oder Quantität der) Erfüllung durch eine exosexuelle Beziehung meines Partners bedrohbar ist, kann ich kein Treuemotiv mehr formulieren und deshalb auch nicht mehr eifersüchtig werden. Das (völlige) Aufgeben von Eifersuchtsmotiven (und damit des Treuemotivs) muß deshalb eine optimal wirkungsvolle Bewältigungs-, genauer Überwindungsstrategie für sexuelle Eifersucht sein (weil Exosex dann keine positiven Eifersuchtsentscheidungen mehr bewirken kann).

Übrigens ist eine völlige Aufgabe des auch für die Eifersuchtsmotive grundlegenden Motivs *Egoismus* (4.1.2), die auf den ersten Blick als Optimallösung erscheint, keine Lösungsmöglichkeit, weil dieses Motiv nicht aufgegeben werden kann, wenn und solange Menschen überleben wollen. Es kann bestenfalls modifiziert werden, indem die aus dem Grundmotiv hergeleiteten spezifischen Motive (wie die Eifersuchtsmotive) und damit die spezifischen Ausprägungen des Egoismus geändert werden.

Um Eifersuchtsmotive (und das Treuemotiv) aufgeben zu können, gibt es zwei Möglichkeiten: Die Motive selbst können aufgegeben werden oder ihre Verknüpfung mit exosexuellen Beziehungen kann aufgegeben werden (siehe zusammenfassend Tabelle 36, S. 214).

Eifersuchtsmotive aufgeben. Die beste Bewältigungsstrategie für sexuelle Eifersucht wäre das vollständige Aufgeben aller der Motive, die (auch) Eifersuchtsmotive sind. Aber können (bei Zugrundelegung der allgemeinen [Über-]Lebenserfordernisse von Menschen, siehe z.B. Bruck 1985b:94-99) überhaupt alle Erfordernisse, die mit Eifersuchtsmotiven verfolgt werden, aufgegeben werden?

- Das *Bestandsmotiv* darf nicht aufgegeben werden, wenn und weil Ego an einer wenigstens minimalen Existenz der Eifersuchtsbeziehung interessiert ist und sein muß. Denn selbst wenn eine Beziehung von vorneherein zeitlich begrenzt sein soll (ob bewußt und/oder zugegeben oder nicht), z.B. bei Tagungen, auf Festen oder im Urlaub, dann gibt es für den angestrebten Zeitraum (und sei er noch so kurz) immer ein Bestandsmotiv. Denn daß die Partnerin oder der Partner einen schon vor Beginn jeglicher gemeinsamer Aktivität verläßt, wird ja normalerweise wohl nicht gewünscht.
- Ein Aufgeben eines (uneingeschränkten) *Exklusivitätsmotivs* ist akzeptabel, denn erstens ist völlige Exklusivität in allen Bereichen von Sexualität (z.B. auch den psychischen) sowieso nicht erreichbar, zweitens ist die "Gefahr" fremder Kinder (wenn sie überhaupt als solche angesehen wird, was z.B. bei Leihmutterschaften, Adoptionen oder Samenspendungen nicht uneingeschränkt der Fall sein kann) heute dank ausgereifter Verhütungsmittel und -methoden (incl. schwangerschaftsungefährlicher Sexualtechniken) vernachlässigbar, und drittens ist Zuwendung oder die Erfüllung anderer Motive auch dann befriedigend möglich, wenn diese nicht exklusiv geschieht.
- Ohne wenigstens minimale *Zuwendung* und Erfüllung mindestens einiger *Ansprüche* wird niemand auskommen wollen.
- Ähnlich ist es mit den *Selbstwert-*, *Sozialwert-* und *Unversehrtheitsmotiven*. Diese Bedürfnisse und/oder Begehren wenigstens minimal und pessimal zu erfüllen, ist für jede überlebenswillige Person unverzichtbar, eine totale Aufgabe deshalb grundsätzlich unrealistisch und nicht anzustreben.
- Beim Wunsch nach Gleichbehandlung ist es nicht so eindeutig. Es gibt zwar Situationen, in denen es Ego ganz recht ist, wenn es von Partner nicht die gleiche Behandlung erfährt wie z.B. Exopartner. Ob das *Neidmotiv* aber völlig aufgegeben werden darf, habe ich nicht eindeutig klären können.
- Bleibt schließlich noch das *Machtmotiv*, dessen (Un-)Verzichtbarkeit ebenfalls nicht eindeutig ist.

Fazit: Von den neun (Arten von) Motiven, die auch Eifersuchtsmotive sind, können die meisten nicht oder nur unter bestimmten Umständen aufgegeben werden. Nur auf das für das Auftreten sexueller Eifersucht wichtige (uneingeschränkte) *Exklusivitätsmotiv* kann (zugunsten eines [eingeschränkten] *Bevorzugungsmotivs*) sicher verzichtet werden, ohne elementare Erfordernisse menschlicher Existenz zu verletzen (möglicherweise können auch Neid- und Machtmotive aufgegeben werden; siehe Tabelle 36, S. 214).

Das Bedrohlichkeitskriterium Exosex aufgeben. Es gibt aber noch eine andere Möglichkeit, Motive als *Eifersuchts*motive abzuschaffen: die Änderung des Bedrohlichkeitskriteriums Exosex. Denn Motive (beliebiger Art) werden zu Eifersuchtsmotiven erst und nur dann, wenn sie in (der Qualität oder Quantität) ihrer Erfüllung in der subjektiven Sicht Egos durch eine exosexuelle Beziehung eines Partners gefährdbar oder bedrohbar sind (siehe 4.1.2).

Wie sieht es nun mit den (totalen) Entkoppelungsmöglichkeiten der einzelnen

Motivarten vom Exosex aus (zur partiellen Entkoppelung siehe 7.3.3)?

- Es wäre einfach unrealistisch, wenn Ego Exosex *überhaupt* nicht mehr als Gefahr für den *Bestand* seiner Eifersuchtsbeziehung ansähe. Wenn Ego die Ausgangsbeziehung (in einer bestimmten Qualität) erhalten möchte, muß es wenigstens bestimmte exosexuelle Beziehungen als mindestens potentielle Gefahr ansehen - oder das Motiv (und damit aber auch die Beziehung [s.o.]) gleich aufgeben. Hier ist eine totale Entkoppelung für Ego also nicht akzeptabel.

Aktivitäten:	Einzelne Eifersuchtsmotive werden aufgegeben (Einstellungs-, genauer Motivänderungen), und zwar entweder durch - völlige Aufgabe des Motivs (was sicher nur beim [uneingeschränkten] Exklusivitätsmotiv, welches durch ein [eingeschränktes] Bevorzugungsmotiv ersetzt werden kann, möglicherweise auch beim Neid- und beim Machtmotiv geht), oder durch - Beibehalten der Motive, aber völliges Streichen der *exosexuellen Beziehungen eines Partners* aus der Liste der die Qualität oder Quantität der Erfüllung dieser Motive gefährdenden Sachverhalte. Dies geht (wenigstens prinzipiell) für das Exklusivitäts-, Zuwendungs-, Anspruchs-, Selbstwert-, Neid-, Macht- und eventuell das Sozialwertmotiv. Aufgrund oder mittels dieser Motivaufgaben muß, wenn es zu einer Eifersuchtsbewältigung kommen soll, das Treuemotiv eingeschränkt werden (siehe dazu 7.3.3 und Tabelle 38, S. 225).
Aktoren:	Ego (nützlich, wenn auch Partner und andere).
Voraussetzungen:	Ego muß eifersuchtsrelevante Motive haben und ihre Erfüllung anstreben.
Wirkungsweise:	(Indirekt, möglich) Die Aufgabe von *Eifersuchtsmotiven* kann, muß aber nicht zu einer Einschränkung des Treuemotivs führen, weil die Eifersuchtsmotive ja vielfach kombinatorisch wirken können und der unveränderte Erhalt *eines* Eifersuchtsmotivs die komplette Beibehaltung des Treuemotivs bedeuten kann. Wird das Treuemotiv eingeschränkt, sind mindestens bestimmte Qualitäten und Quantitäten exosexueller Beziehungen zugelassen (siehe 7.3.3), können diese also keine Bedrohung mehr darstellen.
Erfolge:	Wenn tatsächlich Einschränkung des Treuemotivs, partielle Überwindung für die zugelassenen Varianten von Exosex.

Tabelle 36: Steckbrief Bewältigungsmittel 7: Eifersuchtsrelevante Motive aufgeben

- Eine Herausnahme des Exosex aus einem (uneingeschränkten) *Exklusivitätsanspruch* ist für Ego akzeptabel. Auch eine Ausklammerung des Exosex aus dem *Zuwendungs-* und *Anspruchsmotiv* kann für Ego realisierbar sein, vor allem, wenn die eigenen Zuwendungen insgesamt ausreichen und wenn ihm sowieso mehr oder nur an der Wirtschaftskraft oder anderen Zuwendungen des Partners liegt.

- Den eigenen *personalen Wert* vom Exosex des Partners zu trennen, ist für Ego grundsätzlich möglich und sogar erstrebenswert, weil damit eine mögliche Gefahr für das eigene Selbstbewußtsein ausgeschaltet wird und weil ein hohes Selbstwertgefühl mindestens meistens eher von Vorteil als von Nachteil ist.

- Ob eine Abkoppelung des Exosex vom *Sozialwertmotiv* machbar ist, hängt von den externen Vorgaben ab. Muß Ego mit gravierenderen Sanktionen rechnen, weil es Exosex zuläßt, und hat es eine eher geringe *Devianztoleranz* (Ertragenkönnen Normenverstöße und Sanktionen; siehe auch 8.2+3), ist eine Aufgabe nicht akzeptabel.
- Das *Unversehrtheitsmotiv* darf Ego (z.B. wegen der Gefahr einer HIV-Infektion oder anderer Erkrankungen, die Partner vom Exosex mitbringen kann) nicht für exosexuelle Beziehungen eines Partners aufgeben.
- Der Wunsch nach Gleichbehandlung (das *Neidmotiv*) und *Machtmotive müssen* nicht auf den Bereich Exosex ausgedehnt werden.

Bei der Aufgabe von Eifersuchtsmotiven durch Aufgabe des Bedrohlichkeitskriteriums Exosex für die relevanten Motive gibt es also mehr Möglichkeiten: von exosexueller Bedrohbarkeit entkoppelt werden können das Exklusivitäts-, Zuwendungs-, Anspruchs-, Selbstwert-, Neid-, Macht- und eventuell das Sozialwertmotiv (siehe Tabelle 36, S. 214).

Weil aber - wie gezeigt (s.o.) - nicht alle Eifersuchtsmotive völlig aufgegeben werden können, kann das *Treuemotiv*, welches ja bereits mit einem einzigen Eifersuchtsmotiv erstellbar ist (siehe 5.1.2), nicht gänzlich aufgegeben, sondern immer nur eingeschränkt werden kann (dazu 7.3.3). Eine *totale* Überwindung sexueller Eifersucht ist deshalb nicht möglich, denn mindestens einige exosexuelle Beziehungen, vor allem, wenn sie rücksichtslos geführt werden (siehe 7.4.3), *müssen* als Bedrohung auch für ein noch so reduziertes Treuemotiv bzw. für noch so wenige und eingegrenzte Eifersuchtsmotive angesehen werden! Und dann *muß* Ego wenigstens eine defensive Eifersucht artikulieren (was - wie bei der Formulierung anderer Interessen auch - wenigstens prinzipiell ganz aggressionsfrei geht), um seine Wünsche zu verfolgen und zu erfüllen.

7.3.2 Die eifersuchtsrelevanten Motive verschärfen

Nach dem Schema "um dieses für mich so wichtige Motiv *xxx* zu erfüllen, nehme ich auch exosexuelle Beziehungen meines Partners in Kauf", kann sogar eine *Verstärkung* von Eifersuchtsmotiven zu einer partiellen Überwindung sexueller Eifersucht führen (siehe auch 7.2.3), allerdings nicht durch eine Einschränkung des Treuemotivs (welches unverändert bleiben kann), sondern durch dadurch ausgelöste Abwägungs- und Reaktionsänderungen.

> *B202) Motivverschärfung als Bewältigungsmittel*
> *Wirkungstheorie*: Wenn ich meine Eifersuchtsbeziehung um (fast) jeden Preis erhalten will (aus welchen Gründen auch immer), kann ich exosexuelle Beziehungen meines Partners wenigstens bis zu einer gewissen Qualität und/oder Quantität ertragen, ohne allzu heftig zu reagieren (um meine Beziehung nicht zu gefährden). Siehe auch B199.

Eine solche Intensivierung kann allerdings nur beim Bestandsmotiv bewältigungswirksam sein. Bei den Exklusivitäts-, Zuwendungs-, Anspruchs-, Selbstwert-, Sozialwert-, Unversehrtheits-, Neid- und Machtmotiven kann eine Verschärfung keine Eifersuchtsbewältigung zur Folge haben, wird sie im Gegenteil die sexuelle Eifersucht verstärken oder verschärfen (siehe Tabelle 37, S. 216).

Aktivitäten:	Das Bestandsmotiv wird so verschärft oder verstärkt (Einstellungs-, genauer Motivänderungen), daß die Eifersuchtsbeziehung um (fast) jeden Preis erhalten bleiben soll, also auch unter Inkaufnahme wenigstens bestimmter exosexueller Beziehungen. Das Treuemotiv bleibt dabei grundsätzlich unverändert.
Aktoren:	Ego (nützlich, wenn auch Partner und andere).
Voraussetzungen:	Ego muß ein eifersuchtsrelevantes Bestandsmotiv in einer verstärkbaren Version haben und seine Erfüllung mit hoher Präferenz verfolgen.
Wirkungsweise:	(Indirekt, möglich) Wenn Ego die Beziehung unbedingt (um fast jeden Preis) erhalten will oder muß (z.B. aus wirtschaftlichen Gründen), dann wird dies die Abwägungen und vor allem Reaktionsentscheidungen ändern, weil Ego bis zu einem gewissen Punkt (Schwellenwert) lieber eine exosexuelle Beziehung von Partner erträgt, als die Eifersuchtsbeziehung zu gefährden.
Erfolge:	Partielle Eifersuchtsreduzierung durch Einschränkung des Außenbezugs, der Richtung, der Art und der Intensität der Eifersuchtsreaktionen.

Tabelle 37: Steckbrief Bewältigungsmittel 8: Das Bestandsmotiv verschärfen

7.3.3 Die eifersuchtsrelevanten Motive einschränken

Eifersuchtsmotive können auf zweierlei Art eingeschränkt werden: Erstens können die in diesen Erfordernissen angestrebten *Qualitäten* geändert werden.

B203) Einschränkung des qualitativen Erfüllungsanspruchs als Bewältigungsmittel
Konstruierter Fall: Die Beziehung soll nicht mehr um jeden Preis erhalten werden; die Anspruchserfüllungen oder Zuwendungen sollen einen bestimmten Standard nicht unterschreiten; die Gleichbehandlung wird nur auf bestimmte Aktivitäten bezogen; die soziale Anerkennung muß ein bestimmtes Maß nicht überschreiten.

Und zweitens kann die in den eifersuchtsrelevanten Motiven angestrebte *Quantität* geändert werden.

B204) Einschränkung des quantitativen Erfüllungsanspruchs als Bewältigungsmittel
Konstruierter Fall: Ego verlangt nicht ununterbrochene Zuwendung oder Anspruchserfüllung; die Beziehungsdauer wird von vorneherein als zeitlich begrenzt angesehen; der Exklusivitätsanspruch wird nicht zu jedem Zeitpunkt, in jeder Situation gestellt.

Dazu muß es (wie beim Aufgeben, siehe 7.3.1) nicht erforderlich sein, immer die Motive selbst zu ändern. Es reicht ebenfalls, das Bedrohlichkeitskriterium Exosex für mindestens bestimmte Motive wenigstens vorübergehend aufzugeben.

Mittels solcher qualitäts- und/oder quantitätsbezogener Änderungen von Eifersuchtsmotiven (oder durch die Aufgabe einzelner eifersuchtsrelevanter Motive, siehe 7.3.1) läßt sich, wie der Kulturenvergleich, aber auch unsere eigene empirische Alltagserfahrung zeigen, das letztlich entscheidende *Treuemotiv* mindestens folgendermaßen einschränken (siehe zusammenfassend Tabelle 38, S. 225):

- Erstens kann Exosex in bestimmten *Situationen* zugelassen werden,
- zweitens können exosexuelle Beziehungen mit bestimmten *Personen* erlaubt oder geduldet werden,
- drittens können bestimmte *Arten* von Exosex zugelassen werden,
- viertens kann Exosex für bestimmte *Zwecke* zugelassen werden und

- fünftens können (in einer spezifischen Mischung der genannten Elemente) exosexuelle Beziehungen allgemein *institutionalisiert* werden (s.u.).

Wobei Exosex *zulassen* immer bedeuten kann, Exosex zu *erlauben* (freiwillig, gerne, aus eigener Einsicht), zu *dulden* (eher unfreiwillig, ungern, aber aus Macht anderer) oder zu *ertragen* (eher unfreiwillig, ungern, aber aus eigener Einsicht). Aus Eifersuchtsperspektive bzw. -bewältigungsperspektive muß es aber immer auch meinen: Diese Arten von Exosex werden als nicht oder als nicht so bedrohlich für die (Qualität bzw. Quantität der) Erfüllung der Eifersuchtsmotive angesehen.

Solche Differenzierungen zwischen verschiedenen Exosexpartnern bzw. Bedrohlichkeiten (und damit Sanktions- und Reaktionsarten) sind oft mehr bis weniger ad hoc, unbewußt und unbekannt. Und auch wenn sie nicht unbedingt antizipierend geklärt sind, werden sie retrospektiv (nach erfolgtem Exosex) de facto sehr viel häufiger eingesetzt, als dies die z.B. bei uns wenigstens offiziell vorherrschenden Exosexverbote bzw. Treuegebote vermuten lassen. Doch die Differenzierungen können (selbst auf sozietärer Ebene) auch sehr weitreichend expliziert sein und damit die sozialen Beziehungen grundlegend bestimmen.

B205) Differenzierung von Exosexpartnern

Fall Twi/Ashanti, Afrika: Hier wurden zahlreiche verschiedene Arten/Klassen von "Ehebruch" unterschieden und mit jeweils unterschiedlichen (oder keinen) Sanktionen versehen (zusammengestellt nach Rattray 1929:305-308 & 317-323). *Erstes Kriterium* sind die ausgeführten Exosexaktivitäten: «(a) *di obi 'ye'* (to eat some one's wife), the actual sexual offence. (b) To pull, or play with, a woman's nose, ears, breasts, or any part of her body. (c) To pat the beads round a woman's waist. (d) To tickle the palm of a woman's hand. (e) Any attempt to seduce a woman by words. (f) An attempt to seduce a woman while she was asleep.» *Zweites Kriterium* sind die Partner (bzw. auch der Ort): «A. Adultery committed in the 'bush' or 'leaves'. [(1) An unmarried woman. (2) A married woman. (3) The offender's own wife.] B. Adultery by a Chief with the wife of a subject. C. Adultery by a master with the wife of a slave. D. *Atwebenefie* cases. [(a) A half-sister by one father, but by a different clan mother. (b) Father's brother's child. (c) Any one of the same *Ntoro*. (c) Brother's wife. (e) Son's wife. (f) Wife's mother. (g) Uncle's wife. (h) The wife of any man/one of the same *fekuo* (company). (i) The wife of any one of the same guild or trade. (j) The wife of one's own slave. (k) Father's other wife, not being of the same clan as one's own mother. (l) Own wife's sister (married or single).]»

Bewältigungswirksam können solche Einschränkungen des Treuemotivs durch Differenzierung der Eifersuchtsmotive bzw. der Kriterien ihrer Bedrohbarkeit allerdings nur werden (und das ist eine erhebliche Einschränkung!), wenn Ego sie auch wirklich und überzeugt vertritt - aus welchem der oben genannten Gründe auch immer.

Exosex in bestimmten Situationen zulassen. Das Spektrum der Situationen, in denen in Ethnien exosexuelle Beziehungen zugelassen werden, umfaßt drei unterschiedliche Gruppen.

Erstens kann Exosex in *sexuellen Notsituationen* (Zeugungsunfähigkeit, Zeiten des Verbots sexuellen Verkehrs usw.) zugelassen werden:

B206) Zulassen von Exosex in sexuellen Notsituationen als Bewältigungsmittel

Fall Igbo [Onitsha], Afrika: Während des langen post-partum Verbots von Geschlechtsverkehr darf der Mann exosexuelle Beziehungen eingehen, weil er ein grundsätzliches Recht auf Geschlechtsverkehr mit seiner Frau hat (Henderson 1972:214). *Fall Truk, Ozeanien*: Sexuelle Befriedigungsmöglichkeiten sind normalerweise restringiert. «However, at times when restrictions such as the post-partum sexual taboo prove especially frustrating, sexual relations may be arranged with wife's sisters and with brother's wives» (Fischer 1963:532). *Fall Hidatsa, Nordamerika*: Hier dürfen Männer während der letzten Monate einer Schwangerschaft ihrer Ehefrau mit deren Schwestern Geschlechtsverkehr haben. Die Eltern der Frau ziehen es vor, dem Mann eine weitere Tochter zu offerieren, um nicht das Risiko einzugehen, daß er mit einer nichtverwandten Frau sexuell verkehrt (Bowers 1965:110). *Fall Cyrenaica [Beduinen], Afrika*: «... a wife has a right to sexual enjoyment and to pregnancy, and if it is demonstrated that the husband fails to satisfy her on either count, she can demand that he makes arrangements to provide her with his satisfaction, or that he frees her» (Peters 1980:145).

Zweitens kann Exosex bei regionalen oder lokalen *Festen und Feierlichkeiten*, also zur Abwechslung und Unterhaltung zugelassen werden.

B207) Zulassen von Exosex bei Festen als Bewältigungsmittel

Fall Tarahumara [und Nachbargruppen], Mittelamerika: «The innumerable *tesgüino* parties encourage adulterous relationships, even though the sermons warn the people against them, and in spite of the fact that divorce and punishment often follow. ... Some women are notably loose at *fiestas*, especially if their husbands are safely asleep. ... the Tarahumaras believe that if a woman gets sick as a result of illicit relationship, she can be cured provided she received no payment. But if she accepted money or goods of any kind, her fate is sealed» (Bennett & Zingg 1935:230). «The church *fiestas* are more than religious ceremonies. ... At such gatherings the unmarried look around for wives, and the married change spouses for a night or two» (ebenda :296). «Licensed promiscuity or wife exchange is also part of the social drinking pattern. The custom is not limited to the Tarahumaras, as similar practices are reported for the Yaquis and Opatas and possibly for the Mayo, Papago, and Cora. In their daily life the Tarahumara women are abnormally timid and puritanical, but they become quite free when slightly intoxicated» (ebenda :361). *Fall Pukapuka, Ozeanien*: «The occurrence of periods of license after the chanting and dancing over the village sporting triumph is well authenticated from references in the chants. Married men and women and unmarried young people were all mixed together on these dance occasions. No tapus seem to have been observed save those for related kin. Intercourse on these occasions seems usually, but not always, to have been under the friendly cover of darkness, on any space near on the dance ground. On certain other occasions, as at the end of the day when the canoes returned from a fishing competition, the women went to the beach to meet the men, and a period of wild lovemaking followed, all the more enjoyable because the men and women had been chaste for five or six days before and during the contest. It was customary during this license for women of one paternal lineage in the village to select lovers from among men of the other lineages in the same village. ... The tales do not suggest that either spouse might become jealous of the other for joining in the behavior characteristic of the periods of license. This was socially approved; any jealousy that an individual felt he probably kept to himself» (Beaglehole & Beaglehole 1938:289f.). *Fall Aborigines [Yolngu-Gemeinde auf Elcho Island], Australien*: «Until fairly recently, a girl who did not adjust to her marriage partner might look forward to the one great episodic outlet or escape, the kunapipi already mentioned. A major ceremony of song and dance celebrating a cycle of the mythical history of the people, kunapipi, was rather like carnival or mardi gras, being acknowledged and customary time for the free exchange of sexual partners. Secret lovers could meet openly, and men without promise partners could have sex without fear of reprisals» (Money et al. 1977/70:533f.). Siehe auch Warner (1937:306ff.) für die Murngin, Australien, oder (Nimuendajú 1946:169) für die Timbira, Südamerika.

Und drittens kann Exosex in Abhängigkeit vom *Stand* und der *Dauer der Beziehung* (bzw. vom *Alter des Partners*) zugelassen werden.

B208) Zulassen von Exosex je nach Zustand der Eifersuchtsbeziehung als Bewältigungsmittel

Fall Tarahumara, Mittelamerika: «A married woman must be very discreet in her dealings with other men for fear of exciting her husband's jealousy. Older women are less likely to be so restricted» (Fried 1952:108). *Fall Cubeo [Tukano], Südamerika*: «... the adultery of an older woman is not regarded quite as serious as is the adultery of a young wife» (Goldman 1963:239f.). *Fall Trumai, Südamerika*: «But an intention of marriage did not insure exclusive sexual rights. The man usually continued to get gratification wherever he could find it. The knowledge of his other liaisons did not particularly disturb his bride-to-be, as she herself may well have been receiving attentions from other lovers. After marriage, such transgressions were not so readily tolerated» (Murphy & Quain 1955:89).

Exosex mit bestimmten Personen zulassen. Auch bei der verbreiteten Zulassung bestimmter Personen als (wenigstens temporärer) Exosexpartner müssen wieder Untergruppen differenziert werden.

Eine erste Lösung ist das Zulassen von *Verwandten* oder engeren *Freunden* als Exosexpartner:

B209) Zulassen von Exosex mit Verwandten oder Freunden als Bewältigungsmittel

Ergebnis globalen Kulturenvergleichs: «Of particular interest is the large proportion of these societies which permit extra-mateship liaisons only between siblings-in-law. Friction between brothers and beween sisters sharing the same sex object appears to be less intense than when unrelated persons are involved. Furthermore, where 'wife lending' or 'wife exchange' is permitted, the men involved are often brothers, or friends whose relationship is often an artificial 'blood brotherhood'» (Ford & Beach 1951:131). *Fall Marquesas, Ozeanien*: «A man's more or less permanent mate was his *vehine* (woman). If she had been betrothed and married to him with formal rites she was his *vehine tuia*. *Tuia* meant, literally, betrothed, and was applied to those formally affianced in childhood. A man also called all his wife's sisters and all his brother's wives his *vehine*, and according to native convention he had the right of sexual relationship with them, provided he had the consent of the men with whom they were living as constant mates» (Handy 1923:67). «... the regulations controlling marriage, which allowed a man to have sexual relationship at times with his wife's sisters or his brothers' wives and a woman with her husband's brothers or her sisters' husbands» (ebenda :70, auch :71). «What is meant by temporary or occasionel [occasional] cohabitation is what is expressed in native parlance by the phrase *e koana i te kamo*, literally 'to be permissible to steal,' the sense being apparently, that one could snatch such temporary relationship if occasion offered. The occasion was usually the absence of the regular husband or wife. A man had the right to sleep with his brother's wives or with his wife's sisters with the consent of their husband, but such permission appears to have been given only when the *ahana* [Ehemann] was absent» (ebenda :99). Aber: «When a woman undertook to live with a man, she placed herself under his authority. If she cohabited with another man without his permission, she was beaten or, if her husband's jealousy was sufficiently aroused, killed. It often happened that later the man himself was killed for revenge by the woman's family» (ebenda :100). *Fall Lepcha, Asien*: «It is an understood thing that most normal men do have relations with their elder brother's wives from time to time, and while the subject is not generally discussed among brothers no one would make any attempt to deny the fact if asked; not because there is any question of jealousy arising, but because the matter is of such ordinary occurrence as not to merit discussion» (Morris 1938:233f.). «Aside from nephews, a man's younger brothers also have free access to his wife, and boys are usually initiated into sex by an uncle's or brother's wife. Other men are also permitted to sleep with her, providing that they are not too blatant about it and do not have sex with her in the house unless the husband is away and unlikely to come home and witness the act» (Lindholm & Lindholm 1985/80b:158). *Fall Truk, Ozeanien*: «After marriage, a couple is supposed to give up experimental amours and remain faithful. Adultery is censured. At the same time, people still have legitimate sexual outlets with persons other than their spouses, since it is not held adulterous for a man to sleep with his wife's sister or brother's wife. This privileged relationship applies not only to own siblings of a spouse, but to a spouse's lineage siblings as well» (Goodenough 1949:615; siehe auch Gladwin & Sarason 1953:113-6 et passim). *Fall Marshall-Insulaner, Ozeanien*: Die Einwohner des Jaluit-Atolls erlauben ihren Frauen, Geschlechtsverkehr mit den Ehemännern ihrer Schwestern zu haben (Erdland 1914:115). *Fall Comanche, Nordamerika*: Hier dürfen Männer Geschlechtsverkehr mit den Ehefrauen ihrer Brüder haben, aber nur mit der ausdrücklichen Zustimmung des jeweiligen Bruders. «If a woman voluntarily pursues her husband's brother or arranges to meet him secretly, her husband becomes incensed. The crucial difference is that the husband should make the decision about how to deal with his wife's sexual relationships, not the wife herself; her assent to extramarital relations defines the liasion as adulterous» (Frayser 1985:209 nach Wallace & Hoebel 1952:138). *Fall Burundi/Rundi, Afrika*: «At marriage, a Rundikazi is supposed to be a virgin. Once she is married, it is said, she has great and constant need for sexual satisfaction. A man is privileged, if not obliged, to sleep with all his wives, the wives of his brothers and of his parallel cousins, his female cross-cousins, the wives of his male cross-cousins, the sisters and female cross- and parallel-cousins of his wife, and various other ladies» (Albert 1963:193).

In diese Gruppe können auch solche polygyne Beziehungen gerechnet werden, die z.B. mit Schwestern oder Brüdern eingegangen werden und dadurch weniger eifersuchtsträchtig sein sollen.

B210) Sororale Polygynie als Bewältigungsmittel
Ergebnis globalen Kulturenvergleichs: «Although jealousy among co-wives is generally a problem in polygynous societies, it seems to be lessened if one man is married to two ore more sisters (*sororal polygyny*). It seems that sisters, having grown up together, are more likely to get along and cooperate as co-wives than are co-wives who are not also sisters (*nonsororal polygyny*). Polygynous societies often have the following customs or rules, which presumably lessen jealousy among co-wives: 1. Co-wives who are not sisters tend to have separate living quaters; sororal co-wives live together. Among the Plateau Tonga in Africa, who practice nonsororal polygyny, the husband shares his personal goods and his favors among his wives, who live in separate dwellings, according to principles of strict equality. The Crow Indians practice sororal polygyny, and co-wives usually share the same tepee» (Ember & Ember 1985:320, auf der Basis von Stephens 1963:63-67). *Fall Sirionó [Mbia], Südamerika*: «A man enjoys sex rights with all of his wives, but they are not necessarily exercised in any prescribed manner such as by rotating from one wife to another or by concentrating principally on the first wife. In sororal unions the kinship tie between the cowives doubtless does much to mitigate friction that might otherwise arise between them, but in nonsororal plural marriages sexual jealousy between cowives is sometimes intense» (Holmberg 1950:49-50). *Fall Jíbaro, Südamerika*: «I have stated before that jealousy is not particularly characteristic of the Jibaro women who are the co-wives of the same man, which may in part be due to the fact that in many cases they are sisters or near relatives» (Karsten 1935:222).

Zweitens wird vielfach auch zwischen *Angehörigen* der eigenen Ethnie und *Fremden* unterschieden - und zwar in beide Richtungen, d.h. Fremde wie Angehörige können als Exosexpartner erlaubt oder verboten sein:

B211) Verbot von Exosex mit Fremden als Bewältigungsmittel
Fall Nenenot [Labrador Eskimo], Nordamerika: Nicht zugelassen als Exosexpartner sind Fremde: «... their immorality is confined to their own people» (Turner 1889/90:270). *Fall Tarahumara, Mittelamerika*: «The promiscuity does not extend to outsiders. If a Mexican stops at a Tarahumara house for the night, the women will sleep elsewhere. Even though rather drunk, they will not mix with strangers at *fiestas*» (Bennett & Zingg 1935:230). «Furthermore, it can not be attributed to Mexican influence, because, to our knowledge, the promiscuity does not include strangers» (ebenda 1935:361). *Fall Tlingit, Nordamerika*: «Like murder, adultery was not punishable within the clan. If a wife committed adultery with her husband's kinsman and was caught by her husband, he would ignore the matter;» dagegen: «Adultery, when it occured between an woman and a man who was not of the husband's clan, was punishable by death, both guilty persons being killed by the husband» (Oberg 1934:148). *Fall Mosquito [Sumu], Südamerika*: «The Sumu are very jealous of their wives and until recent times did not allow them to converse with strangers» (Conzemius 1932:147).

Diese Unterscheidung zwischen *eigen/intern* und *fremd/extern* kann drittens auch für andere Einheiten *innerhalb* der jeweiligen Ethnie oder Gruppe getroffen werden:

B212) Zulassen von Exosex mit Angehörigen von Subgruppen als Bewältigungsmittel
Fall Giljaken [Niwchen], Nordasien: Giljaken sind in endogame "Klans" mit exogamen "Gentes" organisiert. Gatte heißt *pu*. Alle Männer eines "Gens" sind für die Frauen eines anderen "Gens" *pu* oder Sohn. Mit *pu* darf Frau Geschlechtsverkehr haben, wenn der Gatte abwesend ist (Grau 1931:98 nach russischen Quellen; siehe auch Shternberg 1933:34). *Fall Großbritannien*: Upper-Class-Frauen seien nicht oder weniger eifersüchtig gewesen, wenn der Mann Exosexbeziehungen zu einer Frau aus niedrigerer sozialer Schicht/Klasse hatte, aber eifersüchtig, wenn aus gleicher (Achté & Schakir 1980:40, ohne Beleg). *Fall Igbo/Ibo, Afrika*: «Adultery with a woman of another town is not regarded as a serious offence» (Basden 1966/38:234). Siehe auch B83 [Fall Kikuyu].

Viertens kann der Ausschließlichkeitsanspruch auf die Konkurrenten gleichen Geschlechts eingeschränkt werden, d.h. *homosexuelle Exobeziehungen* können zugelassen werden:

B213) Zulassen von homosexuellen Exobeziehungen als Bewältigungsmittel
Fall Deutschland[?] (ein Ausschließlichkeitsanspruch, der sich nur auf andere Männer bezog): «Der Börsenmakler Volker Q. (43) schloß mit dem ehemaligen Fotomodell Cora D. (27) einen später vor Gericht als 'sittenwidrig' bezeichneten Ehevertrag, in welchem er sie verpflichtete, niemals während seiner Lebenszeit mit einem anderen Mann sexuell zu verkehren. Seinerseits verpflichtete er sich, während der Dauer der Ehe auf Verkehr mit ihr zu verzichten. Sie hatte sich zu diesem Vertrag entschlossen, weil er ihr auf Lebenszeit eine garantierte, durch Kapitalzinsen gesicherte und monatlich auszuzahlende Rente gab und weil es ihrer bereits seit drei Jahren bestehenden Beziehung zu der Chefin ihrer Modellagentur, der 38jährigen Madeleine B., keinen Abbruch tat» (Borneman 1986:80).

Als Exopartner geduldet bzw. erlaubt können fünftens auch *Prostituierte* oder ähnliche Sexualpartner sein:

B214) Zulassen von Exosex mit Prostituierten als Bewältigungsmittel
Fall Yusufazai-Pakhtun, Asien: «... wives do not mind if their husbands have liaisons with prostitutes or promiscuous poor women» (Lindholm & Lindholm 1985/80a:236).

Bestimmte Arten von Exosex zulassen. Eine weitere Art der Einschränkung des durch Eifersuchtsmotive bedingten Treueverlangens, bei der die Wirksamkeit der angesprochenen Einstellungsänderungen besonders deutlich wird (siehe 7.1.1), kann aktivitätsspezifisch sein.

So kann Exosex erstens zugelassen sein, wenn er *nicht lustvoll* und auch psychisch befriedigend (also - wenn überhaupt - ausschließlich physisch befriedigend) ist:

B215) Zulassen von nicht lustvollem Exosex als Bewältigungsmittel
Fall Deutschland[?]: Zuhälter sollen nur oder vor allem eifersüchtig werden, wenn ihre Prostituierte mit den Kunden sexuelle Lust entwickelt und empfindet, nicht, wenn sie den Geschlechtsverkehr mit diesen emotional unbeteiligt (lustlos) absolviert (Willy 1968:78).

Oder er kann zweitens erlaubt bzw. geduldet sein, wenn er *rein körperlich* bleibt und nicht zum Verlieben, also zu einem intensiveren Einbezug auch der Person oder Persönlichkeit des Exopartners, führt:

B216) Zulassen von körperlichem Exosex ohne Verlieben als Bewältigungsmittel
Fall Swinger, USA: Körperbezogener/-zentrierter Sex kann bei Swingern normalerweise keine Eifersucht auslösen, denn sie können *körperbezogenen* von *personenbezogenem* Sex, romantische Liebe von Sex trennen. Nicht-Swinger können dies nicht immer so gut. Wenn sie allerdings den Geschlechtsverkehr der Frau und deren Genuß beim Swingen vorher nicht antizipierten oder berücksichtigten, wurden Männer auch bei Swingern eifersüchtig (Gilmartin 1977:153-57). *Fall Swinger, Deutschland*: Befürworter von Gruppensex setzten voraus, «es dürfen keine neuen Bindungen entstehen» (Wottawa 1979:404).

Exosex für bestimmte Zwecke zulassen. Die nächste Möglichkeit, das Treuemotiv einzuschränken, ist die Erlaubnis oder Duldung von Exosex für ganz spezifische Zwecke.

So kann Exosex erstens zugelassen werden, weil davon Ego und/oder dessen ganze Gruppe *profitieren* (siehe auch 7.4.4):

B217) Zulassen von Exosex wegen damit verbundener Gratifikationen als Bewältigungsmittel
Fall Aweikoma, Südamerika: Hier profitieren Mann und Frau und die gesamte Gruppe vom Exosex. Eine Affäre kann einen fremden Mann motivieren, der Lokalgruppe der Frau beizutreten und damit die Anzahl der Jäger in der Gruppe zu erhöhen. «Thus even adultery plays a constructive role in Kaingáng society for it keeps men within the band who might otherwise go elsewhere for satisfaction, and it often culminated in polyandrous marriage, which has been one of the strongest integrating forces in Kaingáng society» (Henry 1941:36). *Fall Mende [Mande], Afrika*: Einige Männer (vor allem in Gegenden, wo Arbeitskräfte knapp sind) haben keine Einwände gegen Exosexbeziehungen ihrer Frauen, wenn und solange deren Freunde für sie arbeiten (Little 1951:154 & 166). *Fall Aborigines [Western Arnhem Land], Australien*: «A man might be prepared to allow another man access to a particular wife, in return for certain considerations (economic or ritual); but a wife could not openly and formally take the initiative in such matters without arousing her husband's anger and running the risk of being speared or otherwise punished» (Berndt 1976:32-34). *Fall Burundi/Rundi, Afrika*: «Particularly among the rich, a wife can show her fidelity to her husband's interests by going to bed with his superiors, if by this means she can calm the superior or obtain valuable information from him. Out of delicacy, the husband visits his neighbours when his superior comes to call» (Albert 1963:193). *Fall Aborigines, Australien*: Oft geregelter ritueller Koitus im Zusammenhang mit Initiation der Mädchen, der auch eine Bedeutung für deren Fruchtbarkeit hat (Berndt 1976:13). *Fall Surára & Pakidái, Südamerika*: Wenn eine Frau schwanger ist, soll sie häufig mit anderen Männern zusammenkommen, «... weil man annimmt, daß ihr Kind nur dadurch kräftig werden kann. Doch es muß in aller Heimlichkeit geschehen, denn wenn ihr Mann sie mit einem Buhler beim Coitus überrascht, so fordert er diesen zu einem Stockduell, und sie selbst wird von ihm mißhandelt» (Becher 1960:68). *Fall Igbo/Ibo, Afrika*: Wenn eine Frau in der Ehe nicht schwanger wird, darf sie Geschlechtsverkehr mit einem anderen Mann haben, um schwanger zu werden. Das Kind wird dann als Kind des Ehemanns angesehen (Basden 1966/21:76 und 1966/38:226; siehe auch Henderson 1972:214). *Fall East Bay, Ozeanien*: Frauen seien nicht eifersüchtig auf die Konkubinen des Mannes, weil diese ein Statussymbol seien (Davenport 1965:185-95; erwähnt in Symons 1979:236f.). *Wirkungstheorie*: Dieses Profitbegehren wird auch das Motiv sein, warum Zuhälter Exosex ihrer Prostitutierten dulden. Siehe auch B231.

Zweitens können exosexuelle Beziehungen aus *Gastfreundschaft*, *Höflichkeit* oder ähnlichen Hintergründen zugelassen werden:

B218) Zulassen von Exosex aus Höflichkeit/Gastfreundschaft als Bewältigungsmittel
Fall Tschuktschen, Nordasien: «I had occasion to observe among the Reindeer Chukchee of the Kolyma tundra that they would exchange wives for the night, or that the wife would be placed at the disposal of the transient guest, while the husband would go off to his herd» (Jochelson 1908:755). *Fall Ammassalik Eskimo, Grönland*: «The widespread Eskimo pattern of including sex in the hospitality pattern, of a man offering his wife to a guest, is here carried on under the guise of the game of 'Putting Out the Lamps,' which may be played whether a guest is present or not. But a good host is one who always has the lamps extinguished in the evening when there are guests in the house. In this game both the married and the unmarried take part and complete liberty prevails» (Mirsky 1937:62). *Fall Cyrenaica [Beduinen], Afrika*: «No one but a husband has the right of sexual enjoyment in her, and her procreative powers are his. This gives him the liberty to allow another man sexual congress with her if he deems it necessary, but any issue she bears is his - 'The boy for the bed' (*al-walad li'l farsh*), as the saying goes» (Peters 1980:145). *Fall Kaukasier, Asien*: Hier wurden zwar nicht die freien Frauen, aber die Sklavinnen (männlichen) Gästen angeboten (Luzbetak 1951). Siehe auch die *nohimou*-Beziehung bei den Yanomamö/Yanoama, Südamerika (Chagnon 1967:64).

Und drittens können exosexuelle Beziehungen auch als *Ausgleich* für eigenen Exosex oder für die Vernachlässigung des Partners zugelassen werden:

B219) Zulassen von Exosex als Entschädigung/Ausgleich als Bewältigungsmittel

Fall Yoruba, Afrika: «The polygynist rarely cohabits with his older wives. And among the younger, it is usually with one of the most recently acquired that he has sexual intercourse. Very often, many of the wives leave him on account of total neglect. More often they remain in the harem, but they cohabit with outsiders when they get the chance. This fact as a rule does not worry the polygynist much. Sometimes he allows them that liberty (at least tacitly)» (Ward 1937:40).

Exosex institutionalisieren. Aus einer Kombination mehrerer der genannten Einschränkungen der Eifersuchtsmotive und des Treuemotivs bzw. Differenzierungen der Bedrohlichkeitskriterien bestehen die folgenden Lösungen, in denen exosexuelle Beziehungen in unterschiedlicher Weise institutionalisiert sind.

B220) Institutionalisierter Exosex als Bewältigungsmittel

Fall Anamat [Trinidad] Mittelamerika: Eine pragmatisch-inoffizielle Form der Institutionalisierung von Exosex: «In actuality, sexual intercourse takes place both between a given male and his wife (that is within a given household) and between males and females of different households. Taking a given male as a reference point, he will approach a given female who strikes his fancy and 'beg' her for 'a brush'. It is assumed by both that the affair will be kept a secret, that some goods and/or services will be given to the female and that no force will enter into this relationship. ... The man has the right to aks, the woman to accept or reject. The actual sequence is usually 'begging' by the man, consent by the woman, and then deciding on a 'secret place'; both of the participants understand that the man has been the recipient of a favor for which he must return goods and/or services. It is interesting that the secret place is frequently the woman's house. Examples could be multiplied, but the pattern of events seems to be as follows: A certain man leaves his house on an evening to visit a girl friend or have a fete with the boys. His wife, now alone, can be visited by one of her admirers. The second male, by leaving his own house provides a place for a third man, and so forth» (Freilich 1961:962).

Fall Nama [Khoikhoin/Hottentotten], Südafrika: Sore-Beziehungen als institutionalisierter Exosex: «Nowadays the Hottentots are ostensibly monogamists. But where there are no children to the marriage or only daughters, the custom is still sometimes exercised by which the husband enters into the *sore* relationship with a girl, who becomes his concubine. This *sore* relationship in no way debars the girl from subsequently marrying another man, if she wishes to, but her marriage results in the ending of all intimacy. The children born of this relationship remain with their natural father, and have the same rights of inheritance as the children of a properly-married woman. To the wife the existence of such a relationship is a matter of deep mortification, since it reflects upon her own barrenness, and consequently greatly reduces her prestige. Often, as a result of her jealousy, the girl dare not come into the man's camp, but has to be visited by him at her own home» (Schapera 1930:252).

Fall Kerista Village, USA (eine "utopische" Gemeinschaft in San Francisco): «Sexual relationships within the familiy [9 Frauen, 6 Männer, 2 Kinder] are likewise nonpreferential and happen within a balanced, rotating sleeping pattern. (The sleeping pattern schedules time spent in a twosome rather than sexual intercourse. Having or not having sexual intercourse depends on the two partners spending that time together.)» Sexuelle Beziehungen außerhalb der Gemeinschaft sind aber nicht erlaubt (Pines & Aronson 1981:374+6; Anmerkung von mir).

Fall Mehinaku [Xinguanos], Südamerika: «The most significant and surprising parallel between marital and extra-marital involvements is in the similarity of rights over the children of such relationships. ... All the men who have intercourse with a woman during the course of her pregnancy are therefore regarded as having produced the child in a kind of joint paternity. This paternal relationship is of considerable social significance. Children ideally address their mother's paramours as *papa* (father and father's real or classificatory siblings) and are called *nutai* (my son) in return» (Gregor 1974:337). Das geht aber nicht problemlos, weswegen weitgehendes Verheimlichen als Lösung gewählt wird (siehe 7.4.6).

Fall Kuikuru, Südamerika: Hier gibt es ein institutionalisiertes System extramaritaler Sexualbeziehungen, an dem nahezu alle Erwachsenen teilnehmen. Der außereheliche Partner wird *ajoi* genannt, die Außenbeziehungen sind relativ konstant und (obwohl alle Sexualität im Privaten praktiziert wird) nahezu jedem bekannt. Durchschnittlich hat jeder Erwachsene vier Ajois. Eine Ajoi-Beziehung ist nicht allein sexuell, sie kann auch andere "Nettigkeiten" einschließen, z.B. wechselseitiges Grooming oder Austausch von Geschenken. Generell werden offen die Namen der Ajois des Dorfes mitgeteilt - außer der eigenen und der des Gatten: «Characteristically, a person disclaims having any *ajois* himself, and feigns ignorance of any that his spouse might have» (Carneiro 1956/58:139).

Fall Toda, Asien: «In addition to the regular marriage, there is another recognised mode of union between men and women, which is called *mokhthoditi*. The man who becomes the consort of a woman in this way is called her *mokhthodvaiol* - viz., 'man who keeps *mokh*,' [Anm.: *Mokh* here means 'child' in general, not son.] and the woman is called *sedvaitazmokh* - viz., 'woman who joins.'» (Rivers 1906:526, ausführlicher :526-9; siehe auch Karve 1953:251f.)

Fall Masai/Massai [Kisonko], Afrika: «There is little sexual jealousy amongst the Masai; within the age-set the wives are communal to all age-mates, and an age-mate known to be the father of one's child is regarded as a special friend. Intercourse between men of one age and the wives of another is nominally prohibited, but its extensive practice is acknowledged by the Masai, and in fact receives general connivance» (Fosbrooke 1948:44).

Fall Owerri [Igbo/Igbo], Afrika: «... there is in the Owerri Divison a legitimate form of paramour relationship known as *Iko-mbara*. By this a husband allows a friend or acquaintance to sleep with his wife regularly on one night of the eight-day week. The paramour is required to give the husband a gift of two jars of wine, one leg of meat, a chicken, and some cash. He is also expected to assist the husband in farm work, when called upon. The practice is particularly common in cases of elderly men married to young women» (Meek 1970:276).

Siehe auch die *kwu'n'*-Beziehung bei den Timbira (Südamerika; Nimuendajú 1966:104) oder das *kuuttiaar*, ein Konkubinat, bei drei *jathi*-Gruppen der Tamilen (Asien; Jacob-Pandian 1982/72:137f.).

Bei allen Problemen, für die interpersonal und/oder intrapersonal widersprüchliche, aber offensichtlich nicht aufgebbare Interessen verantwortlich sind, können (vermeintlich) "einfache" Lösungen (wie eine generelle Erlaubnis oder ein generelles Verbot) letztlich nicht wirklich greifen (siehe 2.2.2). Deshalb sind die eben aufgezeigten vielfältigen Einschränkungen des sexuellen Treuemotivs, die ja immer auch eine wenigstens teilweise und äußerliche Eifersuchtsbewältigung implizieren, der Beweis für ein anthropo-realistisches Differenzierenkönnen und eine der besten Lösungen des Problems Exosex und Eifersucht.

7.3.4 Zwischenergebnis: Die Bewältigungsdimension Motiveänderung

Innerhalb der Änderungsdimension Eifersuchtsmotive, die aufgrund ihrer zentralen Wichtigkeit im Eifersuchtsprozeß zu den wirkungsvollsten Bewältigungsdimensionen gehört, geht es vor allem darum, das sexuelle Treuemotiv, welches nicht völlig aufgebbar ist, wenigstens einzuschränken, d.h. exosexuelle Beziehungen mindestens in bestimmten Situationen, mit bestimmten Partnern, in bestimmten Arten oder für bestimmte Zwecke zuzulassen (zu erlauben, zu dulden oder zu ertragen) und nicht mehr als Bedrohung anzusehen (siehe die zusammenfassenden Tabellen 36, S. 214, und 38, S. 225).

Um eine solche Treuemotiveinschränkung und Bedrohlichkeitsdifferenzierung zu erreichen, können einzelne oder mehrere Eifersuchtsmotive entweder aufgegeben oder eingeschränkt werden. Außerdem kann das Bestandsmotiv verschärft werden, was zu reduzierenden Abwägungen und Reaktionen führen kann. Die erforderlichen Aktivitäten sind also grundsätzliche oder temporäre Einstellungs-, genauer Motivänderungen. *Aktiv* werden muß und kann letztlich immer nur Ego selbst, entsprechende sozietäre oder institutionale Lösungen und Aktivitäten anderer können aber sehr hilfreich oder (beim Dulden) sogar erforderlich sein. Die *Wirkungsweise* ist beim Aufgeben und Einschränken der Eifersuchtsmotive indirekt (weil immer auch das Treuemotiv geändert werden muß) und (deshalb) unsicher, beim Einschränken des Treuemotivs bzw. Differenzieren der Bedrohlichkeit, wenn diese wirklich und überzeugt gelingen, für die dann zugelassenen exosexuellen Beziehungen direkt und sicher. Erreichbar sind bestenfalls partielle Überwindungen oder Reduzierungen sexueller Eifersucht.

Aktivitäten: Wenigstens einige der Eifersuchtsmotive bzw. der in ihnen implizierten Bedrohlichkeitskriterien werden (qualitativ und/oder quantitativ) so differenziert oder relativiert bzw. aufgegeben (siehe 7.3.1), daß das Treuemotiv eingeschränkt wird, also wenigstens

- bestimmte *Arten* von Exosex (z.B. nicht lustvoller, rein körperlicher, nicht körperlicher, nicht zu Schwangerschaft führender oder keine Penetration enthaltender) mindestens
- in bestimmten *Situationen* (z.B. Zeugungsunfähigkeiten, Zeiten des Verbots oder der Verhinderung sexuellen Verkehrs, bei Festen oder Feierlichkeiten, im Urlaub, auf Tagungen, bei einem bestimmten Stand oder nach einer gewissen Dauer der Beziehung oder ab einem gewissen Alter) und/oder
- mit bestimmten *Personen* (z.B. Verwandten bestimmter Art bzw. bestimmten Grades, Freunden, Prostitutierten, Unverheirateten, Witwen/ Witwern oder Angehörigen bzw. Nichtangehörigen der eigenen Gruppe, Institution, Ethnie, Sozietät, Familie oder des eigenen Geschlechts) und/oder
- zu bestimmten *Zwecken* (z.B. um vom Exosex zu profitieren, aus Höflichkeit oder Gastfreundschaft, zur Erfüllung von Pflichten oder als Ausgleich/Entschädigung für eigenen Exosex oder Vernachlässigung des Partners)

zugelassen, d.h. *erlaubt* (freiwillig, gerne, aus eigener Einsicht), *geduldet* (eher unfreiwillig, ungern, aber aus Macht anderer) oder *ertragen* (eher unfreiwillig, ungern, aber aus eigener Einsicht) und deshalb nicht mehr als (eine so starke) Bedrohung angesehen werden.

Aktoren: Ego (Partner und/oder andere hilfreich bzw. beim Dulden wegen der Außenmitverursachung sogar erforderlich).

Voraussetzungen: Ego muß eifersuchtsrelevante Motive haben, die noch bewältigungswirksam einschränkbar sind, und ihre Erfüllung anstreben.

Wirkungsweise: (Indirekt, unsicher) Wenn (und nur, wenn) Ego aufgrund der Änderung oder Aufgabe von Eifersuchtsmotiven bestimmte Arten von Exosex in bestimmten Situationen, mit bestimmten Personen und/oder zu bestimmten Zwecken *wirklich* (und nicht nur halbherzig) zulassen kann und zuläßt, dann können diese nicht mehr als Eifersuchtsreiz bewertet werden, kann durch solche exosexuellen Beziehungen kein Eifersuchtsprozeß mehr ausgelöst werden. Ob diese Bedingung zutrifft, ist aber jeweils zu klären. Ansonsten kann es zu einer differenzierteren Abwägung und damit z.B. zur Vermeidung besonders heftiger Reaktionen kommen.

Erfolge: Partielle Reduzierung bis partielle Überwindung.

Tabelle 38: Steckbrief Bewältigungsmittel 9: Das Treuemotiv einschränken

7.4 Auslöseränderung: Die Reize und Wahrnehmungen ändern

Immer dann, wenn eine exosexuelle Beziehung entscheidende oder sogar unverzichtbare Motive Egos wirklich bedroht (und dies wird bei rücksichtslosem, Egos Motive nicht [mehr ausreichend] beachtendem Exosex häufiger der Fall sein), muß, wenn die sexuelle Eifersucht Egos bewältigt werden soll, der Eifersuchtsreiz geändert werden. Dieses Ändern der Eifersuchtsauslöser ist nun eine (gegenüber den bisherigen Bewältigungsmitteln) ganz andere Art der Vorgehensweise. Das direkte Ziel aller Aktivitäten dieser Gruppe ist nicht, Egos Kognitionen und/oder Verhalten zu ändern, sondern die exosexuellen Beziehungen bzw. deren Wahrnehmung so zu verändern, daß sie möglichst nicht mehr als *Eifersuchts*reiz wirksam werden (können).

Fiktive exosexuelle Beziehungen können nicht geändert werden, hier ist also keine Bewältigungsmöglichkeit gegeben. *Realisierter Exosex* kann aber auf verschiedene Weisen bewältigungswirksam verändert werden, nämlich durch Verzicht (dazu 7.4.1), Verhinderung (dazu 7.4.2), Begrenzung oder Rücksichtnahme (dazu 7.4.3), Bestechung (dazu 7.4.4) oder eigene Teilnahme (dazu 7.4.5).[37]

Und wenn die Eifersuchtsreize nicht zu ändern sind, dann können vielleicht wenigstens die *Eifersuchtswahrnehmungen* bewältigungsrelevant geändert werden, durch eigene Teilnahme (dazu 7.4.5), Verheimlichung (dazu 7.4.6), Ignorierung (dazu 7.4.7) oder genaueres Betrachten (dazu 7.4.8).

7.4.1 Auf exosexuelle Beziehungen verzichten

Wenn Partner von sich aus keinerlei exosexuelle Beziehungen eingeht, also auch weder flirtet noch schwärmt, kann Ego keinen realen Eifersuchtsreiz mehr wahrnehmen und deshalb nur noch *unbegründet* eifersüchtig werden (siehe zusammenfassend Tabelle 39, S. 227).

B221) Verzicht auf Exosex als Bewältigungsmittel
Fall Deutschland (Ergebnis repräsentativer Bevölkerungsumfragen): Auf die Frage «Haben Sie zur Zeit sexuelle Beziehungen neben Ihrer Ehe/Partnerschaft?» antworteten 1987 90% und 1988 93% der *Befragten* mit «nein» (Institut für Demoskopie Allensbach 1987/88: Tabelle A 10). Siehe aber auch B1.

7.4.2 Exosexuelle Beziehungen verhindern

Wenn Partner nicht freiwillig und von sich aus auf exosexuelle Beziehungen verzichtet (siehe 7.4.1), dann kann Ego (oder können andere) immer noch versuchen, durch die Ausübung von Macht und Druck oder durch das Erhöhen der eigenen Attraktivität Exosex zu verhindern.

---

37 Die Aufgabe (in 7.4.1) und Verhinderung (in 7.4.2) exosexueller Beziehungen behandele ich eigentlich nur aus Vollständigkeitsgründen, weil es mir in dieser Untersuchung (siehe 2) um eine Vermittlung zwischen der Lust auf Exosex und dem Wunsch nach Treue, also um Eifersuchtsbewältigung *bei/mit* Exosexermöglichung geht, und nicht um Verzicht auf oder Verhinderung von Exosex (sonst bräuchte ich auch gar nicht den Aufwand der Unterscheidung der vielen Bewältigungsmittel).

Aktivitäten:	Verzicht auf exosexuelle Beziehungen jeglicher Art (Verhaltensänderung).
Aktoren:	Partner (und Exopartner).
Voraussetzungen:	Ego darf nicht unbegründet eifersüchtig sein oder werden.
Wirkungsweise:	(Direkt, sicher) Ohne realen Reiz kann es keine begründete sexuelle Eifersucht mehr geben (unbegründete bleibt aber möglich).
Erfolge:	Partielle Überwindung.

Tabelle 39: Steckbrief Bewältigungsmittel 10: Auf exosexuelle Beziehungen verzichten

Exosex unterbinden. In zahlreichen Ethnien wird versucht, exosexuelle Beziehungen durch sozietären/öffentlichen und/oder personalen Druck und Kontrolle, also durch Normierung und durch die Androhung und Praktizierung von Strafen, zu verhindern (siehe B2). Dabei gibt es im einzelnen sehr verschiedene Möglichkeiten, den (nicht für alle und unbedingt) erforderlichen Druck auszuüben (siehe zusammenfassend Tabelle 40, S. 229).[38]

Erstens kann die Berufsausübung oder können die wirtschaftlichen Aktivitäten und damit die Existenzgrundlage der eine exosexuelle Beziehung eingehenden Person gefährdet werden (*wirtschaftlicher* Druck; siehe auch 7.2.2-4).

B222) Exosexverhinderung durch wirtschaftlichen Druck als Bewältigungsmittel
Fall Deutschland: Den Druck der protestantischen Kirche auch auf private Belange ihrer Arbeitnehmer verdeutlicht folgender Fall. Ein evangelischer Pfarrer in Schramberg hatte ein «außereheliches Liebesverhältnis» und wurde deshalb von der Kirchenleitung vor das Disziplinargericht gebracht. Er erhielt zunächst ein Berufsverbot, d.h. alle Rechte des geistlichen Standes wurden ihm aberkannt. Vom Lutherischen Senat des Disziplinargerichtshofs der Evangelischen Kirche Deutschlands ist das dann später noch korrigiert worden: Er wurde «Geistlicher im Wartestand», erhielt zwei Drittel seiner Bezüge und sollte nach zwei Jahren wieder als Pfarrer arbeiten können (E.K. in Die Zeit Nr. 33, 8.8.1986, S.14). Ein solches Vorgehen soll vermutlich Exosex verhindern, was jedoch - wie der Fall beweist - nicht immer klappt. Siehe auch B198 bis B200.

Exosex kann zweitens als ein schwerwiegender Verstoß gegen grundlegende kulturelle Normen/Verhaltenserwartungen bewertet und mit sozialer Diskriminierung bestraft werden (*sozialer* Druck).

B223) Exosexverhinderung durch sozialen Druck als Bewältigungsmittel
Fall Quechua [Hochland Ecuador], Südamerika: Treue ist heilige Pflicht, so sehr, daß sogar eine zweite Heirat nach Verwitwung sehr wenig toleriert wird. Wer die Treuepflicht bricht, muß die Stadt verlassen, weil es unmöglich wäre, die soziale Zurückweisung und Verstoßung zu ertragen. Deshalb kam Ehebruch früher (ohne Einflüsse von außen) auch sehr selten vor (Rubio Orbe 1956:374ff. & 391). *Fall Wolof, Westafrika*: «Formerly and today alike, a social stigma is attached to adulterers. They are said to be unclean and cannot enter the mosque; they are a subject of gossip, lose prestige in the community, and meet with difficulty in finding a marital partner» (Ames 1953:130). *Fall Taiwan Hokkien, Asien*: «In Hai-shan, extramarital relations on the part of a woman were severly condemned, for she disgraced her husband and his family. A woman was not driven from the community as she might be in some European

38 Auch hier gilt aufgrund der Vielfalt menschlicher Motive (wie in 7.2.3 bei den Abhängigkeiten), daß Druck und Kontrolle nicht immer und unter allen Umständen negativ zu bewertende und abzulehnende Umgangsformen sind. Es kommt also immer darauf an, welcher Art sie sind, in welcher Situation sie bei wem eingesetzt werden und (vor allem) wie die Gesamtbilanz der Erfüllung aller wirksamen Motive bzw. Motivationen aussieht.

societies, but she suffered a loss of status that might take may years of faultless behavior to recover» (Wolf & Huang 1980:145).

Drittens kann *psychischer* Druck (auch als "Zauberei", "Magie" oder durch ähnliche Kräfte), der zu Angst vor Krankheiten oder anderen unerwünschten psychosomatischen Effekten führt, die exosexuelle Beziehungen wenigstens behindern.

B224) Exosexverhinderung durch psychischen Druck als Bewältigungsmittel

Fall Alor, Indonesien: Zauberei zur Verhinderung von Exosex: «There are a number of devices for magically securing or keeping the love of a desired person. As might be anticipated, they all deal with food. A woman who wishes to keep the love of her husband can do so by putting into the bottom of the food pot shreds of her loincloth, clippings of pubic or axillary hair, or clippings of her nails. Certain plants too have the same effect. When the man breathes the steam of the food into which tiny bits of the proper plant have been dropped, he thinks thereafter of no one but the woman who cooked the food. Men are supposed to know of certain roots, pieces of which, carried in the bottom of their areca baskets, will give them luck both in wealth and in sex quests. Also, diamond- and lizard-shaped figures are cut by men from the crisp, thin sheath that grows out of some bamboo joints. These talismans (*tedialang*) are hung by a bit of string from the house eaves so that they wave in the wind. Their waving is supposed to beckon either women or wealth, depending on the wish expressed by the maker. Certainly never more clearly does the wealth, food, and sex linkage come out than in these love charms» (Dubois 1960/44:110). *Fall Onitsha [Igbo/Ibo], Afrika*: «Sexual infidelity may magically affect the food which a wife prepares, so that such food may sicken and even kill her husband or children; traders are thought to be especially predisposed to such infidelity» (Henderson 1972:213). *Fall Jíbaro, Südamerika*: «It is also believed that if either parent engages in extramarital sexual relations during the child's infancy, the infant will die, vomiting» (Harner 1973:84). *Fall Muria [Gond], Asien*: Exosex wird durch die Angst vor katastrophalen Folgen nicht nur für die Person verhindert bzw. zu verhindern versucht - was sexuelle Eifersucht nicht erforderlich macht. «... the most remarkable thing about the Muria's attitude to jealousy is their recognition of it is as a problem and danger, and their deliberate attempt to educate it out of their lives» (Elwin 1947:640). *Fall Ovimbundu/Mbundu, Afrika*: «Adultery is subject to mystical sanctions in the illness called *ondjamba* which seems to involve swelling of the legs. This afflicts not the guilty party but the other spouse (whether husband or wife) and the children. I was also told by some informants that this illness affected the other spouse if there were no children; if there were children adultery would endanger their lives and the life of the innocent spouse. Some people do not believe in this nowadays; however the line between believers and non-believers cannot be equalled with that between pagan and Christian or old and young. It is of course impossible to say how frequent adultery is in any community. Informants complain of the frequency of adultery. It should be noted that public opinion seems to condemn it strongly, and men who have discovered their wives being unfaithful usually send them away. The adulterer has to pay a heavy fine, assuming that he does not move away. The usual figure given for a fine was two cattle and a big pig, though in practice the fine would be smaller; in one case in 1948 it was 200 escudos (£2 10s.) and a pig. The word for the man who commits adultery with one's wife, or who marries one's ex-wife, is *tjikwelume* (he of jealousy) a word already referred to in the account of the kinship terminology. There is a rule against eating with him and if one goes to his funeral it is said that one's own death will soon follow. There is a similar rule against a woman eating with the wife of a man with whom she has committed adultery» (Edwards 1962:122). *Fall Ngonde/Nyakyusa, Afrika*: Ehebruch von Frauen soll zu Diarrhöe führen (Wilson 1951:224 und 1957:131ff.). *Fall Korjaken, Nordasien*: «They assert that a married woman had to go in a dirty dress and with unwashed face, that she might not attract the attention of strange men» (Jochelson 1908:756). Siehe auch Sangree 1974 zum Fall Irigwe, Afrika, oder Fuchs 1989:296f. zum Fall Fachi, Afrika, sowie B154 (Twi/Ashanti).

Viertens können die unter Umständen mit einer exosexuellen Beziehung entstehenden Kosten so hoch sein oder so hochgetrieben werden, daß wenigstens mittel- oder langfristiger Exosex nur schwer möglich ist (*wirtschaftlicher* Druck).

B225) Exosexverhinderung durch hohe Kosten der Exobeziehung als Bewältigungsmittel
Fall Nenenot [Labrador Eskimo], Nordamerika: «It is only the wealthy men who can afford a plurality of wives» (Turner 1889/90:270). *Fall Yoruba, Afrika*: Wenn eine der Frauen eines Polygynisten exosexuelle Beziehungen hat: «Sometimes he [der Polygynist] puts a stop to it by bringing the adulterer to court and exacting a £3-10 adultery fine from him» (Ward 1937:40).

Und schließlich können Partner an Kontaktmöglichkeiten mit potentiellen Exosexpartnern gehindert oder zu hindern versucht werden (*praktischer* Druck).

B226) Exosexverhinderung durch Kontaktverhinderung als Bewältigungsmittel
Fall Zapoteken, Mittelamerika: Frauen werden, wenn es sich der Mann wirtschaftlich leisten kann, zu Hause gehalten, um Exosex zu verhindern: «Relationships between the sexes are also so structured that certain males may *muy celoso* ('very jealous'), which further works to confine the young woman to the home, under the care of the other female relations of the man. If he is economically well off, so as not to need her help; and in addition, jealous, but in possession of a kin of network which will oversee his wife, the young woman may find herself sheltered from potential field experience» (Messer 1979/75:260-61). *Fall Jíbaro, Südamerika*: Eifersüchtige Männer beauftragen ihre Tochter oder ihren Sohn, bei eigener Abwesenheit die Frau zu kontrollieren (Harner 1973:107). Siehe auch B147.

Aktivitäten:	(Verhaltensänderungen) Exosexuelle Beziehungen Partners werden verhindert, d.h. entweder durch - Ausübung von Druck (Gefährdung der Existenzgrundlage, Diskriminierung, übernatürliche [oder andere] Strafen, Unkosten, Kontaktbeoder Verhinderung, psychischen Druck, Abhängigkeitserhöhung) unterbunden oder durch - Erhöhen oder Erhalten der eigenen Attraktivität Egos bzw. der Attraktivität der Eifersuchtsbeziehung überflüssig gemacht.
Aktoren:	Ego und andere (als Agierende) sowie Partner und Exopartner (als Reagierende).
Voraussetzungen:	Partner muß auf Druck reagieren, muß also Angst vor den Folgen einer Mißachtung haben (Unterbinden) bzw. Partner muß exosexuelle Beziehungen nur oder vor allem aufgrund mangelnder Attraktivität Egos bzw. der Eifersuchtsbeziehung eingehen (Überflüssigmachen).
Wirkungsweise:	(Indirekt, unsicher) Beim Unterbinden kann die Angst Partners vor den Folgen einer Übertretung des Exosexverbots, beim Überflüssigmachen die hohe Befriedigung in der Eifersuchtsbeziehung das Eingehen oder Unterhalten exosexueller Beziehungen verhindern.
Erfolge:	(Wenn erfolgreiche Verhinderung) Partielle Überwindung.

Tabelle 40: Steckbrief Bewältigungsmittel 11: Exosexuelle Beziehungen verhindern

Exosex überflüssig machen. Statt durch mehr oder minder massiven Druck (der die Gefahr unerwünschter Neben-, Wechsel- und Rückwirkungen und -effekte in sich birgt) kann Exosex aber auch durch ein Erhöhen der eigenen Attraktivität Egos bzw. der Attraktivität der Beziehung zu verhindern versucht werden (siehe zusammenfassend Tabelle 40, S. 229).

B227) Exosexverhinderung durch Beziehungsverbesserung als Bewältigungsmittel
Fall Guajiro [Wayú], Südamerika: «Relevant to the above discussion is the statement of one Guajiro woman: I am very jealous if my husband shows any interest in another woman and I

miss him when he is away. When he is at home I make him feel well cared for. I fix him a nice meal to give him strength. Turtle meat is especially good to make him sexually responsive. Later, I ask him if he would like to get in the hammock with me to 'get warm.' I always do this if he is cold or unenthusiastic. When we lie down together I begin to manipulate his penis and put his hand on my breasts and vagina. I tell him how much I want him. Pretty soon he comes around, if he isn't drunk by that time, and we have intercourse. I'll go on all night with him if I think he wants it because I know that tomorrow he'll be nicer to me. ... In practical terms, to follow Guajiro reasoning, a woman who judiciously doles out sex (and presumably affection and nurturance as well) can get her husband to make important concessions in critical areas. Through sexual manipulations, for example, she can ... (2) dissuade him from taking additional wives or having mistresses; and (3) influence him to neglect his other wives for her. With this kind of massive cultural reinforcement, the enterprising Guajiro woman would seem to have more than abundant motivation to pursue various aggressive sexual strategies in her search for personal security and self-fulfillment» (Watson 1973:160). *Fall Avá-Chiriguano, Südamerika*: «... the women are very jealous and do not readily consent to their husbands' being with other women; for this reason they keep them content with the work of bringing them much fruit from the forest and caressing them» (Niño 1912:320). Siehe auch B196.

Damit ist allerdings auch nur solcher Exosex (möglicherweise) verhinderbar, der durch eine aus Partners Einschätzung unzureichende Attraktivität Egos (und nicht z.B. durch einen davon unabhängigen, allgemeinen Wunsch nach Abwechslung trotz [sogar großer] Zufriedenheit mit der Eifersuchtsbeziehung) ausgelöst wurde.

7.4.3 Exosexuelle Beziehungen begrenzen (Rücksichtnahme)

Exobeziehungen können (siehe 5.3) durch sehr unterschiedliche Merkmale gekennzeichnet sein und sie sind für Ego vor allem dann eifersuchtsprovozierend, wenn sie vom Partner *rücksichtslos*, d.h. ohne jegliche oder ausreichende Anerkennung und Berücksichtigung der Motive Egos gestaltet und praktiziert werden. Deshalb bieten sich zahlreiche Möglichkeiten einer Änderung der Exopartner und/oder Exobeziehungen an, die *alle* potentiell bewältigungswirksam sind.

B228) Rücksichtnehmende Veränderung der Exosexbeziehung als Bewältigungsmittel
Wirkungstheorie: Ego kann (und wird) einen *Exopartner* je nach Person, Anzahl, Geschlecht, Verwandtschaftsgrad und deren eigener Ausgangsbeziehung sowie eine *Exobeziehungen* je nach Verwirklichung, Sexualisierung, Empathie, Anlaß, Entscheidung, Häufigkeit, Offenheit, Funktion und ihrem Bezug zur Eifersuchtsbeziehung (siehe Tabelle 14, S. 150) ganz unterschiedlich bewerten, auch wenn es das Treuemotiv nicht eingeschränkt hat.

Hier aspekt- oder gar facettenweise Bewältigungsaktivitäten unterscheiden zu wollen, ist aufgrund der zahllosen fallspezifischen Ausprägungsmöglichkeiten und der Abhängigkeit von den jeweiligen Motiven und Bewertungen Egos ein hoffnungsloses Unterfangen. Es gibt aber (neben dem ebenfalls rücksichtnehmenden Verzicht [siehe 7.4.1], der dann jedoch wieder die Motive Partners zu wenig berücksichtigen kann) zwei aspektübergreifende Bewältigungsmittel, die durch Rücksichtnahme auf Motive Egos fallweise aspektspezifische Änderungen erlauben: das Beschränken und das Unterordnen der exosexuellen Beziehungen (siehe zusammenfassend Tabelle 41, S. 231).

Exosex beschränken. In Unterstützung der in 7.3.3 aufgezeigten Einschränkungsmöglichkeiten des Treuemotivs seitens Ego kann (wenn Ego sexuelle Treue nicht uneingeschränkt verlangt) Partner mithelfen, sexuelle Eifersucht zu bewältigen, indem sie/er Egos Vorgaben und Motive berücksichtigt und sich ausschließlich auf die von Ego zugelassenen exosexuellen Beziehungen *beschränkt*.

Exosex unterordnen. Die andere Möglichkeit der Rücksichtnahme auf Egos Bedürfnisse und Begehren ist, daß Partner die Exobeziehung eindeutig der Eifersuchtsbeziehung *unterordnet.* Eine exosexuelle Beziehung wird zum Eifersuchtsreiz ja nur und immer dann, wenn Ego diesen Exosex als gefährlich für die Erfüllung eigener Motive ansieht. Diese Reizwirkung kann deshalb auch dadurch mindestens gemindert werden, daß Partner die Exobeziehung der Eifersuchtsbeziehung in für Ego wichtigen Bereichen eindeutig nachrangig bewerten und praktizieren, d.h. Egos Motive so weitgehend erfüllen, daß es den Exosex nicht mehr als (so) bedrohlich ansieht (siehe auch 7.2.2).

Aktivitäten:	(Verhaltensänderungen) Die Exopartner und/oder die exosexuellen Beziehungen werden so geändert, daß sie entweder - nicht den von Ego erlaubbaren, duldbaren oder ertragbaren Bereich verlassen oder - durch weitgehende Motiverfüllung für Ego deutlich der Eifersuchtsbeziehung untergeordnet werden.
Aktoren:	Partner und Exopartner.
Voraussetzungen:	Ego muß ein eingeschränktes Treuemotiv haben. Partner und/oder Exopartner müssen wissen, welche exosexuellen Beziehungen Ego wann zuläßt, und sie müssen diese Bedingungen erfüllen können (Beschränken). Ego muß vor allem oder nur wegen mangelnder präferentieller Motiverfüllung eifersüchtig werden (Unterordnen).
Wirkungsweise:	(Indirekt, unsicher) Beim Beschränken auf das zugelassene Maß werden reale Eifersuchtsreize verhindert (was aber jeweils zu prüfen ist), beim Unterordnen können die Bewertungen und damit Abwägungen und Reaktionen modifiziert werden.
Erfolge:	Partielle Überwindung (Beschränken) oder partielle Reduzierung (Unterordnen).

Tabelle 41: Steckbrief Bewältigungsmittel 12:
Die exosexuellen Beziehungen beschränken oder unterordnen

B229) Unterordnung der exosexuellen Beziehung als Bewältigungsmittel
Fall Wolof, Nordafrika: «Adultery with an unmarried woman is of no great consequence for a man. Only if it is obvious that the man neglects to support his wife and children can the in-laws take their daughter back and assume custody of [her] daughters» (Campistron 1939:128, Übersetzung HRAF).

In diese Kategorie gehört auch das Beispiel Frauentausch. Motive wie Zuneigung, Sozialwert usw. werden dabei zwar nicht mehr vom Partner erfüllt, dafür aber vom Exopartner.

B230) Frauentausch als Bewältigungsmittel
Fall Nkundu [Mongo], Afrika: Es gibt einen Frauentausch, 'iengyá' genannt. Dabei tauschen zwei Männer ihre Frauen. Gibt es eine Brautpreisdifferenz, wird der Unterschied ausgeglichen. Der Tausch geschieht mit dem Einverständnis der Frauen. Ausgelöst wird er, wenn ein Mann sich in die Frau eines anderen Mannes verliebt und mit ihr eine exosexuelle Beziehung eingeht. Dann verringert die Frau ihre Zuneigung zu ihrem Mann, hat weniger Geschlechtsverkehr mit ihm. Der Mann umgekehrt genauso. Seine Frau wird eifersüchtig, ihre Geduld ist bald am Ende. Sie diskutiert die Sache mit dem Mann ihrer Rivalin, fordert ihn auf, die Herausforderung anzunehmen. Und jetzt muß der Mann diese Frau entsprechend der sozietären Norm zu sich nach Hause nehmen. «If he did not do so, he would become the butt of malicious com-

ments and scorn on the part of all, both men and women. He would be considered a coward, just as in European 'cultured' society a man is considered a coward if he does not pick up the glove thrown down by his adversary. The rejected woman's hatred for her husband is transformed into a love for the man who has been similarly hurt by her rival. The joint misfortune of the pair creates a mutual feeling of affection. The woman is accepted as wife and is thus saved from dishonor. The man, on his part, feels affection for the woman who offers him her heart and preserves his good name. Harmony is at last established among all four of them, the two men arrange the matter of bride price in the way we have described, and then they live in peace without any enmity toward one another» (Hulstaert 1938:217).

Allerdings ist diese spezifische Variante des Frauentauschs (die nicht mit dem generalisierten bzw. eingeschränkten Frauentausch in Dual-, Sektions- oder Allianz-Heiratssystemen verwechselt werden darf) nicht unbedingt ein realistisches Lösungsmittel, zumal es sich dann auch um ganz neue Ausgangsbeziehungen mit neuen Eifersuchtsmöglichkeiten handelt und deshalb im engeren Sinne nicht um eine Eifersuchtsbewältigung (vergleiche auch 7.2.1).

7.4.4 Ego bestechen

Eine (verbreitete) Reizänderungsmöglichkeit besteht im direkten oder indirekten Belohnen oder Entschädigen Egos, damit es die exosexuellen Beziehungen zuläßt, also in einer *Bestechung* (siehe zusammenfassend Tabelle 39, S. 227).

B231) Bestechung als Bewältigungsmittel

Fall Buka-Passage, Salomonen, Ozeanien: «Often but little notice is taken of these affairs. Occasionally an injured husband will claim from his wife's lover a string of ceremonial currency or a pig, or he may take the opportunity to divorce his wife, but usually only if he wishes to do so on other grounds. More often nothing is done about it, unless the woman becomes pregnant.» Frauen wenden deshalb bestimmte Mittel (Pflanzen) an, um bei Exosex nicht schwanger zu werden (Blackwood 1935:116f.). *Fall Alor, Indonesien*: «Adultery is punishable by death, although a husband is most often satisfied with a fine, and the male culprit usually moves away until the trouble is forgotten» (Dubois 1960/44:110). *Fall Kédang/Édang, Asien*: «Adultery may lead to a fight between the two men; possibly also to a beating for the woman. There seems to be no formal penalty for the woman, however. The present regulation in Léuwajang is that a payment in bridewealth of ten units (*lemén sué*) be given the husband. In the case of molestation of an unmarried girl, a payment of two units (*suén udéq*) is required» (Barnes 1974:259f.). *Fall Ila/Ba-ila, Afrika*: «Ba-ila women can be most furiously jealous; and the only things that reconcile them to sharing their husbands with other women are the fact that many hands make light work and the reflected dignity that comes of being the wife, albeit an inferior one, of a wealthy man.» Unter Umständen fragt der Mann seine Frau, ob sie eine weitere Ehefrau gestatte. «If on account of jealousy the wife does not like it, she will refuse to allow it. Then perhaps the husband gives her things and propitiates her and she agrees» (Smith & Dale 1920:65). *Fall Fachi, Afrika*: «Eheliche Untreue des Mannes führt unweigerlich zum Streit, wenn die Ehefrau davon erfährt. Sie verläßt das Haus, verlangt die Scheidung, die sie entweder erhält oder ein großes Geschenk versöhnt sie wieder, vorausgesetzt, daß der Mann für die Zukunft Besserung verspricht. Bei derartigen Versöhnungsgeschenken bedienen sich die Männer gern einer 'List'. Sie schenken nämlich der erzürnten Ehefrau großzügig zahlreiche Dattelpalmen, in deren Besitz die Frau jedoch niemals kommt, weil sie die Standorte nicht so genau kennt, um die Palmen zu identifizieren. Sie hat auch keine Möglichkeit, diese Palmen zu verkaufen, weil in Fachi niemand ein derartiges Palmengeschenk, das nur der Beschwichtigung der Ehefrau dient, als rechtlich verbindlich betrachtet und sich auf deren Kauf niemals einlassen würde. Kluge Frauen nehmen daher als Versöhnungsgeschenk nur Bargeld, einen Teppich oder ähnliche Wertgegenstände an. Eindeutig bevorzugt wird bares Geld» (Fuchs 1989:321). *Fall Palau, Ozeanien*: «The situation is reversed when a man catches his wife in adultery. He can demand the payment of a valuable (*saker*, literally 'loincloth') from the wife's lover. In the past, these payments for adultery were a frequent way of alienating land. After the husband has received *saker*, he can elect to forget the affair or he can divorce his wife. No payment for her services or the service of her brothers is given in this case» (Smith 1983:160). *Fall Tikopia, Ozeanien*: Bezahlung für «non-labour services»: «Adultery with a married woman is not common, but if a man meets a former mistress by chance alone in a cultivation he may persuade her to have relations with him. After this he may give her some taro from his garden which she will represent to her husband as being from their plot. Such a gift, though a payment for sexual services, may be also a recognition of past sentiment» (Firth 1939:309). *Fall Tibet, Asien*: «Adultery is regarded less seriously in Tibet than in Europe. The laws of the Dharma Raja, recorded in the History of Bhutan, do, however, prescribe that a man who commits adultery with 'a woman having a recognized husband' must pay compensation» (Bell 1968/28:195). *Empirische Direkterfahrung*: Auch bei uns wird dieses Mittel eingesetzt. Siehe das Mitbringen von Blumen/Pralinen über wertvolle Geschenke (Schmuck) etc. bis hin zum Akzeptieren teurer Anschaffungen. Siehe auch B217.

Dieses Bestechen kann funktionieren und ist auch nicht von vorneherein und grundsätzlich abzulehnen, weil Menschen immer zahlreiche Motive verfolgen und diese (gegenseitig vergleichend) in Erfüllungsrangfolgen bringen können, die es erlauben, auf das Befriedigen bestimmter Motive zu verzichten, wenn dafür andere (momentan wichtigere) erfüllt werden. Der Exosex kann dann von Ego sogar in der Gesamtbilanz gewinnbringend eingesetzt werden.

Aktivitäten:	(Verhaltensänderungen) Ego wird bestochen, d.h. für die exosexuellen Beziehungen finanziell oder auf eine beliebige andere Weise entschädigt oder belohnt, damit er/sie die Abwägungen und Reaktionen ändert.
Aktoren:	Partner und andere.
Voraussetzungen:	Ego muß mit Entschädigungen/Belohnungen für exosexuelle Beziehungen mindestens reaktionsmindernd befriedigbar (bestechbar) sein.
Wirkungsweise:	(Indirekt, unsicher) Durch die Entschädigung oder Belohnung können bestimmte andere Motive Egos so befriedigt werden, daß sie/er eine Nicht- oder Suboptimalerfüllung von Eifersuchtsmotiven zulassen kann.
Erfolge:	Partielle Reduzierung bis Überwindung.

Tabelle 42: Steckbrief Bewältigungsmittel 13: Ego bestechen

7.4.5 Selbst an den exosexuellen Beziehungen teilnehmen

Exosexuelle Beziehungen sind oftmals vor allem deshalb für Ego unerträglich, weil Partner diese ohne Beteiligung Egos praktizieren und damit Ego jegliche oder genauere Einblick- und/oder Kontrollmöglichkeit nehmen (was dann wiederum zur Emotionalisierung beiträgt oder beitragen kann, siehe 5.4.2). Deshalb kann es eine Lösungsmöglichkeit sein, exosexuelle Beziehungen durch eigene Teilnahme und/oder vor allem Kontrolle erträglicher zu machen und so sexuelle Eifersucht zu bewältigen (siehe zusammenfassend Tabelle 43, S. 234).

B232) Eigene Exosex-Teilnahme als Bewältigungsmittel
Fall USA: In dem Film «Die unerträgliche Leichtigkeit des Seins» schlägt die Frau dem Mann in ihrer eifersuchtsbedingten Verzweiflung vor, bei seinen exosexuellen Beziehungen dabei zu sein, die Exopartnerinnen auszuziehen, zu baden, um dadurch ihren eigenen Schmerz zu verringern. Das eigene Beteiligt- oder wenigstens Anwesendsein ist auch die Strategie der Swinger (siehe z.B. B189, B190, B192 oder B216).

Die aktive oder passive Teilnahme wirkt (wie entsprechend die anderen Mittel auch) allerdings nur dann eifersuchtsbewältigend, wenn Ego aufgrund der mangelnden Kontrolle oder Teilnahme eifersüchtig wird, nicht, wenn auch bzw. vor allem andere Faktoren dabei eine Rolle spielen.

Aktivitäten:	(Verhaltensänderungen, Erkenntnisänderungen) Ego nimmt selbst aktiv oder passiv an den exosexuellen Beziehungen von Partner teil und kontrolliert bzw. modifiziert diese gegebenenfalls.
Aktoren:	Ego (und Exopartner und Partner).
Voraussetzungen:	Partner und Exopartner müssen Ego die Gelegenheit geben (können und/oder wollen), am Exosex teilzunehmen. Ego muß eifersüchtig werden nur oder vor allem wegen der Nichtteilnahme bzw. Nichtkontrolle.
Wirkungsweise:	(Indirekt, unsicher) Durch die eigene Teilnahme kann zum einen festgestellt werden, daß der Exosex so schlimm gar nicht ist, und kann dieser zum anderen begrenzt gehalten werden, was in beiden Fällen die Abwägungen und damit die Entscheidungen und Reaktionen ändern kann.
Erfolge:	Partielle Reduzierung bis Überwindung.

Tabelle 43: Steckbrief Bewältigungsmittel 14: Selbst an den exosexuellen Beziehungen teilnehmen

7.4.6 Exosexuelle Beziehungen verheimlichen

"Was ich nicht weiß, macht mich nicht heiß." Der in dieser Alltagserfahrung erfaßte Zusammenhang gilt auch für sexuelle Eifersucht. Eine der vermutlich verbreitetsten Lösungsaktivitäten zur Bewältigung sexueller Eifersucht dürfte deshalb das Verheimlichen der exosexuellen Beziehungen, also die Diskretion sein (siehe zusammenfassend Tabelle 44, S. 236).

B233) Exosexverheimlichung als empfohlene Strategie

Fall Deutschland: Die «fünf bekanntesten Sexberater Deutschlands» empfehlen diese Strategie fast durchgehend. Auf die Frage «Soll ich meinen Seitensprung beichten?» antworten sie (Bunte, Heft 7, 9.2.1989, S. 22f.): «Wenn es ein einmaliges Sichvergessen ist, sollte man es mit sich allein ausmachen. Wenn aber die Partnerschaft schon kaputt ist, sollte man es sagen. Dann hat der andere die Chance, etwas besser zu machen» (Gerti Senger). «Warum den anderen belasten mit einer Geschichte, die längst vorüber ist? Ich fürchte, zu große Offenheit macht oft alles nur schlimmer» (Werner Habermehl). «Auf keinen Fall! Es sei denn, Abstreiten hat ohnehin keinen Zweck, weil der Partner schon informiert ist. Dann sind Sie nur der Dumme» (Erika Berger). «Nur wenn es wirklich ernst ist, ehrlich sein. Wenn Sie Ihren Partner lieben, tun Sie ihm doch nur weh» (Margit Tetz-Scheerer). «Man sollte die Sensibilität haben, zu wissen, wann und wodurch der Partner verletzt wird. Offenheit mit der Einsicht, vielleicht auch falsch gehandelt zu haben, kann keine Distanz schaffen, sondern schafft Nähe» (Marcus Wawerzonnek). Siehe auch Brigitte 1989 und Brigitte 1990:114.

B234) Exosexverheimlichung als Bewältigungsmittel

Verbreitungsbefund: «It has often been noted in ethnographic accounts of extramarital sex that such relationships tend to be engaged in covertly, or at least not flagrantly, in order to avoid upsetting the marital relationships of the lovers (e.g. Berndt (1962) writing about the Eastern Highlands of New Guinea; Berndt and Berndt (1951, p. 26) writing about Australian aborigines; Elam (1973) writing about the Hima of Uganda; Colson (1958, p. 165) writing about the Tonga of Northern Rhodesia; Gregor (1974) writing about the Mehinacu of Brazil; Malinowski (1929, p. 69) writing about the Trobriand Islanders; and Nimmo (1970) writing about the Bajaw of the Philippines)» (Rosenblatt & Anderson 1981:240). *Fall Buka-Passage, Salomonen, Ozeanien*: Diskret gehandhabter Exosex ohne Schwangerschaftsfolgen wird geduldet: «Reasons for divorce on the part of the husband are ... 4. Adultery, as a rule only if it results in pregnancy, otherwise it is usually condoned, especially if carried on quietly» (Blackwood 1935:110). *Fall Lepcha, Asien*: «Although the question of sexual jealousy hardly arises, it would be absurd to suppose that any man, even a Lepcha, is completely indifferent to his wife's promiscuity. For this reason, in Chodu's words: 'It is better to compulate with one's sister-in-law out in the forest, because there is no privacy in the home. Out in the forest it is possible to be more passionate, whereas in the presence of others a certain amount of restraint must be exercised.' An elder brother will be angry if he actually sees his younger brother copulating with his wife, and will say some such thing as: 'Look here, you should not do that sort of thing with my wife while I'm about, and certainly not in my presence'; but apart from this he will take no action» (Morris 1938:233). *Fall Tonga, Ozeanien*: Exosex ist für Frauen verboten, bei Männern geduldet. Frauen tratschen/sprechen viel, aber nicht über exosexuelle Beziehungen anderer Frauen: «... as to considerable faults, such as a woman's infidelity to her husband, it would remain as much a secret with any of her own sex, (if they accidentally knew it,) as it possibly could with herself!» (Mariner 1818.2:156). Exosex verheirateter Frauen ist aber relativ selten (ebenda :160) Auch Männer verheimlichen ihre Exobeziehungen: «... and where they have any other amour it is kept a secret from the wife, not out of any fear or apprehension, but because it is unnecessary to excite her jealousy, and make her perhaps unhappy ...» (ebenda :165). *Fall Mehinaku [Xinguanos], Südamerika*: «Part of the Mehinacu solution to the problem of differentiating the substantively similar relationships of lovers and spouses is to try to conceal the activities of lovers. Sexual jealousy and fear of a spouse's anger provide ample motivation for hiding affairs. A young husband confronted with evidence of his wife's amorous intrigues may become so enraged that he will publicly beat and denounce her. She, in turn, may respond by swinging at him with a fiery brand. Although this kind of violence is exceptional, even the most liberal spouses feel they have at least the right to demand that their mates be discreet about their romantic adventures. As a result, arrangements for affairs are made with the help of intermediaries, gifts are delivered by the intended recipient's kinsmen, and assignations are limited to clandestine meetings in the forests outside the village, or brief encounters in the houses late at night. Surprisingly, even the network of kinship engendered by extra-marital relationships is hidden. A mother carefully instructs her children to call her paramour *papa* only when her husband is not within hearing distance. Similarly, the affinal relationships deriving from affairs are performed discreetly so as not to embarrass the cuckolded spouses» (Gregor 1974:338). *Fall Marshall-Inseln, Ozeanien*: «Infolge des frühen ungebundenen Lebens ist *eheliche Treue* eine äußerst seltene Tugend. Die Hauptsache ist eben, sich nicht erwischen zu lassen. Der fremde Liebhaber wagt sich während der Nacht in die Hütte des Ehepaares und weckt die junge Frau auf, damit sie entweder in der Hütte oder außerhalb derselben mit ihm verkehre. Um seiner Sache sicher zu sein, wird der Mann Divination mit Pandanusblättern oder Steinchen betreiben. Ist die Divination günstig, so begibt er sich ohne Scheu in die Hütte; fällt sie dagegen ungünstig aus, so wird er sich wohl hüten, seinen Leidenschaften nachzukommen, sondern wartet, bis die Divination keine Gefahr meldet» (Erdland 1914:119f.). Siehe auch B85 [Paderborn].

In diese Rubrik von Lösungsaktivitäten kann auch das weitgehende (und nicht nur räumliche) Trennen der Lebensbereiche von z.B. polygynen Partnerinnen (die sich ja gegenseitig als Exopartnerinnen einstufen können, siehe 5.2.1) eingeordnet werden, welches ohne weiteres auf die auch bei uns übliche Trennung der Lebensbereiche von Ausgangs- und Exopartner übertragen werden kann.

B235) Trennen der Partner in polygynen Beziehungen als Bewältigungsmittel

Fall Djuka [Buschland-Kreolen], Südamerika: Jede Frau lebt in eigener Hütte, oft in einem anderen Dorf. «The wives get along together fairly amicably. The cancer of matrimonial jealousy characteristic of our own system, is of narrow range and effect among the Djukas» (Kahn 1931:120). *Fall Kanuri [Beriberi], Afrika*: Polygame Familien mit gemeinsamer Struktur, Senior-Frau als Haupt-Frau, aber jede Kernfamilie innerhalb Haushalt existiert als separate Einheit: z.B. eigenes Haus für jede Frau, festgelegte Zeiten, die der Mann mit jeder Frau zubringt, Gleichbehandlung mit Geschenken und Geld etc. «Emphasis on the distinctiveness of each nuclear family functions to preserve the identity of each wife and to stress her worth to her husband, the head of the household. It thus serves to inhibit jealousy, a divisive force which, if permitted direct expression, would shatter the unity of the household. Jealousy between co-wives finds expression in a number of less direct ways; it is not permitted to erupt into quarreling, cursing or lighting (though these certainly occur), and above all the husband must do everything in his power to avoid actions which might encourage jealousies between his wives» (Rosman 1966:78). Siehe auch B197 und 7.2.1.

Unbegründete und unfundierte sexuelle Eifersucht wird sich freilich auch durch Verheimlichen, für das es (siehe B233) sogar explizite Anleitungen gibt (siehe ausführlich auch Cosmopolitan 1989), nicht verhindern lassen.

Aktivitäten:	(Verhaltensänderungen) Das Wissen Egos über die exosexuellen Beziehungen wird verhindert, verringert oder verschlechtert, indem diese ihm/ihr gegenüber (möglichst weitgehend) verheimlicht werden.
Aktoren:	Partner, Exopartner und gegebenenfalls andere.
Voraussetzungen:	Partner, Exopartner (und andere Mitwisser) müssen die Gelegenheit haben, die exosexuelle Beziehung diskret ausführen zu können, und müssen die erforderlichen schauspielerischen und sonstigen Fähigkeiten besitzen. Ego darf nicht besonders detektivisch begabt und skeptisch sein und nicht unbegründet oder unfundiert eifersüchtig werden.
Wirkungsweise:	(Wenn Verheimlichung klappt: für die Bewältigung fundierter sexueller Eifersucht direkt und sicher, für andere Formen indirekt und unsicher) Ego kann keinen (oder, wenn nicht klappend, nur einen abgeschwächten) realen Eifersuchtsreiz wahrnehmen und dadurch auch keine (oder nur eine abgeschwächte) Bedrohung für eigene Motive diagnostizieren.
Erfolge:	Partielle Überwindung.

Tabelle 44: Steckbrief Bewältigungsmittel 15: Exosexuelle Beziehungen verheimlichen

7.4.7 Exosexuelle Beziehungen ignorieren

Das (aus Egos Sicht) aktive Pendant zum (passiven) Verheimlichen exosexueller Beziehungen seitens Partner und Exopartner (siehe 7.4.6) ist das Ignorieren derselben durch Ego selbst. Daß auch dieses Nicht- oder Nicht-genau-Wahrnehmen-*wollen* ein häufiger praktiziertes Mittel sein muß, beweisen Fallberichte.

B236) Ignorieren des Exosex als Bewältigungsmittel

Fall Apache, Nordamerika: «It is said that, in former times, a woman sometimes ignored the attentions that a husband paid to another woman, fearing that if she objected she might lose her man, her only means of support. Again, a man's wealth and social prestige kept people from interfering with, or criticizing, his attentions to other women, for no one would wish to risk angering him» (Goodwin 1942:342). *Fall Wogeo, Ozeanien*: «A number of husbands, on the other hand, are philosphical about the matter until reliable evidence is forthcoming. Waru, more phlegmatic in his reactions than the average, once remarked that all women had lovers, his wife included. 'I want her to be true to me, but how can I stop her wandering?' he continued. 'I can't keep my fingers in her vagina from sunrise till dark and on till sunrise again - as Wiap, the foolish fellow, tries to do - so I keep quiet. Only if somebody tells me he's seen her in the forest with another man do I make trouble.' Such men are probably able to enjoy rather more than the usual share of domestic peace, but their placidity is sometimes a subject for jokes. Sly fun was often made of Wiawia, for instance, for his trust in his wife, and ridicule was poured on his pride in their firstborn, many people protesting that the child had been fathered instead by the whole crew of a visiting schooner» (Hogbin 1945:344). *Fall Igbo/Ibo,*

Afrika: «Clandestine extra-marital sex-relations are very general and spouses are usually expected to ignore such affairs» (Forde & Jones [eds.] 1962:18). *Fall Kaingáng/Aweikoma, Südamerika*: «Adultery in Kaingáng society is not a circumstance of some marriages but a condition of practically all. Yet, although husband and wife live in constant suspicion of each other's loyalty, it rarely becomes desperate. Husbands do not as a rule follow their wives about, nor wives their husbands, although if there are good grounds for suspicion a husband may beat his wife or a wife her husband. He often leaves her for days at a time even when he knows that there are enterprising men still in camp and no one to chaperon her. This attitude really saves the culture from becoming a nightmare. In a society in which everyone believes that everybody else is engaged in seducing his neighbor's wife, suspicion backed by intense jealousy would drive people to desperation. But when Waipó leaves his wife to go across the river to make manioc all she has to say to him is a laughing, 'You're going over there where everyone is living in very close quarters,' and with a rough caress he is gone. One evening when Chukembégn and I were coming from the manioc mill I said to him, 'Now that you've left your wife alone she may sleep with someone else.' 'I don't care; let her,' said he. There is something more than mere bravado in this statement. It expresses the typical determination not to see what is not forced on one» (Henry 1941:26). *Fall Puerto Rico, Mittelamerika*: «Although often nursing a deep resentment about his wife's infidelity and perhaps expressing it when drunk, a husband may normally remark, 'It is not a bar of soap which dissolves in use'» (Steward et al. 1956:293). Siehe auch B193 (Kgatla).

Diese Lösungsaktivität ist übrigens (obwohl ein tatsächliches Nichtwahrnehmen möglich ist) meist engst mit einer Änderung der Abwägungen (siehe 7.5) verknüpft, die dann auch letztlich entscheidend dafür sind, die gemachten Wahrnehmungen zu ignorieren. Trotzdem rechne ich sie (auch) der Dimension Eifersuchtswahrnehmung zu (siehe zusammenfassend Tabelle 45, S. 237).

Aktivitäten:	(Erkenntnisänderungen) Das Wissen Egos über die exosexuellen Beziehungen wird durch (möglichst weitgehende) Ignorierung verhindert, verringert oder verschlechtert.
Aktoren:	Ego.
Voraussetzungen:	Ego muß auch deutliche Indikatoren übersehen können (bzw. wollen), darf nicht unbegründet oder unfundiert eifersüchtig werden; Partner, Exopartner und andere Mitwisser müssen Diskretion bewahren (können).
Wirkungsweise:	(Wenn Ignorierung klappt: für die Bewältigung fundierter und begründeter sexueller Eifersucht direkt und sicher, sonst indirekt und unsicher) Ego kann keinen (oder, wenn nicht klappend, nur einen abgeschwächten) realen Eifersuchtsreiz wahrnehmen und dadurch auch keine (oder nur eine abgeschwächte) Bedrohung für eigene Motive diagnostizieren.
Erfolge:	Partielle Überwindung oder Reduzierung.

Tabelle 45: Steckbrief Bewältigungsmittel 16: Die exosexuellen Beziehungen ignorieren

7.4.8 Exosexuelle Beziehungen genauer betrachten

Eifersuchtsentscheidungen und -reaktionen basieren (siehe 5.4.2) vielfach auf Befürchtungen oder Unterstellungen, auf einem bloßen Verdacht oder Argwohn, auf (ob bewußt oder unbewußt) undifferenzierten und ungenauen Wahrnehmungsprozessen (was sogar sozial anerkannt sein kann). Solche oft nicht begründbare und/ oder nicht fundierbare sexuelle Eifersucht könnte durch eine genauere Betrachtung der (insgesamt oder in der unterstellten Qualität bzw. Quantität vermeintlichen) exosexuellen Beziehung verhindert werden. Vielleicht auch deshalb gibt es in manchen Ethnien eine Nachweispflicht.

B237) Nachweispflicht für Exosex als Bewältigungsmittel
Fall Saora/Savara, Asien: Bei dieser teils hinduisierten Ethnie in den östlichen Ghats der Madras-Provinz in Indien mußte der Mann seine Frau beim Geschlechtsverkehr mit einem anderen Mann *gesehen* haben, um sie des Ehebruchs bezichtigen zu können (Fawcett 1886-89:231).

Es gibt aber auch andere Möglichkeiten, nicht vorschnell vage oder unrealistische Wahrnehmungen zuzulassen.

B238) Verhinderung vorschneller Exosexunterstellungen als Bewältigungsmittel
Fall Arapaho, Nordamerika: Ein Mann darf nicht in das Zelt, in dem seine Frau vermutlich mit seinem Rivalen schläft, weil er ihnen so vielleicht Unrecht antäte. «When a man wishes to run off with another's wife, the two make plans. They go off together a long distance. At first the husband, perhaps, does not know what has happened. When he becomes aware of it, he is angry. He may follow his wife; but he is not allowed to enter the tent where she and her lover are, because he might do them injury. If he finds them and speaks to them, they do not answer him, in order not to enrage him more, because they may not make any resistance to him. The lover tries to find the (ceremonial) grandfather of the husband. He gives him a pipe and two or three horses. The old man takes the pipe, the horses, and the wife to the husband. When the man sees his grandfather, he must do no violence nor may he become angry. The grandfather hands him the pipe. If he takes it, his wife is safe from harm. Sometimes he keeps her, sometimes he sends her back to her lover to keep. Often the husband cuts off the tip of her nose, slashes her cheek, or cuts her hair. Both men and women are jealous. A man will hit his wife for looking at a young man too much» (Kroeber 1902/07:13).

Ego müßte deshalb angewöhnt werden, auf Unterstellungen und Ungenauigkeiten zu verzichten und alle verdächtigen Wahrnehmungen erst einmal genauer zu überprüfen, selbst wenn das unter Umständen sogar zu heftigerer sexueller Eifersucht führen kann, weil mit der genaueren Kenntnis erst das gesamte Ausmaß einer exosexuellen Beziehung und ihrer Bedrohlichkeit für Ego bekannt wird (siehe zusammenfassend Tabelle 46, S. 238).

Aktivitäten:	(Verhaltensänderungen, Erkenntnisänderungen) Ego verbessert seine/ihre Erkenntnisse über die exosexuellen Beziehungen, indem sie/er diese mittels beliebiger Untersuchungsverfahren genauer betrachtet oder betrachten läßt.
Aktoren:	Ego, Partner, Nachbarn, Detektive oder andere; letztlich entscheidend sind aber die (selbst gewonnenen oder vermittelten) Wahrnehmungsergebnisse bei Ego selbst.
Voraussetzungen:	Ego muß mindestens vor allem aufgrund mangelnder Kenntnisse über die exosexuelle Beziehung eifersüchtig werden und muß die Möglichkeit haben, diese Kenntnisse verbessern zu können (wozu die Bereitschaft Partners und Exopartners erforderlich sein kann).
Wirkungsweise:	(Indirekt, unsicher) Wenn Ego aufgrund unzureichender Kenntnisse eifersüchtig wurde oder wird, können angemessene Kenntnisse zu anderen Bewertungen, Entscheidungen und Reaktionen führen.
Erfolge:	Partielle Reduzierung bis Überwindung.

Tabelle 46: Steckbrief Bewältigungsmittel 17: Exosexuelle Beziehungen genauer betrachten

Eine Änderung der Wahrnehmungs*instanz* ist übrigens (nicht nur, weil sie kaum realisierbar ist) kein geeignetes Bewältigungsmittel: Ego ist zwar nicht immer Augen- und/oder Ohrenzeuge einer exosexuellen Beziehung ihres/seines Partners, doch eifersuchtsauslösend können ja auch vermittelte (und sogar subjektiv falsch interpretierte) Wahrnehmungen sein. Es kommt also auf die Wahrnehmungen selbst an und nicht auf die Wahrnehmungsinstanz.

7.4.9 Zwischenergebnis: Auslöserändernde Bewältigungsmittel

Das Ändern der sexuelle Eifersucht mitbewirkenden Auslöser (Reize und Wahrnehmungen) ist ein teils direktes, teils indirektes und (wegen der Möglichkeit unfundierter und unbegründeter sexueller Eifersucht) letztlich immer unsicheres Mittel zur Bewältigung sexueller Eifersucht (siehe die zusammenfassenden Tabellen 39, S. 227, bis 46, S. 238).

Beim Reizändern, bei dem auch Partner (und Exopartner) aktiv werden können bzw. sogar müssen, gibt es folgende Bewältigungsarten (immer Einstellungs-, Erkenntnis- und vor allem Verhaltensänderungen): Ein *Ego* kann exosexuelle Beziehungen mit Macht und Druck unterbinden bzw. durch Erhöhen der eigenen Attraktivität überflüssig machen oder selbst am Exosex teilnehmen, *Partner* können exosexuelle Beziehungen freiwillig völlig unterlassen, auf das von Ego zugelassene Maß beschränken bzw. der Eifersuchtsbeziehung eindeutig unterordnen oder Ego für das Zulassen des Exosex belohnen oder entschädigen. Mit den Möglichkeiten Verheimlichen (durch Partner und Exopartner), Ignorieren (durch Ego) und genaueres Betrachten (durch Ego) exosexueller Beziehungen gibt es auch beim Wahrnehmen mehrere Bewältigungsmittel, die auf den (gegenteiligen) Strategien basieren, die Wahrnehmungen zu verbessern bzw. zu verschlechtern, um dadurch die sexuelle Eifersucht zu überwinden oder zu reduzieren.

Die *Wirkungsweisen* sind unterschiedlich: Beim *Exosexaufgeben* ist sie direkt (ohne realisierten Exosex ist keine begründete und fundierte sexuelle Eifersucht möglich), aber nicht sicher, weil Ego trotzdem (vermeintliche) Indikatoren für Exosex wahrnehmen und exosexuelle Beziehungen unterstellen kann. Beim *Exosexändern* und *Reduzieren der Bedrohlichkeit* ist sie indirekt, weil Ego erst noch bewerten muß, ob seine/ihre Beschränkungen eingehalten bzw. alle Erfordernisse ausreichend erfüllt sind, und nicht sicher, weil die Erfüllung nicht garantiert ist. Und auch beim *Wahrnehmungsändern* ist sie indirekt (bessere Erkenntnisse können genauere Abwägungen ermöglichen, schlechtere oder keine Erkenntnisse erschweren oder verhindern genaue Abwägungen) und nicht sicher (genauere Abwägungen müssen, im Vergleich zu ungenaueren, nicht bewältigend sein - und umgekehrt). Als Bewältigungs*erfolge* sind mit allen Aktivitäten partielle Überwindung oder Reduzierung sexueller Eifersucht erreichbar.

7.5 Abwägungsänderung: Die Entscheidungen ändern

Selbst wenn an den Kontexten, Motiven, Beziehungen und Auslösern nichts geändert wird, ist eine Bewältigung sexueller Eifersucht möglich, weil in den Abwägungen, Entscheidungen und damit Reaktionen (mit ihren Effekten) noch genügend Spielräume bleiben (siehe 5.4). Auch in der Bewältigungsdimension Abwägungs- oder Entscheidungsänderung gibt es daher zahlreiche Änderungsmöglichkeiten, von denen bewältigungsrelevant sind: das Erweitern der Abwägungsinstanzen (dazu 7.5.1), das Ändern der Abwägungsaktivitäten (dazu 7.5.2), der Entscheidungskriterien (dazu 7.5.3), der Eifersuchtsentscheidungen (dazu 7.5.4) und der Reaktionsentscheidungen (dazu 7.5.5).

7.5.1 Die Abwägungsinstanzen erweitern

Mindestens bei längerfristigen Eifersuchtsprozessen besteht die Möglichkeit, Ego (das die ersten und spontanen Eifersuchtsentscheidungen zumeist selbst fällen wird) durch andere Personen oder Instanzen zu ergänzen oder zu ersetzen.

B239) Erweiterung der Abwägungsinstanzen als Bewältigungsmittel
Konstruierter Fall, Wirkungstheorie: Ego kann sich mit Freunden, Verwandten oder Therapeuten (oder auch mit Partner und/oder Exopartner) besprechen, kann dabei zum einen die eigenen Überlegungen artikulieren und kann zum anderen auch Anregungen durch andere Sichtweisen und Beurteilungen bekommen.

Die Vergrößerung der Zahl der Abwägenden ist dabei bewältigungswirksam nur dann, wenn sie dazu führt, die Abwägungen selbst (dazu 7.5.2) oder die Entscheidungskriterien (dazu 7.5.3) und/oder (auch damit) die Entscheidungen (dazu 7.5.4+5) zu ändern. Sonst bringt sie nichts (siehe Tabelle 47, S. 240).[39]

Aktivitäten:	(Verhaltensänderungen) Es werden (durch Ego selbst oder von außen) weitere Personen und/oder Institutionen als Zuhörer, Nachfrager, Berater, Therapeuten usw. an der Entscheidungsfindung beteiligt.
Aktoren:	Ego und die jeweils hinzugezogenen Personen bzw. Institutionen.
Voraussetzungen:	Bereitschaft Egos, andere als Hörer oder Ratgeber zu akzeptieren; Verfügbarkeit von geeigneten Personen bzw. Institutionen.
Wirkungsweise:	(Indirekt, unsicher) Durch die Instanzerweiterung können die Abwägungen selbst und/oder die Abwägungskriterien (vielleicht sogar die Motive) und damit die Eifersuchts- und die Reaktionsentscheidungen bewältigungswirksam verändert werden.
Erfolge:	Abhängig von den Folgeveränderungen (siehe dort).

Tabelle 47: Steckbrief Bewältigungsmittel 18: Die Abwägungsinstanzen erweitern

7.5.2 Die Abwägungsaktivitäten ändern

Die Ergebnisse von Abwägungen können auch dadurch mitbestimmt werden, *wie* diese ausgeführt werden und verlaufen. Bewältigungsrelevante Änderungsmöglichkeiten der Abwägungsaktivitäten selbst, die alle nach dem Gegenteilsprinzip funktionieren, gibt es bei der Abwägungszeit, der Reflexion und der Automatik der Abwägungen und damit Entscheidungen (siehe Tabelle 48, S. 243).

Die Abwägungen verzögern/beschleunigen bzw. verlängern/verkürzen. Wenn (allerdings auch nur wenn) sexuelle Eifersucht auf zu frühe und/oder zu schnelle Abwägungen zurückzuführen ist, kann die Einführung eines abwägungs-

39 Eine völlige Verlagerung der Abwägungen weg von Ego, wie sie grundsätzlich auch denkbar ist, muß ich hier nicht berücksichtigen, weil es in dieser Untersuchung darum geht, Mittel zur Eifersuchtsbewältigung für Ego zu finden und weil eine bloße Delegation nicht auch Egos Probleme mitnimmt und beseitigt.

freien Zeitraumes und/oder einer längeren Abwägungsphase bewältigungswirksam sein. Dies gilt für beide Zeitbezüge, d.h. sowohl für den Abstand zwischen dem tatsächlichen Exosex und der Abwägung (präventive und reaktive sexuelle Eifersucht) als auch für den Abstand zwischen einer eifersuchtsverdächtigen Wahrnehmung und dem Abwägungsbeginn (siehe 5.4.2).

B240) Abwägungsverzögerung als Bewältigungsmittel
Fall Gilbert Insulaner, Ozeanien: «The ramage [eine matri- oder patrilineare Deszendenz-Gruppe] on whose land a man lived was expected to seek vengeance on his behalf if he was killed or if someone seduced his wife, and to defend him if he had committed one of these crimes himself. An adulterer caught in the act was killed immediately, but if an interval had elapsed between a crime and its discovery, the offended party could usually be persuaded to accept compensation ...» (Lambert 1966:653).

Es läßt sich trainieren, ungünstige Spontan- oder Notfallabwägungen zu verhindern und durch bestimmte Aktivitäten (Atemtechniken, den aufregenden Ort verlassen, Nichtstunwollen laut beschwören und selbst redend bestätigen usw.) eine wenigstens kleine Zeitspanne zu gewinnen, die - wenn die Emotionalisierungsphase überwunden ist - zu längeren, deswegen vielleicht gründlicheren und rationaleren und damit möglicherweise bewältigungswirksamen Abwägungen führen kann (aber s.u.).

Das eben Gesagte gilt, wenn die Voraussetzungen genau andersherum sind, entsprechend auch umgekehrt.

B241) Abwägungsbeschleunigung als Bewältigungsmittel
Wirkungstheorie: Es kann ja durchaus sein, daß eine schnelle, spontane, vielleicht sogar unbewußte und automatisierte Abwägung zu sehr viel harmloseren Entscheidungen und Reaktionen führt, weil das ganze Ausmaß der exosexuellen Beziehung und ihrer Folgen für Ego auf diese Weise nicht überblickt werden können.

Also kann es auch bewältigungswirksam sein, den Abwägungsbeginn zu beschleunigen und/oder die Abwägungsdauer zu verkürzen.

Die Abwägungen rationalisieren bzw. irrationalisieren. Um sexuelle Eifersucht zu bewältigen und um eventuelle positive Effekte sexueller Eifersucht nutzen bzw. negative vermeiden zu können, kann es es sinnvoll oder erforderlich sein, die Abwägungen gezielt(er), zweckbezogener (*rationaler*) zu machen bzw. zu führen (siehe 5.4.2) - und zwar immer dann (und nur dann), wenn eine nicht oder kaum rationale (irrationale) Abwägung zu heftigeren oder schädlicheren Reaktionen führen würde.

B242) Rationalisierung der Abwägungen als Bewältigungsmittel
Wirkungstheorie: Oft sind ja nicht alle Eifersuchtsmotive gleichermaßen bedroht und/oder erfüllbar. Auch dann und deshalb ist eine rationalere Abwägung sinnvoll, um ein bestmögliches Ergebnis zu erzielen. Siehe den *Fall Hidatsa* (B136, Bowers 1965:248), in dem nur entweder das Bestands- oder das Sozialwertmotiv erfüllt werden können, nicht beide, weil der Mann die Frau zurückweisen muß, wenn er nicht Ehrverlust ertragen will und kann. Siehe z.B. auch B138 (Trobriand) oder B236 (Apache).

In diesem Zusammenhang ist beispielsweise auch der Kontrollverlust durch Drogenkonsum zu nennen, den durch rationale Antizipation der Folgen zu verhindern ein Bewältigungsmittel sein kann, weil er eifersuchtsverstärkend (vor allem ausdrucksverstärkend) wirken kann (ähnlich wie der Verzicht auf Alkohol bei Autofahrern ein unverzichtbares Mittel ist, um die Fahrtüchtigkeit zu erhalten).

B243) Verzicht auf abwägungsverändernden Drogenkonsum als Bewältigungsmittel
Fall Salteaux [Ojibwa], Nordamerika (Alkohol als Reaktionsverstärker): «When the mind of an Indian is once affected, his passion increases in proportion to the quantity of rum which he drinks, though he has the art to conceal it when he is sober. It is the baneful effects of rum which puts every jealous thought in motion, and then it knows no bounds, till intoxication completely overpowers him, or returning sobriety restores his lost reason» (Long 1904.2:130). Hier würde die Einschränkung des abwägungsverändernden Drogenkonsums eifersuchtsbewältigend wirken. Siehe auch B236 [Puerto Rico]) und B77.

Eine Rationalisierung der Abwägungsaktivitäten muß aber nicht in jedem Fall und unter allen Umständen eifersuchtsbewältigend sein. Sie kann sich unter bestimmten Bedingungen, wie angedeutet, sogar für ein Bewältigungsinteresse negativ, also eifersuchtsverstärkend statt -überwindend oder -reduzierend auswirken.

B244) Eifersuchtsverstärkung durch Rationalisierung der Eifersuchtsabwägungen
Wirkungstheorie, konstruierter Fall: Wenn ich mir die Hintergründe, Praktizierung sowie faktischen wie möglichen Folgen der exosexuellen Beziehung meines Partners genauer betrachte, komme ich unter Umständen zu dem Ergebnis, daß ich mich bisher, ohne rationale Abwägungen, viel zu harmlos verhalten habe, daß ich Partner und/oder Exopartner lieber hätte bestrafen sollen statt resignativ klein beizugeben (oder zu einem ähnlichen Ergebnis mit gleich reaktionsverstärkender Wirkung).

Eine (übertriebene) Rationalisierung der Abwägungen ist aber auch deshalb oft problematisch, weil selbst ein möglichst systematisches und umfassendes Nachdenken aufgrund der bei differenzierten Problemen wie sexueller Eifersucht zu berücksichtigenden Vielfalt von Aspekten keinesfalls überhaupt oder gar automatisch zu optimalen Lösungen führt bzw. führen kann.

B245) Grundsätzliche Grenzen des Rationalisierens als Problemlösungsstrategie
Wirkungstheorie: Bei vielen Problemen haben wir gar keine andere Chance, als mehr oder weniger direkt drauflos zu handeln. Dazu gehören vor allem solche Probleme, bei deren Lösung sich aufgrund der Vielzahl und Verschiedenartigkeit von Komponenten und Beziehungen (also ihrer internen, aber auch externen Differenziertheit) oder auch von wechselnden Interessenwidersprüchen zwischen Beteiligten keine genauen Voraussagen über die Auswirkungen einzelner Lösungsaktivitäten machen lassen. Wir müssen dann Vereinfachen, Abkürzen und auf unsicherer Basis entscheiden. Das gilt partiell auch im Bereich Eifersucht (siehe 8.2+3).

Weil also weniger Nachdenken, ein geringerer Ziel- und Zweckbezug und/oder oberflächlicheres Vergleichen wenigstens manchmal auch schwächere Reaktionen zur Folge haben können, muß eine weitere Bewältigungsaktivität sein, die Abwägungen nicht ganz so gezielt und zweckbewußt zu machen, sie (beispielsweise durch irgendwelche ablenkende Aktivitäten) wenigstens vorübergehend nicht bzw. möglichst wenig rational zu führen (wenn dies nicht seinerseits als eine Art von Rationalität verstanden wird).

Die Abwägungen automatisieren bzw. spezifizieren. Wenn Abwägungsfreiheit sich eifersuchtsverstärkend auswirkt, kann eine Automatisierung (siehe 5.4.2) der Eifersuchtsabwägungen, die beispielsweise durch eine weitgehende Einschränkung des Abwägungsspielraums oder Ritualisierung der Eifersuchtsprozesse erreicht oder wenigstens unterstützt werden kann, bewältigend wirken.

B246) Automatisierung der Abwägungen als Bewältigungsmittel
Wirkungstheorie: Wenn sozietäre Vorgaben mir nur eine sehr eng begrenzte Auswahl an Entscheidungsmöglichkeiten vorgeben und ich diese (unbewußt aufgrund meiner Sozialisationsbedingungen, aber auch z.B. aus bewußter Angst vor den angedrohten und praktizierten Sank-

tionen bei Mißachtung) bei meinen Eifersuchts- und Reaktionsentscheidungen berücksichtige und beachte, dann ist dies eine Art von Automatisierung meiner Abwägungsaktivitäten.

Aber auch eine solche Automatisierung, die sowieso nicht als sehr enger und unausweichlicher Aktivitäts- und Entscheidungsalgorithmus verstanden werden darf (siehe 5.4.2), ist nur dann eifersuchtsbewältigend, wenn sie zu entsprechenden Entscheidungen führt.

Es gibt aber Abwägungs- und Entscheidungsautomatiken, die nicht eifersuchtsbewältigend sind - oft sogar im Gegenteil.

B247) Eifersuchtsverstärkung durch Automatisiertheit der Abwägungen
Empirische Direkterfahrung: Siehe die bei uns als "Affekt" behandelten Reaktionen, die zu oft spektakulären Tötungen des Partners oder Exopartners führen können und die eine höchst automatisierte (und äußerst schnelle) Abwägung implizieren. Daß auch hier kulturelle Faktoren entscheidend wirksam sein können, belegen beispielsweise die mediterranen Kulturen, in denen die Ehre bei Schamverletzungen durch unnachgiebige Reaktionen wiederherzustellen ist, was bei uns in Gerichtsverfahren auch (als kulturelle Besonderheit) berücksichtigt wird.

In solchen Fällen ist der umgekehrte Weg zu gehen, ist die Automatik aufzulösen, sind die Abwägungen für jeden Einzelfall differenziert vorzunehmen, sind sie zu *spezifizieren.*

Aktivitäten:	(Erkenntnisänderungen, Empfindungsänderungen) Die Abwägungsaktivitäten selbst werden auf eine der folgenden Weisen so geändert, daß bewältigungswirksame Entscheidungen möglich werden: - Die *Automatik* und/oder die *Reflexion* (Bewußtheit, Bekanntheit, Gezieltheit, Zweckbezogenheit, Genauigkeit usw.) wird erhöht (Automatisieren bzw. Rationalisieren) bzw. verringert oder (wenn bereits auf einem bewältigenden Niveau) beibehalten (Spezifizieren bzw. Irrationalisieren). - Der *Beginn* wird hinausgeschoben oder vorgezogen und/oder die *Dauer* wird verlängert oder verkürzt.
Aktoren:	Ego bzw. alle anderen Abwägungsinstanzen.
Voraussetzungen:	Heftigere sexuelle Eifersucht durch automatischere Abwägungen (beim Spezifizieren), nicht oder weniger automatische (beim Automatisieren), rationalere (beim Irrationalisieren), nicht bzw. weniger rationale (beim Rationalisieren), schnellere (beim Verzögern), langsamere (beim Beschleunigen), längere (beim Verkürzen) oder kürzere (beim Verlängern).
Wirkungsweise:	(Indirekt, unsicher) Durch die Abwägungsänderungen können die Entscheidungskriterien (und - in einer Rückkoppelung - vielleicht sogar die Motive) und damit oder direkt die Eifersuchts- und die Reaktionsentscheidungen bewältigungswirksam verändert werden.
Erfolge:	Abhängig von den Folgeveränderungen (siehe dort).

Tabelle 48: Steckbrief Bewältigungsmittel 19: Die Abwägungsaktivitäten ändern

7.5.3 Die Entscheidungskriterien ändern

Eifersuchts- und Reaktionsentscheidungen implizieren (siehe 4.2.2) Vergleiche, Bewertungen und Teilentscheidungen. Dafür sind, neben den auslösenden Reizen, Kriterien erforderlich (siehe 4.1.2). Deren Änderung muß deshalb ein zentral wirkungsvolles Bewältigungsmittel sein (siehe Tabelle 49, S. 244).

Nun sind diese Kriterien immer aus zahlreichen grundsätzlichen wie aktuellen, allgemeinen wie spezifischen und dabei teilweise vielfältig konkurrierenden Einzelkriterien in einem auch hierarchisch geordneten Netz zusammengesetzt.

B248) Das Netz der Entscheidungskriterien in Eifersuchtsabwägungen
Wirkungstheorie: So kann, wenn beispielsweise zwar ein Eifersuchtsmotiv durch den Exosex in seiner Erfüllung bedroht ist, dafür aber ein anderes erfüllt wird (weil z.B. Bestechungshonorare geleistet werden, siehe 7.4.4), auf eine höhere Kriterienebene gegangen werden oder kann aktuell das Erfüllen des einen Motivs für wichtiger erachtet werden als das eines anderen. Siehe auch 7.4.7.

Deshalb ist (grundsätzlich wie im aktuellen Fall) immer zweifach zu entscheiden: die Bedrohlichkeit (von Exosex) bzw. Wichtigkeit (von Motiven) *an sich* und die Gefährlichkeit bzw. der Rangplatz *im Vergleich* zu anderen Bedrohungen bzw. Motiven. Dabei gelten auch hier die in 6.4 für das Beurteilen von Bewältigungserfolgen erörterten Probleme. Daher können inhaltlichere Empfehlungen (was wann und warum als mehr oder weniger bedrohlich angesehen werden sollte) auf der Allgemeinheitsstufe dieser Untersuchung nicht gegeben werden (siehe aber die zum Teil Hinweise gebenden Implikationen aus den anderen Bewältigungsmitteln!).

Aktivitäten:	(Einstellungsänderungen, Erkenntnisänderungen) Die grundsätzlichen oder aktuellen Kriterien für die Bewertung einer exosexuellen Beziehung als bedrohlich für die Erfüllung eigener Eifersuchtsmotive werden (auch im Vergleich zur Erfüllung bzw. Gefährdung anderer Motive) so geändert, daß der Exosex als (auch im Vergleich) nicht mehr oder als weniger gefährlich einstufbar ist.
Aktoren:	Ego bzw. alle anderen Abwägungsinstanzen.
Voraussetzungen:	Eifersuchtsbewirkende Entscheidungskriterien.
Wirkungsweise:	(Indirekt, unsicher) Wenn (grundsätzlich oder fallspezifisch) Exosex nicht mehr als bedrohlich bewertet werden kann oder wenn andere Motive als die Eifersuchtsmotive für wichtiger gehalten werden, dann kann der unter diesen Gesichtspunkten betrachtete Exosex nicht mehr (so) eifersuchtsauslösend sein. Allerdings ist von Ego immer noch zu entscheiden, ob das so ist.
Erfolge:	Partielle Reduzierung bis Überwindung.

Tabelle 49: Steckbrief Bewältigungsmittel 20: Die Entscheidungskriterien ändern

7.5.4 Die Eifersuchtsentscheidung ändern

Daß eine Änderung der Eifersuchtsentscheidung selbst zu einer Überwindung oder Reduzierung sexueller Eifersucht führen kann, ist unmittelbar einleuchtend: Eine solche Änderung ist letztlich ja das Ziel *aller* Bewältigungsbemühungen. Vor allem in Fällen, in denen sowohl Eifersuchtsmotive aktualisiert sind als auch exosexuelle Beziehungen praktiziert und wahrgenommen worden sind, können, wenn Eifersuchtsbewältigung angestrebt wird, nur noch die Inhalte und Ergebnisse der Eifersuchts- und der Reaktionsentscheidungen verändert werden - eine dann freilich relativ schwierige Aufgabe (und ein unter diesen Umständen deshalb eher hypothetisches Bewältigungsmittel). Sind allerdings bewältigungswirksame Veränderungen in den anderen Dimensionen vorgenommen worden, dann ist eine solche bewältigende Eifersuchtsentscheidung weniger schwierig.

Jede Eifersuchtsentscheidung besteht aus einem bewertenden Vergleich der jeweils aktuellen oder aktualisierten eigenen Eifersuchts- und gegebenenfalls auch anderer Motive, der Bedrohlichkeits- und sonstigen Entscheidungskriterien sowie der möglicherweise eifersuchtsrelevanten Reize, hier der tatsächlichen oder vermeintlichen exosexuellen Beziehungen. Als bewältigungswirksame Ergebnisalternativen stehen das uneingeschränkte "Nein" und das eingeschränkte "Ja" zur Verfügung (siehe zusammenfassend Tabelle 50, S. 245).

Aktivitäten:	(Einstellungsänderung, genauer Bewertungsänderung) Es wird entschieden, daß die betrachtete exosexuelle Beziehung nicht oder nicht so bedrohlich für die eigenen Eifersuchtsmotive ist oder daß diese Bedrohung im Vergleich zu anderen Gefährdungen oder auch Gratifikationen nicht oder nicht so schlimm ist, also: "sexuelle Eifersucht nein" oder "sexuelle Eifersucht ja, aber eingeschränkt".
Aktoren:	Ego bzw. alle anderen Abwägungsinstanzen.
Voraussetzungen:	(Bisher oder erwartbar) Eifersuchtsbewirkende Entscheidungen.
Wirkungsweise:	(Direkt und sicher bis indirekt und unsicher) Wenn "sexuelle Eifersucht nein" entschieden wurde, können keine Reaktionen mehr folgen, muß der Prozeß beendet sein. Wird "sexuelle Eifersucht ja, aber begrenzt" entschieden, können bewältigungsrelevante Reaktionen entschieden werden, müssen es aber nicht.
Erfolge:	Partielle Reduzierung bis Überwindung.

Tabelle 50: Steckbrief Bewältigungsmittel 21: Die Eifersuchtsentscheidung ändern

7.5.5 Die Reaktionsentscheidungen ändern

Trotz der möglichen Abweichungen bei der Umsetzung der Entscheidungen (schließlich sind auch situative und externe Faktoren wirksam) kann und wird in den meisten Fällen die Änderung der Reaktionsentscheidungen ein Bewältigungsmittel sein (siehe zusammenfassend Tabelle 51, S. 246).

Während es aber bei den anderen Bewältigungsmitteln noch einfach war, in einer dort zulässigen und zutreffenden Verweisformel zu sagen, diese oder jene Aktivität könne sich reduzierend auswirken, wird es hier schwierig. Denn wann, wo und von wem welche Aktivitäten als reduzierte, unveränderte oder gar heftigere Eifersuchtsreaktionen angesehen werden (müssen), ist entscheidend von der jeweiligen Reduzierungsbasis, der Beurteilungsperspektive und den gegebenen Bewertungsmöglichkeiten bestimmt, und diese können und werden (siehe ausführlicher in 6.4) je nach Person und Situation erheblich variieren. Allgemein für eine reduzierende Reaktionsentscheidung *konkrete* Empfehlungen zu geben, ist deshalb schwierig bis unmöglich, grobe Entscheidungs*richtungen* können jedoch vorgegeben werden (siehe auch 7.6).

Als Reaktionsziel Motiverfüllung anstreben. Wenn nicht gerade die Erfüllung eines Machtmotivs (5.1.1) im Vordergrund der sexuellen Eifersucht steht, sollte sich das Anstreben des Reaktionsziels *Motiverfüllung* gegenüber einem Verfolgen des Ziels Bestrafung (siehe 5.5.2) normalerweise auch aus subjektiver Objekt- und Zuschauersicht reduzierend auswirken.

B249) Anstreben von Motiverfüllung als Bewältigungsmittel
Konstruierter Fall, Wirkungstheorie: Wenn ich Motiverfüllung anstrebe, darf ich, um diese nicht zu gefährden, höchstens kurzfristig und gezielt und aus ganz genauen Wirkungsüberlegungen heraus Reaktionsaktivitäten einsetzen, die Partner, Exopartner und/oder andere schädigen oder verletzen. Denn wenn ich dabei den kritischen Wert der Reaktionsbetroffenen überschreite, muß ich damit rechnen, meine Motive nicht mehr erfüllen zu können. Dies gilt nicht (unbedingt) beim Ziel Bestrafung, wo es mir ja im Gegenteil darauf ankommen kann, Partner, Exopartner und/oder anderen einen unvergeßlichen Denkzettel zu verpassen und wobei oder wozu ich sogar außer acht lassen kann, sonstige eigene Bedürfnisse und/oder Begehren zu befriedigen (siehe das Verlassenkönnen oder Verlassenwollen des vorher unersetzlich erscheinenden Partners; dazu B141 [Körner 1979a:32]). Siehe auch B103.

Eine bestimmte Art von Bestrafung kann dann unter Umständen (weil erfüllungswirksam) *Teil* des Reaktionsziels, sollte aber nicht Selbstzweck sein.

Aktivitäten:	(Einstellungsänderungen, Erkenntnisänderungen) Die Reaktionsentscheidungen werden so geändert, daß die daraufhin ausgeführten Reaktionen mindestens von einigen bisher Eifersuchtsbetroffenen als reduziert bewertet werden können. Bei den *Reaktionszielen* kann dies durch ein Anstreben von Motiverfüllung statt Bestrafung erreicht werden. Zu den reduzierungswirksamen Änderungen der (geplanten) *Reaktionen* selbst siehe und übertrage 7.6.2+3 bzw. Tabelle 53, S. 250, und Tabelle 54, S. 252).
Aktoren:	Ego bzw. alle anderen Abwägungsinstanzen.
Voraussetzungen:	Ego muß wenigstens grob wissen, welche Reaktionsaktivitäten wann, wo und für wen als reduziert gelten und ertragbar sind und welche nicht (siehe 7.6), und muß sich entschieden haben, für wen die Reduzierung gelten soll.
Wirkungsweise:	(Indirekt, unsicher) Die entschiedenen Reaktionsaktivitäten können, wenn sie dann auch tatsächlich wie geplant ausgeführt werden, von Ego, Partner, Exopartner und/oder anderen als eifersuchtsreduzierend bewertet werden - müssen es aber nicht (und zwar vor allem nicht aus allen Beurteilungsperspektiven).
Erfolge:	Partielle Reduzierung.

Tabelle 51: Steckbrief Bewältigungsmittel 22: Die Reaktionsentscheidungen ändern

Innerhalb des Reaktionsziels Motiverfüllung ist immer auch eine Gewichtung der verschiedenen Eifersuchtsmotive und ihrer Erfüllungswichtigkeit, -qualität und -quantität vorzunehmen.

B250) Anstreben bestimmter Motiverfüllungen als Bewältigungsmittel
Fall Kgatla, Afrika: Wichtigstes Sexverbot auch für Ehepartner ist das Verbot von Geschlechtsverkehr während der Menstruation, aus Angst vor Infektionen. «Many squabbles also arise from the fact that married people may not be careful enough in their affairs with outsiders, with the result that, should they become infected, their spouses will likewise suffer. It is therefore held to be an important duty of every wife to inform her husband which of the neighbouring women has 'bad hips', so that, even if he is unfaithful, he will at least know whom to avoid! It is because they fear the invection he might bring them, thereby possibly rendering them sterile, that many women object to their husband's love-affairs» (Schapera 1941:201). Hier wird also (wenigstens) die Erfüllung *eines* Eifersuchtsmotivs (Unversehrtheit) durch entsprechende Aktivitäten (die Warnung) angestrebt, wenn schon andere Motive (z.B. das Exklusivitätsmotiv) nicht erfüllbar sind.

Dieses Differenzieren- und Gewichtenmüssen gilt insbesondere für das Bestandsmotiv und dabei für den Preis eines Beibehaltens oder Aufgebens der Eifersuchtsbeziehung. Weil die Motive Egos, Partners und anderer Beteiligter vielfach zu wenig vereinbar sein können, ist häufig sogar eine Änderung der Motive selbst bzw. der Qualität und/oder Quantität ihrer Erfüllung sinnvoll und in ihren Folgen reduzierungswirksam. Allerdings gibt es (siehe 7.2.3, 7.3.1 und 7.4.3) entscheidende Grenzen der Motivaufgabe bzw. des Erfüllungsverzichts, die ein Ego nicht überschreiten darf (bzw. entsprechend Grenzen der Motivignorierung und -nichterfüllung [Rücksichtslosigkeit] seitens Partner), wenn die Beziehung erhalten bleiben soll (was hier, siehe 3.5, zugrundegelegt worden ist).

Die geplanten Reaktionen ändern. Auch eine Änderung der Entscheidung der Reaktionsinstanzen, des Außenbezugs der Reaktionen, der Reaktionsrichtung, der Reaktionsaktivitäten selbst und/oder ihrer Intensität kann sich eifersuchtsreduzierend auswirken. Welche Möglichkeiten hier zur Verfügung stehen, wird, um Wiederholungen zu vermeiden, in 7.6 gezeigt (siehe also dort).

7.5.6 Zwischenergebnis: Entscheidungsändernde Bewältigungsmittel

Auch innerhalb der Dimension Abwägung, in der es darum geht, die Entscheidungen zu ändern, gibt es verschiedene Bewältigungs*aktivitäten*, die zum Teil wiederum nach dem Gegenteilsprinzip funktionieren: Das Vergrößern der Zahl der Abwägenden sowie das Ändern der Abwägungen selbst (durch Verzögern oder Beschleunigen des Beginns, Verlängern oder Verkürzen der Dauer, Rationalisierung oder Irrationalisierung, Automatisierung und/oder Spezifizierung), der Entscheidungskriterien, der Eifersuchtsentscheidung und/oder der Reaktionsentscheidungen. *Ausführen* müssen diese Aktivitäten immer Ego bzw. die sonst noch an der Abwägung Beteiligten selbst (siehe die Tabellen 47, S. 240, bis 51, S. 246).

Die *Wirkungsweise* ist bei einer Änderung der Instanzen und Aktivitäten indirekt (weil immer auch noch die Entscheidungen geändert werden müssen) und unsicher (weil die Festlegungen trotzdem anders getroffen werden können), sonst direkt, aber nur dann sicher, wenn die Kriterien geändert worden sind (und von der exosexuellen Beziehung erfüllt werden) oder wenn "sexuelle Eifersucht nein!" entschieden wurde. *Erreichbar* sind partielle Reduzierungen bis Überwindungen.

7.6 Reaktionsänderung: Die Reaktionen (und damit ihre Folgen) ändern

Da aus Aktorsicht auf die Effekte sexueller Eifersucht nur über die Reaktionen Einfluß genommen werden kann, ist das Verändern dieser Reaktionen (und damit ihrer direkten wie indirekten Wirkungen und Effekte) die letzte Bewältigungsdimension *innerhalb* sexueller Eifersucht. Sie ist eine besondere Bewältigungsdimension, weil in allen Fällen, in denen die sexuelle Eifersucht nicht überwunden werden kann (also die Eifersuchtsentscheidung "sexuelle Eifersucht ja!" oder "sexuelle Eifersucht ja, aber!" lautet), der Erfolg der dann nur noch möglichen Redu zierung allein an ihnen gemessen wird bzw. werden kann.

Auch hier ist (siehe 7.5.5) daran zu erinnern, daß die Bewertung einer Reaktion als "reduziert" entscheidend von der fallspezifischen Beurteilungsperspektive und den jeweils gegebenen Bewertungsmöglichkeiten bestimmt wird und deshalb personen- wie situationsspezifisch ist (siehe 6.4). Hier *konkrete* Reaktionsanweisungen zu geben, ist deshalb schwierig bis unmöglich, grobe Reaktions*weisen* oder *-richtungen* können jedoch empfohlen werden, und zwar für die Änderung der Reaktionsinstanzen (dazu 7.6.1), der Reaktions- und damit Effektbetroffenen (dazu 7.6.2) sowie der Reaktionen selbst und der Effekte (dazu 7.6.3).

7.6.1 Die Reaktionsinstanzen erweitern

Es kann zu weniger heftigen und damit als reduziert bewertbaren Eifersuchtsreaktionen führen, wenn Ego nicht alleine reagiert, sondern weitere Reaktionsinstanzen hinzuzieht (siehe zusammenfassend Tabelle 52, S. 248).

B251) Erweiterung der Reaktionsinstanzen als Bewältigungsmittel
Wirkungstheorie: Wenn Ego als alleiniger Akteur auf Partner und/oder Exopartner heftig einredet, schimpft, droht oder sogar schlägt, kann es sein, daß bereits die bloße Anwesenheit anderer Personen zu weniger heftigen Reaktionen führt. Es ist auch möglich, daß die Anwesenheit anderer bei Partner, Exopartner oder sonstigen Betroffenen zu abwiegelnderen Bewertungen ("ist halt aufgeregt, wird sich gleich legen") und weniger heftigen Gegenreaktionen führt, was ein gegenseitiges Aufschaukeln und damit Heftigerwerden der sexuellen Eifersucht verhindern oder abmindern kann. Siehe auch die (bei uns de jure geltende) Delegation von Gewaltaktivitäten an den Staat, die ebenfalls eine Erweiterung der Reaktionsinstanzen ist.

Vor allem für die (nicht nur für Egos Motiverfüllung sinnvollen) Auseinandersetzungen zwischen den Beteiligten und Betroffenen kann eine Unterstützung für Ego (wie entsprechend auch für Partner und alle anderen) bewältigungswirksam sein - allerdings nur, wenn Ego allein nicht weniger eifersüchtig reagieren würde (siehe 5.5.1). Daß sich ein betrügender Partner oder Exopartner mit mehreren auch leichter z.B. verprügeln oder schikanieren läßt, ist die andere Seite und Auswirkungsmöglichkeit einer Instanzerweiterung. Es zeigt nur erneut, daß die Bewältigungswirksamkeit einer Aktivitätsart einsatz- und situationsspezifisch sehr unterschiedlich ausfallen kann.

Aktivitäten:	(Verhaltensänderungen) Ego führt die Reaktionsaktivitäten nicht allein, sondern gemeinsam mit andern aus.
Aktoren:	Ego und immer beliebige andere Personen und/oder Institutionen.
Voraussetzungen:	Die alleinigen Reaktionen dürfen nicht zu weniger sexueller Eifersucht führen als die gemeinsamen, Mitreagierende müssen verfügbar und bereit sein.
Wirkungsweise:	(Indirekt, nicht sicher) Wenn das gemeinsame Reagieren (dann auch über neue, gegebenfalls gemeinsame Abwägungen und Entscheidungen) zu anderen Reaktionsaktivitäten und -richtungen führt, können diese als reduziert bewertet werden - müssen es aber nicht.
Erfolge:	Partielle Reduzierung.

Tabelle 52: Steckbrief Bewältigungsmittel 23: Die Reaktionsinstanzen erweitern

7.6.2 Die Reaktions- und damit Effektbetroffenen ändern

Die Bewertung einer Aktivität als bewältigungswürdige Eifersuchtsreaktion wird stark davon beeinflußt, ob der Beurteilende selbst von diesen Reaktionen betroffen ist oder nicht. Deshalb kann eine Änderung des Außenbezugs (siehe 5.5.4), also des Erfahrens bzw. Ausdrückens, oder der Reaktionsrichtung eifersuchtsreduzierend wirken (siehe zusammenfassend Tabelle 53, S. 250).

Die sexuelle Eifersucht nicht ausdrücken. Das Auffallendste und Störendste an sexueller Eifersucht ist (außer für Ego selbst) meist die ausgedrückte Eifersuchtsreaktion. Deshalb muß es mindestens für die sonst extern Betroffenen und die Zuschauer reduzierend wirken, wenn die sexuelle Eifersucht von Ego "nur" empfunden, erfahren oder erlitten, nicht aber (auch) ausgedrückt wird.

B252) Verzicht auf das Ausdrücken der sexuellen Eifersucht als Bewältigungsmittel
Konstruierter Fall, Wirkungstheorie: Wenn Ego, statt aggressiv gegen ihren/seinen Partner vorzugehen, die Eifersucht nur still erleidet und "in sich hineinfrißt", wird Partner dies normalerweise nicht als besonders heftige sexuelle Eifersucht erleben und bewerten, wird er/sie keinen Anlaß sehen, eine Reduzierung zu verlangen (für Ego ist die Beurteilungslage hier augenscheinlich ganz anders). *Fall Lepcha, Asien*: «... these people have realised that in the conditions in which they live sexual jealousy would make life intolerable, and in the course of countless generations they have so conditioned their feelings that this particular emotion never arises: or if it really is an inherent instinct, then they have sublimated it to such an extent that it causes no psychological disturbance» (Morris 1938:232f.). *Fall Deutschland*: Das Nichtausdrücken sexueller Eifersucht war die propagierte bzw. geforderte und bis zu einem gewissen Grad auch praktizierte Lösung während der Studentenrevolte nach 1968: «'Früher hab ich halt versucht, cool zu sein, wenn mein Typ in der WG mal mit 'ner anderen bumste', erzählt eine 43jährige Lehrerin. 'Morgens hab ich denen sogar noch fröhlich das Frühstück gemacht, obwohl mir eher zum Heulen war.'» (Zschocke & Clasen-Holzberg 1988:112).

Diese Reduzierungswirkung gilt freilich manchmal bloß auf den ersten Blick. Denn ein solches Nur-Erfahren kann auch für Partner oder andere (und nicht allein für Ego) unerwünschte Folgen haben.

B253) Probleme durch ein Nichtausdrücken sexueller Eifersucht
Wirkungstheorie: Problematisch wird das Nichtausdrücken immer dann, wenn die ausschließlich oder weitgehend interne Problemverarbeitung (das "In-sich-Hineinfressen", vor allem über längere Zeiträume) sich dann letztlich doch wieder negativ auf Ego und auch auf die Eifersuchtsbeziehung, auf Partner oder auf andere auswirkt.

Das Ertragen sexueller Eifersucht muß also keine Reduzierungslösung sein. Die Bewältigungswirksamkeit hängt auch hier von der Ausgangslage, dem genauen Verlauf usw., d.h. den fallspezifischen Umständen ab.

Die sexuelle Eifersucht ausdrücken. Nicht nur, weil mittel- oder langfristig sogar ein Eifersuchtsertragen extern als unerwünschte Eifersuchtsreaktion bewertet werden kann, ist auch die gegenteilige Strategie, das Ausdrücken der sexuellen Eifersucht, potentiell eifersuchtsreduzierend.

B254) Ausdrücken der sexuellen Eifersucht als Bewältigungsmittel (1)
Konstruierter Fall, Wirkungstheorie: Beispielsweise kann ein Ausdrücken seitens Ego dann bewältigungswirksam sein, wenn es Partner ärgert oder auch bedrückt, daß Ego sich auf keine Auseinandersetzung einlassen will, daß Ego Partner die genaue Angabe seiner Befindlichkeit, Sorgen oder Befürchtungen verweigert.

Hier kommt es dann darauf an, *wie* die sexuelle Eifersucht ausgedrückt wird, also *welche* Reaktionen gewählt werden. Insbesondere für Ego selbst kann das Ausdrücken der sexuellen Eifersucht eine wichtige Reduzierungsmöglichkeit sein.

B255) Ausdrücken der sexuellen Eifersucht als Bewältigungsmittel (2)
Fall Alor, Indonesien: Dort gibt es Eifersucht in den polygynen Beziehungen. Die Lösung ist eine kontrollierte Reaktion, ein Zeigen der Empfindungen, der Unzufriedenheit usw. (ein "Rauslassen"): «Jealousy on the parts of women has direct cultural outlets and aggressive expression. When a man takes a second wife, for example, it is considered good form for the first one to quarrel about it. As might be expected, these quarrels are often phrased in terms of pro-

perty. ... After a few reproaches of this sort the first wife seeks out the second. They exchange insults for a time and then begin pulling, tugging, and beating at each other. Immediately all the women of the village become involved. Each wife has a certain number of belligerent allies, and in addition there is always a large group of women who try to separate the combatants but who manage in their role of peacemakers to land some very effective blows. A whole village may be in a turmoil of struggling women waging a shifting warfare in the mud or dust of the dance place for as long as from two to four hours. Men at such times are inclined to stand out of range and watch the tide of battle with mixed amusement and contempt. ... Naturally some battles may be much less violent than others, depending on how much real jealousy motivates a woman utilizing this formal cultural outlet. More than once a senior wife who is in earnest makes life so uncomfortable that the junior wife finally insists on a divorce, but even a wife who has urged her husband to buy another woman will go through the forms of a quarrel. The only case in which the culture denies such expressions is in the inheritance of a widow through the levirate. The effect of this cultural pattern is to afford women a very direct and relatively harmless emotional outlet. It remindes one of the formalized wailing required of them as an expression of grief that is denied men. In these two cases the culture grants more direct and recognized outlets to women than to men» (Dubois 1960/44:110f.). *Fall Deutschland, Wirkungstheorie*: Bei uns wird in jüngerer Zeit z.B. in Frauenzeitschriften propagiert, die sexuelle Eifersucht nicht nur zu empfinden, sondern auch mitzuteilen, den anderen zu zeigen. Dabei komme es nicht in erster Linie darauf an, den Flirt oder eine sich anbahnende Beziehung zu zerstören, sondern selber handlungsfähig zu bleiben. «Solange man eine Möglichkeit findet, die eigenen Wünsche und Gefühle auszudrücken, braucht man sich nicht klein, hilflos und schwach zu fühlen. Oder sich zu schämen» (Zschocke & Clasen-Holzberg 1988:116)

Aktivitäten:	(Verhaltensänderungen) Die sexuelle Eifersucht wird entweder nicht (mehr) nur erfahren, sondern (auch) ausgedrückt, oder umgekehrt nicht (mehr) ausgedrückt, sondern nur (noch) erfahren. Wird sie weiterhin (auch) ausgedrückt, wird die Reaktionsrichtung geändert (also beispielsweise aggressive Aktivitäten gegen Sachen statt Personen).
Aktoren:	Ego (bzw. andere an den Reaktionsaktivitäten Beteiligte).
Voraussetzungen:	Das Erfahren (beim Wechsel zum Ausdrücken) bzw. Ausdrücken (beim Wechsel zum Erfahren) muß zu heftigeren Reaktionen führen bzw. geführt haben.
Wirkungsweise:	(Direkt, teilweise sicher) Wer nicht (mehr) oder (nur noch) randlich von Eifersuchtsreaktionen betroffen ist, muß keine (so starke) Eifersuchtsreduzierung mehr wünschen oder fordern.
Erfolge:	Partielle Reduzierung.

Tabelle 53: Steckbrief Bewältigungsmittel 24: Die Reaktions- und damit Effektbetroffenen ändern

Die Richtung der Reaktionen ändern. Für jede Person, Gruppe oder Sache, die aufgrund einer Änderung der Reaktions*richtung* nicht (mehr) von Eifersuchtsreaktionen betroffen wird, kann dies als Eifersuchtsreduzierung bewertbar sein.

B256) Ändern der Reaktionsrichtung als Bewältigungsmittel

Statt die Schuld (immer) beim Partner zu suchen und gegen ihn eifersüchtig zu reagieren, kann die Schuld beispielsweise auch dem Rivalen zugeschoben werden. Das kann zum einen das Verzeihen erleichtern und damit die Reaktionsheftigkeit insgesamt reduzieren, zum anderen aber Partner auch von Reaktionen befreien. *Fall Ojibwa [Chippewa], Nordamerika*: «Often two people remarry after they have separated, at the initiative of either spouse. The first resentments are forgotten or have been transferred exclusively to the rival» (Landes 1938:105-6).

Besonders die Umlenkung der Reaktionen auf (nicht lebende) Sachen (wenn physisch-aggressive Aktivitäten schon nicht völlig vermeidbar sind und weil sie u.U. ja sogar therapeutisch sinnvoll sein können) bietet sich als geeignetes Reduzierungsmittel an (freilich auch nur, wenn nicht entscheidende Wertgegenstände demoliert werden ...).

B257) Ausreagieren an Dingen als Bewältigungsmittel

Fall Hare [Colville Lake], Nordamerika: «... emphasis on generosity, for example, are quite common among some of the people. Expressions of jealousy and anger in this regard, however, are almost never directly made to the person whose behavior brought these feelings about. Similarly, sexual jealousies between husbands and wives are rarely expressed when the people are sober. Interpersonal stresses generated by prolonged periods of small-group isolation in the bush are channeled and dissipated in a number of ways, including strenuous chopping of wood, travelling, beating of dogs, and violent behavior when drinking» (Savishinsky 1976:34).

Allerdings bleibt bei jeder Richtungsänderung das Problem, daß für die dann doch immer noch Betroffenen keine Eifersuchtsreduzierung erreicht wird, das Mittel also auch in dieser Hinsicht nur partiell wirkt.

7.6.3 Die Reaktionen und damit Effekte reduzieren

Gerade für das offenkundigste und zumindest Außenstehende am meisten störende Merkmal sexueller Eifersucht, die Reaktionsaktivitäten (und damit ihre Effekte), lassen sich keine anweisungskonkreten Änderungsempfehlungen geben. Zwar gibt es (5.5 et passim) sehr viele und sehr verschiedenartige Möglichkeiten, auf positive Eifersuchtsentscheidungen zu reagieren (siehe Tabelle 18, S. 165). Welche davon aber als *reduzierte* Reaktionen und deshalb als Lösungsmittel zur Eifersuchtsbewältigung anzusehen sind, hängt immer vom jeweiligen Bewertungsstandpunkt ab, und der kann eine subjektive oder präskriptive Aktor-, Zuschauer- oder Objektsicht sein (siehe 6.4).

B258) Die Problematik der Eifersuchtsbewältigung durch Reaktionsänderungen

Konstruierte Fälle, Bewertungen: Ist eine kurze, dabei aber relativ heftige und vielleicht sogar spektakuläre, dann aber vergessende oder verzeihende und einen Neubeginn ermöglichende Reaktion *schlimmer* oder *weniger schlimm* als eine langandauernde, milde und kaum erkennbare, letztlich aber vielleicht sogar niemals zu einer wirklichen Versöhnung führende Reaktion? Ist öffentliches Preisgeben oder sogar Lächerlichmachen *schlimmer* oder *weniger schlimm* als privates Schlagen oder Zuneigungsentziehen? Ist selbstmitleidiges oder selbstanklagendes Jammern und Wehleiden *schlimmer* oder *weniger schlimm* als aggressives Fordern und Setzen von Grenzen? Ist eine totale Trennung vom Partner (Scheidung bzw. Beziehungsbeendigung) *schlimmer* oder *weniger schlimm* als ein zwar Aufrechterhalten, aber inhaltliches Verändern der Eifersuchtsbeziehung? Ist eine rationale, nüchterne, überlegende, nachhakende, sachliche Auseinandersetzung mit der Absicht, die eigenen wie fremden Motive und Erfüllungsabsichten zu klären und gegebenenfalls entsprechende Konsequenzen ziehen zu können, *schlimmer* oder *weniger schlimm* als ein unsicheres, weinendes, trauriges, mitleidheischendes Klärungsversuchen aber Nichtartikulierenwollen in gleicher Absicht? Sind zwei Ohrfeigen *schlimmer* oder *weniger schlimm* als zwölf Tage Kommunikationsentzug? Ist (zum Beispiel für Ego) das Töten eines gehaßten Rivalen und der daraus resultierende mehrjährige Gefängnisaufenthalt mit allen seinen Konsequenzen *schlimmer* oder *weniger schlimm* als ein quälendes Ertragenmüssen einer eigentlich als unerträglich und zerstörerisch empfundenen exosexuellen Beziehung? Siehe auch B185 und B186.

Deshalb kann wenigstens unter bestimmten Umständen und aus einer besonderen Perspektive nahezu jede Reaktionsaktivität mehr bis weniger bewältigungs(un)-würdig sein. In Verbindung mit dem auch hier wirksamen Gegenteilsprinzip folgt daraus, daß (wie zum Teil aus der Erörterung in den anderen Dimensionen bzw. Mitteln erschließ- und übertragbar)

- die Einhaltung der gegebenen *Normen* als auch deren Mißachtung,
- der Wechsel der *Aktivitätsart* (emotionale oder nichtemotionale Kognitionen, Empfindungen, Verhalten oder Handlungen) bzw. *Aktivität* wie deren Beibehaltung,
- eine Erhöhung wie Verringerung der *Intensität* bzw. *Automatisiertheit*,
- eine Beschleunigung oder Verzögerung,
- eine Verkürzung oder Verlängerung

und/oder ähnliche Reaktionsänderungen eifersuchtsreduzierend wirken können. Was unter welchen Umständen und in welcher Situation für wen als (ausreichende) Reduzierung bewertet werden kann, ist dann fallspezifisch zu bestimmen (siehe zusammenfassend Tabelle 54, S. 252).

Aktivitäten:	(Einstellungs-, Empfindungs-, Erkenntnis- und/oder Verhaltensänderungen) Die Reaktionsaktivitäten werden durch die Einhaltung oder Mißachtung der gegebenen Normen, durch Wechsel oder Beibehaltung der Aktivitätsart bzw. Aktivitäten, durch Erhöhung oder Verringerung der Intensität und/oder Automatisiertheit, durch Beschleunigung oder Verzögerung, durch Verkürzung oder Verlängerung oder auf eine beliebige andere Weise so geändert, daß sie von Ego selbst, Partner, Exopartner und/oder anderen Agierenden, Betroffenen oder Zuschauern als reduziert bewertbar sind.
Aktoren:	Ego bzw. alle anderen Reagierenden.
Voraussetzungen:	Die (geplanten oder praktizierten) Ausgangsaktivitäten müssen schlimmer, heftiger oder in einer anderen Weise reduzierungswürdig (gewesen) sein.
Wirkungsweise:	(Direkt, unsicher) Eine Reaktionsänderung kann von den Agierenden, Betroffenen und/oder Zuschauern als reduzierte sexuelle Eifersucht bewertet werden, muß es aber nicht. (Die Bewältigungswirksamkeit liegt also nicht nur in der Änderungsaktivität, sondern vor allem auch in der internen oder externen Beurteilung derselben bzw. ihrer Folgen.)
Erfolge:	Partielle Reduzierung.

Tabelle 54: Steckbrief Bewältigungsmittel 25: Die Reaktionen und damit Effekte reduzieren

7.6.4 Zwischenergebnis: Reaktionsändernde Bewältigungsmittel

Obwohl die Einstufung einer Eifersuchtsaktivität als reduziert weitgehend auch von der jeweiligen Beurteilungsperspektive und den Beurteilungskriterien abhängt, gibt es die Möglichkeit, durch Erweiterung der Zahl der Reagierenden, Änderung des Außenbezugs bzw. der Richtung der Reaktionen sowie durch eine polarisierende Änderung der Reaktionsaktivitäten (und damit grundsätzlich auch der Effekte) diese Bewertungen entscheidend zu beeinflussen. *Agieren* müssen dabei immer Ego und/oder die anderen beteiligten Reaktionsinstanzen (siehe zusammenfassend die Tabellen 52, S. 248, bis 54, S. 252).

Die *Wirkungsweise* ist unterschiedlich: Beim *Instanzenerweitern* indirekt (weil auch die Aktivitäten bzw. Richtungen noch zu ändern sind) und unsicher, beim *Außenbezugs-* bzw. *Richtungsändern* für die Nichtbetroffenen direkt und sicher und für die Wenigerbetroffenen direkt und (wegen der erforderlichen Bewertungen) möglich, sowie beim *Aktivitätenändern* direkt, aber unsicher. *Erreichbar* sind bestenfalls partielle Reduzierungen der sexuellen Eifersucht.

7.7 Folgenänderung: Die Wirkungen und Effekte sexueller Eifersucht ändern

Die Reaktionen und Effekte sexueller Eifersucht können die unterschiedlichsten Wechsel-, Rück- und/oder Nebenwirkungen und damit -effekte haben (siehe 5.6). Über die Mechanismen der Antizipation bzw. der Erfahrungsauswertung können diese *Folgen* sexueller Eifersucht für eine Eifersuchtsbewältigung genutzt werden, wobei vor allem zwei grundlegende Änderungsvarianten zur Verfügung stehen: eine Bestrafung (dazu 7.7.1) und eine Belohnung (dazu 7.7.2) der sexuellen Eifersucht.

7.7.1 Die sexuelle Eifersucht bestrafen

Eifersuchtsreaktionen und ihre Effekte werden von Ego zwar immer (mindestens unbewußt) mit den jeweiligen Eifersuchtsmotiven verknüpft, sind - selbst wenn sie nicht greifen - auch auf diese und auf deren Erfüllung oder Befriedigung bezogen (siehe 5.6.2). Die Folgen sexueller Eifersucht sind aber nicht nur auf diese eifersuchtsauslösenden Eifersuchtsmotive bezogen, sie können auch ganz andere Erfordernisse Egos tangieren.

Weil Ego eher Motiverfüllung als -nichterfüllung anstreben wird, kann es bewältigungswirksam sein, wenn die Eifersuchtsreaktionen und -effekte die erwünschte Qualität und/oder Quantität der Erfüllung (nicht nur der Eifersuchtsmotive!) *nicht* herbeiführen, wenn die sexuelle Eifersucht also *bestraft* wird (siehe zusammenfassend Tabelle 55, S. 254).

B259) Nichterfüllen der Eifersuchtsmotive wegen der SE als Bewältigungsmittel
Verbreitet ist Lächerlich- oder Sichlustigmachen über sexuelle Eifersucht: *Fall Burundi/Rundi, Afrika*: «A man who is jealous of his wife's lovers is considered an imbecile» (Albert 1963:193). *Fall Timbira*, Südamerika: «Among young men any expression of jealousy or resentment over a slight would be considered mean and ridiculous» (Nimuendajú 1946:119). *Fall Pukapuka, Ozeanien*: «One jealous woman is reputed to accompany her husband everywhere he goes, even going fishing with him. She is the butt of much private ridicule» (Beaglehole & Beaglehole 1938:47). Oder Eifersüchtige müssen damit rechnen, aufgrund der (zu heftigen) Reaktionen Partner (z.B. durch Scheidung) zu verlieren: *Fall Sirionó [Mbia], Südamerika*: «A man generally takes no part in the fights that break out between his wives; indeed he is usually away on the hunt when they occur. Only if they occur too frequently or become too violent does the husband interfere. Under these conditions he may threaten with divorce the wife standing lower in his favor, in order to keep peace in the family» (Holmberg 1950:49-50). Oder die (präventiven oder unbegründeten) Eifersuchtsreaktionen führen überhaupt erst zu tatsächlichen exosexuellen Beziehungen (siehe den Fall Me'udana, B167). Siehe auch B1, B96, B136 und B154 bis B166.

Der Mechanismus ist hierbei die negative Rückkoppelung, also die Antizipation oder Auswertung dieser unerwünschten Folgen. Ego muß (und kann) lernen, daß eine bestimmte Qualität und/oder Quantität an Reaktionen zu den unerwünschten Folgen führt. Einsetzbar ist die Eifersuchtsbestrafung aber nur, wenn sie auch durch Reaktionen bewirkt wurde, die als nichtreduziert bewertet werden. Außerdem ist sie meist keine freiwillige, einsichtige Lösung, sondern eine unter Druck - mit allen entsprechenden Problemen wie Möglichkeiten (siehe z.B. auch 7.2.3).

Aktivitäten:	(Verhaltens-, Einstellungs-, Wissensänderungen) Alle oder einige Eifersuchts- und/oder beliebige andere Motive Egos werden aufgrund einer positiven Eifersuchtsentscheidung und entsprechender -reaktionen und -effekte (qualitativ und/oder quantitativ) *nicht erfüllt.*
Aktoren:	Partner, Exopartner, andere, unter Umständen auch Ego.
Voraussetzungen:	Ego muß Motiverfüllung anstreben und die nichterfüllenden Reaktionen müssen als nichtreduziert beurteilt oder beurteilbar sein.
Wirkungsweise:	(Indirekt, unsicher) Durch den Mechanismus der negativen Rückkoppelung kann die Erfahrung oder Bestätigung der Nichtwirksamkeit nichtreduzierter Eifersuchtsreaktionen Ego bzw. andere Aktoren dazu bringen, diese nichtreduzierenden Entscheidungen und sonstigen Aktivitäten zu ändern.
Erfolge:	Partielle Reduzierung bis Überwindung, je nach den gezogenen Konsequenzen (Folgeveränderungen).

Tabelle 55: Steckbrief Bewältigungsmittel 26: Die sexuelle Eifersucht bestrafen

7.7.2 Die sexuelle Eifersucht belohnen

Wenn die bisherigen oder geplanten Reaktionen als reduziert bewertbar sind, kann (diesmal nach dem Prinzip der positiven Rückkoppelung) auch das umgekehrte Vorgehen, also eine *Belohnung* der sexuellen Eifersucht, zu einer Bewältigung sexueller Eifersucht führen (siehe zusammenfassend Tabelle 56).

B260) Erfüllung der Eifersuchtsmotive aufgrund der SE als Bewältigungsmittel
Konstruierter Fall, Wirkungstheorie: Etwa, wenn Partner aufgrund der gemäßigten Reaktionen Egos über ihr Verhalten nachdenken und daraus die Konsequenz ziehen, zukünftig die Motive Egos mehr zu respektieren und die exosexuelle Beziehung deutlicher der Eifersuchtsbeziehung unterzuordnen, weshalb Ego weiterhin reduziert reagiert.

Aktivitäten:	(Verhaltens-, Einstellungs-, Wissensänderungen) Alle oder einige Eifersuchts- und/oder beliebige andere Motive Egos werden aufgrund einer positiven Eifersuchtsentscheidung und entsprechender -reaktionen und -effekte (qualitativ und/oder quantitativ) *erfüllt.*
Aktoren:	Partner, Exopartner, andere, unter Umständen auch Ego.
Voraussetzungen:	Ego muß Motiverfüllung anstreben und die erfüllenden Reaktionen müssen als reduziert beurteilt oder beurteilbar sein.
Wirkungsweise:	(Indirekt, unsicher) Durch den Mechanismus der positiven Rückkoppelung kann die Erfahrung oder Bestätigung der Wirksamkeit reduzierter Eifersuchtsreaktionen Ego bzw. andere Aktoren dazu bringen, diese reduzierenden Entscheidungen und sonstigen Aktivitäten einzusetzen oder beizubehalten.
Erfolge:	Partielle Reduzierung bis Überwindung, je nach den gezogenen Konsequenzen (Folgeveränderungen).

Tabelle 56: Steckbrief Bewältigungsmittel 27: Die sexuelle Eifersucht belohnen

Allerdings funktioniert auch dieses Mittel nicht unter allen Umständen. Vor allem, wenn sexuelle Eifersucht weitgehend akzeptiert oder sogar positiv bewertet wird (und der Exosex negativ angesehen ist), müssen Eifersüchtige nicht unbedingt mit harten Strafen oder anderen unangehmen Konsequenzen, können sie sogar mit Belohnungen (z.B. durch Erhöhen des Sozialprestiges) rechnen, auch wenn sie Reaktionen wählen und einsetzen, die wenigstens von den Betroffenen als (sehr) reduzierungswürdig beurteilt werden.

B261) Erschwerte Eifersuchtsbewältigung wegen Belohnung der sexuellen Eifersucht

Fall USA: Dort sei sexuelle Eifersucht die akzeptierte Antwort auf Untreue. Eifersüchtige könnten Sympathie erwarten und milde Behandlung sogar bei Verbrechen, da Eifersucht als funktional für Monogamie angesehen werde (Bernard 1971:209). Obwohl Eifersucht oft zu Mord führe, werde sie öfter als gerechtfertigtere und ethisch akzeptablere Emotion beurteilt als zum Beispiel Neid (Pao 1982:131).

In solchen Fällen könnte es aus Bewältigungssicht besser sein, die sexuelle Eifersucht nicht nachsichtig oder gar positiv zu bewerten und behandeln, kein Verständnis (mehr) zu haben. Denn das könnte (siehe 7.7.1) vielleicht zur reduzierenden Änderung der Reaktionen und damit zu einer Reduzierung der sexuellen Eifersucht führen.

7.7.3 Zwischenergebnis: Folgenändernde Bewältigungsmittel

Die erfahrenen oder erwartbaren Wechsel-, Rück- und Nebenwirkungen und -effekte sexueller Eifersucht können die Eifersuchtsabwägungen und damit -entscheidungen und -reaktionen beeinflussen. Deshalb kann eine entsprechende Veränderung der (vor allem mittelbaren) Folgen sexueller Eifersucht bewältigungswirksam sein: Wenn die sexuelle Eifersucht als reduziert bewertbar ist, muß sie (von Partner, Exopartner und/oder anderen Betroffenen wie Nichtbetroffenen) belohnt werden; ist sie es nicht, muß sie bestraft werden (siehe die zusammenfassenden Tabellen 55, S. 254, und 56, S. 254).

Die *Wirkungsweise* ist indirekt und unsicher, weil sie nach dem Schema der positiven bzw. negativen Rückkoppelung funktioniert und immer weitere Abwägungen und Entscheidungen erforderlich sind. Deshalb sind auch partielle Reduzierungen und Überwindungen *erreichbar*.

7.8 Ergebnis: Bewältigungsmittel

Es gibt (siehe die Tabellen 29, S. 200, bis 56, S. 222) mindestens 27 verschiedene Mittel zur Bewältigung sexueller Eifersucht. Diese bieten zahlreiche Aktivitätsmöglichkeiten in sieben Bewältigungsdimensionen (dazu 7.8.1) für Ego, Partner und/oder Exopartner als den wichtigsten Aktoren (dazu 7.8.2). Der Einsatz dieser Bewältigungsmittel kann und wird, wenn die allgemeinen und spezifischen Voraussetzungen (dazu 7.8.3) und Bedingungen (dazu 7.8.4) erfüllt sind, zu einer partiellen Überwindung oder Reduzierung sexueller Eifersucht führen (dazu 7.8.5).[40]

40 Es ging in diesem Kapitel nur um geeignete Bewältigungsmittel, unabhängig davon, wie diese im Einzelfall oder generell zu bewerten sind (siehe zum Bewertungsproblem und übertrage auf die Mittelbeurteilung 6.4 und siehe 8).

7.8.1 Bewältigungsaktivitäten

Die zur Bewältigung sexueller Eifersucht erforderlichen Aktivitäten umfassen das gesamte Spektrum von Aktivitätsarten, also Wahrnehmungsänderungen, Einstellungsänderungen (und dabei vor allem Bewertungs- und Begehrensänderungen), Erkenntnisänderungen, Empfindungsänderungen und Verhaltensänderungen (siehe 6.3.3). Im einzelnen können in den verschiedenen Eifersuchtsdimensionen 27 Aktivitätsarten oder -gruppen ausgeführt werden, um sexuelle Eifersucht zu überwinden oder zu reduzieren (siehe Tabelle 57).

Grundlegende Aktivitätsarten in Eifersuchtsbewältigungen
- Wahrnehmungsänderungen
- Einstellungsänderungen (Änderungen von Bewertungen und Normen [vor allem Motiven: Bedürfnissen, Begehren und Bedarfen])
- Erkenntnisänderungen (Änderungen von Wissen und/oder Können)
- Empfindungsänderungen
- Verhaltensänderungen

Aktivitäten zur Kontextänderung

1) *Die Einstellungen zur Sexualität ändern*: Sexualität "normalisieren", physische und psychische Sexualität trennen, sexuelle Beziehungen demokratisieren, eine anthropo-realistische Motivsicht annehmen.
2) *Die Emotionalisierungsgefahr verringern*: Die grundsätzliche und damit aktuelle Kompetenz, Kontrolle und/oder die Erwartungen realistisch verbessern.
3) *Die eigenen Exosex-Erfahrungen ändern*: Selbst exosexuelle Beziehungen eingehen oder unterhalten.

Aktivitäten zur Beziehungsänderung

4) *Die Motiverfüllung verbessern*: Die Erfüllung der mit der Eifersuchtsbeziehung verknüpften Motive Egos gut erhalten oder verbessern.
5) *Egos Abhängigkeit vom Partner erhöhen*: Egos wirtschaftliche, politische und/oder beliebige andere Abhängigkeit vom Partner hoch erhalten oder erhöhen.
6) *Egos Selbständigkeit erhöhen*: Egos wirtschaftliche, politische und/oder beliebige andere Unabhängigkeit vom Partner hoch erhalten oder erhöhen.

Aktivitäten zur Motivänderung

7) *Eifersuchtsrelevante Motive aufgeben*: Das Exklusivitäts-, Macht- und/oder Neidmotiv völlig aufgeben oder das Bedrohlichkeitskriterium exosexuelle Beziehungen für die (auch Eifersuchts-)Motive streichen.
8) *Eifersuchtsrelevante Motive verschärfen*: Das Bestandsmotiv verschärfen.
9) *Eifersuchtsrelevante Motive einschränken*: Das Treuemotiv durch Modifizieren der Eifersuchtsmotive bzw. der Bedrohlichkeitskriterien so einschränken, daß Exosex bestimmter Arten mit bestimmten Personen, in bestimmten Situationen und/ oder zu bestimmten Zwecken zugelassen (erlaubt, geduldet oder ertragen) wird, weil er nicht als bedrohlich angesehen wird.

Aktivitäten zur Auslöseränderung

10) *Auf exosexuelle Beziehungen verzichten*: Keine exosexuellen Beziehungen eingehen oder vorhandene abbrechen.
11) *Exosexuelle Beziehungen verhindern*: Exosex durch Ausübung von Druck/Macht oder Erhöhen bzw. Erhalten der Attraktivität der Eifersuchtsbeziehung verhindern.
12) *Exosexuelle Beziehungen begrenzen*: Den Exosex auf das von Ego zugelassene Maß beschränken oder eindeutig der Eifersuchtsbeziehung unterordnen.

Tabelle 57: Die Eifersuchts-Bewältigungsaktivitäten (Teil 1)

***Aktivitäten zur Auslöseränderung** (Fortsetzung)*

13) *Ego bestechen*: Finanzielle oder beliebige andere Entschädigungen oder Belohnungen an Ego leisten.
14) *Selbst am Exosex teilnehmen*: Aktive oder passive Teilnahme und/oder Kontrolle der exosexuellen Beziehung durch Ego.
15) *Die exosexuelle Beziehung verheimlichen*: Den Exosex diskret ausüben und das Wissen darüber möglichst schlecht halten.
16) *Die exosexuelle Beziehung ignorieren*: Den Exosex diskret ausüben und möglichst nichts darüber wissen wollen.
17) *Die Wahrnehmungen verbessern*: Die exosexuelle Beziehung genauer betrachten.

Aktivitäten zur Abwägungsänderung

18) *Die Abwägungsinstanzen erweitern*: Die Zahl der Abwägenden vergrößern.
19) *Die Abwägungsaktivitäten ändern*: Die Abwägungen verzögern, beschleunigen, verlängern, verkürzen, rationalisieren, irrationalisieren, automatisieren, spezifizieren und/oder auf eine andere Weise ändern.
20) *Die Entscheidungskriterien ändern*: Das Bedrohlichkeitskriterium, die Erfüllungswichtigkeit und/ oder andere Kriterien ändern.
21) *Die Eifersuchtsentscheidung ändern*: "Sexuelle Eifersucht nein!" oder "sexuelle Eifersucht ja, aber ..." entscheiden.
22) *Die Reaktionsentscheidung ändern*: Ziel, Außenbezug, Richtung, Aktivitätsart, Aktivität, Intensität, Beginn, Dauer und/oder andere Eigenschaften der geplanten Reaktionen ändern.

Aktivitäten zur Reaktionsänderung

23) *Die Reaktionsinstanzen erweitern*: Die Zahl der Reagierenden vergrößern.
24) *Die Reaktionsbetroffenen ändern*: Die sexuelle Eifersucht (nicht) ausdrücken oder die Reaktionsrichtung ändern.
25) *Die Reaktionen (und Effekte) ändern*: Ziel, Außenbezug, Richtung, Aktivitätsart, Aktivität, Intensität, Beginn, Dauer, Legitimität und/oder andere Eigenschaften der Reaktionen ändern.

Aktivitäten zur Folgenänderung

26) *Die sexuelle Eifersucht bestrafen*: Die Eifersuchts- und sonstigen Motive Egos wegen der zu heftigen Eifersuchtsreaktionen nicht erfüllen.
27) *Die sexuelle Eifersucht belohnen*: Die Eifersuchts- und sonstigen Motive Egos wegen der reduzierten Eifersuchtsreaktionen erfüllen.

Tabelle 57: Die Eifersuchts-Bewältigungsaktivitäten (Teil 2)

7.8.2 Bewältigungsaktoren

Aktiv werden muß bei den meisten Bewältigungsmitteln vor allem *Ego* selbst. Partner und Exopartner haben als Allein- oder Hauptaktoren nur wenige (dabei allerdings sehr wirkungsvolle) Mittel zur Eifersuchtsbewältigung von außen zur Verfügung (siehe Tabelle 58, S. 258).

Neben den in der Tabelle erfaßten Hauptaktoren können bei vielen Mitteln allerdings auch andere mindestens manchmal nützlich eingreifen, indem sie die gleichen Aktivitäten entsprechend ausführen oder die Aktoren durch therapeutische Hilfe unterstützen. Optimal wäre deshalb, wenn nicht nur Ego an der Eifersuchtsbewältigung arbeiten würde oder müßte, sondern - wo dies möglich ist - auch Partner und Exopartner mitarbeiteten (bzw. umgekehrt). Und wenn vor allem die Bemühungen nicht auf die personale Ebene beschränkt blieben, sondern sozietär unterstützt würden (siehe dazu aber 8.2.3).

	Mittel	*Ego*	*Partner*	*Exopartner*
1)	Einstellungsänderungen	+		
2)	Emotionalisierungsvorsorge	+		
3)	Eigene exosexuelle Beziehungen	+		
4)	Motiverfüllung verbessern		+	
5)	Abhängigkeit Egos erhöhen	+	+	
6)	Selbständigkeit Egos erhöhen	+	+	
7)	Motive aufgeben	+		
8)	Bestandsmotiv verschärfen	+		
9)	Treuemotiv einschränken	+		
10)	Auf Exosex verzichten		+	+
11)	Exosex verhindern	+	+	+
12)	Exosex beschränken/unterordnen		+	+
13)	Ego bestechen		+	+
14)	Am Exosex selbst teilnehmen	+		
15)	Exosex verheimlichen		+	+
16)	Exosex ignorieren	+		
17)	Exosex genauer betrachten	+		
18)	Abwägungsinstanzen erweitern	+		
19)	Abwägungsaktivitäten ändern	+		
20)	Entscheidungskriterien ändern	+		
21)	Eifersuchtsentscheidung ändern	+		
22)	Reaktionsentscheidungen ändern	+		
23)	Reaktionsinstanzen erweitern	+		
24)	Reaktionsbetroffene ändern	+		
25)	Reaktionen ändern	+		
26)	Eifersucht bestrafen	+	+	+
27)	Eifersucht belohnen	+	+	+

Tabelle 58: Die Hauptaktoren in den Bewältigungsmitteln

7.8.3 Praktizierbarkeitsvoraussetzungen

Über die Erfüllung der grundlegenden Voraussetzungen *aller* Bewältigungsprozesse (siehe ausführlicher in 6.2) hinaus sind für einen erfolgreichen Einsatz der gefundenen Bewältigungsmittel bzw. -aktivitäten immer auch noch verschiedene mittelspezifische Voraussetzungen zu erfüllen, die nur zum Teil ausschließlich daraus bestehen, daß eine eifersuchtsauslösende Ausprägung des jeweils zu verändernden Merkmals gegeben sein muß, um das Mittel nutzen zu können (siehe die zusammenfassende Tabelle 59, S. 259f.).

Voraussetzungen* aller *Änderungen
- Ein wenigstens prinzipiell bewältigbares Eifersuchtsproblem, das auch von einer zukünftigen/möglichen sexuellen Eifersucht geschaffen werden kann.
- Alle erforderlichen Bewältigungsaktoren müssen zur Verfügung stehen, ein wenigstens minimales und pessimales Bewältigungsinteresse haben und sich ernsthaft um eine Lösung bemühen.
- Sie müssen die für eine Ausführung der erforderlichen Entscheidungen und sonstigen Aktivitäten notwendigen Fähigkeiten besitzen, erwerben und/oder nutzen können.
- Die nicht selbst und direkt beteiligte Mit- oder Umwelt darf die Bewältigungsversuche nicht zu torpedieren versuchen, muß die Bemühungen wenigstens akzeptieren.
- Die Bewältigungsaktoren müssen, wenn die Akzeptanz durch ihre Mitwelt nicht ausreichend hoch ist, ihre dann u.U. erforderliche soziale Devianz ertragen können.

Voraussetzungen der Kontextänderungen
1) *Einstellungsänderungen*: Die (bisherigen) Einstellungen Egos müssen eifersuchtsträchtig und die sexuelle Eifersucht mitbewirkend sein.
2) *Emotionalisierungsvorsorge*: Ego muß unrealistische Erwartungen und eine geringe oder schlechte prinzipielle Kompetenz und Kontrolle bezüglich exosexueller Beziehungen haben, die sich auch eifersuchtsfördernd oder -verstärkend auswirkt.
3) *Eigene exosexuelle Beziehungen*: Ego muß eigenen Exosexpartner finden oder verfügbar haben und (auch) gute Erfahrungen mit der exosexuellen Beziehung und ihren Folgen auf die Eifersuchtsbeziehung machen.

Voraussetzungen der Beziehungsänderungen
4) *Motiverfüllung verbessern*: Unzureichende Motiverfüllung in der Eifersuchtsbeziehung muß gegeben und dabei auch (allein oder unter anderen Faktoren) eifersuchtswirksam sein, die Aktoren müssen mindestens die wichtigsten Bedürfnisse und/oder Begehren Egos wenigstens grob kennen.
5) *Abhängigkeit Egos erhöhen*: Eine für Eifersuchtsentscheidungen irrelevante (weil zu niedrige, beim Erhöhen) oder ausreichend wirksame (weil hohe, beim Erhalten) Abhängigkeit Egos vom Partner ohne realistische Ausweichmöglichkeiten für Ego.
6) *Selbständigkeit Egos erhöhen*: Eine für Eifersuchtsentscheidungen irrelevante (weil zu niedrige, beim Erhöhen) oder ausreichend wirksame (weil hohe, beim Erhalten) Selbständigkeit Egos gegenüber Partner.

Voraussetzungen der Motivänderungen
7) *Motive aufgeben*: Ego muß eifersuchtsrelevante Motive haben und ihre Erfüllung anstreben.
8) *Bestandsmotiv verschärfen*: Ego muß ein eifersuchtsrelevantes Bestandsmotiv in einer verstärkbaren Version haben und seine Erfüllung mit hoher Präferenz verfolgen.
9) *Treuemotiv einschränken*: Ego muß eifersuchtsrelevante Motive haben, die noch bewältigungswirksam einschränkbar sind, und ihre Erfüllung anstreben.

Voraussetzungen der Auslöseränderungen
10) *Auf Exosex verzichten*: Ego darf nicht unbegründet eifersüchtig sein oder werden.
11) *Exosex verhindern*: Partner muß auf Druck reagieren, muß also Angst vor den Folgen einer Mißachtung haben (Unterbinden) bzw. Partner muß exosexuelle Beziehungen nur oder vor allem aufgrund mangelnder Attraktivität Egos bzw. der Eifersuchtsbeziehung eingehen (Überflüssigmachen).
12) *Exosex beschränken/unterordnen*: Ego muß ein eingeschränktes Treuemotiv haben. Partner und/oder Exopartner müssen wissen, welche exosexuellen Beziehungen Ego wann zuläßt, und sie müssen diese Bedingungen erfüllen können (Beschränken). Ego muß vor allem oder nur wegen mangelnder präferentieller Motiverfüllung eifersüchtig werden (Unterordnen).
13) *Ego bestechen*: Ego muß mit Entschädigungen/Belohnungen für exosexuelle Beziehungen mindestens reaktionsmindernd befriedigbar (bestechbar) sein.

Tabelle 59: Die Praktizierbarkeitsvoraussetzungen der Bewältigungsaktivitäten (Teil 1)

Voraussetzungen der Auslöseränderungen (Fortsetzung)

14) *Am Exosex selbst teilnehmen*: Partner und Exopartner müssen Ego die Gelegenheit geben (können und/oder wollen), am Exosex teilzunehmen. Ego muß eifersüchtig werden nur oder vor allem wegen der Nichtteilnahme bzw. Nichtkontrolle.
15) *Exosex verheimlichen*: Partner, Exopartner (und andere Mitwisser) müssen die Gelegenheit haben, die exosexuelle Beziehung diskret ausführen zu können, und müssen die erforderlichen schauspielerischen und sonstigen Fähigkeiten besitzen. Ego darf nicht besonders detektivisch begabt und skeptisch sein und nicht unbegründet oder unfundiert eifersüchtig werden.
16) *Exosex ignorieren*: Ego muß auch deutliche Indikatoren übersehen können (bzw. wollen), darf nicht unbegründet oder unfundiert eifersüchtig werden; Partner, Exopartner und andere Mitwisser müssen Diskretion bewahren (können).
17) *Exosex genauer betrachten*: Ego muß mindestens vor allem aufgrund mangelnder Kenntnisse über die exosexuelle Beziehung eifersüchtig werden und muß die Möglichkeit haben, diese Kenntnisse verbessern zu können (wozu die Bereitschaft Partners und Exopartners erforderlich sein kann).

Voraussetzungen der Abwägungsänderungen

18) *Abwägungsinstanzen erweitern*: Bereitschaft Egos, andere als Hörer oder Ratgeber zu akzeptieren; Verfügbarkeit von geeigneten Personen bzw. Institutionen.
19) *Abwägungsaktivitäten ändern*: Heftigere sexuelle Eifersucht durch automatischere Abwägungen (beim Spezifizieren), nicht oder weniger automatische (beim Automatisieren), rationalere (beim Irrationalisieren), nicht bzw. weniger rationale (beim Rationalisieren), schnellere (beim Verzögern), langsamere (beim Beschleunigen), längere (beim Verkürzen) oder kürzere (beim Verlängern).
20) *Entscheidungskriterien ändern*: Eifersuchtsbewirkende Entscheidungskriterien.
21) *Eifersuchtsentscheidung ändern*: (Bisher oder erwartbar) Eifersuchtsbewirkende Entscheidungen.
22) *Reaktionsentscheidungen ändern*: Ego muß wenigstens grob wissen, welche Reaktionsaktivitäten wann, wo und für wen als reduziert gelten und ertragbar sind und welche nicht, und muß sich entschieden haben, für wen die Reduzierung gelten soll.

Voraussetzungen der Reaktionsänderungen

23) *Reaktionsinstanzen erweitern*: Die alleinigen Reaktionen dürfen nicht zu weniger sexueller Eifersucht führen als die gemeinsamen, Mitreagierende müssen verfügbar und bereit sein.
24) *Reaktionsbetroffene ändern*: Das Erfahren (beim Wechsel zum Ausdrücken) bzw. Ausdrücken (beim Wechsel zum Erfahren) muß zu heftigeren Reaktionen führen bzw. geführt haben.
25) *Reaktionen ändern*: Die (geplanten oder praktizierten) Ausgangsaktivitäten müssen schlimmer, heftiger oder in einer anderen Weise reduzierungswürdig (gewesen) sein. Ego muß wenigstens grob wissen, welche Reaktionsaktivitäten wann, wo und für wen als reduziert gelten und ertragbar sind und welche nicht, und muß sich für die Reaktionsrichtung entschieden haben.

Voraussetzungen der Folgenänderungen

26) *Eifersucht bestrafen*: Ego muß Motiverfüllung anstreben und die nichterfüllenden Reaktionen müssen als nichtreduziert beurteilt oder beurteilbar sein.
27) *Eifersucht belohnen*: Ego muß Motiverfüllung anstreben und die erfüllenden Reaktionen müssen als reduziert beurteilt oder beurteilbar sein.

Tabelle 59: Die Praktizierbarkeitsvoraussetzungen der Bewältigungsaktivitäten (Teil 2)

7.8.4 Bewältigungswirkungen

Damit die gefundenen Mittel auch tatsächlich zu einer Eifersuchtsbewältigung führen können, sind meist noch weitere Aktivitäten erforderlich. Die verschiedenen Änderungen in allen Dimensionen zielen letztlich immer auf die Abwägungsdimension, daß also entweder "sexuelle Eifersucht nein!" entschieden wird oder daß als reduziert bewertbare Reaktionen entschieden und dann durchgeführt werden. Nicht nur deshalb ist die Wirkungsweise fast immer indirekt und unsicher (siehe Abb. 14, S. 189, sowie Tabelle 60, S. 261).

	Mittel	*Verlangt auch eine Änderung der*					*Direkt-*	*Sicher-*
		Motive	*Reize*	*Wahrn.*	*Abw.*	*Reakt.*	*heit*	*heit*
1)	Einstellungsänderungen	?	–	–	+	*	i	u
2)	Emotionalisierungsvorsorge	–	–	?	+	*	i	u
3)	Eigene exosexuelle Beziehungen	?	–	?	+	*	i	u
4)	Motiverfüllung verbessern	–	–	–	+	*	i	u
5)	Abhängigkeit Egos erhöhen	?	–	–	+	*	i	u
6)	Selbständigkeit Egos erhöhen	?	–	–	+	*	i	u
7)	Motive aufgeben	.	–	–	+	*	i	u
8)	Bestandsmotiv verschärfen	.	–	–	+	*	i	u
9)	Treuemotiv einschränken	.	?	–	+	*	i	u
10)	Auf Exosex verzichten	–	.	.	–/+	–/*	d/i	s/u
11)	Exosex verhindern	–	.	.	–/+	–/*	d/i	s/u
12)	Exosex beschränken/unterordnen	–	.	.	+	*	i	u
13)	Ego bestechen	–	.	.	+	*	i	u
14)	Am Exosex selbst teilnehmen	–	?	.	+	*	i	u
15)	Exosex verheimlichen	–	–	.	–/+	–/*	d/i	s/u
16)	Exosex ignorieren	–	–	.	–/+	–/*	d/i	s/u
17)	Exosex genauer betrachten	–	–	.	+	*	i	u
18)	Abwägungsinstanzen erweitern	?	–	–	.	*	i	u
19)	Abwägungsaktivitäten ändern	–	–	–	.	*	i	u
20)	Entscheidungskriterien ändern	–	–	–	.	*	i	u
21)	Eifersuchtsentscheidung ändern	–	–	–	.	*	d/i	s/u
22)	Reaktionsentscheidungen ändern	–	–	–	.	*	i	u
23)	Reaktionsinstanzen erweitern	–	–	–	?	.	i	u
24)	Reaktionsbetroffene ändern	–	–	–	–	.	d	s/u
25)	Reaktionen ändern	–	–	–	–	.	d	u
26)	Eifersucht bestrafen	?	–	–	+	*	i	u
27)	Eifersucht belohnen	?	–	–	+	*	i	u

Tabelle 60: Die Wirkungsweisen der Bewältigungsmittel
*(Veränderung: + = ja, ? = evtl., – = nein, * = wenn "SE ja!", . = im Mittel impliziert; Direktheit: i = indirekt, d = direkt; Sicherheit: s = sicher, u = unsicher)*

7.8.5 Bewältigungserfolge

Es ist, auch unabhängig von möglichen Realisierungs- und/oder Tolerierbarkeitsproblemen (dazu 8), falsche Hoffnung und grundsätzlich nicht zu erwarten, daß sexuelle Eifersucht gänzlich abgeschafft und quasi ersatzlos gestrichen werden kann. Denn erstens *darf*, wenn die (Über-)Lebenserfordernisse menschlicher Existenz erfüllt werden sollen, das Treuemotiv nicht gänzlich undifferenziert aufgegeben werden, weil mindestens das Bestandsmotiv, aber auch andere Eifersuchtsmotive nicht völlig aufgegeben werden dürfen. Und zweitens müssen mindestens bestimmte Qualitäten und Quantitäten exosexueller Beziehungen als eine wenigstens pessimale und minimale Bedrohung für die Erfüllung dieses Bestandsmotivs angesehen werden und deshalb mindestens zu der Entscheidung "sexuelle Eifersucht ja, mit dem Ziel Motiverfüllung!" führen (siehe 7.3.1).

Eine *totale* Eifersuchts*überwindung* ist also nicht möglich, entsprechende undifferenzierte Vorstellungen oder Ideale

B262) Unerfüllbares Ideal einer totalen Eifersuchtsüberwindung
Fall Deutschland: «Eifersucht muß man abschaffen können. Eifersucht ist spießig, zeugt von falschem Besitzanspruch, den man dem Menschen austreiben muß. Wir sind gewöhnt, Eifersucht negativ und verächtlich einzustufen - das Leid des Verlierers oder der Verliererin» (Brigitte 1981:108).

sind nicht nur unrealistisch, sondern sogar bewältigungsbehindernd, weil sie die entscheidende Lösungsvoraussetzung ignorieren, sexuelle Eifersucht als verbreitetes, normales und in vielen Fällen (vor allem bei wirklichen Bedrohungen entscheidender Motive durch rücksichtslosen Exosex) weder verhinderbares noch verhinderungswürdiges Phänomen anzuerkennen.

Trotzdem gibt es, wie die Funktionsklärung systematisch gezeigt hat, durchaus wirkungsvolle und zum Teil sogar sehr verbreitete Mittel, die wenigstens zu einer *partiellen Überwindung* oder (vor allem) zu einer *Reduzierung* sexueller Eifersucht führen bzw. führen können (siehe 7.1-7): nur sehr wenige exosexuelle Beziehungen eines Partners haben Tod, schwere körperliche Verletzung oder andere wirklich gravierende Folgen. Es sind also (oft erhebliche) Bewältigungserfolge nicht nur prinzipiell möglich sondern vielfach und verschiedenartig praktiziert. Deshalb ist auch eine die pauschale Abschaffungsdoktrin (B262) einfach nur genauso pauschal umkehrende Norm ("Sei ruhig eifersüchtig" oder "Du brauchst Dich gar nicht erst um Eifersuchtsbewältigung zu bemühen [weil sie nicht möglich sei, siehe B36]") empirisch und theoretisch nicht begründet und moralisch falsch. Denn sie gibt realistische Bewältigungsmöglichkeiten für sexuelle Eifersucht einfach unbesehen auf und bevorzugt damit einseitig den Wunsch nach sexueller Treue gegenüber der Lust auf Exosex, obwohl diese zum einen (wenigstens prinzipiell) gleichwertig oder gleichberechtigt ist und zum anderen durch uneingeschränkte Verbote überhaupt nicht verhinderbar ist.

8 Bewältigungsprobleme: Schwierigkeiten beim Überwinden und Reduzieren sexueller Eifersucht

Trotz der aufgezeigten Vielzahl, der verbreiteten Nutzung und der offensichtlichen Wirksamkeit von Bewältigungsmitteln (wie der Abhängigkeitserhöhung oder der Exosexverheimlichung; siehe 7): Sexuelle Eifersucht ist weit verbreitet und kommt sogar dort vor, wo exosexuelle Beziehungen kulturell anerkannt und institutionalisiert sind, wo zwischen Liebe und Geschlechtsverkehr getrennt wird oder wo andere (potentielle) Bewältigungsmittel im Einsatz sind.

B263) Sexuelle Eifersucht trotz institutionalisierter exosexueller Beziehungen

Fall Nama [Khoikhoin/Hottentotten], Südafrika: Die Sore-Beziehung (siehe B220) hat bei der betroffenen Ehefrau sexuelle Eifersucht zur Folge: «To the wife the existence of such a relationship is a matter of deep mortification, since it reflects upon her own barrenness, and consequently greatly reduces her prestige. Often, as a result of her jealousy, the girl dare not come into the man's camp, but has to be visited by him at her own home» (Schapera 1930:252). *Fall Kuikuru, Südamerika*: «Although the *ajoi* system [siehe B220] is the source of much good fun in the society, it does sometimes lead to tensions between spouses. There were indications that privately husband and wife occasionally quarrel and even scratch or bruise each other because one is unhappy about the extra-marital adventures of the other. It is important to point out, however, that no matter how angry a husband might become because of his wife's transgressions he would never think of quarreling with her lover or even of accusing him to his face» (Carneiro 1956/58:140f.). Solche Dispute sollen aber im allgemeinen auf das erste oder die ersten beiden Ehejahre beschränkt sein. *Fall Giljaken [Niwchen], Nordasien*: Auch wenn Exosex mit *pu* erlaubt ist (siehe B212), hat eine Übertretung der ehelichen Treue eine «gewisse Erregung» des Gatten zur Folge, in seltenen Fällen sogar die Ausweisung aus der Jurte für den Verführer. Aber: ein Giljake, der seine Frau in flagrante delictu mit einem Fremden überrascht, tötet den Verführer und prügelt die Frau halb tot. Auch seinen *rufa* (Bruder) läßt ein Mann in solchen Fällen nicht ohne Denkzettel gehen (Grau 1931:98 nach russischen Quellen; siehe auch Shternberg 1933:34).

B264) Sexuelle Eifersucht trotz exosexueller Permissivität

Fall Lesu, Ozeanien: «At Lesu social custom and attitude sanctions extra-marital intercourse, and accepts it as correct to such an extent that anyone not indulging in it would be considered abnormal and most unusual.» (:251) Trotzdem kommt sexuelle Eifersucht vor: «Jealousy thus exists, even though extra-marital relationships are sanctioned by social custom. I witnessed several jealous fights» (Powdermaker 1933:248). *Fall Tarahumara, Mittelamerika*: «Despite the general acceptance of these practices [exosexuelle Beziehungen der Männer wie auch - seltener - der Frauen, siehe B207, B208 und B211] by the Tarahumaras there appears to be much ill-feeling generated within the family as a result of them» (Champion 1963:145). *Fall Lepcha, Asien*: «The Lepchas of Zongu have dissipated nearly all the highly-charged emotional feelings which in many other societies are centred around sex, and on the whole neither sexual activity nor jealousy are strong motivating factors in their lives. [Aber:] There are a few exceptions to this generalisation; the quarrels fostered by the outsider, Mrs. Jiroong, have already been described in Chapter Three; and married women who show marked preference even for perfectly hereditable spouses, and married men who show preference for women other than their wives produce and have produced many disquieting situations, sometimes leading to open disputes and even suicide» (Gorer 1938:162f.; siehe auch B189, B209 und B234). *Fall Pukapuka, Ozeanien*: «Pukapukan patterns of sex behavior are noticeably Polynesian in their freedom [siehe B207]. Adultery today hardly concerns the people except when an individual, more progressive than the rest, takes his troubles to the Resident Agent and this official is bound to interfere according to the civil code by which the island is now nominally governed. Formerly adultery was a private matter between the parties concerned. Whether an injured husband took note of the behavior of his wife depended upon his temperament, his affection for the woman, or the fact that he was goaded beyond endurance by interfering relatives. In any case, the usual result of noticed adultery was either the dismissal of the woman from the house or else a domestic beating. Occasionally, however, an individual seems to have been forced to more drastic measures, not by the flagrancy of the offense, but by intense anxiety in his own mind» (Beaglehole 1937:325; siehe auch Beaglehole & Beaglehole 1938:288ff.).

B265) Sexuelle Eifersucht trotz der Trennung von Liebe und Geschlechtsverkehr
Fall Mangaia, Ozeanien: Trotz der Trennung zwischen körperlichem Sex und Liebe (siehe B190) gibt es sexuelle Eifersucht: «Sexual jealousy is, however, a very real component in the emotional feeling that often exists between a Mangaian husband and wife» (Marshall 1971:159). «Sexual jealousy in marriage is still a potent factor in marital discord, even - or perhaps particularly - in permissive societies like Mangaia. And this jealousy assuredly is *not* eliminated by the great amount of premarital freedom permitted in Mangaia and elsewhere in Polynesia» (Suggs & Marshall 1971:239f.). Siehe auch B111.

B266) Sexuelle Eifersucht auch in "offenen" Beziehungen und bei Swingern
Fall Deutschland (Ergebnis empirischer Untersuchung, *Bewertung*): «Doch bei allen denkbaren Entwicklungen auf der Suche nach der eigenen Identität beider Partner - bisher hat die offene Ehe als Alternative zum obligaten Treueschwur keine Chance. Es gehört auch viel Toleranz dazu, dem Partner oder der Partnerin die Freiheit zu lassen, auch einmal mit jemand anderem zu schlafen» (Wottawa 1979:397). *Fall Swinger, USA* (Ergebnis empirischer Untersuchung): Selbst erfahrene Swinger werden gelegentlich doch eifersüchtig, wenn auch in geringerem Ausmaß, vor allem Neulinge (Männer) kommen oft nicht mit der erkennbaren Lust ihrer Partnerinnen am exosexuellen Geschlechtsverkehr zurecht (Gilmartin 1977:155; siehe auch Bartell [1971:285f et passim] sowie B189, B190, B192, B216 und B229). *Fall Holland* (Ergebnis empirischer Untersuchung): Frauen und Männer, die eine offene Ehe führten und von außerehelichen Beziehungen ihrer Partner wußten: «Jealousy is by no means absent in sexually open marriages; about 80% have felt jealous - a percentage that is in agreement with other comparable studies» (Buunk 1981:370).

Ähnlich wie bei vielen anderen Problemlösungsprozessen macht also offensichtlich auch das Einsetzen und Nutzen der in 7 gefundenen und unterschiedenen kulturellen Mittel zur Bewältigung sexueller Eifersucht mehr bis weniger große Schwierigkeiten, die durch die unterschiedliche Erfüllung und Erfüllbarkeit der (externen) Bewältigungsvoraussetzungen und (internen) Bewältigungsbedingungen sowie die möglichen Folgen eines Einsatzes der Bewältigungsaktivitäten entstehen (siehe 3.1.4 und 8.1).

In diesem Kapitel geht es um diese *Realisierbarkeits-* und *Praktizierbarkeits-* (in 8.2) sowie *Tolerierbarkeitsprobleme* (in 8.3) der Eifersuchtsbewältigung allgemein bzw. der Bewältigungsmittel, die zum Teil bereits bei deren Darstellung (siehe 7) angeschnitten wurden oder aufgefallen sein dürften und die beim Bewältigen sexueller Eifersucht immer zu beachten sind und (wo möglich) mindestens pessimal und minimal gelöst werden müssen.

8.1 Grundlage: Probleme bei Problemlösungen

Auch für die Realisierbarkeits-, Praktizierbarkeits- und Tolerierbarkeitsprobleme bei bzw. von Problemlösungen (siehe 3.1.4) gibt es grundlegende und fallübergreifend gültige Merkmale, die zur Kenntnis zu nehmen die Analyse der spezifischen Probleme beim Bewältigen sexueller Eifersucht erleichtert bzw. überhaupt erst ermöglicht (siehe zusammenfassend Tabelle 61, S. 266).

Realisierbarkeits- und Praktizierbarkeitsprobleme. Realisierbarkeitsprobleme (beim Erfüllen der lösungsgeeigneten Voraussetzungen) und Praktizierbarkeitsprobleme (beim Erfüllen der lösungsgeeigneten Bedingungen), die ich zusammenfassend die *(Lösungs-)Erfüllbarkeitsprobleme* (bzw. im konkreten Fall *Erfüllungsprobleme*) nenne, können in unterschiedlichen Ausprägungen auftreten, weshalb verschiedene Aspekte zu unterscheiden sind (siehe auch 6.2+3).

- So gibt es erstens *eigene/interne*, von den Aktoren selbst verursachte, und *fremde/externe* Erfüllungsprobleme, die von anderen als den Aktoren bewirkt werden.
- Dann können und sollten die *psychischen* von den *Verhaltensproblemen* (die, z.B. bei Handlungen, durchaus gemischt auftreten können) getrennt werden.
- Und schließlich kann es sein, daß neben den (*authentischen*) Erfüllungsproblemen, die durch das Lösenwollen bzw. Lösen entstehen, als deren Folgen weitere *abhängige* Erfüllungsprobleme entstehen und zu lösen sind.

Auch diese (authentischen wie abhängigen) Erfüllungsprobleme sind (wie alle Probleme) durch mehr bis weniger direkte bzw. indirekte Faktoren und deren Wirkungen verursacht und können vielfach verschachtelt sein (weswegen *alle* zu lösen unmöglich sein kann).

Tolerierbarkeitsprobleme. Doch nicht nur die Ausführung von Problemlösungsprozessen kann Schwierigkeiten machen. Selbst problemlos absolvierte Problemlösungen können noch zu Problemen führen, wenn sie nämlich schädliche oder unerwünschte Folgen hervorrufen und damit die *Tolerierbarkeit* eines tatsächlich durchgeführten Problemlösungsprozesses (bzw. auch nur seiner Bestandteile) gefährden. Diese Tolerierbarkeit ist ein egobezogenes Kriterium, welches zwar für *alle* an einem Problemlösungsprozeß Beteiligten und/oder von diesem Betroffenen gilt, aber jeweils individuell entschieden wird. Die faktische Tolerierbarkeit bestimmt sich dabei aus den jeweiligen Folgen *sowie* ihrer (subjektiven und/oder präskriptiven) Bewertung, die auf einem Vergleich zu vorhandenen Motiven basiert. Tolerierbarkeit ist deshalb immer ein *relativer Wert*, der nicht nur von Beteiligten oder Unbeteiligten bzw. Betroffenen oder Nichtbetroffenen unterschiedlich gesehen und beurteilt werden kann (trotz sozietärkultureller Übereinstimmungen), sondern auch bei ein und derselben Person (bzw. Institution) von deren jeweiligen aktuellen Lebensumständen, Ansprüchen und Toleranzen bestimmt ist (vergleiche auch 6.4 und 6.6).

Trotzdem kann ohne präzisere inhaltliche Festlegung und Angabe von konkreten Bezugskriterien angegeben werden, wann eine Problemlösung oder Problemlösungsaktivität *Tolerierbarkeitsprobleme* schafft: wenn sie

- gegen eigene wie fremde Normen verstößt, also *illegal* ist und deshalb *sank-*

tioniert wird,

- durch das Ausführen der Aktivität oder das Lösen des Problems dazu führt, andere vorhandene Motive nicht mehr oder nicht mehr so gut zu befriedigen, also andere Problemlösungen *behindert* und/oder
- *neue*, vorher noch nicht gegebene oder zu beachtende *Probleme* bringt.

Allerdings sind in die Berechnung der *Gesamt-Tolerierbarkeit* immer auch mögliche *Nutzen* oder *Gewinne* einzubeziehen, die durch die Problemlösung bzw. Problemlösungsaktivität entstehen.

Mehr bis weniger tolerierbar (für eine Person, Gruppe oder Institution) können sowohl die einzelnen Aktivitäten vor und/oder in den Problemlösungsprozessen als auch deren Ergebnisse sein, weshalb mindestens drei grundlegende Aspekte von Tolerierbarkeit zu unterscheiden sind:

- erstens die Tolerierbarkeit der im Problemlösungsprozeß auszuführenden *Aktivitäten* selbst, einschließlich ihrer nicht problemlösungsrelevanten Folgen,
- zweitens die Tolerierbarkeit der *Ergebnisse* einer *erfolgreichen* Problemlösung und
- drittens die der *Ergebnisse* einer *erfolglosen* Problemlösung.

Aspekte	*Facetten*
Erfüllbarkeitsprobleme:	(*Realisierbarkeitsprobleme* [bei Erfüllung der direkten externen Voraussetzungen und indirekten externen Erfordernisse] und *Praktizierbarkeitsprobleme* [bei Erfüllung der internen Bedingungen])
	eigene I fremde Probleme
	psychische I Verhaltensprobleme
	authentische I mehr bis weniger abhängige Probleme
	mehr bis weniger lösbar I nicht lösbar (qualitativ I quantitativ)
Tolerierbarkeitsprobleme:	der Aktivitäten I der Ergebnisse einer erfolgreichen Problemlösung I der Ergebnisse einer erfolglosen Problemlösung
	für Beteiligte I Nichtbeteiligte I Betroffene I Nichtbetroffene
	subjektiv I aus anderen Perspektiven
	positiv/hoch bis negativ/niedrig

Tabelle 61: Mögliche Probleme bei Problemlösungsprozessen

8.2 Erfüllbarkeit: Probleme beim Eifersuchtsbewältigen

Die Gründe für das eingangs dokumentierte (siehe B263 bis B266) Vorhandensein sexueller Eifersucht *trotz* einer Vielzahl von Bewältigungsmitteln sind

- erstens, daß sexuelle Eifersucht - wie nachgewiesen - gar nicht *total* überwunden werden *kann* (siehe 7.3.1 und 7.8.5),
- daß sie zweitens vielfach überhaupt nicht oder höchstens in den extremen Bereichen überwunden werden *soll* (siehe 5.1.2, 5.5, 5.6 et passim) und
- daß es drittens (zum Teil sogar erhebliche) Probleme beim Realisieren und/oder Praktizieren der (ja zunächst einmal nur potentiellen) Bewältigungs-

mittel gibt oder sogar geben muß, was nicht nur die Lebenspraxis zeigt, sondern sich auch direkt aus den Bewältigungsvoraussetzungen und Bewältigungsbedingungen ableiten läßt (siehe 6.2+3).

Am ersten Grund ist nichts zu ändern und der zweite kann im Zusammenhang dieser Untersuchung ignoriert werden (ich gehe von bereiten Bewältigungs-Egos aus). Es bleiben also die Realisierbarkeits- und Praktizierbarkeitsprobleme.

Damit ein Versuch einer Bewältigung sexueller Eifersucht überhaupt begonnen werden kann, muß es erstens eine geeignete externe Problemlösungssituation geben, müssen also wenigstens die folgenden grundlegenden *externen* Bewältigungs*voraussetzungen* (besser: auch nützlichen Voraussetzungen) mindestens pessimal und minimal erfüllt sein (siehe 6.2.2):

- Es muß das zu lösende Problem geben und das Problem muß (wenigstens prinzipiell) minimal und pessimal lösbar sein,[41]
- alle erforderlichen Problemlöser (Haupt- wie Hilfsaktoren) müssen zur Verfügung stehen, sie müssen ein wenigstens minimales Lösungsinteresse haben und sich ernsthaft um eine Lösung bemühen (dazu 8.2.1),
- die sonstigen problem- und mittelspezifischen externen Voraussetzungen müssen erfüllt sein (dazu 8.2.2),
- die Aktoren müssen die für eine Ausführung der erforderlichen Entscheidungen und sonstigen Aktivitäten notwendigen Fähigkeiten erwerben, besitzen und nutzen können (dazu 8.2.3),
- die nicht selbst an der Lösung beteiligte Mit- oder Umwelt darf die Problemlösung nicht zu torpedieren versuchen, muß die Bemühungen akzeptieren (dazu 8.2.4) und
- die Bewältiger müssen, wenn die Akzeptanz unzureichend ist, ihre dann erforderliche soziale Devianz ertragen können (dazu 8.2.5).

Wenn diese Voraussetzungen erfüllt sind, müssen (und erst dann können) die Aktoren die in 7 geschilderten (oder andere) Mittel ausführen, müssen sie also auch die *internen* Bewältigungs*bedingungen* (siehe 6.3 und 7) mindestens minimal und pessimal erfüllen.

8.2.1 Zur Verfügbarkeit geeigneter Aktoren

Das Verfügbarsein der für eine Bewältigung erforderlichen Aktoren sowie deren ernsthaftes Bewältigungsinteresse und -bemühen sind Erfordernisse, die zu erfüllen erhebliche Schwierigkeiten machen kann.

B267) Das Problem der Bewältigungsaktoren
Wirkungstheorie, Konstruierter Fall: Wenn als Lösung des Eifersuchtsproblems ein einvernehmliches Erweitern der Beziehung zu einer Polybeziehung angestrebt wird (zum Beispiel durch Einsatz der Bewältigungsmittel Motiverfüllung in der Eifersuchtsbeziehung [7.2.2], Motiveinschränkung [7.3.3], Exosexbegrenzung und Exosexunterordnung [7.4.3]), dann ist es nicht ausreichend, wenn nur Ego A seine sexuelle Eifersucht zu überwinden versucht. Auch der oder die Partner (dann Ego B_{1-n}) und der oder die Exopartner (dann Ego C_{1-n}) müssen be-

41 Diese Voraussetzung wird hier als erfüllt angesehen, auch wenn bekannt ist, daß es rücksichtslose Partner mit rücksichtslosem Exosex gibt, bei denen unter Umständen nur eine Trennung hilft, wenn Ego seine unverzichtbaren Motive erfüllt bekommen will. Sexuelle Eifersucht ist in solchen Fällen *nicht* zu bewältigen, es muß also die Eifersuchtssituation aufgehoben werden, was ich hier aber nicht behandele (siehe 3.5). Siehe auch 2.1.4.

reit und fähig sein, ihre ja ebenfalls mögliche sexuelle Eifersucht zu bewältigen und ihrerseits die jeweils anderen Egos als Exopartner zuzulassen. *Alle* Beteiligten müssen also daran interessiert sein und sich bemühen, in einer solchen Polybeziehung zu leben (Anreger: Baumgart 1985a:46).

Sie sind vor allem dann schwer zu erfüllen, wenn das eifersüchtige Ego selbst nicht als Aktor zur Verfügung steht oder stehen will, weil es keinen Bewältigungsbedarf sieht, da es Partners und/oder Exopartners Motive (Lust auf Exosex) nicht als gleichwertig und gleichberechtigt anerkennt. Denn Partner, Exopartner und andere haben (siehe 7.8.2) mindestens hinsichtlich der Zahl der von ihnen nutzbaren Bewältigungsmittel weniger Chancen als Egos, ihrerseits bewältigungsaktiv zu werden. Aber das gilt genauso auch umgekehrt, wenn Partner und Exopartner Motive Egos nicht anerkennen und respektieren und deshalb nicht bereit sind, deren Gefährdung zu verringern bzw. zu deren Erfüllung beizutragen. Auch dann kann eine Erfüllung dieser Bewältigungsvoraussetzung schwer bis unerreichbar sein (siehe 7.8.3). Es kann deshalb, als Vorbereitung zu einer Eifersuchtsbewältigung, erst einmal erforderlich sein, die entscheidenden Aktoren von der Nützlichkeit oder Notwendigkeit einer Überwindung oder Reduzierung der sexuellen Eifersucht zu überzeugen (dies Vorproblem wird allerdings in dieser Untersuchung nicht weiter behandelt; siehe jedoch auch 8.2.4).

8.2.2 Zur Erfüllbarkeit der mittelspezifischen Voraussetzungen

Jedes Bewältigungsmittel hat neben den in 6.2.2 genannten und hier (in 8.2) diskutierten allgemeinen immer noch verschiedene spezifische Voraussetzungen, die wenigstens pessimal und minimal erfüllt sein müssen, um das Mittel erfolgversprechend (oder sogar überhaupt) einsetzen zu können (siehe die zusammenfassende Tabelle 59, S. 259f.).

B268) Probleme mit der Voraussetzungserfüllung beim Abhängigkeitsverringern
Ein Beispiel hierfür sind die Schwierigkeiten einer Abhängigkeitsverringerung bzw. Selbständigkeitserhöhung (Mittel 6 in 7.2.4) für Frauen bei uns. *Fall Westliche Welt; Wirkungstheorie, Funktionstheorie*: Solange beispielsweise die Arbeitswelt nicht allen Personen gleiche Chancen eröffnet, solange Frauen weitgehend alleine die Haushaltsführung und Kinderbetreuung und -erziehung übernehmen müssen (auch weil Männer nicht bereit sind, sich gleich stark zu beteiligen und Frauen schlechter bezahlt werden), solange Frauen ihr Ansehen und ihr Sozialprestige (auch) über das ihrer Partner definieren und erhalten (müssen), solange ist es schwer, eine gleichberechtigte und gleichwertige Selbständigkeit zu erreichen.

Vor allem, wenn diese Voraussetzungen nicht nur darin bestehen, daß die Ausgangssituation als bewältigungswürdig zu bewerten sein muß, sondern bestimmte wirtschaftliche, politische, soziale, religiöse oder andere Zustände implizieren, kann ein Erfüllen dieser mittelspezifischen Bewältigungserfordernisse (unter Umständen sogar erhebliche) Probleme bereiten.

B269) Probleme mit der Voraussetzungserfüllung beim Exosexbeschränken
Wirkungstheorie, Funktionstheorie: Beim Beschränken exosexueller Beziehungen auf das von Ego zugelassene Maß gibt es immer das Problem, daß Partner zunächst und grundsätzlich ja nicht wissen kann, welche (Arten bzw. Ausprägungen von) Exopartner(n) bzw. Exobeziehung(en) Ego mehr und welche es weniger stören bzw. bedrohen. Und wenn er dies weiß, dann muß Ego bereits sein Treuemotiv Partner gegenüber wenigstens als möglicherweise differenziert angedeutet und damit eingeschränkt haben. Deshalb ist ein *aktiv* antizipierendes

Auswählen der Exosexpartner, -situationen, -arten usw. für Partner systematisch und zuverlässig nicht möglich. Partner muß Einschränkungen und Unterscheidungen Egos bereits kennen (sei es aus Beobachtungen, sei es aus Befragungen/Gesprächen), kann dieses Auswählen also, wenn die Bewältigungswirksamkeit nicht Zufall sein soll, nur *reaktiv* vornehmen.

Für die einzelnen Probleme und Problemarten, die eine Erfüllung dieser dieser mittelspezifischen Voraussetzungen schaffen können, gilt (entsprechend modifiziert) das für die Erfüllung der Bedingungen Gesagte (siehe also und übertrage 8.2.3).

8.2.3 Zu den Hindernissen für die Realisierung der Änderungen

Wenn ich Begehren, Bewertungen, Empfindungen, Verhalten, Handlungen usw. ändern möchte oder (beim Einsatz der Bewältigungsmittel) sogar muß, brauche ich dazu bestimmte Fähigkeiten, zu denen nicht nur das praktische Ausführen (z.B. des Einstellungsänderns, Motiveinschränkens oder Verheimlichens) gehört, sondern auch das grundsätzliche Erwägen und überhaupt Zulassen der Mittel und andere Metafähigkeiten gehören können (siehe 8.2.4+5). Nicht jeder, der sich um Eifersuchtsbewältigung bemüht, verfügt aber zu jedem Zeitpunkt und in jeder Situation (aus den verschiedensten Gründen) über diese erforderlichen Mittel.

B270) Das Problem des Realisierenkönnens der erforderlichen Änderungen

Empirische Direkterfahrung: Manche schaffen die für ein Verheimlichen exosexueller Beziehungen zum Teil erforderliche Schauspielerei und Ablenkung nicht, haben nicht die erforderliche Cleverness und/oder Skrupellosigkeit. Viele Menschen können zwar rational gewonnene, akzeptierte und überzeugend vertretene Einstellungen und Erkenntnisse dann aber doch nicht in allen Lebensbereichen und -situationen einsetzen, einfach weil andere Einstellungen und Erkenntnisse biotisch und/oder kulturell fester verankert und - besonders in "Notsituationen" - wirksamer sind.

Auch dieses unumgängliche Verfügbarmachen und Nutzenkönnen von Bewältigungsmitteln ist (wie die sexuelle Eifersucht selbst) vielfach verursacht.

B271) Externe Faktoren beim Bewältigen sexueller Eifersucht

Wirkungstheorie: Zur Bewältigungssituation gehören (wie zur Eifersuchtssituation auch) unter anderem die von der Sozietät, den Kirchen, Nachbarn, Freunden, von einem selbst oder von anderen gesetzten Normen und Sanktionen, das Wissen und Können Egos (beispielsweise das Abschätzenkönnen von Bedrohungen oder das Tolerierenkönnen eigener Devianz und ihrer Folgen), aber auch biotische und biokulturelle Faktoren (Bedürfnisse, Bedarfe) und deren Wirkungen.

Nicht alle der indirekten und direkten, internen und externen Faktoren, Wirkungen und Effekte, welche die erforderlichen Aktivitäten und vor allem ihre Einsetzbarkeit bestimmen, können von Menschen generell oder im spezifischen Einzelfall ausreichend kontrolliert werden. Dies führt, aufgrund der dadurch weiter eingeschränkten Wahlmöglichkeiten, zu grundlegenden und bestenfalls optimierend lösbaren Realisierbarkeits- und Realisierungsproblemen beim Bewältigen sexueller Eifersucht, von denen die wichtigsten sich ergeben durch die komplexe und komplizierte Vernetztheit aller eifersuchts- und bewältigungsbestimmenden Faktoren und Wirkungen, die Wirksamkeit biotischer wie sozietärer Faktoren, die trotzdem (auch in kleinen Ethnien) oft nur eingeschränkte Wirksamkeit der sozietären Kulturen sowie die nicht beliebige Veränderbarkeit auch der personalen Kultur (s.u.).

Auch wenn bei diesen Problemen mit therapeutischer Hilfe grundsätzlich Verbesserungen über das allein Schaffbare hinaus möglich sind, es bleiben doch immer Grenzen, die jedoch von Fall zu Fall recht unterschiedlich ausfallen werden und auf der Allgemeinheitsstufe dieser Untersuchung nicht markierbar sind.

B272) Die Therapiesituation als neuer bzw. weiterer Eifersuchtsauslöser
Wirkungstheorie: In der Dreieckssituation der Ehetherapie (Ego, Partner, Therapeut) kann es allerdings auch wieder zu neuen, weiteren Eifersuchtssituationen kommen: *Fall Deutschland*: «Sofern sich beide Partner wirklich in einen therapeutischen Prozeß einlassen, entwickelt sich dann in der Paartherapie eine ähnliche Beziehungsdynamik wie im Eifersuchts-Dreieck» (Buddeberg 1986:127). (Siehe auch Guttman 1982.)

Die Vernetztheit der Faktoren und Wirkungen. Kennzeichnend für jede Bewältigungssituation (zumindest bei uns) ist die Komplexität und Kompliziertheit (Differenziertheit) des Netzes der zahlreichen direkten bis indirektesten Faktoren, Wirkungen und Effekte (siehe 6). Jeder Knoten oder jede Verzweigung innerhalb dieses Gesamt-Verursachungsnetzes Bewältigungssituation begrenzt bzw. erweitert den folgenden Faktoren- und Wirkungsspielraum und damit auch die Veränderbarkeit sexueller Eifersucht. Um Eifersuchtsmerkmale bewältigungsrelevant verändern zu können, ist es aber (siehe 6.2+3) immer unumgänglich, auch wenigstens einige der Ursachen zu verändern, also die Ausgangs*situation* zur Bewältigungs*voraussetzung* zu modifizieren und die Bewältigungs*bedingungen* zu erfüllen. Dies aber ist, allein schon wegen der *Vielfalt*, *Vernetztheit* und großen *Zahl* von Faktoren und Wirkungen auch außerhalb des Einflußbereiches einer agierenden Person oder Institution nur (sehr) begrenzt möglich. *Alle* oder auch nur die wichtigeren der einsatzbehindernden wie -fördernden Faktoren der Bewältigungsmittel wenigstens einigermaßen präzise zu erfassen und gezielt in den Griff zu bekommen, kann deshalb, selbst in einer noch so bemühten, bewußten und kontrollierten Therapie, nicht geleistet werden. Daher kann es (sehr) schwer werden, alle auch nur unmittelbar erforderlichen Änderungen vorzunehmen.

Die Wirksamkeit biotischer Faktoren. Sexuelle Eifersucht ist (siehe 4.4.1) sicher *auch* biotisch (genetisch über die Phylogenese und neuronal sowie hormonal in der Ontogenese) bewirkt.

An der *prinzipiellen* Veränderbarkeit sexueller Eifersucht mit kulturellen Mitteln ändert diese *auch* biotische Verursachung und deren selbst mittelfristige Nichtveränderbarkeit aber nichts, solange ein kulturell gestaltbarer Spielraum (den für sexuelle Eifersucht der Kulturenvergleich erwies, siehe 5 und 7) offen ist und bleibt.

B273) Die Veränderbarkeit auch einer phylogenetisch mitbewirkten Eifersucht
Wirkungstheorie: Nicht nur, weil die genaue Phylogenese der sexuellen Eifersucht nicht rekonstruierbar ist, gilt: «... an evolutionary explanation of why males tend to be sexually jealous [wie Symons sie vorgenommen hat; siehe B76] has no implications for the question of how 'free' they are to act or not to act jealously» (Symons 1979:307).

Die *faktische* Veränderbarkeit (und damit die tatsächliche Realisierbarkeit der Bewältigungsmittel) kann durch die biotischen Ursachen aber - teilweise sogar erheblich - eingeschränkt werden.

B274) Probleme beim Ausschöpfen des biotisch vorgegebenen Variationsrahmens
Wirkungstheorie, Funktionstheorie: «No human attribute can fairly be called ineradicable. The problem is one of ontogenetic engineering - simple in principle however intractable in practice. In principle, it might be possible to socialize a child to whatever set of arbitrary values, but if one were to engineer an ontogeny that could eradicate attribute X, this achievement would have no bearing on the claim that attribute X is an evolved aspect of human nature with such

and such adaptive significance» (Daly et al. 1982:24). Siehe auch Bischof-Köhler 1985:4f.

Die Wirksamkeit der sozietären Kultur(en). Die verschiedenen kulturellen Normen und Sanktionen für exosexuelle Beziehungen, sexuelle Eifersucht und ihre Bewältigung sind ein wichtiger Begrenzungsfaktor nicht nur für die Ausprägungsmöglichkeiten sexueller Eifersucht (siehe 4.4.2), sondern genauso für deren Bewältigungsmöglichkeiten, weil sie bewältigungsrelevante Veränderungen (vor allem der Motive und der Abwägungen) erschweren oder verhindern können.

B275) Die Behinderung einer Eifersuchtsbewältigung durch kulturelle Normen
Fall Deutschland: Hier stehen Ehe und Familien «unter dem besonderen Schutze der staatlichen Ordnung» (Grundgesetz Artikel 6[1]). Ehebruch wird nicht gefördert, sondern bestraft (siehe B122). Aber auch Polygamie ist nicht erlaubt. Wenn polygame Beziehungen eine Möglichkeit wenigstens zur Reduzierung sexueller Eifersucht sein sollten, würden sie bei uns also aufgrund der Legalitätsprobleme nicht legal zu verwirklichen sein. Allerdings gibt es andererseits die Möglichkeit, die bei uns wenigstens zivil- und strafrechtlich praktizierte Tolerierung beliebiger Formen des Zusammenlebens zu nutzen (also eine polygamieähnliche Beziehung einzugehen) - wenngleich dann auf die vom Staat nur für eheliche Beziehungen angebotenen Gratifikationen (Steuererleichterungen, Altersversorgung usw.) zu verzichten ist. Und die offizielle Haltung der evangelischen Kirche ist: «Vom christlichen Verständnis der Ehe her sind Partnertausch und Gruppensexualität abzulehnen. Partnertausch zwischen einzelnen Paaren, auch zwischen Verheirateten und Unverheirateten oder auch Gruppensexualität zeigen, wie wenig es den Beteiligten gelungen ist, ihre Genitalität in ihre gesamt-menschliche Sexualität und damit in eine personale Partnerschaft zu integrieren» (Kommission der EKD 1971:152). «Außereheliche körperliche Sexualbeziehungen werden von der evangelischen Kirche selbstverständlich nicht gutgeheißen. Die Ehe ist eine exklusive Gemeinschaft zweier Menschen ...» (T. Winkler für das Kirchenamt der EKD in einem Schreiben vom 7.12.1988). Also *müssen* evangelische Christen exosexuelle Beziehungen verurteilen.

Die Wirksamkeit (siehe allerdings auch gleich die Wirkungsgrenzen) solcher unausweichlicher Vorgaben der sozietären Kulturen ist deswegen ein Erfüllbarkeitsproblem für die Bewältigung sexueller Eifersucht, weil, wenn sie berücksichtigt und befolgt werden und deshalb die Eifersuchtsbewältigung behindern, das dann erforderliche (und zum Teil wirklich grundlegende) Verändern dieser sozietären Kulturen in absehbaren Zeiträumen allerhöchstens punktuell möglich ist.

B276) Die schwierige Veränderbarkeit der sozietären Kultur
Empirische Direkterfahrung: So ist z.B. nicht zu erwarten, daß die größeren Kirchen bei uns ihre restriktive Einstellung zu (exo-)sexuellen Beziehungen gravierend ändern werden. Und auch die gegenwärtige oder künftige Bundesregierungen werden in absehbarer Zeit exosexuelle Beziehungen wohl kaum legalisieren oder vielleicht sogar fördern.

Diese weitgehende Nichtveränderbarkeit (und damit Einschränkung der Mittelwahl) gilt dabei für alle sozietären Normensetzer (siehe B81), also beispielsweise für die Religionen/Kirchen, für die gesetzgebenden Instanzen und für die "öffentlichen Meinungen" - trotz gewisser gegenläufiger Tendenzen dort (siehe z.B. Cosmopolitan 1989, Brigitte 1990 oder B233).

Die Wirkungsgrenzen der sozietären Kultur(en). Der eben hervorgehobene Einfluß der sozietären Kultur(en) ist aber wiederum nicht eindeutig, einheitlich und unbegrenzt. Immer wieder wird berichtet, daß sich zum Beispiel die Eifersuchtsreaktionen *trotz* sozietär einheitlicher Auffassungen nach den Persönlichkeitsmerkmalen der jeweiligen Personen unterschieden.

B277) Intrasozietäre bzw. -kulturelle Differenzierungen und Variationen
Fall Apache, Nordamerika: «A man or woman, knowing of a mate's infidelity, reacts accor-

ding to character and feelings, either withdrawing completely and telling the mate to go his or her way or hanging on in the hopes of winning back the spouse» (Goodwin 1942:341). *Fall Ojibwa [Chippewa], Nordamerika*: «Temperamental differences are clearly indicated in the accounts of marriage. Thus, in a community that tolerated philandering and easy separations, there still appeared monogamous life-long unions, as witness the seven mentioned above. Jealousy often assumed violent forms, but it did not always disrupt unions. And in one striking case, a woman remained faithful to a man who abused her for sterility and during one year lived away from her with another woman, attempting to prove his virility» (Landes 1937:81).

Und deshalb kann (siehe B263 bis B266) sexuelle Eifersucht auch in Ethnien vorkommen, die eigentlich eher als sexuell permissiv gelten und in denen Exosex zumindest sozietär erlaubt, gefördert oder geduldet ist. Der Einfluß der jeweiligen sozietären Kulturen, auch in von der Personenzahl her kleinen und weniger pluralistischen Ethnien, kann also zwar bedeutend sein (s.o.), ist aber niemals uneingeschränkt. Aus einer noch so einheitlichen und eindeutigen Regelung auf sozietärer Ebene folgt deshalb nicht automatisch deren allgemeine Übernahme (und Übernehmbarkeit) auch auf der personalen Ebene.

B278) Sozietäre und personale Differenzierungen

Ergebnis globalen Kulturenvergleichs, Wirkungstheorie: «In most cross-cultural research it is found that the variance due to individual differences is greater than the variance due to cultural variables; therefore, it is unlikely that the cultural contribution to the severity of aggression in jealousy situations is large» (Hupka & Ryan 1981:8). Hier ist also Vorsicht vor allzu homogenisierenden Behauptungen, gerade für kleinere Ethnien, und vor entsprechenden Schlußfolgerungen für die Bewältigungsmöglichkeiten sexueller Eifersucht angebracht (siehe auch Frayser 1985:213). Bei uns multiplizieren sich die Differenzierungen zusätzlich, weil hier immer zahlreiche (Sub-)Kulturen mit oft sehr widersprüchlichen Normen und Sanktionen vorkommen, die allerdings dann wiederum (sehr) selektiv berücksichtigt werden, wodurch sich die Vielfalt de facto wieder einschränkt.

Selbst wenn es gelänge, die sozietäre(n) Kultur(en), beispielsweise aufgrund fremdkultureller Anregungen oder aus Einsicht in die Realitätsferne des Treuegebotes, in einer Weise zu verändern, die grundsätzlich eifersuchtsbewältigend wirken würde (was, s.o., zumindest bei uns unwahrscheinlich genug ist), müßte damit gerechnet werden, daß diese sozietären Kulturen sich nicht allgemein durchsetzen können, weil es überall wenigstens einigen Menschen gelingt, trotz sozietären Drucks (pro oder kontra sexuelle Eifersucht) eigene und abweichende Wege zu gehen (was freilich andererseits eben auch wieder die große Bewältigungschance ist - gerade bei uns).

Die nicht beliebige Veränderbarkeit der personalen Kultur. Obwohl, wie eben angeschnitten, die verschiedenen sozietären Kulturen nicht undifferenziert auf die personale Kultur wirken und damit eine individuelle Veränderbarkeit und Bewältigungschance verdeutlichen: Eine im Sozialisations- oder Enkulturationsprozeß einmal erworbene oder angewöhnte *personale* Kultur kann - wie jeder aus eigener Erfahrung am besten weiß - in vielen und gerade in so besonderen Bereichen wie Sexualität oft nur sehr schwer und sehr partiell wieder verändert werden.

B279) Die Konstanz der personalen Kultur

Wirkungstheorie, konstruierter Fall: Auch die wirklich überzeugte Einsicht, daß es eine verbreitete Lust auf (physischen und/oder psychischen) Exosex gibt und daß auch *mein* Partner wahrscheinlich in wenigstens bestimmten Situationen eine solche Lust verspüren und vielleicht auch verwirklichen kann und wird, garantiert mir keinesfalls, daraufhin problemlos mein uneingeschränktes Treuebegehren aufgeben oder einschränken zu können.

Über die Festigkeit der biotischen und sozietären Ursachen und die daraus resultierenden Einschränkungen (wie Möglichkeiten) hinaus müssen wir also auch mit einer relativen Konstanz und nicht beliebigen Veränderbarkeit unserer jeweiligen personalen Kultur rechnen, die uns die Auswahl und Ausführung der Bewältigungsmittel erschweren wird, wenn auch auf keinen Fall grundsätzlich verhindern kann.

Zwischenergebnis: Die Realisierungschancen der Bewältigungsmittel. Aus der Wirksamkeit der eben skizzierten Faktoren ergeben sich für die einzelnen Bewältigungsmittel, -situationen und -umstände recht unterschiedliche Realisierungschancen, die generell abzuschätzen allein schon wegen ihrer Fallspezifität (und nicht nur oder vor allem, weil genauere empirische Untersuchungen fehlen) schwierig ist. Deswegen möchte ich die Realisierungschancen der verschiedenen Mittel auch nicht einzeln erörtern, zumal auf der Allgemeinheitsebene dieser Untersuchung nur eine weitgehende Wiederholung des Gesagten möglich wäre.

Wie die Seltenheit ausgesprochen oder auch nur sehr heftiger Reaktionen bei uns oder die ja nicht immer nur exotischen Bewältigungsbeispiele zeigen, sind die Realisierungs- und damit Bewältigungschancen aber nicht schlecht. Allerdings darf dabei nicht die Ebene der (oft viel zu grob vereinfachenden) exklusiven Treueideale und Eifersuchtsnormen betrachtet werden, die auch bei uns nicht mit dem tatsächlichen Verhalten übereinstimmt. Und es darf nicht - unrealistisch - versucht werden, sexuelle Eifersucht *total* zu überwinden (was grundsätzlich nicht geht, siehe 7.8.5). Wenn als Ziel der Bewältigungsbemühungen angestrebt wird, den Umgang mit den exosexuellen Beziehungen der Partner und der eigenen sexuellen Eifersucht zu differenzieren um auf diese Weise ("nur") zu einer Reduzierung bzw. partiellen Überwindung zu kommen, sind die Realisierungschancen mindestens für einige Bewältigungsmittel gut bis sehr gut.

8.2.4 Zur Akzeptanz der Bewältigungsbemühungen durch die Mitwelt

Alles Bemühen, sexuelle Eifersucht zu bewältigen, wird freilich, trotz vorhandener Fähigkeiten und optimierten Interessenausgleichs, fruchtlos bleiben, wenn die Umgebung oder Mitwelt der Aktoren solches Bemühen von vorneherein torpediert.

B280) Behinderung von Eifersuchtsbewältigungen durch die Mitwelt
Wirkungstheorie, Funktionstheorie, konstruierter Fall: Wenn beispielsweise ein Ego aufgrund der Einsicht in die Existenz der Lust auf Exosex seinem Ehepartner unter bestimmten Voraussetzungen bestimmte Arten exosexueller Beziehungen gestatten will, kann es Schwierigkeiten bekommen, dieses Vorhaben auch wirklich realisieren zu können, wenn in seiner Umgebung alle, die meisten oder die entscheidenden Leute mit Verständnislosigkeit, Vorwürfen oder sogar Sanktionen (Meidung z.B.) reagieren.

Dieses *Akzeptanzerfordernis* hat dabei zwei Hintergründe: Zum einen geht es um die zum Teil nicht oder nur partiell lösbaren Motiv- oder Interessenkonflikte der direkt am Eifersuchtsprozeß bzw. an seiner Bewältigung Beteiligten, zum anderen um die (vor Beginn eines Bewältigungsprozesses vorhandenen oder währenddessen gebildeten) Einstellungen und/oder Verhalten der Nichtaktoren oder unter Umständen sogar Gegenaktoren, die beide die Realisierbarkeit der Bewältigungsmittel behindern können (vergleiche auch 8.3.3).

Interessenkonflikte der Beteiligten. Menschen und Menschengruppen haben auch im Bereich Sexualität und sexuelle Eifersucht zahlreiche und dabei oft widersprüchliche oder gegenläufige Erfordernisse auf der personalen wie auf der interpersonalen Ebene (siehe 5.3.3).

B281) Motivwidersprüche der an Bewältigungsprozessen Beteiligten
Empirische Direkterfahrung: Ego, Partner, Exopartner u.a. können z.B. für sich selbst sexuelle Freiheit für selbstverständlich und problemlos erachten, anderen aber untersagen; oder sich an fremder sexueller Eifersucht stören, die eigene jedoch für richtig und gerechtfertig halten; oder sowohl sexuelle Freiheit als auch sexuelle Treue für sich und/oder andere anstreben. Es kann deshalb sein, daß Ego seine sexuelle Eifersucht nicht aufgeben und Partners Exosex verhindern möchte, während Partner möchte, daß Ego seine sexuelle Eifersucht auf Exopartner und Exopartner seine sexuelle Eifersucht auf Ego aufgeben und die exosexuelle Beziehung (die aus Sicht von Exopartner die Eifersuchtsbeziehung ist) akzeptieren, und Exopartner möchte, daß Partner die Eifersuchtsbeziehung aufgibt und die Exobeziehung zur neuen und dann exklusiven Ausgangsbeziehung macht (siehe z.B. zum Problem, "Geliebte" zu sein, Almqvist et al. 1987).

Manche dieser personalen wie interpersonalen Widersprüche und Konflikte sind selbst bei allseitigem und noch so ernsthaftem Bemühen nicht für alle Beteiligten befriedigend und verlustfrei lösbar, was (sehr relativierend formuliert) wiederum die Realisierbarkeitschancen wenigstens einiger Bewältigungsmittel in bestimmten Konstellationen mindestens einschränkt und unter Umständen als einzige Lösung das Aufgeben der Eifersuchtsbeziehung oder der Exobeziehung verlangt (siehe Tabelle 62, S. 275).

Normen und Sanktionen der Nichtbeteiligten. Mitentscheidend dafür, ob die Realisierung eines bestimmten Bewältigungsmittels überhaupt eine Chance haben kann oder nicht, sind neben den Interessen der Beteiligten auch die auf Eifersuchtsbewältigung bezogenen Normen (=df. die *Bewältigungsnormen*) der Unbeteiligten und die Strafen oder Belohnungen, die mit einem Einhalten oder Überschreiten dieser Normen verknüpft sind (=df. die *Bewältigungssanktionen*). Solche Bewältigungsnormen und -sanktionen werden bei uns (wie die Exosex- und Eifersuchtsnormen, siehe B81) nicht nur von Ego, Partner und Exopartner sondern auch extern (unter anderem von der Familie, Verwandtschaft, Bekanntschaft oder Nachbarschaft, der Legislative des Staates, kirchlichen oder religiösen Institutionen oder öffentlichen Meinungsmachern) ausgewählt, formuliert und entschieden. Die dabei gesetzten Normen und Sanktionen müssen keineswegs übereinstimmen. Widersprüche, Ausschlüsse und Überlappungen sind häufig oder sogar die Regel. Damit ergibt sich insgesamt ein vielfältiges und intern widersprüchliches Netz der Legalität und Sanktionierung. In diesem kann (und wird es meist) *unmöglich* sein, *allen* Normen gerecht zu werden, mit den entsprechenden Folgen bei Nichterkennen bzw. Nichtertragenkönnen dieser Situation.

Zwischenergebnis: Die Akzeptierbarkeit der Bewältigungsmittel. Für die einzelnen Bewältigungsmittel (unter Annahme einer realisierten exosexuellen Beziehung) dürften sich die Interessenprobleme der Beteiligten und die Normen und Sanktionen der Unbeteiligten auf die Akzeptierbarkeit, also das Nichtverhindernwollen von außen, und damit auf die Realisierbarkeit und Praktizierbarkeit wie in der zusammenfassenden Tabelle 62, S. 275, gezeigt auswirken.

	Mittel	Chancen einer Akzeptierbarkeit des Mittels durch			
		Ego	Partner	Exopartner	Unbeteiligte
1)	Einstellungsänderungen	.	+	+	+
2)	Emotionalisierungsvorsorge	.	+	+	+
3)	Eigene exosexuelle Beziehungen	.	–	+	?
4)	Motiverfüllung verbessern	+	.	?	+
5)	Abhängigkeit Egos erhöhen	?/.	.	+	+
6)	Selbständigkeit Egos erhöhen	?/.	.	+	+
7)	Motive aufgeben	.	+	+	+
8)	Bestandsmotiv verschärfen	.	?	?	?
9)	Treuemotiv einschränken	.	+	+	?
10)	Auf Exosex verzichten	+	.	.	+
11)	Exosex verhindern	.	.	.	+
12)	Exosex beschränken/unterordnen	?	.	.	?
13)	Ego bestechen	?	.	+	+
14)	Am Exosex selbst teilnehmen	.	?	?	?
15)	Exosex verheimlichen	+	.	.	+
16)	Exosex ignorieren	.	+	+	+
17)	Exosex genauer betrachten	.	?	?	+
18)	Abwägungsinstanzen erweitern	.	?	?	?
19)	Abwägungsaktivitäten ändern	.	?	?	?
20)	Entscheidungskriterien ändern	.	?	?	?
21)	Eifersuchtsentscheidung ändern	.	?	?	?
22)	Reaktionsentscheidungen ändern	.	?	?	?
23)	Reaktionsinstanzen erweitern	.	?	?	?
24)	Reaktionsbetroffene ändern	.	?	?	?
25)	Reaktionen ändern	.	?	?	?
26)	Eifersucht bestrafen	.	.	.	?
27)	Eifersucht belohnen	.	.	.	?

Tabelle 62: Die Akzeptierbarkeit der Bewältigungsmittel
(+ = eher hoch, ? = unterschiedlich/hängt davon ab, – = eher niedrig, . = Aktor)

8.2.5 Zur Devianz- und Sanktionierungstoleranz bei mangelnder Akzeptanz

Die erwähnten Normen und Sanktionsandrohungen sind nun aber auch beim Eifersuchtsbewältigen (wei beim Exosex) nur das eine, ihre Befolgung und Ausführung das (oft ganz) andere. Wir finden häufig einen Unterschied und ein Auseinanderklaffen zwischen der Aufstellung bzw. Androhung und der tatsächlichen Befolgung bzw. Ausführung von Normen bzw. Sanktionen, also eine (teilweise erhebliche) Differenz zwischen dem *Soll* und dem *Ist*. Es bleibt - gerade im Bereich (Exo-)Sexualität - vielfach folgenlos oder wenigstens folgenärmer als angedroht, gegen Normen zu verstoßen.

B282) Normen und Sanktionen - die Nichtübereinstimmung von Soll und Ist
Fall Deutschland: Bei uns sind sexuelle Beziehungen mit Prostituierten eine verbreitete, offensichtliche und (auch von den Partnerinnen) zumindest ignorierte und damit geduldete Form des Versuchs von Männern, ihre Lust auf Exosex zu befriedigen, ohne größere sexuelle Eifersucht zu provozieren. Diese Lösung ist von geltendem Recht aber nicht geschützt. Weder ist Prostitution als (erst recht nicht sozialversicherungstechnisch unterstützte) Arbeit anerkannt, noch können Prostituierte ihren Lohn einklagen. Weil sie aber anscheinend trotzdem (und entgegen aller offiziellen moralischen Verurteilungen) als ein Mittel zur Lösung des Konflikts zwischen der Lust auf Exosex und dem Wunsch nach Treue akzeptiert wird, wird Prostitution nicht verboten und verhindert.

Deshalb muß die Illegitimität eines Bewältigungsmittels auch nicht unbedingt deren Realisierbarkeit reduzieren. Das hängt dann weitgehend von der individuellen und momentanen *Rechtsbruch-* oder *Devianztoleranz* der Betroffenen und der *Sanktionierungstoleranz* der potentiellen Verfolger und Bestrafer ab.

8.3 Tolerierbarkeit: Probleme mit den Bewältigungsfolgen

Sexuelle Eifersucht findet (siehe 2.2.2) in einem Lebensbereich statt oder ist das Ergebnis eines Lebensbereiches, in dem mit den Wünschen nach Sicherheit/Treue/Intimität/Verläßlichkeit und nach Freiheit/Abwechslung/Ungewißheit/Spannung genauso fundamentale wie widersprüchliche Interessen und Erfordernisse konfligieren. Wenn eine Eifersuchtsbewältigung für alle Beteiligten und Betroffenen möglichst wenig Schaden anrichten und möglichst nutzbringend sein soll, dann muß sie deshalb zwischen den vielfältig unterschiedlichen und zum Teil sogar unvereinbar widersprüchlichen eigenen und fremden Interessen und Anforderungen vermitteln und optimierende Lösungen finden (siehe auch 5.3.3 und 8.2.4).

Nun sind aber nicht alle Folgen von Bewältigungsprozessen für die Beteiligten und Betroffenen bzw. für die Nichtbeteiligten und Nichtbetroffenen, seien sie Personen oder Institutionen, gleichermaßen tolerierbar (siehe 6.4). Probleme können erfolgreiche Überwindungen oder Reduzierungen (dazu 8.3.1) genauso machen wie erfolglose (dazu 8.3.2). Vor allem aber können auch die Bewältigungsmittel selbst, unabhängig von ihrem (potentiellen oder aktuellen) Bewältigungserfolg und ihrer Akzeptanz (siehe 8.2.4), Tolerierbarkeitsprobleme schaffen (dazu 8.3.3).

8.3.1 Zur Tolerierbarkeit einer erfolgreichen Bewältigung

Auf den ersten Blick scheint eine Bewältigung sexueller Eifersucht auf der personalen Ebene keine Schäden anrichten zu können. Wenn Ego nicht oder weniger eifersüchtig ist, hat es keine oder weniger Probleme, wenn Partner und Exopartner unbeschwert ihre Lust auf Exosex befriedigen, und auch diese sind ohne die sexuelle Eifersucht ungestört, glücklich und zufrieden.

Doch ist hier zumindest Vorsicht angebracht. Denn selbst bestmögliche Eifersuchtsbewältigungen können mindestens zwei Arten von Folgen haben, die ihre Tolerierbarkeit tangieren: Zum einen können sie die Interessen anderer verletzen und deshalb Sanktionen bewirken, und zum anderen können sie die Befriedigung anderer wichtiger Motive der Bewältiger gefährden und damit neue Probleme schaffen.

Legalitäts- und Sanktionsprobleme. Eine erfolgreiche Eifersuchtsbewältigung kann Probleme hervorrufen, wenn sie gegen eigene wie extern vorgegebene Ansprüche oder Normen verstößt und deshalb in einer mißliebigen Weise sanktioniert wird.

B283) Probleme durch Reaktionserwartungen bei Exosex
Wirkungstheorie, Funktionstheorie: Bei den Yusufazai-Pakhtun muß ein Mann seine ehebrechende Frau erschießen, bei den Hidatsa sie zurückweisen, wenn er nicht ausgelacht, verachtet oder ausgestoßen werden will (siehe B136). Aber was macht einer, der seiner Frau verzeihen, sie als Partnerin behalten möchte? Er verlöre, wenn er eine Versöhnung versuchte, durch eine Eifersuchtsüberwindung seine Ehre und seine öffentliche Anerkennung (und damit die Befriedigung seiner Sozialwert- oder vielleicht sogar Unversehrtheitsmotive).

Dieses Problem (das eng mit dem der Erfüllung des Akzeptanzerfordernisses verknüpft ist, welches allerdings *vor* einer erfolgreichen Bewältigung erfüllt sein muß, siehe 8.2.4) ist, soweit es die externen Normen betrifft, allein, d.h. ohne grundlegende Veränderung der jeweiligen sozietären Umgebung, nur dann zu bewältigen, wenn die Aktoren von ihrem Sozialwert weitgehend unabhängig sind und wenn es keine gravierenden Sanktionen gibt (siehe ergänzend auch 8.2.5).

Das Permissivitätsproblem. Sexuelle Eifersucht zu bewältigen heißt, die damit verbundenen Funktionen möglicherweise wenigstens partiell aufzugeben oder aufgeben zu müssen (siehe dazu die ausführlichere Diskussion in 2.2.1). Es heißt aber auch, Exosex wenigstens gelegentlich und in bestimmten Varianten zuzulassen. Eine solche permissive Haltung kann, zumindest wenn sie wirklich umfassend und konsequent ist, ihrerseits neue Probleme schaffen, weil sie unter Umständen die Erfüllung anderer Motive gefährden oder gar verhindern kann.

B284) Probleme durch exosexuelle Permissivität
Wirkungstheorien, Verbreitungsbehauptungen: «The desire for sexual variety dooms most human males to a lifetime of unfulfilled longing; when the desire can be satisfied easily, as among many homosexual men, it often frustrates the satisfaction of other desires, such as those for intimacy and security» (Symons 1979:228). «... daß ich vermehrt bei den meisten Menschen Schwierigkeiten wahrnehme, wenn sie mit dieser Freizügigkeit fertig werden wollen. Das Ideal einer 'freien Ehe' ist durchaus bemerkenswert. Zusätzlich zur Primärbeziehung werden hierbei andere Beziehungen anerkannt, die von geringerer Dauer sein können, sexuell oder nichtsexuell, die aber auch sehr positiv sein und zur Selbstverwirklichung beitragen können. Ich werde im Kapitel 5 noch ausführen, daß nur wenige Primärbeziehungen diese offenkundig unbeabsichtigten Herausforderungen überstehen. Die der Zweierbeziehung ureigene Sicherheit wird durch die Verwüstungen der Eifersucht geschwächt und unterwandert. Wenn wir, wie es der Fall zu sein scheint, mehr und mehr von institutionalisierten und 'externalisierten' Zwängen abkommen, die der außerehelichen Sexualität obliegen, dann müssen wir bereit sein uns dem substantiellen Konflikt zwischen den eigenen kurzfristigen und langfristigen Bedürfnissen auszusetzen» (Bancroft 1985/83:7). «Der offenkundige Wunsch nach struktureller Unterstützung durch die traditionelle Ehe wird an der Tendenz Geschiedener zur Wiederheirat deutlich. Die meisten von uns scheinen also eine äußere Struktur für ihre Beziehungen zu benötigen, um kritische Phasen überstehen zu können und um sich und dem Partner die Sicherheit zu geben, sich konstruktiv zu verhalten. Es ist richtig, daß der destruktive Effekt sexueller Eifersucht von speziellen Werten abhängig ist, die innerhalb einer Beziehung für die Sexualität gelten. Wenn die Sexualität nicht als Quelle für Lust mit Menschen, die man mag, gesehen wird, dann dürfte außereheliche Sexualität kaum bedrohlicher sein als ein Squash-Spiel mit der Nachbarin. In diesem Fall geht aber die spezifische Intimität verloren, die die Sexualität zu einer verbindenden Kraft innerhalb der Beziehung macht. Es ist schwer abzuschätzen, wie weit das traditionelle Bedürfnis nach Treue vermindert werden kann, ohne daß die Vorteile der Sexualität innerhalb der Ehe verloren gehen» (Bancroft 1985/83:143; siehe dort auch Kapitel 5). Bei zuviel

Anstreben individueller Freiheit oder Unabhängigkeit sei die Fähigkeit zur Liebe gefährdet (Berscheid & Fei 1977:108f.). Siehe auch B11 bis B14.

Auch für dieses zentrale Problem der Abwägung zwischen den psychischen und sonstigen Vor- und Nachteilen des Verlangens bzw. Einhaltens sexueller Treue wie des Gewährens bzw. Auslebens sexueller Freiheit dürften anthropo-realistische, d.h. differenzierende und zwischen den verschiedenen Interessen ausgleichende Lösungen optimal sein (siehe z.B. 2.2.2 und 7.3.3), auch wenn (vor allem kirchliche und staatliche) Normenfestleger hier gern einseitig undifferenzierte Entscheidungen vornehmen und vorgeben - mit entsprechend geringen Realisierungschancen. Die dabei erforderlichen Differenzierungen sind (zumindest innerhalb des individualistischen Weltbildes der westlichen Welt) eine grundsätzlich offen zu lassende, d.h. fallspezifisch zu entscheidende Aufgabe jeder Person und damit jedes einzelnen Umgangs- oder Therapieversuchs, für die im Einzelfall dann sehr unterschiedliche Anspruchsniveaus gewählt werden können.

8.3.2 Zur Tolerierbarkeit eines erfolglosen Bewältigungsversuchs

Bei einem erfolglosen Bewältigungsversuch, wenn also noch nicht einmal eine minimale und pessimale Überwindung oder Reduzierung erreicht werden kann (zu den auch hier gültigen Bewertungsmöglichkeiten siehe 6.4), bleibt erstens das diesen Versuch auslösende Eifersuchtsproblem bestehen. Und es bleiben zweitens die in 8.2.4+5 geschilderten mittelspezifischen Akzeptanzprobleme. Hinzukommen können aber drittens auch neue Probleme

B285) Probleme durch erfolglose Bewältigungsversuche
Wirkungstheorie: Beispielsweise, wenn Ego aufgrund des gescheiterten Bemühens um eine Eifersuchtsbewältigung an seiner Kompetenz oder Kontrolle zweifelt und diese geringer ansetzt und deshalb zukünftig emotionalisierter reagiert. Oder wenn das Selbstwertgefühl oder der Sozialwert deshalb sinken.

Auf diese neuen Probleme muß ich jedoch nicht weiter eingehen, weil sie grundsätzlich den hier erörterten "alten" Problemen ähneln - in ihrem Bau wie in ihrer Lösbarkeit und Lösung (siehe und übertrage also die entsprechenden Passagen in 3.1.4 und 8).

8.3.3 Zur Tolerierbarkeit der Bewältigungsaktivitäten

Ob und wann eine in einem Bewältigungsprozeß vorgenommene Entscheidung oder ausgeführte sonstige Aktivität an sich, also ohne Bezugnahme auf die Eifersuchtsbewältigung, schädliche oder unerwünschte Wirkungen und Effekte hat, ist (wie immer bei den Bewertungen implizierenden Tolerierbarkeitsproblemen, bewerter-, aktivitäts- und umständespezifisch (siehe 6.4+6). Es gibt aber auch hier (wie bei den Erfüllbarkeitsproblemen, siehe 8.2) grundlegende Problemaspekte, die durch die jeweils gleichen Problemmöglichkeiten Legalität und Sanktionen, Erforderniskonflikte und neue Probleme entstehen. In diesem Zusammenhang sind auch mögliche falsche Befürchtungen auszuräumen. Außerdem sind, um zu einer abgerundeten Tolerierbarkeitsbilanz kommen zu können, die Vorteile oder Nutzen der Bewältigungsaktivitäten zu beachten.

Falsche Befürchtungen. Beim Nachvollziehen der hier gefundenen Bewältigungsmittel können Befürchtungen auftauchen, die sich bei genauerem Betrachten aber als unbegründet erweisen (siehe auch B295 und B296).

B286) Unbegründete Befürchtungen über die Tolerierbarkeit von Einstellungsänderungen
Wirkungstheorie, Funktionstheorie: Eine "normalisierende" Betrachtung des Sexuellen erlaubt weiterhin, wenigstens für bestimmte Situationen alle gewünschte und mögliche Faszination zu erleben. Das Trennenkönnen zwischen der physischen und der psychischen Seite von Sexualität bedeutet kein Trennenmüssen in jeder denkbaren Situation. Und auch das Anerkennen der Fähigkeit, mehrere Menschen gleichzeitig lieben oder mit mehreren Menschen gleichzeitig sexuelle Beziehungen unterhalten zu können, impliziert keinesfalls, nicht wenigstens eine dieser Beziehungen besonders intensiv erleben und gestalten zu können.

B287) Unbegründete Befürchtungen über die Tolerierbarkeit eines Verheimlichens
Wirkungstheorie, Funktionstheorie: Diskretion oder Heimlichkeit ist offensichtlich nicht immer nur unehrlich, unfrei, feige oder in einer anderen Weise schlecht. Sie kann auch rücksichtsvoll sein, wenn sie beispielsweise Ego vor dem Überschätzen einer tatsächlich nicht gegebenen Bedrohung schützt oder wenn sie Ego vor nutzlosem Nachvollziehen längst vergangener Details bewahrt. Siehe auch B83.

Auch für die Bewältigungsaktivitäten und ihre Tolerierbarkeit gilt deshalb das Gebot des differenzierenden Blicks und Urteils. Personen- und situationsunspezifische Vorentscheidungen oder Vorurteile werden hier nicht nur nichts nützen, sondern können sogar bewältigungshinderlich sein (siehe z.B. auch 7.2.3).

Legitimitäts- und Sanktionsprobleme. Der Einsatz von Bewältigungsmitteln kann gegen eigene wie fremde Normen verstoßen und unter Umständen sogar in irgend einer Weise sanktioniert werden.

B288) Legitimitäts- und Sanktionsprobleme beim Entemotionalisieren
Wirkungstheorie, Funktionstheorie: Eine Entemotionalisierung verstößt zwar gegen keine institutionalen oder staatlichen Normen, kann aber in ihren Folgen mit den Einstellungen von Nachbarn, Freunden oder der Öffentlichkeit konfligieren, nach dem Schema: "Der ärgert sich ja noch nicht mal richtig, wenn er betrogen wird! So ruhig und besonnen wie der reagiert, stellt sich ja die Frage, ob der seine Partnerin überhaupt richtig liebt?".

B289) Legitimitäts- und Sanktionsprobleme beim Ändern von Einstellungen
Wirkungstheorie, Funktionstheorie: Einstellungsänderungen können, z.B. wenn sie aufgrund einer Demokratisierung der sexuellen Beziehungen Exosex erlauben oder womöglich gar unterstützen, oder wenn sie Liebe und Geschlechtsverkehr dissoziieren, gegen bisherige eigene, kirchliche, nachbarliche, öffentliche oder andere externe Normen verstoßen. Sie werden aber als Einstellung allein üblicherweise von außen nicht greifbar sanktioniert (wenn ein "schlechtes Gewissen" oder ähnliches nicht auch als indirekte externe Sanktion angesehen wird).

B290) Legitimitäts- und Sanktionsprobleme bei eigenem Exosex
Wirkungstheorie, Funktionstheorie: Exosexuelle Beziehungen verstoßen gegen die Normen der bei uns verbreiteten größeren Kirchen und werd von diesen (wenn auch vielfach nur androhend und auf einen unterstellten Zustand nach dem Tod bezogen) sanktioniert (siehe auch B22 und B275). Auch der Staat erkennt Ehebruch als Unterhaltsminderungsgrund an (siehe B122).

Ob allerdings (und wenn ja, welche) Normen und mögliche Sanktionen tatsächlich zu Tolerierbarkeitsproblemen führen, wird weitgehend auch von der individuellen Abweich- und Sanktionstoleranz der Aktoren mitbestimmt, weswegen die Tolerierbarkeit nicht nur eine Sache der Normierungs- und Sanktionsinstanzen ist, deren Aktivitäten ja dann nicht greifen müssen/können (siehe 8.2.5).

Erforderniskonflikte. Auch Bewältigungsaktivitäten (und nicht nur Bewältigungserfolge, siehe 8.3.1) können mit vorhandenen anderen Motiven konfligieren und deshalb als mehr bis weniger schlecht oder sogar nicht tolerierbar bewertet werden.

B291) Intrapersonale Motivkonflikte
Wirkungstheorie, Funktionstheorie: Eine *Erhöhung der Abhängigkeit* kann für Ego unbefriedigend sein, weil sie gegen einen Wunsch nach Unabhängigkeit und Selbständigkeit verstoßen kann. Ego zu *bestechen* kann gegen Partners Ideal eines nicht manipulativen Umgangs verstoßen. An der Ausführung von Exosex *verhindert* zu werden kann gegen Partners Vorstellung einer freien und gleichberechtigten Beziehung verstoßen.

Hier geschieht die Tolerierbarkeitsabwägung situationsspezifisch dann meist nach dem Schema "kleineres Übel" (soweit erkenn- und entscheidbar).

Neue Probleme. Aber nicht nur mit bestehenden Motiven und ihrer Erfüllung können Bewältigungsaktivitäten unvereinbar sein: sie können durch ihre Benutzung ganz neue Probleme aufwerfen, die unter Umständen auch oder sogar erst einmal zu lösen sind.

B292) Folgeprobleme durch eigene exosexuelle Beziehungen
Wirkungstheorie, Funktionstheorie: Eigener Exosex kann beispielsweise für Partner ein Eifersuchtsreiz sein, so daß Ego nicht nur mit der eigenen, sondern auch mit der sexuellen Eifersucht Partners zu tun hat. Sie kann aber auch zu Problemen führen, wenn zum Beispiel Exopartner wünscht, daß Ego die Eifersuchtsbeziehung aufgibt, oder wenn Exopartner sich vernachlässigt fühlt.

B293) Folgeprobleme durch Erhöhen der Selbständigkeit
Wirkungstheorie, Funktionstheorie: Eine Verringerung von Abhängigkeit bzw. Erhöhung von Selbständigkeit kann Ego vor (vielleicht sogar erhebliche) Anforderungen und Schwierigkeiten stellen, zum Beispiel wenn Ego selbst für seine wirtschaftliche Existenz oder sein Sozialprestige sorgen muß, dafür aber nicht die geeigneten Mittel (Ausbildung, Beziehungen usw.) hat oder nicht das geeignete Umfeld findet (siehe auch B270).

B294) Folgeprobleme durch Kontrolle von und/oder Teilnahme am Exosex
Auch eigene Kontrolle und vor allem Teilnahme kann problematisch werden *Fall Swinger, USA; Wirkungstheorie, Funktionstheorie*: «... other negative aspects include sexual jealousy. The male may find, and this is verbalized, after a number of parties in which his opportunity for satisfaction is limited and he sees the women around him engaging in homosexual activities and continuing to satisfy each other over and over again for the duration of the evening, that the 'women have the best time,' that the swinging scene is 'unfair to men.'» ... «For a couple who are relatively insecure with each other and with themselves, swinging may invoke a great deal of personal jealousy. The man who finds he is occasionally rejected or easily tired physically may resent his wife's responsiveness to other men. She, in turn, may feel that her partner is enjoying other women more or to a different degree than he enjoys her. These personal jealousies frequently erupt under the pressure of alcohol and the ensuing scene evolves into an event which makes all persons present uncomfortable, if not antagonistic, to the couple. This causes them to be excluded from future invitations and to be branded as troublemakers» (Bartell 1974:199f.).

Nutzen und Gewinne. Schließlich ist noch auf die möglichen Vorteile eines Einsatzes von Bewältigungsaktivitäten hinzuweisen, weil diese mit den Kosten (den unerwünschten bzw. schädlichen Folgen) verglichen und in die Gesamt-Tolerierbarkeitsbilanz einbezogen werden können und sollten.

B295) Positive Nebenfolgen von Einstellungsänderungen
Wirkungstheorie, Funktionstheorie: So erlauben die Einstellungsänderungen einen differenzierteren und damit bei optimaler Nutzung auch genußreicheren Umgang mit der eigenen wie fremden Sexualität. Denn aus einer Entmystifizierung des Sexuellen folgte keineswegs, daß nun gar keine besonderen oder herausragenden sexuellen Erlebnisse oder Ereignisse mehr möglichen wären, vielleicht sogar im Gegenteil: Aufgrund der Besonderheit des Sexuellen ist ein differenzierter Umgang vielfach durch den dauernden Anspruch der höchsten psychischen und physischen Leistung gar nicht mehr möglich. Wie beim Essen, Musikhören, Bildbetrach-

ten, Wandern oder anderen Aktivitäten könnte eine "normalisierte" Betrachtung auch im Sexuellen dazu beitragen, "Alltagssex" und "Feiertagssex", das Übliche und das Besondere, bewußt auch im Anspruch trennen und unterschiedlich erleben und genießen zu können.

B296) Positive Nebenfolgen von Abhängigkeitsänderungen

Wirkungstheorie, Funktionstheorie: Nicht jede Art der Selbständigkeit ist für jede(n) und in jeder Situation gleichermaßen nützlich und erwünscht. Bestimmte Abhängigkeiten können, wenn und weil sie im Effekt positiv sind, durchaus lebensförderlich sein und positiv erlebt werden. Abhängigkeit selbst oder an sich muß also nicht unbedingt, in jeder Hinsicht und in jeder Situation, als nachteilig oder schädlich angesehen werden (siehe auch 7.2.3 mit Anm. 36).

Zwischenergebnis: Die Tolerierbarkeitschancen von Bewältigungsaktivitäten. Obwohl mit den möglichen Legitimtitäts- und Sanktionierungsproblemen, den wahrscheinlichen intra- wie interpersonalen Erforderniskonflikten und zu befürchtenden neuen Problemen zahlreiche Schwierigkeiten aus dem Einsatz von Bewältigungsmitteln folgen können: viele (aus alter Normenbefangenheit stammende) Befürchtungen sind unzutreffend und die Ausführung von Bewältigungsaktivitäten kann sogar erwünschte oder positiv zu bewertende Konsequenzen haben. Deshalb ist auch an dieser Stelle kein grundsätzlicher Pessimismus angebracht.

8.4 Ergebnis: Bewältigungsprobleme

Ein befriedigender Einsatz der verschiedenen Bewältigungsmittel kann (sogar erhebliche) Schwierigkeiten bereiten, die durch das Erfüllenmüssen der externen Voraussetzungen und der internen Bedingungen (dazu 8.4.1) sowie durch die möglichen schädlichen bzw. unerwünschten Folgen (dazu 8.4.2) entstehen können.

8.4.1 Realisierbarkeits- und Praktizierbarkeitsprobleme

Damit sexuelle Eifersucht überwunden oder reduziert werden kann, sind (siehe 6.2.2) immer mehrere verschiedene Voraussetzungen bzw. Bedingungen mindestens minimal und pessimal zu erfüllen: sexuelle Eifersucht muß gegenwärtig vorhanden oder zukünftig möglich bzw. zu erwarten und grundsätzlich bewältigbar sein, alle erforderlichen Aktoren müssen verfügbar sein, ein ernsthaftes Interesse an einer Eifersuchtsbewältigung haben und sich entsprechend darum bemühen, die für jede einzelne Aktivität im Bewältigungsprozeß erforderlichen spezifischen Voraussetzungen müssen jeweils erfüllt sein, alle Aktoren müssen die für die Realisierung der jeweils erforderlichen Änderungen benötigten Fähigkeiten besitzen oder erlernen und dann auch ausführen können, die nicht direkt an der Eifersuchtsbewältigung beteiligte Mit- oder Umwelt der Aktoren darf den Bewältigungsbemühungen nicht allzu heftig entgegenarbeiten, darf keine unüberwindbaren Hindernisse in den Weg stellen und die Bewältiger müssen, wenn die Akzeptanz unzureichend ist, ihre dann erforderliche soziale Devianz ertragen können. Neben diesen notwendigen Bewältigungserfordernissen gibt es, vor allem wenn die Qualität einer Eifersuchtsbewältigung berücksichtigt wird, fall- bzw. artspezifisch noch zahlreiche andere (nützliche) Voraussetzungen und Bedingungen.

Daß alle diese Erfordernisse in jedem Fall optimal und maximal erfüllt werden können, ist zumindest unwahrscheinlich. Dagegen sprechen grundlegende *Erfüllbarkeitsprobleme*, die komplett und systematisch in den Griff zu bekommen nicht zu leisten ist. Diese Realisierbarkeits- und Praktizierbarkeitsprobleme sind verursacht durch die große Zahl und vielfach komplizierte Verknüpfung der für sexuelle Eifersucht direkt oder indirekt verantwortlichen Faktoren und Wirkungen, die alle gezielt zu verändern oder zu kontrollieren unmöglich ist, durch die auch biotischen Ursachen sexueller Eifersucht, bei denen Kulturveränderung nicht (direkt) wirkt, durch die Wirksamkeit der jeweiligen sozietären Kulturen, die nicht beliebig veränderbar sind und die bei uns Exosex nicht gerade fördern und eher pro als contra sexuelle Eifersucht wirken, durch den andererseits nur eingeschränkten Einfluß der sozietären Kultur, der die Wirksamkeit einer (freilich sowieso unrealistischen) globalen Veränderung der sozietären Kultur wiederum begrenzt, durch die Wirkungssicherheit, Konstanz und nicht beliebige Veränderbarkeit auch der im Sozialisationsprozeß erworbenen personalen Kultur, durch die oftmals nicht konfliktfrei lösbare Widersprüchlichkeit und Gegenläufigkeit der involvierten Interessen der Beteiligten, durch den auch deshalb möglichen Widerstand der Unbeteiligten sowie durch die nicht immer hohe Devianz- und Sanktionierungstoleranz der Beteiligten.

Daß trotz dieser Probleme sexuelle Eifersucht nicht immer und überall in der heftigsten und unbewältigsten Form vorkommt, belegt allerdings die bis zu einem (sehr) hohen Grad gegebene Lösbarkeit und Lösung dieser Erfüllungsprobleme.

8.4.2 Tolerierbarkeitsprobleme

Auch das Verhindern unerwünschter und/oder schädlicher Folgen sexueller Eifersucht kann Probleme bereiten. Denn nicht nur die Ausführung der Bewältigungsaktivitäten selbst, sondern auch die positiven wie negativen Ergebnisse von Bewältigungsversuchen können nicht tolerierbare Folgen haben, die vor allem auf neu entstehende Probleme sowie auf mögliche Konflikte mit externen Normen und Sanktionen oder zwischen vorhandenen eigenen Motiven zurückzuführen sind. In die immer aus unterschiedlichen Perspektiven zu entscheidende Tolerierbarkeitsbewertung fließen allerdings auch mögliche Nutzen oder Gewinne der Aktivitätsausführung wie ihrer Ergebnisse ein, weshalb sich die Gesamtbilanz der Tolerierbarkeit bzw. Tolerierung erst aus dem Aufrechnen aller Kosten und Nutzen ergibt.

TEIL IV: FAZIT

9 Reflexion: Beurteilung der Untersuchung und ihrer Ergebnisse

In diesem abschließenden Kapitel geht es um die Bewertung der Untersuchung: Welche Grenzen und Defizite hat die systematisch erzeugende und kulturenvergleichende Bestimmung der Merkmale, Erscheinungsformen und kulturellen Bewältigungsmöglichkeiten sexueller Eifersucht (dazu 9.1)? Was hat sie (trotzdem) gebracht (dazu 9.2)? Und welche Konsequenzen sollte sie haben (dazu 9.3)?

9.1 Einschränkungen: Grenzen und Defizite der Untersuchung

Auch der Versuch, die unumgänglichen Grundentscheidungen möglichst bewußt, differenziert und begründet vorzunehmen, kann die (partielle) Relativität und Eingeschränktheit der Untersuchung und ihrer Ergebnisse nicht verhindern. Denn der explizierte Kontext (siehe 1), die darin vorgenommene genaue Festlegungen des Themas (siehe 2.5), die Vorgehensentscheidungen (siehe 3.5+6) sowie die verwendeten ontischen Rahmentheorien (siehe vor allem 3.1 und 8.1) haben den erreichbaren Ertrag der Untersuchung von vornherein eingegrenzt.

9.1.1 Pragmatisch und thematisch bedingte Grenzen und Defizite

Ausgangsbasis meiner Untersuchung war (siehe 1.1+2) kontextpragmatisch eine Verantwortungsethik und Praxisorientierung (und damit ausdrücklich nicht rein akademische Grundhaltung) sowie kontextthematisch eine eigenkulturbezogene kulturanthropologische (also nicht allgemein-anthropologische, psychologische, ethnologische oder ethnografische) Herangehensweise. Auf dieser Basis habe ich in 2.5 entschieden, aus dem Blickwinkel der Erfordernisse unserer Kultur und Sozietät, die im Kulturenvergleich erkennbaren kulturellen Bewältigungsmöglichkeiten sexueller Eifersucht zu untersuchen oder, anders ausgedrückt, ausgehend von der Tatsache, daß es sexuelle Eifersucht gibt, zu klären, welche kulturell erlern- und nutzbaren Möglichkeiten erkennbar sind, diese sexuelle Eifersucht zu überwinden oder zu reduzieren. Ich wollte also die anthropologische Fundierung, den expliziten Kulturbezug und die fremdkulturellen Erkenntnismöglichkeiten der Kulturanthropologie nutzen, um Lösungswege für ein eigenkulturelles Problem (sexuelle Eifersucht) zu finden.

Mit dieser praxisorientierten Themaentscheidung habe ich aber (auch, weil ich "nur" eine grundlegende Übersicht gewinnen wollte) unter anderem ausgeschlossen, herausbekommen zu können,

- in welchen Ethnien wie und warum exosexuelle Beziehungen erlaubt, verhindert oder zu verhindern versucht werden,
- warum viele Menschen den Wunsch haben, auch außerhalb ihrer jeweiligen (sexuellen) Beziehung weitere sexuelle Beziehungen einzugehen,
- warum dieser Wunsch geschlechterspezifisch unterschiedlich artikuliert und zu erfüllen versucht wird bzw. werden darf,
- wann, wie, wo und warum sexuelle Eifersucht in den verschiedenen Ethnien vorkommt bzw. vorkam,
- ob, in welcher Beziehung, unter welchen Umständen und warum Männer und Frauen sexuelle Eifersucht unterschiedlich erleben, empfinden und agieren,
- welche ethnografischen Quellen es zu sexueller Eifersucht gibt und welcher Qualität diese jeweils sind oder
- wie die bisherige Geschichte der fall- und/oder formbezogenen Eifersuchtsforschung verlief.

Außerdem hat diese Entscheidung (für die Perspektive vom Problem sexuelle Eifersucht aus) die ethnografischen und sonstigen Fälle allein zu Belegen, Beispielen oder Anregern für Formen (Charakteristika und Bewältigungsmittel) gemacht und eine systemische Betrachtung einzelner sozietär-kultureller Zusammenhänge (mit ihren ganz anderen Erkenntnismöglichkeiten) von vorneherein verhindert, weswegen die Untersuchung auch kulturanthropologisch und nicht ethnologisch ist (siehe 1.3).

9.1.2 Sachtheoretisch bedingte Grenzen

Ontische Basis meiner Untersuchung ist (siehe 1.4) eine streng materialistische [nicht im marxistischen Sinne!], systemistische, evolutionistische und funktionalistische Realitätsauffassung. Innerhalb dieses sachtheoretischen Untersuchungskontextes, der ja immer noch erhebliche Auswahlspielräume läßt, mußte ich dann ganz bestimmte Theorien der menschlichen Psyche, menschlicher Sexualität und zwischenmenschlicher Beziehungen sowie menschlichen Problemlösens (siehe 3.1 und 8.1) wählen, um mit deren Hilfe zu einer Bestimmung der Merkmale und Bewältigungsmöglichkeiten sexueller Eifersucht zu gelangen.

Auch diese Entscheidung oder Zusammenstellung ist aber, obwohl reflektiert und begründbar, selbstverständlich nur eine von mehreren denk- und praktizierbaren ontischen Grundlagen einer Untersuchung der Merkmale und Bewältigungsmöglichkeiten sexueller Eifersucht. (Ich hätte ja beispielsweise statt von einer systemisch-materialistischen und gesamtanthropologischen auch von einer behavioristischen oder lerntheoretischen oder psychoanalytischen Auffassung der menschlichen Psyche ausgehen können, was die Ergebnisse der Untersuchung [sogar erheblich] verändert hätte.) Und obwohl meine Auswahl erhebliche Vorteile und Stärken hat, gibt es doch Nachteile und Schwächen, erweisen und verdeutlichen andere grundlegende oder spezifische Ontiken manches vielleicht besser.

Deshalb sind die Ergebnisse der Untersuchung auch auf diesen ontischen Kontext und Rahmen hin zu relativieren. Ich beanspruche saubere Ableitung, weitgehende Gültigkeit und Korrektheit nur bezogen auf diese grundlegenden Sachtheorien, nicht darüber hinaus.

9.1.3 Vorgehensbedingte Grenzen

Epistemisch und methodisch bin ich (siehe 1.5 und 1.6) von einer realistischen Wissenschafts- oder Forschungsauffassung ausgegangen und nach einem Begründungs- oder Erzeugungskonzept wissenschaftlichen Untersuchens vorgegangen. Außerdem habe ich, innerhalb dieser Vorgaben, die Untersuchungsaufgabe als formklärende Theoriebildung, genauer als Charakterisierung und Funktionsklärung diagnostiziert (siehe 3.2) sowie entsprechende Verfahren der Materialgewinnung und -bearbeitung festgelegt und eingesetzt (siehe 3.2-6). Auch diese Entscheidungen setzen Ertragsgrenzen für die Untersuchung und haben neben deutlichen Stärken auch Nachteile.

So gehen in einer streng *erzeugenden* Theorie*bildung*, die eine bestimmte Art von Phantasie einschränkt und einschränken muß, Anregungen und Einsichten verloren, die in einer nach allen Seiten frei oder kontrolliert spekulierenden Theorie*erfindung* möglich wären. Auch wird dabei die Übersichtlichkeit und Nachvollziehbarkeit zwar einerseits erheblich erhöht, durch die bei einem so umfassenden Thema resultierende Komplexität und Kompliziertheit der Differenzierungen und der Systematik, durch die (unverzichtbaren) umfangreichen terminologischen und begrifflichen Festlegungen sowie die (auf erforderliche Nuancierungen zurückzuführende) *scheinbare* Redundanz auf der anderen Seite aber zugleich auch erschwert. Und drittens vermitteln systematische Untersuchungen kaum die (andere Arten von Untersuchungen so spannend machenden) "Aha-Erlebnisse", die plastischen, einfachen, memorierbaren und auf den ersten Blick überzeugenden Einsichten und Lösungen. Sie verlangen sehr konzentriertes, genaues und deshalb oft auch anstrengendes Mitdenken und Nachhalten. Daß die Untersuchung durch die vielen Definitionen, Differenzierungen, Relativierungen und Einschränkungen (besonders bei Lesern, die eindeutige und verbindliche Hilfestellungen für bewältigungswillige Eifersüchtige erwarten) bei oberflächlicher Betrachtung sowohl den Verdacht der Unverbindlichkeit wie des Szientismus erwecken mag, ist übrigens kein Mangel des Verfahrens, sondern dessen Stärke und eine Folge der (vorgegebenen) Realität. Sexuelle Eifersucht und ihre Bewältigung sind (siehe vor allem 5 und 7) eine im Ist wie im Soll so vielfältige und facettenreiche Angelegenheit, daß Ungenauigkeiten und jeder Versuch einer Pauschalisierung oder Vereinfachung scheitern müssen: «... simplicity is the seal of ignorance not of wisdom, and simplicism a paralyzing credo: reality is complex and accordingly our representation of it is bound to be complex» (Bunge 1983a:301).

Die wichtigsten Einschränkungen, die sich durch das einerseits eher explorative, andererseits aber systematisch form- und funktionsklärende Theoriebilden ergeben, sind, daß ich

- "nur" zu einem (qualitativen) Aufzeigen des Spektrums der Dimensionen, Aspekte und Facetten sexueller Eifersucht (ohne Quanitifizierung von Zusammenhängen, ohne eigene empirische Überprüfungen) und
- "nur" zu einem Anreißen der Möglichkeiten und Schwierigkeiten kulturellen Überwindens oder Reduzierens sexueller Eifersucht (ohne "rezeptartige" Anleitungen und ohne eigene therapeutische Tests) kommen konnte sowie
- innerhalb der herausgearbeiteten Bewältigungsmatrizen keine auch nur einigermaßen vollständige Differenzierung für die verschiedenen Elemente (Beteiligte, Ziele, Bewertungen usw.) und
- über das Differenzierte hinaus keine fall- oder artgenauere Zusammenhangs- und Ursachenforschung und -präzisierung (z.B. im Biotischen) vornehmen konnte.

9.2 Erträge: Der Wert der Untersuchung

Trotz der aufgezeigten Einschränkungen (siehe 9.1) konnte die Untersuchung zahlreiche über den bisherigen Kenntnisstand hinausgehende Erträge bringen (dazu 9.2.1-3).

9.2.1 Ontische Erträge

Die anthropologisch fundierte und kulturenvergleichende Charakterisierung der Merkmale und Erscheinungsformen sexueller Eifersucht (4 und 5) erweist unter anderem,

- daß sexuelle Eifersucht in den Grundmerkmalen global einheitlich sein muß, obwohl sie durch äußerste Vielfalt und Variation gekennzeichnet ist,
- daß sexuelle Eifersucht ein Prozeß ist,
- welche Dimensionen (und damit Schrittarten) bei Eifersuchtsprozessen immer beteiligt sein müssen,
- welche Aspekte und Facetten und damit Ausprägungsmöglichkeiten oder Spektren es innerhalb der verschiedenen Dimensionen sexueller Eifersucht gibt,
- welche Motive (auch) zu sexueller Eifersucht führen können und daß sexuelle Eifersucht immer eine Spezialisierung des menschlichen Grundmotivs Egoismus ist,
- daß Kultur als Faktor für alle Dimensionen und Aspekte sexueller Eifersucht von entscheidender Wichtigkeit ist,
- daß aber, weil Kultur nicht die einzige Ursache sein kann, sexuelle Eifersucht in allen Ethnien/Gesellschaftsformen/Kulturen auftreten kann - wenn auch in zum Teil unterschiedlichster Weise - und
- daß bestimmte Formen oder Varianten sexueller Eifersucht funktional sein können.

Außerdem bringt die Untersuchung ein anthropologisches, eindeutiges und differenzierungsoffenes Konzept sexueller Eifersucht mit einer entsprechenden Systematik der wichtigsten Arten sexueller Eifersucht.

Zu den ontischen Erträgen gehören aber auch die sachtheoretischen Teile bzw. Aspekte aus der Klärung der kulturellen Bewältigungsmöglichkeiten (siehe also auch 9.2.2) sowie die über die Sachverhaltsart *sexuelle* Eifersucht hinausgehenden allgemeinen Einsichten, beispielsweise

- über die Ursachen, den Bau und die Folgen von Eifersucht allgemein und damit über ganz andere (nichtsexuelle) Arten von Eifersucht,
- über die Grundmerkmale und Ausprägungsmöglichkeiten von Problemen, die auf - personale wie sozietäre - (bio-)kulturelle Motivunterschiede ("Interessenkonflikte") zurückzuführen sind (siehe dazu auch Bruck 1991) oder
- über die Merkmale von Sachverhalten, die durch grundlegende Einheitlichkeit bei fallspezifischer Verschiedenartigkeit gekennzeichnet sind,

die in den Ergebnissen der Untersuchung enthalten sind und deren Beachtung, Herausarbeitung und Ausbau lohnt.

9.2.2 Pragmatische Erträge

Die Theorien der Grundmerkmale von Bewältigungsprozessen (6), der kulturell erlern- und einsetzbaren Bewältigungsmittel (7) sowie der grundlegenden Bewältigungsprobleme (8) erweisen unter anderem

- welche Dimensionen (und damit Schrittarten) bei Bewältigungsprozessen immer im Spiel und deshalb zu berücksichtigen sind,
- welche Aspekte und Facetten und damit Ausprägungsmöglichkeiten oder Erscheinungsformen es innerhalb dieser Bewältigungsdimensionen gibt,
- die grundlegenden Erfordernisse (Voraussetzungen und Bedingungen) und Folgen einer Bewältigung sexueller Eifersucht,
- daß zwar eine totale Überwindung sexueller Eifersucht (weil nicht sinnvoll) kein realistisches Ziel ist,
- daß es aber zahlreiche erfolgversprechende und weltweit vielfach mit Erfolg eingesetzte, kulturell erlernbare Mittel und Aktivitäten zur partiellen Überwindung und vor allem Reduzierung sexueller Eifersucht gibt,
- welche Arten von Eifersuchtsbewältigung und damit welche Bewältigungsentscheidungen und -erfolge im einzelnen überhaupt möglich sind,
- die grundlegenden Voraussetzungen, Merkmale, Orte, Arten, Wirkungsweisen und Eignungsmöglichkeiten der kulturellen Bewältigungsmittel sowie
- welche Realisierbarkeits-, Praktizierbarkeits- und Tolerierbarkeitsprobleme erfolgreiche wie erfolglose Versuche einer Eifersuchtsbewältigung aufwerfen können.

Die Untersuchung bietet damit insgesamt eine systematische und handbuchartig vollständige und differenzierte Grundlage für fremd- oder eigentherapeutische Bemühungen um eine Bewältigung sexueller Eifersucht.

9.2.3 Epistemische und methodische Erträge

Die Untersuchung enthält, auch wenn sie diese ausdrücklich nicht thematisiert und kaum expliziert hat, Erkenntnisse über die (bisher ja vor allem psychologische) Erforschung sexueller Eifersucht. So erweist die Untersuchung unter anderem,

- daß die kulturanthropologische Herangehensweise mit ihrer allgemein-anthropologischen Fundierung, ihrer Betonung des Kulturellen und ihrem kulturübergreifend vergleichenden Blick ein fruchtbares Erkenntnismittel für (auch) psychische Phänomene wie sexuelle Eifersucht ist,
- daß der grenzüberschreitende Kulturenvergleich, der Blick in fremde Kulturen, ein geeignetes Mittel zum Auffinden von denkbaren Lösungen für eigene lebenspraktische Probleme sein kann,
- daß (und wie) bei einer vollständigen und differenzierenden Erforschung sexueller Eifersucht der Kontext, die Voraussetzungen, die Bedingungen und die Folgen der betrachteten Eifersuchtsprozesse mit allen ihren fallspezifischen Ausprägungen der Aspekte und Facetten zu berücksichtigen und in einer Matrix zu erfassen sind,
- daß eine systematische (und deshalb erzeugende) Untersuchung eine Explizierung des Kontextes, eine differenzierte, begründende und rechtfertigende Planung, eine Durchführung des in jener hergeleiteten Programms sowie eine

selbstkritische Reflexion enthalten muß und
- wie eine (qualitativ) formklärende Theoriebildung (der hier vorgeschlagenen und eingesetzten Art) geplant und durchgeführt werden kann.

Insgesamt bietet die Untersuchung damit eine (innerhalb ihrer Möglichkeiten) verbindliche und präzise Grundlage oder einen umfassenden Rahmen für die weitere (und dann z.B. auch quantifizierende) empirische wie theoretische Erforschung sexueller Eifersucht.

9.3 Konsequenzen: Folgen der Untersuchung

Die Untersuchung der Erscheinungsformen und Bewältigungsmöglichkeiten hat (siehe 9.1) viele Fragen, die zum Themenkomplex sexuelle Eifersucht gehören, gar nicht erst gestellt und damit unbeantwortet lassen müssen. Doch nicht nur diese (zum Teil unumgänglichen) Defizite, auch die Erträge (siehe 9.2) legen verschiedene Konsequenzen nahe, die die Untersuchung haben sollte.

9.3.1 Konsequenzen für die Eifersuchtsforschung

Daß mit der Explikation einer Charakterisierung und einer systematischen Konzipierung sexueller Eifersucht sowie mit einer Funktionsklärung ihrer kulturellen Bewältigungsmittel immer auch die Empfehlung verknüpft ist, die dabei gewonnen Einsichten (Theorien) einzusetzen und zu erproben, ist in der Idee wissenschaftlichen Forschens enthalten, muß also nicht weiter betont werden. Zu diesen ertragsbestimmten Konsequenzen der Untersuchung gehört beispielweise, daß sexuelle Eifersucht als Prozeß und deshalb in allen seinen Dimensionen (Schritten) zu erfassen und zu beschreiben ist oder daß die kulturelle Bewirktheit sexueller Eifersucht stärker als bisher berücksichtigt werden muß (siehe 9.2).

Aber auch in den Defiziten der Untersuchung sind, gerade in Verbindung mit den Erträgen, forschungsbezogene Konsequenzen impliziert (siehe 9.1):
- So wurden, neben dem externen Hauptfaktor Kultur, detailliert ja nur die direkten (internen) Ursachen der sexuellen Eifersucht erfaßt und herausgearbeitet (wobei allerdings zu berücksichtigen ist, daß die dynamische Betrachtung der Eifersucht als Prozeß dazu geführt hat, viele sonst als extern betrachtete Faktoren als interne zu erkennen und zu behandeln). Diese externen (und dabei vor allem die biotischen) Faktoren und Wirkungen müßten sehr viel genauer herausgearbeitet werden.
- Auch wenn die grundsätzlichen Ausprägungsmöglichkeiten in der Charakterisierung wie in der Funktionsklärung recht vollständig erfaßt worden sind, fehlt doch, vor allem im Bewältigungsteil, eine sehr viel weitergehender verästelnde/differenzierende und bis auf die Fallebene spezialisierende Ausarbeitung der Theorien, um die therapeutische Nutzbarkeit zu erhöhen.
- Trotz des Versuchs einer tiefgreifenden Fundierung mußten noch viele implizite Theoriebauteile mehr oder weniger unbegründet eingesetzt werden. Hier ist also eine weitere Beschäftigung mit den Kontext- und Rahmentheorien sowie ihrer Auswahl erforderlich.
- Die Theorien der kennzeichnenden Baumerkmale und der kulturellen Bewäl-

tigungsmittel sexueller Eifersucht sind über die (zwar auch nicht oberflächliche) Prüfung während der Erzeugung hinaus weder im Vergleich mit anderen Theorien noch mit anderen Fallkenntnissen überprüft. Beides ist unbedingt zu leisten, um die Theorien zu verbessern und zu vervollständigen.

- Die Theorien sind außerdem nicht auf einzelne kulturelle Systeme (Ethnien) angewandt worden. Auch dies kann jetzt und sollte versucht werden.

Der systematische Aufbau der Untersuchung und die differenzierte Präsentation der Theorien sollte diesen (als Untersuchungskonsequenz erforderlichen) Einbau von Fehlendem, aber auch den Umbau einzelner Facetten oder Aspekte erleichtern und damit die erhoffte und unumgängliche Verbesserung (aber ggf. auch Verwerfung) der Theoreme bzw. Theorien ermöglichen.

9.3.2 Konsequenzen für die Eifersuchtstherapie

Im therapeutischen Bereich der Unterstützung bei der Überwindung bzw. Reduzierung sexueller Eifersucht bleibt noch sehr viel mehr zu tun. Der hier ja nur sehr allgemeinen Theorie und grundsätzlichen Exploration der kulturellen Bewältigungsmittel fehlen vor allem:

- eine weitaus genauere und situationsspezifizierendere Klärung, wann und warum welche der Mittel von wem und wie einsetzbar sind (bzw. wann nicht),
- ein eigen- wie fremdtherapeutisches Ausprobieren der verschiedenen Bewältigungsmittel in der Praxis und
- eine situativ differenzierende und systematischer in Einzelschritten helfende Verknüpfung der für eine Eifersuchtsbewältigung erforderlichen Schritte (in einer Art Expertensystem).

Auch ist (durch Nutzung der Untersuchung und ihrer Ergebnisse) grundsätzlich zu klären, wann, wo und inwieweit Aufklärung, wie sie in dieser Untersuchung geleistet und geboten wird, wirklich zu handlungspraktischen Konsequenzen (hier also zu einer Überwindung bzw. vor allem Reduzierung sexueller Eifersucht) führen kann.

Die wichtigsten *praktischen* Konsequenzen für die selbständige wie angeleitete Eigen- oder Fremdtherapie sexueller Eifersucht sind:

- versuchen Sie, über Einstellungsänderungen (siehe 7.1.1) eine anthropo-realistische Haltung zu exosexuellen Beziehungen zu erreichen sowie durch antizipierende Kontroll- und Kompetenzsteigerungen (siehe 7.1.2) zu einer Emotionalisierungsvorsorge zu kommen,
- verbessern Sie (gemeinsam mit der Partnerin bzw. dem Partner) die wechselseitige Motiverfüllung in der Ausgangsbeziehung (siehe 7.2.2),
- schränken Sie (als Ego) aufgrund der gewonnenen anthropo-realistischen Position Ihr Treuemotiv etwas ein (siehe 7.3.3) und nehmen Sie (als [Exo-]Partner) auf diese bedingte Zulassung von Exosex Rücksicht (siehe 7.4.3),
- bleiben Sie (als Partner und Exopartner) in der Exobeziehung diskret (siehe 7.4.6) und werden Sie (als Ego) nicht zu neugierig (siehe 7.4.7).

Dann werden sich die Abwägungen bzw. Entscheidungen (7.5) und damit die Reaktionen (7.6) und deren Folgen (7.7) in einer Weise verändern, die nicht nur von Ego als partielle Reduzierung oder vielleicht sogar als partielle Überwindung sexueller Eifersucht bewertet werden kann.

Literatur

Achté, Kalle und Taina Schakir, 1980. Jealousy in Various Cultures in the Light of Trans-Cultural Psychiatry. Psychiatria Fennica 1980:33-44.
Adams, Virginia, 1980. Eifersucht: Das angekratzte Selbstbild. Psychologie Heute 7(12):62-72.
Aiyappan, A., 1937. Polyandry and Sexual Jealousy. Man 37:#130.
Albert, Ethel M., 1963. Women of Burundi: A Study of Social Values. In: Paulme (ed.) 1963:179-215.
Aldous, Joan und Nancy S. Dahl (eds.), 1974. International Bibliography of Research in Marriage and the Family, Vol. 2: 1965-1972. Minneapolis: University of Minnesota.
– und Reuben Hill (eds.), 1967. International Bibliography of Research in Marriage and the Family, Vol. 1: 1900-1964. Minneapolis: University of Minnesota.
Almqvist, Paula et al., 1987. Familienstand Geliebte: Frauen berichten von der Liebe im Schatten. (Stern-Buch.) Hamburg: Gruner + Jahr.
Altschuler, Milton, 1965. The Cayapa: A Study in Legal Behavior. (Dissertation: University of Minnesota.) Ann Arbor: Univ. Microfilms #65-995.
Alverson, Beverly, 1974. Jealousy and Extramarital Sex. Mimeo.
Ames, David Wason, 1953. Plural Marriage Among the Wolof in the Gambia. (Dissertation.) Evanston, Ill.: Northwestern University.
Ammar, Hamed, 1954. Growing Up in an Egyptian Village: Silwa, Province of Aswan. London: Routledge and Kegan Paul.
Ammon, Günther, 1984. Eifersucht. Dynamische Psychiatrie 17(5-6):456-67.
Anderson, Robert, 1987. Envy and Jealousy. Journal of College Student Psychotherapy 1:49-81.
Ankles, M., 1939. A Study of Jealousy as Differentiated from Envy. Boston.
Ard, Ben N. Jr., 1977/67. Avoiding Destructive Jealousy. In: Clanton & Smith (eds.) 1977:166-169.
Baar, Hanne, 1986. Quälgeist Eifersucht: Die Geschichte einer Heilung. (Lebenszeichen.) Freiburg: Herder.
Bancroft, John, 1985/83. Grundlagen und Probleme menschlicher Sexualität. Stuttgart: Enke.
Banks, J. S., 1903. Jealousy. Hastings 1903(2):553+54.
Barag, Gerda, 1949. A Case of Pathological Jealousy. Psychoanalytic Quarterly 18:1-18.
Barnes, R. H., 1974. Kédang: A Study of the Collective Thought of an Eastern Indonesian People. London: Oxford University.
Barrell, James J. und Anne C. Richards, 1982. Overcoming Jealousy: An Experiential Analysis of Common Factors. Personnel and Guidance Journal 61(9):40-47.
Barry III, Herbert, 1981. Uses and Limitations of Ethnographic Descriptions. In: Munroe et al. (eds.) 1981:91-111.
– und Alice Schlegel, 1986. Cultural Customs that Influence Sexual Freedom in Adolescence. Ethnology 25:151-62.
Bartell, Gilbert D., 1971. Group Sex: A Scientist's Eyewitness Report on the American Way of Swinging. New York: Wyden.
–, 1974. Group Sex among the Mid-Americans. In: Smith & Smith (eds.) 1974:185-201.
Barton, Roy Franklin, 1919/22. Ifugao Law. (California University Publications in American Archeology and Ethnology 15.) Berkeley: University.
–, 1938. Phillipine Pagans: The Autobiographies of Three Ifugaos. London: George Routledge.

Basden, George T., 1966/21. Among the Ibos of Nigeria: An Account of the ... Habits, Customs and Beliefs of a Little Known African Peoples ... London: Frank Cass.

–, 1966/38. Niger Ibos: A Description of the Primitive Life ... of the Ibo People of Nigeria ... London: Frank Cass.

Bastin, Georges, 1972/70. Wörterbuch der Sexualpsychologie. Freiburg.

Baumgart, Hildegard, 1985a. Eifersucht: Erfahrungen und Lösungsversuche im Beziehungsdreieck. Reinbek: Rowohlt (auch als Taschenbuch 1988).

–, 1985b. Versuch über den Umgang mit Eifersucht: Liebe und Selbstliebe. Der Monat 37(294):101-16.

Beach, Frank Ambrose, 1976. Cross-Species Comparisons and the Human Heritage. Archives of Sexual Behavior 5:469-85.

– (ed.), 1965. Sex and Behavior. New York: Wiley.

Beaglehole, Ernest, 1937. Emotional Release in a Polynesian Society. Journal of Abnormal and Social Psychology 32:319-28.

– und Pearl Beaglehole, 1938. Ethnology of Pukapuka. Honolulu: Bernice P. Bishop Museum.

Beaglehole, John Cawte (ed.), 1967. The Journals of Captain James Cook on His Voyages of Discovery III: The Voyage ... 1776-1780, Part 2. (Hakluyt Society, Extra Series 35.) Cambridge: Hakluyt Society.

Becher, Hans, 1960. Die Surára und Pakidái: Zwei Yanonámi-Stämme in Nordwestbrasilien. Mitteilungen des Museums für Völkerkunde Hamburg 26:1-133.

Bechterew, W. v., 1909. Über zwangsweise Eifersucht. Monatsschrift für Psychiatrie und Neurologie 26:501-510.

Beecher, Marguerite und Willard Beecher, 1971. The Mark of Cain: An Anatomy of Jealousy. New York: Harper & Row.

–, 1972/71. Besser leben ohne Neid und Eifersucht. Genf: Ariston.

Beer, Ulrich, 1987/86. Achtung Eifersucht! Wenn Liebe zur Qual wird: Wege aus dem Beziehungsdreieck. (Heyne Psycho 17/4.) München: Wilhelm Heyne.

–, 1989. Wenn Eifersucht zur Qual wird: Wie man sich davor schützen und eine Partnerschaft retten kann. Hörzu #17(21.4.89):40.

Beidelman, Thomas O. (ed.), 1971. The Translation of Culture: Essays to E.E. Evans-Pritchard. London: Tavistock.

Bell, Sir Charles, 1968/28. The People of Tibet. Reprint, Oxford: Clarendon.

Benard, Cheryl und Edith Schlaffer, 1985. Eifersucht: Das Leiden, das uns schafft. Psychologie Heute 12(12):20-28.

Benesch, Hellmuth, 1987. dtv-Atlas zur Psychologie: Tafeln und Texte, Band 1. (dtv 3224.) München: Deutscher Taschenbuch Verlag.

Bennett, Wendell C. und Robert M. Zingg, 1935. The Tarahumara: An Indian Tribe of Northern Mexico. (Publications in Anthropology, Ethnological Series.) Chicago: University.

Bergler, Edmund, 1939. Beiträge zur Psychologie der Eifersucht. Internationale Zeitschrift für Psychoanalyse 15:384-397.

–, 1956. Unconscious Reasons for Husbands' 'Confessions' to Their Jealous Wives. Psychiatric Quarterly 30:73-76.

Berglund, Axel-Ivar, 1976. Zulu Thought-Patterns and Symbolism. Uppsala: Swedish Institute of Missionary Research.

Bernard, Jessie, 1971. Jealousy in Marriage. Medical Aspects of Human Sexuality 5:200-15.

–, 1977/71. Jealousy and Marriage. In: Clanton & Smith (eds.) 1977:141-50.

Bernardez-Bonesatti, Teresa, 1975. Brief Guide to Office Counseling: Jealousy. Medical Aspects of Human Sexuality 9:67+68.

Bernatzik, Hugo Adolf, 1936. Owa Raha. Wien: Bernina.

Berndt, Ronald Murray, 1951. Kunapipi: A Study of an Australian Aboriginal Religious Cult. Melbourne: F.W. Cheshire.

–, 1976. Love Songs of Arnhem Land. Chicago: University.

– und Catherine Helen Berndt, 1951. Sexual Behavior in Western Arnhem Land. (Viking Fund Publications in Anthropology 16.) New York: Viking Fund.

Bernhard, Kathleen Fullerton, 1986. Jealousy: Its Nature and Treatment. Springfield: Thomas.
Bers, Susan A. und Judith Rodin, 1984. Social-Comparison Jealousy: A Developmental and Motivational Study. Journal of Personality and Social Psychology 47:766-79.
Berscheid, Ellen und Jack Fei, 1977. Romantic Love and Sexual Jealousy. In: Clanton & Smith (eds.) 1977:101-09.
Bertaud, Madeleine, 1981. La jalousie dans la littérature au temps de Louis XIII: analyse littéraire et histoire des mentalités. Genève: Droz.
Bien, Ernst, 1931. Der Traum einer eifersüchtigen Ärztin. Psychoanalytische Praxis 1:159-160.
Birnbaum, Karl, 1911. Krankhafte Eifersucht und Eifersuchtswahn. Sexualprobleme 7:793-812.
Bischof, Norbert und Holger Preuschoft (Hg.), 1980. Geschlechtsunterschiede - Entstehung und Entwicklung: Mann und Frau in biologischer Sicht. (Becksche Schwarze Reihe 207.) München: Beck.
Bischof-Köhler, Doris, 1985. Zur Phylogenese menschlicher Motivation. In: Eckensberger & Lantermann (Hg.) 1985:3-47.
Blackwood, B., 1935. Both Sides of Buka Passage: An Ethnographic Study of Social, Sexual, and Economic Questions on the NW Solomon Islands. Oxford: Clarendon.
Blasband, David und Letitia A. Peplau, 1985. Sexual Exclusivity Versus Openness in Gay Male Couples. Archives of Sexual Behavior 14(5):395-412.
Blok, Anton, 1982/81. Widder und Böcke: Ein Schlüssel zum mediterranen Ehrkodex. In: Nixdorff & Hauschild (Hg.) 1982:165-183.
Blood, Robert und Margaret Blood, 1977. Jealousy Workshops. In: Clanton & Smith (eds.) 1977:199-207.
Blothner, Dirk, 1986. Über das Flirtspiel. Zwischenschritte 2:59-71.
Bogoras, Waldemar, 1904-10. The Chuckchee. Jesup North Pacific Expedition 7 (3 vols.). (Memoirs of the AMNH 11.7.) New York: American Museum of Natural History.
Bohannan, Paul J. (ed.), 1960. African Homicide and Suicide. Princeton: University.
Bohm, Ewald, 1952. Is Jealousy Controllable? International Journal of Sexology 5:160-64.
–, 1973. Jealousy. In: Ellis & Abarbanel (eds.) 1973:567-74.
Bonaparte, M., 1927. Le cas de Madame Lefèvbre. Revue Française de Psychoanalyse 1:149-198.
Borneman, Ernest, 1978. Eifersucht. In: Bornemann (Hg.) 1978(1):267-269.
–, 1979. Zur Genealogie der Eifersucht. In: Körner (Hg.) 1979:15-24.
–, 1984. Die neue Eifersucht. Jetset 9:89-91.
–, 1985. Keine Therapie für Eifersucht. Psychologie Heute #11:70-72.
–, 1986. Die neue Eifersucht: Motive - Hintergründe - Erklärungen, mit hundert Fallgeschichten. (Heyne Report 10/16.) München: Heyne.
–, 1987. Eifersucht: Der Phantasie sind keine Grenzen gesetzt. Sexualmedizin 16:340-343.
– (Hg.), 1978. Lexikon der Liebe: Materialien zur Sexualwissenschaft. München.
Bösel, Rainer, 1981. Physiologische Psychologie: Einführung in die biologischen und physiologischen Grundlagen der Psychologie. Berlin: de Gruyter.
Bowers, A. W., 1965. Hidatsa Social and Ceremonial Organization. Bulletin of the Bureau of American Ethnology 194:1-528.
Boyer, L. Bryce und Ruth MacDonald Boyer, 1972. Effects of Acculturation on the Vicissitudes of the Aggressive Drive Among the Apaches of the Mescalero Indian Reserv. In: Muensterberger & Esman (eds.) 1972:40-82.
Boylan, Brian Richard, 1971. Infidelity. Englewood Cliffs: Prentice-Hall.
Brand, H. J., S. S. Roos und A. B. van der Merwe, 1981. Die invloed van geslagsverskille op die aanvaarding van infertiliteit. South-African Journal of Psychology 11(4):148-152.
Brandtstädter, Jochen, 1985. Emotion, Kognition, Handlung: Konzeptuelle Beziehungen. In: Eckensberger & Lantermann (Hg.) 1985:252-64.
Brednich, Rolf Wilhelm (Hg.), 1988. Grundriß der Volkskunde: Einführung in die Forschungsfelder der Europäischen Ethnologie. (Ethnologische Paperbacks.) Berlin: Reimer.
Bretécher, Claire et al., 1989/87. Eifersüchtig? Comics und Cartoons. Frankfurt: Fischer.
Brewer, Joan Scherer und Rod W. Wright, 1979. Sex Research: Bibliographies from the Institute for Sex Research. Mansell.

Breza, Tadeusz, 1979. Eifersucht. Berlin.
Brie, F., 1901. Über Eifersuchtswahn. Psychiatrisch-neurologische Wochenschrift 27:271-77.
Briffault, Robert, 1927. The Mothers: A Study of the Origins of Sentiments and Institutions (3 Vols.). London: Allen & Unwin.
Brigitte, 1981. Die offene Ehe - eine Sackgasse. Brigitte #10/81:108+109.
–, 1989. Ein bißchen Geheimnis muß sein ... Brigitte #10/89:150-154.
–, 1990. Traumziel Treue. (Brigitte Dossier.) Brigitte #2/90:103-118.
Bringle, Robert G., 1981. Conceptualizing Jealousy as a Disposition. Alternative Lifestyles 4:274-90.
– und Bram Buunk, 1985. Jealousy and Social Behavior: A Review of Person, Relationship, and Situational Determinants. In: Shaver (ed.) 1985:241-64.
– und Scott Evenbeck, 1979. The Study of Jealousy as a Dispositional Characteristic. In: Cook & Wilson (eds.) 1979:201-04.
– und L. J. Williams, 1979. Parental-Offspring Similarity on Jealousy and Related Personality Dimensions. Motivation and Emotion 3:265-86.
– et al., 1979. Measuring the Intensitiy of Jealous Reactions. JSASC of Selected Documents in Psychology 9:23+24 (Ms. #1832).
– et al., 1983. An Analysis of Situation and Person Components of Jealousy. Journal of Research in Personality 17:354-68.
Broude, Gwen J. und Sarah J. Greene, 1976. Cross-Cultural Codes on Twenty Sexual Attitudes and Practices. Ethnology 15:409-29.
Brousseau, A., 1955. Variétés de la personnalité des jalous au regard de la clinique. Évolut. psychiat. 1:33.
Bruck, Andreas, 1985a. Uneheliche Sexualbeziehungen von Frauen: Ein kulturvergleichender Überblick. In: Völger & Welck (Hg.) 1985:798-805.
–, 1985b. Funktionalität beim Menschen: Ein konstruktiv-systematischer Überblick. (Europäische Hochschulschriften 22:112.) Frankfurt: Peter Lang.
–, 1987a. Theorien und Theoriebilden in der Kulturanthropologie: Systematische Überlegungen zu einer unerfüllten Aufgabe. In: Künsting et al. (Hg.) 1987:11-59.
–, 1987b. Verantwortbare pragmatische Ethnologie: Grundlagen einer handlungsorientierten Forschungstheorie. Vorlage für die AG Action Anthropologie der DGV-Tagung Köln 1987 (Broschur).
–, 1988a. Kulturenvergleich zur Kulturkritik: Wege und Probleme der Nutzung fremder Kulturen, Beispiel Ehe- und Sexualreform. In: Greverus et al. (Hg.) 1988:411-420.
–, 1988b. Pragmatischer Kulturenvergleich: Grundlegendes zur Übertragung kulturspezifischer Lösungen für ökotische Probleme. In: Stüben (Hg.) 1988:191-197.
–, 1990. Theorien statt Schulen: Ein Vorschlag zur Systematisierung der Forschungstheorien in den Kulturwissenschaften. Anthropos 85:45-54.
–, 1991. Vergangenheitsbewältigung?! Kritische Anmerkungen zur Aufarbeitung der nationalsozialistischen Vergangenheit in der Volkskunde. Zeitschrift für Volkskunde 87.
– und Sabine Künsting, 1987. Der notwendige und vollständige Aufbau von Forschungstheorien: Eine Theorie. In: Künsting et al. (Hg.) 1987:61-79.
Brückner, Wolfgang (Hg.), 1971. Falkensteiner Protokolle. Frankfurt.
Brunswick, Ruth Mack, 1928. Die Analyse eines Eifersuchtswahnes. Internationale Zeitschrift für Psychoanalyse 14:458-507.
–, 1929. The Analysis of a Case of Delusion of Jealousy. Journal of Nervous and Mental Disease 70:1-22 & 155-78.
Bryson, Jeff, 1977. Eifersucht ist deprimierend für Frauen. Warum! #6:8.
Buddeberg, Claus, 1986. Paardynamik der Eifersucht. Sexualmedizin 15:121-127.
Bullough, Vern Leroy et al., 1976. An Annotated Bibliography of Homosexuality (2 Vols.). (Garland Reference Library of Social Science 22.) New York: Garland.
– (eds.), 1977. A Bibliography of Prostitution. (Garland Reference Library of Social Science 30.) New York: Garland.
Bundesminister der Justiz, 1979. Ehe- und Familienrecht. Bonn: Bundesministerium der Justiz.

Bunge, Mario, 1967a. Scientific Research 1: The Search for Systems. Berlin: Springer.
–, 1967b. Scientific Research 2: The Search for Truth. Berlin: Springer.
–, 1974a. Semantics 1: Sense and Reference. (Treatise on Basic Philosophy 1.) Dordrecht: Reidel.
–, 1974b. Semantics 2: Interpretation and Truth. (Treatise on Basic Philosophy 2.) Dordrecht: Reidel.
–, 1977. Ontology 1: The Furniture of the World. (Treatise on Basic Philosophy 3.) Dordrecht: Reidel.
–, 1979. Ontology 2: A World of Systems. (Treatise on Basic Philosophy 4.) Dordrecht: Reidel.
–, 1980. The Mind-Body Problem: A Psychobiological Approach. (Foundations and Philosophy of Science and Technology Series.) Oxford: Pergamon.
–, 1981. Scientific Materialism. (Episteme 9.) Dordrecht: Reidel.
–, 1983/80. Epistemologie: Aktuelle Fragen der Wissenschaftstheorie. Mannheim: Bibliographisches Institut.
–, 1983a. Epistemology and Methodology 1: Exploring the World. (Treatise on Basic Philosophy 5.) Dordrecht: Reidel.
–, 1983b. Epistemology and Methodology 2: Understanding the World. (Treatise on Basic Philosophy 6.) Dordrecht: Reidel.
–, 1985a. Epistemology and Methodology III.1: Philosophy of Science and Technology. (Treatise on Basic Philosophy 7.1.) Dordrecht: Reidel.
–, 1985b. Epistemology and Methodology III.2: Philosophy of the Life and Social Sciences and of Technology. (Treatise on Basic Philosophy 7.2.) Dordrecht: Reidel.
–, 1989. Ethics: The Good and the Right. (Treatise on Basic Philosophy 8.) Dordrecht: Reidel.
Bureau, Jules, 1980/81. La jalousie: Sa nature et son depassement. Cahiers de Sexologie Clinique 6(36):424-34, 7(37):54-63, 7(38):116-21.
Buunk, Bram, 1975. Jaloezie. Den Haag: Uitgeverij Bert Bakker.
–, 1981. Jealousy in Sexually Open Marriages. Alternative Lifestyles 4:357-72.
–, 1982a. Strategies of Jealousy: Styles of Coping With Extramarital Involvement of the Spouse. Family Relations 31:13-18.
–, 1982b. Anticipated Sexual Jealousy: Its Relationship to Selfesteem, Dependency and Reciprocity. Personality and Social Psychology Bulletin 8:310-22.
–, 1983. De rol van attributies en afhankelijkheid bij jaloezie. Netherlands Tijdschrift voor de Psychologie en haar Grensgebieden 38:301-11.
–, 1984. Jealousy as Related to Attributions for the Partner's Behavior. Social Psychology Quarterly 7:107-12.
–, 1986. Husbands' Jealousy. In: Lewis & Salt (eds.) 1986:97-114.
–, Bob Bringle und Harry Arends, 1984. Jealousy: A Response to Threatened Self Concept? Paper (Conference on Self and Identity, Cardiff, 9-13 July, 1984.).
– und Ralph B. Hupka, 1987. Cross-Cultural Differences in the Elicitation of Sexual Jealousy. Journal of Sex Research 23(1):12-22.
Calverton, V.F. und Samuel D. Schmahlhausen (eds.), 1929. Sex in Civilization. New York: The MacAulay Company.
Campistron, M., 1939. Contume Ouolof du Cayor (Cercle de Thiès). Publ. de Comité d'Etudes ... de l'Afrique Occidentale Française A, 8:117-146.
Carneiro, Robert L., 1956/58. Extra-Marital Sex Freedom Among the Kuikuru Indians of Mato Grosso. Revista do Museu Paulista (NS) 10:135-42.
Chagnon, Napoleon Alphonseau, 1967. Yanomamö Warfare, Social Organization and Marriage Alliances. (Dissertation Univ. of Michigan 1966.) Ann Arbor: Univ. Microfilms #67-8226.
–, 1968. Yanomamö: The Fierce People. New York: Hole, Rinehart & Winston.
Champion, Jean René, 1963. A Study in Culture Persistence: The Tarahumaras of Northwestern Mexico. (Dissertation Columbia University 1962.) Ann Arbor: Univ. Microfilms #63-6107.
Chapelle, J., 1957. Nomades noirs du Sahara. Paris.
Chatterji, N. N., 1948. Paranoid Jealousy. Samiksa 2:14-24.
Chotzen, F., 1914. Chronischer Eifersuchtswahn bei Trinkern. Berliner Klinische Wochenschrift, Heft 4.

Clanton, Gordon, 1981. Frontiers of Jealousy Research: Introduction to the Special Issue on Jealousy. Alternative Lifestyles 4:259-73.
–, 1985c. Love, Jealousy, and Envy: A Course in the Sociology of Emotions. Teaching Newsletter 10(4):2-4.
–, 1986. Jealousy in the United States 1945-1985. In: Francis & McCarthy (eds.) 1986.
– und Lynn G. Smith, 1977a. Introduction: Keys to the Understanding of Jealousy. In: Clanton & Smith (eds.) 1977:1-19.
– und Lynn G. Smith, 1977b. Synthesis: Jealousy and Intimate Partnership Today. In: Clanton & Smith (eds.) 1977:211-37.
– und Lynn G. Smith, 1977c. Eifersucht: Die Angst den Partner zu verlieren. Psychologie Heute 4(11):14-19.
– und Lynn G. Smith, (eds.), 1977. Jealousy. Englewood Cliffs: Spectrum.
– und Lynn G. Smith, (eds.), 1986/77. Jealousy. Lanham, Md.: University Press of America.
Cobb, J.P. und I.M. Marks, 1979. Morbid Jealousy Featuring as Obsessive-Compulsive Neurosis: Treatment by Behavioural Psychotherapy. British Journal of Psychiatry 134:301-05.
Coen, Stanley J., 1987. Pathological Jealousy. Intern. Journal of Psycho-Analysis 68:99-108.
Collier, G. und B. Defer, 1957. Idées de jalousie et dysendocrinie. Annales Médico-psychologiques 115:466.
Comaroff, John L. (ed.), 1980. The Meaning of Marriage Payments. New York: Academic.
Communities, 1975. Jealousy: A Few Thoughts. Communities: Journal of Cooperative Living 17:27-30.
Constantine, Joan M. und Larry L. Constantine, 1975. Jealousy: The Marriage Killer. Forum 3(6):54-60.
Constantine, Larry L., 1976. Jealousy: From Theory to Intervention. In: Olson (ed.) 1976:383-98.
–, 1977/76. Jealousy: Techniques for Intervention. In: Clanton & Smith (eds.) 1977:190-98.
– und Joan M. Constantine, 1971. Sexual Aspects of Multilateral Relations. Journal of Sex Research 7(3):204-225.
– und Joan M. Constantine, 1973. Group Marriage: A Study of Contemporary Multilateral Marriage. New York: Macmillan.
– und Joan M. Constantine, 1974. Sexual Aspects of Multilateral Relations. In: Smith & Smith (eds.) 1974:268-90.
Conzemius, Eduard, 1932. Ethnographical Survey of the Miskito and Sumu Indians of Honduras and Nicaragua. Washington, DC: Smithonian Institution.
Cook, Marc (ed.), 1981. The Bases of Human Sexual Attraction. London: Academic.
Cook, Marc und Glenn Wilson (eds.), 1979. Love and Attraction. Oxford: Pergamon.
Cooper, Alan J., 1972. The Many Faces of Jealousy. Forum 1(11):26-31.
Corzine, Lloyd William, 1974. The Phenomenon of Jealousy: A Theoretical and Empirical Analysis. (Dissertation Un. States Intern. Univ.) Ann Arbor: Univ. Microfilms #74-17971.
Cosmopolitan, 1989. Cosmo-Special: So macht Seitensprung Spaß. Cosmopolitan #5:75-102+192.
Courbon, Paul und M. Leconte, 1934. Délire systématique da jalousie conjugale. Annales Médico-psychologiques 92:391-396.
–, 1935. Efficacité de l'intimidation sur un cas de délire de jalousie. Annales Médico-psychologiques 93:791-795.
Courtin, Antoine de, 1685. Traite de la jalousie, ou, Moyens d'entretenir la paix dans le mariage. Paris: Josset.
Cremieux, Albert und L. Formo, 1956. De la jalousie morbide à la jalousie normale. Stud. Méd. Chir. 89:4909-4912.
Cummings, Susan, 1980. Personality Factors in Sexually Jealous Individuals: A Comparative Study. Dissertation Abstracts International 41(10-B):3871.
Daher, Douglas M. und Muriel Cohen, 1979. Jealousy Workshop: A Conceptual Base and Format. Personnel and Guidance Journal 57:480-83.
Dalens, Pierre, 1980. La jalousie amoureuse: Observation du couple G... Jacques et Renee. Cahiers de Sexologie Clinique 6(32):95-97.
Dallet, Charles, 1874. Historie de l'Eglise de Corée, vol I. Paris: Victor Palmé.

Daly, Martin, Margo Wilson und Suzanne J. Weghorst, 1982. Male Sexual Jealousy. Ethology and Sociobiology 3:11-27.
Danielsson, Bengt, 1956/54. Love in the South Seas. London.
Danzinger, Carl, 1978. Unmarried Heterosexual Cohabitation. Dissertation, San Francisco: R & E Research Associates.
Davenport, William H., 1965. Sexual Patterns and Their Regulation in an Society of the Southeast Pacific. In: Beach (ed.) 1965:161-203.
Davis, Kingsley, 1936. Jealousy and Sexual Property. Social Forces 14:395-405.
–, 1977/36. Jealousy and Sexual Property. In: Clanton & Smith (eds.) 1977:129-34.
Deb, Subimal, 1976. Repressed Homosexuality and the Symptom Formation Like Paranoid Jealousy and Erotomania. Samiksa 30(2):41-46.
De Moja, Carmelo A., 1988. Jealousy in South-Italian Married Couples. Psychological Reports 62(2):677-678.
Denfeld, Duane, 1974a. Dropouts from Swinging. Family Coordinator 23:45-49.
–, 1974b. Dropouts from Swinging: The Marriage Counselor as Informant. In: Smith & Smith (eds.) 1974:260-67.
Derman, Bruce, 1983. Die Hab-Sucht erkunden: Eifersucht und Besitzenwollen. Zeitschrift für humanistische Psychologie 1/2:66-72.
Dermer, Marshall und Darrel L. Thiel, 1975. When Beauty May Fail. Journal of Personality and Social Psychology 31:1168-76.
De Urtubey, Luisa, 1984. La jalousie: Porte d'entrée de l'homosexualité inconsciente dans la cure. Revue Française de Psychoanalyse 58:769 ff.
Deutsch, Helene, 1953. Supersensory Jealousy. Tomorrow 1(2):63-65.
Devereux, Georges, 1961. Mohave Ethnopsychiatry and Suicide: The Psychiatric Knowledge and the Psychic Disturbances of an Indian Tribe. Washington, DC: Government Printing Office.
–, 1976/67. Angst und Methode in den Verhaltenswissenschaften. (Ullstein Anthropologie 3289.) Frankfurt: Ullstein.
Dillier, Susanne, 1983. Eifersucht und Persönlichkeitsentwicklung. Psychologische Menschenkenntnis 19:257-63.
Docherty, John P. und Jean Ellis, 1976. A New Concept and Finding in Morbid Jealousy. American Journal of Psychiatry 133:679-83.
–, 1978. Irrational Suspicions of Wife's Infidelity. Medical Aspects of Human Sexuality 12:124-133.
Dolto, Françoise, 1947. Hypothèse nouvelle concernant les réactions dites du jalousie à la naissance d'un puîné. Psyché-Paris 2:524-530 & 788-798.
Dorez, Amand, 1889. La jalousie morbide. Paris: Thése.
Dörner, Dietrich, 1976. Problemlösen als Informationsverarbeitung. (Kohlhammer-Standards Psychologie.) Stuttgart: Kohlhammer.
–, 1985a. Verhalten und Handeln. In: Dörner & Selg (Hg.) 1985:73-86.
–, 1985b. Verhalten, Denken und Emotionen. In: Eckensberger & Lantermann (Hg.) 1985:157-181.
– und Herbert Selg (Hg.), 1985. Psychologie: Eine Einführung in ihre Grundlagen und Anwendungsfelder. Stuttgart: Kohlhammer.
Douglas, Mary (ed.), 1987. Constructive Drinking: Perspectives on Drink from Anthropology. Cambridge: University.
Downing, Chris, 1977. Jealousy: A Depth-Psychological Perspective. In: Clanton & Smith (eds.) 1977:72-79.
Dubois, Cora, 1960/44. The People of Alor: A Social-Psychological Study of an East Indian Island. 2nd edition, Cambridge, Mass: Havard University.
Duerr, Hans Peter (Hg.), 1987. Authentizität und Betrug in der Ethnologie. (Edition Suhrkamp NF 409.) Frankfurt: Suhrkamp.
Dunde, Siegfried R., 1984. Neid: Ehrenrettung eines unerlaubten Gefühls. Psychologie Heute 11(11):20-27.
Eckensberger, Lutz H. und Ernst-D. Lantermann (Hg.), 1985. Emotion und Reflexivität. (U&S-

Psychologie.) München: Urban und Schwarzenberg.
Edwards, Adrian C., 1962. The Ovimbundu under Two Sovereignities: A Study of Social Control and Social Change among a People of Angola. London: International African Institute and Oxford University.
Ehrlich, Vera S., 1966. Family in Transition: A Study of 300 Yugoslav Villages. Princeton: Princeton University.
Ellis, Albert, 1969. Healthy and Disturbed Reasons for Having Extramarital Relations. In: Neubeck (ed.) 1969:153-61.
–, 1972. The Civilized Couple's Guide to Extramarital Adventure. New York: Wyden.
–, 1977/72. Rational and Irrational Jealousy. In: Clanton & Smith (eds.) 1977:170-79.
– und M. Abarbanel (eds.), 1973. Sexual Behavior. New York.
Ellis, Caroly and Eugene Weinstein, 1985. Jealousy and the Social Psychology of Emotional Experience. Typoscript, Tampa: University of South Florida.
Elwin, Verrier, 1947. The Muria and their Ghotul. Bombay: Oxford University.
–, 1968. The Kingdom of the Young. London: Oxford University.
Ember, Carol R. und Melvin Ember, 1985. Anthropology. 4th rev. ed., Englewood Cliffs: Prentice-Hall.
Engel, John W. und Marie Saracino, 1986. Love Preferences and Ideals: A Comparison of Homosexual, Bisexual, and Heterosexual Groups. Contemporary Family Therapy 8(3):241-50.
Enoch, M. David, 1980. Sexual Jealousy. British Journal of Sexual Medicine 7(56):30-34.
Erdland, P. August, 1914. Die Marshall-Insulaner: Leben und Sitte, Sinn und Religion eines Südsee-Volkes. (Anthropos Bibliothek: Ethnol. Monographien 2.1.) Münster: Aschendorff.
Erichsen, Freerk, 1975. Schizophrenie und Sexualität: Am Beispiel von Perversion, Scham, Eifersuchts- und Liebeswahn. Bern.
Eriksson, Eva, 1980. Eifersucht. Oder wie kann man zu dritt im Sandkasten spielen? Hamburg: F. Oetinger.
Erlen, Helga, 1977. Eifersucht. Miteinander Leben lernen 2(4):32-35.
Ernst, Heiko, 1985. "Eifersucht läßt sich aushalten". (Interview mit Hildegard Baumgart.) Psychologie Heute 12(12):28-31.
Euler, Harald A. und Heinz Mandl (Hg.), 1983. Emotionspsychologie: Ein Handbuch in Schlüsselbegriffen. (U&S-Psychologie.) München: Urban und Schwarzenberg.
Evans, William N., 1975. The Eye of Jealousy and Envy. The Psychoanalytic Review 63:481-92.
Evans-Pritchard, Edward Evan, 1974. Man and Woman among the Azande. London.
Faerber, Meir Marcell, 1983. Brennende Eifersucht. Gerlingen.
Farber, Leslie H., 1973. On Jealousy. Commentary 56(10):50-58.
Farberow, Norman L. (ed.), 1963. Taboo Topics. New York: Atherton.
Fawcett, Fred, 1886-89. On the Saoras (or Savaras), an Aboriginal Hill People of the Eastern Ghats of the Madras Presidency. Journal of the Anthropological Society of Bombay 1:206-72.
Feldman, A. B., 1956. The Yellow Malady: Short Studies of Five Tragedies of Jealousy. Literature and Psychology 6(2):38-52.
Fenichel, Otto, 1935. Beitrag zur Psychologie der Eifersucht. Imago 21:143-57.
–, 1983. Psychoanalytische Neurosenlehre (3 Bände). Berlin: Ullstein.
Ferenczi, Sandor, 1911. Die eifersüchtige Frau. Jahrbuch für Psychoanalyse und psychopathologische Forschung 3:101-119.
Field, Margaret Joyce, 1970. Search for Security: An Ethnopsychiatric Study of Rural Ghana. New York: W.W. Norton.
Fineltain, Ludwig, 1978. La jalousie dans le couple. Cahiers de Sexologie Clinique 4:475-79.
Firth, Raymond William, 1939. Primitive Polynesian Economy. London: George Routledge.
Fisch, Manuel, 1971. Sexualität und Eifersucht: Eine Dokumentation praktischer Fälle. (criminal action.) Frankfurt: Gemini.
Fischer, Ann, 1963. Reproduction in Truk. Ethnology 2:526-40.
Fischer, H. Th., 1952. Polyandry. International Archives of Ethnography XLVI:106-15.
Fischer, Hans, 1983a. Anfänge, Abgrenzungen, Anwendungen. In: Fischer (Hg.) 1983:11-46.
– (Hg.), 1983. Ethnologie: Eine Einführung. (Ethnologische Paperbacks.) Berlin: Reimer.

Fischer, Lawrence E., 1980. Relationships and Sexuality in Contexts and Culture: The Anthropology of Eros. In: Wolman & Money (eds.) 1980:164-89.
Fishman, Stephen M., 1985. Self as Forming the Formless: Reply to Veereshwar. Journal of Humanistic Psychology 25(3):57-61.
Fock, Niels, 1963. Mataco Marriage. Folk 5:91-101.
Forbat, Sandor (ed.), 1938. Love and Marriage. (Auch als "Love, Marriage, Jealousy" in London erschienen!) New York: Liveright.
Ford, Clellan Stearns und Frank Ambrose Beach, 1951. Patterns of Sexual Behaviour. New York: Harper.
–, 1968/51. Formen der Sexualität: Das Sexualverhalten bei Mensch und Tier. (rororo Sexologie 8006/7.) Reinbek: Rowohlt
Forde, Daryll und G. I. Jones (eds.), 1962. The Ibo and Ibibio-Speaking Peoples of South-Eastern Nigeria. (Ethnographic Survey of Africa, Western Africa III.) London: Intern. African In.
Fosbrooke, H. A., 1948. An Administrative Survey of the Masai Social System. Tanganyika Notes and Records 26:1-50.
Framo, James L., 1975. Husband's Reactions to Wives Infidelity. Medical Aspects of Human Sexuality 9(5):78-104.
Francis, David D. und E. Doyle McCarthy (eds.), 1986. Emotion, Self, and Society: Essays and Research Papers in the Sociology of Emotions. JAI.
Francis, Janice L., 1977. Toward the Management of Heterosexual Jealousy. Journal of Marriage and Family Counseling 3:61-69.
–, 1979. Toward an Empirical Approach to Heterosexual Jealousy. Dissertation Abstracts International 41(1-B):350.
Frayser, Suzanne G., 1985. Varieties of Sexual Experience: An Anthropological Perspective on Human Sexuality. New Haven, CT: HRAF.
Frazer, James George, 1910. Totemism and Exogamy, 4 vols. London.
Freeman, Derek, 1983. Margaret Mead and Samoa: The Making and Unmaking of an Anthropological Myth. Cambridge, Mass.: University.
Freilich, Morris, 1961. Serial Polygyny, Negro Peasants, and Model Analysis. American Anthropologist 63:955-975.
Freud, Sigmund, 1940/22. Über einige neurotische Mechanismen bei Eifersucht, Paranoia und Homosexualität. In: Derselbe, Gesammelte Werke 13:195-207, London: Imago.
Friday, Nancy, 1985. Jealousy. (A Perigard Press Book.) New York: Morrow.
–, 1986/85. Eifersucht: Die dunkle Seite der Liebe. Bern: Scherz.
Fried, Jacob, 1952. Ideal Norms and Social Control in Tarahumara Society. Dissertation, New Haven: Yale University.
Friedjung, Josef K., 1911. Eine besondere Rationalisierung einer inzestuösen Eifersucht. Zentralblatt für Psychoanalyse und Psychotherapie 2:293.
Friedman, Morton, 1979. Obsessions With Mate's Sexual Experiences. Medical Aspects of Human Sexuality 13(2):54-59.
Friedmann, Max, 1911. Über die Psychologie der Eifersucht. (Grenzfragen des Nerven- und Seelenlebens 82.) Wiesbaden: J.F. Bergmann.
Frumkin, Robert M., 1957. Authoritarian Sexual Jelousy and American Ideology. Journal of Family Welfare 4(1):1-7.
Fuchs, Peter, 1989. Fachi: Sahara-Stadt der Kanuri. (Studien zur Kulturkunde 90.) Stuttgart: Steiner.
Fuchs, Rainer, 1985. Die Emotionen im Wechselspiel mit dem Handeln und Lernen. In: Eckensberger & Lantermann (Hg.) 1985:209-251.
Fullerton, Gail Putney, 1977. Survival in Marriage: Introduction to Family Interaction, Conflicts, and Alternatives. 2nd edition, Hinsdale: Dryden.
Gataullin, M. M., 1972. Strukturelle Beziehungen sexueller Pathologie zu wahnhaften Eifersuchtsideen in manchen Psychosen (in Russisch). In: Portnov (ed.) 1972:342-351.
Gausbeck, Hermann, 1928. Über Eifersuchtswahn. Archiv für Psychiatrie und Nervenkrankheiten 84:414-489.

Germano, Guiseppe, 1960. Rilievi clinici e psicopatogenetici sul deliro di gelosia nella populazione degli ospedali psychiatrici di Fierence. Rassegna di Studi Psichiatrici 49:1-44.

Gerndt, Helge, 1986. Kultur als Forschungsfeld: Über volkskundliches Denken und Arbeiten. Zweite, erweiterte Auflage, München: Münchner Vereinigung für Volkskunde.

Gesell, Arnold L., 1906. Jealousy. American Journal of Psychology 17:437-96.

Giese, Hans (Hg.), 1961. Mensch, Geschlecht, Gesellschaft: Das Geschlechtsleben unserer Zeit gemeinverständlich dargestellt. Baden-Baden.

–, 1968. Mensch - Geschlecht - Gesellschaft: Das Geschlechtsleben in unserer Zeit (2 Bände). München: Goldmann.

Gilmartin, Brian G., 1977. Jealousy Among the Swingers. In: Clanton & Smith (eds.) 1977:152-58.

Gimlette, John Desmond, 1929. Malay Poisons and Charm Curves. London: Churchill.

Giner Ubago, Jose und Jose M. Gonzalez Infante, 1979. Aspectos fenomenologicos de la delusion en los alcoholicos. Revista de Psiquiatria y Psicologia Medica 14(2):123-132.

Gladwin, Thomas und Seymour B. Sarason, 1953. Truk: Man in Paradise. (Viking Fund Publ. in Anthropology 20.) New York: Wenner-Gren Foundation.

Glaser, Barney G., 1978. Theoretical Sensitivity: Advances in the Methodology of Grounded Theory. San Francisco: University of California.

– und Anselm L. Strauss, 1967. The Discovery of Grounded Theory: Strategies for Qualitative Research. Chicago.

Goethals, George W., 1971. Factors Affecting Permissive and Nonpermissive Rules Regarding Premarital Sex. In: Henslin (ed.) 1971:9-26.

Goldfrank, Esther S., 1966. Changing Configurations in the Social Organization of a Blackfoot Tribe During the Reserve Period. Seattle: University of Washington.

Goldman, Irving, 1963. The Cubeo: Indians of the Northwest Amazon. (Illinois Studies in Anthropology 2.) Urbana: University of Illinois.

Gonzalez, Rodrigo y Pinto Arrillaga, 1984. Frecuencia de celopatias en pacientes diagnosticados de alcoholismo cronico. Psiquis: Revista de Psiquiatria, Psicologia y Psicosomatica 5:140-42.

González de Chávez, Manuel, 1972. La historia de la investigación sobre los celos. Archivos de Neurobiologia 35:205-24.

Goodenough, Ward H., 1949. Premarital Freedom on Truk: Theory and Practice. American Anthropologist 51:615-20.

Goodland, Roger, 1931. A Bibliography of Sex Rites and Customs: An Annotated Record of Books, Articles, and Illustrations in All Languages. London: Routledge.

Goodwin, G., 1942. The Social Organization of the Western Apache. Chicago: University.

Gorer, Geoffrey, 1938. Himalayan Village. London: Michael Joseph.

Gottschalk, Helmuth, 1936. Problems of Jealousy. (Skinsygens Problemer.) Copenhagen: Fremad.

Grau, Rudolf, 1931. Die Gruppenehe: Ein völkerkundliches Problem. (Studien zur Völkerkunde 5.) Leipzig: Werkgemeinschaft.

Greenberg, Jeff und Tom Pyszczynski, 1985. Proneness to Romantic Jealousy and Responses to Jealousy in Others. Journal of Personality 53:468-79.

Greenwood, Davydd J. und William A. Stini, 1977. Nature, Culture, and Human History: A Bio-Cultural Introduction to Anthropology. New York: Harper & Row.

Gregor, Thomas A., 1974. Publicity, Privacy, and Mehinacu Marriage. Ethnology 13:333-49.

Greverus, Ina-Maria, Konrad Köstlin u. Heinz Schilling (Hg.), 1988. Kulturkontakt - Kulturkonflikt: Zur Erfahrung des Fremden. 26. Deutscher Volkskundekongress in Frankfurt 1987 (2 Bände). (Notizen 28.) Frankfurt: Inst. für Kulturanthropologie und Europ. Ethnologie.

Grold, L. James, 1972. Patterns of Jealousy. Medical Aspects of Human Sexuality 6:118-26.

Gross, L. (ed.), 1975. Sexual Issues in Marriage: A Contemporary Perspective. New York: Spectrum.

Grzywacz, Margot, 1937. "Eifersucht" in den romanischen Sprachen: Ein Beitrag zur Kulturgeschichte des Mittelalters. (Arbeiten zur Romanischen Philologie 42.) Bochum-Langendreer.

Gutierrez de Pineda, Virginia, 1950/48. Organizacion social en la Guajira. Revista del Instituto Etnologico Nacional (Bogota) 3(2).

Guttman, Herta A., 1982. Transference and Countertransference in Conjoint Couple Therapy: Therapeutic and Theoretical Implications. Canadian Journal of Psychiatry 27(2):92-97.
Haeberle, Erwin J., 1983. Die Sexualität des Menschen: Handbuch und Atlas. Berlin: Springer.
Hafner, R. Julian, 1979. Agoraphobic Women Married to Abnormally Jealous Men. British Journal of Medical Psychology 52(2):99-104.
Hagen, Louis, 1986. Die neue Treue. Hörzu 1986,#42:118-120.
Hallowell, A. Irving, 1955. Culture and Experience. Philadelphia: University of Pennsylvania.
Hallpike, Christopher R., 1971. Some Problems in Cross-Cultural Comparison. In: Beidelman (ed.) 1971:123-140.
Handy, E.S. Craighill, 1923. The Native Culture in the Marquesas. (Bernice P. Bishop Museum, Bulletin 9; Bayard Dominick Expedition Publ. 9.) Honolulu: Bernice P. Bishop Museum.
Hanks, Lucien Mason Jr. und Jane Richardson, 1966. Observations on Northern Blackfoot Kinship. Seattle: University of Washington.
Hansen, Gary L., 1982. Reactions to Hypothetical, Jealousy-Producing Events. Family Relations 31:513-18.
–, 1983. Marital Satisfaction and Jealousy Among Men. Psychological Reports 52:363-66.
–, 1985a. Perceived Threats and Marital Jealousy. Social Psychology Quarterly 48:262-28.
–, 1985b. Dating Jealousy Among College Students. Sex Roles 12:713-21.
Harner, Michael J., 1973. The Jívaro: People of the Sacred Waterfalls. Garden City: Anchor/Doubleday.
Harrison, B., 1974. In Defense of Jealousy. McCalls #5.
Hauck, Paul, 1981. Jealousy. (Overcoming Common Problems.) London.
Hawkins, Robert O., 1976. Jealousy: A Solvable Problem. Journal of Sex Education and Therapy 2:35-38.
Hayes, Rose Oldfield, 1975. Female Genital Mutilation, Fertility Control, Women's Roles, and Patrilineage in Modern Sudan: A Functional Analysis. American Ethnologist 2:617-33.
Henderson, Richard Neal, 1972. The King in Every Man: Evolutionary Trends in Onitsha Ibo Society and Culture. New Haven: Yale.
Henry, Jules, 1941. Jungle People: A Kaingáng Tribe of the Highlands of Brazil. New York: Random House.
Henslin, James M. (ed.), 1971. Sociology of Sex: A Book of Readings. New York: Appleton-Century-Croft.
Hermanns, Otto (Hg.), 1981. Sucht und Psyche. Freiburg.
Herrmann, Theo et al. (Hg.), 1977. Handbuch psychologischer Grundbegriffe. München: Kösel.
Herskovits, Melville Jean, 1938. Dahomey: An Ancient West African Kingdom (2 vols.). New York: Augustin.
Hibbard, Robert W., 1975. A Rational Approach to Treating Jealousy. Rational Living 10:25-27.
Hilberman, Elaine und Kit Munson, 1978. Sixty Battered Women. Victimology 2(3-4):460-470.
Hoaken, P.C.S., 1976. Jealousy as a Symptom of Psychiatric Disorder. Australian and New Zealand Journal of Psychiatry 10:47-51.
Hogbin, H. Ian, 1945. Marriage in Wogeo, New Guinea. Oceania 15:324-352.
Holmberg, Allan R., 1950. Nomads of the Long Bow. Institute of Social Anthropology, Smithonian Institution 10:1-104.
Holmes, Lowell D., 1985/83. South Seas Squall. In: Hunter & Whitten (eds.) 1985:224-27.
–, 1987. Über Sinn und Unsinn von restudies. In: Dürr (Hg.) 1987:225-251.
Hörzu, 1987. Können Sie Ihrem Partner einen Seitensprung verzeihen? (Psychotest) Hörzu Nr. 13 vom 20.3.1987:126/II+127.
Hulstaert, Gustave-E., 1938. Le mariage des Nkundó. (Mémoires de l'Institut Royal Colonial Belge 8.) Bruxelles: G. van Campenhout.
Hunter, David E.K. und Phillip Whitten (eds.), 1985. Anthropology: Contemporary Perspectives. 4th edition, Boston: Little, Brown 1985.
Hupka, Ralph B., 1981. Cultural Determinants of Jealousy. Alternative Lifestyles 4:310-56.
–, 1984. Jealousy: Compound Emotion or Label for a Particular Situation? Motivation and Emotion 8:141-55.

Hupka, Ralph B. und James M. Ryan, 1981. The Cultural Contribution to Emotion: Cross-Cultural Aggression in Sexual Jealousy Situations. Paper (Meeting of the Western Psychol. Ass., Los Angeles, April 1981.).

– et al., 1985. Romantic Jealousy and Romantic Envy: A Seven-Nation Study. Journal of Cross-Cultural Psychology 16:423-46.

Ignjatovic, Milan, 1983. Ljubomora i paranoja (Eifersucht und Paranoia). Psihijatrija Danas 15(1):11-17.

Im-Won-Gi et al., 1983. Jealousy: Interventions in Couples Therapy. Family Process 22:211-218.

Institut für Demoskopie Allensbach, 1978. Moral '78: Eine Repräsentativumfrage für den Stern über Sexualität und Lebensglück, Ehe und Gesellschaft. Aktualisierte Trenddarstellungen, Allensbach: Institut für Demoskopie.

–, 1986. Das sexuelle Experiment: Umfragen zur Einstellung der deutschen Bevölkerung gegenüber der Sexualität. Aktualisierte Trenddarstellungen, Allensbach: Institut für Demoskopie.

–, 1987/88. Umfragen 2270 (Febr. 1987) und 2279 (Febr. 1988) zu den Auswirkungen von AIDS auf sexuelle Beziehungen. Aktualisierte Trenddarstellungen, Allensbach: Institut für Demoskopie.

Islamov, Sadullo Ibodovich, 1987. Razvody v Tadzhikistane (Scheidungen in Tadzhikistan). Sotsiologicheskie Issledovaniya 14(6):108-110.

Ivanets, N.N. und V.A. Melik-Mkrtychyan, 1972. Psychological Characteristics of Overvalued Ideas of Jealousy in Patients with Traumatic Psychopath-Like Conditions. Zhurnal Nevropatologii i Psikhiatrii 72(5):715-720.

Jacob-Pandian, Ebenezer Titus, 1982/72. Dravidianization: A Tamil Revitalization Movement. (Dissertation Houston, Rice University.) Ann Arbor: Univ. Microfilms #72-26427.

Jacobs, Sue-Ellen, 1974. Women in Perspective: A Guide to Cross-Cultural Studies. Urbana.

Jaremko, Matt E. und Roxanne Lindsey, 1979. Stress-Coping Abilities of Individuals High and Low in Jealousy. Psychological Reports 44(2):547-553.

Jaspers, Karl, 1910. Eifersuchtswahn: Ein Beitrag zur Frage: "Entwicklung einer Persönlichkeit" oder "Prozeß"? Zeitschrift für die Gesamte Neurologie und Psychologie 1:567ff.

Jenks, Richard J., 1985. Swinging: A Test of Two Theories and a Proposed New Model. Archives of Sexual Behavior 14:517-527.

Jenness, Diamond, 1959. The People of the Twillight. Chicago: University of Chicago.

Jochelson, Waldemar, 1908. The Koryak (2 Parts). (Jesup North Pacific Expedition Publications 6.) Leiden: E.J.Brill.

Johnston, C., 1983. A High Power - Low Power Account of Sexual Jealousy. Dissertation Abstracts International 43(12-B):4150.

Jonas, Hans, 1987. Hoffnung wächst aus der Verantwortung für die Welt. Süddeutsche Zeitung #234(12.10.87):35.

Jones, Ernest, 1930. Die Eifersucht. Die Psychoanalytische Bewegung 2:154-67.

Jones, Livingston French, ca. 1914. A Study of the Thlingets of Alaska. New York: Revell.

Junod, Henri A., 1927. The Life of a South African Tribe (2 vols.). London: Macmillan.

Kabbadias, Georgios B., 1965. Pasteurs-nomades méditerranéens: Les Saracatsans de Grèce. Paris: Gauthier-Villars.

Kahn, Morton C., 1931. Djuka: The Bush Negroes of Dutch Guiana. New York: Wiking.

Kala, A. K. und R. Kala, 1981. Psychotic Jealousy: A Phenomenological Study. Indian Journal of Psychiatry 23(3):237-41.

Kardiner, Abram (ed.), 1939. The Individual and His Society: The Psychodynamics of Primitive Social Organization. New York: Columbia University.

Karsten, Rafael, 1923. The Toba Indians of the Bolivian Gran Chaco. Acta Academiae Aboensis. Humaniora IV(4):1-126.

–, 1935. The Head-Hunters of Western Amazonas: The Life and Culture of the Jibaro Indians of Eastern Ecuador and Peru. Helsingfors: Centraltrycheriet.

Karve, Irawati, 1953. Kinship Organization in India. (Deccan College Monograph Series.) Poona.

Keesing, Roger M., 1981. Cultural Anthropology: A Contemporary Perspective. 2nd edition, New York: Hole, Rinehart and Winston.

Kendler, Kenneth S., 1980. Are There Delusions Specific for Paranoid Disorders vs. Schizophrenia? Schizophrenia Bulletin 6(1):1-3.

Kennedy, Raymond, 1955. Field Notes on Indonesia: Ambon and Ceras, 1949-50. Unpublished ms., New Haven: HRAF.

Kentler, Helmut, 1982. Taschenlexikon Sexualität. Düsseldorf.

Kenyatta, Jomo, 1953. Facing Mount Kenya: The Tribal Life of the Gikuyu. London: Secker & Warburg.

Kirkendall, Lester A., 1980. Jealousy in Bisexual Marriages. Paper, Meeting National Council on Family Relations, Portland, October 22-25.

Kleinginna, Paul R. Jr. und Anne M. Kleinginna, 1981. A Categorized List of Emotion Definitions, With Suggestions for a Consensual Definition. Motivation and Emotion 5:345-55.

Klicker, Jochen R., 1978. Von der Tugend, eifersüchtig zu sein: Kulturhistorische Anmerkungen zum Dilemma der Ehe. Almanach für Literatur und Theologie 12:53-66.

Knox, David, 1979. Exploring Marriage and the Family. Glenview, Ill.: Scott, Foresman and Co.

Kommission der Evangelischen Kirche in Deutschland (EKD), 1971. Denkschrift zu Fragen der Sexualethik. (Denkschriften der EKD 3.) Gütersloh: Gerd Mohn.

Körner, Heinz, 1979a. Anstatt eines Vorwortes. In: Körner (Hg.) 1979:9-14.

–, 1979b. Die Liebe ist ein Kind der Freiheit. In: Körner (Hg.) 1979:29-51.

–, 1979c. Meine Eifersucht. In: Körner (Hg.) 1979:75-99.

– (Hg.), 1979. Eifersucht: Ein Lesebuch für Erwachsene. Fellbach: Lucy Körner.

Kosins, David J., 1983. Developmental Correlates of Sexual Jealousy. Dissertation, San Diego: California School for Professional Psychology.

Kozlova, A. M., 1984. The Clinical Picture and Forensic-Psychiatric Significance of Jealousy Delirium in Female Schizophrenics (in Russisch). Zhurnal Nevropatologii i Psikhiatrii 84(8):1209-13.

–, 1985. Characteristics and the Forensic-Psychogenic Jealousy in Women with Psychopathies. (In Russisch.) Zhurnal Nevropatologii i Psikhiatrii 85(3):435-39.

Krafft-Ebing, A. von, 1891. Über Eifersuchtswahn beim Manne. Jahrb. für Psychiatrie 10:212-31.

Kramer, Charles H., 1975. Commentary (to Framo 1975). Medical Aspects of Human Sexuality 9(5):95+96.

Kramer, Dieter, 1970. Wem nützt Volkskunde? Zeitschrift für Volkskunde 66:1-16.

Krämer, Augustin und Hans Nevermann, 1938. Ralik-Ratak (Marschall-Inseln). (Ergebn. der Südsee-Exped. 1908-10 II/11.) Hamburg: Friedrichsen & De Gruyter.

Kroeber, Alfred Louis, 1902/07. The Arapaho. American Museum of National History, Bulletin 18:I-XIV, 1-229, 279-466.

Krüger, Wolfgang, 1987. Eifersucht: Die kreative Kraft. Hamburg: Hoffman & Campe.

Künsting, Sabine, Andreas Bruck und Peter Tschohl (Hg.), 1987. Mit Theorien arbeiten: Untersuchen in der Kulturanthropologie. Münster: Lit.

Lafora, Gonzalo R., 1935. Interpretaciones psicoanáliticas de los celos. Archivos de Neurobiologia 15:427-442.

Lagache, Daniel, 1938. Contribution à l'étude des idées d'infidélité dans la jalousie. Revue Française de Psychoanalyse 10:709-719.

–, 1947-48. La Jalousie amoureuse: psychologie descriptive et psychoanalyse (2 vols.). Paris: Presses Universitaires de France (auch Paris: PUF 1981).

–, 1949. De l'homosexualité à la jalousie. Revue Française de Psychoanalyse 13:351-366.

–, 1950. Homosexuality and Jealousy. International Journal of Psychoanalysis 31:24-31.

Laignel-Levastine, P. und J. Johannais, 1942. Syndrome passionel de jalousie. Annales Médico-psychologiques 100:329.

Lal, Brij V., 1985. Veil of Dishonour: Sexual Jealousy and Suicide on Fiji Plantations. The Journal of Pacific History 20(1985)3-4:135-55.

Lambert, B., 1966. Ambilineal Descent Groups in the Northern Gilbert Islands. American Anthropologist 68:641-664.

Landes, Ruth, 1937. Ojibwa Sociology. New York: Columbia University.

–, 1938. The Ojibwa Woman. New York: Columbia University.

Langfeldt, Gabriel, 1961. The Erotic Jealousy Syndrome: A Clinical Study. Acta Psychiatrica et Neurologica Scandinavica 36(151):7-68.
–, 1962. The Erotic Jealousy Syndrome. Journal of Neuropsychiatry 3:317-21.
Lauster, Peter, 1980. Die Liebe: Psychologie eines Phänomens. Düsseldorf.
Leith-Ross, Sylvia, 1939. African Women: A Study of the Ibo of Nigeria. London: Faber & Faber.
Lenk, Hans, 1984. Zum Verantwortungsproblem in Wissenschaft und Technik. In: Ströker (Hg.) 1984:87-116.
Lester, David et al., 1985. Jealousy and Irrationality in Love. Psychological Reports 56:210.
Levine, Maurice, 1938. Notes on the Psychopathology of Suspicion of Marital Infidelity. Journal of Medicine 19:184-188.
Levine, Robert A., 1962. Witchcraft and Co-Wife Proximity in Southwestern Kenya. Ethnology 1:39-45.
Levinson, David und Timothy J. O'Leary, 1982. A Holocultural Bibliography: Update Number One. Behavioral Science Research 17:59-68.
Levy, David Mordecai, 1940. Jealousy. Journal of Pediatrics 46:515-518.
Levy, Jerrold E., Stephen J. Kunitz und Michael Everett, 1969. Navajo Criminal Homicid. Southwestern Journal of Anthropology 25:124-51.
Lewicki, Marie-Luise, 1989. Eifersüchtig? Ich doch nicht! Eltern #5:147-150.
Lewis, R. A. und R. E. Salt (eds.), 1986. Men in Families. Beverly Hills: Sage.
Libby, Roger W., 1977a. Extramarital and Comarital Sex: A Critique of the Literature. In: Libby & Whitehurst 1977:80-111.
– und Robert N. Whitehurst, 1977. Marriage and Alternatives: Exploring Intimate Relationships. Glenview.
– und Robert N. Whitehurst (eds.), 1973. Renovating Marriage Toward New Sexual Life Styles. Danville, CA: Consensus.
Lindholm, Charles, 1982. Generosity and Jealousy: The Swat Pakhtun of Northern Pakistan. New York: Columbia University.
– und Cherry Lindholm, 1985/80b. What Price Freedom? In: Hunter & Whitten (eds.) 1985:157-161.
Lindholm, Cherry und Charles Lindholm, 1985/80a. Life Behind the Veil. In: Hunter & Whitten (eds.) 1985:233-36.
Linton, Ralph, 1939. Marquesan Culture. In: Kardiner (ed.) 1939:138-96.
Little, Kenneth L., 1951. The Mende of Sierra Leone. London: Routledge & Kegan Paul.
Llopis, Bartolomé, 1962. Die Eifersuchtsideen der Trinker. Fortschritte der Neurologie 30:543-64.
Lloyd, J. William, 1929. Sex Jealousy and Civilization. In: Calverton & Schmalhausen (eds.) 1929:233-46.
Loewenstein, Rudolph M., 1932. Un cas de jalousie pathologique. Revue Française de Psychoanalyse 5:554-585.
Löffler, Irene, 1983. Vom Frauentausch zur Liebesheirat: Die Aizo in Süd-Benin. Peripherie 12:38-44.
Long, John, 1904. Voyages and Travels of an Indian Interpreter and Trader. Cleveland: Arthur H. Clark.
Lorez, Gudula (Hg.), 1983. Das andere Gefühl: Eifersucht. Berlin: Gudula Lorez.
Lowie, Robert H., 1917. Notes on the Social Organization and Customs of the Mandan, Hidatsa, and Crow Indians. Anthropol. Papers of the American Museum of Natural History 21:1-99.
–, 1956/35. The Crow Indians. New York: Farrar & Rinehart.
Ludovici, Anthony M., 1949. Sexual Jealousy and Civilization (2 parts). International Journal of Sexology 3:76-84 & 154-62.
Lutz, Catherine und Geoffrey M. White, 1986. The Anthropology of Emotions. Annual Review of Anthropology 15:405-36.
Luzbetak, Louis J., 1951. Marriage and the Family in Caucasia: A Contribution to the Study of North Caucasian Ethnology and Customary Law. Mödling bei Wien: St. Gabriels Mission.
Maccoby, Eleanor E. (ed.), 1967. The Development of Sex Differences. London.
Mace, D. R., 1962. Two Faces of Jealousy. McCall's #5.

Maggini, C. und P. Lensi, 1985. Gelosia e depressione. Rivista Sperimentale de Freniata e Medicina Legale ... 109:240-52.

Mahanta, J., 1983. Jealousy and Its Relationship With Psychopathology. Indian Journal of Clinical Psychology 10(1):171-74.

Mainzer, Otto, 1981. Die sexuelle Zwangswirtschaft: Ein erotisches Manifest. München

Malinowski, Bronislaw, 1913. The Family among the Australian Aborigines. London: University of London.

–, 1929. The Sexual Life of Savages in NW Melanesia: An Ethnographic Account of Courtship, Marriage and Family Life among the Natives of the Trobriand Islands, British New Guinea. London: Routledge.

Mandl, Heinz und G. L. Huber (Hg.), 1983. Emotion und Kognition. München.

– und Harald A. Euler, 1983. Begriffsbestimmungen. In: Euler & Mandl (Hg.) 1983:5-11.

Maquet, Jacques Jérôme Pierre, 1961. The Premise of Inequality in Ruanda: A Study of Political Relations in a Central African Kingdom. London: Oxford University for the International African Institute.

Marcuse, Max, 1950. Zur Psychologie der Eifersucht und der Psychopathologie ihres Fehlens. Psyche 3:759-77.

–, 1981. Fehlende Eifersucht. In: Giese (Hg.) 1961:88-96.

– (Hg.), 1926. Handwörterbuch der Sexualwissenschaft. Berlin: Marcus & Weber.

Margolin, Gayla, 1981. A Behavioral-Systems Approach to the Treatment of Marital Jealousy. Clinical Psychology Review 1(4):469-487.

Mariner, William, 1818. An Account of the Natives of the Tonga Islands in the South Pacific Ocean (2 vols.). 2nd edition, with additions, London: John Murray.

Marshall, Donald S., 1971. Sexual Behavior on Mangaia. In: Marshall & Suggs (eds.) 1971:103-162.

– und Robert C. Suggs (eds.), 1971. Human Sexual Behavior: Variations in the Ethnographic Spectrum. New York: Basic Books.

Masumara, Wilfred T., 1979. Wife Abuse and Other Forms of Aggression. Victimology: An International Journal 4:46-59.

Mathes, Eugene W., 1984. Convergence Among Measures of Interpersonal Attraction. Motivation and Emotion 8(1):77-84.

–, 1986. Jealousy and Romantic Love: A Longitudinal Study. Psychological Reports 58(3):885+86.

– und Donna J. Deuger, 1982. Jealousy, a Creation of Human Culture? Psychological Reports 51(2):351-54.

– und N. Severa, 1981. Jealousy, Romantic Love, and Liking: Theoretical Considerations and Preliminary Scale Development. Psychological Reports 49:23-31.

– et al., 1982a. A Convergent Validity Study of Six Jealousy Scales. Psychological Reports 50:1143-47.

– et al., 1982b. Behavioral Correlates of the Interpersonal Jealousy Scale. Educational and Psychological Measurement 42(4):1227-31.

– et al., 1985. Jealousy: Loss of Relationship Rewards, Loss of Self-Esteem, Depression, Anxiety, and Anger. Journal of Personality and Social Psychology 48(6):1552-61.

Max-Planck-Gesellschaft München (Hg.), 1984. Verantwortung und Ethik in der Wissenschaft: Symposium der Max-Planck-Gesellschaft, Schloß Ringberg/Tegernsee, Mai 1984. (Berichte und Mitteilungen #3/84.) München: Max-Planck-Gesellschaft.

Maxwell, Eleanor Krassen, 1986. Fading Out: Resource Control and Cross-Cultural Patterns of Deference. Journal of Cross-Cultural Gerontology 1:73-89.

– und Robert J. Maxwell, 1980. Search and Research in Ethnology: Continuous Comparative Analysis. Behavior Science Research 3:219-243.

Mazur, Ronald M., 1973. Beyond Jealousy. In: Libby & Whitehurst (eds.) 1973:321-31.

–, 1977/73. Beyond Jealousy and Possessiveness. In: Clanton & Smith (eds.) 1977:181-87.

Mead, Margaret, 1977/31. Jealousy: Primitive and Civilized. In: Clanton & Smith (eds.) 1977:115-27.

Mead, Margaret (ed.), 1937. Cooperation and Competition among Primitive Peoples. New York: McGraw-Hill.

Meade, Marion, 1975. Sexual Jealousy: Beating the Green-Eyed Monster. Sexology 42(3):39-42.

Meek, Charles Kingsley, 1970. Law and Authority in a Nigerian Tribe: A Study of Indirect Rule. New York: Barnes & Noble.

Mees, Ulrich, 1985. Was meinen wir, wenn wir von Gefühlen reden? Zur psychologischen Textur von Emotionswörtern. Sprache und Kognition 4:2-20.

Meier, Brigitte und Nicole Stern, 1978. Eifersucht. Psychol. Menschenkenntnis 14(3):75-81.

Melchiori, Giorgio, 1983. The Role of Jealousy: Restoring the Q Reading of 2 Henry VI. Induction, 16. Shakespeare Quarterly 34:327-30.

Meraklis, Michael, 1977. Eifersucht. In: Ranke et al. (Hg.) 1977ff.:1170-74.

Mercuri, G., 1975. Morbid Jealousy and Criminality. Lav. Neuropsichiat. 57:171-82.

Messer, Ellen, 1979/75. Zapotec Plant Knowledge: Classification, Uses and Communication about Plants in Mitla, Oaxaca, Mexico. (Dissertation Univ. of Michigan.) Ann Arbor: University Microfilms #75-20407.

Métraux, Alfred, 1937. Etudes d'ethnographie Toba-Pilaga (Gran Chaco). Anthropos 32:171-94 & 378-401.

Milden, James Wallace, 1977. The Family in Past Time: A Guide to the Literature. New York.

Miller, Elmer S. und Charles A. Weitz, 1979. Introduction to Anthropology. Englewood Cliffs, NJ: Prentice-Hall.

Miller-Saunders, Janice und John N. Edwards, 1984. Extramarital Sexuality: A Perspective Model of Permissive Attitudes. Journal of Marriage and the Family 46:825-35.

Minkowski, Eugène, 1929. Jalousie pathologique sur fond d'automatisme mental. Annales Médico-psychologiques 85(6).

Mirsky, Jeannette, 1937. The Eskimo of Greenland. In: Mead (ed.) 1937:51-86.

Mitsuyama, Yashio, 1985. Delusion-Hallucination, Affective and Personality Disorders Seen in the Early Stages of Cerebrovascular Dementia. Kyushu Neuro-psychiatry 31(2):154-62 (in Japanisch).

Money, John und Herman Musaph (eds.), 1977. Handbook of Sexology. Amsterdam.

–, J.E. Cawte, G.N. Bianchi und B. Nurcombe, 1977/70. Sex Training and Traditions in Arnhem Land. In: Money & Musaph (eds.) 1977:519-41.

Montagu, Ashley, 1978. Learning Non-Aggression. Oxford: University.

Mooney, Horace Balndford, 1965. Pathological Jealousy and Psychochemotherapy. British Journal of Psychiatry 111:1023-1041.

Mordstein, Daisy und Gina Ruck-Pauquet, 1983. Krok: Von Eifersucht und Liebhaben. Ravensburg: O.Maier.

Morris, John, 1938. Living with Lepchas: A Book about the Sikkim Himalayas. London: W. Heinemann.

Morris, Vicki, 1982. Helping Lesbian Couples Cope with Jealousy. Women and Therapy 1:27-34.

Mowat, R. R., 1966. Morbid Jealousy and Murder: A Psychiatric Study of Morbidly Jealous Murderers at Broadmoor. London: Tavistock.

Muensterberger, Warner und Aaron Esman (eds.), 1972. The Psychoanalytic Study of Society, vol. 5. New York: International Universities.

Müller-Luckmann, Elisabeth, 1985. Programmiert auf Eifersucht: Sind sexuelle Verhaltensstörungen zwangsläufig? Sexualmedizin 15:447.

Mummendey, Amélie und Hans-Joachim Schreiber, 1983. Neid und Eifersucht. In: Euler & Mandl (Hg.) 1983:5-11.

Munroe, Ruth H., Robert L. Munroe und B. B. Whiting (eds.), 1981. Handbook of Cross-Cultural Human Development. New York: Garland

Murdock, George Peter, 1983. Outline of World Cultures. 6th revised edition, New Haven, Conn.: HRAF.

– et al., 1987. Outline of Cultural Materials. 5th revised edition, New Haven, Conn.: HRAF.

Murphy, Robert F., 1960. Headhunter's Heritage [Mundurucú]. Berkeley: University of California.

Murphy, Robert F. und Buell Quain, 1955. The Trumai Indians of Central Brazil. (Monographs of the Am. Ethnol. Society 24.) Locust Valley, NY: J.J.Augustin.
Murtrie, D., 1924. Mord und Selbstmord aus Eifersucht in einem homosexuellen Verhältnis zweier Weiber. Zeitschrift für Psychotherapie und medizinische Psychologie 8:339 ff.
Naesgaard, Sigurd, 1949. Nature et origine de la jalousie. Psyché-Paris 4:513-528.
Nemanitsch, A., 1900. Homosexuelle Eifersucht. Archiv für Kriminal Anthropologie und Kriminalistik 3:203-07.
Neu, J., 1980. Jealous Thoughts. In: Rorty (ed.) 1980:425-64.
Neubauer, Peter B., 1982. Rivalry, Envy, and Jealousy. Psychoanalytic Study of the Child 37:121-42.
Neubeck, Gerhard (ed.), 1969. Extramarital Relations. Englewood Cliffs: Prentice-Hall.
Ney, Norbert (Hg.), 1987. eifer-süchtig: Geschichten und Gedichte. (Fischer Boot.) Frankfurt: Fischer.
Niessen, Margrit, 1973. Eifersucht. Psychologische Menschenkenntnis 9(7):203-213.
Nimuendajú, Curt, 1946. The Eastern Timbira. (Univ. of Calif. Publ. in Am. Archeology & Ethnology 41.) Berkeley: Univ. Calif.
Niño, Bernardino de, 1912. Etnografía Chiriguano. La Paz: Tipografía Comercial de Ismael Argote.
Nitsch, Oskar, 1981. Eifersucht und Geschlechterrolle bei Alkoholikern und Nichtalkoholikern. Dissertation, Wien: Universität, Grund- und Integrativwiss. Fakulät.
Nixdorff, Heide und Thomas Hauschild (Hg.), 1982. Europäische Ethnologie: Theorie- und Methodendiskussion aus ethnologischer und volkskundlicher Sicht. (Ethnologische Paperbacks.) Berlin: Reimer.
Norton-Smith, John und Imogen Pravda (eds.), 1976. The Quare of Jealousy. Heidelberg: Carl Winter.
Nouranipour, R., 1981. Jealous Behavior: An Investigation of the Correlates and Manifestations of Jealous Beh. Among Heterosexual ... Partners. Diss. Abstracts International 41(8-B):3163.
Oberg, Kalervo, 1934. Crime and Punishment in Tlingit Society. American Anthropologist 36(2):145-155.
Oelker, Petra, 1988. Um die Liebe kämpfen: Lohnt sich das? Brigitte #26/88:80-84.
Ogino, Koichi, 1957. The Psychological Structure and the Psychodynamism of the Delusion of Jealousy. Academia 19:43-47.
O'Leary, Timothy J., 1973. Bibliography of Cross-Cultural Studies: Supplement II. Behavior Science Notes 8:123-34.
Olson, David H. (ed.), 1976. Treating Relationships. Lakeview, IL: Graphics.
– und Nancy S. Dahl (eds.), 1975. Inventory of Marriage and Family Literature, Vol. 3: 1973-74. St. Paul: Family Social Science, University of Minnesota.
– und Nancy S. Dahl (eds.), 1977. Inventory of Marriage and Family Literature, Vol. 4: 1975-76. St. Paul: Family Social Science, University of Minnesota.
O'Neill, Nena und George O'Neill, 1975/72. Die offene Ehe: Konzept für einen neuen Typ der Monogamie. (rororo 6891.) Reinbek: Rowohlt.
O'Nell, Carl N. und Henry A. Selby, 1968. Sex Differences in the Incidence of Susto in Two Zapotec Pueblos. Ethnology 7:63-95.
Oppenheimer, Hans, 1912. Zur Frage der Genese des Eifersuchtswahns. Zentralblatt für Psychoanalyse und Psychotherapie 3:67-77.
Ortega, Mango J., 1959. Delusions of Jealousy. Psychoanalysis and the Psychoanalytic Review.
Ottenberg, Phoebe Vestal, 1971. Leadership and Authority in an African Society: The Afikpo Village-Group. (American Ethnological Society Monograph 52.) Seattle: University of Washington.
Otto, I. und M. Schmidt-Dumont, 1982. Frauenfragen im modernen Orient: Eine Auswahlbibliographie. Hamburg: Deutsches Orient Institut.
Pao, Ping-Nie, 1969. Pathological Jealousy. Psychoanalytic Quarterly 38:616-38.
–, 1982. Pathological Jealousy. Medical Aspects of Human Sexuality 16:126-32.
Parkin, David, 1978. The Cultural Definition of Political Response: Lineal Destiny Among the

Luo. London: Academic.
Parsons, Elsie Worthington Clews, 1970/36. Mitla: Town of the Souls and Other Zapoteco-Speaking Pueblos of Oaxaca, Mexico. Chicago: University of Chicago.
Pauleikhoff, B., 1977. Methodologische Probleme der Psychologie und Psychopathologie - zugleich ein Beitrag zur Eifersuchtsparanoia. Zeitschrift für klinische Psychologie und Psychotherapie 25:293-301.
Paulich, Peter, 1985. Jugend und Sexualität: Über platte Lust, keusches Verhalten und neue Enthaltsamkeit. Frankfurt: Fischer.
Paulme, Denise (ed.), 1963. Women in Tropical Africa. London: Routledge and Kegan Paul.
Pereira, Thierry, 1985. Melancolie ou jalousie? Perspectives Psychiatriques 23(102):237-41.
Peseschkian, N., 1983. Auf der Suche nach Sinn. Frankfurt: Fischer.
Pestrak, Vic, Don Martin und Maggie Martin, 1986. A Brief Model of Jealousy: A Threat of Loss of Power and Identity. Counseling and Values 31(1):97-100.
Peter, Prince of Greece and Denmark, 1963. A Study of Polyandry. The Hague: Mouton.
Peters, Emrys L., 1980. Aspects of Bedouin Bridewealth among Camel Herders in Cyrenaica. In: Comaroff (ed.) 1980:125-60.
Peterson, Joyce und M. Mercer, 1968. Adultery for Adults: A Unique Guide to Self-Development. New York: Coward-McCann.
Pflüger, Peter-Michael (Hg.), 1982. Neid - Eifersucht - Rivalität: Vom konstruktiven Umgang mit dem Bösen. Fellbach-Oeffingen: Bonz.
Pieritz, Rainer-Joachim und Claus Spahn, 1978. Partnerschaftskurs: Begleitbuch zur WDR-Serie. München.
Pierloot, Roland A., 1988. Impersonal Objects in Morbid Jealousy. International Review of Psycho-Analysis 15(3):293-306.
Pierson, Donald, 1967. Negroes in Brazil: A Study of Race Contact at Bahia. Carbondale: Southern Illinois University.
Pietropinto, Anthony, 1980. Survey: Current Thinking on Jealousy in Marriage. Medical Aspects of Human Sexuality 14(7):32K-32NN.
Piker, Steven Isaac, 1983/65. An Examination of Character and Socialization in a Thai Peasant Community. (Dissertation Seattle University.) Ann Arbor: University Microfilms #65-5454.
Pines, Ayala und Elliot Aronson, 1981. Polyfidelity: An Alternative Lifestyle Without Jealousy. Alternative Lifestyles 4:373-92.
–, 1983. Antecedents, Correlates, and Consequences of Sexual Jealousy. Journal of Personality 51:108-36.
Pinta, Emil R., 1978. Pathological Tolerance. American Journal of Psychiatry 135(6):698-701.
Plack, Arno, 1979/76. Scheitert die sexuelle Befreiung an der Eifersucht? In: Körner (Hg.) 1979:101-20.
Plzak, M., 1975. TESCO-Kurse zur Behandlung pathologischer Eifersucht (in Tschechisch). Ceskoslovenska Psychiatrie 71(6):382-385.
Podolsky, Edward, 1961. Jealousy as a Motive in Homicide. Diseases of the Nervous System 22:438-41.
Polatin, Phillip, 1968. Jealousy. Medical Aspects of Human Sexuality 2(7):6-9.
Pomeroy, Wardell B., 1963. Human Sexual Behavior. In: Farberow (ed.) 1963:22-32.
Portele, Heik, 1983. Frei und bewußt eins sein: Über Eifersucht und Lieben. Zeitschrift für humanistische Psychologie 1/2:30-34.
Portnov, A. A. (ed.), 1972. Problems of Contemporary Sexopathology. Moscow: Ministry of Public Health of RSFSR.
Powdermaker, Hortense, 1933. Life in Lesu: The Study of a Melanesian Society in New Ireland. New York: Norton.
Price, John, 1976. Phedon's Fury: Some Psychoanalytic Notes on The Faerie Queene II, Canto iv. Literature and Psychology 26(4):167-171.
Racker, Enrique, 1945. Sobre los celos de Otelo. Revista de Psicoanálisis (Buenos Aires) 3:1-18.
Radecki, Catherine, 1982. The Effect of Jealousy Threat and Self Esteem Feedback on the Emotions and Perceptions of a Romantic Relationship. Diss. Abstracts International 43(7-B):2352.

Ragin, Charles C., 1987. The Comparative Method: Moving Beyond Qualitative and Quantitative Strategies. Berkeley: University of California.
Ramey, James W., 1975. Intimate Friendships. Englewood Cliffs: Prentice-Hall.
Ramm, Douglas, 1979. A Phenomenological Investigation of Jealousy. Dissertation Abstracts International 40(12-B):5828.
Ranke, Kurt et al. (Hg.), 1977 ff. Enzyklopädie des Märchens: Handwörterbuch zur historischen und vergleichenden Erzählforschung. Berlin: de Gruyter.
Rattray, Robert Sutherland., 1929. Ashanti Law and Constitution. Oxford: Clarendon.
Raum, Otto Friedrich, 1973. The Social Functions of Avoidances and Taboos among the Zulu. Berlin: Walter de Gruyter.
Reid, Stephen A., 1968. Othello's Jealousy. American Imago 25:274-293.
Reiss, Ira A., 1986. A Sociological Journey Into Sexuality. Journal of Marriage and the Family 48(2):233-42.
Renaud, Bernard, 1963. Je suis un dieu jaloux. Paris.
Retterstöl, N., 1967. Jealousy-Paranoic Psychoses: A Personal Follow-Up. Acta Psychiatrica Scandinavica 43:75-107.
Rexilius, Günter und Siegfried Grubitzsch (Hg.), 1981. Handbuch psychologischer Grundbegriffe: Mensch und Gesellschaft in der Psychologie. (rororo 6273.) Reinbek: Rowohlt.
Richard, Audrey R., 1943. La jalousie: Obstacle inconnu. Lausanne: Payot.
Rivers, William Hals R., 1906. The Todas. London: MacMillan.
Riviere, Joan, 1932. Jealousy as a Mechanism of Defence. International Journal of Psycho-Analysis 13:414-424.
–, 1936/32. Eifersucht als Abwehrmechanismus. Intern. Zeitschrift für Psychoanalyse 22:188-97.
Rorty, A. O. (ed.), 1980. Explaining Emotions. Los Angeles: University of California.
Rosenblatt, Paul C., 1967. Marital Residence and the Functions of Romantic Love. Ethnology 6:471-80.
– und Roxanne M. Anderson, 1981. Human Sexuality in Cross-Cultural Perspective. In: Cook (ed.) 1981:215-50.
Rosman, Abraham, 1966. Social Structure and Acculturation among the Kanuri of Northern Nigeria. (Dissertation Yale University 1962.) Ann Arbor: University Microfilms #66-2677.
Rubin, Arline M. und James R. Adams, 1986. Outcomes of Sexually Open Marriages. Journal of Sex Research 22(3):311-19.
Rubin, Rick und Greg Byerly, 1983. Incest - The Last Taboo: An Annotated Bibliography. New York.
Rubio Orbe, Punyaro, 1956. Quito, Ecuador: Editorial Casa de la Cultura Ecuatoriana. (HRAF Ms. 2.) New Haven: HRAF.
Rudolph, Wolfgang, 1973. Ethnologie: Zur Standortbestimmung einer Wissenschaft. (Das wissenschaftliche Arbeitsbuch VIII/21.) Tübingen: Elly Huth.
–, 1983. Ethnos und Kultur. In: Fischer (Hg.) 1983:47-67.
– und Peter Tschohl, 1977. Systematische Anthropologie. (Universitäts-Taschenbücher 639.) München: Wilhelm Fink.
Rush, Anne Kent (ed.), 1973. Getting Clear. New York: Random House.
Ruthe, Reinhold, 1976. Zum Teufel mit der Eifersucht: Wie man Neid, Rivalität und falschen Ehrgeiz überwindet. Freiburg: Herder.
–, 1984. Eifersucht ist eine Leidenschaft, die mit Eifer sucht, was Leiden schafft: Wie man Neid ... überwindet. Wiesbaden: Brockhaus.
Sachs, Hans, 1916. Strindberg über Eifersucht und Homosexualität. Internationale Zeitschrift für ärztliche Psychoanalyse 4:210-211.
Safilios-Rothschild, Constantina, 1969. Attitudes of Greek Spouses Toward Marital Infidelity. In: Neubeck (ed.) 1969:77-93.
Salovey, Peter und Judith Rodin, 1984. Some Antecedents and Consequences of Social-Comparison Jealousy. Journal of Personality and Social Psychology 47:780-92.
Salovey, Peter und Judith Rodin, 1985. The Heart of Jealousy. Psychology Today 19(9):22-29.
–, 1986. The Differentiation of Social-Comparison Jealousy and Romantic Jealousy. Journal of

Personality and Social Psychology 50(6):1100-12.
Salsberg, Sheldon, 1973. Is Group Marriage Viable. Journal of Sex Research 9(4):325-333.
Sanchez Blanque, Amadeo, 1980. Delirio de celos en un ciego: Analisis fenomenologico de un caso. Revista de Psiquiatria y Psicologia Medica 14(5):29-37.
Sandberg, Genell, Th. L. Jackson und P. Petretic-Jackson, 1987. College Students' Attitudes Regarding Sexual Coercion and Aggression: Developing Educational and Preventive Strategies. Journal of College Student Personnel 28(4):302-11.
Sangree, Walter H., 1974. The Dodo Cult, Witchcraft, and Secondary Marriage in Irigwe, Nigeria. Ethnology 13(3):261-278.
Savishinsky, Joel Stephen, 1976/70. Stress and Mobility in an Artic Community: The Hare Indians of Colville Lake, Northwest Territories. (Dissertation Cornell University.) Ann Arbor: University Microfilms #70-12648.
Schapera, Isaac, 1930. The Khoisan Peoples of South Africa: Bushmen and Hottentots. London: George Routledge.
–, 1941. Married Life in an African Tribe. New York: Sheridan House.
Schlesier, Erhard, 1974. Überlegungen zur gegenwärtigen Lage der Ethnologie. Mitteilungen der Anthropologischen Gesellschaft Wien 64:68-75.
–, 1983. Me'udana (Südost-Neuginea), Teil 2: Das soziale Leben. Berlin: Reimer.
Schmideberg, Melitta, 1953. Some Aspects of Jealousy and of Feeling Hurt. Psychoanalytic Review 40:1-16.
Schmidt, Adalbert, 1979. Eine tödliche Krankheit? In: Körner (Hg.) 1979:53-69.
Schmidt, Willi, 1914. Inzestuöser Eifersuchtswahn. Archiv für Kriminologische Anthropologie 57(3).
Schmidt-Atzert, Lothar, 1981. Emotionspsychologie. Stuttgart: Kohlhammer.
Schneemann, Klaus, 1983. Über Eifersucht und Eifersuchtswahn: Klinische, psychoanalytische und anthropologische Aspekte. (Medizinische Habilitationsschrift.) Gießen: Universität, FB Humanmedizin.
Schultz, James Willard (Apikuni), 1980. Blackfeet and Buffalo: Memoirs of Life among the Indians. (Edited and with an introduction by Keith C. Seele.) Norman: University of Oklahoma.
Schultze, Sydney, 1985. Choromanski's Jealousy and Medicine. The International Fiction Review 10(1983):15-18.
Schumann, Hans-Joachim von, 1975. Die krankhafte Eifersucht: Therapie und forensische Begutachtung. Sexualmedizin 4:286-90.
Schurrmann, Ulrich, 1983. Eifersex, Paranoia und Gewalt: Die fürchterlichen Torhüter der Freyja. Zeitschrift für humanistische Psychologie 1/2:57-60.
Schwartz, Murray M., 1973. Leontes' Jealousy in The Winter's Tale. American Imago 30(3):250-273.
Schweizer, Thomas, 1990. Männerbünde und ihr kultureller Kontext im weltweiten interkulturellen Vergleich. In: Völger & Welck (Hg.) 1990:23-30.
Schwimmer, Eric Gabriel, 1973. Exchange in the Social Structure of the Orokaiva: Traditional and Emergent Ideologies in the NE District of Papua. New York: St. Martin's.
Seeman, Mary V., 1979. Pathological Jealousy. Psychiatry 42:351-61.
–, 1981. Coping with Jealousy. Medical Aspects of Human Sexuality 15(5):52B-52P.
Seidenberg, Robert, 1952. Jealousy: The Wish. Psychoanalytic Review 39:345-53.
–, 1967. Fidelity and Jealousy. Psychoanalytic Review 54:583-608.
–, 1969. Fidelity and Jealousy: Socio-Cultural Considerations. Medical Aspects of Human Sexuality 3(12):8-16.
–, 1977/67. Fidelity and Jealousy. In: Clanton & Smith (eds.) 1977:81-89.
Seruya, Flora C. et al., 1972. Sex and Sex Education: A Bibliography. New York.
Shaver, P., 1985. Review of Personality and Social Psychology, Vol. 6. Beverly Hills: SAGE.
Shepher, Joseph, 1978. Reflections on the Origin of the Human Pair-Bond. Journal of Social Biological Structures 1:253-64.
Shepherd, Michael, 1961. Morbid Jealousy: Some Clinical and Social Aspects of a Psychiatric Syndrome. Journal of Mental Science 107:687-753.

Shettel-Neuber, Joyce, Jeff B. Bryson und Leanne E. Young, 1978. Physical Attractiveness of the "Other Person" and Jealousy. Personality and Social Psychology Bulletin 4:612-15.

Shostak, Marjorie, 1982/81. Nisa erzählt: Das Leben einer Nomadenfrau in Afrika. (neue frau 4978.) Reinbek: Rowohlt.

Shrestha, K. et al., 1985. Sexual Jealousy in Alcoholics. Acta Psychiatrica Scandinavica 72(3):283-90.

Shternberg, Lev Iankovlevich, 1933. Giliaki, orochi, gol'dy, negial'tsy, ainy: stat'i i materialy. Khaborovsk: Dal'giz.

Silva, Alcionilio Bruzzi Alves de, 1962. A Civilizaçao indigena do Uaupés. Sao Paulo: Centro de Pesquisas de Ianareté.

Smith, DeVerne Reed, 1983. Palauan Social Structure. New Brunswick.

Smith, Edwin William und Andrew Murray Dale, 1920. The Ila-Speaking Peoples of Northern Rhodesia. (2 Vols.) London: MacMillan.

Smith, James R. und Lynn S. Smith (eds.), 1974. Beyond Monogamy: Recent Studies of Sexual Attractiveness in Marriage. Baltimore: John Hopkins University.

Smith, Lynn G., 1973. Jealousy and its Alternatives. In: Rush (ed.) 1973.

Sokoloff, Boris, 1948. Jealousy: A Psychiatric Study. New York: Howell-Soskin.

Soliday, Gerald L. (ed.), 1980. History of the Family and Kinship: A Selected International Bibliography. Millwood.

Solomon, Steven, 1982. An Integrated Theory of Jealousy. Dissertation Abstracts International 43(6-B):1961-62.

Sonntag, Gert, 1981. Wahrnehmung. In: Rexilius & Grubitzsch (Hg.) 1981:1206-14.

Spencer, Walter Baldwin und Francis James Gillen, 1927. The Arunta: A Study of a Stone Age People. London: Macmillan.

–, 1938/1899. The Native Tribes of Central Australia. London: Macmillan.

Spielman, Philip M., 1971. Envy and Jealousy: An Attempt at Clarification. Psychoanalytical Quarterly 40:59-82.

Stäudel, Thea, 1985. Emotion und Motivation. In: Dörner & Selg (Hg.) 1985:86-101.

Stefanowski, D., 1893. Morbid Jealousy. Alienist and Neurologist 14:375-88.

Stegmüller, Wolfgang, 1966. Erklärung, Voraussage, wissenschaftliche Systematisierung und nicht-erklärende Information. Ratio 8:1 ff.

–, 1983. Probleme und Resultate der Wissenschaftstheorie & Analytischen Philosophie, Bd. 1: Erklärung - Begründung - Kausalität. 2., verb. und erw. Aufl., Berlin: Springer.

Stekel, Wilhelm, 1928. Das Problem der pathologischen Treue. Fortschritte der Sexualwissenschaft und Psychoanalyse 3:165-170.

–, 1938. Jealousy. In: Forbat (ed.) 1938.

Stephens, William N., 1963. The Family in Cross-Cultural Perspective. New York.

Sterba, Richard, 1930. Eifersüchtig auf - ? Ein doppelsinniger Ausdruck unserer Umgangssprache. Psychoanalytische Bewegung 2:167-170.

Stets, Jan E. und Maureen A. Pirog Good, 1987. Violence in Dating Relationships. Social Psychology Quarterly 50(3):237-246.

Steward, Julian Hynes et al., 1956. The People of Puerto Rico: A Study in Social Anthropology. Urbana: University of Illinois.

Steward, Robert A. und Michael J. Beatty, 1985. Jealousy and Self-Esteem. Perceptual and Motor Skills 60:153+54.

Ströker, Elisabeth (Hg.), 1984. Ethik der Wissenschaften? Philosophische Fragen. (Ethik der Wissenschaften 1.) München: Wilhelm Fink und Ferdinand Schöningh.

Stüben, Peter E. (Hg.), 1988. Die neuen "Wilden": Umweltschützer unterstützen Stammesvölker - Theorie und Praxis der Ethno-Ökologie. (Ökozid 4.) Gießen: Focus.

Stycos, Joseph Mayone, 1955. Family and Fertility in Puerto Rico: A Study of the Lower Income Group. New York: Columbia University.

Suggs, Robert Carl, 1963. Marquesan Sexual Behavior. Typoscript, New Haven: HRAF.

–, 1966. Marquesan Sexual Behavior. New York: Harcourt, Brace & World.

–, 1971. Sex and Personality in the Marquesas: A Discussion of the Linton-Kardiner Report. In:

Marshall & Suggs (eds.) 1971:163-86.

Suggs, Robert Carl und Donald S. Marshall, 1971. Anthropological Perspectives on Human Sexual Behavior. In: Marshall & Suggs (eds.) 1971:218-43.

Symons, Donald, 1979. The Evolution of Human Sexuality. New York: Oxford University.

Tannenbaum, Samuel A., 1923. Jealousy and Its Treatment, With Reports of Cases. Journal of Sexology and Psychoanalysis 1:143-64, 241-57, 467-578.

Teismann, Mark W., 1975. Jealous Conflict: A Study of Verbal Interaction and Labeling of Jealousy among Dating Couples Involved in Jealousy Improvisations. Dissertation Connecticut University, Connecticut: University.

–, 1979. Jealousy: Systemic, Problem-Solving Therapy with Couples. Familiy Process 18:151-60.

– und Donald L. Mosher, 1978. Jealous Conflict in Dating Couples. Psychological Reports 42(3):1211-1216.

Tellenbach, Hubert(us), 1971. On the Nature of Jealousy. Journal of Phenomenological Psychology 4:461-68.

–, 1981. Zur Phänomenologie der Eifersucht. In: Hermanns (Hg.) 1981:39-53.

Thompson, Anthony P., 1983. Extramarital Sex: A Review of the Research Literature. The Journal of Sex Research 19:1-22.

Tiefer, Leonore, 1981/79. Die menschliche Sexualität: Einstellungen und Verhaltensweisen. Weinheim.

Tiel, Ute und Barbara Baumann, 1982. Eifersucht und Weltanschauung. Psychologische Menschenkenntnis 18:360-66.

Tipton, Robert M. et al., 1978. Development of a Scale for Assessment of Jealousy. Psychological Reports 42(3):1217-1218.

Titelman, Peter, 1976. A Phenomenological Study of Envy. Diss. Abstracts Intern. 38(1-B):383.

–, 1981. A Phenomenological Comparison Between Envy and Jealousy. Journal of Phenomenological Psychology 12(2):189-204.

Todd, John und Kenneth Dewhurst, 1955. The Othello Syndrome: A Study in the Psychopathology of Sexual Jealousy. Journal of Nervous and Mental Diseases 122:367-74.

Todd, John et al., 1971. Real or Imaginery Hypophallism: A Case of Inferiority Feelings and Morbid Sexual Jealousy. British Journal of Psychiatry 119(550):315-18.

Tov-Ruach, L., 1980. Jealousy, Attention and Loss. In: Rorty (ed.) 1980:465-88.

Tschohl, Peter, 1987. Dependente Ungleichheit in menschlichen Systemen: Eine allgemeine Beziehungs- und Gestaltungsstruktur? In: Künsting et al. 1987:195-204.

Traxel, Werner, 1983. Zur Geschichte der Emotionskonzepte. In: Euler & Mandl (Hg.) 1983:11-19.

Tüllmann, Adolf, 1960. Das Liebesleben der Naturvölker: Eine Darstellung des sexuellen Verhaltens in urtümlichen Gemeinschaften. Stuttgart.

Turbott, John, 1981. Morbid Jealousy: An Unusual Presentation with the Reciprocal Appearance of Psychopathology in Either Spouse. Australian and New Zealand Journal of Psychiatry 15(2):164-167.

Turner, George, 1884. A Hundred Years Ago and Long Before; Together with Notes on the Cults and Customs of 23 Other Islands in the Pacific. London: Macmillan.

Turrado Moreno, Angel, 1945. Etnografía de los índios Guaranos. Caracas: Lit y Tip Vargas.

Ulich, Dieter, 1982. Das Gefühl: Eine Einführung in die Emotionspsychologie. München: Urban & Schwarzberg.

Van de Ginste, F., 1947. Le mariage chez les Basuku. Bulletin des Jurisdictions Indigènes et du Droit Coutumier Congolais 5:1-2.

Van Krogten, I.A.H.M., H. Bos, H. Burgemeister & W. Schaper, 1983. Afgunst en jaloezie ... gescheiden. Tijdschrift voor Psychotherapie 9:238-45.

Vaughan, J. D., 1857. Notes on the Malays of Pinang and Province Wellesley. Journal of the Indian Archipelago and Eastern Asia 2(2):115-175.

Vauhkonen, Kauko, 1968. On the Pathogenesis of Morbid Jealousy: With special Reference to the ... Jealous Patients and Their Spouses. Acta Psychiatrica Scandinavica, Suppl. 202:2-201.

Veltkamp, Ingrid, 1987. Marcel Proust: Eifersucht und Schreiben. (Freiburger Schriften zur roma-

nischen Philologie 41.) München: Fink.
Verhulst, Johan M., 1985. The Jealous Spouse. Medical Aspects of Human Sexuality 19:110-20.
Villers, D., 1899. Le délire de la jalousie. Bulletin Société de Médicine Mentale de Belgique, pp.55-57, 147-88, 265-301.
Viorst, Judith, 1970. Confessions of a Jealous Wife. Redbook Magazine (March).
–, 1977/70. Confessions of a Jealous Wife. In: Clanton & Smith (eds.) 1977:17-24.
Vivelo, Frank Robert, 1978. Cultural Anthropology Handbook: A Basic Introduction. New York: McGraw-Hill.
Völger, Gisela (Hg.), 1981. Rausch und Realität: Drogen im Kulturvergleich. Materialienband zu einer Ausstellung, Köln: Rautenstrauch-Joest-Museum.
– und Karin von Welck (Hg.), 1985. Die Braut: Geliebt - verkauft - getauscht - geraubt: Zur Rolle der Frau im Kulturvergleich (2 Bände). Materialiensammlung zu einer Ausstellung, Köln: Rautenstrauch-Joest-Museum.
– und Karin von Welck (Hg.), 1990. Männerbande - Männerbünde: Zur Rolle des Mannes im Kulturenvergleich (2 Bände). Materialiensammlung zu einer Ausstellung, Köln: Rautenstrauch-Joest-Museum.
Völkel, Heinrich, 1986. Narzißmus und Eifersucht: Wege zum Verständnis und Therapieansätze. Sexualmedizin 15:330-339.
Vukasinovic-Pecotic, Branka, 1985. On the Differences Between Envy and Jealousy and Their Relationship With Love (in Serbo-Kroatisch). Psihijatrija Danas 17(1-2):55-61.
Vukov, Mila und Zoran Rakic, 1983. Ljubomora u braku (Eifersucht bei verheirateten Paaren). Psihijatrija Danas 15(1):19-26.
Wagenseil, Hans E., 1982. Neid, Eifersucht, Rivalität. Wege zum Menschen 34:110+11.
Wagner, Jon, 1976. Jealousy, Extended Intimacies and Sexual Affirmation. ETC, A Review of General Semantics 33:269-88.
Wallace, E. und E. A. Hoebel, 1952. The Comanches: Lords of the South Plains. Norman, Oklahoma.
Walster, Elaine und G. William Walster, 1977. The Social Psychology of Jealousy. In: Clanton & Smith (eds.) 1977:91-99.
Wangh, Martin, 1950. Othello: The Tragedy of Iago. Psychoanalytic Quarterly 19:202-212.
Ward, Edward, 1937. Marriage Among the Yoruba. (The Catholic Univ. of Am., Anthropol. Series 4.) Washington: Catholic Univ.
Warner, W. Lloyd, 1937. A Black Civilization: A Social Study of an Australian Tribe. New York: Harper & Brothers.
Warum! [Klaus Eichner und Kurt Steffenhagen], 1978. Eifersucht. Warum!, Sonderteil 31, April 1978:27-34.
Watson, Jane et al., 1972. Sometimes I'm Jealous. Golden.
Watson, Lawrence C., 1973. Marriage and Sexual Adjustment in Guajiro Society. Ethnology 12:153-61.
Weis, David L. und Judith R. Felton, 1987. Marital Exclusivity and the Potential for Future Marital Conflict. Social Work 32(1):45-49.
Wendt, C. F., 1951. Die "Eifersuchtsparanoia" in psychotherapeutischem Aspekt. Archiv für Psychiatrie und Nervenkrankheiten 186:496-515.
Westermarck, Edward, 1894/91. The History of Human Marriage. London.
White, Gregory L., 1976. Social Psychology of Romantic Jealousy. (Dissertation Univ. of California LA.) Ann Arbor: Univ. Microfilms # 77-7700.
–, 1980. Inducing Jealousy: A Power Perspective. Personality and Social Psychology Bulletin 6:222-27.
–, 1981a. Some Correlates of Romantic Jealousy. Journal of Personality 49:129-47.
–, 1981b. A Model of Romantic Jealousy. Motivation and Emotion 5:295-310.
–, 1981c. Jealousy and Partner's Perceived Motives for Attraction to a Rival. Social Psychology Quarterly 44:24-30.
–, 1981d. Relative Involvement, Inadequacy, and Jealousy: A Test of a Causal Model. Alternative Lifestyles 4:291-309.

White, Gregory L., 1984. Comparison of Four Jealousy Scales. Journal of Research in Personality 18:115-130.

Whitecotton, Joseph Walter, 1977. The Zapotecs: Princes, Priests, and Peasants. Norman: University of Oklahoma.

Whitehurst, Robert N., 1975. Violence in Jealous Husbands. In: Gross (ed.) 1975.

–, 1977. Jealousy and American Values. In: Clanton & Smith (eds.) 1977:136-39.

Whyte, Douglas R., 1988/85. Ethnographic Atlas (1170 Societies). World Cultures 1#2 (Updated PC-Disk.)

Whyte, Martin K., 1978. The Relative Status of Women. Ethnology 17:211-237.

Wickman, Charles, 1957. Marital Jealousy. Sexology 24:242-47.

Wiegelmann, Günter, Matthias Zender und Gerhard Heilfurth, 1977. Volkskunde: Eine Einführung. (Grundlagen der Germanistik 12.) Berlin: Erich Schmidt.

Wienand-Kranz, Dorothee, 1983. Erinnerung an frühe Wunden: Eifersucht in der Psychotherapie. Zeitschrift für humanistische Psychologie 1/2:61-65.

Wiese, Leopold von, 1926. Eifersucht. In: Marcuse (Hg.) 1926:149-150.

Willi, J., 1975. Die Zweierbeziehung. Reinbek: Rowohlt.

Willy, A., 1968. Eifersucht. In: Giese (Hg.) 1968:76-85.

Wilson, G. M., 1960. Homicide and Suicide among the Joluo of Kenya. In: Bohannan (ed.) 1960:179-213, 273-74 & 287-88.

Wilson, Monica, 1951. Good Company: A Study of Nyakyusa Age-Villages. London: Oxford University for African International Institute.

–, 1957. Rituals of Kinship Among the Nyakyusa. London: Oxford University for African International Institute.

Wimmer, Wolf, 1967. Abnorme Eifersucht eines Bisexuellen. Kriminalistik 21:528+29.

Wolf, Arthur P. und Chieh-san Huang, 1980. Marriage and Adoption in China, 1845-1945. Stanford, California: Stanford University.

Wolf, Doris, 1985. Gefühle verstehen, Probleme bewältigen: Wege aus Angst, ... Eifersucht. Ein praktischer Ratgeber. 4. Auflage, Mannheim,

Wolfe, Linda, 1976/75. Fremdgehen: Frauen und außereheliche Sexualität. München.

Wolff, Charlotte, 1973/71. Psychologie der lesbischen Liebe: Eine empirische Studie über weibliche Homosexualität. (rororo sexologie 8040.) Reinbek: Rowohlt.

Wolman, Benjamin B. und John Money (eds.), 1980. Handbook of Human Sexuality. Englewood Cliffs: Prentice Hall.

Wood, R., 1949. The Problem of Jealousy. Journal of Sex Education 2:50-54.

Wottawa, Wolfgang, 1979. Das sexuelle Verhalten der Deutschen. Rastatt: Moewig.

Zandman, J. C., C. Dissez, D. Carouge und M. Letailleur, 1972. Morbid Jealousy: Treatment Attempt Using Propericiazine (in Französisch). Encephale 61(2):183-195.

Zeller, Otto und Wolfram Zeller (Hg.), 1965 ff. Internationale Bibliographie der Zeitschriftenliteratur aus allen Gebieten des Wissens. Osnabrück.

–, 1971 ff. Internationale Bibliographie der Rezensionen. Osnabrück.

Zentralstelle für Psycholog. Inform. & Dokumentation (ZPID), 1981 ff. Psychologischer Index: Referatedienst über die psychologische Literatur aus den deutschsprachigen Ländern. Göttingen.

Zschocke, Fee und Claudia Clasen-Holzberg, 1988. Eifersucht: Zerstört sie die Liebe? Oder gehört sie dazu? Brigitte #13/88:110-116.

Autorenregister

Kursive Seitenangaben beziehen sich auf das Literaturverzeichnis. Auf Autoren als Herausgeber von Sammelwerken wird dabei nur einmal verwiesen (also nicht auch bei den von ihnen herausgegebenen Beiträgen). Institutionale Autoren sind kursiv gesetzt.

Ethnienregister

Definitionsregister

Sachregister

Dieses in vier systematische Kategorien (Eifersucht, Eifersuchtsbewältigung, Untersuchungsgrundlagen, die Untersuchung selbst) gegliederte Sachregister *ergänzt* das Inhalts- (S. 7-12), das Abbildungs- (S. 14), das Tabellen- (S. 15f.) und das Beispiele-/Belegeverzeichis (S. 17-22), es ersetzt sie nicht. Explizit oder implizit eingeführte Begriffe sind im Definitionsregister (S. 323ff.) verzeichnet.

Eifersucht, sexuelle

Eifersuchtsbewältigung

Untersuchungsgrundlagen

Untersuchung (diese)